说文解字

大徐本

〔东汉〕许慎 撰
〔北宋〕徐铉 注
张志中 增注

天津古籍出版社
天津出版传媒集团

图书在版编目（CIP）数据

《说文解字》大徐本 /〔东汉〕许慎撰；〔北宋〕徐铉注；张志中增注. -- 天津：天津古籍出版社，2024.9
　　ISBN 978-7-5528-1310-4

Ⅰ.①说… Ⅱ.①许… ②徐… ③张… Ⅲ.①《说文》 Ⅳ.①H161

中国国家版本馆CIP数据核字（2023）第014216号

《说文解字》大徐本
《SHUOWEN JIEZI》DAXUBEN

〔东汉〕许慎 / 撰　〔北宋〕徐铉 / 注　张志中 / 增注

出　　版	天津古籍出版社
出 版 人	张　玮
地　　址	天津市和平区西康路35号康岳大厦
邮政编码	300051
邮购电话	（022）23517902

责任编辑	李立然
封面设计	鞠佳美

印　　刷	天津新华印务有限公司
经　　销	全国新华书店
开　　本	710毫米×1000毫米　1/16
印　　张	42.25
字　　数	445千字
版次印次	2024年9月第1版　2024年9月第1次印刷
定　　价	198.00元

版权所有　侵权必究
图书如出现印装质量问题，请致电联系调换（022-23517902）

前　言

　　《说文解字》是我国第一部可查证的字书，它分析汉字字形，考究字源，成为流传最广的汉字工具书。原书十四篇，叙目一篇。正文以小篆为主，首创部首编排法。以六书理论系统解释汉字，对古文献及古史的研究都有卓著贡献。

　　《说文解字》作者许慎，字叔重，东汉汝南召陵人，曾从名家贾逵受古学，熟通经籍，知识渊博，名重其时。人称五经无双许叔重。

　　安帝建光元年（121）许慎之子许冲进上，《说文解字》正式面世。当时仅靠抄写传播，至唐代李阳冰大肆窜改后，《说文解字》违失其真。宋太宗雍熙三年（986）命徐铉等校定，此时南唐已被攻破，徐铉随主李煜被迫入宋。宋版中的改易分卷、每卷又分上下、"余曰"、增加标目等或恐已非徐铉本意。

　　《说文解字》成书至今已有一千多年，几经传写删改，其在流传中出现了多种版本，大体可分为两类：小字本即孙星衍覆刻宋本，世称精善，密行小字直下；大字本为清同治十二年（1873）番禺陈昌治据孙星衍本改刻的一篆一行本，一行中无论有几个篆书只标一个楷体，以许书原文为大字，徐铉校注为双行小字。翻来覆去重版，使孙星衍的宋本在传写转刻中，出现这样那样的差池。然而抄刻一本书，篆书、楷书字数繁多，何以保证一字不错？既然有世称精善的孙星衍覆宋本，又何必再去兜圈子，翻刻大字本呢！况且今日通行的大字本中，将四叶孙氏原稿拼在一面，篆书比小字本还小，何来"大字"？

《说文解字》产生于东汉中期，当时尚无反切，注音多云"读若某"，后来徐铉据孙愐《唐韵》加注"反切"，但与东汉时期读音不同，反切读音有古音、今音之分，而今日读者，以《新华字典》的拼音方式拼"反切"读音，个别字又是无法正确拼读的。据此编者在正文之前增编现代部首检字表，字头后面标注汉语拼音，为了分辨今音与古音差别，将拼音字母列为两式，大号字体为今音，小号字体为古音。同时，正文利用眉批，标注每行每个篆字的楷体，从而化解篆体字难以辨认的困惑，做到古为今用。

关于本书体例，还需说明两点：

1.本书《张氏检字表》的形式为编者首创，仅供本书读者使用，不适用于其他著作。

2.为适应当代读者汉字简化的使用习惯，本书部首目录及检字表中字形采用繁简混用。另外，部首目录并收主部首和附形部首，以便检阅查找。

张志中

2020 年 1 月 4 日

部首目录

一画

一	3
丿	4
丶	5
乙(一乛乚乚)	6

二画

二	7
十	7
厂	7
匚	8
刂	8
卜(卜)	9
冂	10
亻	10
厂(併入丿部)	5
八(ソ)	13
人(入)	13
勹(併入刀部)	
勹	14
儿(几)	14
几(几)	14
亠	14
冫	15
冖	15
讠(言)	16
卩(㔾)	18
阝(阜)	18
阝(邑)	19
山	21
刀(⺈)	21
力	21

厶	22
又(又)	22
廴	23
巴	18

三画

干(併入二部)	7
土(士)	23
工	25
扌	25
艹	27
寸	32
廾	33
大	33
兀(併入儿部)	14
尢	33
弋	34
小(⺌)	34
口	34
囗	37
山	37
巾	38
彳	39
彡	39
犭	40
夕	40
夂	40
饣(食)	41
爿(丬)	41
广	42
门(門)	42
氵	43
忄(心)	48
宀	49
辶(辶)	51

彐(彑彐)	52
尸	52
己(巳)	53
弓	53
子(孑)	54
屮(屮)	54
女	54
飞(併入乙部)	6
马(馬)	56
纟(糸)	57
幺	60
巛	60

四画

王	60
无(併入一部)	3
韦(韋)	62
耂(併入土部)	23
木(朮)	62
支(併入十部)	7
犬(犭)	66
歹(歺)	67
车(車)	67
戈	68
尣(併入一部)	3
比	68
瓦	69
牙	69
止	69
攴	69
小(併入忄部)	48
日	69
曰	71
月(併入门部)	10

贝(貝)	71
水	72
见(見)	72
牛(牜)	72
牜(併入目部)	84
毛	73
气	73
攵	73
长(併入長部)	109
片	74
斤	74
爪(爫)	74
父	75
㸚(併入八部)	13
爫(併入爪部)	74
月(月)	75
氏(併入丿部)	5
欠	77
风(風)	77
殳	77
文	78
方	78
火	78
斗	80
灬	80
户	80
礻(示)	80
心	81
聿(聿肀)	82
肀(併入聿部)	41
毋(母)	82

五画

玉(併入王部)	60

部首目录（2）

音 113
首(併入八部) 13
韋 62
飛(併入乙部) 6

十画
馬 56
骨 113
鬥 114
髟 114
高(併入亠部) 15

十一画
黃(併入八部) 13
麥 104
鹵 106
鳥 90
魚 111
麻 114
鹿 114

十二画
黹(併入业部) 83
鼎(併入目部) 84
黑 115
黍(併入禾部) 89

十三画
鼓(併入士部) 23
鼉(龜) 110
鼠 115

十四画
鼻 115
齊 115

十五画
齒 110

十六画
龍 83

十七画
龜(龟) 21
龠 115

臼(併入白部) 101
身 107
采 108
辵(辶) 51
谷 108
豸 108
龟(併入刀部) 21
角 108
言 108
辛 109

八画
青 109
長 109
其 109
卓(併入十部) 7
雨 109
非(併入丨部) 5
齒(齒) 110
虎(併入虍部) 96
門 42
黽(黽) 110
隹 110
阜(併入丿部) 5
金 111
食 41
鱼(魚) 111
隶(併入乙部) 7

九画
革 112
頁 95
面(併入一部) 4
韭(併入丨部) 5
骨 113
香(併入禾部) 89
鬼 113
食 113
風 77

至(併入土部) 23
虍 96
虫 97
肉(併入门部) 10
缶 99
舌 99
竹(⺮) 99
臼 101
自 101
血 101
舟 101
衣 101
羊(⺷羊) 102
米 102
聿(併入⺺部) 82
艮(艮) 103
艸 27
羽 103
糸 104

七画
麦(麥) 104
走 104
赤 105
車 67
豆 105
西 105
辰 106
豕 106
長 106
卤(鹵) 106
貝 71
見 72
里 106
足(⻊) 106
邑(併入口部) 35

示 82
甘(併入一部) 3
石 83
龙(龍) 83
业 83
冰(併入水部) 72
目 83
田 85
四 85
皿 86
钅(金) 86
生(併入丿部) 5
矢 88
禾 88
白 90
瓜 90
用 90
鸟(鳥) 90
广 91
立 92
穴 93
衤 93
疋(正) 94
皮 94
癶 94
矛 94
母(併入毋部) 82

六画
耒 94
老 95
耳 95
臣 95
西(覀) 95
而(併入一部) 3
頁(頁) 95

张氏检字表

　　该字的读音以《唐韵》切音为依据，按反切条例拼读。若遇反切与今音不同者，用大小号字母标注以示区别，例如"鸟，都了切"，今音为 niǎo，古音为 diǎo；书中一字两个切音者，以斜线隔开；原缺反切者，按今音补注。数字指正文页码。

两 yà xià 263	未 wèi 505	井 jǐng 174	**一部**
亘 xuān 464	击 jī 擊 419	开 kāi 開 409	
丽 lì 339	正 zhèng 63	夫 fū 359	一 yī 13
吏 lì 13	甘 gān 161	天 tiān 13	**一画**
囚 tiàn 78	世 shì 80	元 yuán 13	丅 xià 14
再 zài 135	本 běn 196	无 wú 436	丁 dīng 498
在 zài 466	且 jū/qiě 483	兂 zān zēn 294	丂 kǎo 162
百 bǎi 121	可 kě 162	旡 jì 301	𠃌 hē 162
有 yǒu 234	册 cè 76	韦 wéi 韋 187	七 qī 496
豕 shǐ 327	丙 bǐng 498	专 zhuān 專 107	**二画**
而 ér 326	左 zuǒ zuò 160	廿 niàn 80	三 sān 17
死 sǐ 139	丘 qiū 280	巿 shì 14	干 gān 78
夷 yí 355	丕 pī 13	五 wǔ 496	于 yú 亏 163
丞 chéng 91	右 yòu 54/101	帀 zā 210	上 shàng 14
尧 yáo 堯 469	犮 bá 342	市 fú 266	午 kuà kuǎ 188
至 zhì 406	布 bù 266	丏 miǎn 307	才 cái 208
六至七画	册 cè 76	卅 sà 舟 80	下 xià 14
華 bān 135	平 píng 164	不 bù fǒu 406	丈 zhàng 80
祈 suǒ 所 484	东 dōng 東 207	不 niè 205	夨 zè 355
严 yán 嚴 58	互 gèn 205	友 yǒu 102	兀 wù 294
乑 yǒu 506	丝 sī 絲 452	牙 yá 72	开 jī 159
巫 wū 160	**五画**	屯 zhūn 27	与 yǔ 483
邜 mǎo 卯 504	考 kǎo 287	互 hù 156	万 wàn 萬 497
求 qiú 287	老 lǎo 287	**四画**	**三画**
甫 fǔ 113	𦫳 jī 159	末 mò 196	丰 fēng 211
更 gèng/gēng 109	共 gòng 92	㞾 yě 432	
束 shù 213	亚 yà 亞 495		

张氏检字表（4）

囊 náng 214

丨部

丨 gǔn 25
丩 jiū 79
卜 bǔ 112
丿 tiǎn 139

二至三画
上 shàng 14
也 yě 432
丰 fēng 211
卝 kuàng 323
韦 wéi 韋 187
中 zhōng 25
少 tà 62
内 nèi 178
弔 diào 277
书 shū 書 104

四画
旦 dān 173
北 běi 279
旧 jiù 舊 125
归 guī 歸 61
且 jū/qiě 483
甲 jiǎ 497
申 shēn 505
电 diàn 電 396
央 yāng 181
史 shǐ 102
半 bàn 48
出 chū 210

棘 jí 237
壼 wū 289
壼 wò 413
潃 huò 301
琼 liàng 301
鼻 ào 359
皕 bì 121
畺 jiāng 471
菜 jiǎn 213
赖 lài 216
崒 shī 210
矗 kǔn 214
壽 shòu 287
爾 ěr 113
蕃 sè 184
艸 yǐn 505
曁 jì 230
奭 shì 121
齏 zī 238
憂 yōu 185
點 tiān 471
整 zhěng 109
噩 fēng 167
酤 tiǎn 307
矞 shāng 79
臻 zhēn 406
黼 fǔ 98
釐 xī 469
覆 fù 264
纛 hé 264
矖 pì 147
矗 qiáo jiāo 307

八画
奏 zòu 358
毒 dú 27
韭 jiǔ 250
甚 shèn 161
峱 wú 355
巷 xiàng 巷 225
柬 jiǎn 213
面 miàn 307
昼 zhòu 晝 104

九画
艳 yàn 豔 167
冓 gòu 135
挴 mán 蔄 262
辂 gé 149
泰 tài 387
秦 qín 242
恭 gōng 363
桼 fěng 264
鬥 dòu 477
哥 gē 163
鬲 lì 97
夏 xià 185
柬 hàn 236

十画以上
焉 yān 133
畜 mù 117
堇 qín 469
蒲 mán 262
爽 shuǎng 113
革 gé 95
爽 shuǎng 113

两 liǎng 兩 262
丽 lì 麗 339
至 zhì 406
夾 jiā 354
百 bǎi 121
百 shǒu 306
尨 máng 341
来 lái 來 184
町 tīng 385
奉 fèng 91
武 wǔ 433
祁 lì 339

表 biǎo 裱 282
忝 tiǎn 忝 369
囱 tiàn 78
長 cháng 325
抶 bàn 360
足 zhèng 63
其 jī 其 159
尭 yáo 469
枩 jīn 294
東 dōng 207
画 huà 畫 104
事 shì 103
两 liǎng 262
枣 zǎo 棗 237
靣 miàn 面 307
枰 píng 164
並 bìng 竝 361
亟 jí/qì 464
建 jié 61

（5）张氏检字表

杀 shā 殺 106	巛 zhōu 393	广 zuǒ 102	**五至七画**
兆 zhào 112	氏 shì 432	厂 yì 431	师 shī 師 210
危 wēi 323	爭 zǐ 211	入 rù 178	曳 yè 505
月 yǐ 282	丹 dān 173	乀 yí 432	曲 qū 437
各 gè 56	冎 gǔ gū 188	几 shū 107	肉 ròu 141
色 sè 313	冉 rǎn 326	乂 yì 431	芈 mǐ 126
六画	乌 wū 133	儿 rén 293	县 xiàn 縣 308
我 wǒ 434	生 shēng 211	九 jiǔ 496	非 fēi 403
每 měi 27	失 shī 417	匕 bǐ 278	果 guǒ 196
彻 chuí 211	乍 zhà 436	七 huà 278	肃 sù 蕭 103
兵 bīng 92	丘 qiū 280	乃 nǎi 162	**八画以上**
辵 chuò 63	史 shǐ 102	千 qiān 80	韭 jiǔ 250
臼 jū 93	厄 zhī 311	乇 zhé 211	临 lín（臨）281
兔 tù 340	乎 hū hú 163	巛 chuān 392	将 jiàng 將 107
囱 chuāng 353	用 yòng 112/113	乚 zòu 312	禹 yù 316
厄 zhī 311	氐 dǐ 432	义 yì 義 434	幽 yōu 136
采 biàn 48	乐 yuè 樂 203	久 jiǔ 189	非 mǎo 504
卵 luǎn 463	册 cè 76	丸 wán huán 323	畢 bì 135
系 xì 441	釆 biàn 48	及 jí 101	美 pú 91
七画	冬 dōng 395	午 wǔ 505	鼎 dǐng 238
垂 chuí 468	务 wù 務 472	壬 rén 500	黾 guī 462
乖 guāi 荣 126	**五画**	丰 jiè 149	夥 huǒ 235
秉 bǐng 101	年 nián 242	丰 fēng 211	阜 shēn 505
臾 yú 505	秆 jiān 483	升 shēng 485	冀 jì 279
卑 bēi 102	朱 zhū 196	壬 tǐng 281	豳 bīn 219
阜 fù 491	乔 qiáo 喬 356	夭 yāo 356	
自 fù 491	自 duī 489	长 cháng 長 325	
质 zhì 質 217	囟 xìn 361	币 bì 幣 264	**丿部**
肴 yáo 143	后 hòu 311	反 fǎn 102	
然 川 113	辰 pài 394	舟 zhōng 445	丿 piě 431
籴 dí 178	乑 jué 432	爻 yáo 113	**一至四画**
周 zhōu 54		乏 fá 63	乀 fú 431
			丿 jué 435

张氏检字表（6）

孑 jié 502	为 wéi 爲 99	粤 yuè 164	**八画**
乊 jué 502	**四画**	弑 shì 107	拜 bài 412
也 yě 432	主 zhǔ 171	乒 huā ˣů 212	昏 guā 56
凢 xùn 403	半 bàn 48	舞 wǔ 186	舌 chā 246
飞 fēi 飛 402	头 tóu 頭 303	毓 yù 503	重 zhòng 281
习 xí 習 121	必 bì 48	鼐 nài 238	复 fù 復 68
乡 xiāng 鄉 225	永 yǒng 393	疑 yí 502	禹 yǔ 497
丰 jiè 149	**五画以上**	靠 kào 403	帅 shuài 264
幺 yāo 136	州 zhōu 393	舉 jǔ 416	㑩 nuó 323
尹 yǐn 101	农 nóng 農 94	䵼 fù 494	胤 yìn 142
厾 jí 99	良 liáng 183	龜 guī 462	鼎 yuān 380
夬 guài 101	卷 juǎn 312	歸 guī 61	**九画**
弔 diào 277	並 bìng 竝 361	爵 jué yuè 494	乘 chéng 189
丑 chǒu 503	亲 qīn 親 297	皞 hào/xiào 432	甡 shēn 211
巴 bā 499	叛 pàn 49	龘 lù 491	巫 chuí 211
孔 kǒng 405	举 jǔ 舉 416	鼗 táo 96	乔 xìng 356
以 yǐ 㠯 505	益 yì 169	閷 qióng 94	烏 wū 133
予 yǔ 137	畅 chàng 174	攀 yú 416	師 shī 210
书 shū 書 104	酾 fǔ fù 307	觳 kù 51	毗 pí 361
弓 xián 236	蠲 juān 454	馕 nóng 94	虒 sī 168
四画		鼟 méng 232	昳 dié 432
司 sī 311	**乙部**	釁 xìn 94	畅 chàng 174
礼 lǐ 14	(→乛⺄乚)	爨 cuàn 94	**十画以上**
民 mín 431			馗 kuí 496
弗 fú 431	乚 jué 435	**、部**	夔 yāo/yào 93
目 yǐ 505	乚 yǐn 435		魋 wěi 323
疋 shū 75	乙 yǐ 498	**二至三画**	嵍 shǒu 412
电 diàn 電 396	乙 yǐ 405	、 zhǔ 171	牾 wǔ 505
出 chū 210	**一至三画**	义 yì 義 434	甥 shēng 471
发 fā 發 440	马 hàn 236	丸 wán 323	龎 rán 462
丝 sī 絲 452	了 liǎo 502	之 zhī 209	衆 zhòng 280
五画	九 jiǔ 496	丹 dān 173	乖 guāi 421

（7）张氏检字表

乾 qián/gān 498	十 shí 80	乾 qián/gān 498	艮 gèn 279
愃 jí 80	**一至五画**	暨 jì 230	尽 jìn 盡 169
犇 hū 358	千 qiān 80	豫 yù 331	丞 chéng 91
啬 sè 嗇 184	午 wǔ 505	豫 yù 331	买 mǎi 買 217
尌 jí 80	升 shēng 485	氃 zài 100	**六至九画**
博 bó 80	支 zhī 103	氃 shú 100	君 jūn 53
敧 jī qī 103	劢 lè 80		即 jí 174
韩 hán 韓 187	卉 huì 41	**二部**	乱 luàn 亂 498
喪 sāng 58	卅 sà 80	二 èr 463	甬 yǒng 236
辜 gū 500	古 gǔ 79	干 gān 78	肃 sù 肅 103
十一画以上	考 kǎo 287	亍 chù 69	隶 dài 104
嗇 sè 184	毕 bì 畢 135	于 yú 亏 163	承 chéng 415
準 zhǔn 385	华 huá 華 212	亏 yú 163	亟 jí/qì 464
榦 gàn 198	协 xié 協 473	五 wǔ 496	函 hán 236
翰 wò 485	芈 mǐ 126	井 jǐng 174	虱 shī 459
兢 jīng 294	克 kè 239	开 kāi 開 409	乳 rǔ 405
嘏 jiǎ 80	孛 bèi 210	元 yuán 13	既 jì 174
寊 zhì 136	**六画**	无 wú 436	叚 jiǎ 102
翰 hàn 122	卓 zhuō 279	云 yún 398	昼 zhòu 晝 104
韓 hán 韓 187	直 zhí 436	专 zhuān 專 107	咫 zhǐ 291
	卑 bēi 102	互 hù 156	飛 fēi 402
厂部	阜 fù 491	丕 pī 13	胤 yìn 142
厂 hǎn 322	卒 zú 286	亚 yà 亞 495	圅 hán 236
厂 yì 431	丧 sāng 喪 58	亘 gèn 205	癸 guǐ 501
乁 yí 432	協 xié 473	些 suò 62	**十画以上**
二至八画	卖 mài 賣 210	彭 páng 14	乾 qián/gān 498
仄 zè 323	**七至十画**	闞 lìn 123	氃 yì 100
庂 zè 323	南 nán 211	阛 lìn mín 460	發 fā 440
历 lì 歷 61	真 zhēn 278		肃 sù 103
厄 ě 312	隼 zhuī 129	**十部**	羍 xiá 186
厉 lì 厲 322	丧 sāng 58		亂 luàn 498
	索 suǒ 210		鳦 yà 405

匰 wéi 265	匸 xì 436	厨 chú 廚 320	厈 hǎn 322
匯 huì 437	匚 fāng 436	厦 xià 廈 322	压 yā 壓 467
匰 dān 437	**二至四画**	厤 lì 322	辰 chén 504
匱 guì 437	区 qū 區 436	雁 yàn 124	厌 yàn 厭 323
匴 suǎn 437	匹 pǐ 436	厥 jué 322	厍 kù 庫 320
匵 dú 437	巨 jù 160	廆 xǐ 322	居 hù 322
匾 biān 156	叵 pǒ 163	厰 yín 322	底 dǐ zhǐ 322
匶 jiù 437	匜 yí yǐ 437	厥 ruì 479	应 lā 322
匷 gòng 437	匡 kuāng 437	厵 yuán 393	厔 jú 100
	医 fū 156	**十二画以上**	厌 hóu 180
刂部	匞 bēi 201	厴 yā/yàn 323	厓 yá 322
	匠 jiàng 437	屚 guǐ 322	厕 cè 廁 321
刂 dāo 146	**五画以上**	魘 yǎn 魇 316	厏 zè 228
二至三画	匣 xiá 437	鴈 yàn 131	厘 lí 469
刈 yì 431	匦 lòu 436	厱 lán 322	囷 xí 266
刂 bō 147	匹 yí 412	厵 wēi 322	厐 fū 322
刊 kān 147	医 yì 436	廦 pì 323	厖 máng 322
刌 cǔn 147	甌 guǐ 匦 156	厤 lì 61	厊 xiá 323
刉 jī guì 147	匧 qiè 437	厭 yàn 347	厚 hòu 183
四画	匽 yǎn 436	曆 lì 230	厗 tí 322
刑 xíng 148	匼 tiáo 437	壓 yā 467	厞 fèi 323
刓 wán 148	匿 nì 436	厴 yǎn 厣 351	厝 cuò/cù 322
列 liè 147	匤 jī 159	懕 yān 364	厜 lái 51
划 huá 劃 147	匪 fěi 437	龐 páng 龐 321	厪 qín 322
则 zé 則 147	匜 yí 412	厲 lì 322	厡 yì 322
刚 gāng 剛 147	匱 hū 437	曆 yè 307	原 yuán 原 393
创 chuāng 創 149	匮 guì 匱 437	魘 yǎn 316	厥 yí 300
刉 jī(刘) 147	甌 guǐ 156	魘 yǎn 351	厜 zuī zī 322
刖 yuè 148	匬 yǔ tóu 437		**九至十一画**
刎 wěn 148	匫 cāng 437	**匚部**	厢 xiāng 廂 322
五画	甌 guǐ 156		原 yuán 393
删 shān 147	匱 yì 437		厩 jiù 廐 320

（9）张氏检字表

齮 qǐ	307	**十二画以上**		剑 jiàn 劍	149	刐 bié	140
籧 jù	175	劓 zé	147	剉 cuò	148	刮 diàn	148
爵 jué	175	罚 fá	148	前 qián	61	钊 zhāo 剑	148
鬱 yù	175	劗 zǔ	148	**八画**		刭 gōu	146
		劃 huá	147	𠛬 zhì	148	利 lì	146
卜（卜）部		劀 guā	147	剞 jī	146	删 shān	147
		劌 guì	147	剙 duàn	484	判 pàn	147
卜 bǔ	112	剿 jiǎo	148	剔 tī	148	刭 jǐng 剄	148
上 shàng	14	劇 jù	148	剛 gāng	147	刜 fú	148
占 zhān	112	劊 guì	147	剑 zhāo	148	**六画**	
外 wài	235	劃 huà	104	剖 pōu	147	刲 kuī	147
处 chù	483	劓 yì	148	剡 yǎn	146	刵 èr	148
歺 è	138	劓 zé	147	剜 wān	148	刺 cì	148
卢 lú 盧	169	劖 chán	148	剥 bō 剝	147	刳 kū	147
尗 shú	250			剝 bō	147	到 dào	406
贞 zhēn 贞	112	**匕部**		剧 jué	146	刿 guì 劌	147
芈 mǐ	126			剟 zhuō	147	剀 kǎi 剴	146
卥 xī	407	匕 huà	278	**九至十一画**		制 zhì	148
卢 zhuān	136	匕 bǐ	278	剭 è	146	刔 fǒu	146
夗 sǐ(死)	140	早 bǎo	279	副 pì	147	刮 guā	147
卦 guà	112	攲 qī	279	剫 dù	110	刽 guì 劊	147
邵 shào	112	皀 bī	174	剠 duó	147	刹 chà	148
卧 wò	281	𣎴 zhuō	279	剬 duān zhuǎn	147	剂 jì 劑	147
卤 réng	162	䁖 shì	174	剴 kǎi ái	146	刻 kè	147
卓 zhuō	279	𣧑 yí	278	劄 zé	147	刷 shuā	147
兆 zhào	112	𣪠 jiù	320	創 chuāng	149	**七画**	
鹵 xī	407	鬯 chàng	174	割 gē	147	荆 jīng	36
𠧧 huì	112	𣏃 ní	280	剩 chì qiè	148	剌 là	213
六画以上		旣 jì	174	剸 tuán	307	到 jǐng jīng	148
鹾 tiáo	237	匙 chí	279	剽 piào	147	削 xuē	146
鹵 yóu	162	𣦦 nǎo	279	剹 yì	148	则 zé	147
鹵 lǔ	407	𣦢 shǐ	175	剿 jié	148	剈 yuān	147

伃 yú 270	仪 yí 儀 274	网 liǎng 261	离 xiè 497
似 sì 274	仔 zī 275	周 zhōu 54	韶 duàn 484
五画	仞 rèn 269	冈 gāng 318	卤 réng 162
佞 nìng 428	**四画**	罔 wǎng 罔 262	亶 tán 183
信 gāng 147	伟 wěi 偉 270	圉 hǎn 262	叡 ruì 壑 138
俩 fǎng 272	传 zhuàn 傳 274	罔 wǎng 262	亶 tán 183
体 tǐ 體 141	休 xiū 205	牌 bēi 140	晶 tiáo 237
何 hé 272	伍 wǔ 273	闼 mào 261	
伓 pī 271	伎 jì 275		**冂部**
攸 yōu 110	伏 fú 276	**亻部**	
但 dàn 276	伛 yǔ 傴 277		冂 jiōng 181
伹 qū xú 275	优 yōu 優 274	亻 rén 269	冂 mǎo 261
伿 yì 275	伐 fá 276	**一至二画**	尹 rǎn 326
伸 shēn 275	仳 pǐ 277	亿 yì 億 274	冃 mào 261
佃 diàn 275	仲 zhòng 270	仁 rén 269	内 róu 497
伿 yì 106	伙 nì 383	什 shí 273	冈 gāng 冈 318
佚 yì 276	伀 zhōng 270	仆 pū fù 276	
作 zuò 274	件 jiàn 277	化 huà 278	内 nèi 178
伯 bó 270	似 yín 280	仇 qiú 277	丹 dān 173
佖 bì 271	任 rén 274	仍 réng 273	册 cè 76
伶 líng 274	伤 shāng 傷 276	仅 jǐn 僅 274	同 jiōng 181
低 dī 278	伥 chāng 倀 275	**三画**	冎 guǎ 140
佁 yǐ ǎi 275	价 jià 274	仁 hóng 271	回 huí 214
佝 kòu 276	伦 lún 倫 272	仕 shì 269	册 cè 76
位 wèi 272	份 bīn 270	付 fù 273	冈 wǎng 262
伭 xián 275	华 huá (華) 212	代 dài 274	再 zài 135
伴 bàn 271	仰 yǎng 273	伙 nú 425	同 tóng 261
伫 zhù 278	伉 kàng 270	仙 xiān 277	网 wǎng 262
佗 tuó 272	仿 fǎng 272	们 xìn 82	肉 ròu 141
伺 sì 278	伪 wěi 僞 275	仡 yì 271	网 wǎng 262
侮 wǔ 276	仁 zhù 伫 278	仢 dí 272	冉 nè 79
佋 zhāo sháo 277	伊 yī 270	伋 jí 270	周 zhōu 54

（11）张氏检字表

倾 qīng 273
倒 dǎo 278
俳 pái 276
俶 chù 272
倬 zhuō 271
條 tiáo 196
倐 shū 342
脩 xiū 144
俱 jù jū 272
傷 yì 276
倡 chāng chàng 276
候 hòu 俟 274
倭 wēi 271
倪 ní 274
俾 bǐ 274
倫 lún 272
倗 péng 272
倠 suī 277
倄 yáo xiáo 276
倜 tì 278
偹 jiù 277
倞 jìng 271
倅 cuì 277
倍 bèi 275
倦 juàn 277
倓 tán 270
倌 guān guàn 274
健 jiàn 271
倨 jù 271

九画

偰 xiè 270
偆 chǔn 274

俄 é 276
倳 shēn 277
徃 guàng 277
侮 wǔ 276
俙 xī xié 276
倹 jiǎn 儉 274
侳 zuò 273
俆 xú 275
俗 sú 274
俘 fú 276
俛 fǔ 305
係 xì 276
侲 zhèn 277
信 xìn 82
俒 hùn 274
俋 yìng 275
侵 qīn 274
侯 hóu 180
俑 tōng/yǒng 276
俟 sì 271

八画

倢 jié 273
倩 qiàn 270
債 zhài 278
倀 chāng 275
借 jiè jì 274
值 zhí 277
佰 sù 235
傔 jiàn 275
倚 yǐ 273
俺 yàn 271

佮 gé 273
佻 tiāo 275
佾 yì 278
侜 zhōu 275
侰 cǐ xǐ 275
佩 pèi 270
侈 chǐ 275
侪 chái 儕 272
侎 mǐ 110
侅 gāi 270
佼 jiāo xiāo 269
佗 tuō 277
依 yī 273
侐 xù 273
㰱 cì 273
侒 ān 273
併 bìng 273
侔 móu 272
俦 chóu 儔 275
俌 fǔ 273
俨 yǎn 儼 271
侸 shù 273
俅 qiú 270
便 pián 274
俪 lì 儷 274
修 xiū 308
俣 yǔ 俣 271
俚 lǐ 271
保 bǎo 269
倩 qiàn 274
偁 pīng 273
促 cù 276

佛 fú 272
侣 sì 274

六至七画

佳 jiā 270
侾 bīng 92
侍 shì 273
侙 chì 273
佶 jí 271
侉 kuā 276
侕 ér 273
供 gōng 272
使 shǐ 274
侑 yòu 428
佰 bǎi 273
佡 sù 235
例 lì 276
侠 xiá 俠 273
侥 yáo 僥 277
侦 zhēn 278
侊 guāng gōng 275
侣 lǚ 侶 277
侗 tōng 271
侃 kǎn 393
侧 cè 273
侚 xùn 270
侹 tǐng 271
俊 bèi 272
侨 qiáo 僑 271
佺 quán 272
侁 shēn 273
侩 kuài 儈 278
佸 huó 273

张氏检字表（12）

僾 ài 272	**十二画**	備 bèi 備 272	偾 fèn（債）276
儈 kuài 278	僥 yáo 277	傅 fù 273	偭 miǎn miàn 274
儋 dān 272	僷 yè 270	傝 tāo 448	㑱 ruǎn nuàn 275
億 yì 274	僛 qī 276	傥 tǎng 儻 278	鸺 xiū 125
儃 chán tán 273	僨 fèn pèn 276	傑 jié 270	偃 yǎn 276
僻 pì 275	僖 xī 274	傮 tán 270	偕 xié 272
十四画	儆 jǐng 272	傛 yǒng 270	偿 cháng 償 274
儔 chóu 275	僊 xiān 仙 277	傍 bàng páng 274	偶 ǒu 277
儒 rú 270	僚 liáo liǎo 271	傓 shàn 272	傸 shēn zhèn 109
儙 duì 277	儥 tuǐ/wèi 271	傺 jí 276	偲 cāi 271
儕 chái 272	僤 dàn 271	傔 qiàn 277	傀 guī 270
儐 bìn 272	僭 jiàn 275	傧 bìn 儐 272	偉 hún wén 270
儗 nǐ 275	僕 pú 91	儓 tài 365	偫 zhì 272
十五画以上	僑 qiáo 271	傩 nuó 儺 271	偁 chēng 273
優 yōu 274	僛 rǎn 275	傪 sāo 275	偈 jué 276
儥 yù 274	偽 wěi wèi 275	保 bǎo 269	候 hòu 274
償 cháng 274	僦 jiù 278	**十一画**	停 tíng 278
儵 tiáo chóu 399	僯 lìn 66	僅 jǐn 274	傁 sǒu 101
儡 léi 277	僮 tóng 269	偡 yàn 275	偻 lóu 僂 277
儽 liè 271	僧 sēng 278	僄 piào 276	傞 suō 276
儲 chǔ chú 272	僐 shàn 276	傳 zhuán 274	伪 wěi 僞 275
儦 biāo 271	傅 zǔn 277	傮 zāo 277	偏 piān 275
儵 shū 351	僎 zhuàn 270	僂 lóu lǚ 277	假 jiǎ/gé 274
儬 hōng 275	僩 xiàn 271	催 cuī 276	傳 zhuàn 271
儳 chán 276	僟 jī 272	偢 zhì 492	傀 kuí jì 274
儠 chè 272	**十三画**	傷 shāng 276	偓 wò 272
儺 nuó 271	僵 jiāng 276	偞 xiè 272	偋 bìng 275
儷 lì lǐ 274	價 jià 278	像 xiàng 277	偉 wěi 270
儼 yǎn 271	儇 xuān 270	傜 yáo 276	**十画**
儹 zǎn 273	僭 qiān 366	傭 yōng 272	備 bèi 272
儻 tǎng 278	儉 jiǎn 274	僇 lù liù 277	傲 ào 271
儽 lěi 273		傪 cān 271	傆 yuàn 274

（13）张氏检字表

尒 ěr 47
丛 cóng 叢 91
参 zhěn 107/308
令 lìng 令 312
仚 xiān 277

四至六画
全 quán 179
仝 cāng 178
会 huì 會 178
合 hé 178
企 qǐ qǐ 269
众 zhòng 衆 280
佥 biān 97
余 yú 48
巫 wū 160
夾 jiā 354
仚 qiān 僉 178
侴 jiǎ 498
含 hán 52
舍 shè 178
佥 fǎ 338
來 lái 184
侖 lún 178
命 mìng 53
命 yuàn 367
臾 kuì 41
贪 tān 貪 217
佥 yīn 398
禽 yǔ 497

七画
俞 yú 292
异 gān/yǎn 91

䭕 fà 309
舆 yú 輿 486
貼 tiān 471
齹 yí 412
冀 jì 279
興 xīng 93
䲁 zhǒng 259
䶊 huà xié 471
䶊 wěi huǐ 471
馘 guó 411
䶴 xiān 471
龔 yì 403
齵 tuān 471
夔 kuí 186
蠲 juān 454

人(入)部

人 rén 269
入 rù 178

一至三画
人 jí 177
亾 wáng 436
介 jiè 48
众 bīng 395
从 cóng 279
从 liǎng 179
仑 lún 侖 178
今 jīn 178
以 yǐ 505
仓 cāng 倉 178
仝 quán 178

具 jù 92
单 dān 單 58
典 diǎn 159
尪 wāng 356

七至八画
差 chā/chāi 160
养 yǎng 養 176
叛 pàn 49
前 qián 61
酋 qiú 508
家 suì 48
首 shǒu 307
兹 zī 137
真 zhēn 278
益 yì 169
兼 jiān 243

九画以上
其 jī 159
黄 huáng 471
兽 shòu 獸 497
普 pǔ 230
尊 zūn 509
奠 diàn 159
孳 zī 502
艕 pīng 313
曾 zēng 47
巽 xùn 159
羲 xī 163
夒 wéi 187
與 yǔ 93
養 yǎng 176
龔 bān 91

八(丷)部

八 bā 47

一至二画
兮 xī 163
尣 wāng 356
分 fēn 47
公 gōng 48
仈 zhào 48
六 liù 496

三至六画
兰 lán (蘭) 29
半 bàn 48
羊 rěn 78
只 zhǐ 78
并 bìng bīng 279
关 guān 關 409
屰 nì 78
弟 dì 188
共 gòng 92
兴 xīng 興 93
其 gòng 92
兑 duì 294
籴 jī 159
兟 bì 268
兵 bīng 92
谷 gǔ 394
弟 dì 188
卷 juǎn 312
其 jī 其 159
並 bìng 竝 361

张氏检字表（14）

几（几）部

几 jī jǐ 483
凡 fán 464
凤 fēng 風 461
凤 fèng 鳳 129
夙 sù 235
凫 fú(鳧) 107
秃 tū 295
凰 fēng 461
鳬 fú 鳧 107
鳳 fèng 129
凭 píng 凭 483

亠部

一至六画

亡 wáng 436
六 liù 496
亢 gāng 358
市 shì 181
玄 xuán 136/137
齐 qí 齊 237
肓 huāng 392
交 jiāo 356
亦 yì 355
产 chǎn 産 211
亥 hài 509
充 chōng 294
亩 mǔ 畝 470
亨 kè 239

蜀 jū 313

儿部

儿 rén(儿) 293

一至八画

兀 wù 294
元 yuán 13
允 yǔn 294
兄 xiōng 294
尧 yáo 堯 469
尣 jì 301
光 guāng 349
先 xiān 295
兆 gǔ 295
兇 xiōng xiōng 247
兆 zhào 112
充 chōng 294
克 kè 239
皃 sì 330
皃 mào 294
兑 duì 294
兒 ér(儿) 294
兔 tù 340
党 dǎng 黨 351

八画以上

竟 jìng 90
兜 dōu 295
兟 shēn 295
競 jīng 294
兢 jīng 294
競 jìng 89

勹部

勹 bāo 313
勺 zhuó 483
勿 wù 326
匀 bào 314
訇 jiū 314
匀 yún 勻 314
句 gōu/jù 79
包 bāo 314
匃 gài 匄 436
旬 xún 314
匈 xiōng 314
甸 diàn 470
旬 xuàn 117
匋 táo 179
甸 xún 314
匌 gé hé 314
絢 jū 313
甸 zhōu 314
匍 pú 313
訇 hōng 85
芻 chú 41
鵽 sǔn 163
匎 zhǒng 314
匐 fú bó 313
訇 hōng 85
匏 páo 314
匇 tù 314
匔 jiù/yù 314
匐 fù 314

徛 qǐ 269
俎 zǔ 484
衾 yīn 398
龕 niè 61

八画

拿 ná 拏 414
毪 gàn 230
倉 cāng 178
龡 yī 270
衾 qīn 285

九至十画

夆 jīn 475
龕 kān 龕 402
龡 quán 179
舒 shū 137
龠 lún 178
龡 yú 470
翕 xī 122
禽 qín 497

十一画以上

僉 qiān 178
會 huì 178
僰 bó 277
龡 yú 48
劍 jiàn 149
龠 yuè 75
龡 gàn 231
龡 tóu 250
龢 hé 75
龡 pí 178
龕 kān 402
龡 jiǎn 407

（15）张氏检字表

习 xí 習	121
冬 dōng	395
冰 bīng níng	395
次 cì	300
尽 jìn 盡	169
冻 dòng 凍	395
洴 tú	395
冷 lěng	395
冶 yě	395

八画以上

凌 líng	395
清 qìng	395
凍 dòng	395
凋 diāo	395
凉 liáng 涼	386
馮 píng féng	336
溧 lì	395
潷 bì	395
滄 cāng chuàng	395
涵 hán	395
澌 sī	395
凜 lǐn	395
凝 bīng	395
瀨 lài	395
蘿 jī	250

一部

冖 mì	260
冘 yín	181
写 xiě 寫	253
军 jūn 軍	487

圍 wéi	356
亶 yōng	182
韲 qì	135
章 guō	181
韠 pí	494
襃 bāo	284
襃 jùn	108
贏 yíng	423
臺 táng	465

十五画以上

襭 xiè	285
襄 xiāng	285
就 jiù	182
韇 yōng	466
贏 yíng	216
霽 háo	328
贏 luò	360
鼙 qín	435
贏 luǒ	455
贏 luǒ	286
韆 yuán	465
贏 léi	127
轗 chéng	466
韃 quē	182
齏 shāng	79
韇 dǔ	465
贏 luó	337

冫部

冫 bīng 仌	395

一至七画

兹 zī	137

九画

亭 xiǎng	182
夏 fú	185
袞 gǔn 袞	282
裘 zhì	265
焂 gǎng/hàng	358
商 shāng	79
率 shuài	452
袤 mào	283
旒 lú	137

十画

襃 xiè 襃	285
裔 luán 巒	143
稙 zhí	436
斐 sè	435
就 jiù	182
高 qǐng	181
雍 chéng	189
棄 qì	135
犖 qì	135

十一至十四画

裏 lǐ	283
亶 dǎn	183
稟 bǐng	183
裹 guǒ	286
稾 gǎo	198
稿 gǎo	242
豪 háo	328
膏 gāo	142
商 shāng	79
竭 yì	441

弃 qì	135
㐬 tū	503
变 biàn 變	109
京 jīng	182
亩 lǐn	183
夜 yè	235
卒 zú	286
氓 méng	431

七画

哀 āi	56
享 xiǎng/pēng/hēng	182
亭 tíng	181
亳 suō	286
亱 yè 夜	235
弈 yì	92
奕 yì	359
彦 yàn	309
帝 dì	14
妙 yāo	441

八画

衰 suō	286
畝 mǔ	470
衷 zhōng	285
高 gāo	180
畗 fú	183
亳 bó	181
离 lí/chī	497
袞 gǔn	282
乘 chéng	189
旁 páng	14
衮 ēn	347

张氏检字表(16)

诘 jié 88	詡 xù 84	讪 shàn 85	农 nóng 農 94
諆 jī 252	诂 gǔ 82	訒 rèn 84	罕 hǎn 闞 262
誇 kuā 86	詍 yì 85	讫 qì 84	冠 guān 260
诚 chéng 82	诃 hē 87	託 tuō 83	叚 jiǎ 102
詷 tóng 83	诅 zǔ 85	训 xùn 81	冡 méng 261
诛 zhū 88	詋 zhòu 85	议 yì(議) 82	冢 zhǒng 314
詾 xiōng 87	詇 yàng 81	讯 xùn 82	寉 hú 181
诜 shēn 81	调 xiòng 88	记 jì 83	冣 jù 260
詻 è 81	诈 zhà 87	**四至五画**	冥 míng 232
话 huà 83	誂 yuǎn 88	讲 jiǎng 講 84	冤 yuān 340
詥 hé 83	詢 táo 85	訮 yán 訮 xiān 85	冞 gān/yǎn 91
诞 dàn 86	詄 dié 86	讳 huì 諱 82	冡 jiā 251
誃 chǐ 85	诉 sù 87	詉 yóu 88	冦 dù 260
诟 gòu hòu 88	評 hū 84	讴 ōu 謳 83	冪 jiōng mì 239
诼 tiǎo 86	詬 gòu 88	诓 jù 89	冡 gǔ 80
诠 quán 83	诊 zhèn/zhěn 88	讶 yà 84	爨 cuàn 94
誨 huì 85	诋 dǐ 88	讷 nè 84	
诡 guǐ 88	詠 yǒng 84	诊 chāo 86	**讠(言)部**
询 xún 89	詑 tuó 84	许 xǔ 81	
詧 chá 82	词 cí 311	譊 nán ráo 85	**二至三画**
诣 yì 84	诎 qū 88	讬 xīn 83	计 jì 計 83
詾 xiōng 87	诏 zhào 82	论 lún(論) 82	订 dìng 82
诤 zhèng 靜 84	诐 bì 81	訡 yín 56	訆 jiào 86
该 gāi 88	译 yì 譯 88	讻 xiōng 87	訒 réng 82
謊 huǎng huāng 86	诒 yí 84	讼 sòng 87	讥 jī 譏 85
详 xiáng 82	**六画**	詝 chén 82	讦 jié 87
誄 chóu 85	誫 zhǐ 87	讽 fěng 諷 81	訹 shī 81
诩 xǔ 83	诔 lěi 88	沁 xìn 82	讧 hóng 86
誏 hěn 86	諫 cì 88	设 shè 83	訏 xū 87
七画	试 shì 83	访 fǎng fàng 82	讨 tǎo 88
诫 jiè 82	诖 guà 85/86	诀 jué 89	让 ràng 讓 87
諫 cù sù 82	诗 shī 81	证 zhèng 82	訽 kòu 86

（17）张氏检字表

谥 yì/xì 88	谒 yè 81	诽 fěi 85	誧 bū 83
谡 sù 87	諟 shì 82	谇 xùn 82	誖 bèi bó 85
谦 qiān 83	谓 wèi 81	諮 tà 85	誌 zhì 89
谧 mì 83	諰 xǐ 83	课 kè 83	䅷 jiào 誟 112
谪 chí 81	谕 yù 81	谪 huà 86	诬 wū 85
十一画	讽 fěng 81	谑 háo 86	语 yǔ 81
谨 jǐn 82	谮 yòu 316	诿 wěi 83	诮 qiào 87
赜 zé 56	谥 shì 88	谁 zhuì 83	误 wù 85/86
谞 yú 86	谖 xuān 84	谀 yú 84	诰 gào 82
查 zhā 84	谗 chán 譏 87	谣 táo 85	諍 zhèng 84
谩 ōu 83	諧 jiē 87	谁 shuí 88	诱 yòu 316
谦 lóu zhōu 84	谙 ān 88	谕 lún 82	诈 zhà 84
諢 hū hù 84	谚 yàn 84	谂 shěn 82	誐 é 83
譇 jiē zhā 84	谛 dì 82	调 tiáo 83	诲 huì 81
谩 mán 84	谜 mí 89	谄 chǎn 84	詉 nì ná 86
谪 zhé 87	諁 xiǎo 89	谅 liàng 81	诳 kuáng 84
諰 xí 87	谝 piǎn 85	谆 zhūn 81	訟 sòng 87
谳 hàn 86	諱 huì 82	译 suì 88	说 shuō/yuè 83
谬 miù 86	谞 xū xǔ 82	谈 tán 81	諴 hàn 86
谗 càn 84	講 jiǎng 84	谊 yì 83	誋 jì 82
十二画以上	謓 chēn 87	诎 qū 88	诵 sòng 81
譊 náo 84	譁 huā 86	**九至十画**	诶 xī 85
譆 xī 85	源 yuán yuàn 81	谋 móu 81	**八画**
譖 zèn 87	谟 mó 81	谲 gé 88	请 qǐng 81
讀 mài 86	謌 gē 298	谌 chén 82	諎 zé 84
讃 huì 86	讀 xǐ 88	谞 yú 86	諤 wù wǔ 87
譙 qiào 87	謰 lián 84	諴 xián 83	諆 qī 87
譒 bò 83	谠 dǎng 讜 89	谍 dié 88	诸 zhū 81
譌 é 86	谢 xiè 83	谏 jiàn 82	諓 jiàn 83
識 shí 82	謏 xǐ 88	谐 xié 83	诹 zōu jū 82
譄 zēng 86	谤 bàng 85	諯 zhuān chuàn 87	诺 nuò 81
	謧 lí 85	谑 xuè 86	读 dú 讀 81

阻 zǔ 491	鼜 qiān 93	矗 niè zhé 87	谱 pǔ 89
阼 zuò 493		讘 xié huà 85	譔 zhuàn 81
阺 dǐ 492	**阝(阜)部**	讝 tà 87	讕 lán 88
附 fù/bù 492	**(在左)**	讟 dǎng 89	證 zhèng 88
阨 è 492		讟 lěi 88	谲 jué 87
陂 bēi 491	自 fù 491	讟 dú 89	讥 jī 85
陉 xíng 陘 492	**二至五画**		護 hù 83
六至八画	队 duì 隊 492	**卩(㔾)部**	谴 qiǎn 87
陕 xiá 陝 492	阞 dīng 493	卩 jié 312	譓 huì 86
降 jiàng 492	防 lè 491	卫 wèi 衛 70	譟 zào 86
陒 guǐ 467	阢 wù 492	殳 fú 102	譌 guà 85
陊 duò 492	阡 qiān 494	卬 áng 279	譯 yì 88
陔 gāi 493	阨 shēn 494	卭 yǎng 279	譞 xuān 83
陒 yī 493	阤 zhì 492	叩 zhuàn 312	譢 tà 85
限 xiàn 491	阱 jǐng jìng 174	厄 è 312	譮 huà 83
陕 jué 494	阮 ruǎn/yuán 493	厄 zhī 311	譣 xiǎn 82
陋 lòu 492	阯 zhǐ 492	印 yìn 312	議 yì 82
陜 xiá 493	阳 yáng 陽 491	卯 qīng 313	譸 zhōu 85
䞉 chún 494	阪 bǎn 491	危 wēi 323	謹 wàng(謹)88
陛 bì 493	阶 jiē 階 493	卲 bì 312	譺 ài 84
陘 xíng 492	阴 yīn 陰 491	卵 luǎn 463	讀 dú 81
陟 zhì 492	阬 kēng 492	邵 shào 312	讟 dú 89
陗 qiào 491	防 fáng 492	即 jí 174	讄 lěi 88
陼 kū kù 493	阭 yǔn 491	卲 bì 312	譞 juàn xuàn 88
除 chú 493	际 jì 際 494	卷 juǎn 312	讇 chǎn 84
险 xiǎn 險 491	陆 lù 陸 491	剟 chǐ 312	讎 chóu 81
院 yuàn 252/494	阹 qū 494	巹 jǐn 499	讙 huān 86
塝 fáng 492	阿 ē 491	卸 xiè 312	讖 chèn 81
陵 jùn 491	陇 lǒng 隴 493	卻 què 312	讉 tuí 86
陸 lù 491	陈 chén 陳 493	卿 qīng 313	讓 ràng 87
陼 zhǔ dǔ 493	阽 yán 493	郄 xī 312	讒 chán 87
隑 yì yī 493	陙 chén 493		讕 lán 88

（19）张氏检字表

邘 nuó 222
邡 fāng 222
邟 kàng 221
炜 huǒ 224
祁 qí 220
那 nuó nǎ 222
邔 niǔ 224

五画

邯 hán 220
郉 bǐng 222
邳 pī 223
邶 bèi 220
邺 yè 邺 220
邸 dí 220
䢺 jū 219
郝 háo 221
邱 qiū 224
郌 bāo 222
邻 lín 邻 218
郇 qú 223
邸 dǐ 218
邹 zōu 邹 223
邲 bì 220
邵 shào 220
邰 tái 219

六画

邽 guī 220
耒 lèi 222
郼 shī 223
郋 chén 222
郁 yù 219
郕 chéng 223

龓 lǒng 493
鰥 hùn 491
墼 duì 250
隩 suì 494

阝（邑）部
（在右）

阝 yì（邑）218

二至四画

邓 dèng 邓 221
几阝 jǐ 224
邗 hán 223
邘 yú 220
邛 qióng 222
邝 kǒu 219
邙 máng 220
邔 qǐ 222
屾 shān 224
邦 bāng 218
郱 qí 219
邧 yuán 222
邢 xíng 邢 220
邢 jǐng xíng 220
邪 yé 223
郋 pèi 222
邺 shǎo 222
邨 cūn 224
邞 fū 223
邦 bāng 218
邥 yǐng 221
邠 bīn 219

隊 duì/zhuì 492
隔 gé 492
阨 ài 494
隳 huī 492
陨 yǔn 492
隙 xì 494
隖 wù wǔ 494
陒 lěi 491
嶮 yǎn 492
隘 ài 494
陞 bī 403
隭 pū 492
陳 qīng 492
障 xià 467
隆 lóng 211
際 jì 494
障 zhàng 493
随 suí 64
䲗 chén zhèn 110
隤 tuí 492
隬 wú 493
隇 wéi huī 493
隥 dèng 492
險 xiǎn 491
㿉 xiè 493
隩 ào 493
隰 xí 492
隱 yǐn 493
隇 yǐn 203
隓 duò 398
隇 wéi shuí 125
隫 dú 492

陵 líng 491
䧙 fù 493
陬 zōu 491
隺 jiàn 494
陳 chén 493
陲 chuí 494
隹 duì 491
陴 pí 494
陰 yīn 491
堋 bēng 318
隃 lún 494
陶 táo 493
陷 xiàn 492
陪 péi 494
隇 juàn 493
隇 zhào 493

九画以上

隋 duò 143
陾 réng 494
階 jiē 493
陼 zhēng 493
隄 dī 492
陽 yáng 491
隅 yú 491
隈 wēi 493
隍 huáng 494
隗 wěi 491
陧 niè 492
陰 yīn 陰 491
隃 shù 493
隆 lóng 211
隊 zhuàn duàn 494

张氏检字表（20）

鄙 bǐ 218	郹 jú 221	䢵 yún 郧 222	郏 jiá（郟）221
䣬 péi 219	鄅 yǔ 222	郢 ǐ 221	巷 xiàng 225
䣭 hǔ 224	鄋 sōu 郰 221	郜 gào 222	郅 zhì 221
䣩 cuó 222	郰 hóu 220	郔 yán 222	邝 kuāng 220
鄹 yīng 224	鄃 shū 221	郗 xī 220	邾 zhū 222
鷩 bì 222	鄋 sōu 221	郛 fú 223	邢 xíng 220
鄑 zhài 220	郿 méi 219	郤 xì 220	郈 hòu 223
鄘 yōng 222	鄈 kuí 220	郛 fú 218	郋 xí 221
鄡 qiāo 221	鄉 xiāng鄊鄕 225	郡 jùn 218	郐 kuài 郐 222
鄣 zhāng 223	**十至十一画**	**八画**	郃 hé 219
鄌 tú 219	鄐 hé 224	都 dū 218	郇 xún 221
鄝 liǎo 224	鄑 zī 222	郰 zōu 223	娜 rú 224
十二画	鄢 mà 222	郴 chēn 222	郊 jiāo 218
鄲 tán 223	鄍 mào 221	郯 yǎn 223	郂 gāi 224
鄗 gé 221	郲 rǔ 220	郪 qī 221	郑 zhèng郑 219
鄲 dān 221	鄟 qián 220	郫 péi 220	邴 píng 224
鄮 mào 222	鄔 wū 220	鄥 dǎng 224	郎 láng 223
鄱 pó 222	鄍 míng 220	邮 yóu 218	邪 yǔ 221
鄶 xì 224	鄆 yún 222	郱 nián 220	郓 yùn 220
鄬 wéi guī 224	鄒 zōu 223	郳 ní 223	**七画**
鄦 xǔ 221	鄛 cháo 221	郫 pí 222	郝 hǎo 219
鄭 zhèng 219	鄗 hào 221	郰 shū shē 224	郖 dòu 220
鄳 méng 221	郋 xī 221	郭 guō 223	郠 gěng 222
鄯 shàn 219	郒 páng 221	部 bù 220	郚 wú 223
鄫 zēng 223	鄐 chù 220	郸 dān 鄲 221	邦 bó 223
鄰 lín 218	鄢 yān 221	郯 tán 223	郇 qiú 224
鄷 féng 224	郜 gān 224	**九画**	郦 lì 郦 224
鄧 dèng 221	鄯 qiān 224	鄂 yǎn 221	郙 fǔ 224
鄩 xún 220	鄞 yín 222	鄄 jì 219	郏 jiá 221
十三画以上	郪 qī 223	鄄 juàn 222	郢 yǐng 221
鄴 yè 220	鄸 lóu lú 221	鄂 è 222	郜 shào 219
鄶 yí 223	鄠 hù 219		郐 kuài 224

（21）张氏检字表

釁 xìn　94	龟 guī 鼁 462	凵 xiá　206	郐 kuài　222
	肙 ruǎn　108	籴 pō　210	䶓 xiàng　225
力部	初 chū　147	甾 zī　438	䶹 xiāng　225
	刱 chuàng 174	艸 cǎo　28	酬 chóu　222
力 lì　472	臽 xiàn　247	坒 huáng 209	䊤 jí　222
二至四画	兔 tù　340	岎 fēn　27	鄤 wàn　222
办 bàn 辦 473	쬬 chuò　339	屴 lù　27	鄾 yōu　221
劝 quàn 勸 472	券 quàn　148	画 huà 畫 104	鄜 fū　219
功 gōng　472	奂 huàn　91	函 hán　236	鄻 liǎn　220
劢 mài 勱 472	急 jí　365	幽 yōu　136	鄢 yān　224
加 jiā　473	庻 hóu　180	鬯 chàng 174	鑽 zuǎn/zàn 218
务 wù 務 472	龟 chuò　339	崒 nán　211	鄺 yǐn　224
幼 yòu　136	契 jiá　149	凿 záo 鑿 478	鄱 táng　224
动 dòng 動 472	象 xiàng　330	豳 bīn　219	酃 líng　222
劣 liè　472	敧 qī　323	巤 lù　27	酄 huān　223
劦 xié　473	剪 jiǎn　147		酅 chán　222
五至六画	棼 fén　207	**刀（⺈）部**	酆 fēng　219
劫 jié　473	絜 è　146		酄 ráng　221
劳 láo 勞 472	赖 lài　216	刀 dāo　146	酀 xī　223
助 zhù　472	詹 zhān　48	刃 rèn　148	酈 lì　224
男 nán　471	劈 lí　147	切 qiē　147	饗 xiǎng　176
劬 qú　473	夐 jué　339	广 wěi　323	
劭 shào　472	夐 xuàn xiòng 115	分 fēn　47	**凵部**
劲 jìng 勁 472	劈 pì　147	㔞 chuāng 149	
劼 jié　472	燄 yàn　350	召 zhào　53	凵 kǎn　58
势 shì 勢 473	魯 xiě xiè 339	刍 chú 芻 41	凵 qū　170
券 juàn　473	龜 guī　462	刑 xíng　174	屮 chè　27
劾 hé hài 473	劎 jiàn　149	危 wēi　323	凶 xiōng　247
七至九画	劈 xiè　147	韧 qià　149	出 xìn　361
勃 bó　473	巉 chán　339	负 fù 負 217	击 jī 擊 419
勍 kè　472	㲰 rán　462	争 zhēng 爭 138	凷 kuài　465
勁 jìng　472	蠡 fù　340	色 sè　313	出 chū　210

受 shòu 138	**又(又)部**	𢺵 chè 472	勋 xūn 472
变 biàn 變 109		勴 lèi 472	勉 miǎn 472
叕 zhuó 495	又 yòu 101	劈 qiǎng 472	勇 yǒng 473
艰 jiān 艱 469	**一至四画**	勴 lù 472	勑 lài 472
叞 shuā 101	叉 chā 101		哿 gě 163
戛 bīng 92	叉 zhǎo 101	**厶部**	脇 xié 脅 142
叟 sǒu 101	支 zhī 103		勍 qíng 472
叙 xù 敘 111	友 yǒu 102	厶 gōng 101	脅 xié 142
爰 yuān 137	夊 guǐ 254	厶 sī 316	務 wù 472
叛 pàn 49	反 fǎn 102	**一至五画**	勘 kān 473
夐 shēn 101	収 gǒng 91	厺 tū 502	勩 yì 472
叚 jiǎ 102	收 shōu 110	幺 yāo 136	勖 xù 472
难 nán 難 130	邓 dèng 鄧 221	厷 gōng 101	動 dòng 472
叚 jiǎ 102	劝 quàn 勸 472	允 yǔn 294	**十画以上**
隻 zhī 123	双 shuāng 雙 128	去 qù 170	募 mù 473
剟 zhuō 147	㲾 pān 92	厾 cháng 326	勞 háo áo 473
晸 jī 159	圣 kū 467	弁 biàn 294	甥 shēng 471
曼 màn 101	反 fǎn 102	台 yí 54	勝 shèng 472
叡 jǐng 138	对 duì 對 91	牟 móu 50	勞 láo 472
敢 gǎn 138	发 fā 發 440	厽 lěi 494	勡 piào 473
叕 zhuì 102	发 tāo 102	县 xiàn 縣 308	勢 shì 473
十一画以上	戏 xì 戲 433	矣 yǐ 180	勤 qín 473
毳 ruò 209	观 guān 觀 296	叀 zhuān 136	勠 yǎng 472
嫯 zhā 101	叒 ruò 209		勠 lù 472
叡 gào 82	欢 huān 歡 298	**六画以上**	勦 jiǎo/cháo 472
叡 hè 138	羿 yǒu 102	垒 lěi 495	勱 mài 472
叡 gài 138	叔 cán 138	枲 xǐ 249	勩 yì 472
聚 jù 280	**六至十画**	能 néng 345	劂 jué 472
燮 xiè 350	取 qǔ 102	参 shēn 曑 233	勥 qiáng qiáng 472
竖 shù 105	罒 mò 102	絫 lěi 495	勵 jù 472
叡 xuán 19/138	叔 shū 102	畚 běn 438	勰 xié 473
		夋 jùn 340	勳 xūn 472

(23) 张氏检字表

圻 yín	467	䪈 jiān	469	壶 hú 壺	357	叡 ruì	138
圯 yì	465	鼟 tāng	165	壸 kǔn 壼	214	爕 xiè	101
坐 zuò	466	䶅 lóng tóng	165	尌 shù	165	臒 wò	173
坻 zhǐ	466			喜 xǐ	164	雙 shuāng	128
坋 fèn	467	**土部**		壹 yī	357	叢 cóng	91
坎 kǎn	466			壺 yūn	357	歠 chuò	300
均 jūn	464	土 tǔ	464	壶 hú 壴	357	矍 jué	128
坟 fén 坟	468	壬 tǐng	281	鼓 gǔ	165	齛 xiè	250
坊 fāng	469	**二至三画**		壸 kǔn 壴	214		
块 kuài 塊	465	圤 pú	465	嘉 jiā	165	**廴部**	
坠 zhuì 墜	469	去 qù	170	壹 yì	139		
五画		圣 kū	467	臺 tái	406	廴 yǐn	69
垚 lù	465	圭 guī	468	壽 shòu	287	延 chān	69
茔 yíng 塋	468	寺 sì	107	賣 mài	210	廷 tíng	69
坷 kě	467	在 zài	466	隶 lì 隸	104	延 yán	69
坺 bá	465	至 zhì	406	熹 xī	347	延 zhēng	69
垄 lǒng 壟	468	尘 chén 塵	339	歖 xǐ	164	建 jiàn	69
坪 píng bìng	464	圪 yì	465	馨 gǔ	165	廴 dàn	86
坫 diàn	465	考 kǎo	287	鼖 fén	165	廸 yàn	117
坰 jiōng	181	老 lǎo	287	嚞 zhé	53		
垆 lú 壚	465	圹 kuàng 壙	467	鼗 qì	165	**士部**	
坣 táng	465	圮 pǐ	467	嚭 pǐ	164		
坦 tǎn	466	圯 yí	468	鼗 táo	96	士 shì	24
坱 yǎng yàng	467	地 dì	464	馨 tà	165	壬 rén	500
坤 kūn	464	场 cháng 場	468	馨 tà	165	吉 jí	54
坥 qū	468	**四画**		馨 xīn	244	青 què qiāng	261
坵 qiū	280	坛 tán 壇	468	鼙 pí	165	壮 zhuàng 壯	24
坿 fù	466	社 fēng	466	馨 gāo	165	志 zhì	362
坼 chè	467	坏 pī	468	懿 yì	357	声 shēng 聲	411
㘦 shù	287	址 zhǐ	492	馨 qì tiè	165	毒 ǎi	431
坁 chí	466	坚 jiān 堅	105	虇 yuān	165	壴 zhù	164
		坒 bì	466			夐 jié	355

壞 huài 467	埤 pí 466	垒 lěi 壘 467	幸 niè 幸 357
壺 yīn 467	埩 zhēng jìng 467	**七画**	坡 pō 464
塏 kǎi 467	釮 zǐ 145	耋 dié 287	坐 zuò 466
畬 mù 117	堋 pèng 468	垚 yáo 469	坳 āo 469
塙 què 465	埻 zhǔn 466	埂 gěng 467	坶 mù 464
塓 mì 468	培 péi 467	埘 shí(塒) 466	坌 fèn 466
塘 táng 469	埶 yì 埶 100	垷 xiàn 465	**六画**
垶 xīng 465	執 zhí 357	埙 xūn 壎 466	型 xíng 466
塋 yíng 468	墡 shàn 墠 467	埍 juǎn 468	耇 gǒu 287
塗 tú 468	埽 sǎo 466	袁 yuán 284	垚 yáo 469
塜 lǒng 465	堀 kū 465/468	耆 qí 287	耊 diǎn diàn 287
塞 sài 467	**九至十画**	埒 liè 465	燮 xié 355
埁 líng 170	嶢 yáo 469	垸 huán 466	垫 diàn 垫 466
十一画	臺 wò 413	堊 yìn 468	堙 yīn 467
墊 diàn 466	翬 hún 465	埃 āi 468	垩 è 垩 465
墐 jìn 465	堪 kān 465	塈 cí 466	垣 yuán 465
墿 yī 468	堛 bì pì 465	垽 jīn 467	城 chéng 466
墦 xià 467	堞 dié 堞 466	**八画**	垤 dié 468
塿 lǒu lóu 467	塔 tǎ 469	堵 dǔ 465	垲 kǎi 垲 467
塾 shú 469	堤 dī 466	塂 ào 464	垎 hè 466
墍 xì 465	塇 yú 464	堅 jù 467	垝 guǐ 467
墉 yōng 466	場 cháng 468	垩 è 465	埏 yán 468
墇 zhàng 467	堨 yè 465	基 jī 465	垗 zhào 468
塵 chén 339	圳 cè 467	域 yù 433	垍 jì 467
境 jìng 469	堄 kuài 465	堅 jiān 105	垢 gòu 468
墮 huī 492	堫 zōng 465	塹 qiàn 467	垳 chǐ 467
墜 zhuì 469	報 bào 357	堂 táng 465	厔 hòu 183
墬 dì 464	堉 xù 24	場 yì 468	垛 duǒ 465
朅 qiè 170	到 rì 406	埱 chù 467	坴 cí 466
十二至十四画	墓 mù 468	靟 fèi 468	垓 gāi 464
墳 fén 468	填 zhēn/tián 466	埵 duǒ 467	垠 yín 467
墶 yì 468	埘 shí 466		垦 kěn 墾 469

（25）张氏检字表

扰 dǎn zhèn 419	打 dǎ dǐng 421	坏 huài 467	壒 dié 466
抗 kàng 419	扑 pū 撲 419	壑 ruì 138	壄 yě 469
扬 huī 撝 418	扔 rēng 418	墹 yán 408	壛 liáo liǎo 465
护 hù 護 83	扐 lè 418	壠 lǒng 468	墠 shàn 467
扰 zāi 烖 348	扞 hàn 419	疆 jiāng 471	墣 pú 465
抉 jué 415	扜 yū 420	壤 rǎng 464	墨 mò 466
把 bǎ 413	扛 gāng 416	壥 chén 339	墺 ào yù 464
报 bào 報 357	扤 wù 418		夆 shùn 186
抒 shū 417	扣 kòu 420	**工部**	墫 cūn 25
五画	扚 diǎo 419	工 gōng 160	增 zēng 466
拵 bù pū 413	执 zhí 執 357	㠪 jù 巨 160	墀 chí 465
抲 hē 418	抩 shēn 417	左 zuǒ zuò 160	墙 qiáng 牆 184
拑 qián 413	扱 xī chā 419	巧 qiǎo 160	壋 ài 469
拽 yè yì 420	扪 mén 捫 413	功 gōng 472	螯 qín 469
拓 zhí 417	扬 yáng 揚 416	式 shì 160	壁 jī 466
拔 bá 417	扶 fú 413	巩 gǒng 鞏 95	臻 zhēn 406
拔 bá 417	抎 yǔn 416	巩 gǒng 100	墾 kěn 墾 469
抨 pēng 419	柿 pō 415	珍 gōng 160	墾 kěn 469
拈 niān 414	抚 fǔ 撫 415	贡 gòng 貢 216	墩 qiāo 465
挰 zhā 417	抟 tuán 摶 418	瓨 xiáng 438	壇 tán 468
抧 zhǐ 415	技 jì 418	攻 gōng 111	壁 bì 465
抰 yǎng 419	抠 kōu 摳 412	巫 wū 160	壓 yā 467
抽 chōu 417	折 shé 41	项 xiàng 項 304	尳 kū xiá 468
捆 yīn 418	拯 zhěng 416	差 chā/chāi 160	壑 hè 138
抶 chì 419	拼 nán tān 413	琖 zhǎn 160	壐 xǐ 466
拊 fǔ 414	捐 yuè 418		墌 zhí 466
抵 dǐ 413	扮 fěn 416	**扌部**	墻 dǎo 467
拘 jū 79	扴 jiá 415	扌 shǒu 412	壎 xūn 466
抱 póu 414	抵 zhǐ 419	**一至四画**	壓 yā 467
拉 lā 413	抑 yì 313		壙 kuàng 467
拕 tuō 419	抛 pāo 420		**十五画以上**
	投 tóu 415		壚 lú 465

探 tàn tān 417　㭵 líng lèng 419　挒 yì 313　扰 yǎo 246
据 jū 415　掫 zōu 420　挌 gé 420　挖 è 414
捫 mén 413　措 cuò 414　挤 jǐ 擠 413　拂 fú 419
掘 jué 418　掎 jǐ 418　按 àn 414　拙 zhuō 418
掇 duó 417　掩 yǎn 418　挥 huī 揮 418　招 zhāo 415
摜 guàn 415　捷 jié 420　拹 xié 415　披 pī 416

九画　排 pái 413　**七画**　拨 bō 撥 417

揲 shé 413　掍 hùn gǔn 420　捬 zhé dié 414　择 zé 擇 414
撼 hàn 417　掉 diào 416　捄 jū 418　拚 biàn 416
搈 rǒng 418　搨 tà 418　捇 huò 418　拇 mǔ 412
揠 yà 417　捶 chuí 419　捕 bǔ 419　拗 ǎo 420
提 tí 414　掤 bīng 420　振 zhèn 416　**六画**
扬 yáng 416　推 tuī 413　挾 xié 413　拍 pāi 414
揹 hú 418　捭 bǎi 419　捎 shāo 416　挂 guà 419
揖 yī 412　掀 xiān 416　捉 zhuō 414　持 chí 413
搵 wèn 搵 420　捨 shě 414　捐 juān 420　挃 zhì 418
揭 qì/jiē 416　捪 mín 415　损 sǔn 417　拮 jié 418
揣 chuǎi 415　掄 lún 414　挹 yì 417　拪 qiān 65
揗 xún shǔn 414　摟 ruó 417　捌 bā 420　拱 gǒng 412
插 chā 414　授 shòu 415　捡 jiǎn 掞 412　拯 zhèn 415
揥 dì 414　捻 niē 420　捊 póu 414　挞 tà 撻 419
探 fǒu 419　捦 qín 413　搊 chōu 417　挟 xié 挾 413
搜 sōu 420　㧑 qiā 420　挫 cuò 413　挠 náo 撓 415
揄 yú 416　掠 lüè 420　捈 tú 419　批 zǐ 414
搌 yǎn 414　捾 wò 413　捋 luō 414　挏 dòng 415
援 yuán 417　掖 yè 420　换 huàn 420　挺 tǐng 417
搀 chān 攙 420　捽 zuó 414　捀 féng fēng 416　括 kuò 418
挥 huī 418　掊 póu 414　捝 tuō 417　挺 shān 414
揤 jí 414　接 jiē 415　掬 jū 415　挢 jiǎo 撟 416
揙 biàn 420　捲 juǎn quán 419　挨 āi 419　拾 shí 417
揃 jiǎn 414　掸 dàn 撣 413　捘 zùn 413　挑 tiāo 415
摟 lōu 搜 416　控 kòng 414　**八画**　指 zhǐ 412

擢 zhuó　417

十五至十七画

攀 pān　92
擷 xié　286
攦 liè　413
攎 lú　420
攙 chān　420
攓 qiān　412
攈 jùn　417
攕 xiān　412
攘 rǎng ráng　412

十八画以上

攝 shè　413
攜 xié　414
攫 jú　413
攤 yōng yǒng　416
攤 tān　420
攪 rǎo　415
攩 dǎng　415
攫 jué　417
攬 jiǎo　418

———

艹部

———

艹 cǎo 艸　28

一至四画

艻 guǎi　126
艼 tīng　35
芇 mián　126
艾 ài　33
芁 qiú　41
节 jié 節　154

撅 juē　420
撩 liáo　414
撲 pū　419
撮 cuō　414
撣 dàn　413
撫 fǔ　415
撟 jiǎo　416
播 bō　418
撝 huī　418
撚 niǎn　419
撞 zhuàng chuáng　418
攓 qiān jiǎn　417
撥 bō　417
撜 zhěng　416

十三画

撳 qín　413
搦 wò　416
撼 hàn　417
據 jù　413
操 cāo　413
擇 zé　414
擐 huàn　417
撿 jiǎn　412
擅 shàn　416

十四画

擣 dǎo　417
擥 lǎn　413
擩 rǔ　416
擬 nǐ　417
擿 zhì　415
擠 jǐ　413
擯 bìn　272

搔 sāo　415
搦 nuò　417
攤 tān 攤　420

十一画

摶 tuán　418
摢 chū　421
摳 kōu　412
撁 dì 撇　414
摽 biào　415
摬 jìn　415
撕 cán 掔　415
摼 kēng　419
摦 huà　420
摵 shè　420
摟 lōu　416
摧 cuī　413
摭 zhí　417
摍 suō　417
摘 tì/zhāi　415
摡 gài　418
撜 yǐng yìng　419
摺 zhé　415
摎 jiū　419
摷 jiǎo　419

十二画

搳 zhì　416
撓 náo　415
揎 yì　412
擷 xié(擷)　286
撻 fà　419
揭 qiā　415
撢 tàn　417

揫 jiū　416
搅 jiǎo 攬　418
揯 gēng　417
摗 sōu　420
握 wò　413
揆 kuí　417
揟 xū　418
掾 yuàn　414

十画

搹 è　414
摄 shè 攝　413
搸 bài　412
搢 jìn 搢　420
搣 miè　414
搏 bó　413
搢 jìn　420
墊 zhì　418
搇 qián　417
搰 hú　418
搵 wèn　420
搊 chōu　417
搖 yáo　416
搖 yáo　416
搯 tāo　413
撆 pī　418
摛 chī　414
搒 péng bèng　420
搤 è　414
搳 xiá　415
摈 bìn 擯　272
搈 róng yǒng　416
摧 què　419

张氏检字表（28）

茞 chén 29	苜 mò miè 126	茚 áng 34	芀 tiáo 34
茜 qiàn 33	苴 jū 40	苌 cháng 萇 30	芿 réng 42
莱 cì cè 33	苗 miáo 38	芺 ǎo 32	芋 yù 29
茌 chí 38	苗 dí/chù 32	芹 qín 33	苄 hù 33
莪 yé 34	荄 guāi gài 126	芝 fān 39	共 gòng 92
荐 jiàn 39	英 yīng 37	芥 jiè 41	芊 qiān 44
荊 liè 34	苢 yǐ 31	芩 qín 33	苭 xiào 35
莖 chí 35	芺 shǐ 28	芬 fēn 27	芃 péng 37
荂 huā 212	芺 dié 35	苍 cāng 蒼 38	芨 jī 30
莱 lèi 39	苽 gū 36	芪 qí 35	芓 zì 28
蕌 ér 39	苓 líng 32	芴 wù 42	芄 wán 29
茝 zhì 40	苟 gǒu 42	芡 qiàn 34	芒 máng 芒 37
荑 tí 30	苟 jì 315	芟 shān 39	芝 zhī 28
蕘 ráo 蕘 41	苳 dōng 42	芠 chén 35	芎 qiōng 29
皕 bān 135	茑 niǎo 蔦 33	芳 fāng 39	芑 qǐ 42
茈 zǐ 32	苑 yuàn 39	芦 lú 蘆 29	芗 xiāng 薌 44
茮 jiāo 36	苞 bāo 33	劳 láo 勞 472	芙 fú 43
莜 qiáo 30	范 fàn 42	苇 wěi 36	荂 huá 201
草 zào 43	莹 yíng 塋 468	苏 sū 蘇 28	芫 yuán 35
蚕 jiǎn 蠒 443	苾 bì 39	苡 yǐ 31	芜 wú 蕪 38
茦 cì 300	莆 fú 39	芧 zhù 30	苇 wěi 葦 42
莒 jǔ 29	苗 zhuó 36	**五画**	芸 yún 33
茵 yīn 41	茄 jiā 34	茉 zhú 35	芰 jì 34
苗 qū 41	苕 tiáo 42	苷 gān 30	茉 fú 36
茱 zhū shū 36	茎 jīng 茎 36	苦 kǔ 30	苣 jù 41
荠 jì 34	茅 máo 31	苛 kē 38	芽 yá 36
茩 gòu 34	莓 mèi 30	若 ruò 40	芘 pí 36
莛 tíng 36	**六画**	茂 mào 37	芮 ruì 38
苦 kuò 33	蓳 kuī 31	茏 lóng 龍 34	芇 zhōng 31
茯 fú 449	荆 jīng 36	菝 bá 37	芅 yì 52
莖 jīng 36	筑 zhú 30	苹 píng 29	芼 mào 38
筏 fá 38	茸 róng 43	苫 shān 40	芞 qì 30

搻 tuò 蘀 38	莲 qín 29	萛 móu 185	茬 rěn 28
蓻 zōu 43	荼 tú 42	**七画**	莔 xuè 42
萁 qí 28	莶 liǎn 蔹 33	華 huá/huā 212	荇 xìng 35
莁 shù 30	莩 fū 32	萏 yǔn 37	茠 hāo 44
萊 lái 42	葡 bèi 113	莍 qiú 36	荃 quán 40
黄 huáng 471	菦 yín 37	莗 chǎi 30	荟 huì 薈 38
蒣 wèi 35	狃 niǔ chǒu 28	菩 wú 42	荅 dá 28
蓡 shà 28	菶 péng 43	酉 sù 507	荀 xún 43
萋 qī 37	蒬 wáng 33	莕 xìng 35	茖 gé 30
菲 fěi 42	莎 suō 42	莆 fǔ 28	茗 míng 44
萈 huán 340	茷 wò 382	菲 liǔ 42	荠 cǐ/jì 薺 33
萌 méng 36	莞 guān wǎn 31	荚 jiá 莢 37	茭 jiāo 41
萝 luó 蘿 35	劳 qióng 藭 29	莽 mǎng 45	莻 àn 32
菌 jùn 36	莹 yíng 瑩 21	莱 lái 萊 42	茨 cí 40
萎 wèi 41	莨 láng 36	莲 lián 蓮 34	荓 píng 32
莶 qín 33	莺 yīng 鶯 132	莖 jīng 36	荒 huāng 38
萸 yú 36	菨 jùn 31	莳 shì 蒔 38	荄 gāi/jiē 37
萑 huán 125	蔓 qǐn 41	董 lí 30	荡 tāng 蕩 373
萑 zhuī 31	莊 zhuāng 28	菡 méng 35	荣 róng 榮 195
萆 bì 40	荵 rěn 30	莫 mù/mò 45	荤 hūn 葷 29
菜 cài 39	**八画**	莋 bù 41	荦 luò 犖 49
莑 zhēng 38	菁 jīng 29	莦 shāo 38	荧 yíng 熒 353
菔 bó 29	莿 cì 33	萖 xiàn 29	荨 tán 蕁 31
萉 fèi 28	菻 lǐn 35	莪 é 35	荩 jìn 藎 30
萄 táo 42	菶 běng 37	莃 xī 32	荪 sūn 蓀 44
菰 gū 43	菕 hē 456	私 sī 34	荫 yìn 蔭 37
菊 jú 29	菵 gù 31	莝 cuò 41	茹 rú rù 41
萃 cuì 38	菖 cháng 30	莠 yǒu 28	荔 lì 42
萎 jiē 35	菣 qìn 35	荷 hé 34	蒸 zhēng 41
菁 yù 36	菩 chūn 43	莋 zuó 43	芩 qín 469
菩 bèi 30	莉 dào 43	莜 diào 40	药 yào 藥 39
菸 yū 38			兹 zī 37

蔋 dí 37	营 qiōng 29	葛 chāng 32	焱 tǎn 34
菹 zū 40	蒮 biān 30	葴 kuǎi 32	菏 gē 375
蓨 tiáo/tiāo 32	葅 zǔ 28	募 mù 473	荅 tái 36
蒦 huò 125	葭 jiā 42	蒴 cè 33	湆 zhī chí 40
菒 gāo 35	葦 wěi 42	葺 qì 40	萍 píng 388
蒫 chòu 37	蕡 fù 31	葚 chí 40	菬 qiáo 42
蓏 luǒ 28	蒮 mào 38	萬 wàn 497	菹 zū 40
蒼 cāng 38	葵 kuí 28	菡 shǐ 41	菅 jiān 31
蓬 péng 43	蒢 chú 31	葛 gé 35	菀 wǎn 35
蒣 tǎn 34	**十画**	瑁 mào 42	蓈 láng 28
蒿 hāo 43	蓁 zhēn 38	蕢 kuì 蕢 40	茢 lì 30
蒬 yuān 32	蓮 lián 34	蒩 pí 30	营 yíng 營 254
蓆 xí 39	蕓 yún 150	蔑 miè 126	萦 yíng 縈 449
蒟 jǔ 36	蒜 suàn 41	萩 qiū 35	萧 xiāo 蕭 35
蓄 xù chù 43	蓠 lí 31	蒐 sōu 33	弦 xián 32
蒹 jiān 34	蓻 jú 34	葆 bǎo 43	菡 hàn 34
蒲 pú 31	蓍 shī 34	葻 lán 38	菌 qū 40
蔋 shēn 30	蒝 yuán 37	葰 suī 29	菑 zī 39
蔇 jì 38	蓻 zhì 39	萬 yǔ 30	菉 lù 42
蓉 róng 43	蔌 cè 41	葠 shēn 41	**九画**
莘 zǐ 40	蓐 rù 蓐 44	葩 pā 36	菖 fú 32
蒙 méng 42	蓝 lán 藍 29	蔍 zōng 37	葑 fēng 33
蓹 yù 41	蒟 yóu 42	葟 huáng 186	葽 yāo 36
蓂 mì 35	蒔 shì 38	葎 lǜ 33	葚 shèn 36
鎣 yíng 鎣 477	蘑 mó 430	蒋 jiǎng 蔣 35	葠 ruǎn 36
蒻 ruò 31	墓 mù 468	蔞 lóu 蔞 32	葉 yè 36
蓀 sūn 44	暮 mó 82	葥 jiàn 30	葴 zhēn 32
菡 hàn 34	幕 mù 265	萍 píng 42	菱 jiān 29
蔂 hāo 44	蓦 mò 335	葏 jiān 43	蓋 gài 40
蔭 yìn 37	萱 qǐ 28	落 luò 38	惹 rě 370
蒸 zhēng 41	蔽 wēi 28	萱 xuān 29	葳 chǎn 44
蓩 mǎo 30	梦 méng/mèng 235	葷 hūn 29	葬 zàng 45

（31）张氏检字表

甄 zhēn 33	奥 yù 32	鄣 zhāng 33	**十一画**
舔 tiān 471	覆 fú 32	蓉 mì 34	萑 tuī 31
楙 mào 42	薢 xiè 34	藂 shè 39	藨 biāo biǎo 37
蘤 wěi 43	蔿 wěi 35	蔟 cù 41	蔫 yān 38
蘬 huì 38	穄 tí 35	藺 lìn 31	蓲 qiū 31
蘧 qú 28	蕉 jiāo 41	蔽 bì 38	墅 qìn 35
薨 hōng 140	蕣 shùn 36	藡 shēn 31	蕺 jí 37
薙 tì 39	蒪 fū fù 37	蔆 líng 34	蕲 jiàn 39
薍 wàn 34	蕃 fán 43	藹 ǎi 82	蒂 dì 37
薛 xuē 30	萑 huán 萑 42	蔚 wèi 35	堇 jǐn 42
薇 wēi 28	蕧 fù 32	蒍 wěi 37	蔷 sè 蔷 42
礬 fán 43	蕁 zǔ 40	蒋 jiāng/jiǎng 35	萑 huán 42
蓐 rù 蓐 44	蕲 qí 蕲 31	蓼 liǎo 28	蒪 chún 40
薈 huì wèi 38	薄 dú 30	鄉 xiāng 44	曹 cáo 42
薢 xiè 34	董 dǒng 33	藙 mòu 30	蔄 dú 27
薊 jì 30	蕩 tāng 373	**十二画**	慕 mù 慕 364
薕 lián 34	薏 yì 31	蕘 ráo 41	菡 lǔ 32
薦 jiàn 338	藕 ǒu 34	蕡 fén 39	薖 kē 36
廌 zhì 337	蒀 yǔn 38	酷 kù 40	堇 chài 454
薪 xīn 41	蒲 jiǎn qián 35	蕈 xùn 36	摹 mó 418
煊 xuān 29	蕦 ài 40	蕨 jué 42	蔞 lóu lú 32
燔 fán 34	薴 níng 38	薊 jì 36	蔓 màn 35
薮 sǒu 薮 39	蓫 suì 241	薍 chǎn 44	冀 yì 28
蒿 hāo 140	蕁 tán 31	蕤 ruí 37	蔑 miè 戩 126
薹 mào 287	蔬 shū 44	蕰 cè cuì 33	甍 méng 438
薄 bó 39	薮 sǎo 33	薍 guān wán 31	萉 wéi 29
薋 cí 38	蕝 jué 40	蕢 kuì 40	蔥 cōng 41
蒩 zū 40	**十三画**	蕈 diǎn 41	蔦 niǎo diǎo 33
萧 xiāo 35	藒 qiè 30	夢 mò 139	蔠 yí 37
薅 hāo 44	蔷 sè 42	薔 méng 126	蔡 cài 38
薜 bì 33	夢 méng 32	蕪 wú 38	蔗 zhè 31
十四画	薑 jiāng 28	蕕 yóu 32	黄 yín 32

張氏检字表（32）

蘳 huò 28	**十七画以上**	蘎 bēi pí 36	藉 jiè/jí 40
贛 gàng/gàn 32	蘜 jú 35	繭 jiǎn 443	薾 ěr 37
虋 mén 28	薔 qiáng 35	藜 lí 43	蕩 chàng 37
麤 cū 40	虆 líng 35	蘆 lǔ 32	蔱 jī 31
	蕐 huà 36	藷 zhū 31	蔾 gàn 31
寸部	菎 kūn 35	蘸 líng 34	蔾 qí 32
	蠆 chài 454	藨 biāo piǎo 33	蔾 sì 33
寸 cùn 107	薟 liǎn 33	藻 lǎo 40	藍 lán 29
二至七画	蘥 yuè 34	藩 fān 40	藏 cáng 44
寺 sì 107	蘘 ráng 29	藑 qióng 32	蘧 sù 34
导 dǎo 導 107	蘪 méi 30	藭 qióng 29	蘻 miè 118
寿 shòu 壽 287	蘫 lán 40	藥 yào 39	蘪 nǐ 37
封 fēng 466	蘭 lán 29	**十六画**	藿 guàn 125
耐 nài 326	蘺 lí 29	擇 tuò 38	蘩 fán 43
村 shū 102	藜 jì 33	蘜 jú 34	薰 xūn 30
将 jiàng 將 107	欉 cóng 43	蒢 chú 35	舊 jiù 125
尋 dé 296/69	蘬 kuī 43	蔂 lǎo 40	雝 mái 41
尃 fū 107	蘨 yáo 39	蘧 qú 29	蘩 pín 29
辱 rǔ 504	蘸 zhàn 44	薂 níng 31	蔽 xiāo 37
射 shè 180	蘸 rán 36/346	蘆 lú 29	齊 cí/jì 33
尃 biǎn 213	麗 lì lǐ 39	蘖 niè 502	蓥 yíng yīng 38
八画以上	蘿 luó 35	薛 xuē 30	藻 zǎo 42
專 zhuān 107	蘽 lěi 193	薱 tán 31	盡 jìn 30
尉 wèi 348	鸒 yì 34	蓫 mò 32	藋 diào 30
將 jiàng 107	蘭 yòu 32	蘇 sū 28	**十五画**
尌 shù 165	蘠 xiāo 29	藹 ǎi 82	賵 xù 42
尊 zūn 509	虇 hàn 42	蕙 xuān 29	爇 ruò 346
尌 dào 67	蘱 hǎi 508	龍 lóng 34	薦 jiàn 39
尌 shù 196	虇 guān 296	藻 zǎo 42	蠆 chài 454
對 duì 91	虉 yì 40	蘁 zū 40	蕩 sì 31
導 dǎo dào 107	虇 luán 30	薑 jiāng 28	藟 lěi 32
對 duì 91	釀 niàng 29	藚 dàn 34	藪 sǒu 39

（33）张氏检字表

奥 ào 奥 252
奠 diàn 159
劂 jū 120
夺 duó 125
奭 héng 150
樊 fán 92
奭 shì 121
龥 huò 354
奮 fèn 125
奭 shì 121
鷡 wú 207
廙 guǎng 359
奱 luán 92
奲 duǒ 358

尢部

尢 yóu 498
尤 yóu 498
龙 lóng 龍 402
尪 yū 356
尥 liào 356
尫 wāng 尪 356
尬 gà/jiè 356
尵 zuǒ 356
尨 bǒ 356
尪 wāng 356
尥 yào 356
就 jiù 182
尵 hú 356
尵 gān 356
尵 dī 356

扶 bàn 360
卖 yù 賣 217
奄 yǎn 354
奋 fèn 奮 125
奅 pào 355
态 gū wā 354
奆 dī 355
卒 niè 357
奔 bì 355
契 qì 355
查 huán 354
春 shèn 362
奏 zòu 358
奂 ruǎn 359
奎 kuí 354
奞 yǐn 101
奊 xiè 355
奓 shē 358
奕 yì 359
奤 tá 127
美 měi 127
牵 qiān 牽 50

七至八画

奚 xī 359
奘 zàng 359
匏 páo 314
奢 shē 358
爽 shuǎng 113
奞 suī 125

九画以上

敊 jī 103

彝 yí 451
彉 gōng 92
彝 yí 451

大部

大 dà tà 354/359

一至六画

夫 fū 359
天 tiān 13
夭 yāo yǎo 356
太 tài 387
夳 tài 387
央 yāng 181
夲 tāo 358
失 shī 417
头 tóu 頭 303
夰 gǎo 359
夸 kuā 354
夶 bǐ 279
夹 shǎn 夾 355
夺 duó 奪 125
夷 yí 355
买 mǎi 買 217
奄 chún 355
夽 yǔn 355
夻 zì 120
夾 jiā 354
夻 jiè 355
奉 fèng 91
奔 bēn 356
奇 qí 163

虒 shuàn 311
爵 jué 175
戁 huò 125

廾部
（在下）

廾 gǒng 収 91
开 kāi 開 409
卉 huì 41
弁 biàn 294
异 yì 91
弅 yǔ 93
弄 lòng 92
弄 yù 92
弃 qì 135
弆 kuí 92
异 bīng 姕 92
昇 biàn 229
异 yú 93
弇 qí jì 91
弇 gān/yǎn 91
弈 yì 92
弮 juàn 92
舁 biàn 294
葬 zàng 45
弇 wèi 210
算 zūn 509
弄 jú 452
弄 dēng 166
鼖 bài 413
弇 qiān 93
舞 wǔ 161

张氏检字表（34）

吕 lǚ 254	右 yòu 54/101	尝 cháng嘗 164	歑 xié 356
吃 chī jí 55	号 hào háo 163	纱 yāo 441	爐 léi luǒ 356
吒 zhà 55	叵 pǒ 163	党 dǎng黨 351	
向 xiàng 251	叵 pǒ 163	攱 chǐ 250	**弋部**
后 hòu 311	占 zhān 112	覍 biàn 294	
合 hé 178	卟 jī 112	枭 xì 267	弋 yì 432
各 gè 56	只 zhǐ 78	**八画以上**	式 yī 13
名 míng 53	史 shǐ 102	雀 què 123	弍 èr 464
吸 xī 53	叱 chì 55	雀 xǐng 120	弎 sān 17
吓 xī 56	叽 jī 嘰 52	堂 táng 465	式 shì 160
四画	兄 xiōng 294	常 cháng 264	忒 tè 365
呈 chéng呈 54	句 gōu/jù 79	辉 huī 煇 349	贰 èr 217
吴 wú 355	叴 qiú 55	尞 liào 346	弑 shì 107
吞 tūn 52	兖 yǎn 57	棠 táng 192	
杏 xìng 191	司 sī 311	掌 zhǎng 412	**小（⺍）部**
呭 shèn 161	叫 jiào 56	趐 xiǎn 63	
吾 wú 53	加 jiā 473	当 dāng 470	小 xiǎo 47
否 fǒu 56/406	叨 tāo 177	尝 cháng 164	**一至三画**
吠 fèi 56	召 zhào 53	暴 jì 280	少 shǎo 47
呀 xiā 57	叹 tàn 嘆 56	裳 cháng 264	尐 jié 47
呙 wāi 咼 56	台 yí 54	耀 yào 爠 349	尔 ěr 爾 113
员 yuán 215	**三画**	黨 dǎng 351	尒 ěr 47
吡 é 56	吁 xū 55		枭 bǎo 269
告 gào 51	吓 xū 164	**口部**	尘 chén 塵 339
吕 lǚ 254	号 xiàng 224		光 guāng 349
听 yǐn 54	吐 tǔ 55	口 kǒu 51	朱 shú 250
呇 jué 78	吉 jí 54	**二画**	劣 liè 472
吟 yín 56	吏 lì 13	叶 yè 葉 36	当 dāng 當 470
含 hán 52	吴 wú 355	卟 jī 112	**四至七画**
吻 wěn 51	同 tóng 261	叶 xié 473	肖 xiāo 142
呺 hū 161	吅 xuān 58	古 gǔ 79	尚 shàng 48
吹 chuī 53/298		可 kě 162	省 xǐng 120

（35）张氏检字表

啾 jì 56	咳 hái 52	呶 náo 55	哛 dōu 55
唬 xiāo 57	哭 xiào 笑 158	沸 fú 55	昏 guā 56
唱 chàng 53	**七画**	肶 pí 108	吝 lìn 56
唾 tuò 53	唊 jiá 55	瞀 móu 81	叫 jiào 叫 56
唯 wěi 53	哤 máng 56	呦 yōu 57	启 qǐ 54
售 shòu 57	哥 gē 163	哈 hāi 57	咮 chuò 300
唫 jìn/yín 53	袷 jiá 267	**六画**	君 jūn 53
戛 jī 159	哲 zhé 53	咺 xuǎn 52	邑 yì 218
唸 diàn 56	哮 xiāo 57	咠 qì 54	吮 shǔn 52
啁 zhāo 55	嘮 chāo 嘮 55	哇 wā 55	**五画**
哳 zhì 啧 53	哺 bǔ 52	哉 zāi 54	味 wèi 52
啖 dàn 52	哽 gěng 55	哑 è 啞 53	咄 yì 54
啐 cuì 55	唇 chún zhēn 55	咸 xián 54	咙 lóng 嚨 52
啍 tūn 53	哨 shào 56	咦 yí 53	咀 jǔ 52
商 shāng 79	唌 xiàn 55	哓 xiāo 哓 55	咽 xì 53
啚 bǐ 183	哭 kū 58	咥 xì/dié 53	呷 xiā 54
啴 tān 嘽 53	哦 ó 57	呰 zǐ 55	呻 shēn 56
唴 qiàng 52	唌 xián 56	呁 jūn 53	咼 wāi kuā 56
兽 shòu 獸 497	唏 xī 54	虽 suī 雖 453	知 zhī 180
啖 dàn 55	唤 huàn 57	品 pǐn 75	和 hé 53
唳 lì 57	唁 yàn 56	咽 yān 52	呱 gū 52
敃 qǐ 109	哆 lìn 56	哕 yuē 噦 55	呧 dǐ 55
啓 qǐ 啟 109	唐 táng 54	咮 zhòu zhū 57	呼 hū 53
啸 xiào 嘯 54	唉 āi 54	响 xiǎng 響 90	命 mìng 53
啜 chuò 52	**八画**	吼 hǒu 311	周 zhōu 54
九画	唪 běng 54	哙 kuài 噲 52	咎 jiù 277
喫 chī 57	啧 zé 嘖 55	咷 táo 52	鸣 míng 鳴 132
喷 pēn 噴 55	啞 è 53	哆 chǐ duō 52	咆 páo 56
喜 xǐ 164	唶 zé 84	咅 è 55	咏 yǒng 84
喪 sāng 58	嫫 mó 82	哀 āi 56	呃 è 57
喈 jiē 57	营 yíng 營 254	咨 zī 53	咄 duō 54
喁 yóng 57	啄 zhuó 57		亟 jí/qì 464

器 qì 77
喌 zhòu 51
噬 shì 52
噞 yǎn 57
噲 kuài 52
噭 jiào 51
噫 ǎi 53
嚜 zhuó 53
嫈 yíng 254
嘯 xiào 54
嚀 níng 58

十四画
噽 tǐ 53
嶷 yì 52
嚌 jì 52

十五至十七画
噅 huì 54
嚚 yín 77
嚘 yōu 55
嚣 xiāo 嚣 77
嚛 hù 53
嚴 yán 58
嚨 lóng 52
嚳 kù 51
嚶 yīng 57
嚼 jiào/jiáo 52
嚵 chán 52

十八画以上
囂 xiāo 77
囊 yín 77
嚴 yán 58
囈 yán 56

嗻 zhè 55
嘬 shuì shuò 52
嗽 sǒu sòu 56
駤 xiàng 224
嘹 xiāo jiāo 55

十二画
嘵 xiāo 55
啴 dàn 54
嘒 xiè 55
噴 pēn 55
噎 yē 54
嘲 cháo 57
噆 cǎn zā 56
噴 kuì 53
嚀 níng 58
嘽 tān 啴 53
贤 xiāo 77
嚼 xiù 497
嗍 jí 52
嘫 rán 54
噍 jiào/jiáo 52
嘁 zú 298
噂 zǔn 54
嘮 chāo 55
嘯 yù 55
嘰 jī 52

十三画
噤 jìn 53
噦 yuē 55
噢 yǔ 57
噱 jué 53

嗼 mò 56
嗜 shì 55
嗑 kè hé 55
嗔 tián 54
號 hào 163
鼏 yuán 215
喔 wà wò 55
嗣 sì 76
嗥 háo 56
嗁 tí 56
嗂 yáo 54
嗙 bēng 55
嗃 hè 57
嗌 yì 52
嗛 xián 52
轡 pèi 轡 452

十一画
嘉 jiā 165
嘒 huì 54
嘖 zé 55
嘆 tàn 56
楳 méi 196
嘌 piāo 54
嘘 xū 53
賰 yún 215
嘑 hū 54
噐 jiào 77
厴 fù 491
曐 xīng 233
嘐 shēn 233
嘄 jiāo 54
嘡 tǎn 54

噁 yù 54
喸 táng 54
喝 yè 56
粥 zhōu 58
甹 xīng 79
喟 kuì 53
單 dān 58
喦 niè 75
晶 jí 77
咢 è 58
辠 jiǎ 484
喘 chuǎn 53
喗 yǔn 52
啾 jiū 52
喬 qiáo 356
喤 huáng 52
喉 hóu 52
唧 jué 78
喑 yīn 52
啻 yì 81
啻 chì 54
嗞 zī 56
嚳 kù 嚳 51
喔 wō 57
嘅 kài 56
喙 huì 51

十画
嗊 bó 52
嗷 áo 56

岖 kēng xíng 318 | 岁 suì 歲 62 | 圂 hùn 215 | 罱 huàn huān 77
峨 é 318 | 屺 qǐ 318 | 圓 yuán 214 | 彎 pèi 452

口部

口 wéi 214

二至三画

囚 qiú 215

岖 kēng xíng 318	岁 suì 歲 62	圂 hùn 215	罱 huàn huān 77
峨 é 318	屺 qǐ 318	圓 yuán 214	彎 pèi 452
峯 nán 211	岂 qǐ 豈 166	圆 xuán 214	**口部**
峇 gào 318	岩 zhuān 136	圅 hán 236	口 wéi 214
挠 náo 317	岐 qí 219	圇 mù 116	**二至三画**
峩 é 318	岊 yuè 317	**八画以上**	囚 qiú 215
峰 fēng 峯 318	岑 cén 318	圉 yǔ 357	四 sì 495
峯 fēng 318	岚 lán 嵐 319	嗇 sè 薔 184	囜 nà 215
峻 jùn 318	岛 dǎo 嶋 317	國 guó 214	团 tuán 團 214
八画	**五画**	圈 juàn 215	因 yīn 215
崝 zhēng qīng 318	岵 hù 318	圍 wéi 215	回 huí 214
崕 yá 崖 320	岸 àn 320	園 yuán 215	凶 chuāng 353
崖 yá 320	岩 yán 巖 318	嗇 sè 184	**四画**
崑 kūn 319	岨 qū 318	團 tuán 214	国 guó 國 214
嵏 qiáng 319	岫 xiù 318	圖 tú 214	园 yuán 園 215
崔 cuī 319	冈 gāng 318	圜 yuán 214	囩 yún 214
崩 bēng 318	岳 yuè 岊 317	圞 yì 214	围 wéi 圍 215
崟 yín 崟 318	岱 dài 317	圞 é 215	困 kùn 215
崟 yín 318	岭 lǐng 嶺 319		囷 yuān 380
崙 lún 319	岤 xué 嶨 318	**山部**	陁 é 215
崩 bēng 崩 318	岷 mín 嶓 317		囧 jiǒng 234
崞 guō 317	峁 fú 319	山 shān 317	**五至七画**
崒 zú zuī 318	峄 yì 嶧 317	尖 cén 178	国 guó 國 214
崇 chóng 319	**六至七画**	屿 hù 219	固 gù 215
崛 jué 318	耑 duān 250	屵 è 319	囷 qūn 214
九画	炭 tàn 347	屳 jié 319	囹 líng 215
嵌 qiàn 319	峣 yáo 嶤 319	屼 jǐ 317	图 tú(圖) 214
糁 yǔn 358	峤 jiào 嶠 319	邯 shān 224	囿 yòu 215
嵘 róng 嵘 318	峋 xún 319	**三至四画**	圃 pǔ 215
歲 suì 62	岺 qīng 173	屿 yǔ 嶼 319	圉 yǔ 215
嵎 yú 317	峦 luán 巒 318	屾 shēn 319	
	幽 yōu 136	岌 jí 319	

张氏检字表（38）

峪 xì 450
帬 qún 264
帻 zé 264
㠥 sàn shā 264
崧 zhōng 265
帐 zhàng 265
带 dài 264
常 cháng 264
帼 guó 帼 266
帷 wéi 265
㡆 yǐn 101
嵰 xián 266
幅 fú 264
㡌 là 265
输 shū 265
帾 zhūn 266
幒 zhōng 265
幝 kūn 265
幧 jiān 265
幦 mù 266
幃 wéi huī 265

十画以上

幕 mù 265
帽 mì 265
幪 méng 265
幏 jià 266
幦 lián 265
幋 pán 264
幔 màn 265
幗 guó guì 266
幖 biāo 265
幯 zhì shuì 264

㓞 rèn 264
帏 wéi 幃 265
帋 zhī 103
帐 zhàng 帐 265
帉 fēn 264
帊 pà 266
帝 dì 14
帔 bō 264
帒 dài 266
帖 tiè 265
帜 zhì 幟 266
帙 zhì 265
帑 yuān 265
帛 bó 267
帘 lián 簾 155
帚 zhǒu 265
帔 pèi 264
帑 tǎng nú 266

六至九画

带 dài 带 264
帅 shuài 264
帉 xún 264
帝 dì 14
帍 huāng 264
帠 yì 266
希 juàn 265
帱 chóu 幬 265
帮 rú 264
帾 zhé 266
師 shī 210
帨 shuì 264
席 xí 265

崒 zuì 318
豳 bīn 219
嶺 lǐng 319
嶷 yí 317
嶽 yuè 317
嶸 róng héng 318
巂 guī 123
巀 jié cè 317
巀 niè è 317
巍 wēi 316
巕 niè 巘 205
巊 lì 318
巇 qí 166
巖 yán 318
巒 luán 318

巾部

巾 jīn 264

一至五画

币 zā 210
市 fú 266
帅 bǐ 265
币 bì(幣) 264
布 bù 266
帅 shuài 帅 264
市 shì 181
帗 shā 107
吊 diào 弔 277
帆 fān 飍 336
帇 gé 266

嵏 zōng 319
崵 yáng 318
崚 jùn xùn 318
嵒 niè 75
嵒 yán 318
嵬 wéi 316
嵐 lán 319
嵯 cuó 318
嵍 wù 319

十画

嶅 áo 318
崔 duī 320
嵃 pǐ 320
崟 tú 319
嵩 sōng 319

十一至十二画

嶞 duò 318
崋 huà 317
嵨 dǎo 317
嶢 yáo jiāo 319
嵋 pèi bó 320
嶘 zhàn 318
嶞 duò 318
嶠 jiào 319
嶒 mín 317
嶙 lín 319
嶵 lěi 318

十三画以上

嶧 yì 317
嶼 yǔ 319
巎 zhuǎn 311
巚 xué 318

（39）张氏检字表

毶 sà 68	街 jiē 70	彴 xùn 69	幣 bì 264
衒 shuài 70	衕 tóng tòng 70	征 zhēng 64	襖 xiè/shì 265
髴 pīng 68	徥 shì chí 68	徂 cú 64	幩 fén 266
衝 chōng 70	御 yù 69	袖 dí 68	幞 fú 266
氋 kù 250	徸 zhǒng 69	往 wǎng 68	幝 chǎn 265
瞿 qú 68	復 fù 68	彼 bǐ 68	縣 mián 441
黴 méi 351	循 xún 68	径 jìng 徑 68	幡 fān 265
衢 qú 70	徧 biàn 68		幠 hū 265

彡部

六至七画

彡 shān 308	葇 rǒu 68	衎 kàn 70	幢 chuáng 266
形 xíng 308	徦 jiǎ 68	徥 yí 68	幟 zhì chì 266
彤 tóng 173	衙 yú/yá 70	待 dài 68	幧 qiāo 266
彤 dān 173	衜 juàn 487	徻 huì 178	幦 mì 266
衫 shān 287	微 wēi 68	衍 yǎn 377	幭 miè 265
参 shēn 参233	徺 sǒng 411	律 lù 69	幱 lán 265
耏 nài 326	徯 xī 68	很 hěn 69	幬 chóu 265
須 xū 308	徬 bàng 68	後 hòu 69	歸 guī 61
彦 yàn 309	衒 xuàn 70	徎 chěng 68	幩 fèn 266
彬 bīn 270	衜 jiàn 70	復 tuì 69	幰 xiǎn 266
彨 jìng 308	徲 tí 69	徑 jìng 68	纖 liān 265
彪 biāo 168	微 huī 265	徐 xú 68	纋 néi nún 266
彩 cǎi 309	衒 xián 481	夆 fēng 68	
髤 mù 308	**十二画以上**	俟 sì 184	**彳部**
彫 diāo 308	德 dé 68	**八画**	彳 chì 68
参 shēn 曑233	徵 zhēng 281	術 shù 70	**三至五画**
彭 péng 165	徹 chè 109	徬 jiàn 68	行 xíng 69
髟 mǎ 333	衛 wèi 70	徛 jì qī 69	彶 jí 68
彰 zhāng 308	徼 jiào jiāo 68	徙 xǐ 徏 65	彻 chè 徹 109
鬙 xún 107	衡 héng 150	得 dé 69	徙 xǐ 65
	衛 wèi 70	衒 xián 衒 481	彷 tuì 69
	徽 huī 449	從 cóng zòng 279	役 yì 106
	徹 chè 109	衒 xuàn 70	彶 fǎn 65
	禦 yù 16	**九至十一画**	

獮 xiǎn 342
玃 nǎo náo 341
玃 jué 343

夕部

夕 xī 234
外 wài 235
舛 chuǎn 186
夗 yuàn 235
名 míng 53
岁 suì 歲 62
多 duō 235
夛 duō 235
夜 yè 235
夙 sù 235
姓 qíng 235
罗 luó 羅 263
梦 mèng 夢 235
夎 guài 235
飧 sūn 飱 176
夢 méng/mèng 235
蓦 mò 235
夥 huǒ 235
裸 huǒ 235
夤 yín 235
奲 yín 235
夻 zhā 235

夊部

夊 suī 185

猷 yóu 343
猎 yān 341
猵 biān 343
獋 huī 344

十至十三画
獋 háo 56
獫 xiàn 341
獄 yù 344
獃 sī 344
獌 màn 343
獠 xiāo 341
獭 hǎn 341
獖 shǎn 341
獟 yào 343
獠 liáo 342
獢 xiāo 341
獦 fán 341
鴞 shuò 341
獜 lín 342
獲 huò 343
獭 tǎ 343
獧 juàn 342
獳 nóng náo 341
獨 dú 342
獫 xiǎn 341
獪 kuài 341

十四画以上
獮 xiǎn 獧 342
獳 nóu 342
獷 guǎng 342
獱 biān 343
獵 liè 342

猇 fà 342
狣 yàn 343
狡 jiǎo 341
狩 shòu 342
狱 yù(獄) 344
狠 hěn wán 341

七画
狾 zhì 343
狷 juàn 344
狳 yù 342
猃 xiǎn 獫 341
狼 láng 343
猛 náo 317
狻 suān 343

八画
猜 cāi 342
猣 chǎn 341
猪 zhū 豬 327
猎 liè 獵 342
猗 yī 341
猲 zhé 342
猈 bài 341
猝 cù 341
猛 měng 342

九画
猰 yà 344
猩 xīng 341
猲 xiē 341
猥 wěi 341
猴 hóu 猴 343
猱 sōu 341
猴 hóu 343

鬱 yù 207
彨 sè 313

犭部

犭 quǎn 340

二至四画
犯 fàn 342
犴 àn 330
犷 guǎng 獷 342
狂 kuáng 343
狒 bó 342
犹 yóu 猶 343
犼 yín 341
狄 dí 343
犹 kàng 342
狃 niǔ 342

五至六画
狋 yí 341
狯 qiè 342
狘 xuè 344
狙 jū qù 343
狦 shàn 341
狎 xiá 342
狐 hú 343
狝 xiǎn 獮 342
狛 pò 343
狗 gǒu 341
狌 zhù 341
狟 huán 342
独 dú 獨 342
狯 kuài 獪 341

餉 shǎng 176	馂 jùn 177	饧 xíng 餳 175	夂 zhǐ 188
餘 shǎng 176	饯 jiàn 177	饩 xì 餼 245	夅 xiáng 188
十二画	餕 líng lèng 177	饪 rèn 175	处 chǔ 处 483
饒 ráo 177	餳 xíng 175	饬 chì 473	冬 dōng 395
饐 yì 177	餒 něi 177	饭 fàn 176	务 wù 務 472
饙 fēn 175	餙 shí 456	饮 yǐn 300	各 gè 56
饊 sǎn 175	馆 guǎn 177	钮 niǔ niǔ 176	夆 hài 188
饎 fēn 175	餰 zhān 98		夆 fēng 188
饎 chì 176	餟 zhuì 177	**五至六画**	条 tiáo 條 196
饌 zhuàn 176		饯 jiàn 餞 177	夋 qūn 185
饑 jī 177	**九画**	餀 hài 177	备 dōng 395
	餬 hú 176	餗 mò 177	咎 jiù 277
十三画以上	餳 xíng(餳)175	饰 shì 265	夌 líng 185
饛 méng 176	餲 yì/ài 177	鲇 nián 176	夋 wǎn 185
饙 wèi 177	饋 kuì 176	鲊 zuò 176	夃 cè 186
饘 zhān 175	餫 yùn 177	饱 bǎo 176	夈 zōng 186
饐 wèn 176	餴 fēn 175	飻 tiè 177	复 fú 夏 185
饡 cí 175	餱 hóu 176	餎 è 177	夏 xià 185
饟 xiǎng ràng 176	餰 zhān 98	飶 bì 176	夎 cuò 186
饊 sǎn 175	餺 bǎo 176	饴 yí 175	夐 xuàn 115
饡 zàn 176		饵 ěr 99	憂 yōu 185
	十画	饶 ráo 饒 177	夒 náo 186
丬(片)部	饁 yè 176	饷 xiǎng 176	爧 tóng 462
	餻 fēn 175	饼 bǐng 175	夔 kuí 186
壮 zhuàng 24	饐 chì 176		夒 kǎn 185
妆 zhuāng 428	饐 xì 245	**七至八画**	
牀 chuáng 200	餽 guì/kuì 177	餗 yù 176	
狀 zhuàng yàng 342	餾 liù 175	餔 bū 176	**饣(食)部**
戕 qiāng 433	餸 lián 176	餗 sù 99	
牆 jiāng 386	餻 gāo 177	餦 yuàn yuān 176	**二至四画**
斨 qiāng 484		饿 è 177	饥 jī 177
牂 jiāng qiāng 413	**十一画**	餘 yú 177	飤 sì 176
將 jiàng 將 107	饉 jǐn 177	餲 shuì 177	飦 zhān 98
牂 zāng 127	饕 tāo 177		
	饐 èn 176		

张氏检字表（42）

膾 kuài 320	庳 bì 321	废 bá 321	將 jiàng 107
歝 xīn 321	廊 láng 322	庰 jū 321	艒 zhuó 150
慶 qìng 363	康 kāng 242	庙 miào廟 321	瘕 jí 257
廫 xù 444	庸 yōng 113	府 fǔ 320	醤 jiàng 508
廢 fèi 321	**九至十一画**	底 dǐ 321	漿 zhuāng 28
十三画以上	廂 xiāng 322	庖 páo 320	漿 jiǎng 341
麘 gān 161	厕 cè 321	庚 gēng 500	浆 jiāng 386
廩 lǐn 183	厣 yè 321	废 fèi 廢 321	牆 qiāng 178
廦 bì 320	庽 yù 253	**六至八画**	醬 jiàng 508
膺 yīng 142	廎 qǐng 181	庤 zhì 321	醬 jiàng 508
麚 hǔ 168	廊 láng 322	庢 zhì 321	牆 qiáng 184
廡 wǔ 320	赓 xù 賡 444	度 dù 102	牆 qiáng 184
廲 pí bèng 456	厦 xià 廈 322	庭 tíng 320	牆 qiáng 184
應 yīng 362	廇 liù 320	庥 xiū 205	
麛 mǐ 411	廉 lián 321	庠 xiáng 320	**广部**
麋 mí 450	廌 zhì 337	屏 bìng bǐng 321	
膠 liáo 321	廑 jǐn qín 321	庱 chì 321	广 yǎn 320
廳 kuàng 363	麽 mó 麼 136	席 xí 265	**二至五画**
廬 lú 320	廣 guǎng 320	库 kù 320	庄 zhuāng莊 28
麋 mǐ 403	廙 yì 321	庪 guǐ 322	庆 qìng 慶 363
龐 páng 321	廔 lóu 321	庮 yǒu 321	宅 zhái 251
廮 yǐng 321	腐 fǔ 145	唐 táng 54	庑 wǔ 廡 320
雍 yōng 320	廲 cōng 321	庶 shù 321	床 chuáng 200
麤 cū 339	廖 liào 322	盾 lán 155	庉 dùn 320
䴥 chén 339	**十二画**	麻 má 249	庬 huán 321
	廚 chú 320	庱 chěng 322	库 kù 庫 320
门(門)部	廟 miào 321	庙 miào 321	庌 yǎ 320
	膚 lǔ 320	顷 qǐng 181	庇 bì 321
门 mén 門 408	廄 jiù 320	庾 yǔ 321	应 yīng 應 362
一至四画	廛 chán 321	雁 tuí duī 321	庐 lú 廬 320
閅 zhèn 409	麻 wǔ 320	庬 chá 321	序 xù 320
闪 shǎn 410		庲 chǐ 321	庞 páng 龐321

（43）张氏检字表

汉 hàn 漢 372	闐 tián 409	阁 gé 409	閈 hàn 408
氾 fàn 379	闖 chuǎng chèn 410	阂 hé ài 409	闭 bì 409
汗 hàn 387	闟 tà 408	闗 guān 關 409	问 wèn 53
汙 wū wù 385	闓 kǎi 409	**七至八画**	闯 chuǎng 410
沝 niàn 377	闦 xiàng 409	閌 huàn 369	闰 rùn 閏 18
江 jiāng 371	闑 niè 408	闟 ě 409	开 kāi 409
汕 shàn 382	闕 què 408	闿 yín 81	闱 wéi 闈 408
汔 qì 汽 384	闚 kuī 409	阅 yuè 410	闲 xián 409
汷 zhōng 377	闛 táng 409	阆 làng 409	闳 hóng 408
汘 qiān 377	闞 kàn 410	闿 yín 81	阓 kāi 409
汋 zhuó 379	闗 guān 409	闍 dū 408	間 jiān 409
沅 wán 388	闒 tà 410	阈 yù 409	阏 xiè 408
汥 chí 466	闠 huì 408	阉 yān 409	闵 mǐn 410
汎 fàn 378	闡 chǎn 409	閶 chāng 408	閵 lìn 346
汲 jí 387	闈 wěi 409	闌 lìn 123	闶 kàng 410
汛 xùn 387	闤 huán 410	閽 hūn 409	闷 mèn 367
汜 sì 381	闫 yán 408	阎 yán 408	**五至六画**
汝 rǔ 373	闢 pì 409	阏 è 409	闸 zhá yā 409
汤 tāng 湯 385	闛 zhuǎn 409	闡 chǎn 409	闲 xiǎ 409
汓 qiú 383	闦 yuè 409	**九画**	闲 jiān 409
四画	闌 lán 409	闉 yīn 408	闹 nào 鬧 101
汪 wāng 378		阑 lán 409	闵 bì 409
沅 yuán 372	**氵部**	闃 qù 410	闬 biàn 408
洗 wǔ 潕 374	氵 shuǐ 371	閿 wén 115	闺 guī 408
沄 yún 378	**二至三画**	阓 yà 409	闻 wén 411
沐 mù 387	汀 tīng 385	闇 àn 409	阘 tà 闥 410
沛 pèi 376	氿 bīn 371	阔 kuò 410	闽 mǐn mín 458
汥 zhī 381	汁 zhī 386	闦 yù 409	闾 lú 408
沔 miǎn 372	汏 dà/tài 385	闱 wéi 408	闢 pì 409
沋 yóu 377	汇 huì 匯 437	阙 què 410	闓 kǎi 闓 409
沤 òu 漚 384	氿 guǐ 381	**十画以上**	阀 fá 410
沥 lì 瀝 385		阖 hé 408	阁 gé 408

张氏检字表（44）

第一列

洟 tì 387
洒 xǐ 386
洧 wěi 375
洿 wū 385
洏 ér 385
浹 jiā 浹 389
浇 jiāo 澆 386
泚 cǐ 378
湞 zhēn 湞 374
洸 guāng 379
浊 zhuó 濁 375
洞 dòng 379
洇 yīn 377
洄 huí 382
测 cè 379
洙 shū 375
汧 qiān 372
洗 xiǎn 387
活 guō 378
洎 jì 385
洐 xíng 382
洫 xù 381
洶 xì 374
派 pài 381
浍 kuài 澮 373
洽 qià 384
洮 táo 372
洵 xún 377
洶 xiōng xiǒng 379
洚 hóng/jiàng 377
洺 míng 388
浼 guǐ 373

第二列

沿 yán 382
泡 pāo 375
注 zhù 382
泣 qì 387
泫 xuàn 378
泮 pàn 388
泞 níng 濘 381
泬 jué xuè 378
沱 tuó 371
泌 bì 378
泳 yǒng 383
泥 ní 376
泯 mǐn 388
沸 fú/fèi 381
泓 hóng 379
沼 zhǎo 381
波 bō 379
泑 yōu 371
泽 zé 澤 380
泾 jīng 涇 372
治 zhí 376

六画

洭 kuāng 373
洦 pò 377
洼 yā/wā 381
洌 liè 379
洁 jié 潔 389
洔 zhǐ zhì 380
洰 zài 384
洪 hóng 377
涑 sè 383
洹 huán yuán 375

五画

沫 mò 372
泟 chēng 354
沬 huì 387
浅 qiǎn 淺 380
沭 shù 375
法 fǎ 338
泙 píng 380
泔 gān 386
泄 yì 375
沽 gū 376
河 hé 371
泧 huó 385
沾 tiān 373
泏 zhú/kù 380
泸 lú 瀘 388
沮 jū 372
油 yóu 374
泱 yāng 383
况 kuàng 378
泂 jiǒng 386
泅 qiú 383
泗 sì 375
泆 yì 380
泝 sù 382
泭 fú fū 382
泠 líng 374
泒 gū 376
沴 lì 380
泜 chí 376
泺 luò 濼 375
沇 yǎn 373

第四列

沚 zhǐ 381
沙 shā 381
沙 shā 381
汩 gǔ yù 388
汨 mì 374
冲 chōng 378
汭 ruì 378
汽 qì 384
汝 yōu 110
汻 hǔ 381
汳 biàn 375
泜 zhǐ chí 384
沂 yí 375
次 xián 300
泲 jǐ 373
沦 lún 淪 379
汾 fén 373
泛 fàn 383
沧 cāng 滄 387
淦 gàn 383
沟 gōu 溝 382
没 mò 383
汶 wèn 376
沆 hàng 378
汸 fāng 293
沈 chén/shěn 384
沁 qìn 373
决 jué 382
汩 nǜ rǒu 385
沏 lè 384
沇 yǎn 373

淪 lún	379	港 gǎng	388	涓 juān	377	洛 luò	373
洳 nǒu	377	澀 sé	382	溳 yún 溳	374	浏 liú 瀏	378
淰 niǎn	386	渚 zhǔ	376	浿 pèi pài	376	济 jǐ 濟	376
淵 yuān 淵	380	湁 chì	377	浥 yì	381	洨 xiáo	376
淜 píng	382	淩 líng	375	涔 cén	384	浐 chǎn 滻	373
淫 yín	380	鴻 hóng 鴻	130	浩 hào	378	洋 xiáng	375
淨 zhēng/jìng	375	淇 qí	373	涐 é	372	浑 hún 渾	379
漁 yú 漁	402	涷 dōng	371	海 hǎi	377	洝 àn	385
淊 hàn	384	淋 lín	387	淀 xuán	380	浓 nóng 濃	384
滔 hū	381	淅 xī	385	涂 tú	372	津 jīn	382
涼 liáng	386	瀆 dú 瀆	382	浴 yù	387	浔 xún 潯	380
淳 chún	387	涯 yá yí	389	浮 fú	379	**七画**	
液 yè yì	386	淹 yān	372	涣 huàn	378	涛 tāo 濤	388
淬 cuì	387	涿 zhuó	383	浼 měi	385	浙 zhè	372
涪 fú	371	渠 qú	382	滌 dí 滌	386	浝 máng	377
淺 qiè	377	淒 qī	383	流 liú	391	涝 láo 澇	373
淤 yū yù	386	漸 jiàn 漸	374	润 rùn 潤	385	汜 sì	377
淯 yù	373	淺 qiǎn	380	涧 jiàn 澗	382	渷 wò	382
淡 dàn	386	淑 shū	379	浵 tì	388	浾 chēng	354
淙 cóng	379	淤 xián	300	涗 shuì	385	浦 pǔ	381
涳 kōng	379	淖 nào	380	浣 huàn	387	溲 sōu	387
涫 guàn guǎn	385	滮 biāo	378	浪 làng	372	浯 wú	376
深 shēn	374	混 hùn	377	浸 jìn	376	酒 jiǔ	506
淥 lù	385	溚 tà dá	385	涒 tūn	386	浹 jiā	389
淈 jū	377	浿 pèi/pì	374	涌 yǒng	379	淶 lái 淶	376
淈 gǔ	380	淉 guǒ	377	浟 sì	381	涟 lián 漣	379
涵 hán	384	涸 hé	384	浚 jùn	385	涇 jīng	372
滲 shèn 滲	380	涶 tuò	53	**八画**		涉 shè	391
九画		淮 huái	374	清 qīng	379	消 xiāo	384
湊 còu	383	涶 tuō	377	淖 cháo	377	涅 niè	381
湸 liáng	204	淦 gàn	383	漬 zì	384	潿 wéi 潿	380
澒 hòng	388	涉 shè	377	减 yù	378	浞 zhuó	384

濂 lián 384
溯 sù 泝 382
溶 yǒng/róng 379
浸 jìn 376
滓 zǐ 386
溟 míng 383
溺 ruò 372
滍 zhì 374
灘 tān 灘 382
涵 hán 384

十一画

滅 hàn 372
漢 hàn 372
漹 yān 377
潢 huáng 381
漙 tuán 388
滿 mǎn 380
滯 zhì 384
潇 xiāo 潇 388
漆 qī 373
漕 cáo 388
漱 shù 386
漸 jiàn 374
漚 òu 384
涺 chún 381
漂 piāo/piào 379
過 guō 375
滹 jū zhā 376
淙 cóng 381
漊 lǚ 383
潩 yì 373
灗 cuǐ 380

溢 kè 389
滿 mǎn 380
漠 mò 377
滇 diān 372
漙 pǔ 377
溧 lì 374
漣 lán 379
溽 rù 380
澌 sī 376
減 miè 388
滙 huì 匯 437
溼 shī 384
澤 rù 384
溫 wēn 372
濫 làn 灆 379
溳 yún 374
潧 suǒ 377
溷 hùn 380
溦 wēi 383
滌 dí 386
滫 xiū/xiǔ 386
準 zhǔn 385
灌 què/guō 384
滔 tāo 377
滄 cāng 387
滃 wěng 383
溜 liù 374
滈 hào 383
漷 kuò 375
滂 pāng 378
湛 zhàn 383
溢 yì 386

淵 yuān 380
溲 sǒu 浽 385
湟 huáng 372
渝 yū 388
渙 huàn 378
渰 yǎn 383
湲 yuán 388
滄 cān 176
湆 qì 384
渡 dù 382
游 yóu 232
溠 zhā zhà 373
溇 lǚ 漊 383
湔 jiān 372
滋 zī 381
浽 sǒu 385
渾 hún 379
溉 gài 375
渥 wò 384
湋 wéi 379
湄 méi 382
湑 xǔ 386
滁 chú 388
洣 mǐ 386
湀 guǐ 381

十画

滶 áo 374
滆 gē 386
溱 zhēn 374
瀧 lǒng/máng 387
溝 gōu 382
湁 chí 466

湳 nǎn 376
潪 chì 379
湛 zhàn 383
湏 huì 387
港 gǎng 388
涷 liàn 388
渫 xiè 387
漆 nài 383
滞 zhì 滯 384
澳 nuǎn 385
湒 jí 383
湖 hú 381
湘 xiāng 374
湮 yīn 383
減 jiǎn 388
湎 miǎn 386
湝 jiē 378
湞 zhēn 374
湜 shí 380
湡 yú 376
湯 tāng 385
渻 shěng 380
湿 tà 濕 375
溫 wēn 溫 372
渴 kě 384
渭 wèi 372
溾 wēi 383
潰 kuì 潰 380
湍 tuān 379
滑 huá 380
潗 jiāo/jiū 385
湩 dòng 387

盪 dàng 169	瀨 lài 381	潭 tán 374	渉 shè 391
濕 tà 375	瀲 liàn 109	潦 lǎo 383	漵 xù 388
濥 yǐn yìn 377	瀕 bīn 391	澐 yún 379	漁 yú 402
濮 pú 375	歠 kě 299	潜 qián 383	潒 dàng 378
濦 yīn yǐn 375	潞 lù 373	澂 chéng 379	漉 lù 385
澤 shà/suō 386	瀄 jí 386	潰 kuì huì 380	滱 kòu 376
濞 bì 378	濊 huì 388	潿 wéi 380	漳 zhāng 373
濟 jǐ 376	澧 lǐ 374	潩 mì mǎi 374	漮 kāng 384
瀁 yàng 372	濃 nóng 384	濬 jùn 395	滻 chǎn 373
濘 níng nìng 381	澡 zǎo 387	潕 wǔ 374	溉 gài 375
濢 zuǐ 380	澤 zé 380	潐 jiào 384	滴 dī 382
濰 wéi 375	濁 zhuó 375	潀 cóng 潨 381	滢 yǐng/wā
十五画	激 jī 379	漈 jì 377	381
瀆 dú 382	漦 chóu 387	澳 yù 382	滰 jiàng 385
濻 héng 382	澮 kuài 373	潕 xī 378	漻 liú 391
瀀 yōu 384	澁 shì 382	潘 pān 385	漾 yàng 372
瀔 qìng 387	澹 dàn 380	潼 tóng 371	澼 pì 387
瀦 zhū 388	澥 xiè 377	澜 lán 澜 379	演 yǎn 378
瀑 bào 383	澤 cuǐ 385	潧 zhēn 375	漏 lòu 388
澼 dí zhí 380	澶 chán 375	潦 láo 373	漻 liáo 378
瀎 guó 384	澺 yì 374	潯 xún 380	渗 shèn 380
瀏 liú liù 378	資 cí/zī 383	潤 mǐn 380	潍 wéi 潍 375
瀌 biāo 384	澱 diàn 386	潤 rùn 385	**十二画**
瀋 shěn 386	潚 sù cù 378	潺 chán 388	潔 jié 389
濼 luò lù 375	**十四画**	澗 jiàn 382	滹 huì xì 373
十六至十七画	瀞 jìng 385	潠 sùn 389	澒 hòng hǒng 388
瀣 huò 378	濺 mò mà 385	潏 jué 378	濆 fén 381
瀳 jiàn 380	濫 làn 379	**十三画**	潜 qián 潜 383
瀬 lài 381	灑 lì 383	濛 méng 濛 384	澆 jiāo 386
瀟 xiāo 388	濡 rú 376	濩 huò 383	澍 shù 383
	瀰 mǐ nǐ 380	漍 guō 378	澌 sī 384
	濬 jùn 395	濇 sè 380	潸 shān 387

张氏检字表（48）

恭 gōng 363	忻 xīn 362	瀿 fān 379	灑 lì 385
拱 hóng/gǒng 369	怆 chuàng 367	灘 hàn/tān 382	灦 xiè 388
恒 héng 464	忼 kàng/kāng 362	灑 sǎ xǐ 387	瀕 bīn 391
恇 kuāng 369	忱 chén 363	灒 zàn 387	瀘 lú 388
恢 huī 362	快 kuài 362	灚 yú 377	澩 xué 382
恆 héng 464	**五画**	灚 niè 388	瀧 lóng 383
恫 tōng 368	怲 bǐng 368	灡 lán 386	瀙 qìn 374
愬 yì 364	怯 qiè 342	灖 mǐ mí 389	瀤 huái 376
恺 kǎi 愷 362	怙 hù 364	灅 lěi 376	瀛 yíng 388
恬 tián 362	怵 chù 369	灦 hàn/tān 382	澗 yán 387
恑 guǐ 366	怖 bù 369	灦 yú 402	灌 guàn 373
恤 xù 364	怞 chóu zhòu 364		灛 lín 382
恰 qià 370	怛 dàn/dá 367	**忄(小)部**	瀿 huàn 387
悆 guān 363	怚 jù 365		瀱 jì 379
恉 zhǐ 362	怏 yàng 367	忄 xīn 361	灜 hé 384
恂 xún 363	悦 kuǎng 366	**一至四画**	灂 jiǎo 386
恔 xiáo/jiǎo 362	性 xìng 361	忖 cǔn 370	瀹 yuè 386
恸 hài 369	怍 zuò 369	忏 xù 368	瀷 zhuó 378
恽 yùn 惲 362	怕 pà 364	忓 gān 364	瀸 jiān 380
恨 hèn 367	怜 lián 憐 369	忝 tiǎn 忝 369	瀵 fèn 385
恊 xié 473	怩 ní 370	忨 wán wàn 366	瀼 ráng 388
七画	恨 mín hūn 366	忢 wú 憮 364	瀷 yì 374
悖 bèi 85	佛 fú 366	忹 kuáng 343	灊 ǎn 377
悟 wù 364	恼 náo 366	忮 zhì 365	瀾 lán 379
悈 jiè 363	怊 chāo 370	怖 pèi bèi 367	**十八画以上**
悑 bù 369	怿 yì 懌 370	怀 huái 懷 363	灊 qián 372
悻 xìng 365	怪 guài 365	忧 yòu 368	灝 hào 386
悄 qiǎo 369	怡 yí 363	忡 chōng 369	灉 qú 374
悍 hàn 365	怮 yōu 368	忯 qí 363	灅 lěi 376
悁 yuān 367	**六画**	价 jiá ài 368	灉 yōng 375
悝 kuī 366	恸 tòng 慟 370	气 xì 愾 367	灡 jiǎn 385
	恃 shì 364	怅 chàng 悵 367	灋 fǎ 338

（49）张氏检字表

愦 kuì huì 367	愷 kǎi 166/362	**九画**	悃 kǔn 362
惮 dàn 369	愠 yùn 367	愊 bì 362	悒 yì 365
憮 wú 364	惲 yún 368	偙 chì 367	悔 huǐ 367
憧 chōng 366	㥯 xì 367	愤 fèn 367	悌 tì 370
憐 lián 369	愯 sǒng 364	偶 yú 364	悛 quān 364
憎 zēng 367	慆 tāo 364	慔 wǔ 364	**八画**
憕 chéng 362	愴 chuàng 367	愐 miǎn 364	情 qíng 361
憪 xián 365	㥳 sǔn 163	惰 duò 366	惏 lán 366
憰 jué 366	慊 xián 366	愠 yùn 367	悵 chàng 367
十三画	慉 xù 363	愒 qì 365	惜 xī 368
懜 mèng 366	慅 sāo 368	愓 dàng 366	悽 qī 368
懒 lǎn 懶 429	惄 nì 368	愦 kuì 愦 367	惭 cán 惭 369
懆 cǎo 367	**十一画**	惴 zhuì 368	悱 fěi 370
懌 yì 370	慒 cóng 364	㦡 zhòng 362	悼 dào 369
懁 juàn 365	慲 mán 366	惶 huáng 369	惕 tì 369
懈 xiè jiè 366	慽 qī 369	惲 yùn yǔn 362	惉 tiǎn 369
憺 dàn 364	慓 piào piǎo 365	傀 kuì 430	悸 jì 366
憸 xiān 365	慢 màn 366	愫 sù 363	惀 lún 363
憿 jiǎo 366	惰 duò 366	御 jǐ què 365	惟 wéi 363
十四画以上	働 tòng 370	愉 yú 365	㣚 cǎi 365
懱 miè 365	像 dàng 366	愃 xuān 363	惂 kǎn 368
懦 nuò rú 365	慫 sǒng 366	慨 kǎi gài 362	惆 chóu chōu 367
懝 ài 365	傷 shāng shàng 368	偉 wěi 63	惛 hūn 367
懷 huái 363	慵 yōng 370	惛 xū xǔ 364	惇 dūn 362
懽 guàn 364	慨 kǎi 362	傒 xié 367	悴 cuì 368
懾 shè zhé 369	慴 shè zhé 369	**十画**	惔 tán 368
懼 jù 364	嫽 liáo 363	慕 mù 364	惮 dàn 惮 369
㒓 xié 366	慘 cǎn 368	慑 shè 懾 369	惊 cóng 362
	十二画	惫 bèi(憊) 369	惨 cǎn 惨 368
宀部	憭 liáo 362	慕 mù 慕 364	惙 chuò 368
	憯 cǎn 368	慎 shèn 362	悷 tuì tū 364
	憬 jǐng 370	慌 yǐ 363	惄 jí 365

塞 sài 467	宧 yí 253	官 guān 489	宀 mián 251
窨 bǎo 253	容 róng 252	宝 bǎo 252	**二至四画**
騫 qiān 336	宰 zǎi 253	宛 wǎn 252	宁 zhù 495
索 suǒ 253	寏 sǒu 101	实 shí 實 252	宄 guǐ 253
寘 zhì 254	案 àn 201	宝 zhǔ 254	冗 rǒng 冗 253
奧 ào 252	宭 qún 253	宓 mì 252	宂 rǒng 253
寢 qǐn 253	宴 qǐn 253	宖 hóng 252	它 tā tuō 462
寐 mí mǐ 257	**八画**	宣 xuān 251	宇 yǔ 252
寱 bà pò 233	寇 kòu 110	宅 zhái 251	向 xiàng(向) 251
賽 sài 218	寁 zǎn 253	宦 huàn 253	守 shǒu 253
甋 diàn 254	寅 yín 503	宥 yòu 253	宅 zhái 251
寬 kuān 253	寄 jì 253	宬 chéng 252	穷 pín 217
寡 guǎ 253	寂 jì 宗 252	室 shì 251	宊 jiù 253
寠 jù 253	宿 sù 253	宫 gōng 254	安 ān 252
察 chá 252	寀 cǎi 254	宋 jì 252	字 zì 501
㝰 yí 253	宛 yuān 冤 340	宪 xiàn 憲 362	完 wán 252
蜜 mì 460	密 mì 318	宨 guǐ 254	宀 miàn 253
康 kāng 252	**九至十一画**	客 kè 253	宋 sòng 254
寧 níng 162	寒 hán 253	叜 sǒu 101	宏 hóng 252
寤 wù 257	窫 yì 252	宎 yǎo 252	牢 láo 50
寣 huá 257	賨 cóng 217	**七画**	宓 róng 253
實 shí 252	窀 yān 348	害 hài 253	宐 yí 253
十二画以上	富 fù 252	寱 wù 253	灾 zāi(災) 348
穡 sè 160	寔 shí 252	宽 kuān 寬 253	**五至六画**
寫 xiě 253	寓 yù 253	宧 yí 宧 252	宝 bǎo 寶 253
審 shěn 48	奐 huán/yuàn 252	宧 yí 252	宗 zōng 254
寪 wěi 252	寓 yǔ 252	宸 chén 252	定 dìng 252
䎸 yān 348	宁 nìng 113	家 jiā 251	宕 dàng 254
顇 cuì 254	寍 níng 252	宵 xiāo 253	宠 chǒng 寵 253
憲 xiàn 362	窓 wǎn 252	良 liáng/láng 252	宜 yí 宐 253
褰 qiān 284	寐 mèi 257	宴 yàn 252	审 shěn 審 48
寰 huán 254	寎 bìng 257	宷 shěn 48	宙 zhòu 254

逗 dòu 65
逦 lǐ 邐 65
逐 zhú 66
逍 xiāo 68
退 bài 66
逞 chěng 67
逖 tuì 69
造 zào 64
透 tòu 68
适 kuò 64
逷 tì 67
逢 féng 65
通 tōng 65
逡 qūn 66

八画

逵 kuí 496
遳 cuò 64
遂 suì 66
辵 chuò 67
遏 tì 67
逻 luó 邏 68
過 guò guō 64
逶 wěi 65
送 sòng 65
進 jìn 64
遷 qiān 67
逸 yì 340
逭 huàn 66
逮 dài 65
逯 lù 逯 66

九画

達 dá 66

迋 wǎng 68
迩 ěr 邇 66
迟 chí 65
迢 tiáo 68

六画

速 sù 64
逑 liè 66
迵 dòng 66
选 xuǎn 選 65
适 shì 64
追 zhuī 66
逅 hòu 67
迨 hé 64
逃 táo 66
逅 hòu 69
迻 yí 65
迹 jī 64
迩 jiāo 65
迸 bèng 67
送 sòng 65
迷 mí 66
逆 nì 64
退 tuì 69
逊 xùn 遜 65
遒 yóu 232

七画

逝 shì 64
連 lián 66
逑 qiú 66
逎 qiú 66
逋 bū 66
速 sù 64

迤 yǐ 65
起 qǐ 60
巡 xún 64
迕 fǔ 415
进 jìn 進 64
迋 wàng 64
逋 bó 64/67
远 yuǎn 遠 67
违 wéi 違 66
运 yùn 運 65
还 huán 還 65
连 lián 連 66
迓 yà 84
徙 xǐ 65
近 jìn 66
返 fǎn 65
迎 yíng 65
远 háng 67
逇 dǐ 67
述 shù 64
延 zhēng 64
迣 zhì 66
越 yuè 67
迪 dí 65
迥 jiǒng 67
退 cú 64
迟 qì xì 65
迭 dié 66
诋 dǐ 66
迮 zé 64
迫 pò bó 66

蹇 jiǎn 74
㵣 yì 257
寢 mián 253
㿗 yīn 㿗 15
窶 jū 253
窺 qīn 252
寵 chǒng 253
㸒 rǔ yù 257
㝱 mèng 256
寶 bǎo 253
㝩 jì kuí 257
豐 fēng 252
㝯 wù 257
㝫 qǐn 257

辶 (辶) 部

辶 chuò 辵 63

二至五画

辽 liáo 遼 67
边 biān 邊 67
迂 yū 67
迁 gān 66
达 dá 66
辻 tú 64
过 guò 過 64
迈 mài 邁 64
辿 jì 159
迁 qiān 遷 65
迄 qì 67
迅 xùn 64

张氏检字表（52）

录 lù 彔 239
帚 zhǒu 265
希 yì 328
彖 tuàn 希 329
彘 chǐ shǐ 328
彗 huì 102
彔 mèi 315
希 yì 328
彀 gǎn 138
祀 bǎ 499
彘 zhì 328
彖 wèi 328
桼 lí 460
彘 sì 328
彖 sì 328
彠 huò 125
蠡 lí 460
彠 huò 125

尸部

尸 shī 289

一至三画

尹 yǐn 101
尺 chǐ 291
尼 rén 269
尻 kāo 289
尻 jū 483
尼 ní 289
尽 jìn 盡 169
屄 niǎn rǎn 289

四至六画

避 bì 66
邇 ěr 66
邈 miǎo 邈 67
邃 suì 256
邅 huì hài 64
遗 dú 64
邌 lí 65
邊 biān 67
躂 tà 419
邊 biān 邉 67
邋 liè 66
邍 yuán 67
邈 miǎo 67
邁 mài 64
邆 zhù 65
邅 yóu 64
邐 lǐ 65
邏 luó 68
邎 yù 131

彐(彑彐)部

彑 jì 328
归 guī 歸 61
彐 chú 芻 41
彐 yì 313
彐 liáng 183
当 dāng 當 470
灵 líng 靈 23
炅 xiá 328
帚 yì 328

遡 sù 382
遜 xùn 65
遟 chí 65

十一画

遭 zāo 65
遨 sù 64
邆 dì 65
遣 cú 64
遱 lóu 67
遯 dùn 66
遦 guàn 64
遮 zhē 66
達 shuài 64
適 shì 64
遟 chí 迟 65

十二画

遟 rì 66
邁 mài 64
遷 qiān 65
遼 liáo 67
邀 jiù 64
遺 yí 66
遠 yuǎn 67
遴 lìn 66
遵 zūn 64
選 xuǎn 65
遹 yù 65

十三画以上

邅 jù 67
還 huán 65
邃 yàn 66
邂 xiè 67

迦 jiā 67
邅 yè 67
逼 bī 67
遌 è 65
遇 yù 65
過 è 66
遺 yí 遗 66
遄 chuán 64
遑 huáng 67
遁 dùn 65
運 dòng 472
逾 yú 64
遄 yuān 65
遒 qiú 66
道 dào 67
遂 suì 66
運 yùn 65
退 xiá 67
建 jiān 67
違 wéi 66

十画

逋 bū 66
逑 jí 101
遘 gòu 65
遠 yuǎn 67
遣 qiǎn 65
遢 tà 64
遞 dì 65
涑 shù 64
遥 yáo 68

（53）张氏检字表

弯 wān 彎 440	忌 jì 367	犀 xī 50	层 céng 層 289
弜 nǎi 162	巺 xùn 159	属 zhǔ 屬 292	屎 chì nǐ 203
弲 xuān yuān 439	巹 jǐn 499	屩 juē 屩 292	屯 tún 289
弱 ruò 308	艳 yàn 豔 167	届 chā 289	尿 niào 292
艴 bó 313	㠪 yí 412	屢 lǚ 屢 290	尾 wěi 291
敫 bì 440	㠯 fěi 403	屫 chán 502	屈 zhé zhí 289
張 zhāng 439	㠱 jì 499	屣 xǐ 65	局 jú 57
弸 péng 440	巽 xùn 159	屢 lǚ qǔ 290	居 jū 289
弪 mǐ 439		屨 jù 履 292	屇 jiè 289
弴 dūn 439	**弓部**	屫 zòu 358	届 jiè 289
弹 dàn 彈 440		層 céng 289	屐 pú 185
強 qiáng 強 454	弓 gōng 439	屪 diàn 289	屈 qū 292
弼 bì 440	弔 diào 277	履 lǚ 292	屍 shī 289
弽 shè 187	引 yǐn 440	屨 jù 292	屋 wū 289
强 qiǎng 強 454	弗 fú 431	屫 juē 292	昼 zhòu 晝 104
發 fā 440	弘 háng 440	屩 zhǎn 459	屔 qì 289
彀 gòu 440	弙 wū 440	屬 zhǔ 292	咫 zhǐ 291
彄 chí 440	弞 dán 440	屭 lì 292	屑 xiè 289
彈 bì 440	弛 chí shǐ 440	屫 chàn 128	屏 pǐng 289
弭 chóu 54	弢 jiàng 440		屓 xiè 289
彉 guō kuò 440	张 zhāng 張 439	**己（巳）部**	
彄 kōu 439	弞 chóu 470		**七画以上**
彈 dàn 440	弟 dì 188	己 jǐ 499	
彌 bì 440	弧 hú 439	巳 sì 504	展 zhǎn 289
彊 qiáng 440	弤 shěn 180	巴 bā 499	屒 zhěn 289
疆 jiāng 471	弦 xián 441	㠯 yǐ 505	屟 jī 292
彌 mí xǐ 440	弢 tāo 440	包 bāo 314	屝 xù 292
彌 quán juàn 439	弩 nǔ 440	导 dǎo 導 107	犀 xī 289
彍 yáo 439	弨 chāo 439	异 yì 異 93	屠 tú 289
鬻 zhōu 98	弜 bì 440	岂 qǐ 岂 166	屋 wū 289
彎 wān 440	弭 mǐ 439	色 sè 313	屝 fèi 289
彏 xuè 440	弩 yì 440	㠱 zhī 311	屚 lòu 397
			屧 xiè 289

妨 fáng 428　　妣 bǐ 424　　孳 zī 502　　翼 gēng 99
妫 guī 媯 423　　奴 nú 425　　㹠 nǐ 502　　鬵 zèng 438
妒 dù 428　　奸 jiān gān 430　　學 xué 112　　彊 qiáng 454
妆 zhuāng 428　　妷 yì 425　　孺 rú rù 501
㛂 hào 423　　改 jǐ 425　　覃 tán 183

子(孑)部

妜 yuè 429　　如 rú 427　　孼 niè 502　　子 zǐ 501

五画

　　　　奻 nuán 430　　孿 luán shuàn 501　　孑 jié 502
妭 bá 425　　妁 shuò 423　　　　　　孓 jué 502

屮(屮)部

妸 ē 425　　㚼 fàn 323　　　　　　**一至四画**
妹 mèi 424　　妊 chà 423　　屮 chè 27　　孔 kǒng 405
妰 yuè 429　　㚩 jiǔ 425　　屵 yuè 322　　孕 yùn 501
姑 gū 424　　妆 zhuāng 妆 428　　㞢 huáng 209　　存 cún 502
妻 qī 424　　妄 wàng 428　　宋 pō 210　　孙 sūn 孫 441
姐 jiě 424　　妇 fù 婦 424　　艸 cǎo 28　　孝 xiào 287
姑 chān che 426　　妃 fēi 424　　崒 fēng 466　　柔 mèng 502
姐 dá 430　　好 hǎo 426　　岔 fēn 27　　孛 bèi 210
㛮 càn 428　　妍 yán 429　　屺 lù 27　　孜 zī 109
妵 āng àng 429　　姘 jìng 427　　甾 niè 489　　孚 fú 99
妯 chōu dí 428　　妩 wǔ 嫵 425　　糶 yǔn 358　　孝 jiào jiāo 502
姓 xìng 423　　妘 yún 423　　蕼 mǎng 44

五画

婑 wǎn 426　　妓 jì 428　　叢 qiāng 127　　孟 mèng 502
委 wěi 426　　姁 yù 嫗 424　　嶪 lù 27　　孠 sì 76
姁 xǔ 424　　妣 bǐ 424　　鞲 jiū 79　　孤 gū 502
姗 shān shàn 430　　晏 yàn 427　　㩵 niè 502　　学 xué 學 112
姜 qiè 90　　妊 rèn 424　　欁 niè 205

六画以上

妵 tǒu 425　　妌 chǐ 424　　欁 niè 245　　孪 luán 孿 501
姅 bàn 430　　姌 rǎn 426　　　　　　孩 hái 52

女部

娿 ē 424　　㚢 fá 427　　　　　　孨 zhuǎn 502
始 shǐ 425　　妎 hài 428　　女 nǚ 423　　孫 sūn 441

六画

　　　　妗 xiān 426　　**二至四画**　　㝃 miǎn fàn 501
娃 wā 429　　姝 shū 426
娀 sōng 425　　姊 zǐ 424　　　　　　孴 nǐ 502

（55）张氏检字表

媅 dān 427	竖 qiān 427	婁 lóu 婓 429	姞 jí 423
媛 ruǎn 430	媕 yàn 430	姦 jiān 430	姩 èr 425
媒 méi 423	婞 xìng 428	**七画**	要 yào 93
婼 duò 366	娶 qǔ 423	姬 jī 423	威 wēi 424
媟 xiè 428	媠 chuò 428	姬 jī 姬 423	妮 nuǒ wǒ 426
媢 mào 428	婪 lán 429	媄 yāo 428	姷 yòu 427
媪 ǎo 424	婕 jié 425	婄 pōu pāi 429	姨 yí 424
媦 wèi 424	媒 wǒ 426	娠 shēn 424	娆 niǎo 嬈 429
媞 shì 427	婁 lóu 429	娕 chuò 427	姪 zhí dié 424
婏 yí xī 427	婟 hù 428	娭 xiè 429	姕 zī 428
嫂 sǎo 424	嬰 yīng 428	娙 xíng yíng 426	姻 yīn 423
媘 shěng 428	婚 tà 427	娶 xiè 429	娑 qī 424
嫠 shǎn 429	斐 fēi 430	娋 shào xuē 428	峒 dòng tóng 426
媚 yīn 424	媧 wā guā 425	娛 yú 427	姝 shū 426
媿 kuì 430	婥 nào 430	娉 pìn 428	姺 shēn 423
媤 chā chè 429	婢 bì 425	娟 juān 430	娇 jiāo 娇 430
媮 tōu 428	婭 zhuì 430	娲 wā 娟 425	姼 chǐ 424
嫣 yǎn 427	婬 yín 430	娄 lóu 429	姰 jūn 428
媛 yuán yuàn 428	媿 fàn 340	娥 é 425	姡 huó guó 427
媰 cù 430	婗 ní 424	姆 mǔ 424	姚 yáo 423
媥 piān 429	婚 hūn 423	娖 qiē 429	姶 è 425
媛 sǎo 424	嫀 zhōu 425	娴 xián 娴 427	姤 gòu 430
媊 qián 425	娷 huī 429	娣 dì 424	姽 guǐ 426
媄 měi 425	嬋 chán 婵 430	娧 tuì duì 426	媠 duò duǒ 428
嬈 rǎn 427	婆 chān 426	娑 suō 427	娗 tǐng 430
嫐 nǎo 430	婠 wān 426	娓 wěi 427	娈 luǎn 娈 426
媚 mèi 425	婉 wǎn 426	娿 ē 429	娸 yī 425
婿 xù 24	婦 fù 424	娭 xī ǎi 427	姣 jiǎo xiáo 426
婺 wù 427	婯 lù 428	**八画**	姿 zī 428
媁 wéi 429	嫈 xián 429	娸 qī 423	妵 hù 428
十画	媰 zhuó duó 429	媌 miáo 426	姜 jiāng 423
	九画	婧 jìng qìng 426	姘 pīn pēng 430

张氏检字表（56）

駚 bā	333	
騔 zhù	334	
驭 yù	69	
驮 tuó duò	337	
驯 xún	336	
駒 dí	334	
駃 sà	335	
闯 chuǎng	410	
驰 chí	336	
驱 qū 驅	336	
駥 zhī	335	
罼 zhí	336	
駌 rì	337	
驳 bó	334	
駥 jiè	336	
騍 áng àng	335	
驴 lú 驢	337	
馼 wén	335	
駃 jué	337	

五画

驵 zǎng	336
駓 pī	334
骂 mà	263
駧 jiōng	337
驷 sì	335
駙 fù	335
駊 pǒ	335
駎 gé	336
驹 jū	333
駃 yì dié	336
駗 zhěn zhēn	336
驺 zōu 騶	336

嬴 yíng	423
嬖 bì	428
嬮 yān	426
嫛 qì kài	428
孏 làn	430
嬯 tái	429
嬬 rú xū	429
嬽 yún	423
嬪 pín	427
嬻 dú	428
嬽 yuān	426
嬥 tiǎo	427
嬾 lǎn	429
孋 xiāng	285
嬿 yàn	425
嬹 xìng	426
嬂 líng	425
孅 xiān	426
嬌 jiāo	426
孃 ráng niáng	430
嬒 huì shuǐ	429
孌 luán	426
孿 liàn luán	428
孨 zàn	426
孎 zhú	427

马（馬）部

二至四画

馬 mǎ	333
馬 huán	333
冯 píng 馮	336

嫷 duò	425
嬌 ǎn	429
嬛 xuán	427
嫡 dí	427
嫪 lào	428
孈 huà	426
嬠 cǎn	429

十二画以上

嬈 niǎo	429
嬅 gū	427
嬒 niǎn	429
嬙 liáo	425
嬋 chán	430
嬅 mò hēi	429
嬌 wǔ	425
孏 luǎn	426
魃 fàn	424
嬌 jiāo	430
燃 niàn	423
嫣 guī	423
嬗 zhǎn	429
孈 huà	426
嫺 xián	427
嫱 qiáng	430
孍 wā	425
嬛 xuān	426
嬰 yào（要）	93
嬩 yú	425
嬐 xiān	427
嬒 huì kuài	430
嬰 huǐ	430
嬗 shàn	427

媾 gòu	424
嫯 ào	430
媱 huì	429
嫄 yuán	425
嫶 ǎo	424
媲 pì	424
孎 chú zōu	424
嫽 yáo	426
嫉 jí	276
嫛 pán pó	427
嫌 xián	428
嫁 jià	423
婿 xù chù	425
娝 míng	426
媛 yuàn	427
嫔 pín 嬪	427
嫛 yīng	428
嫋 niǎo	426

十一画

嫠 lí	430
嫛 zhì	427
嬇 zé	427
嫣 yān yàn	426
嫱 qiáng 嬙	430
嫗 yù	424
嫛 yī	424
嫖 piào piāo	429
嫥 zhuān	427
婟 jù	428
嫚 màn	429
嫳 piè	429
媃 xī	425

（57）张氏检字表

骥 jì	334	䯃 liú	334	骇 ě	335	駪 shēn	337
骧 yàn	334	骓 zuī	335	騟 tú	337	驻 zhù	336
驴 lú	337	骅 hé	337	骰 tuì	336	駜 bì	335
骦 jú	336	骊 zōu	336	骎 qīn jīn	335	驾 jià	335
骦 huān	335	韬 tāo	335	骏 sì ái	336	驿 yì 驛	337
骧 xiāng	335	骒 chéng	336	骏 jùn	334	骀 tái	336
骊 lí	334	骞 qiān	336	骐 qí	334		
骡 luó	337	骗 péng	335	骒 lái	335	**六至十画**	
骉 biāo	337	骍 xīng	337	骑 qí	335	骁 xiāo 骁	334

纟（糸）部

		十一画以上		骓 fēi	335	駜 liè ll	336
糸 mì	443	驱 qū	336	骭 àn	334	驶 shǐ	337
二至四画		骦 xí	334	騧 guā	334	骎 róng	337
纠 jiū	79	骘 zhì	336	骓 zhuī	334	骂 mà 罵	263
纡 yū	444	骠 piào	334	骓 zuī zhuǐ	335	駧 dòng	336
红 hóng	447	骢 cōng	334	骝 táo	337	驷 yīn	334
纣 zhòu	449	骖 cān	335	骖 cān 骖	335	㺄 cǐ	335
纤 xiān 纖	444	骁 xiāo jiāo	334	骒 tí	337	駉 jiōng	334
纠 xún	448	䯄 guā	334	骱 xié	335	骄 jiāo 驕	335
纨 wán	445	骟 diàn	334	骔 zōng	337	㑇 xiū	335
约 yuē	445	惊 jīng	336	飘 fān	336	駪 shēn	337
级 jí	445	䯀 hàn	334	魏 guī guì	334	骆 luò	334
纩 kuàng 纊	450	骡 tuó	337	骘 zhì	333	駮 bó	337
纪 jì	444	骄 jiāo	335	骙 kuí	335	駓 huāng	336
纫 rèn	449	骦 yù shù	334	骓 fēi	334	骇 hài	336
纬 wěi 緯	444	骟 xián	333	骚 sāo	336	骈 pián	335
纺 fóu	447	驿 yì	337	骛 wù	336	骊 lí 骊	334
纮 hóng	447	验 yàn	335	騢 xiá	334	飘 niè	336
纯 chún	443	骛 wò	335	骜 ào	334	骓 máng	334
纰 bǐ	451	驙 zhān	336	驀 mò	335	骋 chěng	336
纲 gāng 綱	448	骦 dǎo	16	腾 téng	337	駽 xuān	334
		骤 zhòu	336	骤 méng	337	騧 guā 騧	334
		骮 tiě	334	骤 xí	337	駻 hàn	336
						验 yàn 驗	335

张氏检字表（58）

缯 zēng 445	绘 huì 繪 446	终 zhōng 445	纳 nà 444
绨 tí 446	结 tiào zhào 445	纸 dī 444	纴 rèn 444
綅 qīn jīn 448	绻 quán 450	紨 fū fú 450	纥 hé 紇 443
八画	给 jǐ 445	绉 zhòu 縐 450	紟 jīn 448
缵 jī 450	绚 xuàn 446	絘 zhì 448	纵 zòng 縱 444
绁 xìng 444	绛 jiàng 446	絜 xiè 449	纶 lún 綸 448
绸 miáo 445	络 luò 450	紋 xué 448	纷 fēn 449
綝 chēn 445	縻 mí 450	绊 bàn 449	纸 zhǐ 450
绪 xù 443	绝 luó 444	紵 zhù 450	纺 fǎng 444
缕 qī 446	绞 jiǎo 356	绋 fú 451	纻 zhù 紵 450
缮 qiàn 446	繊 mǐ 446	绌 chù 446	紞 dǎn 447
绫 líng 446	绷 bēng 451	绍 shào 444	纽 niǔ 447
缫 zōu 451	统 tǒng 444	紭 hóng 447	纼 zhèn 449
緉 liǎng liàng 451	纮 cì 450	绎 yì 繹 443	纾 shū 444
缲 qiè 448	絲 sī 452	经 jīng 經 444	**五画**
续 xù 續 444	**七画**	绐 dài 444	线 xiàn 綫 448
绮 qǐ 446	绠 gěng 450	**六画**	紅 zhēng 449
缐 xiàn 448	绿 qiú 445	絓 kuā huà 444	绀 gàn 447
绯 fēi 451	綀 shū 452	絘 zhì 444	絨 yuè 448
绰 chuò 452	經 jīng 444	紴 pài 445	维 xiè 450
绲 gǔn 447	練 xié 449	組 huán 448	练 liàn 練 446
綥 qí 447	绡 xiāo 443	结 jié 445	组 zǔ 447
緆 xī 451	繝 jiǎn 443	绔 kù 448	紻 yǎng 447
绳 shéng 繩 449	绢 juàn 446	絠 ǎi/gǎi 450	绅 shēn 447
纲 gāng 448	經 tīng 444	绕 rào 繞 445	組 zhàn 448
網 wǎng 262	绹 guā 447	绖 dié 451	细 xì 445
緺 guā 447	繞 miǎn 261	絖 kuàng 450	绌 chóu 446
维 wéi 449	繁 fán 449	結 xiè 449	织 zhī 織 444
緕 zhēng 449	绪 chī 450	絖 huāng 443	绚 jiōng 445
緡 mín 450	绤 xì 450	綎 tīng 448	紾 zhěn 445
纶 lún guān 448	绥 suī 451	絑 zhū 446	紴 bō 448
緌 ruí 447	继 jì 繼 444	紱 fú bèi 449	绚 qú 449

（59）张氏检字表

纔 sǎn 451	繳 zhì 451	缎 duàn 187	縊 jīn 448
繐 suì 448	纚 lí 450	緟 chóng 448	縱 zōng 448
繚 liǎo 445	縫 féng 448	缠 biàn/pián 451	綬 shòu 447
繟 chǎn 447	繳 zhòu 450	緥 bǎo 448	绸 chóu 451
纆 mò 450	繴 fán 449	緰 tóu 451	绺 liǔ 444
繎 rán 444	縗 cuī 451	緷 yùn 444	绻 quǎn 452
繙 fán 445	縡 zài 452	線 xiàn 448	緂 tián chān 447
纅 jié jí 445	缟 gǎo 446	緱 gōu 緱 449	综 zòng 444
繑 qiāo 448	縭 lí 449	緱 gōu 449	緒 yù 446
繜 zūn 448	缢 yì 451	緝 zhuì 449	縿 lì 447
織 zhī 444	繐 tǎn 447	缓 huǎn 452	綍 fǔ 450
繕 shàn 449	縑 jiān 446	缔 dì 445	绾 wǎn 446
繒 zēng 445	**十一画**	緪 gēng 450	绿 lǜ 綠 446
繈 qiǎng 444	缥 piāo 446	缕 lǚ 縷 448	缀 zhuì 495
繘 yù 450	縳 juàn 446	緳 nì 447	缁 zī 447
十三画	繐 suì huì 450	緧 qiū 449	**九画**
繮 jiāng 449	縷 lǚ 448	縒 cī 445	緤 xiè 450
繱 cōng 447	缦 màn 446	编 biān 449	綇 zhù 451
繩 shéng 449	繃 bēng 445	緼 tīng 444	缃 xiāng 451
繾 qiǎn 452	縗 suì 444	緯 wěi 444	緛 ruǎn 448
繰 zǎo qiāo 447	纓 yīng 纓 447	缘 yuán 448	練 liàn 446
繹 yì 443	總 zǒng 445	**十画**	綳 běng 451
繯 huán xuàn 445	縱 zòng 444	缙 jìn 縉 446	缄 jiān 449
纞 luán 85	縰 xuàn 449	縉 jìn 446	缅 miǎn 443
繵 chǎn 444	缩 suō sù 445	縓 quán quàn 447	緒 kāi 443
繪 huì 446	縴 qiè 448	缚 fù 445	缇 tí tǐ 446
繡 xiù 446	繆 móu 451	縪 bì 445	绢 gǔ 445
十四画以上	繈 qiǎng 444	縜 yún 448	緭 wèi 445
繻 xū 447	缲 sāo 443	缛 rù 447	缉 jī qì 450
纁 xūn 446	縿 shān 449	縕 yūn 451	缊 yūn 緼 451
纀 bú 448	**十二画**	轡 pèi 轡 452	纈 huì 444
纊 kuàng 450	繞 rào rǎo 445		緦 sī 451

玪 jiān 21	䭴 chā 438	兹 zī 37	繼 jì 444
玱 qiáng 瑲 21	虥 zǐ 501	幽 yōu 136	纆 yí 451
玵 niǔ 478	雔 yōng 124	兹 zī 137	續 xù 444
玦 jué 20	轳 lú 438	窑 sī 451	纏 chán 445
玚 mò 22		丝 yāo 441	繰 yào 444
玫 méi 23	**王部**	旅 lú 137	轡 pèi 452
玧 mén 21		幾 jī 136	纑 lú 450
五画	王 wáng 17/18	壐 jì 444	繳 sǎn 451
珏 jué 珏 24	**一至四画**	樂 yuè 203	纘 zuǎn 444
珂 kē 23	玉 yù 18	畿 jī 470	钁 jué 444
珑 lóng 瓏 19	主 zhǔ 171		繬 jì 451
珇 mào 20	玎 dīng 21	**巛部**	纓 yīng 447
珇 zǔ 20	玑 jī 璣 23		纕 rǎng ráng 448
皇 huáng 18	玊 sī 22	〈 quǎn 391	纔 shān qiān 447
珍 zhēn 21	玉 yù 18	巜 kuài 392	纖 xiān 444
玲 líng 21	玕 gān 23	巛 zāi 393	變 biàn 109
珎 zhēn 珍 21	玒 hóng 19	孚 zǐ 501	縗 zuī xié 448
珣 gǒu 22	玗 yú 22	巛 liè 393	纅 yù 450
珊 shān 23	弄 lòng 92	災 zāi 348	臠 luán 143
珌 bì 20	玙 yú 璵 18	坙 jīng 392	繿 shī 446
珉 mín 22	玓 dì 22	巠 yù 393	纚 xǐ 447
珈 jiā 23	玖 jiǔ 21	甾 zī 39/438	纚 luò 445
六画	玤 fēng 466	坙 jīng 392	
珪 guī 468	玘 qǐ 23	甾 yōng 393	**幺部**
珥 ěr 20	玚 chàng 瑒 20	邕 yōng 393	
珙 gǒng 24	玨 jué 24	巢 cháo 213	幺 yāo 136
珛 xiù 19	玩 wán 21	惑 huò yù 393	乡 xiāng 鄉 225
珝 xū 305	玤 bàng běng 21	疏 zhǔ 495	幻 huàn 137
玼 cǐ 21	玭 pín 22	巤 xiè 497	幼 yòu 136
珰 dāng 璫 23	玫 méi 玟 23	甈 píng 438	幺幺 yōu 136
瑛 yì 22	玠 jiè 20	鼠 liè 361	叀 zhuān 136
珠 zhū 22			絭 guān 452

璹 zēn 22	瑳 cuō 21	琳 lín 19	珽 tǐng 20
璇 xuán 19	瑄 xuān 24	琢 zhuó 21	珦 xiàng 19
瑺 wú 19	瑂 méi 22	璞 zhǎn 23	珩 héng 20
璠 fán 18	瑕 xiá 21	琲 bèi 23	珧 yáo 23
璒 dēng 22	瑑 zhuàn 20	琡 shù 24	璽 xǐ 璽 466
璚 qióng 19	**十至十二画**	琥 hǔ 19	珣 xún 19
璕 zhì 20	璓 xiù 21	琨 kūn 22	珵 chēng 21
璣 jī 23	望 wàng 281	琠 tiǎn diǎn 18	班 bān 24
十三画以上	瑱 tiàn 20	琱 diāo 21	珝 xǔ 23
瑟 sè 21	瑮 lì 21	琟 wéi 22	珋 lì 23
璨 càn 24	瑬 wàn 22	琼 qióng 瓊 19	珢 yín 21
璩 qú 23	瑲 qiáng 21	琰 yǎn 20	**七画**
璬 hào 22	瑶 yáo 22	琮 cóng 19	琎 jīn 璡 22
璫 dāng 23	瑦 wǔ 22	琯 guǎn 157	珏 yí 21
璐 lù 19	瑶 zhǎo 20	琬 wǎn 19	珋 liú 23
璪 zǎo 20	瑾 jǐn 19	琛 chēn 23	球 qiú 19
環 huán 19	瑊 qí 20	琚 jū 21	琐 suǒ 21
璬 jiǎo 20	璊 mén 21	**九画**	瞿 qū 437
璗 dàng 23	璷 fú 24	瑟 sè 435	玕 gān 23
璵 yú 18	璜 huáng 19	㻺 lái 19	理 lǐ 21
璹 shú 20	璀 cuǐ 23	聖 shèng 411	琤 chēng 21
璩 qí 20	璡 jīn 22	瑚 hú 23	琁 qióng 19
璿 xuán 19	璁 cōng 22	瑓 là 19	珨 hán 23
瓊 qióng 19	璋 zhāng 19	瑝 xié 22	望 wàng 436
璧 bì 19	瑬 liú 20	瑒 chàng 20	珚 yán 22
璠 xiá 22	瑩 yíng 21	瑁 mào 20	琅 láng 23
璽 xǐ 466	璆 qiú 19	瑞 ruì 20	**八画**
璺 lì 18	瑻 kūn 22	瑝 huáng 21	琫 běng 20
瓃 léi 20	璪 zǎo 22	瑰 guī 23	琵 pí 435
瓌 guī 270	璥 jǐng 18	瑀 yǔ 21	琴 qín 435
瑩 yǒu yóu 23	璙 liáo 18	瑜 yú 19	琶 pá 435
瓅 lì 22	瓐 lè 21	瑗 yuàn 19	瑛 yīng 19

张氏检字表（62）

椿 chūn 193	朵 duǒ 197	韝 gōu 187	瑾 jìn 22
林 lín 207	枥 lì lè 198	韠 bì 187	瓚 zàn 19
枎 fú 197	杂 zá 襍 285	韜 tāo 韜 187	瓏 lóng 19
𣏒 pài 249	机 guǐ 156	韓 hán 187	瓘 guàn 18
枝 zhī 196	权 quán 權 195	韡 wěi 212	瓊 xiè 22
杯 bēi 201	**三画**	韜 tāo 187	璚 qióng 19
枥 lì lè 206	枤 dì 197	韢 suì xì 187	瓗 náo róu 18
柜 jǔ 195	杇 wū 200	韣 zhú 187	瓛 huán 20
柿 fèi 204	杜 dù 192	韤 wà 187	
枒 yá 195	杠 gāng 200	韝 jiū 187	**韦(韋)部**
荂 huá 201	材 cái 198	韝 jiū 187	
枇 pí 193	村 cūn 邨 224		韦 wéi 韋 187
柘 hù 204	杖 zhàng 203	**木(朩)部**	韋 wéi 187
杪 miǎo 197	杙 yì 193		韧 rèn 韌 188
杳 yǎo 198	枂 rèn 196	木 mù 191	韌 rèn 188
果 guǒ 196	杏 xìng 191	朮 pìn 249	韔 chàng 187
東 dōng 207	杣 jiǎo xiǎo 197	**一至二画**	敳 wéi 110
枏 nán 191	束 shù 213	本 běn 196	韍 fú 267
杲 gǎo 198	枪 lí zhì 200	末 mà 196	韎 mèi 187
朱 kùn 215	杓 biāo 201	未 wèi 505	韏 quàn 187
枣 zǎo 棗 237	条 tiáo 條 196	术 shú 240	韐 jiá 267
杵 chǔ 201	极 jí 204	札 zhá 204	韔 chàng 187
柗 gǎi gǔ(朹) 201	床 chuáng 200	朽 xiǔ 139	韗 yùn 95
枢 shū 106	杧 máng 199	朾 chéng 205	韓 hán 187
枚 méi 197	杞 qǐ 195	朴 pò 196	韙 wěi 63
柳 àng 204	李 lǐ 192	朻 jiū 197	韙 wěi 63
枨 chéng 根 202	杨 yáng 楊 194	束 cì 237	韘 shè 187
析 xī 205	杍 lǐ 192	朱 zhū 196	韛 duàn 187
枌 fén 195	松 gāng 448	朹 réng 194	韚 xiá 187
枖 yāo 197	杈 chā 196	杀 shā 殺 106	韝 gōu 韝 187
枞 cōng 樅 196	**四画**	机 jī 196	韛 pò 187
梼 chǒu 206	枉 wǎng 197	朵 duǒ 197	韤 wéi 237

（63）张氏检字表

桡 náo 橈 197	柆 lā 205	枰 píng 205	采 cǎi 204
桎 zhì 206	柿 shì 191	栋 dòng 棟 198	松 sōng 196
柴 chái 198	亲 qīn 親 297	栌 lú 櫨 199	枪 qiāng 槍 200
桢 zhēn 楨 198	染 rǎn 387	柤 zhā 200	枫 fēng 楓 195
桄 guàng 205	柠 níng 195	柷 zhù 204	杠 gāng 448
桐 tóng 195	柮 duò 205	相 xiāng 118	枭 xiāo 206
株 zhū 196	枷 jiā 201	柍 yǎng yīng 192	构 gòu 構 198
桼 rěn 197	栲 kǎo 193	柙 xiá yā 206	杭 háng 419
梃 tǐng 197	柅 nǐ 194	柘 xiān 196	枋 fāng 194
栝 tiǎn 203	栚 chì/nǐ 203	枵 xiāo 197	枓 zhǔ 201
袼 gé xiá 200	柖 sháo zhāo 197	柶 sì 201	杰 jié 270
桥 qiáo 橋 204	树 shù 樹 196	柚 yòu 191	枕 zhěn 200
桦 xiáng 203	枲 xǐ 249	栅 zhà 200	杷 pá 201
臬 niè 203	柶 sì 201	枳 zhǐ 195	杼 zhù 202
條 tiáo 196	柔 róu 198	柤 sì 201	柔 shù zhù 193
桧 guì 檜 196	柫 fú 201	柬 jiǎn 213	**五画**
桃 táo 192	**六至七画**	柞 zuò 194	标 biāo 標 197
桅 wéi 196	楲 yí 193	柏 bǎi 196	枊 qióng 192
桀 jié 189	栔 qì 149	柝 tuò 198	奈 nài 192
格 gé 197	栞 kān 197	枦 lú tū 194	极 bā bō 203
栘 yí 195	栭 ér 199	柀 bǐ 193	栈 zhàn 棧 202
桩 zhuāng 樁 206	枅 jī 199	柃 líng 201	枼 yè 205
校 jiào 204	桂 guì 192	柎 fū 203	某 mǒu/méi 196
核 gāi 202	栵 liè 199	柢 dǐ 196	荣 róng 榮 195
样 xiàng 樣 193	栻 zhé 202	柧 gū 205	枯 kū 198
栿 zhèn 202	桔 jié 193	栎 lì 櫟 195	柣 qū 204
栟 bīng 193	栫 jiàn zùn 202	枸 jǔ 194	栉 zhì 櫛 200
桊 juàn 202	恭 gōng 420	柳 liǔ 195	柯 kē 203
案 àn 201	栽 zài 198	柲 bì 203	柄 bǐng 203
根 gēn 196	桓 huán 200	枹 fú 203	柘 zhè 195
栩 xǔ 193	栜 sè 206	柱 zhù 198	栊 lóng 櫳 206
桑 sāng 209	栗 lì 237		柩 jiù 437

楱 yǎn 192	楛 hù 194	检 jiǎn 檢 204	梼 táo 檮 205
楼 jiē 203	椅 yī 193	梴 chān 197	梪 dòu 166
椌 qiāng 203	琛 chēn 207	桴 fú 198	榿 qí 219
棺 guān 206	椓 zhuó 205	桷 jué 199	械 xiè 205
棨 qǐ 204	棼 fén 207	椹 zhèn 202	梂 qiú 195
楗 jiàn 200	棲 qī 407	梓 zǐ 193	椉 zhǐ 436
棣 dì 195	椠 qiàn 椠 204	亲 zhēn 192	㭁 lòng 196
椐 jū 193	栈 zhàn 202	梳 shū 200	彬 bīn 270
極 jí 198	棐 fěi 206	根 láng 197	楝 sù 199
椓 zhuō 192	棠 táng 192	棁 tuā/zhuō 203	梵 fàn 208
九画	槶 huò 204	棔 hún hùn 205	樫 jìng jīng 200
楔 xiē 200	梏 gù 204	梯 tī 202	桮 bēi 201
槶 là 194	棘 jí 237	梁 liáng 204	梗 gěng 195
楉 tā 196	棗 zǎo 237	棂 líng 199	梜 jiā 205
楅 bī 205	楰 yú 196	棳 qǐn 192	梧 wú 195
楳 méi 191	榆 lún zhūn 192	桶 tǒng 203	椑 bì 204
楙 máo mào 207	槔 gāo gǎo 192	梭 xùn 194	梣 cén jīn 192
椷 jiān 201	棃 lí 191	**八画**	梱 kǔn 200
椳 wēi 200	椆 chóu 192	棪 kān 197	梢 shāo 194
禁 jìn 17	椎 chuí 203	根 chéng 202	棻 fén fēn 194
楚 chǔ 207	棥 fán 113	椒 zōu 205	椑 sì 201
楝 liàn 195	集 jí 128	楮 chǔ 195	樗 yǐng 191
楷 jiē kǎi 192	榀 hū 197	棱 léng 205	桯 tīng 200
㮐 běn 196	桵 niè 205	棋 qí 203	梠 lǚ 199
椯 duǒ 202	棓 bàng 203	棊 qí 203	梏 gù 206
楮 shěng 201	椑 pí 202	植 zhí 199	樱 ruí 193
業 yè 91	棅 bǐng 203	森 sēn 207	桸 liè 194
楨 zhēn 198	弑 shì 107	楸 sàn 249	梅 méi 191
楊 yáng 194	棿 ní 488	棼 fén 348	椻 xí yì 201
榿 gèn gèng 205	棚 péng 202	棟 dòng 198	梏 kuò 203
楫 jí 204	椋 liáng 192	械 yù 193	梟 xiāo 206
椙 mào 200	椁 guǒ 206	椟 dú 櫝 200	栀 zhī 206

（65）张氏检字表

樗 chū huà 194	槵 xǐ 193	楈 xū 192	椳 wēi 200
樝 zhā 191	橰 gāo 206	橗 yíng 198	楬 jié 206
樱 màn 200	橌 sī 201	楸 máo 192	皁 zào 75
橴 guì 202	槃 pán 201	樧 xiè 200	棗 lì 237
橕 chēng 198	槍 qiāng 200	楃 wò 200	榘 jù 160
樺 chū 193	槖 tuò 197	椽 chuán 199	榎 fù 202
樓 lóu 199	槯 cuī 199	**十画**	楸 qiū 193
樠 màn 479	榟 zǐ 193	橗 jiàn 194	楀 yǔ 193
櫻 yīng 櫻 206	槁 gǎo 198	榑 fú 198	槐 huái 195
樐 lǔ 203	槩 gài 201	榛 zhēn 193	槌 zhuì 202
樂 yuè 203	槀 gǎo 198	槙 diān 197	楯 shǔn 199
樢 niǎo 33	榜 bēng 203	槤 liǎn 202	榆 yú 195
樬 cōng 196	槊 shuò 206	構 gòu 198	楓 fēng 195
樔 cháo 204	槏 qiǎn 199	槅 gé 204	楥 xuàn 202
樊 fán 92	榮 róng 195	榰 zhī 198	椶 zōng 193
槮 shēn 197	窸 sōng 196	槈 nòu 200	様 suì 194
樜 zhè 194	榷 què 204	榖 gǔ 195	槦 yí 206
梣 cén 192	楲 xiè 榍 200	榼 kē 202	楢 yóu 192
樣 xiàng 193	**十一画**	模 mú 198	棄 qì 𦮙 135
樀 dí 199	槥 huì 206	榦 gàn 198	楼 sōu sāo 204
樛 jiū 197	橚 mén 196	樿 bì 194	楄 pián 205
褶 xí 192	樁 zhuāng 206	檻 jiàn 檻 206	槎 chá 205
橢 tuǒ 202	槱 yǒu 205	檕 jì 196	榕 jié 199
十二画	槸 yì 197	榻 tà 206	楼 lóu 樓 199
橈 náo 197	横 héng 204	榾 hún 205	樰 hé xí 198
橞 huì xì 194	橚 sù 192	槑 méi 196	楎 hún 201
樲 èr 194	槸 xū jū 201	樧 shā 194	概 gài 槩 201
樹 shù 196	槽 cáo 203	樳 xún 195	椵 jiǎ 194
橑 lǎo 199	槧 qiàn 204	檇 zuì 205	樻 kuí 192
橄 qíng 203	樞 shū 199	榣 yáo 197	槑 mù 204
橝 tán 199	標 biāo 197	槶 pí 199	楣 méi 199
橜 jué 202	槭 qī zú 194	榭 xiè 206	楲 wěi 192

檜 zhé 197
橲 yí 192
欕 fán 219
欑 cuán 203
欒 luán 栾 195
欙 niè 205
欘 zhú 201
欚 léi 204
欐 lǐ 204
鬱 yù 207
槮 shēn 197

犬部

犬 quǎn 340
狀 zhuàng 342
狋 yín 344
戾 lì 342
狀 zhuàng 342
犬 quǎn 392
臭 jú 341
哭 kū 58
臭 chòu 342
猒 yān 161
奘 zàng 342
狋 yìn 342
猋 biāo 343
献 xiàn 獻 343
猒 yān 猒 161
獒 áo 342
獘 bì 343
獸 shòu 497

檾 qǐng 249
樸 pú 194
檼 yìn 199
檕 jī 194
橲 yī 197
橫 huáng 202
櫂 zhào 206
檵 jì 195

十五画以上

櫝 dú 200
櫌 yōu 201
櫑 léi 202
櫜 gāo 214
櫟 lì 195
棉 mián 楞 199
櫓 lǔ 203
櫍 zhì 206
櫛 tuò 200
櫪 lì 206
櫨 lú 199
櫇 pín 194
櫏 xuán 195
櫬 chèn 206
櫳 lóng 206
欚 lóng 199
蘖 niè 205
權 quán 195
櫺 líng 199
欐 lì 194
櫻 yīng 206
欅 yóu 196
欘 jiān 200

櫐 piáo 214
檉 chēng 195
樗 chū 194
榔 qī 195
欂 bì 199
榻 tà 196
橝 zhí 199
檈 xuán 201
樤 shū 204
榍 zhì 200
樕 shān 193
橶 xí 204
檢 jiǎn 204
檜 guì 196
檐 yán 199
櫤 gòng 437
檍 yì 193
樴 zhí 203
檀 tán 195
樣 yǐ 198
檗 bò 194
橚 sù xiǎo 197

十四画

横 yì 198
橺 nǐ 202
槼 gǔn hùn 214
橋 táo 205
槩 jì 202
樜 yǎn 195
檻 jiàn 206
樗 chūn 193
楮 zhuó 201

棘 cáo 207
樨 xī 206
橐 tuó 214
樆 lù 207
橛 jué 202
樻 kuì 193
樸 pǔ 198
樿 shàn zhǎn 192
椽 chuán 192
蠹 dù 460
椿 chūn xún 193
橋 qiáo 204
橪 rǎn 194
橰 gāo 椁 206
橎 fán 195
樶 zuì 205
樵 qiáo 196
橹 lǔ 203
橦 chuáng 200
檍 yì 193
樂 shēn 353
橨 fèi 193
橺 xiàn jiǎn 197
橙 chéng 191
橃 fá 204
橘 jú 191
樏 léi 196
機 jī 202

十三画

隸 lì 104
櫝 jiǎ 193
橿 jiāng 194

（67）张氏检字表

辌 kuáng 488	韧 rèn 487	殛 jí 139	**歹(歺)部**
輂 jú 489	軭 kuáng 489	殔 yì 139	
载 zài 487	转 zhuàn 轉	殨 kuì 139	歺 è 卢 138
輀 ér 489	488	殙 hūn 138	**二至六画**
晕 yùn 230	軘 tún 486	殟 wēn wù 139	列 liè 147
輢 qǐ 488	軏 yuè 487	殡 bìn 殯 139	死 sǐ 139
辀 zhōu 487	軜 nà 487	殠 chòu 139	歹 xiǔ 139
犙 chái 489	斩 zhǎn 489	殨 ái 139	夙 sù 殈 235
辁 quán 488	較 jué 486	殣 jìn 139	歼 jiān 殲 139
辂 lù 486	軬 fǎn 486	殇 shāng 139	殁 mò 138
軿 píng 486	轮 lún 輪 488	殪 yì 139	残 cán 殘 139
鞼 chéng 487	軝 qí 487	殫 dān 139	殆 kū 500/139
七至八画	轰 hōng 轟	殬 dù 139	殂 cú 139
辄 zhé 486	489	斃 bì 343	殃 yāng 139
辅 fǔ 489	**五画**	殯 bìn 139	殇 shāng 殤
轻 qīng 486	軻 kē kě 488	殰 dú 138	
輐 wǎn 489	軷 bá 488	殲 jiān 139	139
辒 yǐn 486	轴 zhóu 487	殭 luò luǒ 139	殄 tiǎn 139
輗 ní 488	轵 zhǐ 487		殆 dài 139
輂 niǎn 489	轶 yì 488	**车(車)部**	毙 bì 斃 343
輢 yǐ 486	軨 líng 486		殉 cán 139
辈 bèi 488	軥 qú gòu 487	车 chē 車 485	殊 shū 138
輂 jú 487	軵 rǒng 488	車 chē 485	**七画以上**
辊 gǔn 487	軧 dǐ 488	**一至四画**	殁 mò 138
輭 zōng 488	轸 zhěn 487	轧 yà 488	殍 cú 139
輪 lún 488	轹 lì 轢 488	轨 guǐ 488	殖 zhí 139
輣 péng 486	軭 è 487	军 jūn 487	殕 qī 139
輈 zhōu 488	轺 yáo 486	轩 xuān 486	歂 zì 140
輗 ní 488	轻 qīng 輕 486	曹 wèi 487	殘 cán 139
辌 liáng 486	**六画**	軑 dì 487	殘 wěi 138
輨 guǎn 487	轼 shì 486	軓 fàn 486	殚 dān 殫 139
輐 yuān yūn 489		軎 chūn 486	殚 zú 138

截 cì　454
裁 zhěn/
　kān　433
㦪 zài　224
戬 jiǎn　433
㦰 zài dài　508
㦬 zhī　434
㦮 kuí　433

十画以上

戩 jiǎn 戬　433
䩱 jǐ　433
戴 dài　93
臧 zāng　105
戳 chǔn　460
戯 xì 戲　433
戯 chì　349
戳 jié　433
戮 lù　433
戭 yìn/yǎn　433
幾 jī　470
戰 zhàn　433
韝 bèi　85
馘 guó　411
戴 dài　93
戲 xì　433
韱 xiān　251
鹹 xián　407

比部

比 bǐ bì　279
毕 bì 畢　135

戋 cán　434
㦱 huà　100
或 yù　433
㦰 wǒ　434
戗 kān　433
戋 jiān　433
戕 qiāng　433
㦲 zāi　54
战 zhàn 戰　433
戎 róng　433
咸 xián　54
戚 yǒng　473
成 chéng　499
威 wēi　424
戊 máo　485
栽 zài　198
载 zài 载　487
威 miè xuè　349
戚 qī　434
戦 gān hàn　433
戥 dié　433
戛 jiá　433
盛 chéng　169

八至九画

戟 jǐ 戟　433
㦰 zì　145
栽 cái　282
䩱 jǐ　433
惑 huò　366
戢 jí　433
戴 zhì　355
幾 jī　136

鳞 lín　489
㠭 zhàn　489
㠭 huàn　489
㠭 sè　486
戯 yǐ　487
轟 hōng　489
㠭 zhuì　486
鏨 jí　488
戳 chē　486
㠭 lì　488
㠭 líng　486
㠭 mǐn　487
㠭 niè è　488
㠭 zhōu　487

戈部

戈 gē　433

一至二画

戋 cán 戔　434
戊 wù　499
戉 yuè　434
戎 róng　433
划 huá 劃　147
戌 xū　509
戍 shù　433
成 chéng　499
戏 xì 戲　433

三至七画

戒 jiè　92
㦰 zāi　433
我 wǒ　434

錣 chuò　488
　zhuó　263
輜 zī　486

九至十画

辐 fú　487
辑 jí　486
辒 wēn　486
输 shū　488
輹 fù　487
辖 yóu　486
輝 hún　487
輮 róu rǒu　487
辕 yuán　487
榛 zhēn　489
轂 gǔ　487
輼 wēn　486
輥 kēng qiān　488
輿 yú　486
辖 xiá　488
鞏 qióng　487

十一画以上

轉 zhuàn　488
轘 màn　486
轊 wèi　487
鞏 zhì　488
鞏 kēng　488
轈 cháo　486
轒 fén　489
轑 lǎo　487
轐 bú　487
辙 zhé　489
轠 chōng　486

（69）张氏检字表

敲 qiāo	111	肯 kěn	145	甋 lì	98	昆 kūn	229
敳 zhēng	281	齿 chǐ 齒	70	瓾 qì niè	439	皆 jiē	121
穀 shā	107	些 suò	62	瓽 róng	439	毖 bì	279
皶 bō	418	耻 chǐ 恥	369	甇 qì	439	毙 bì 斃	343
敺 qū	336	峙 chí	61	甀 chuāng	439	琵 pí	435
籔 chuàn	111	陟 chù	61	甌 ōu	438		
斅 xiào	112	㝵 guī	61	歷 lì	98		

日部

日 rì	227	紫 zuǐ	62	甑 zèng	438	**瓦部**	
一至四画		啙 zǐ	62	甓 pì	439	瓦 wǎ	438
旦 dàn	230	跟 gēn	72	甇 jùn rǒng	108	瓨 xiáng gāng	438
叱 zhuó	383	歲 suì	62	甗 yǎn	438	瓯 ōu 甌	438
旧 jiù 舊	125	歱 zhǒng	61			瓪 bǎn	439
早 zǎo	227	澀 sè	62	**牙部**		瓮 àng	169
叴 yǎo	229	整 zhěng	109			瓮 wèng	438
旪 xié	473	歷 lì	61	牙 yá	72	瓪 hán	439
旭 xù	228	壁 bì	61	庌 yǎ	320	瓬 fǎng	438
旨 zhǐ	164	歸 guī	61	㸦 yá	72	瓴 líng	438
旬 xún	314	鼙 pín	391	犄 qī	72	瓷 ruǎn	108
杳 zhǐ	164			犌 qǔ	72	瓯 wǎn	438
旳 dì(的)	228	**攴部**				瓵 yí	438
旰 gàn	228			**止部**		瓶 píng	179
杳 qī	233	攴 pū	108			瓷 cí	439
旱 hàn	229	效 jiào	112	止 zhǐ	61	瓻 chī	439
时 shí 時	227	攺 fú	413	屮 tà	62	甋 dàng	438
昌 chāng	229	敄 wǎng	111	正 zhèng	63	瓶 pí	438
旷 kuàng 曠	228	敥 yǎng	176	正 zhèng	63	瓿 bù pǒu	438
旸 yáng 暘	228	敍 xù 敘	111	此 cǐ	62	甀 suì	439
旱 hòu	182	穀 shā	107	步 bù	62	甄 zhēn jiān	438
宓 mì	229	敠 zòu	358	武 wǔ	433	甋 liè	439
		㪚 sàn	249	岠 jù	61	甑 ruǎn	108
		敩 xiào 敩	112	斦 jìn	66	甃 zhòu	439
		敭 yáng	416	衪 lǚ	232	甂 biān piān	438

张氏检字表（70）

十至十二画		晦 huì	228	映 yìng	230	曇 tán 曇	230
暱 nì	229	晧 hào	228	星 xīng	233	者 zhě	121
署 yà	495	晞 xī	229	晣 dié	230	昔 xī	229
曄 yè	228	晚 wǎn	228	昨 zuó	229	杲 gǎo	198
嘗 cháng	164	晙 jùn	230	昫 xū/xù	228	杳 yǎo	198
暍 yì	441	書 shū	104	昴 mǎo	229	昃 zè 仄	228
暤 hào	228	**八画**		昱 yù	229	昆 kūn	229
暬 nài	228	晴 qíng 姓	235	昶 chǎng	230	昌 chāng	229
題 tí	304	晻 àn ǎn	228	昵 nì	229	旦 dòu	166
暴 bào	229	暑 shǔ	229	昭 zhāo	228	昇 shēng	230
暫 zàn	229	睹 shǔ dǔ	227	昪 biàn	229	昕 xīn	230
暵 hàn	229	暘 yáng	228	**六画**		昄 bǎn	229
曏 xiàng	229	暫 zàn 暂	229	時 shí	227	明 míng	234
暬 xiè	229	替 tiǎn	143	晋 jìn 晉	228	昏 hūn	228
曉 xiǎo	230	晶 jīng	232	晒 shài 曬	229	昒 hū	227
曀 yì	229	晿 wàng	229	是 shì	63	昳 yù	300
曑 xiǎn è	229	晷 guǐ	228	晟 shèng	230	易 yì	330
曆 lì	230	啓 qǐ	228	晓 xiǎo 曉	230	昂 áng	230
暜 tì	361	景 jǐng	228	晉 jìn	228	旻 mín	227
曇 tán	230	暠 bǐ	183	晃 huǎng	228	昉 fǎng	230
曈 tóng	230	晬 zuì	230	晔 yè(曄)	228	旷 hù	230
十三画以上		普 pǔ 普	230/361	晐 gāi	230	炅 jiǒng	349
曙 shǔ	230	**九画**		晏 yàn	228	旹 shí	227
曓 bào	358	逶 wěi 趱	63	晖 huī 暉	228	**五画**	
曤 yè	228	趝 xiǎn	63	晕 yùn 暈	230	春 chūn	43
曐 xīng	233	暘 yáng	228	**七画**		昚 shèn	362
曑 shēn	233	暍 yē	229	匙 chí	279	昧 mèi	227
曑 cháo	463	暗 àn	228	暴 nǎn	229	昦 hào	359
曝 bào	229	曭 yí	228	晛 xiàn	228	是 shì	63
曠 kuàng	228	暈 yùn	230	晤 wù	228	易 yáng	326
曤 bào	229	暉 huī	228	晨 chén	233	昽 lóng 曨	230
曮 yàn	228	暇 xiá xià	229	晢 zhé	228	显 xiǎn 顯	306

（71）张氏检字表

赋 fù	217	贲 bì	216	暴 bó	448	曡 dié	233
賣 mài	210	贳 shì	217			疊 dié 曡	233
賣 yù	217	贴 tiē	218	**贝（貝）部**		晨 chén	233
赌 dǔ	218	贵 guì	217			曨 lóng	230
賢 xián	216	贶 kuàng	218	贝 bèi 貝	215	曩 nǎng	229
赎 shú 贖	217	買 mǎi	217	貝 bèi	215	曬 shài shì	229
賤 jiàn	217	贷 dài	216	**二至四画**		曫 luán	228
赏 shǎng	216	贬 bì	216	贞 zhēn	112	矗 nàn	229
赐 cì	216	贸 mào	217	则 zé	147		
質 zhì	217	贮 zhù	217	负 fù	217	**曰部**	
赓 xù	444	费 fèi	217	贡 gòng	216		
賞 shāng	217	贁 shǔ	217	貣 tè	216	曰 yuè	161
赑 cóng	217	贺 hè	216	财 cái	216	曲 qū	437
九画以上		贻 yí	218	員 yuán	215	曳 yè	505
赖 lài	216	**六至七画**		贪 suǒ	216	更 gèng/gēng	109
赗 fèng	218	贼 zéi	433	貤 yì	216	沓 tà	161
賮 jīn	216	贾 gǔ	217	责 zé	217	曶 hū	161
赘 zhuì	217	贿 huì	216	贤 xián 賢	216	冒 mào	261
購 gòu	217	赀 zī 貲	217	貦 wán	21	曲 cè	161
赙 fù	218	赀 zī	217	败 bài	110	曷 hé	161
齾 kū	468	赁 lìn	217	货 huò	216	書 shū	104
赚 zhuàn	218	赂 lù	216	质 zhì 質	217	曹 cáo	161
赛 sài	218	资 zī	216	贩 fàn	217	朁 cǎn	161
賱 wàn	216	赇 qiú	217	贪 tān	217	曼 màn	101
赞 zàn	216	赈 zhèn	216	贫 pín	217	冕 miǎn	261
贎 guì	216	赉 lài 賚	216	贬 biǎn	217	替 tì 昝	361
赠 zèng	216	賏 yīng	217	购 gòu 購	217	最 zuì	261
赡 shàn	218	赊 shē	217	贮 zhù 貯	217	量 liáng	281
赢 yíng	216	賓 bīn	217	贯 guàn	236	曾 zēng	47
赚 zhuàn	218	賨 bīn	217	**五画**		普 pǔ	361
齎 jī	216	實 shí	252	贰 èr	217	曷 qiè	170
贖 shú	217	**八画**		贱 jiàn 賤	217	曑 hū	328

覩 guān 296	覿 dí 覿 297	纞 fàn 393	贛 gòng 216
覷 yào 297	覬 tí 296	纞 luán 382	贛 gòng 216
覒 kuī kuí 296	覣 wēi 296		贛 gòng 216
覼 lì 296	覞 nì 296	**见(見)部**	
	覢 shǎn 296		**水(氺)部**
牛(牛牜)部	覙 lù 296	见 jiàn 見 296	
	覥 tiǎn 307	**二至七画**	水 shuǐ 371
牛 niú 49	覽 dān 296	观 guān 觀 296	冰 bīng 冰 395
二至四画	覴 xuǎn 296	覓 dé 69/296	永 yǒng 393
牝 pìn 49	覦 yú 297	冥 méng/mào 297	求 qiú 287
牟 móu 50	覤 qīn 297	规 guī 360	隶 dài 104
牡 mǔ 49	覦 chēn 297	视 shì 296	尿 niào 292
告 gào 51	覯 gòu 296	絸 jiǎn 443	汞 jǐng 174
牣 rèn 50	覞 yùn 296	觇 chàn 296	沓 tà 161
牪 bèi 49	覰 yóu 297	亲 cì 296	余 yǐn 300
牫 jìn 50	覬 jì 297	觉 lǎn 覽 296	床 zhǔ 391
牧 mù 111	覭 míng 296	觌 mí 296	泰 tài 387
物 wù 50	覲 jìn 297	觌 miè 297	荥 xíng 滎 381
五至六画	覰 piǎo 296	觉 jué 覺 297	桌 kè 239
荦 luò 犖 49	覨 chuāng 297	馈 shī 297	泉 quán 393
怦 pēng 49	覶 dōu 297	觊 jì(覬) 297	浆 jiāng 漿 386
牺 tāo 50	覷 qù 296	觋 mì 394	黍 qī 213
牭 sì 49	覼 luó 296	觌 mì 394	淼 miǎo 389
牵 qiān 牽 50	覬 jí 297	觌 tiào 297	黑 xián 300
牲 shēng 50	覺 jué 297	觌 guī 427	颖 yǐng 374
牴 dǐ 50	覹 wéi 296	觋 xí 161	黎 lí 244
特 tè 49	纝 guī 98	觌 lián 296	滎 xíng 381
牺 xī 犧 50	覽 lǎn 296	覬 yào 297	漦 chí 378
牷 quán 50	觀 bìn 296	**八画以上**	鮑 pào 213
牸 jià 335	覿 dí 297	覩 dǔ 117	漀 qǐng 386
七至八画	覯 fán 296	靓 jìng 297	漿 jiāng 糨 386
牻 máng 49	覹 qiān 297	覼 lài 296	夑 xué 382

（73）张氏检字表

气部

气 qì	24
氛 fēn	24
氥 xì	367
氣 xì	245

攴部

二至五画

攷 kǎo	110
收 shōu	110
攻 gōng	111
攸 yōu	110
攽 fǔ	110
改 gǎi	109
改 gǎi	111
敀 shī	109
孜 zī	109
敗 bài	110
牧 mù	111
攽 bān	109
放 fàng	137
政 zhèng	109
故 gù	109
敂 kòu	111
畋 tián	111
敃 mǐn	109

六至七画

敖 áo	137/210
敇 cè	111

摩 mó	418

十一画以上

擊 jī	419
挶 jú	416
擎 qiào	419
撽 huǐ	419
擗 bò	418
擛 yè	414
攀 pān 撲	92
攣 luán	417
攞 huī	420

毛部

毛 máo	288
尾 wěi	291
毡 xiǎn	288
毬 qiú	288
毷 máo	297
毳 cuì	288
毹 shū yú	288
毸 tà	288
毼 hàn	288
毿 rǔn/rǒng	288
氂 lí	51
氈 mén	288
氅 chǎng	288
氋 dēng	288
氊 zhān	288
氋 liè	310
毳 fēi	288
氍 qú	288

觺 lí	50
犪 ráo rǎo	50

手部

手 shǒu	412

四至六画

拜 bài	412
拲 gǒng	91
拿 ná	414
挈 qiè	413
拱 gǒng	413
拳 gǒng	420
挚 zhì 挚	413
挲 zì	416
挐 ná	420
挛 luán 攀	417
拳 quán	412

七至九画

掔 gǒng	100
搴 qiān	416
掌 zhǎng	412
揫 jiū	187/416
掔 wàn	412
搦 shuò	412

十至十一画

摹 mó	418
鞠 jū jú	414
擎 pán	416
摲 cán	415
摯 zhì	413
撆 piē	417

牼 kēng	50
牸 tú	49
牿 liè	49
牿 gù	50
牽 qiān	50
犊 dú 犢	49
牼 qiǎn	50
犅 gāng	49
犇 fèi fěi	50
牾 liáng	49
犉 rún	49
犍 jiān	51
犀 xī	50

九画以上

犑 yuè	49
犕 bèi	50
犓 chú	50
犗 jiè	49
犖 luò	49
犝 chǎn	50
犛 máo	51
犙 sān	49
靠 kào	403
犝 tóng	51
犠 sì	49
犟 jiāng	49
犧 piāo	49
犩 wèi	50
犫 chōu	50
犨 tāo	50
犡 lì lài	49
犧 xī	50

斧 fǔ	484	斀 qún	110	敃 diǎn	109	致 zhì	185

斧 fǔ	484	斀 qún	110	敃 diǎn	109	致 zhì	185
欣 xīn	298	斀 zhuó	111	敦 dūn/duī	110	敵 dí (敵)	110
斨 qiāng	484	釐 xī	469	敆 bǐ	111	敆 hé gé	110
斦 gú	484	釐 lái	51	敫 jiǎo	347	效 xiào	109
斮 shé	41	斸 bài	110	臩 qǐ	146	赦 shè	110
斯 luǒ	484	斸 chóu	111	斄 lí	101	敳 wǎng	111
断 duàn 斷	484	斸 chuàn cuàn	111	敛 niè	110	威 wēi wéi	273
斯 sī	484	斸 sàn	125	敔 gǔ	110	赦 shè	110
斯 shé	41	斸 huài	467	敫 yuè	137	敖 áo	137
斱 zhuó	484	斸 xiào	112	敦 dù	110	教 jiào	111
虤 yín	168	斅 biàn	109	数 shǔ 數	109	救 jiù	110
新 xīn	484	斅 méi	351	敏 mǐn	111	敕 chì	109
斲 zhuó	484	斅 lǐ	109	斄 lí	430	敔 yǔ	111
斵 xī	88			敷 fū	109	敳 xī	111
斵 duàn	484	**片部**		敝 bì	110	敦 hàn	109
斷 duàn 斬	484			斄 chí	378	敏 mǐn	109
斸 zhú	484	片 piàn	238	敊 zhǐ	110	敳 ní	111
斸 tuán	307	版 bǎn	238	敳 ái	109	敘 xù	111
duān/zhuǎn		牍 dú 牘	238	斄 máo	51	敛 liǎn 敛	109
		牌 bì	238	斄 lí	51	敝 bì	268
爪（爫）部		牒 dié	238	斄 lí	309	啟 qǐ	109
		牏 yú tóu	238	數 shǔ	109	敠 duó	110
爪 zhǎng	99	牖 biān	238	敵 dí	110	啟 qǐ 啟	109
爪 zhǎo	99	牗 yǒu	238	散 sàn	145	敢 gǎn	138
乎 biàn	48	牘 dú	238	整 zhěng	109		
受 biào	137			敹 liáo	109	**八画以上**	
孚 fú	99	**斤部**		敫 jiǎo	110	散 sàn	145
寽 lǜ	138			轍 zhé	489	豟 zhuó	111
采 biàn	48	斤 jīn	484	斂 luàn	110	敬 jìng	315
圼 yín	281	斩 zhǎn 斬	489	敲 qiāo	111	敤 kě	111
受 shòu	138	所 suǒ	484	斂 liàn	109	夐 quán xuàn	115
争 zhēng	138	斦 yín	484	斀 yì	110	敠 yì	110
						敞 chǎng	109

（75）张氏检字表

胂 shēn	142	肫 zhūn	141	**月（月）部**		乳 rǔ	405
胄 zhòu	143/261	肯 kěn	145			爰 yuān	137
胃 wèi	141	肶 pí	144	月 yuè	233	受 liè	138
胜 xīng	144	肾 shèn臋	141	**一至三画**		采 fú	99
胅 dié	143	胷 xiōng	314	肊 yì	142	舀 yǎo	246
胙 zuò	143	肿 zhǒng腫	143	有 yǒu	234	禹 chēng	135
胉 bié	143	胒 nù	233	肍 qiú	144	寽 yǐn	138
胗 zhěn	143	胇 xì	80	刖 yuè	148	爱 ài愛	185
胝 zhī	143	胕 tǎn	145	肶 fú	293	彙 wèi	316
胸 qú	144	肴 yáo	143	肌 jī	141	奚 xī	359
胞 bāo pāo	314	胏 zǐ	145	肞 xì	143	絲 xì	441
胤 yìn	142	肛 rèn	175	肑 bó	146	彩 cǎi	309
胘 xián	144	朋 péng	129	肋 lèi lè	142	爲 wéi	99
胖 pàn	49	胎 hán	236	肒 huàn	143	臠 luàn臠	137
肩 jiān	142	股 gǔ	142	肎 kěn	145	舜 shùn	186
脉 mài脈	394	肪 fáng	142	肝 gān	141	愛 ài	185
胥 xū	144	育 yù	503	肘 zhǒu	142	亂 luàn	498
脀 chéng	143	肩 jiān	142	肙 yuàn yuān	145	虢 guó	168
胫 jìng脛	142	肥 féi	145	肎 kěn	145	酬 tāo	437
胎 tāi	141	胅 jué	142	肖 xiào	142	孌 luán	85
六画		朕 zhèn yìn	143	肓 huāng	141	嗣 cí	500
胯 kuà kù	142	服 fú	293	**四画**		雔 huáng	186
胵 chī	144	朏 niǔ	503	胚 pēi	141	爵 jué	175
胹 ér	144	**五画**		肤 fū膚	141	觴 shāng	151
脈 mài	394	胠 qū	142	肰 rán	145	戀 yí	451
脍 kuài膾	145	胡 hú	144	腨 zhuān膞	145	夒 hūn	423
胻 héng	142	胧 lóng朧	233	肺 fèi	141		
胱 tiǎo	143/233	背 bèi	142	肢 zhī	142	**父部**	
朐 chǔn	146	胪 lú臚	141	肱 gōng	101	父 fù	101
脆 cuì	145	胆 qū	145	肬 yóu	143	斧 fǔ	484
脂 zhī	144	胚 pěi/fěi	233			釜 fǔ	98
胳 gē	142	胅 zhī	142				

十一画

膞 zhuān 145
膘 piǎo 144
膚 fū 141
膢 lú 143
臇 juǎn 145
縢 téng 378
膟 lù 144
膠 jiāo 145

十二画

膹 fèn 145
膫 liáo 144
膮 xiāo 144
膬 cuì 145
膴 hū 144
膳 shàn 143
螣 téng 453
縢 téng 449
膩 jī 141

十三画

朦 méng 233
臉 yù 234
膿 nóng 170
膥 jué 78
臊 sāo 144
膾 kuài 145
膽 dǎn 141
膻 dàn 143
膺 yīng 142
臆 yì 142
膌 shèng 216
臀 téng 84

腫 zhǒng 143
胤 yìn 142
腹 fù 142
臂 lù 144
臝 luó luǒ 145
腯 fú 143
腳 jiǎo 142
鵬 péng 129
塍 chéng 465
縢 téng 266
騰 téng 337
腕 wěn 52
腬 róu 143

十画

膜 chēn 145
膜 mó 145
膞 sǔn 144
腊 suò suǒ 145
膊 pò 144
脆 pí 144
膜 xié 144
脾 tún 289
膌 jí 143
膏 gāo 142
縢 shèng 202
䐶 huāng 234
膀 páng 142
臂 liáo 144
膂 lǚ 254
膟 xìn 361
脽 hè 145
膸 ruò 145

期 qī 233
腊 là 229
朝 zhāo 翰 231
脼 liǎng 144
臀 shèn 141
腌 yān yè 145
腓 féi 142
腆 tiǎn 143
腴 yú 142
脽 shuí 142
腄 zhuī 143
脾 pí 141
毀 xiáo 106
腤 bù 144
勝 shèng shēng 472
朕 líng 395
腔 qiāng 146
朞 qǐ 146
腱 jiàn 146
腏 chuò 145
腒 jū 144

九画

膩 nì 145
腨 zhé 145
腜 méi 141
腩 rán 145
腝 ní 144
腞 tún 329
腸 cháng 141
腥 xìng 144
腨 shuàn 142
腊 jiē 143

脊 jǐ 421
胶 jiāo 膠 145
胲 gāi 142
朕 zhèn 292
朔 shuò 233
朗 lǎng 233
脓 nóng 膿 170
脅 xié 142
能 néng 345

七画

脚 jiǎo 142
脒 qiú 143
脯 fǔ 144
脰 dòu 141
脣 chún 141
脜 yóu róu 307
豚 tún 329
脛 jìng 142
朙 míng 234
脢 méi 142
脟 liè 142
脪 xìn 143
脂 xiàn 145
肰 rán 145
脬 pāo 141
望 wàng 436
脱 tuō 143
脘 wǎn 144
脡 shān chān 144
脧 zuī 146
脮 rùn 146

八画

(77) 张氏检字表

风 fēng	461	歐 yǒu	299	歑 yǒu yōu	57/299	臀 tún 屁	289	
風 fēng	461	歊 yáo	299	歖 xì	298	膄 sōu	144	
颭 yù	461	歉 qiàn	299	欻 zú cù	298	臂 bì	142	
颬 xuè	461	歍 wū	298	歡 zì	299	**十四画以上**		
颭 zhǎn	461	歊 xiāo	298	欧 yì	299	臑 nào	142	
颮 biāo	461	歙 xié	298	欱 hē	299	臍 qí 齎	142	
飒 sà	461	歎 tàn	299	欬 kài	299	臘 là	143	
颲 liè	461	欧 ǒu	299	欮 jué	258	臚 lú	141	
颶 lì	461	歔 xū	299	欶 shuò	299	朧 lóng	233	
颸 hū	461	歔 hū	298	歙 xī	299	膿 rǎng	143	
飆 liáng	461	歑 yǐn	300	欣 shèn	299	臠 dài	351	
颺 yáng	461	歉 kāng	300	欲 yù	298	臞 qú	143	
颸 sī	461	歖 xǐ	164	欵 kuǎn 款	298	臠 luán	143	
颹 wèi yù	461	歕 pēn	298	欸 xiè/āi	299	軈 lǒng lóng	234	
颼 sōu	461	歙 xī	299	**八画以上**		臠 wèi	329	
颾 sōu	461	歠 kě	299	款 kuǎn	298			
飘 piāo	461	歡 xì	299	欺 qī	300	**欠部**		
飀 piāo	461	歐 chù	299	欥 yù	298			
飂 liù liú	461	歜 yú	298	歘 xū	298	欠 qiàn	298	
飙 biāo	461	歗 xiào	54/299	欿 kǎn tān	299	**二至七画**		
		歠 xì	299	欹 yǒu	299	次 cì	300	
殳部		歠 chuò	300	歁 xǐ	299	欢 huān 歡	298	
		歉 jiān	299	歇 xiē	298	软 yú 歟	298	
殳 shū	105	歗 zú	298	歁 kǎn	299	欧 ǒu 歐	299	
殴 ōu 殴	106	歡 huān	298	款 kuǎn	298	饮 jì 饮	298	
殄 zhěn	106	爤 jiào	299	歃 shà	299	歆 shěn	298	
段 duàn	106	爧 luán	298	歂 chuǎn chuán	298	欨 xī	299	
殷 yīn	282	鱱 kūn	299	歋 wā	299	欣 xīn	298	
殼 què	106	鱱 tàn	299	歈 yú	300	欦 qiān	298	
般 pán	293			歆 xīn	300	炊 chuī	347	
毅 gāi	106	**风（風）部**		歊 jiào	299	欿 chù	300	
				歌 gē	298	欨 xū	298	
				歐 yí	298			

灶 zào 竈 255
秌 zāi 348
夭 chán 347
灼 zhuó 348
灸 jiǔ 348
灾 zāi 災 348
灵 líng 靈 23
灺 xiè 348
炀 yàng 煬 348
災 zāi 348
炜 wěi 煒 349
炗 guāng 349
炅 jiǒng 349
炙 zhì 353
炊 chuī 347
炕 kàng 349
炎 yán 350

五画

荧 yíng 熒 353
炍 bá 347
炳 bǐng 349
炼 liàn 煉 348
炟 dá 346
炯 jiǒng 349
炪 zhuō 346
炽 chì 熾 349
炭 tàn 347
烌 qiū 秋 242
烁 shuò 爍 350
炮 páo 347
炫 xuàn 349
沸 fú pō 346

施 shī 232
旆 pèi 231
旄 máo 232
旂 qí 231
旈 wù 326
旅 lǚ 232
斿 zhān 231
旁 páng 14
旌 jīng 231
旇 pī 232
族 zú 232
旋 xuán 232
旐 zhào 231
旒 yóu 232
旗 qí 231
旖 yǐ 232
旓 yǎo 232
旚 piāo 232
旛 fān 232
旟 biāo 232
旞 suì 231
旝 kuài 231
旟 yú 231
旜 zhān 232
旞 suì 231

火部

一至四画

火 huǒ 346
灭 miè 滅 388
灰 huī 347

觳 hù 354
觳 bó 327
觳 hú 151
觳 chóu 106
馨 xīn 244
鬵 xì 441

文部

文 wén 309
齐 qí 齊 237
斉 lìn 56
彣 wén 309
斋 zhái 齋 15
虔 qián 167
紊 wěn 445
斐 fěi 309
齑 jī 齏 250

方部

方 fāng 293
亣 yǎn 231
邡 fāng 222
斺 chān 25
㫃 páng 14
放 fàng 137
於 yú 133
斻 háng 293
房 fáng 407
雱 páng 14

殺 shā 106
毅 yì 327
殴 yì 106
䤈 gǎn 敢 138
殸 qìng 324
毒 dú 106
殴 jiù 106
殽 xiáo 106
發 fā 440
穀 gǔ 487
毂 gòu 501
毂 gòu 440
殻 hù xuè 56
毁 huǐ(毁) 467
殹 tóng/hōng 106
殿 diàn 106
毉 jué 24
觳 hù 343
穀 gǔ 195
毁 huǐ 467
毃 qiāo 106
毄 jī 106
觳 gǔ 242
毃 kòu 132
觳 què 324
毆 ōu 106
毅 yì 106
磬 táo 96
觳 hú 446
觳 kòu 179
毈 duàn 463
觳 gǔ 487

（79）张氏检字表

燊 shēn 353	爁 lián 348	焠 cuì 348	炱 tái 347
罃 yíng 254	榮 róng 195	焞 tūn 348	**六画**
縈 yíng 449	犖 yǐng 174	欻 xū 298	烓 wēi jiǒng 347
罃 yīng 179	縈 xíng 381	焱 yàn 353	烜 guàn 349
爛 làn 348	犖 luò 49	勞 láo 472	栽 zāi 348
爝 juǎn 145	熒 yíng 353	熨 wèi 尉 348	耿 gěng 411
十三画	煽 shān shàn 350	**九画**	烘 hōng 347
燦 càn 灿 350	熸 zāo 348	煁 chén 347	烦 fán 306
燥 zào 349	熭 wèi 349	煖 nuǎn 349	烧 shāo 燒 346
燭 zhú 348	熯 hàn rǎn 346	煙 yān 348	烛 zhú 燭 348
燬 huǐ 346	熛 biāo 347	煉 liàn 348	烟 yān 348
熛 biāo 348	熄 zǒng 348	煬 yáng 348	烃 chǐ 349
燮 xiè 350	瑩 yíng 21	煔 shǎn shàn 350	烙 luò 350
十四画以上	熒 xíng 251	煜 yù 349	烄 jiǎo 347
燹 xiǎn 346	燧 suì 494	煨 wēi 347	炅 jìn 348
燾 dào 349	熮 liáo 346	煌 huáng 349	**七至八画**
燁 yè 焊 349	熠 yì 349	煖 xuān 349	烾 chì 354
鎣 yíng 477	**十二画**	煥 huàn 350	焆 yè yuè 348
爔 qǐng 249	燒 shāo 346	煴 yūn 348	焅 kù 349
燿 yào 349	焚 fén fán 348	瑩 yíng 468	焊 fú 346
爆 bào 347	燀 tán xián 348	煢 qióng 403	焕 huàn 焕 350
爗 yè 349	燎 liǎo 348	煇 huī 349	焸 huáng 471
爍 shuò 350	燅 xián 350	煒 wěi 349	羨 zhǎ chī 347
爎 liǎo liào 353	燀 chǎn 347	煣 rǒu 348	炮 dí 348
爏 zhì 353	燠 yù ào 349	**十至十一画**	煝 huǐ 346
爥 fán 353	燔 fán 346	煏 bì 346	焌 jùn/qū 346
爨 yè 91	燋 jiāo 347	熅 yūn 348	焚 fén 348
爕 fú 346	燄 yàn yǎn 350	熄 xī 347	煮 zhǔ 煮 99
爛 yàn yán 349	燚 xián 350	熇 hú 348	焯 zhuó 349
爐 jiāo 348	熾 chì 349	熢 fēng 349	焜 kūn 349
爒 jué jiào 349	爓 lǐn 350	焅 yǎn 350	隼 jiāo 348
爟 guàn 349	燐 guāng 349	熇 hè hū 347	焰 yàn 燄 350

袄 xiān 17	**户部**	為 wéi 爲 99
袘 bǐ 15		烈 liè 346
袛 zhǐ 15	户 hù 407	热 rè 熱 349
视 shì 296	厄 è 408	鳥 wū 133
祈 qí 16	戻 tǐ dà 408	羔 gāo 126
祇 qí 15	戽 hù 407	烝 zhēng 346
袋 duì 106	启 qǐ 54	焉 yān 133
祊 bēng 15	㕑 yí 412	駟 sì 330
五画	戾 lì 342	煮 zhǔ 99
祜 hù 14	肩 jiān 142	無 wú 436
祏 shí 15	房 fáng 407	焉 què 133
祐 yòu 15	㞼 qù kē 408	焦 jiāo 隹 348
袚 fú 16	扁 biǎn 76	爲 wéi 99
祖 zǔ 15	扃 jiōng 408	然 rán 346
神 shén 15	扅 zhào 408	**九画以上**
祝 zhù 16	㝉 huà mò 451	蒸 zhēng 41
祚 zuò 17	㞼 yǐ 408	煦 xù 346
祔 fù 15	扇 shàn 407	照 zhào 349
祗 zhī 15	扈 hù 219	煎 jiān 347
祕 mì bì 15	扉 fēi 407	熬 áo 347
祠 cí 15	雇 hù 124	熙 xī 熈 349
六画以上		羆 pí 羆 345
祯 zhēn 14	**礻部**	熏 xūn 27
袼 huó 16	**一至四画**	熊 xióng 345
袷 xiá 15	礼 lǐ 禮 14	熱 rè 349
祧 tiāo 17	祁 qí 220	熹 xī 347
祪 guǐ 15	社 shè 16	曾 zēng 347
祥 xiáng 14	礿 yuè 15	燕 yàn 402
祷 dǎo 禱 16	祀 sì 15	穮 bì 347
祐 yòu 205	祃 mà 禡 16	羆 pí 345
褉 xiǎn 342		穮 xiào jiào 338
祴 gāi 16		穮 qiáo jiāo 307

鸎 yīng 132	**斗部**
爚 yuè 347	斗 dǒu 484
爡 chóng 350	料 bàn 485
爢 mí 348	料 liào 484
爥 làn 348	斜 xié 485
爨 bì 347	斛 hú 484
爨 cuàn 94	斝 jiǎ 484
	斞 yǔ 485
斗部	斠 tiāo 485
	斟 zhēn 485
	斡 wò 485
	斣 jiào jué 485
	斢 pāng 485
	斪 jū 485
	斣 dòu chù 485
	斣 juàn 485

灬部

四至八画

杰 jié 傑 270

点 diǎn 點 351

（81）张氏检字表

悠 yōu	368	思 sī	361	檜 guì	16	袄 yāo	17
念 yù	365	悬 dàn	368	檮 dǎo 祹	16	褑 shè	16
愁 tì	369	怤 fū	362	襧 nǐ	17	裖 shèn	16
悷 guàng	366	忒 tè	365	襄 ráng	16	祸 huò 祸	16
悤 cōng	353	怨 yuàn	367	襰 lèi	15	祰 gào	15
悉 xī	48	急 jí	365			祲 jìn	16
恿 yǒng	473	恝 xiān 恝	365	**心部**		祺 qí	15
恶 è	367	总 zǒng 總	445			祼 guàn	15
悉 wù	364	怒 nù	367	心 xīn	361	禍 huò	16
恝 jì	369	怼 duì 懟	367	**一至四画**		禂 dǎo	16
惹 rě	370	悆 mào	364	必 bì	48	禅 shàn 禪	16
惪 dé	362	怠 dài	366	忑 yì	370	禄 lù 禄	14
惠 huì	136	**六画**		忍 yì	367	禖 méi	16
惑 huò	366	恚 huì	367	志 zhì	362	福 fú	15
悲 bēi	368	恐 kǒng	369	忑 kǒng	369	禋 yīn	15
怒 nì	365	耻 chǐ 恥	369	忒 tè	365	褙 chái	15
悠 yī yǐ	368	恶 è 恶	367	㤪 shù	363	禔 zhī shí	15
恷 qiú jiù	368	恧 nǜ	369	忈 rén	269	禓 yáng	16
惉 zhān	370	虑 lǜ 慮	361	忘 wàng wáng	366	褬 xǔ	16
惩 chéng 惩	370	恩 ēn	363	忌 jì	367	禘 dì	15
惪 dé(惪)	362	恁 rèn	175/365	忍 rěn	369	禡 mà	16
悹 guàn	363	息 xī	361	态 tài 態	365	禛 zhēn	14
惤 xián	365	恣 zì	366	忞 ài	364	禗 sī	14
𢙢 suǒ	370	恙 yàng	368	忝 tiǎn	369	褵 liù	16
九画		恳 kěn 懇	370	忠 zhōng	362	禬 guǐ	315
惷 chǔn	367	恕 shù	363	念 niàn	362	禥 qí	15
憂 yōu	369	**七至八画**		忞 xiè	366	禩 sì	15
愬 qiè	362	悊 zhé	53/362	忿 fèn	367	禧 xǐ xī	14
想 xiǎng	363	悫 qiè	369	忽 hū	366	禫 dàn	17
感 gǎn	368	恖 xī	48	忞 mín	364	禪 shàn	16
愚 yú	365	患 huàn	369	**五画**		襁 jiào	507
愋 yuān	367	悭 jiān	430	毖 bì	279	禮 lǐ	14

棣 dài 104
隸 lì 104
隸 lì 104

毋(母)部

毋 wú 431
毌 guàn 235
母 mǔ 424
每 měi 27
毐 ǎi 431
毷 móu 81
毒 dú 27
毓 yù 503

示部

示 shì 14
四画以上
奈 nài 192
祘 suàn 17
祟 suì 17
柴 chái 15
祭 jì 15
禘 dì 414
禁 jìn 17
禜 yòng 16
禜 bēng 15
纍 cuì 16
禦 yù 16
禵 suì 17
纛 dǎo 禱 16

慸 wèi 367
蠿 huì 136
蠿 miǎo 362
蠿 láo 472
懿 yì 357
聽 tīng 411
蠿 nǎn 362
戇 zhuàng 365
戇 zhuàng 365

聿(聿聿)部

聿 niè 103
聿 yù 103
聿 jīn 103
書 shū 104
肅 sù 肅 103
隸 lì 104
晝 zhòu 104
肅 zhòu 104
畫 huà 104
肄 yì 103
蕭 sù 103
蕭 sù 103
肇 zhào 433
肇 zhào 109
肄 yì 103
盡 jìn 169
畵 huà 104
隸 yì 103
甂 zhuó 484

慙 cán 369
感 qī 慽 369
憂 yōu 185
愁 yìn 愁 363
慮 lǜ 361
慶 qìng 363
慰 wèi 364

十二画
憖 yìn 363
憙 xǐ xì 164
憼 jǐng 363
縩 cuì 364
戁 hū cuǎn 365
憊 bèi 憊 369
憌 qióng chún 368
憝 duì 367
意 yì 363
憲 xiàn 362

十三画以上
懋 mào 364
懇 kěn kèn 370
懇 kěn 懇 370
憖 yǔ 364
應 yīng 362
懕 yān 364
憗 qì 369
憝 duì 367
憨 kuò 366
懣 mèn 367
懘 chì 370
懲 chéng 370
黎 lí 367

愁 chóu 368
慳 qiān 366
愛 ài 185
意 yì 362
意 yì 363
愙 kè 363
慈 cí 363
憨 mǐn 368
懫 ài 364
懣 mǐ miǎn 370

十画
慕 mù 364
憐 lián 369
愨 què 362
愿 yuàn 362
恖 sī 263
愳 jù 364
悤 hùn 368
慇 yīn 368
惥 yǐn 363
愬 sù 87
塞 sè 363
寒 qiān 366
態 tài 365
愻 xùn 363
蝨 mǐn 410

十一画
慧 huì 362
憃 chōng 365
慹 zhí 369
懘 dì 363
蟸 lí lì 368

聋 lóng 411	碩 yǔn 324	硁 kēng 324	**石部**
聾 lóng 411	礰 zhé 189	硯 yàn 325	
蘢 jiān 402	磏 lián 324	硪 é 324	石 shí 323
龚 gōng 92	**十一画**	确 què 324	**二至四画**
龔 gōng 92	磬 qìng 324	碱 jiǎn 鹻 407	矶 jī 磯 325
龛 kān 402	磧 qì 324	确 què xué 324	岩 yán 礐 324
龕 kān 402	磺 kuàng gǒng 323	硠 láng 324	砀 dàng 碭 323
袭 xí 283	暫 chán 324	**八画**	研 yán 325
襲 xí 283	**十二画以上**	碛 qì 324	砌 qì 325
讋 zhé 87	磽 qiāo 324	碏 què 325	砺 lì 383
矗 zhé 87	礪 lì 324	硻 kēng 324	砚 yàn 硯 325
龘 dá 402	礌 bō 325	碴 tà 325	斫 zhuó 484
龗 líng 402	磯 jī 325	碓 duì 325	砭 biān/biǎn 325
	礎 chǔ 325	硾 zhuì 325	**五画**
业部	礜 yù 324	碑 bēi 324	砢 luǒ 325
	礐 què xué 324	碌 suǒ 324	砺 lì 礪 325
业 yè 業 91	磕 kè 324	硻 qìng 324	砻 lóng 礱 325
邺 yè 鄴 220	礲 lì 325	碎 suì 325	砧 zhēn 325
莘 zhuó 90	礙 ài 324	碌 lù 碌 325	砥 dǐ 322
凿 záo 鑿 478	礴 zhuó 325	**九画**	砾 lì 礫 324
羮 pú 91	礩 zhì 325	碝 ruǎn 323	础 chǔ 礎 325
黹 zhǐ 268	礫 lì 324	碧 bì 22	砮 nú 324
業 yè 91	礨 lóng 325	碭 dàng 323	破 pò 325
粉 fěn 268	礦 yán 324	碞 yán 324	**六至七画**
黻 fú 268	礳 mò 325	碣 jié 324	硔 gǒng 324
叢 cóng 91	**龙（龍）部**	碌 zhuì dui 324	硖 qià jiá 324
黼 fǔ 268	龙 lóng 402	碬 xiá 324	硕 shuò 304
黼 zuì 268	龍 lóng 402	**十画**	硗 qiāo 磽 324
黼 chǔ 268	砻 lóng 325	磕 kài/kē 324	硙 wèi 磑 325
目部	礱 lóng 325	碻 hé 325	碜 chàn 325
		磊 lěi 325	硩 chè 324
		磑 wèi 325	

睿 ruì	138	睍 xiàn	116	朋 jù	119	目 mù	116

睿 ruì	138	睍 xiàn	116	朋 jù	119	目 mù	116
瞀 mào	117	睊 juàn	118	省 shěng	118	目 liáng	183
睼 tiàn tì	118	睎 xī	118	毖 bì	116	**二至四画**	
瞮 tì	117	睯 chōu	118	眣 dié chì	118	肕 chōu	118
瞂 fá	120	睑 jiǎn 瞼	119	眢 yuān	117	盱 xū	117
瞍 sǒu 睃	119	睌 mǎn miǎn	117	眕 zhěn	117	肝 gàn	116
矗 nài	238	睉 cuó	119	眩 xuàn	116	眂 shì	296
睴 gùn	116	睴 rún 瞤	117	眝 zhù	119	盲 máng	119
瞍 sǒu	119	眼 liàng	118	眙 chì	119	相 xiāng	118
睽 kuí	117	睇 dì	119	眚 fèi	119	眄 miǎn	119
瞧 qì	117	睆 hàn	116	賊 chēn	118	眇 miǎo	119
瞀 mào	117	鼎 dǐng	238	眭 huī	119	臬 jiāo	307
瞰 kān	118	**八画**		眦 zì	116	省 xǐng	120
矗 zī	238	睶 fēi	116	眮 dòng	116	看 kān	118
瞞 mán	116	睯 xiàn	116	眵 xié	117	眅 pān	116
瞢 méng	126	睹 dǔ	117	脈 mò	117	眊 mào	116
瞊 kuī	120	睦 mù	117	眭 xié qī	116	旻 xuè	115
瞲 jù	359	睚 yá	119	眺 tiào	118	盾 dùn shǔn	120
瞋 chēn	118	睞 lài	118	眴 xuàn	117	眒 mèi	117
暖 xuān xuǎn	116	督 dū	118	眵 chī	118	盻 xì	119
瞹 yǎn	118	睗 shì	118	睰 luò	119	盼 pàn	116
瞷 yuè	118	睡 shuì	118	眡 shì	296	眨 zhǎ	119
瞢 yíng	119	睔 gùn gǔn	116	联 zhèn	119	眡 shì	117
瞑 míng	118	睨 nì	117	眷 juàn	118	眈 dān	117
瞥 pán	117	睢 huī	117	睞 mǐ	118	眏 jué	118
十一画以上		睼 zhùn	117	眼 yǎn	116	肮 wò	119
瞒 mán	116	瞀 qì	118	眸 móu	119	眉 méi	120
瞟 piǎo	117	睒 shǎn	116	睞 jié	116	**五至七画**	
瞡 tì	117	睩 lù 睩	118	杲 jú	202	賊 huò	117
瞥 piē	118	**九至十画**		睞 lài 睞	118	眜 mò	117
瞚 shùn	119	瞰 qià	119	睅 hàn	116	眛 mèi	118
鵰 diāo	118	睯 wò	118				

（85）张氏检字表

矗 léi	202	畔 pàn	470	町 tīng tǐng	470	暉 shěn	118
蟠 fán	251	畦 qí xī	470	甹 pīng	162	瞦 xī	116
矗 lěi	193	畤 zhì	470	甴 yóu	236	瞙 mái	117
		異 yì	93	甸 diàn	470	矑 móu	116
四部		略 lüè	470	龟 guī 龜	462	瞵 lín	116
		累 lěi 絫	495	亩 mǔ 畝	470	瞤 rún	117
皿 wǎng 网	262			男 nán	471	瞷 xián	118
四 sì	495	**七画以上**		界 bì	159	瞽 gǔ	119
		畴 chóu 疇	470	画 huà 畫	104	矆 huò	117
三至八画		畬 yú	470	甽 quǎn	392	矇 méng	119
罗 luó 羅	263	番 fán	48	甿 méng	470	瞿 jù/qú	128
罟 hù	263	畮 mǔ	470	甾 zī	39	矈 biǎn	116
罚 fá 罰	148	富 fù	252			瞼 jiǎn	119
罢 bà 罷	263	畫 huà	104	**四画**		矁 zhǎn	117
罟 gǔ	262	畯 jùn	470	畎 quǎn	392	瞻 zhān	117
罝 jū jiē	263	畸 jī	470	畏 wèi	316	矙 jiān	117
罨 fú	263	當 dāng	470	毗 pí 毘	361	矉 pín	117
罛 gū	262	畹 wǎn	470	崀 bāng	218	矍 jué	128
罜 zhǔ	262	畷 zhuì chuò	470	胃 wèi	141	矊 xuàn	116
罠 mín	263	畽 ruán	470	禺 yù	316	矏 mián	116
罙 dà	117	暢 chàng	470	畋 tián	111	矔 guàn	116
衆 zhòng	280	畜 chù	470	畍 jiè	470	矕 mǎn	116
罞 mí	262	疄 cuó	470	界 jiè 畍	470	矘 tǎng	116
罦 fú	263	疁 róu	470	思 sī	361		
買 mǎi	217	畿 jī	470	畎 gǎng gāng	470	**田部**	
罛 fú	263	奮 fèn	125				
罨 méi	262	疆 liú	470	**五至六画**		田 tián	469
罥 lì	263	圏 yòu	215	畢 bì	135	甲 jiǎ	497
署 shǔ	263	疃 tuǎn	470	畕 jiāng	471	申 shēn	505
罬 qióng	117	疄 lìn	470	畮 mǔ	470	电 diàn 電	396
罧 shèn shēn	263	疊 lěi	467	畛 zhěn	470	由 fú	316
置 zhì	263	疇 chóu	470	留 liú	470	**二至三画**	
		纍 léi	449	畝 mǔ 畮	470		
				畜 chù	470		

盐 yán 407
豔 yàn 167

钅（金）部

金 jīn 475

一至二画

钉 dīng 476
针 zhēn 鍼 478
钊 zhāo 148

三画

釬 hàn 481
钙 huá 201
钬 dì 479
釭 gāng 481
釦 kòu 478
钏 chuàn 482
钓 diào 481
铋 xì 481
鈒 sà 480
钗 chāi 482

四画

钘 xíng 鉶 476
铁 fū 481
鉅 jù 482
钑 yé 480
钝 dùn 482
钞 chāo 481
钟 zhōng 鐘 480
鈙 qín 111
铃 qián 478
铊 é 482

蛊 gū 蠱 460
盘 pán 盤 201
盗 dào 300
盟 méng 234
盗 dào 300
溢 zhī 40
盟 méng 234
监 tǎn 170
监 jiān 281
盡 jìn 169
盫 jīn 170

十画以上

盤 pán 201
瀘 bū 176
蘯 gǔ 169
蘯 zú 170
盧 lú 169
盟 méng 234
盥 guàn 169
盦 ān 169
盩 zhōu 357
盨 xǔ 169
瀲 dàng 169
鹽 gǔ 407
醯 xī 169
瀺 jiǎo 169
蘫 zī 169
蠱 léi 202
蠱 gǔ 460
鹺 lì 441
鱲 juān 454
蠱 xì 171

巽 xuǎn 262
舞 wǔ 263
羅 luó 263
蠲 juān 454
灈 jiǎo 灈 386
纚 juàn 262
昊昊 bì 359

皿部

皿 mǐn 169

三至五画

盂 yú 169
孟 mèng 502
盅 chōng zhōng 169
盆 pén 169
盈 yíng 169
盅 zhāo 169
盉 bó 170
盐 yán 鹽 407
盉 yòu 169
监 jiān 监 281
盘 wēn 169
盎 àng 169
盉 hé 169
盉 mì 169
盌 wǎn 169
益 yì 169
盅 zhù 169

六至九画

盉 yòu 169
盛 chéng 169

戥 yù 263
睪 yì 357
罨 yǎn yè 262
罪 zuì 262
罔 juàn 120
罩 zhào 262
𦀖 huài 467
蜀 shǔ 454
瞿 zhào 125
叕 zhuó 263

九画以上

罴 pí 羆 345
蜃 yàn 359
罚 fá 148
罳 sī 263
罶 liú 262
罵 mà 263
罯 ǎn 263
罷 bà bài 263
羿 yì 91
罶 liú 262
罝 jū 263
羁 jī 263
麗 lù 262
羅 lí 263
羀 jū 263
尉 wèi 263
羇 jī 羈 263
羃 kūn 188
罽 jì 262
罾 zēng 262
罿 chōng 263

（87）张氏检字表

鎞 bēi	478	锝 yǔ	478	鈹 pī	478	鈲 pī	482
錚 zhēng	480	鋏 jiá	476	铎 duó 鐸	480	釿 yǐn	484
銅 táo	482	链 lián 鏈	476	**六画**		钦 qīn	298
錞 duì	480	鏗 xíng	477	铏 xíng 鉶	477	铳 chén	478
镡 tán	480	销 xiāo	476	铗 jiá 鋏	476	钧 jūn	479
锭 dìng	477	鎖 suǒ	482	銕 tiě	476	鈗 yǔn	480
键 jiàn	477	鋗 xuān	477	铙 náo 鐃	479	鉌 qí	482
錄 lù 錄	476	鋂 méi	481	铚 zhì	479	钫 fāng	480
録 lù	476	鋊 yù	477	铛 dāng 鐺	481	钮 niǔ	478
锯 jù	479	錖 guā	482	铜 tóng	476	鈅 yuè	482
锱 zī	479	锉 cuò cuó	477	鈾 tóng	478	钯 bā	479
九画		锊 lüè	479	铠 kǎi 鎧	481	釛 yǐn	476
鍥 qiè	479	鐗 jiàn	481	铢 zhū	479	**五画**	
鋟 qīn ǎn	305	锐 ruì	479	鉼 xíng	476	鈇 jié	481
鍱 yè	477	锑 tí	482	铣 xiǎn	476	钱 qián 鐥	478
鍊 liàn	476	锒 láng	481	鈍 guǐ	478	钲 zhēng 鉦	479
鍼 zhēn	478	鏞 zhōng	480	铨 quán	479	钳 qián	479
锴 kǎi	476	**八画**		铤 dìng	476	鈢 shù	478
鍓 jí	477	错 cuò	478	铦 xiān	478	鉞 huì	481
鍏 wěi	481	錏 yā	481	铤 chán	480	钻 chān	479
锷 è 鄂	146	鍆 xíng	477	铩 shā 鎩	478	铲 lú 鑪	477
锸 chā	478	锜 yǐ	478	铫 yáo	477	鉏 chú	478
鍑 fù	477	錢 jiǎn/qián	478	铭 míng	482	钿 tián	482
鍾 zhōng	476	鍺 tà	482	鉹 chǐ	476	鉊 zhāo	479
鍭 hóu	481	錪 tiǎn	477	铬 luò	482	铁 tiě 鐵	476
锻 duàn	476	锡 xī	476	铮 zhēng 錚	480	铃 líng	479
锽 huáng	480	锢 gù	476	铲 chǎn 鏟	477	铄 shuò 鑠	476
锾 huán	479	锤 chuí	479	银 yín	475	铅 qiān	476
镂 lòu 鏤	476	錗 nèi	482	**七画**		鉤 gōu	79
镃 zī	238	锥 zhuī	479	铸 zhù 鑄	476	鈶 sì	201
鏓 cōng	480	鐕 mín	482	鉔 zhé	479	铉 xuàn	477
鍒 róu	482	锦 jǐn	267	铺 pū	481	铊 shī shé	480

张氏检字表（88）

矮 ǎi 180	鏖 āo 477	镝 dí 481	鍜 xiá 481
雉 zhì 123	鐕 zhǎn 482	镞 zú 482	**十画**
矠 shāng 180	**十四画**	镟 xuàn 477	鏈 lián 476
疑 yí 502	鑄 zhù 476	镠 liú 480	镆 mò 480
榺 sì 184	鑑 jiàn 476	镽 suì 477	镇 zhèn 479
矰 jí 257	**十五画以上**	镾 duò 478	镈 bó 480
矲 zhì 121	鑋 bēi 479	锡 yáng 481	鎒 nòu 201
矲 zhì 121	鑪 lù 479	**十二画**	鍗 tí 478
矯 jiǎo 180	鑗 lí 476	蟯 náo 479	铠 kǎi 481
矰 zēng 180	鐮 biāo 481	镡 xín 480	鎩 shā shà 478
	鑠 shuò 476	镄 fén xùn 476	鎎 kài xì 481
禾部	鑪 lú 477	鐕 zān 479	鎗 chēng 480
	鑱 xiǎo 476	镣 liáo 475	鎽 fēng 480
禾 jī 212	鑮 bó pò 480	镥 lǔ 478	镏 liú 482
禾 hé 239	鐵 jiān 477	镌 juān 478	镐 hào 477
二至三画	鑱 chán 479	镖 qiáo 477	镗 táng 482
利 lì 146	鑲 ráng 476	鐎 jiāo 477	镰 lián 479
秃 tū 295	鑴 xī xié 477	镞 jí 477	镕 róng 476
秀 xiù 240	鑸 lěi 481	铻 yǔ 478	**十一画**
私 sī 240	钁 qú 482	钟 zhōng 480	鐵 tiě 476
秆 gǎn 242	鑽 zuān 479	鐏 zūn zùn 480	错 wèi 477
和 hé 53	鑼 luó 477	鐉 quān 481	镞 shòu 482
秀 diǎo 241	鑺 jué 478	镫 dèng dēng 477	镖 biāo piāo 480
季 nián(年)242	鑸 yǐ 487	鏺 pō 478	镗 tāng 480
秎 hé lì 秎 241		镢 jué 151	铠 dòu 477
秅 chá 243	**矢部**	**十三画**	镂 lòu 476
秉 bǐng 101		鐵 tiě 476	镘 màn mán 479
秄 zǐ 241	矢 shǐ 180	镬 huò 477	镛 yōng 480
季 jì 502	矣 yǐ 180	铛 dāng 481	鏓 zǒng cōng 480
委 wěi 426	知 zhī 180	钜 jù 167	縱 cōng 480
四画	矯 jiǎo 矯 180	鐸 duó 480	镜 jìng 476
秬 jù 175	短 duǎn 180	镯 zhuó 479	鏟 chǎn 477

穆 mù	240	**九至十画**		移 yí	241	秕 bǐ	242
稧 jì	240	稬 nuò nuàn	240	案 àn	241	秒 miǎo	241
黏 nì	244	稐 huāng	242	稉 jīng	240	香 xiāng	244
稘 jì	240	稓 zhǐ	212	嵇 jī	319	种 zhóng 種	240
穅 kāng	242	稭 jiē jiá	242	稍 shāo	242	秭 zǐ	243
麇 jūn	338	稯 zōng	243	稈 gǎn	242	耗 hào	241
穋 lù	240	耑 duān duǒ	241	稍 juān	242	采 suì	241
稻 dào	242	種 zhóng	240	程 chéng	243	秔 jīng	240
穗 suì	241	稩 jié	241	稀 xī	240	秡 lì	146
黏 hú	244	程 huáng	242	稌 tú dù	240	秌 qiū	242
穟 suì	241	稱 chēng	242	秸 huó	241	科 kē	243
黏 nián	244	稳 wěn 稳	243	黍 shǔ	243	**五画**	
種 zhòng	240	穀 gǔ	242	税 jǔ	212	秦 qín	242
穖 jǐ	241	森 qín	242	稃 fū	242	秠 pī	241
稈 zhuó	212	積 zhěn	240	税 shuì	242	柘 shí	243
稾 gǎo	212	稽 jī	212	稂 láng	28	秫 shú	240
穫 huò	241	稷 jì	240	**八画**		乘 chéng	189
穑 sè	240	稻 dào	240	稑 lù	240	租 zū	242
馥 fù	244	鼗 lí	220	棶 lái	241	积 jī 积	241
穬 kuài	242	黎 lí	244	稙 zhí	240	秧 yāng	242
穧 zī	241	黐 nì	244	稘 jī	243	盉 hé	169
穢 miè	240	勦 lí	244	稞 huà	241	秩 zhì	241
穧 jì	241	稿 gǎo	242	稇 kǔn	241	柞 zuó	241
穩 wěn	243	穌 xián lián	240	稚 zhì	240	秝 lì	243
穬 kuàng	241	穷 páng	242	稗 bài	241	秜 lí	241
穨 tuí	295	稾 gǎo	242	稔 rěn	242	**六至七画**	
穮 biāo	241	穇 zhuó	242	稠 chóu	240	棃 liè	242
䅪 bǐ	244	稼 jià	240	穎 yǐng	241	稆 jì	240
黏 bó	244	稺 zhì	240	颓 tuí	295	稅 zōng	243
穌 hé	75	**十一画以上**		穌 sū 穌	242	粢 zī	240
穰 ráng	242	積 jī	241	稟 bǐng	183		
穬 fèi	240	穑 sè 穑	240	稕 zhùn	243		

张氏检字表（90）

鴡 jú	130	鳩 jiū	129	鷭 pó	267	穐 qiū	242
鴛 yuān	130	鸡 jī 鶏	124	皢 xiǎo	267		
鶵 chú 鶵	124	鸿 hóng	124	皦 jiǎo	267	**白部**	
鷽 xué 鷽	129	鸣 míng	132	疇 chóu	121		
鵠 tǒu	130	鳳 fèng	129	鑫 xún	393	白 zì	120
鴗 lì	131	鴈 yàn	131			白 bái	267
鴥 yù	132	鸥 ōu 鷗	131	**瓜部**		**一至八画**	
鵐 wǔ	132	鴂 jiè	132			百 bǎi	121
六至七画		鶬 cāng 鶬	131	瓜 guā	251	百 bǎi	121
鴙 zhì 鷙	132	鸌 hù	124	瓞 dié	251	皃 mào	294
鵜 tí	131	鴄 fú pì	131	瓟 yǔ	251	帛 bó	267
鴲 shì	133	鸨 bǎo	131	胶 bó	251	臯 gǎo	359
鴜 cí zī	131	鴌 fēn	132	瓝 dié	251	的 dì 旳	228
鵙 zhī	130	鸩 zhèn	132	瓠 hù	251	皇 huáng	18
鶖 qiū	130	鲂 fǎng	130	瓢 piáo	251	皆 jiē	121
鴰 guā kuò	131	鴂 jué 鴂	130	瓣 bàn	251	泉 quán	393
鵳 jiān	131	**五画**		瓥 yáo	251	㪍 pò	109
鵂 jiù	125	莺 yīng 鶯	132			皅 pā	267
鵅 luò	130	鴚 gē	131	**用部**		皋 gāo	358
鵃 zhōu	129	鸪 gū	133			皑 ái 皚	267
鴿 gē	129	鴽 rú	124	用 yòng	112	皎 jiǎo	267
鸾 luán 鸞	129	鴺 bó bá	131	甫 fǔ	113	皕 bì	121
鵁 jiāo	131	鸬 lú 鸕	131	甬 yǒng	236	皙 xī	267
鵷 yuān	131	鴠 dàn	129			**九画以上**	
鴻 hóng	130	鸭 yā	133	**鸟（鳥）部**		魄 pò	315
鴳 yàn	132	鴡 jū	132			皣 yè	212
鶍 yì	131	鸮 xiāo	130	鸟 niǎo	129	皚 ái	267
鴽 ǎo	130	鸯 yāng	130	鳥 niǎo diǎo	129	皤 tǐ	361
鵠 hú	130	鴇 bǎo	131	鳦 yà	405	縣 mián	441
鼻 bí	131	鸱 chī	124	**二至四画**		皞 hé hú	267
鵝 é 鵝	131	鴩 dié	130	凫 fú	107	皛 xiǎo yǎo	268
鳿 yì	131	鸲 qú	132	鳧 fú	107	樂 yuè	203

（91）张氏检字表

疒部

疒 nè 257

二至四画

疔 jiāo 257
疕 bǐ 258
疚 yòu 258
疗 liáo 療 260
疠 lì 癘 259
疛 zhǒu 258
疝 shàn 258
疾 jí hē 260
疡 yáng 瘍 258
疣 yòu 306
疥 jiè 259
痊 chān 259
疯 zòng 瘲 258
痎 zǐ 260
疧 qí 260
痕 chān 259
疫 yì 260
疢 chèn 259
疾 jué 258

五画

痼 gù 260
疦 shù 260
疴 kē ē 257
病 bìng 257
痁 shān 259
疸 dǎn dàn 259
疽 jū 258

鹩 liáo 130
鸕 yì 131
鷦 jiāo 130
鶮 jiāo 132
鷻 tuán 131
鷲 jiù 130
鷴 xián 132
鷸 yù 131
鷢 jué 132
鶼 méng 131
鷺 lù 130
鸒 xué 129
鶓 yù 129
鸇 zhān 132
鸃 yí 132
鷫 sù 129
鸊 pì 躃 131

十四画以上

鸑 yuè 129
鸇 zhēn 131
鷹 yīng 124
鸇 zhān 132
鸖 lěi 132
曝 bǔ pú 130
鸛 jié 130
鸕 lú 鸕 131
鸝 jiá niè 131
鸛 huān 鸛 132
鶷 jú 129
鸞 luán 129
鸕 lěi 132

鷾 yì 131
鷸 yù 130
鵜 tī 131
鷂 yào 132
鷄 jī 124
鶬 cāng 131
鷚 liú 130
鶵 chú 124
鶱 xiān 132
鶯 yīng 132
鶴 hè 130

十一画

鷙 zhì 132
鸌 hù 124
鷞 shuāng 129
鷗 ōu 鸌 131
鸇 nán 130
鷖 yī 131
鶺 yǎo 132
鷻 qī 130
鸚 yīng 132
鵪 ān 124
鷐 chén 132
鷓 zhè 133
鸜 qú 131
鷩 biē 132
鷟 zhuó 129
鷛 yóng 131
鷈 dí 132
鷚 liù 129

十二画

鶕 yù 132
鸙 yuè 130
鷳 xián 鷳 132
鶙 tí 131
鵔 jùn 132

八画

鵱 lù 131
鶁 jīng 鶄 131
鵬 péng 129
雖 zhuī sǔn 129
鵰 diāo 124
鶘 mín 130
鶒 sù 鶒 129
鶪 jué 129
鷄 duò 130

九画

鶜 jié 131
鷗 yǎn 130
鶌 jú 129
鵃 miǎo 130
鶡 hé 132
鶻 gǔ 129
鶖 qiū 130
鷔 yuè 鶯 129
鷀 cí 131
鷄 sù 129
鶤 kūn 130
鶩 wù 131
鶨 chuān 130

十画

鷇 kòu 132
鶾 hàn 132

十四画以上

癣	xuǎn 癬	259
癡	chī	260
癆	liáo liào	260
癭	yìng 膡	81
癟	wěi	259
癰	yōng	258
癘	lì 癧	258
癟	pǐ bèi	258

立部

立	lì	360

一画

辛	qiān	90
产	chǎn 産	211

三至六画

音	pǒu tǒu	171
妾	qiè	90
竢	sì	360
亲	qīn 親	297
彦	yàn	309
飒	sà 颯	461
竘	qǔ	360
竞	jìng 競	89
竛	bìng	361
章	zhāng	90
竟	jìng	90
产	chǎn	211
翊	yì	122

七画以上

竦	sǒng	360

瘗	yì	468
獁	mà	258
痹	bì	259
瘨	yùn	257
瘜	xī	258
瘚	jué	258
瘢	bān	259
瘮	shuāi	260
瘤	liú	258

十一至十三画

瘱	yì	362
瘽	qín	257
瘺	lòu	258
癌	ài	260
瘞	yì	468
癭	yǐng	258
瘲	zòng zōng	258
癠	zhài	257
癃	lóng	260
瘳	chōu	260
癬	xī	258
癩	lì lài	259
療	liáo	260
癉	dàn/duò	259
癭	yīng	142
瘯	wěi	258
癆	lào	260
瘇	zhǒng	259
癇	xián	257
癑	nòng	259
癛	lǐn	395
癈	fèi	258

八画

瘏	tú	258
痟	xù	258
痲	lín	259
瘃	zhú	259
痱	fèi bèi	258
痹	bì	259
瘍	yì	259
痿	wěi ruí	259
瘠	jì	258
瘀	yū yù	258
瘅	dàn 癉	259

九至十画

瘌	là	260
瘗	yì 瘞	468
瘧	nüè	259
瘍	yáng	258
瘦	shòu 瘦	259
瘣	huì	257
瘐	yù	260
瘥	chài/cuó	260
瘖	yīn	258
瘺	lòu 瘦	258
瘺	piān	259
瘦	shòu	259
瘕	jiǎ xiá	259
瘛	chì	260
瘲	chì	416
瘨	diān	257
瘂	è	259
瘼	mò	257
瘭	bèi	369

痕	zhǐ	259
疾	jí	257
痡	fù fū	258
痀	jū qú	258
疹	zhěn	143
痦	wù	258
痂	jiā	259
疲	pí	260
痉	jìng 痙	259

六至七画

痔	zhì	259
痎	jí	143
痏	wěi	259
痍	yí	259
疵	cī	258
疼	téng tóng	259
癃	lóng	260
痑	tuō duò	260
痎	jiē	259
痒	yáng xiáng	258
痕	hén	259
痜	qiè	259
痡	pū	257
痨	lào 癆	260
痞	pǐ	259
痙	jìng	259
痟	xiāo	258
痤	cuó	258
痫	xián 癇	257
疙	duó	260
疹	shěn shēn	258
痛	tòng	257

（93）张氏检字表

窮 qióng	219	窒 qìng	255	空 kōng	255	童 tóng	90
竇 dòu	255	窚 yuè	255	帘 lián 簾	155	奇 yì	81
竈 zào	255	窖 jiào	255	穸 xī	256	竢 sì	360
窶 jū	253	窗 chuāng	353	穹 qióng qióng	256	竣 jùn	360
竈 zào	255	窘 jiǒng jǔn	256	穽 jǐng	174	靖 jìng	360
竊 qiè	245	窥 kuī 窺	255	突 tū	256	嶨 què	360
竊 qiè	245	窦 dòu 竇	255	穿 chuān	255	竦 fú	360

衤部

		窠 kē	255	窀 zhūn	256	竫 jìng	360
衤 yī	282	窞 dàn	255	突 yuè	255	竨 bà	360
二至五画		窣 sū	256	窃 qiè 竊	245	意 yì	362
补 bǔ（補）	285	窧 zhuó duó	255	窆 biǎn	256	竵 duì duǐ	360
初 chū	147	窬 yú	255	窍 qiào 竅	255	竦 lì	360
衦 gǎn gàn	285	窗 chuāng	255	窥 shēn	255	竭 jié	360
衧 yú	284	窨 yìn	255	窑 duó	255	竧 lì	245
衫 shān	287	窮 qióng 窮	256	窅 yǎo	116	颯 sà	461
袆 huī 禕	283	窴 tián	256	窫 yā	256	端 duān	360
袄 fū	283	窳 yǔ	255	窳 mǐng	255	童 tóng	90
袓 yì rì	285	窵 diào	256	窅 xiù	318	竪 xū	360
衽 rèn	283	窯 yáo	255	窊 wā	255	竴 zhuǎn	360
袄 ǎo 襖	287	窺 kuī	255	窌 jiào pào	255	竲 céng	360
袊 xiè	284	窵 diào	255	窈 yǎo	256	竵 wāi huā	360
衯 fēn	284	窫 zhuó duó	428	窒 zhì	256	競 jìng	89
祇 tí	447	窲 liáo	255	窬 jué	175	贛 gòng	216
袂 mèi	283	窺 chēng	255	窐 wā	255		

穴部

裯 diāo	286	竂 cuì	256	窑 yáo 窯	255		
祐 tuō	284	竀 fù	255	窔 yào	256	穴 xué	255
袚 bō	286	邃 suì	256	窕 tiǎo	256	**一至六画**	
祛 qū	283	窬 xuè	255	窅 yǎo	256	穵 yà	255
袒 zhàn	285	窜 cuàn	256	窗 chuāng 窗	353	究 jiū jiù	256
袓 jù	285	窮 qióng	256	**七画以上**		穷 qióng 窮	256
		窱 qiào	255	窜 cuàn 竄	256	穷 pín	217

张氏检字表（94）

皲 jūn 108	禤 tǎn 284	裾 jū 284	袖 xiù 283
皴 cūn 108	襩 shǔ 285	**九至十画**	袗 zhěn 282
皵 pí 345	襗 zé duó 284	褥 dú 283	袛 dī 283
	襛 nóng róng 284	裰 duò 283	袍 páo 283
癶部	襘 guì 283	褪 yǎn 286	袢 pàn bàn 285
	襜 chān 284	褍 duān 284	袉 tuó duò 284
癶 bō 92/62	襤 lán 283	褐 hè 286	袨 xuàn 287
癶 bá 62	襮 bó 283	褆 tí 284	被 bèi 285
癸 guǐ 501	襦 rú 285	複 fù 284	袑 shào 284
癸 guǐ 501	襱 lóng zhǒng 284	褕 yú 282	**六至八画**
登 dēng 62	襭 xié 286	褛 lǚ 褸 283	袺 jié 286
發 fā 440	襱 lóng 284	褌 kūn 265	株 zhū shū 285
榃 dēng 62	襫 biǎo 283	褊 biǎn 285	袷 jiá 285
	襺 jiǎn 283	褘 huī 283	袳 chǐ 284
矛部		褴 lán 襤 283	裈 kūn 裩 265
	疋（乛）部	褫 chǐ chí 285	補 bǔ 285
矛 máo 485		**十一画以上**	裋 shù 286
柔 róu 198	疋 shū 75	褿 cáo/cāo 286	裖 zhěn 282
矜 jīn/qín 485	胥 xū 144	褵 yǔ/ōu 286	裎 chéng chěng 286
敄 wù 109	疌 shū 75	褸 lǚ 283	裡 lǐ 裏 283
狃 niǔ 485	疐 shū 75	襐 xiàng 285	梴 shān 286
務 wù 472	疏 shū 503	鵰 diāo 284	裕 yù 285
矞 yù 79	楚 chǔ 207	襋 jí 283	祝 shuì 286
狼 láng 485	疐 zhì 136	褋 dié 283	裙 qún 帬 264
稽 zé 485	疑 yí 502	褘 wéi 284	褄 qì 283
瘠 kài 485		襌 dān 285	褚 zhě chǔ 286
蟊 máo 459	**皮部**	褙 zhǐ 285	裺 yǎn 286
		襍 zá 杂 285	裸 luǒ 286
耒部	皮 pí 108	襖 ǎo 287	裼 xī 286
	皯 gǎn 108	襚 suì 286	裨 bì 285
耒 lěi 149	皰 pào 108	禧 tì 284	裣 jīn 283
耕 gēng 149	頗 pō 306	襁 qiǎng 283	裯 dāo 283

（95）张氏检字表

硬	yìn	432	矗	kuò	366	耶 zōu(陬)	491	絓	guī	150

硬 yìn 432　矗 kuò 366　耶 zōu(陬) 491　絓 guī 150
覆 fù 264　瞻 dān 410　聂 niè(聶) 411　耡 chú 150
嚴 hé 264　聽 tīng tìng 411　**五画**　耤 jí 149
羈 jī 羁 263　聾 lóng 411　聋 lóng 聾 411　賴 lèi 306
蠡 lí 237　矓 wà 411　耼 dān 410　耦 ǒu 149
　　　　　　　　　　　　　　　　职 zhí(職) 411　賴 yún 150

页（頁）部　　**臣部**　　聀 diān 410

页 xié 頁 303　臣 chén 105　耽 wà 411　**老部**
二至三画　卧 wò 281　聆 líng 411
顶 dǐng 304　臤 qiān 104　联 chè 411　老 lǎo 287
顷 qīng 279　臥 wò 281　聊 liáo 411　考 kǎo 287
项 xiàng 304　望 wàng 281　**六至十画**　耆 qí 287
顺 shùn 305　臦 guàng 105　聑 tiē dié 411　耋 dié 287
须 xū 308　臧 zāng 105　聒 guō 411
颉 duó dú 303　臧 zāng 105　联 lián 聯 411　**耳部**
颓 kū 领 306　豎 shù 105　聖 shèng 411
四画　臨 lín 281　聘 pìn 411　耳 ěr 410
顼 xū 305　豎 shù 105　聝 guó 411　耴 zhé 410
頎 péi 304　璞 pú 91　聚 jù 280　**二画**
頍 kuǐ qǐ 305　鹽 yán 407　聞 wén 411　取 qǔ 102
顽 wán 304　　　　　　聩 kuì 411　**三画**
颓 yòu 306　**西（覀）部**　聱 kuì 411　闻 wén 聞 411
顾 gù 顧 305　　　　　　聬 jǔ yǔ 411　**四画**
顿 dùn 305　西 xī 406　聪 cōng 聰 411　耻 chǐ 恥 369
颁 bān 304　要 yāo/yào 93　聱 áo 412　聑 dān 410
頩 zhěn 304　栗 lì 237　顛 tiàn 20　聉 wà yuè 411
颂 róng/sòng 303　贾 gǔ 217　聺 zǎi 411　聆 qín 411
頗 fà 309　覂 qiān 覂 93　**十一画以上**　取 xiè rè 109
顸 gāng 358　覃 tán 覃 183　聲 shēng 411　毦 ěr 288
烦 fán 306　覀 xī 407　聰 cōng 411　恥 chǐ 369
预 yù 306　粟 sù 237　聯 lián 411　耽 dān 410
　　　　　　　　　　　　轟 niè 411　耿 gěng 411

十三画以上	頵 xǔ 449	顝 mèi 304	預 yǔn 304
颤 chàn zhàn 306	颜 yán 303	煩 jiá 304	頸 mò 305
颥 lǔ 292	頮 wài 304	頸 jǐng 304	**五至七画**
頷 yǎn 304	頯 kuǐ 306	頋 chún 141	碩 shuò shí 304
顡 wài 306	额 é 额 304	頹 tuí 295	頂 dǐng 304
顯 xiǎn 306	**十至十二画**	頯 kuí 304	颅 lú 颅 303
顰 pín 391	鰲 ào 304	頷 hàn 305	頔 zhuō 305
顮 fán 305	顜 jiá 304	顁 rán 308	領 líng 304
顱 lú 303	顜 hùn yǔn 304	頴 yǐng 241	診 zhěn 305
顠 yuàn 303	顗 yǐ 305	頵 yūn 304	頗 pō 306
顲 lǎn 306	颠 diān 303	**八至九画**	頸 jǐng 頸 304
顲 líng 304	願 yuàn 304	頔 qī 306	頡 xié 305
顲 yù 顲 306	額 pī 308	頍 guī/guì 305	頬 jiá 頰 304
	類 lèi 343	顆 kě 305	頲 tǐng 305
虍部	額 róng 303	顄 kūn 306	顬 xū 425
	顙 qiāo 304	傾 chuí 304	領 hàn 304
虍 hū 167	顠 yán 304	頵 yuè 304	頫 fǔ 305
虎 hǔ 168	頼 sǎng 304	頚 jìng 305	頠 wěi 305
虏 lǔ 虏 236	額 hán 304	頜 mén 306	頼 lèi 306
虓 yì 168	穎 bēi 308	頊 xū 360	頤 shěn 305
虐 nüè 167	顤 yáo yào 304	頍 cuì 306	穎 yǐng 374
虑 mì 168	顨 xùn 159	顅 qiān 305	潁 jiǒng 347
虒 sī 168	顥 hào 305	頏 pǐ 306	額 é 304
虠 yì 168	顥 dǐng 304	顑 kǎn hàn 306	頢 kuò/huó 305
號 xiāo 168	囂 xiāo 77	頄 qì xì 306	額 hái 306
虔 qián 167	顦 qiáo 306	頭 zhuàn 306	頪 lèi 306
處 fú 167	額 pó 267	題 tí 304	頩 è 304
虛 qū/xū 280	額 lèi 444	顊 yóng 304	穎 yǔ 305
虤 kǎn hàn 168	顔 yán 303	顉 kuī kū 304	頤 yí 412
虘 cuó 167	額 zhǎn 305	頭 zhuān 305	頣 yí 412
彪 biāo 168	鱗 lǐn 305	頒 yuǎn 305	頭 tóu 303
虖 hū 167	顧 gù 305	頿 zī 308	頣 gèn 304

蜫 kūn 459	蚔 qí 454	齾 gé 168	處 chǔ 483
蜽 wǎng 457	蚚 qí 454	盧 lú 169	虡 jù 167
蛛 zhū 463	蚺 rán 453	甗 yǎn 438	虐 nüè 167
蛔 xiǎng 453	蚠 fén 344	贙 xuàn 168	虤 yín 168
蜓 tíng diàn 453	蚣 sōng 455	籅 zhù 167	虞 yú 167
蛫 guǐ 457	蚊 wén 460	鸗 shù 168	虘 xī 167
盒 gé 456	蚓 yǐn 453	䲔 téng 168	豦 jù qú 327
蜑 dàn 458	蚗 jué yuè 455		號 háo 163
蛤 gé 盒 456	蛜 yī 455	**虫部**	虏 lǔ 236
蛮 mán 蠻 458	蚤 zǎo 459		虪 lú 438
蚲 píng 455	蚩 chī 455	虫 huǐ 453	虐 hū 124
蜩 tiáo 455	**五画**	**一至三画**	戲 xì 戲 433
蛟 jiāo 456	蛄 gū 454	虮 jǐ 蟣 454	虓 háo 192
蛘 yǎng 456	蛆 qū 454	虯 qiú 456	膚 fū 141
蜂 è 457	蛅 zhān 455	虱 shī 蝨 459	慮 lǜ 361
蛑 móu 460	蚰 hóng 458	虹 hóng 458	虢 guó 168
七画	蛊 gǔ 蠱 460	虾 xiā 蝦 457	臚 yàn 98
蜹 ruì 456	蚳 chí 454	虺 huǐ 453	虥 zhàn 168
蛵 xīng xíng 454	蚼 gǒu 457	虽 suī 雖 453	巘 yán 168
蜃 shèn 456	蛉 líng 456	虫 chǎn 456	盧 lú 169
蛺 jiá 455	蛇 shé 462	虸 zhé 458	彪 bào 168
蚤 qiú 460	蛁 diāo 453	闽 mǐn 閩 458	虒 tú 168
蛸 xiāo 455	**六画**	蚤 zǎo 459	戲 xì 433
蜎 yuān juàn 457	蛣 jié qì 454	蚃 xiǎng 蠁 453	彪 bīn bān 167
蜆 xiàn 455	蛙 wā/kuí 454	**四画**	虞 jù 167
蜗 wō 蝸 457	蛩 qióng 457	蚌 bàng 457	虧 kuī 164
蜀 shǔ 454	蛚 liè 456	蚖 yuán 453	斆 kuī 164
蛾 é/yǐ 454	蛰 zhé 蟄 457	蚵 mián 456	齺 zù 484
蜉 liè 456	蛺 jiá 蛱 455	蚨 fú 457	覰 qù 296
蜍 é 459	蛕 huí 453	蚑 qí 456	號 hào 167
蜉 fú 460	蛲 náo 蟯 453	蚕 cán 蠶 459	鶔 xì 168
蜂 fēng 459	蛭 zhì 454	蚍 pí 460	虋 yín 168

张氏检字表（98）

第一列

蟉 liú 457
蠁 xiǎng 453

十二画

蟯 náo 453
蠣 lì 457
蹷 jué 457
蕫 chài 454
蟪 huì yù 458
蟫 yín 454
蟲 chóng 460
翠 cuì zuì 453
蟬 chán 455
蟜 jiǎo 454
蟠 fán 455
蝟 wěi 65
蟘 tè 453
蟓 zhōng 459
蟣 jǐ 454
蟜 yù 455

十三画

蟱 guǒ 455
蠖 huò 454
盩 qiú 460
蟒 měng 456
蟷 dāng 455
蠉 xuān xuǎn 456
蠅 yíng 463
蟹 xiè 457
蛾 é 459
螽 fēng 459
蟺 shàn 457
蠃 luǒ 455

第二列

融 róng 98
蟧 lüè 456
蚤 zǎo 459
螘 yǐ 454
螉 wēng 453
螷 bī 454
蝅 bān 455
螅 xī 455
螭 chī 456
蟮 shàn 456
蠊 lián 456
螟 míng 453

十一画

螫 shì 456
蟄 zhé 457
螓 qǐn 453
蟥 huáng 455
螹 jiàn 457
螮 dì 458
螗 táng 458
螻 lóu 454
蟈 yù 457
蟋 xī 458
蝬 zōng 453
螽 chí 454
螯 yú yù 456
蟶 zhī 463
螾 yǐn 453
蟅 zhè 455
蟁 wén 460
蟊 máo 459

第三列

蝒 mián 455
蝘 yǎn 453
蝠 fú 458
蝡 ruǎn 456
蝎 hé 454
蝟 wèi 328
蝼 shěng xǐng 456
螽 zhōng 459
蝮 fù 453
蝴 jué 455
蝗 huáng 455
蟀 shuài 454
蝓 yú 457
蟉 yōu 457
蝝 yuán 457
蝱 méng 460
蝨 shī 455
蝼 lóu 454
蝤 qiú 454
蝙 biān 457
蝦 há 457
蝝 yuán 454
蝨 shī 459
蝥 máo 455
蝥 móu 460
蝚 róu 454
蝑 xū 455

十画

蟆 má 457
蠹 dù 460
蟩 qú 460

第四列

蜕 tuì shuì 456
蜋 láng 455
蛹 yǒng 453

八画

蜙 sōng 455
蜻 jīng 456
蛋 è 456
蜽 liǎng 457
蝀 dòng 458
蜡 qù zhà 456
蜥 xī 453
蜮 yù 457
蜨 dié 455
蜚 fěi 460
蜾 guǒ 455
蜮 yù 蜽 457
蝇 yíng 蠅 463
蜗 wō guā 457
蜘 zhī 蜘 463
蜺 ní 455
蜦 lún 456
蚆 pí 459
蜰 féi 455
蜠 jú 457
蜼 wèi yì 457
蜩 tiáo 455
蛤 hàn 454
蜦 lún 456
蝉 chán 蟬 455
蜜 mì 460
蜢 měng 458

九画

（99）张氏检字表

箋 jiān 箋 154	鼺 léi 202	蠻 mán 458	蠨 xiāo 456
箍 qū 170	**舌部**	蠚 xiá hé 459	**十四画**
笨 bèn 154	舌 shé 78	蠸 fěi 460	蠛 miè 458
笼 lóng 籠 156	乱 luàn 亂 498	蠿 jié 459	蟁 wén 460
笪 dá 157	舐 shì 78	蠹 dù 460	蠯 pí piāo 459
笘 shān 157	甜 tián 161	蠏 pí 460	蠠 mì 459
笛 dí 158	舔 tián 161	蠤 zhuō zhá 459	蠙 pín 22
笙 shēng 157	鸹 guā 131	蠦 fú 460	蠲 zhuó 457
筴 cè 76	舒 shū 137	**缶部**	**十五画**
筰 zé 155	辞 cí 辭 500	缶 fǒu 179	蠢 chǔn 460
筧 jiàn 146	舚 tà 78	缸 gāng xiáng 179	蠜 fán 454
符 fú 154	舓 shì 78	缺 quē 179	蠪 yǎn 453
笭 líng 157	**竹（⺮）部**	䍃 yóu 179	蠹 lǐ 460
筍 gǒu 79	竹 zhú 153	钇 tà 179	蠵 xī 457
笠 lì 156	**二至四画**	钻 diǎn 179	蠥 niè 458
笵 fàn 154	竺 dǔ 464	䍑 dòu/xiàng 179	**十六画以上**
笥 sì 155	竿 gān 156	缾 píng 179	蠭 fēng 459
笯 nú nù 156	竽 yú 157	罂 yīng 179	蠿 lóng 454
笢 mǐn 154	笃 dǔ(篤) 335	罋 yù 179	蠸 móu 460
笍 pí 108	笔 dùn 156	䍗 bù 179	蠱 gǔ 460
笞 chī 157	笏 hù 156	罆 chuí chui 179	蠸 quán 453
六画	笍 zhuì 157	磬 qìng 179	蠸 cáo 459
筐 kuāng 437	笔 bǐ 筆 103	罅 xià 179	蠕 líng 455
等 děng 154	笓 gāng 154	罊 qì 179	蠲 juān 454
筑 zhú 158	笑 xiào 158	罏 líng 179	蠰 náng ráng 455
策 cè 157	第 zǐ 155	罍 léi 202	蠶 cán 459
筚 bì 筚 158	笏 hù 158	罏 lú 438	蠹 dù 460
筒 dòng 157	**五画**	罇 cùn jiàn 179	蠵 xī 457
筥 jǔ 155		罐 guàn 180	蠲 juān 460
笄 jī 154		罋 wèng 179	蠻 níng 459
筬 zhū 157			
筵 yán 155			

簥 huì 102	簜 dàng 156	箸 zhù 155	築 zhuā 157
簀 zé 155	篎 miǎo 158	箕 jī 159	筋 jīn 146
簎 cè 419	篅 chuán 156	箬 ruò 154	筍 sǔn 154
簻 tuán 155	篁 huáng 154	箋 jiān 154	筟 luò 155
簧 huáng 157	篍 qiū 158	箑 shà 156	筝 zhēng 筝 158
簆 zhù 198	篴 biān 156	算 suàn 158	筦 gòng 155
篓 lǒu lóu 155	篤 dǔ 182	篔 diǎn 159	筊 jiǎo xiáo 156
簃 yí 158	篓 lǒu (簍) 155	算 bì 155	筆 bǐ 103
簁 shāi xǐ 155	箭 jiàn 153	箘 jùn 153	筳 tíng 154
篼 dōu 156	篇 piān 154	箇 gè 156	筤 liáng 183
簝 yù 155	篨 chú 155	箠 chuí 157	**七画**
簏 lù 156	箹 yuè 157	箪 bǐ 155	筹 chóu 籌 158
簰 pái 374	篆 zhuàn 154	箏 zhēng 158	筭 suàn 158
簪 chóu 364	箈 tái 154	箙 fú 157	筺 jī 154
簋 guǐ 156	**十画**	箪 dān 箪 155	筠 yún 158
篲 huì 102	篝 gōu 155	箝 qián 156	筮 shì 154
簻 jiǎng 154	筲 shāo 155	管 guǎn 157	筥 jǔ 155
篸 chēn shēn 154	軭 jū 358	箁 póu 154	筱 xiǎo 153
十二至十三画	篚 fěi 157	箑 shà 156	筋 bó 146
簠 fǔ 156	篤 dǔ 335	箫 xiāo 簫 157	筰 zuó 156
簙 bó 158	築 zhù 198	箍 gū 158	筡 tú 154
簟 diàn 155	篮 lán 籃 155	箓 lù 篆 156	箾 sān 156
簝 liáo 156	篡 cuàn 316	篆 lù 156	筟 fū 155
簪 zān 294	筚 bì 158	篸 chēn 篸 154	简 jiǎn 簡 154
簞 dān 155	篛 wēng 154	**九画**	筤 láng 155
籔 yǔ 158	篦 bì 158	箧 qiè 437	筦 guǎn 154
箱 shāo shū 155	簾 chí 75	箷 yè 154	節 jié 154
簜 dàng 153	篙 gāo 158	箱 xiāng 157	筩 tóng 156
簩 zhù 198	箷 tán chān 157	范 fàn 488	**八画**
簦 dēng 156	篰 bù 154	箴 zhēn 157	簀 zé 簀 155
簡 jiǎn 154	篲 wéi 154	箾 shuò/xiāo 157	箧 qiè 箧 437
簹 jiǎn 368	**十一画**	筵 chí 157	箝 qián 156

(101) 张氏检字表

盥 nóng	170	臤 qiǎn 粤	493	龠 yuè	154	籀 zhòu	154
巘 miè	171	舊 jiù	125	籢 lián	155	籙 lù	153
蠹 zú	171	㙴 yín	503	籤 qiān	157	簸 bǒ	159
蠿 kàn	171	闋 fèi	497	簡 lán	157	簬 lù	153
		纙 yù	450	籩 biān	156	籥 yuè	154

舟部

自部

舟 zhōu	292			籩 biān	156	簏 jǔ	156
舢 wù	292	自 zì	120	籭 shāi shī	155	簃 mí 篾	154
彤 chēn	292	臬 niè	203	鞫 jū	96	簺 sài	158
般 pán	293	臭 chòu	342	籧 yán	158	籨 ài	158
般 pán bān	293	息 xī	361	籫 zuǎn	155	薇 wéi	154
舫 fǎng	292	鼠 jì	280	籯 yíng	155	簾 lián	155
舸 gě	293	辠 zuì	500	籬 zhuó	156	篾 lù	156
舻 lú 艫	292	鼻 bí	121	籤 chuā	351	簫 xiāo	157
舳 zhú	292	鼾 mián	120			籚 tún	157
盘 pán 盤	201	齀 wà niè	210	**臼部**		**十四画以上**	
船 chuán	292						
艇 tǐng	293	**血部**		臼 jiù	246	籍 jí	154
朕 zhèn	292			臼 jū	93	籥 niè	156
艅 yú	293	血 xuè	170	臿 chǐ	70	籌 chóu	158
艁 zào	64	衄 tíng	170	臾 yú	505/41	籃 lán	155
艐 zōng	292	衂 xù	171	兒 ér	294	纂 zuǎn	447
艎 huáng	293	衁 né	171	舁 yú	93	籔 sǒu	155
盤 pán	201	衁 huāng	170	舂 chā	246	籓 fān	155
輈 zhāo	231	衃 pēi	170	舂 chōng	246	籀 liú	154
艃 jīn	382	衄 nù	170	舀 yǎo	246	纂 shuàn	488
艫 lú	292	衆 zhòng	280	舄 què	133	籧 qū	245
		衉 kàn	171	舂 pò	246	籟 lài	157
衣部		衊 mài	394	舅 jiù	471	籱 zhuó	156
		衇 mài	394	舋 tán	170	籧 qū	155
衣 yī	282	衊 jī qí	171	舋 zū	170	籚 lú	156
				盡 jīn	170	籮 jū	358
				舉 jǔ	416	籠 lóng	156
						籢 ráng rǎng	156

张氏检字表 (102)

養 yǎng 176	美 měi 127	裴 péi 285	**二至六画**
羣 chún 182	羑 yǒu 127/316	製 zhì 286	表 biǎo 衾 282
羯 jié 127	养 yǎng 養 176	褎 xiù 283	衣 yì 284
羭 yú 127	姜 jiāng 423	褱 huái 283	哀 āi 56
羶 yān 127	羮 yǎng 176	褧 jiǒng qǐng 283	衰 suō 286
鏊 yù/wù 127	羖 gǔ 127	褱 huái 284	衺 xié 286
羣 chún 182	羒 fén 127	裹 niǎo 286	衷 zhōng 285
羵 zì 127	羔 gāo 126	褰 qiān 284	衾 qīn 285
鷙 jìn 127	恙 yàng 恙 368	褹 yīng 286	袤 biǎo 282
羲 xī 163	羞 xiū 503	褽 wèi 283	袞 gǔn 282
羳 fán 127	羘 zāng 127	褺 diē dié 285	衰 yǐ 408
羻 cuó 407	羛 jì 315	襓 xiè 285	袭 xí 襲 283
羴 shān 128	羕 yòu 316	襄 xiāng 285	袅 ná 285
羶 shān 128	羝 dī 127	褒 bāo 284	袠 zhì 265
蘆 shàn 善 89	羟 qiān 羥 127	襃 zhàn 282	裒 bào 284
羸 léi 127	羛 yì 434	襞 bì 285	袞 gǔn 282
羹 gēng 99	羕 yàng 394	襃 mào 283	袤 mào 283
羼 chàn 128	羜 zhù 126	襒 zhuó 285	襃 xiè 襃 285
	羠 yí sì 127	襲 xí 283	裁 cái 282
米部	羢 cī 127	襭 kè 287	裂 liè 285
	羜 zhào 127	襹 xí 283	装 zhuāng 286
米 mǐ 244	善 shàn 89		**七画以上**
二至六画	翔 xiáng 122	**羊(羋羊)部**	裘 qiú 287
籴 dí 糴 178	**七画以上**		裏 lǐ 283
籵 fán 48	羥 qiān kēng 127	羊 yáng 126	襄 yè 286
类 lèi(類) 343	義 yì 434	羋 mǐ 126	裔 yì 284
粄 hóng 245	善 shàn 89	**一至六画**	装 zhuāng 286
娄 lóu 婁 429	羨 xiàn 300	羌 qiāng 127	裙 qún 264
籹 nǚ rǔ 246	群 qún 羣 127	羍 tá 127	裴 péi 285
粗 jù 246	羣 qún 127	差 chā 160	褺 dú 284
籹 mǐ 110	羥 zhǎ 401	差 chā/chāi 160	裳 cháng 264
粉 fěn 245	羥 wèi 127	牵 tá 127	裹 guǒ 286

翎 líng 123	齺 jiū 187	橾 sù 237	料 liào liáo 484
翑 qú 122	齇 sù 237	糈 xǔ 245	粗 róu niǔ 245
翏 liù 122		糒 bèi 245	粈 míng mí 245
翊 yì 122	**艮（⻌）部**	糒 bèi 245	粖 miè 99
翘 qiáo 122		櫼 xì 245	粘 hú 244
翙 huì 翽 122	艮 gèn 279	糤 sà 245	粊 bì 245
羿 yì 122	良 liáng 183	糗 qiǔ 245	粗 cū 245
翕 xī 122	即 jí 174	毇 huǐ 246	粕 pò 246
翔 xiáng 122	艰 jiān 艱 469	糖 táng 246	粰 fū 242
翌 yǒu 102	垦 kěn 墾 469		粒 lì 245
翚 huī 122	既 jì 旡 174	**十一画以上**	粜 tiào 糶 210
翜 shà 122	恳 kěn 370	糟 zāo 245	粪 fèn 糞 135
翥 zhù 122	暨 jì 曁 230	粪 fèn 135	粟 sù 237
翡 fěi 122	艱 jiān 469	糜 mí 245	粤 yuè 164
翟 dí 122		糁 xiè 245	粯 jiù 245
翠 cuì 122	**羽部**	糦 chì 176	粦 lín lìn 350
翣 shà 123		糧 liáng 245	粢 cí 175
	羽 yǔ 122	糳 zhuō 244	
九画以上	翁 hóng 123	糲 lì lài 244	**七至十画**
翫 wàn 122	**三至八画**	糩 tán dàn 245	粳 jīng 粳 240
翮 gé 122	羿 yì 羿 122	糁 sǎn 245	粲 càn 244
翨 chì 122	翌 wǔ 186	纇 lèi 444	粱 liáng 244
翦 jiǎn 122	翌 yú 397	糤 shì 245	粮 liáng 糧 245
翭 hóu 122	翅 chì 122	糪 bò 245	粻 zhāng 246
翬 huī 122	翌 huáng 123	糢 mò 245	精 jīng 244
翩 piān 122	翌 tà 122	糯 nuò 秜 240	粼 lín 392
翰 hàn 122	翄 chì 122	糴 dí tiào 245	粹 cuì 245
翮 hé 122	翁 wēng 122	糶 dí 178	粺 bài 245
翯 xué 123	扇 shàn 407	鬻 zhōu 98	粬 quǎn 245
翳 yì 123	翨 chī 122	糵 niè 245	糁 sǎn 糝 245
翼 yì 403	翇 fú 123	糶 tiào 210	粗 sǎn 245
翘 qiáo 122	习 xí 121	糷 mí mò 245	糉 zòng 246
翱 áo 翱 122		糳 zuò 246	

趑 qǐn 60	**麦(麥)部**	紧 jǐn 105	翻 fān 123
趬 qióng 60		暴 jú 445	翽 huì 122
趀 cī 59		緐 fán 449	翾 xuān 122
趹 jué 60	麦 mài 184	綮 qǐ 446	耀 yào 349
越 yuè 59	麥 mài 184	**九画以上**	翿 dào 123
趄 qū 60	麧 hé 185	縣 mián 441	糶 tiào 210
趉 jué 60	麩 fū 185	縠 hú 446	
趁 chèn 59	麲 cái 185	緻 zhì 451	**糸部**
趆 dī dǐ 60	麳 miàn 185	縣 xuán 308	
趆 chě 61	麹 qù 185	縣 xuán 308	糸 mì 443
趋 qū 趣 59	麧 huá 185	縧 yáo 251	**一画**
超 chāo 59	麰 móu 185	縈 yíng 449	系 xì 441
六画以上	麱 fū 185	塈 chì 406	**四至七画**
趄 yuán 61	麷 cuó 185	繁 zhí 336	素 sù 452
趌 kǔ 61	麺 suǒ 185	繄 yī 449	索 suǒ 210
趚 qì jí 61	麲 kū 185	縻 mí 450	紧 jǐn 紧 105
趌 jí 60	麯 zhí 185	繭 jiǎn 443	紊 wěn wèn 445
趎 yòu 59	麷 fēng 185	繛 chuò 452	縈 yíng 縈 449
趔 jiàng 59	麨 áo 347	纇 lèi 444	絮 rú 450
趑 cǐ 60		蕊 ruǐ 370	絜 jié 451
趍 chí 60	**走部**	繇 yáo 441	絷 zhì 絷 336
趒 tiáo 61		繫 xì 450	紫 zǐ 447
趜 cī 60	走 zǒu 58	繁 zhuó 450	縡 cì 450
趙 zhào 60	**二至五画**	繄 bì bò 450	絮 xù 450
趍 hái 60	赴 fù 59	縄 huǎn 452	集 rèn 444
趖 suō 59	赵 zhào 赵 60	辮 biàn 445	絭 juàn 449
趚 qūn 60	赳 jiū 59	纂 zuǎn 447	絲 sī 452
踊 yǒng 61	赽 cāi 60	纍 léi 449	絷 biē 449
趣 qù 59	赶 qián 61	纀 fàn 393	綮 shào 444
趞 què 59	起 jí 60	繂 lǜ shuài 452	綸 yuè 452
趥 qiū 59	起 qǐ 60	孿 luán 143	**八画**
	赾 qí 59	繼 zī 502	綦 qí 447

（105）张氏检字表

酌 zhuó 507
酒 jiǔ 506
配 pèi 507
酏 yí yǐ 508
酳 jù 507
酦 pò 507
酳 yìn 507
酖 dān 507
酣 hān 507
酤 gū 506
酢 cù 508
酗 xù 507
畬 fàn 506

六至七画

醬 rǎn 508
酪 lào luò 508
酩 mǐng 508
酬 chóu 507
醅 pú 507
釃 shī 醨 506
醒 chéng 507
酮 juān 506
酷 kù 506
酴 tú 506
醽 lèi 508
酿 niàng 釀 506
酸 suān 508

八至十画

醋 zuò 507
酸 zhǎn 507
酱 jiàng 508

豆部

豆 dòu 166
歧 pǒu 171
豈 qǐ 166
豉 chǐ 250
豎 tóu 106
壹 yī 357
短 duǎn 180
豌 wān 166
豐 lǐ 166
登 dēng 62
登 juàn 166
豐 fēng 167
豎 shù 105
頭 tóu 303
薺 jǐn 166
豐 fēng 167
豔 zhì 166
豔 qí 166
豔 yàn 167

酉部

酉 yǒu 506

二至五画

酊 dǐng 508
酋 qiú 508
酏 yì 507
酎 zhòu 506

趮 zào 59
趣 yú yǔ 60
趱 zhān 59
趯 yuè 59
趱 zhí 59
趣 xún 59
趯 biān 59
趔 lì 61
趨 jú 60
趣 jié 59
趱 xiàn 59
趲 quán 60
趲 yuè 60
趨 yì 60
趨 qú 59
趨 jué 60

赤部

赤 chì 354
郝 hǎo 219
赬 chēng 354
赦 shè 110
赧 nǎn 354
赬 chēng 354
赨 tóng 354
赩 xì 354
赫 hè 354
經 chēng 354
赭 zhě 354
赮 xiá 354
贛 gàn huàn 354

趨 fú 60
趠 chuò 60
趣 yǔn 59
趍 yǐn 60
趜 jú 60
趡 cuǐ 61
趢 lù 60
趌 bó 61
趫 xián 59
趔 chì 60
趧 tí dī 61
趶 jié 60
趥 qiū 59
趬 qū 59
趖 diān 61
趠 chí 61
趯 qiān 60
趩 bì 61
趬 xiòng 60
趛 wǔ 59
褰 qiān jiǎn 59
趮 piāo 59
趲 jiàn zàn 61
趱 mán 60
趰 chì 60
趲 qiāo 59
趣 jué 59
趬 qiāo 59
趲 jī 60
趜 jú yù 60
趲 xuān 60
趣 zhú 59

镱 yì xì 327	屫 chén 178	醯 xī 169	醇 chún 506
獵 liè 310	儾 nóng 94	醵 jú 508	醸 liáng liàng 508
		醵 jù 507	醉 zuì 507

镸部

	豕部	釀 nóng 506	醅 pēi 507
		醴 lǐ 506	醋 yín 506
镸 cháng 326	豕 shǐ 326	酸 yàn 508	醐 hú 508
镻 dié 326	豖 chù 327	醻 chóu 507	醲 róng 506
肆 sì 326	彖 tuàn 彖 329	醹 rú rǔ 506	醍 tǐ 508
镾 mí 326	家 jiā 251	醂 làn 506	醞 yùn 506
	豣 jiān 327	醺 xūn 507	醒 xǐng 508

卤(鹵)部

	豙 zhuó 111	醬 jiàn 508	醜 chǒu 316
	豝 bā 327	醠 zāo 245	醰 tú dòu 508
卤 xī 407	象 xiàng 330	醮 jiào 507	醀 mú mào 508
鹵 lǔ 407	豨 ruí 211	醶 chǎn 508	醢 hǎi 508
鹺 cuó 407	豠 chú cú 327	釀 niàng 506	醨 lì 506
鹹 xián 407	豢 huàn 327	贛 gǎn 506	醳 bì 508
鹽 yán 407	豤 kěn 327	釃 shī 506	醠 àng 506
鹼 jiǎn yàn 407	豨 xī xǐ 327	釁 xìn 94	醵 méng 506

里部

	豧 fū 327		醚 mì 507
	豩 bīn/huān 328	**辰部**	醨 lí 508
里 lǐ 469	豪 háo 豪 328		醟 yòng 507
厘 xī 釐 469	豩 yì 328	辰 chén 504	**十一画以上**
重 zhòng 281	豬 zhū 327	辱 rǔ 504	醫 yī 507
野 yě 469	豶 fén 327	唇 chún 55	醞 yù 507
量 liáng 281	豭 jiā 327	屑 chún 141	䣀 zhī 506
量 liáng 281	獂 huán 327	晨 chén 233	醪 láo 506
童 tóng 90	豯 xī 327	蜃 shèn 456	醰 tán dàn 507
釐 xī lí 469	豫 yù 331	農 nóng 儾94	醮 jǐn 507
	豵 zōng 327	晨 chén 93	醇 pǐ 467

足(足)部

	獮 wéi wěi 327	踃 nóng 94	醱 suān 508
	豳 bīn 219	醴 chí 454	醮 jiào 507
	燹 xiǎn 346	儾 nóng 94	

(107) 张氏检字表

蹡 qiàng 72	踳 chuǎn 186	跪 guì 72	足 zú 72
躇 chú 73	踏 tà 73	路 lù 74	**二至四画**
十二画	跨 kuà 74	跻 jī 躋 72	趴 fù 72
躚 xiān 74	踸 chěn 75	迹 jī 蹟 64	趵 yuè 74
蹶 jué 73	踶 dì 73	跟 gēn 72	跋 sà 73
蹻 qiāo jiǎo 72	踼 táng 73	**七至八画**	趹 jué 74
蹴 cù 73	踵 zhǒng 73	踉 háng 67	跂 qí 74
躏 lìn 74	踽 jǔ qǔ 72	踸 zhèn zhēn 73	距 jù 74
蹲 dūn cún 74	踰 yú 72	踄 bù/bó 73	跃 yuè 躍 72
蹭 cèng 74	蹉 cuō 74	踔 bèi 73	跩 shì 73
蹬 dèng 74	蹁 pián 74	跾 shū 72	跄 qiāng 蹌 72
蹼 xuǎn 262	蹂 róu 497	踑 kuí 74	趵 yuè 74
十三以上画	踸 xiā 74	踑 jì 72	趽 fàng pēng 74
躅 zhú 73	**十画**	踊 yǒng 72	**五画**
蹞 fán 48	蹑 niè 躡 73	踖 jí 72	践 jiàn 踐 73
躋 jī 72	蹎 diān 73	踦 qī 72	趹 yuè 72
躍 yuè 72	蹋 tà 73	踐 jiàn 73	跖 zhí 72
躓 zhì 73	蹏 tí 72	踧 dí cù 72	趾 yì chì 73
躛 wèi 73	蹈 dǎo 73	踑 fèi 74	跋 bá bō 73
躚 duàn 72	蹊 xī 68	踔 chuò 73	趈 chēng 61
躔 chán 73	蹡 qiāng 72	踞 kǔn 74	跌 diē 73
躣 qú 72	蹺 yáo 73	踝 huái 72	跔 jū 74
躐 jué 73	蹐 jí 73	踼 táng 踼 73	跎 tuó 74
躧 xǐ 74	蹇 jiǎn 74	踔 bǐ 140	跗 fú 73
躩 jué 74	**十一画**	窬 xià 186	跛 bǒ 74
	蹟 jī 64	踒 wō 74	**六画**
	蹩 dié 73	踬 zhì 躓 73	跨 kuà 73
身部	蹛 dài 73	踤 zú 73	跣 xiǎn 74
	蹙 cù 74	踣 bó 74	跧 quán 72
身 shēn 282	蹜 zhí 73	踞 jù 74	跲 jiá jié 73
射 shè 180	蹢 zhí 73	踞 jū 289	跳 tiào 73
躬 gōng 254	蹩 bié 73	**九画**	跰 yàn 74

觴 shāng 151	角 jiǎo 150	䚕 dú 492	躯 qū 軀 282
觥 gōng 151	觓 qiú 150		躲 shè 180
觖 jué 150	斛 hú 484	**豸部**	躬 gōng 254
觶 zhì 151	觕 gāng 150		躳 gōng 254
觷 xué 150	觚 zhì 151	豸 zhì 329	軀 qū 282
觺 fèi 151	觴 shāng 觴 151	豺 chái 329	
觸 yuè 154	觛 dàn 151	豻 àn 330	**采部**
觸 chù 150	觚 gū 151	豹 bào 329	
觽 xí 151	觸 nuò wò 151	貔 pí 329	采 biàn 48
觼 jué 151	觚 xuān 151	貂 diāo 330	粦 juàn 92
觻 lù 150	觟 huà 151	貀 nà 329	奧 mí 262
觿 bì 151	觜 zī 151	狖 yòu 330	悉 xī 48
觼 xuān 150	觭 shì chì 150	貆 huán 330	番 fán 48
觿 xī xié 151	觠 quán 150	貉 mò 330	释 shì 釋 48
觿 biāo 481	觥 gōng 151	貃 hé 329	釋 fèn 糞 135
	觸 chù 觸 150	貍 lí 330	
言部	觡 gé 151	貌 mào 294	**谷部**
	觤 guǐ 151	貓 māo 330	
言 yán 80	解 jiě/xiè 151	貒 tuān 330	谷 gǔ 394
訇 hōng 85	觬 ní 150	須 mào 294	卻 què 312
訄 qiú 88	觚 zhì 151	貐 yǔ 329	郤 xì 220
誾 yín 81	觶 zhì (觶) 151	貘 mò 329	谸 qiān qiàn 395
詟 zhé 87	觭 qī 150	貔 pí 329	容 yǎn 57
詧 yáo 83	觰 zhā 151	貓 è 344	欲 yù 298
詈 lì 263	觩 qiú 151	貙 chū 329	谻 jué 100
謷 móu 81	鰓 sāi 150	貛 yōng 329	峪 hóng 394
訾 zǐ 85	觾 wēi wěi 150	貚 tán 329	鵒 yù 132
詹 zhān 48	觴 duān 150	貛 huān 330	容 jùn 394
詧 chá 82	觳 hú 151	貜 jué yuè 329	谿 xī qī 394
謄 téng 謄 84	觚 zhì 150		豁 huò 䜱 394
譽 yù (譽) 83	觲 xīng 150	**角部**	谬 liáo 394
誓 shì 82			龗 lóng 394

(109) 张氏检字表

霽 jì 霁 397
霿 yù yǔ 397
震 zhèn 396
霅 diàn 396
霄 xiāo 396
霰 xiàn 396
雪 zhà 396
霂 mù 396
霃 chén 396

八至十二画

霖 lín 396
霋 qī 397
霒 yīn 398
霏 fēi 397
霓 ní 397
霙 jiān 396
霎 shà 397
霑 zhān 397
霜 shuāng 397
霝 líng 396
霡 mài 霢 396
霨 yǔ 396
霮 rǎn 397
霧 wù 397
霞 xiá 397
霹 gé pò 397
霤 liù 397
霣 yǔn 396
霽 zī 396
霢 mài 396
霦 lián 396
霩 kuò 397

纚 mí 326

其部

甚 shèn 161
戙 jì 499
綦 qí 203
斯 sī 484
期 qī 233
欺 qī 300
綦 qí 447

雨部

雨 yǔ 395

三至七画

雩 yú 397
雪 xuě 396
雲 yún 398
雰 fēn 24
雱 páng 14
電 diàn 396
雷 léi (靁) 396
零 líng 396
雹 báo bó 396
雺 wù 397
需 xū 397
霊 léi 396
霃 yín 396
霆 tíng 396
霂 luò 396

辡 biǎn 500
辤 cí 500
嬖 yì 313
辥 xuē 500
辝 sì 201
辧 biàn 500
辦 bàn 473
辨 bàn 147
辟 bì 313
辩 biàn 辧 445
辮 biǎn 365
辬 bān 309
瓣 bàn 251
辭 cí 500
辯 pàn 117
辮 biàn 445
鑡 xǐ 249

青部

青 qīng 173
靚 jìng 297
鶄 jīng 鶄 131
靖 jìng 360
静 jìng 173

長部

长 cháng 325
镸 cháng 326
镻 dié 326
肆 sì 326

訿 xì 84
誩 jìng 89
朁 jì 86
誉 jiān 281
謷 áo 84
嚚 pó 86
䑶 téng 84
嫈 yíng 84
𧮫 suī suì 87
謦 qǐng 81
謸 sù 64
謺 zhé 84
警 jǐng 83
讋 yìng 81
譽 yù 83
譥 jiào 84
譬 pì 81
讇 yīng 81
矗 tà 89
響 pín 86
讘 zhé 87
讟 dú 89
讘 zhé 87

辛部

辛 xīn 500
辜 gū 500
辝 cí 500
辞 cí 辭 500
辠 zuì 500
辟 bì 313

鼈 biē 463
鼅 zhī 463
鼉 tuó 463
鼍 shī 463

佳部

佳 zhuī 123

二至七画

隹 zhuī 129
隽 juàn 售 125
难 nán 難 130
隻 zhī 123
雊 yì 125
嶉 hóng 124
雀 què 123
售 shòu 57
集 jí 128
雄 yá 123
雖 zhī 124
雁 yàn 124
雄 xióng 125
雅 yǎ/yā 123
雋 juàn 125
雠 qián 124
焦 jiāo 集 348
雇 hù 124
旌 fāng 123
餐 rú 124
雉 zhì 123
雏 gòu 124

鶘 huá 71
鱷 yǔn 70
鶪 qǔ 72
鹺 cī 70
鱄 bó 71
鱧 ái 71
鱗 zōu 70
鱥 yì 71
鱻 yàn yán 70
鶡 qiè 鱹 71
鱔 zé 70
鱸 zhā 70
鱹 lián 71
蠿 yà 71

黾(黽)部

黾 měng 462
黽 měng 462
鼋 yuán 463
鼌 měng 463
鼌 cháo 463
鼀 cù 463
鼃 qú 463
鼂 wā 463
鼄 zhū 463
鼀 cháo 463
鼅 cù 463
鼇 áo 463
鼈 xí 463
鼉 méng 232

蚍 chèn 70
蚗 yǎn 71
蚖 hé hú 71
蚷 jù gǔ 71
蚗 yín 70
蚧 xiè 70
蚩 xiè 71
蚩 zhí 71
蚓 yǎn 70
蛉 líng 71
蚱 zé 71
蚩 chī 71
蚰 jiù 71
蟄 niè 71
蛞 xiá 71
蛭 zhì 71
蚋 là 71
蚍 chái 70
蛞 kuò 71
蛟 yǎo 71
卷 quán 70
蚚 kěn 71
蠕 yǔ 71
舊 cuó 70
蜺 ní 71
蛾 zōu 70
蜡 zé 71
蜻 yǐ 71
蛴 chǔ 71
醉 zú 71
蝛 jiān 71
蚼 óu 70

霚 wù 397
雹 hán 396
霅 xuě 396
霰 zhōng 396
霰 diàn 397
霭 ǎi 397
霰 xiàn 霰 396
雹 báo 396

十三画以上

霸 bà pò 233
露 lù 397
靈 líng 23
霰 jiān 396
霂 méng mèng 397
霾 mái 397
霰 hé 264
霽 jì 397
霓 xì 297
霰 suān 396
霴 duì 397
雷 léi 396
霸 yǔn 396
霰 xiàn 396
靈 líng 23
霹 huò 128
霹 sī 396
霵 zhèn 396

齿(齒)部

齿 chǐ 70
齒 chǐ 70

(111) 张氏检字表

鲏 pī 399	鋻 jiàn 476	雡 ān 124	魑 chī 124
鲃 bǐng 401	鍪 móu 477	雡 liù 124	雏 chú 雛 124
鲇 nián 400	鎣 yíng yíng 477	耀 yào 349	雈 qiān 124
鲅 bì 401	鷙 zhì 481	矍 xué 130	雌 cí 125
酥 sū 242	鎜 pán 201	翟 dí 178	雒 luò 123
鲜 xīng 401	錾 zàn 478	讎 chóu 81	翟 dí 122
鲋 fù 399	鏊 piě 478	雞 lí 124	鷉 zhì 124
鲌 bà bó 400	鐓 duī 482	瓛 huàn 66	雍 yīng 124
鮀 tuó 400	鏧 qìng 480	儳 zá 128	**八画以上**
鲍 bào 401	鑒 jiàn 鑑 476	雞 nán 130	雀 què 133
鲅 pī 399	鑾 luán 481	雞 nán 130	雕 diāo 124
鲐 tái 400	鑿 záo zuò 478	鸞 ní 144	雔 chóu 128
鲓 yǒu 399		耀 tiào 210	雤 yù 132
鲕 ér 398	**鱼(魚)部**	鳶 yuān 128	錐 shuì 124
鲒 jí 401		槀 jí 128	鶉 chún 124
鲔 wěi 398	鱼 yú 398	爨 jiāo 348	膥 kuī 164
鲖 tóng zhòng 399	魚 yú 398		雧 jú 129
鲚 jì 399	**二至七画**	**金部**	雖 suī 453
鲭 qí zhī 401	鱼 yǔ 158		翰 hàn 123
鲗 zéi 400	鮭 huà 401	金 jīn 475	瞿 jù/qú 128
鮥 luò 398	鮀 tuō 399	崟 yín 318	靁 lìn 123
鮡 zhào 401	鮊 bèi 400	鎣 yíng 鎣 477	雞 nán 130
鮇 méng 398	鮩 tū 401	鉴 jiàn 鑑 476	雙 shuāng 128
鲛 jiāo 400	鮍 pí 401	銎 qiōng 478	雞 jī 124
鲜 xiān 400	鯋 shā 400	鑩 zī 478	雦 cāng 131
鲝 zhǎ 401	鲁 lǔ 121	銮 luán 鑾 481	雛 chú 124
鲠 gěng 400	鮚 qín cǎn 401	銁 jūn 479	雜 zá 襍 285
鲭 qíng 399	鲂 fén 400	銴 shì 481	離 lí 124
鲡 lí 鱺 399	鲂 fáng 399	銵 tiáo yóu 476	雠 chóu 讎 81
鲢 tǒu 399	魧 háng gāng 401	鋈 wù 475	雝 yōng 124
鲢 lián 鰱 399	鲅 bō 401	錾 zàn 錾 478	難 nán 130
	鮔 qū 398		難 nán 130

鞅 yǎng 97	鱮 xù 399	鳎 tà 398	鳗 yǎn 400
鞄 tuó 97	鱱 xiè 457	鳏 guān 399	鲤 lǐ 399
鞑 bì 96	鱣 zhān 399	鳤 wēng 400	鮸 miǎn 400
鞁 bèi 96	鱨 cháng 399	鳐 yáo 401	鲧 gǔn 399
鞄 páo 95	鱲 lì lù 400	鳐 yáo 401	鮧 tí 400
鞀 táo 96	鱭 lài 400	鳓 nà 398	鲩 huàn 399
鞃 hóng qióng 96	鱮 qú jù 401	鲚 jì 399	鲗 zéi 400
六画	鱺 lí 399	鲂 fáng 399	**八至十画**
鞏 gǒng 95	鱣 zhān 399	鳠 hào 401	鳍 qí 401
鞇 yīn 41	鱻 lǐ 399	鳙 yóng 398	鲰 zōu zhòu 400
鞑 zhì 96	鱻 xiān 401	鳒 qiàn jiān 399	鲷 diào 401
鞳 luò 95		**十一画以上**	鳇 huà 399
鞉 táo 96	**革部**	鳟 zhuān zhuǎn 399	鲵 ní 399
鞈 gé jiá 97		鱋 qū 400	鲊 xiàn 400
鞈 tà 165	革 gé 95	鳗 mán 399	鲴 jú 400
鞌 ān 97	**二至四画**	鳢 lóu 399	鲷 diāo 401
鞎 hén 96	靪 dīng 96	鱼 yú 402	鲹 jiù 401
七至八画	勒 lè 97	鳙 yōng yóng 400	鲸 jīng 400
鞘 qiào 97	靬 jiān 95	鳕 duò 398	鯐 qiè 400
鞅 jiá 96	靬 yú 96	鳛 xí 399	鲽 dié tà 401
鞙 xuàn 97	靸 sǎ 96	鲟 xún yín 399	鳁 xū 398
鞖 xié jì 97	靪 dí 97	鳞 lín 398	鳁 yǎn 400
鞔 mán 95	靰 áng 96	鳜 guì 400	鲿 cháng 鱨 399
鞐 dòu 96	靲 pín 97	鱏 cén 400	鳙 yú yóng 400
鞥 è 96	靳 jìn 96	鳝 shàn 400	鰕 xiā xiá 401
鞚 chěng 96	靵 qí 487	鱸 lǔ 400	鳊 biān 399
鞞 bǐng 96	靶 bà 96	鳞 lín 401	鲯 hóu 401
鞠 jū 96	靷 yǐn 96	鳟 zūn zùn 398	鳆 fù 400
鞙 yuān 96	**五画**	鱯 huà 399	鲠 gěng gěng 398
鞜 guǎn 96	靼 dá zhè 95	鲸 jīng qíng 400	鳅 qiū 399
鞬 jiān 97	靾 tiē 97	鳢 lǐ 399	鳊 biān 399
鞡 zhuó 97	鞌 zhòu 261	鳋 sāo 401	鳒 lián 399

(113) 张氏检字表

食部

食 shí	175
飧 sūn	176
飱 sūn	176
飨 xiǎng 饗	176
飲 yǐn	300
餍 bǎo	176
餈 cí	175
饐 yí	175
餐 cān	176
餥 fěi	176
饐 nè	281
饗 xiǎng	176
饕 tāo	177
饌 zhuàn	176
饔 yōng	175

音部

音 yīn	89
歆 xīn	300
訡 yín	56
韵 yùn 韻	90
韶 sháo	90
䪗 ān	90
響 xiǎng	90

鬲部

鬲 lì	97

髑 dú	140
髏 kuài	141
髒 mó	141
臀 tún	289
髕 bìn	140
髖 kuān	140

鬼部

鬼 guǐ	315
魃 mèi	315
魂 hún	315
魆 jì	315
傀 huà	315
魁 kuí	485
魅 mèi	315
魃 shén	315
魃 bá	315
魄 pò	315
魑 chì	315
魘 yǎn 魇	316
醜 chǒu	316
魅 mèi	315
魈 hū	315
魋 tuí	316
魑 chī	316
魔 mó	316
魈 nuó	315
魆 xū	315
魕 qí jī	315
魕 rú nòu	315
魖 pín	316

鑽 zuān	96
鑿 xiǎn	96
钂 zuān	96

骨部

骨 gǔ	140
骭 gàn	140
骪 wěi	141
鹘 gǔ	129
骴 cī	141
骼 gé	141
骷 guā kuò	140
骸 hái	141
骈 pián	140
骹 qiāo	140
骾 gěng	141
髁 kē	140
骶 tǐ	141
髀 bǐ	140
髑 ǒu	140
髅 lóu 髅	140
髆 bó	140
髋 kuān 髋	140
髌 bìn 髌	140
髈 páng	142
髅 lóu	140
髋 jué	140
髓 suǐ 髓	141
髋 kuì	140
髊 suǐ	141
體 tǐ	141

輢 jí	97

九画

鞧 róng	97
鞥 miǎn	97
鞮 dī	96
鞞 yùn	95
鞭 biān	97
鞥 ēng è	96
鞣 róu	95
鞪 mù	96

十至十一画

鞴 bó	96
鞾 xuē	97
鞴 bèi	449
鞵 xié	96
鞹 kuò	95
鞶 pán	95
鞬 yuān	96
鞭 xǐ	96

十二画

韂 guì	95
韄 hù wò	97
鞼 fén	165

十三画以上

韇 dá	95
韅 yǐn	96
鞠 qū	245
韇 dú	97
韉 jiān	97
韀 xǐ	74
韆 shuī	97

鬜 jié	310	髭 cì	310	**鬥部**		鬴 guō	98
鬣 lú	310	鬘 zhuā	310			鬷 yǐ	98
		鬀 tì	310	鬥 dòu	100	瓹 lì	98
麻部		鬵 xī/dí	310	鬫 xuàn	100	融 róng	98
		鬜 tiáo chóu	309	鬧 nào	101	鬹 shāng	98
麻 má	249	鬈 quán	309	鬨 hòng	100	鬺 lì	98
麛 méi mǒ	467	鬐 póu	310	鬩 xì	100	鬴 fǔ	98
麼 mó 麽	136	鬌 fèi	310	鬪 pīn	100	鬵 xín	98
摩 mó	418	鬒 sì	326	鬮 liú	100	鬻 fèi	98
麿 gān	161	鬊 shùn	310	鬭 dòu	100	鬷 zōng	98
䗪 mí	245	鬌 chuí	310	鬨 nǐ	100	鬻 gēng	98
靡 mí	450	鬋 jiǎn	310	鬮 jiū	100	鬶 guī	98
靡 mǐ	403	鬆 cuǒ	309	鬧 fēn	100	鬵 hú	98
麤 zōu	250	鬃 máo	310			鬻 ěr	99
糷 xī	451	鬐 qí	311	**髟部**		醋 zèng	98
魔 mó	316	鬕 mà	310			鬻 zhōu	98
縻 méi	244	鬀 tì	310	髟 biāo/shān	309	鬷 kè	287
靟 fèi	28	鬒 zhěn	308	髡 kūn	310	鬻 yù	99
		鬔 bàng	310	髢 xī/dí	310	鬻 bó	99
鹿部		鬆 pán	310	髡 kūn	310	鬻 zhǔ	99
		鬠 bìn 鬢	309	髦 máo	309	鬻 zhān	98
鹿 lù	338	鬑 lián	310	髣 jiè	310	鬻 xín	98
麂 jǐ	338	鬏 xiū	213	髮 fà	309	鬻 sù	99
麀 yōu	339	鬘 mán	309	髲 bì	310	鬻 gēng	98
麎 chén	339	鬠 kuì	310	將 fù	310	鬻 chǎo	99
麌 hǔ	168	鬜 qiān	310	髯 fú	310	融 róng	98
麃 páo	339	鬟 huán	311	髫 tiáo	311	鬻 zèng	438
麋 jūn	338	鬢 bìn	309	髳 máo	310	鬻 zhǔ	99
麈 zhǔ	339	鬌 nǐ	310	髻 jì	311	鬻 yù	99
麋 mí	338	鬣 lán	309	髶 róng	310	鬻 yuè	99
麚 guī	339	鬘 mián 鬤	309	髺 kuò	310	鬻 xiāo	98
麗 jiān	338	鬣 liè	310			鬻 miè	99

(115) 张氏检字表

鼻 bí 121	黵 dǎn 351	默 mò 341	麌 jǐ 338
劓 yì 148	黵 wèi 351	黗 tūn tǔn 351	麐 lín 338
鼽 qiú 121	厴 yǎn 351	黈 yóu 143	麎 chén 338
鼾 hān 121	黷 dú 351	黔 qián 351	麒 qí 338
齁 xiè 121	黸 jiān 351	黕 dǎn 351	麓 lù 207
齆 xiù 121	黸 lú 351	點 diǎn 351	麗 lì 339
齃 è 304		點 dá 351	麕 jūn 338
	鼠部	黚 qián 351	麑 ní 339
齊部		黝 yǒu 351	麃 bào 229
	鼠 shǔ 344	黜 chù 351	麚 jiù 338
齊 qí 237	鼢 zhuó 345	點 xiá 351	麖 jīng 338
三至五画	鼢 fén fěn 344	黰 juǎn 351	麛 nuàn 338
齋 qí jī 427	鼢 hán 345	厴 yǎn 黶 351	麙 xián 339
齋 zhāi 15	鼢 zhōng 344	黲 shū 351	麀 yōu 339
齋 qí 142	鼫 shí 344	黳 yī 352	麋 mí 338
齋 jì 347	鼫 píng 344	黩 dú 黷 351	麚 jiā 338
齋 zī 240	鼬 yòu 345	黬 yǎn 351	麝 shè 麛 339
六画以上	鼨 zhōng 344	黮 yù 351	麈 sù 338
齋 qí 454	鼩 qú 345	黨 dǎng 351	麞 zhāng 338
齋 zī 286	鼥 rǒng 345	黪 jiān 351	麟 lín 338
齋 jī 216	鼩 liú 344	黥 qíng 352	麖 shè 339
齋 qí 237	鼒 zī 345	黵 dǎn tǎn 351	麠 jīng 338
齋 jī 250	鼦 hé 344	黚 yàng 351	麌 yù 339
齋 zhāi 15	鼯 hú 345	黕 yǎn 352	麤 líng 339
	鼲 hún 345	黯 àn 351	麤 cū 339
龠部	鼷 xī 344	黷 diàn 351	麈 chén 339
	鼶 sī 344	黸 yuè 351	
龠 yuè 75	鼶 è 344	鼙 pán 351	**黑部**
龢 hé 75	鼸 xiàn qiàn 345	黴 méi 351	
籥 chuì chuī 75	鼱 fán 344	黰 yī 351	黑 hēi 350
龤 xié 76		黤 yǎn 352	黔 qíng 352
龡 chí 75	**鼻部**	黪 cǎn 351	墨 mò 466

（1）序

重刊宋本說文序

唐虞三代五經文字燬于暴秦而存于說文說
文不作幾于不知六義六義不通唐虞三代古
文不可復識五經不得其本解說文未作已前
西漢諸儒得壁中古文書不能讀謂之逸十六
篇禮記七十子之徒所作其釋孔悝鼎銘與舊
者欲及對揚以辟之勤大命或多不詞此其証
也許叔重不妄作其九千三百五十三字即史
籀大篆九千字故云敘篆文合以古籀既并倉
頡爰歷博學凡將急就以成書又以壁經鼎彝

古文爲之左証得重文一千一百六十三字其

云古文籀文者明本字篆文其云篆文者本字

即籀古文如古文爲弍必先有一字二字

知本字即古文而世人以說文爲大小篆非也

倉頡之始作先有文而後有字六書象形指事

多爲文會意諧聲多爲字轉注假借文字兼之

象形如人爲大烏爲於竈爲圀之屬有側視形

正視形牛羊犬豕罵覓之屬有面視形後視芻

視形如龍之類從肉指事以童省諧聲有形兼

事又兼聲不一而足諧聲有省聲轉聲社土聲

杏從可省聲之屬皆轉聲也指事別于會意者。

會合也二字相合爲會意故反正爲乏爲指事。

止戈爲武皿蟲爲蠱爲會意也轉注最廣建類

一首如禎祥祉福祐同在示部也同意相受如

禎祥也祥祉福也福祐也同義轉注以明之推

廣之如爾雅釋詁肇祖元胎始也始爲建類一

首肇祖元胎爲同意相受後人泥考老二字有

左回右注之說是不求之注義而求其字形謬

矣説文作後同時鄭康成注經晉灼注史已多

引據其文三國時嚴畯六朝江式諸人多爲其

學。呂忱字林、顧野王玉篇、亦本此書增廣文字。
至唐李陽冰習篆書、手寫寫定、然不能墨守、或
改其筆蹟。今戴侗六書故引唐本是也。南唐徐
鉉及弟鍇、增修其文各執。一見鍇有繫傳、世無
善本。而諧聲、讀若之字、多于鉉本鍇不知轉聲。
即加刪落。又增新附及新修十九文用俗字作
篆。然唐人引說文有在新附者、豈鉉有所本與
鍇又有五音韵譜。依李舟切韵改亂次第。不復
分別新附。僅有明刻舊本漢人之書多散佚獨
說文有完帙、蓋以歷代刻印得存。而傳寫脫誤

亦所不免。大氐一曰已下。義多假借後人去之。

如祖本始廟。又爲祈請。道見初學記引穄御舍。

祖道賦虖。渾本混流。又爲測毉器也。見太平

小覽日。本太陽之精。又君象也。見事類賦注。苛本

日本太陽。又日尤劇也。見一切經音義。戲本偏軍又

此類甚多。姑舉一平二。御覽

或節省其文。也。

來。見周弃主古人言。猶今人言莫見。尚書禮記生。

疏山。凡天下百名有九。見爾雅釋文。

之山三千六百有。見銅兒。皮堅厚類。以

或失其

多膏少肉之見。晉書音義多兒。見其獸音義多兒。見皮堅厚類聚。

要義

如字月下。食則古者。天子躬耕使民。如借。見詩釋文大日瀟小所

學記。無底日洿。天生日鹵。生日鹽。見一切經音義怪所

文以質地。所以告天見史記周禮釋隱

或引字移易。御如

覽引琛寶也。乃珍字廣韻引睽也耳。不相聽也。乃

睽目不相聽也。乃初學記引池陂也。即陂下一曰。

沱池也。一切經音義解義。引

緫蜀布也。乃繀音義解義。引或妄改其文

太平御覽今依偽孔傳改作再成墓兆域也。封

大也。見爾雅釋文及疏今封作致墓作邱也。

裹如裹也。見爾雅釋文今作表如裹也。蟹六足

二聲也。見荀子楊倞注足當爲跪言足之屈折

處。今改。八俱由增修者不通古義賴有唐人北

足。二敦。

宋書傳引據可以是正文字。宋本亦有譌舛然

長于今世所刊毛本者甚多。字如中。而也。而是內之誤

譌今改作和也。便失其意。誠引周書曰。不能誠

于小民。今依書作丕。不。丕俱語助詞。矯揉箭箝

也本作端。箘作箭以秋華。今本作似。今秋華作揖攘也。扶左。今

也。今本菊。作箭以秋華。今本裂也。今本作祭。息端也。共

作脹或違說文作本佐義。或無其字。毛晉初印本亦

(7) 序

依宋大字本翻刊，後以繫傳剜補反多紕繆朱
學士篤視學安徽閱文人之不能識字因刊舊
本說文廣布江左右其學由是大行按其本亦
同毛氏近有刻小字宋本者改大其字又依毛
本校定無復舊觀吾友錢明經坫、姚修撰文田、
嚴孝廉可均、鈕居士樹玉及予手校本皆檢錄
書傳所引說文異字異義參考本文至嚴孝廉
爲說文校議引證最備。今刊宋本依其舊式即
有譌字不敢妄改庶存闕疑之意。古人云誤書
思之更是一適思其致誤之由有足正古本者。

舊本既附以孫愐音切，雖不合漢人聲讀傳之
既久，亦姑仍之，以傳注所引文字異同別為條
記附書而行。又屬顧文學廣圻手摹篆文辨白
然否，校勘付梓。其有遺漏舛錯，俟海內知音正
定之。今世多深于說文之學者蒙以為漢人完
帙僅存此書，次第尚可循求，倘加校訂不合亂
其舊次，增加俗字。唐人引據多誤以字林為說
文張參唐元度不通六書，所引不為典要並不
宜取以更改正文後有同志或鑒于斯嘉慶十
四年太歲己巳陽湖孫星衍撰。

(1) 部首目录

《史籀篇》

　　我国见于记载的最早的一部字书是《史籀篇》。旧说此书是周宣王时太史籀所作,据后人考证,实为春秋战国间秦人所作。它是当时教授学童识字的一种字书。到了东汉时期,我国出现了第一部系统地分析字形、解释字义的字书——《说文解字》。

說文解字標目　　漢太尉祭酒許慎記

銀青光祿大夫散騎常侍上柱國東海縣開國子食邑五百戶徐鉉等奉

敕校定

說文解字弟一

一　於悉切
上　時掌切
示　神至切
三　穌甘切
王　雨方切
玉　魚欲切
玨　古岳切
气　去既切
士　鉏里切
丨　古本切
屮　丑列切
艸　采老切
蓐　而蜀切
茻　模朗切

說文解字弟二

小　私兆切
八　博拔切
釆　蒲莧切
半　博幔切
牛　語求切
犛　莫交切
告　古奧切
口　苦后切
凵　口犯切
吅　況袁切
哭　苦屋切
走　子苟切

许慎

　（东汉）召陵（今河南漯河）人，字叔重，官至太尉南閣祭酒。性淳笃，少年博学经籍，马融常推敬之，著《说文解字》十四篇，推究六书之义，分部类从，至为精密，后世言小学者多宗之，尝官洨地，故亦称洨长，或称南閣祭酒。

說文解字弟三

（3）部首目录

徐铉

宋广陵人，延休子，字鼎臣，仕南唐，随李煜归宋，为太子率更令，累官散骑常侍，淳化初坐累谪静难军行军司马，卒于官。铉精小学及长于篆、隶，尝受诏校《说文解字》，续编《文苑英华》，著有《骑省集》。铉弟锴，字楚金，同有名于江左，并称二徐，铉称大徐，锴称小徐。

說文解字弟四

（部首，自右至左、自上而下）

聿 余律切
畫 胡麥切
隶 徒耐切
臤 苦閒切
臣 植鄰切
殳 市朱切

殺 所八切
寸 倉困切
皮 符羈切
㼱 彌畢切
攴 普木切

教 古孝切
卜 博木切
用 余訟切
爻 胡茅切
㸚 力几切

目 莫六切
眉 武悲切
盾 食閏切
自 疾二切
白 疾二切
鼻 父二切
習 似入切
羽 王矩切

隹 職追切
奞 息遺切
萑 胡官切
丫 工瓦切
苜 陌博切
羊 與章切
羴 式連切

瞿 九遇切
雔 市流切
雥 徂合切

鳥 都了切
烏 哀都切

冓 古候切
幺 於堯切
叀 職緣切

放 甫妄切
𠬪 平小切
死 息姊切

《说文解字》

成稿于东汉和帝永元十二年（100年），直到东汉建光元年（121年），许慎才让其子许冲上于安帝，后续工作前后历时二十二年。许慎编《说文解字》的本来目的是为了驳斥当时今文学家对经书文字的种种巧说邪辞，以弘扬古文学家的解说观点。按照许慎的解释，“依类象形谓之文，形声相益谓之字”，因

骨 古忽切　肉 如六切　筋 居銀切　刀 都牢切　刃 而振切　㓞 格八切

丯 古拜切　耒 盧對切　角 古岳切

说文解字第五

竹 陟玉切　箕 居之切　丌 居之切　左 則箇切　工 古紅切　㠭 知衍切

巫 武扶切　甘 古三切　曰 王伐切　乃 奴亥切　丂 苦浩切　可 肯我切

兮 胡雞切　号 胡到切　亏 羽俱切　旨 職雉切　喜 虛里切　壴 中句切

鼓 工戶切　豈 墟喜切　豆 徒候切　豊 盧啓切　豐 敷戎切　䖒 許羈切

虍 荒烏切　虎 呼古切　虤 五閑切　皿 武永切　凵 去魚切　去 丘據切

血 呼決切　丶 知庾切　丹 都寒切　青 倉經切　井 子郢切　皀 皮及切

鬯 丑諒切　食 乘力切　亼 秦入切　會 古外切　倉 七岡切　入 人汁切

（5）部首目录

此《说文解字》意即解说文字。

　　《说文解字》原书正文14篇，叙目1篇，共15篇。对每一个单字的解释，一般分为三部分内容：（1）解释字义。（2）分析单字的形体构造。许慎分析汉字的形体构造，依据的是他所理解的六书理论。所谓六书是指指事、象形、形声、会意、转注、假借。（3）注明读音。（按：读音只有读若某，或读与"某同"字样，其意是只

說文解字第六

取某字之音不涉其义。）如果这个字另有重文，则列于正文解说之下。

　　《说文解字》原本经过数百年的辗转流传，已失其原貌。至南唐时，徐锴整理注释的《说文解字》，名《说文解字系传》，世称"小徐本"。北宋初，徐锴兄徐铉于宋太宗雍熙三年（986年）奉诏校订《说文解字》，世称"大徐本"。今时通

									說文解字第七
网　文紡切	㝱　莫鳳切	瓜　古華切	朩　匹刃切	黍　舒呂切	片　匹見切	毌　古丸切	月　魚厥切	日　人質切	
襾　呼訐切	疒　女戹切	瓠　胡誤切	𣏟　匹卦切	香　許良切	鼎　都挺切	𢎘　乎感切	有　云九切	旦　得案切	
巾　居銀切	冖　莫狄切	宀　武延切	麻　莫遐切	米　莫禮切	克　苦得切	東　得紅切	朙　武兵切	倝　古案切	
巿　分勿切	𠔼　莫保切	宮　居戎切	尗　式竹切	毇　許委切	彔　盧谷切	卤　徒遼切	囧　俱永切	㫃　於幰切	
帛　旁陌切	冃　莫報切	呂　力舉切	耑　多官切	臼　其九切	禾　戶戈切	齊　徂兮切	夕　祥易切	冥　莫經切	
白　旁陌切	㒳　良獎切	穴　胡決切	韭　舉友切	凶　許容切	秝　郎擊切	朿　七賜切	多　得何切	晶　子盈切	

(7) 部首目录

行的《说文解字》，一般皆为"大徐本"系统的。"大徐本"《说文》与原本《说文》在内容上略有出入，如增加了400多个原本没收的新字，并作了解释，一般称为"新附字"；对许慎的某些解说作了简单的注释；给《说文》中的每个字都加上了反切等。这些都是"大徐本"增加的内容，不是原本所有，使用时应注意区别。

说文解字第九

说文解字第八

《玉篇》

《玉篇》是我国第一部以楷书为主体的古代字典，南朝顾野王撰，凡三十卷。《说文解字》之后，解字之作首推此书，惟《说文》探篆籀之源，《玉篇》疏隶变之流。《玉篇》的编撰是在"微言既绝，大旨亦乖，故五典三坟，竞开异义，六书八体，今古殊形，或字各而训同，或文均而释异，百家所谈，差互不少。字书卷轴，舛错

(9) 部首目录

尤多，难用寻求，易生疑惑"的情况下进行的。其目的是为了"总汇众篇，校雠(chóu)群籍，以成一家之制"。其书亦分五百四十部，且其次第悉与《说文》同。此书在唐宋间屡经增改而成为重修《玉篇》，得部五百四十二，注文既多删削，次第亦皆凌乱，释义较粗疏，顾野王案语也被删去，尤以《大广益会玉篇》殊非顾氏旧观。所幸清代末期有人在日本发现了原本《玉篇》残卷，且

說文解字第十一

（以下为篆文部首目录，各字下注反切）

莧 胡官切　犬 苦泫切　狀 斤語切　鼠 書吕切　熊 羽弓切

火 呼果切　炎 于廉切　黑 呼北切　囱 楚江切　焱 以冉切　炙 之石切

赤 昌石切　大 徒蓋切　亦 羊益切　夨 阻力切　夭 於兆切　交 古爻切

尣 烏光切　壺 戸吴切　壹 於悉切　羍 尼輒切　奢 式車切　亢 古郎切

夲 土刀切　刀 刀　老 老　達 他達切　夫 甫無切　立 力入切

囟 息進切　思 息茲切　心 息林切　惢 才累切 二

水 式軌切　林 林之　瀕 符真切　真　巜 古外切　川 昌緣切

泉 疾緣切　灥 詳遵切　永 于憬切　派　谷 古禄切　仌 筆陵切

雨 王矩切　雲 王分切　頁 居魚語切　夓 居魚語切　燕 於甸切　龍 力鍾切

释义完备，例证丰富。词义不明时，还有顾野王按语。虽然只有若干残卷，却使我们得见其原貌。

《汗简》

宋郭忠恕撰。忠恕，字恕先，河南洛阳人，后周广顺中曾官宗正丞兼国子监书学博士，后人呼为"郭宗正"。入宋，仕太祖朝，遭贬黜。太宗即位，召回授国子监主薄，参加刻石经和整理历代字书，

說文解字弟十二

說文解字弟十三

(11) 部首目录

次年流登州卒。《汗简》一书总结了历代古文字体，体例全仿《说文》，按"始一终亥"五百四十部排列文字，析为四卷。正编前有引用书目录一卷，后有叙略和目录各一卷，共计七卷。书名取典于古人所谓的"杀青书简"，以标明古文渊源所自。《汗简》正编收字的体例是每字一体，即使相同的字，也不作归并，正文用古体，释文用楷书今体，所征引之古文甚多。

說文解字第十四

						說文解字第十四			
庚 古行切	乙 於筆切	六 力竹切	厽 力軌切	斗 當口切	金 居音切		畕 居良切	二 而至切	蟲 直弓切
辛 息鄰切	丙 兵永切	七 親吉切	四 息利切	矛 莫浮切	幵 古賢切		黃 乎光切	土 它魯切	風 方戎切
辡 方免切	丁 當經切	九 舉有切	宁 直呂切	車 尺遮切	勺 之若切		男 那含切	垚 五聊切	它 託何切
壬 如林切	戊 莫候切	禸 人九切	叕 陟劣切	𠂤 都回切	几 居履切		力 林直切	堇 巨斤切	龜 居追切
癸 居誄切	己 居擬切	嘼 許救切	亞 衣駕切	𨸏 房九切	且 千也切		劦 胡頰切	里 良止切	黽 莫杏切
子 即里切	巴 伯加切	甲 古狎切	五 疑古切		斤 舉欣切			田 待年切	卵 盧管切

《佩觿》

宋郭忠恕撰，凡三卷，上卷备论形声讹变之由，中下二卷则取字画疑似者辨正音义，唯举例颇多冷僻字。

《类篇》

宋司马光 等编撰 。重点探讨字源、古音、古训，阐明古今字形的演变，将字的异义和异读附于字义解释之后。

了 盧鳥切
孨 旨兗切
古 他骨切
丑 敕九切
寅 翼真切
卯 莫飽切

辰 植鄰切
巳 詳里切
午 疑古切
未 無沸切
申 失人切
酉 西與九切

酋 字秋切
戌 辛聿切
亥 古亥切

説文解字標目

賜進士及第山東等處督糧道兼管德常臨清倉事務加三級孫星衍重校刊

光緒歲在閼逢淈灘國子監肄業生吳縣朱記榮校刊

四明蔣瑞堂鳩工影刊

江甯劉文奎弟文模楷鐫

一
弌　元　天　丕
吏

説文解字弟一上　　漢太尉祭酒許慎記

銀青光祿大夫守右散騎常侍上柱國東海縣開國子食邑五百戶臣徐鉉等奉

敕校定

十四部　六百七十二文　重八十一

凡萬六百三十九字

文三十一　新附

一　惟初太始，道立於一，造分天地，化成萬物。

凡一之屬皆从一。　於悉切

弌　古文一。　于筆切

元　始也。从一从兀。徐鍇曰：元者，善之長也。故从一。愚袁切

天　顛也。至高無上。从一大。他前切

丕　大也。从一不聲。敷悲切

吏　治人者也。从一从史，史亦聲。徐鍇曰：吏之治人心主於一，故从一。力置切

文五　重一

示丄(shàng音上)部　(14)

上	上帝 帝	旁(旁)旁旁雩丅	下 示	兀祜禮	礼禧禎祿	裋禎祥

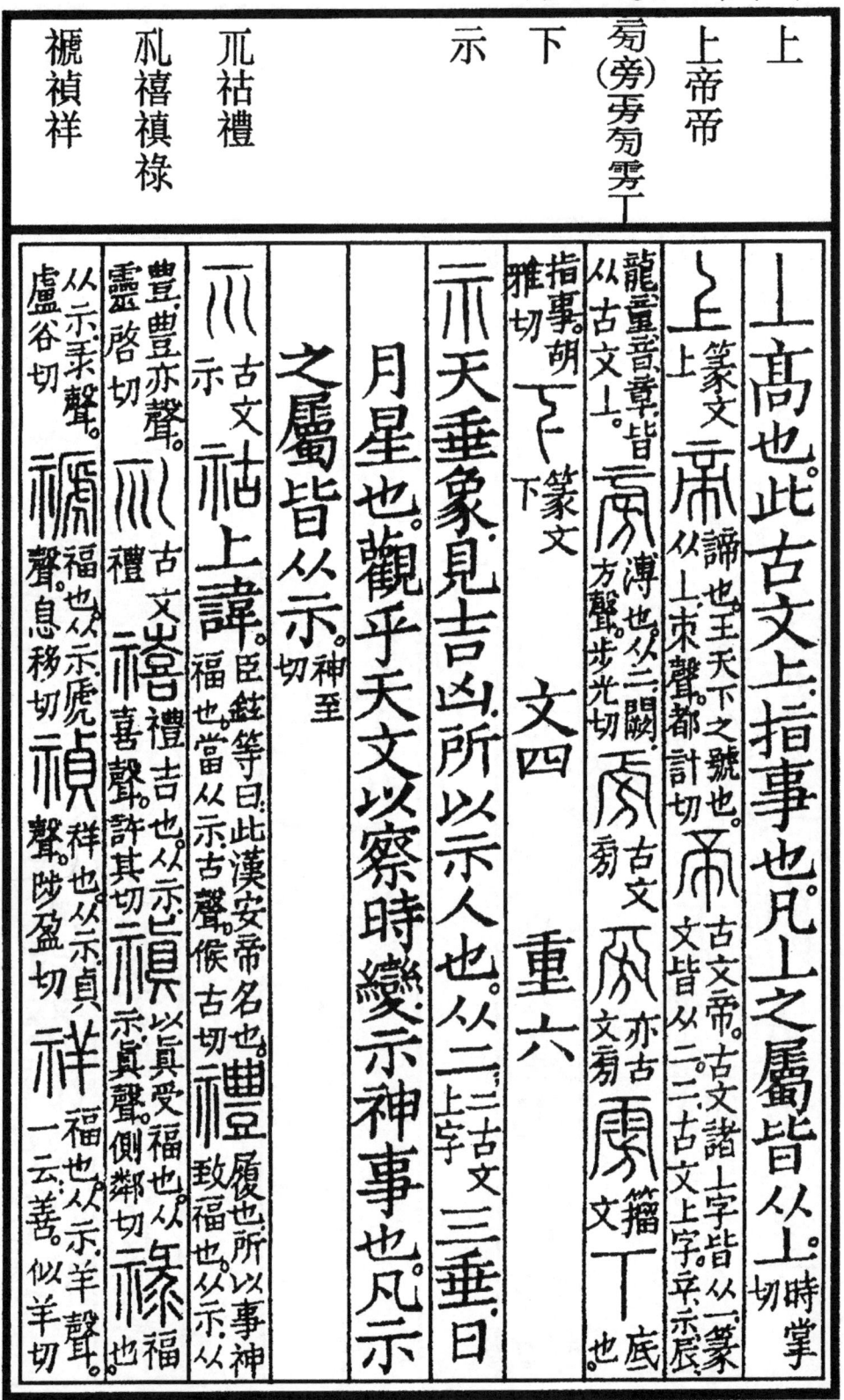

丄　高也。此古文上，指事也。凡上之屬皆從上。時掌切

丄　篆文上。

帝　諦也。王天下之號也。從丄束聲。都計切

古文帝。古文諸丄字皆從一，篆文皆從二；二，古文上字，辛示辰……皆從古文上。

旁　溥也。從二，闕，方聲。步光切

古文旁。亦古文旁。

示　天垂象，見吉凶，所以示人也。從二。三垂，日月星也。觀乎天文以察時變，示神事也。凡示之屬皆從示。神至切

古文示。

文四　重六

祜　上諱。臣鉉等曰：此漢安帝名也。福也。當從示古聲。候古切

禮　履也。所以事神致福也。從示從豊，豊亦聲。靈啟切

古文禮。

禧　禮吉也。從示喜聲。許其切

禛　以真受福也。從示真聲。側鄰切

祿　福也。從示彔聲。盧谷切

禔　安福也。從示是聲。息移切。市支切。一曰禔。

禎　祥也。從示貞聲。陟盈切

祥　福也。從示羊聲。一云善。似羊切

（15）示部

祉福祐祺祥　祇禔神　祇祕齋禳　禮禋祭祀　襘祪祔祖　禰祡禬　縈祊祰　祠礿禘　祫祼

祉　福也。从示止聲。敕里切。

祐　助也。从示右聲。于救切。

福　祐也。从示畐聲。方六切。

祺　吉也。从示其聲。渠之切。

祥　福也。从示羊聲。一云善。似羊切。

禔　安福也。从示是聲。《易》曰：禔既平。市支切。

祗　敬也。从示氐聲。旨移切。

神　天神引出萬物者也。从示申聲。食鄰切。

祇　地祇提出萬物者也。从示氏聲。巨支切。

祕　神也。从示必聲。兵媚切。

齋　戒潔也。从示，齊省聲。側皆切。

禋　潔祀也。一曰精意以享為禋。从示垔聲。於真切。

祀　祭無已也。从示巳聲。詳里切。

禷（類）　以事類祭天神。从示類聲。力遂切。

祡　燒柴燎以祭天神。从示此聲。《虞書》曰：至于岱宗，祡。士佳切。

祔　後死者合食於先祖。从示付聲。符遇切。

祪　祔祖也。从示危聲。過委切。

祖　始廟也。从示且聲。則古切。

祊　門內祭先祖所以徬徨。从示彭聲。《詩》曰：祝祭于祊。補盲切。

祰　告祭也。从示告聲。苦浩切。

祏　宗廟主也。周禮有郊宗石室。一曰大夫以石為主。从示从石，石亦聲。常隻切。

祠　春祭曰祠。品物少，多文詞也。从示司聲。仲春之月祠不用犧牲，用圭璧及皮幣。似茲切。

礿　夏祭也。从示勺聲。以灼切。

禘　諦祭也。从示帝聲。《周禮》曰：五歲一禘。特計切。

祫　大合祭先祖親疏遠近也。从示合聲。《周禮》曰：三歲一祫。侯夾切。

祼　灌祭也。从示果聲。

示部 （16）

毛羴祝　禍祓祈　禱禔禳祭　禳　禬禪禦　祓禡　祜祺褫祇　禂驫　社祐禓　祳禍

聲。古

數祭也。从示畢聲。讀若春麥為毛羴之羴。
玩切。春麥為毛羴今無此語且非異文所未詳也。此芮切

示从人口。一曰从兑省。易曰兑為口為巫。之六切
祝，祭主贊詞者。从

禷，以事類祭天神。从示類聲。力遂切
祈，求福也。从示斤聲。渠稀切

禱，告事求福也。从示壽聲。都浩切
禂，禱牲馬祭也。从示周聲。詩曰既禂既禂。都皓切

禳，磔禳祀。除癘殃也。从示襄聲。汝羊切
禦，祀也。从示御聲。魚舉切

禬，會福祭也。从示从會。會亦聲。周禮曰禬之祝號。古外切
禪，祭天也。从示單聲。時戰切

禡，師行所止。恐有慢其神。下而祀之曰禡。从示馬聲。周禮曰禡於所征之地。莫駕切
祓，除惡祭也。从示犮聲。敷勿切

社，地主也。从示土。春秋傳曰共工之子句龍為社神。周禮二十五家為社。各樹其土所宜之木。常者切
土，古文社

禓，道上祭。从示昜聲。與章切
祳，精氣感祥。从示昜省聲。春秋傳曰見赤黑之祳。子林切

禍，害也。神不福也。从示咼聲。胡果切

（17）王三示部

祟顥祆祚　禁禪　禰祧祅　祚　三　弍　王

出 祟，神禍也。从示从出。籀文祟从艸。
祆，天地反物為祅也。从示夭聲。於喬切。二示逸周書
曰：土示分民之神，均分以祅，吉凶之忌也。禁，从示林聲，居陰切。禪，祭天也。从示單聲。除服祭也。徒感切。
禰，親廟也。从示爾聲。一本云古文禮也。泥米切。祧，遷廟也。从示兆聲。他彫切。祅，神也。从示夭聲。胡神也。火千切。
祚，福也。从示乍聲。臣鉉等曰：凡祭必受福也。此字後人所加。祖故切。

文六十　重十三

　　　　文四　新附

三，天地人之道也。从三數。凡三之屬皆从三。穌甘切。
三，古文三从弋。

文一　重一

弍　古文弍从弋。

王，天下所歸往也。董仲舒曰：古之造文者，三
畫而連其中謂之王。三者，天地人也，而參通
之者王也。孔子曰：一貫三為王。凡王之屬皆从

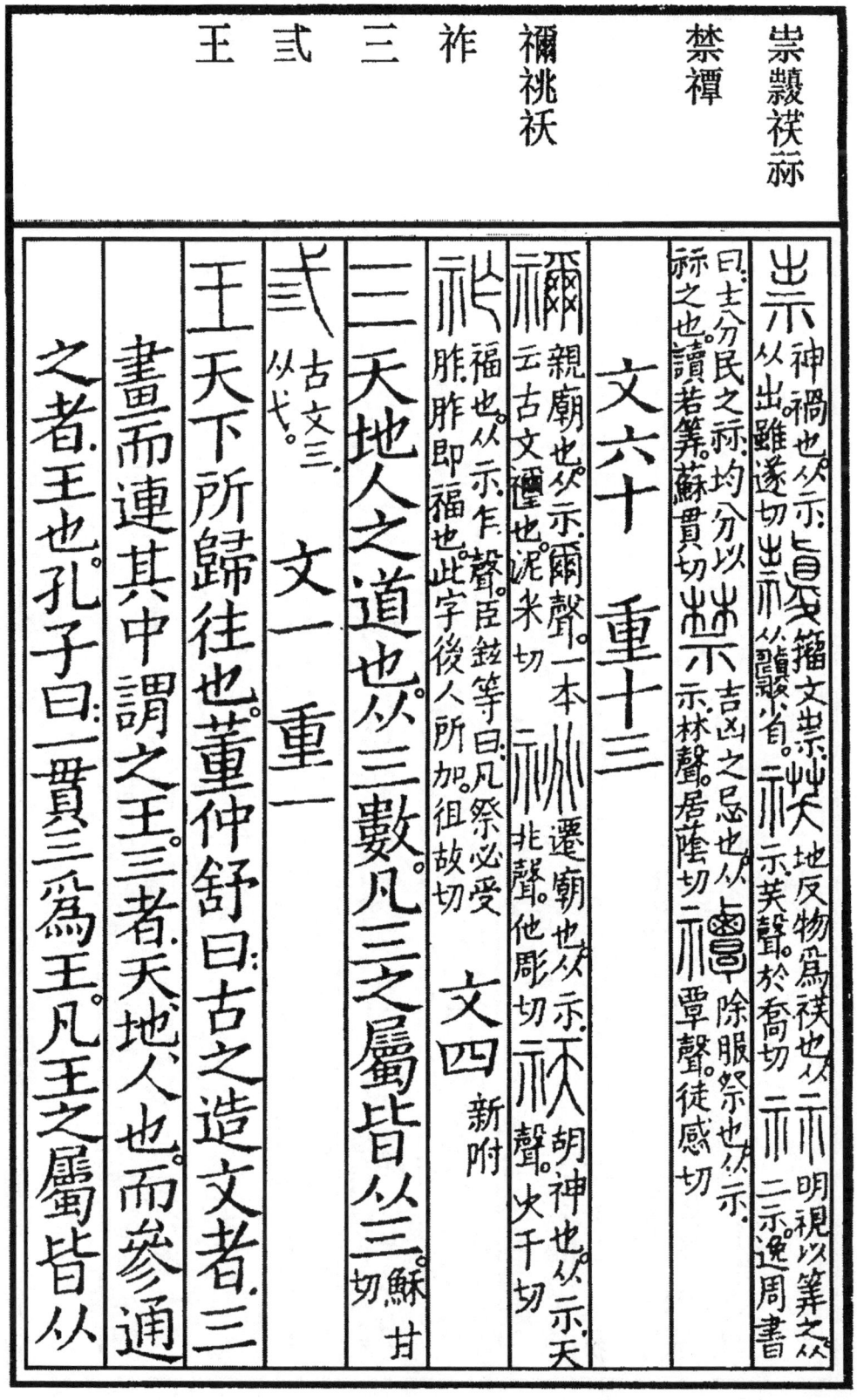

玉部 （18）

王　閏
皇
玉
玉　璙　瓘　璬
琂　瓔　璗　璠
璂

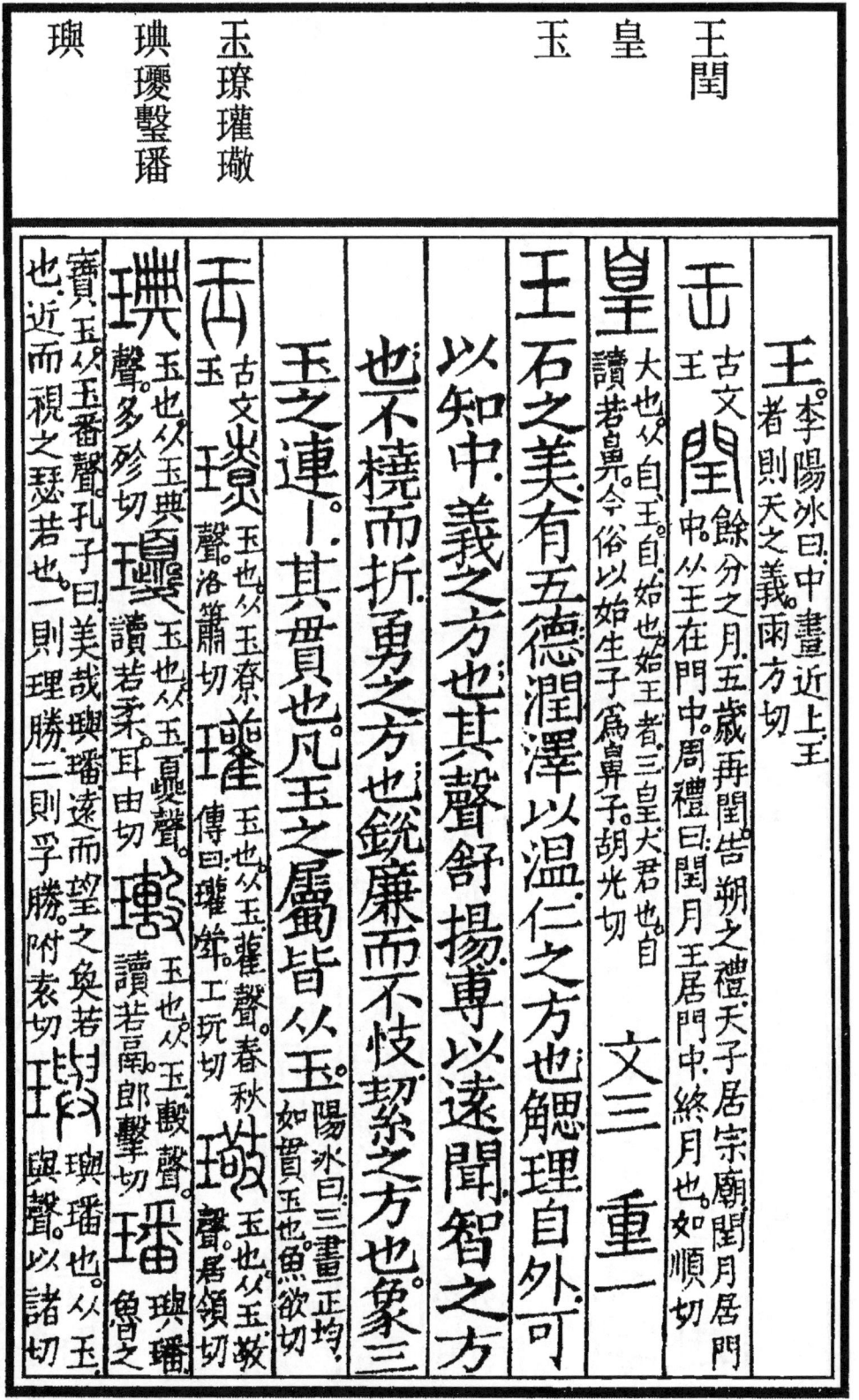

王。李陽冰曰。中畫近上。王者則天之義。雨方切

閏。古文。餘分之月。五歲再閏。告朔之禮。天子居宗廟。閏月居門中。从王在門中。周禮曰。閏月。王居門中。終月也。如順切

皇。大也。从自。自。始也。始皇者。三皇。大君也。自。讀若鼻。今俗以始生子為鼻子。胡光切　文三　重一

玉。石之美有五德。潤澤以溫。仁之方也。䚡理自外可以知中。義之方也。其聲舒揚。專以遠聞。智之方也。不撓而折。勇之方也。銳廉而不忮。絜之方也。象三玉之連。丨其貫也。凡玉之屬皆从玉。陽冰曰。三畫正均。如貫玉也。魚欲切

玉。古文玉。

璙。玉也。从玉尞聲。洛蕭切

瓘。玉也。从玉雚聲。工玩切

璬。玉也。从玉敫聲。居領切

琂。玉也。从玉典聲。多殄切

瓔。玉也。从玉瓊聲。讀若柔。耳由切

璗。玉也。从玉番聲。附表切

璠。璵璠。魯之寶玉也。从玉番聲。孔子曰。美哉璵璠。遠而望之奐若也。近而視之瑟若也。一則理勝二則孚勝。附表切

璂。石之次玉者。以為系璂。从玉綦聲。讀若謨。渠之切

（19）玉部

瓏	琮	環	璆	璠	瑛	璐	珦	瓊	瑾
琬	琥	璜	琳	璵	珸	瓚	瓓	璚	瑜
璋			璧	叡	珛		珣	瓅	玒
			瑗	球				璇	璧

瑾　瑾瑜美玉也从玉堇聲居隱切

瑜　瑾瑜美玉也从玉俞聲羊朱切

玒　玉也从玉工聲戶工切

璧　璧瑱从玉工聲戶工切

瓊　赤玉也从玉夐聲渠營切　璚瓊或从矞　琁瓊或从旋　璿瓊或从旋　所謂夷玉也从玉旬

璚　玉也从玉喬聲巨嬌切

瓅　玉也从玉樂聲盧達切

璇　美玉也从玉睿聲洛故切　玉光也从玉旋　純玉也上公用全三玉三石也从玉贊聲禮天子用全

珦　玉也从玉向聲許亮切

瓓　玉也从玉闌聲洛干切

珣　玉也从玉旬聲相倫切　醫無閭珣玗琪周書所謂夷玉也从玉旬

璐　玉也从玉路聲洛故切

瓚　三玉二石也从玉贊聲禮天子用全純玉也上公用駹四玉一石侯用瓚伯用埒玉石半

璠　璠璵魯之寶玉从玉番聲相埒也祖贊切　璵相埒也从玉與聲以諸切

璵　璠璵魯之寶玉从玉與聲以諸切

叡　叡球玉聲也从玉睿聲　傳曰璿弁玉纓似沿切

球　玉磬也从玉求聲巨鳩切　球或从翏

瑛　玉光也从玉英聲於京切

珸　玉也从玉吾聲五乎切　三采玉也三玉二石从玉無聲武扶切

珛　玉也从玉有聲

璆　璧也君上除陛以相引从玉愛聲爾雅曰肉倍好謂之璧好倍肉謂之瑗肉好若一謂之環王眷切

琳　美玉也从玉林聲力尋切

璧　瑞玉圜也从玉辟聲比激切

瑗　大孔璧人君上除陛以相引从玉爰聲王眷切

環　璧也肉好若一謂之環从玉睘聲戶關切

璜　半璧也从玉黃聲戶光切

琮　瑞玉大八寸似車釭从玉宗聲藏宗切

琥　發兵瑞玉為虎文从玉从虎虎亦聲春秋傳曰賜子家雙琥呼古切

瓏　禱旱玉龍文从玉从龍龍亦聲力鍾切

琬　圭有琬者从玉宛聲於阮切

璋　剡上為圭半圭為璋从玉章聲諸良切

琰玠　瑒瓛　斑珒　瑞珥瑱　珇璬珩玦　覼琫　瑑珇瑝　瑮璩瑬　璿珊

从玉章聲。禮六瑞：圭以馬，璋以皮璧，以帛，琮以錦，琥以繡，璜以黼。諸艮切。

□也。从玉介聲。《周書》曰：稱奉介圭。告拜切。

琰　璧上起美色也。从玉炎聲。以冉切。

玠　大圭也。

瑒　圭尺二寸，有瓚，以祠宗廟者也。从玉昜聲。丑亮切。

瓛　桓圭，公所執。从玉獻聲。胡官切。

□　長三尺，抒上終葵首。从玉廷聲。他鼎切。

瑁　諸侯執圭朝天子，天子執玉以冒之，似犂冠。《周禮》曰：天子執瑁四寸。从玉从冒，冒亦聲。莫報切。

珇　古文。琮玉之瑑。从玉且聲。則古切。

玦　玉佩也。从玉夬聲。古穴切。

珩　佩上玉也，所以節行止也。从玉行聲。戶庚切。

瑱　以玉充耳也。从玉眞聲。《詩》曰：玉之瑱也。他甸切。

珥　瑱也。从玉耳，耳亦聲。仍吏切。

瑞　以玉為信也。从玉耑。是偽切。

覼　佩刀上飾，天子以玉。从玉奉聲。邊孔切。

珌　佩刀下飾，天子以玉。从玉必聲。卑吉切。

璏　劍鼻玉也。从玉彘聲。直例切。

瑵　車蓋玉瑵也。从玉蚤聲。側絞切。

瑑　圭璧上起兆瑑也。从玉彖省聲。《周禮》曰：瑑圭璧。直戀切。

珇　琮玉之瑑。从玉且聲。則古切。

璂　弁飾，往往……

瑮　玉英華羅列秩秩也。从玉栗聲。如水藻之文。从玉栗聲。力質切。

璩　……从基聲。渠之切。

瑬　垂玉也，冕飾。从玉流聲。力求切。

璿　美玉也。从玉睿聲。讀若璇。殊六切。

珊　珊瑚……从玉冊聲。注象珊瑚回轉之形。珊不成字，凡从珊……

(21) 玉部

璿玼瑾　璪瑩　瑞玪　瑕琢瑂理　珍(珒)玩貦玲　瑣瑝瑀珜　玲瑩　琚瑈玖　玭琅

者亦當从霝省魯回切

璿　玉色鮮白从玉此聲。詩曰：璿玼。玼　玉色鮮也从玉此聲。詩曰：新臺有玼。千礼切。

瑾　華相帶如瑟弦。从玉瑟聲。詩曰：瑟彼玉瓚。所櫛切。玉英華羅列。秩秩从玉桌聲。逸論語曰：玉粲之璱兮其璘猛也。力質切。

璪　玉色从玉粲省聲。一曰石之次五者。瑩　玉色从玉熒省聲。一曰石之次五。詩逸論語曰如玉之瑩爲定切。烏定切。

瑞　玉也从玉耑聲。玪　玉小赤也从玉井聲。瑂　治玉也从玉眉聲平加切。理　治玉也从玉里聲。良止切。

瑕　玉小赤也从玉叚聲乎加切。琢　治玉也从玉豖聲竹角切。瑂　玉也从玉眉聲。理　治玉也从玉里聲。良止切。

珍　玉也从玉㐱聲陟鄰切。玩　弄也从玉元聲五換切。貦　玩或从貝。玲　玉聲也从玉令聲。郎丁切。

瑣　玉聲也从玉小聲。蘇果切。瑝　玉聲也从玉皇聲。瑀　石之似玉者从玉禹聲。王矩切。珜　

玲　玉聲也从玉令聲。瑩　玉色从玉熒省聲。一曰石之次玉者从玉熒省聲。

琚　瑣琚从玉居聲詩曰：報之以瓊琚。九魚切。瑈　石之次玉者从玉宩聲。玖　石之次玉黑色者从玉久聲。詩曰：貽我佩玖。讀若芑。舉友切。

玭　玉久聲。詩曰：貽我佩玖讀若芑。或曰若人句脊之句。舉友切。琅　石之似玉者从玉良聲讀若貽齒之切。

玉部 （22）

瓍　璨　瑈
瑠　璁　瓏
璱　璆　璗
璊　珸　璀
㺎　瑂　璒
珦　琄　瓅　珘
瑎　碧　琨
瓛　珉　瑤
珠　玓
瓅　玭　蠙

玉艮聲。語巾切。

石之似玉者。从玉曳聲。余制切。

石之似玉者。从玉巢聲。子浩切。讀若津。

石之似玉者。从玉進聲。讀若津。

將鄰切。石之似玉者。从玉替聲。側岑切。

石之似玉者从玉蔥聲。讀若蔥倉紅切。

石之似玉者从玉號聲讀若鎬乎……

到聲。石之次玉者从玉韋聲。烏貫切。

石之次玉者从玉苟聲。讀若苟胡厚切。

聲讀若雒以追切。石之似玉者从玉隹聲。

石之似玉者从玉鳥聲。安古切。

石之似玉者从玉眉聲讀若眉武悲切。

石之似玉者从玉斬聲。語斬切。

石之似玉者从玉于聲。羽俱切。石之似玉者从玉盡聲。徐刃切。

玉言聲。石之次玉者从玉取聲。烏貫切。

聲讀都騰切。黑石似玉者从玉皆聲。古諧切。

玉聲聲都騰切。石之似玉者从玉厶聲私同息夷切。

玉聲讀若讙戶皆切。石之青美者从玉玉白聲。兵尺切。

从玉昆聲。虞毋切。石之美者从玉民聲武巾切。

吳聲。讀若悖悖切。珉或从貫。从玉晃聲。春秋國語云准水

石之美者。从玉昆聲。虞毋切。石之美者从玉朱聲。章俱切。

書曰揚州貢瑤琨古渾切。蚌之陰精从玉宗火災是也。

從玉名聲。詩曰報之以瓊瑤余招切。瑤珠也从玉樂日珠以禦火災是也。

明珠色从玉玓歷切。玓玓从玉勺聲都歷切。

勻聲都歷切。玉玓瓅从玉樂聲郎擊切。中出玭珠。玭珠之有聲者步因切。蠙

(23) 王部

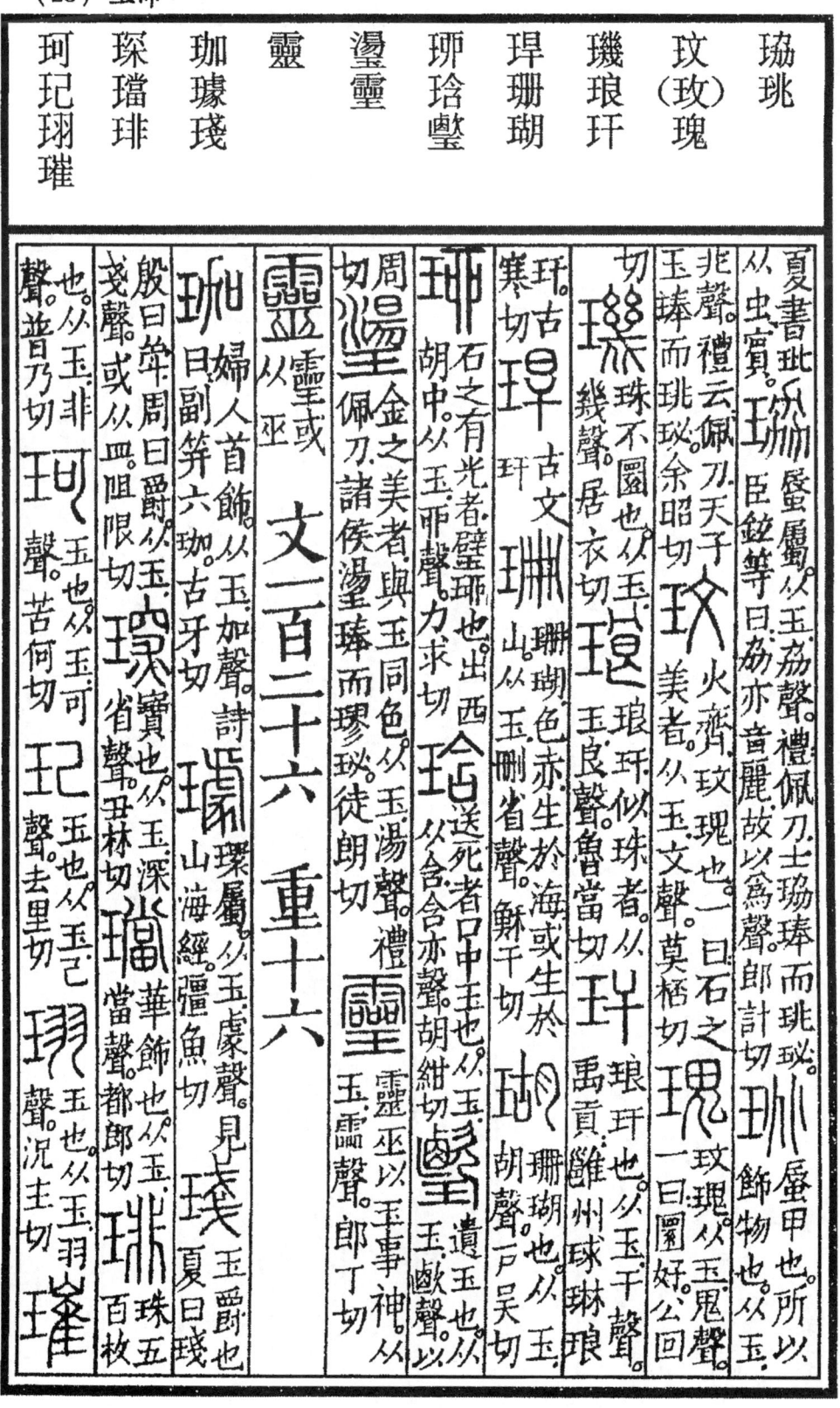

瑡琉　玟（玫）瑰　璣琅玕　靈　溳靈　珋玲瑿　珺珊瑚　珈瓅瑳　珂玘珝璀

夏書玭从玉从虫从賓聲。禮佩刀士珧瑡琫而珧珌。蠯屬也。所以飾物也。从玉皮聲。臣鉉等曰珧亦音麗故以為聲郎計切

玟美石之次玉者。从玉文聲。一曰石之美者玟瑰。火齊玫瑰也。一曰圜好。从玉鬼聲。莫栖切

璣珠不圓也。从玉幾聲。居衣切琅琅玕似珠者。从玉良聲。魯當切玕琅玕也。禹貢雝州球琳琅玕。从玉干聲。古寒切

珊珊瑚色赤生於海或生於山从玉刪省聲。穌干切瑚珊瑚也。从玉胡聲。戶吳切

玲玉聲也。从玉令聲。郎丁切瑿玉也。靈巫以玉事神从玉霝聲。郎丁切

溳石之有光者璧溳也出西胡中。从玉㷼聲。力求切靈佩刀諸侯溳琫而珧珌从玉湯聲。禮佩刀士珧瑡琫而珧珌。徒朗切

靈靈或从巫　文二百二十六　重十六

珈婦人首飾从玉加聲。詩副笄六珈。古牙切瑳玉色鮮白。从玉差聲見詩。七何切瓅玉爵也。夏曰瓅。

般日爵周日爵从玉戔聲或从皿限切實也。从玉深聲。丑林切瑳玉光也。从玉羽聲。況于切

珂玉也。从玉可聲。苦何切玘玉也。从玉己聲。去里切珝玉也。从玉羽聲。況于切璀玉也。从玉崔聲。七罪切

士气珏(jué 音决)王部 　(24)

璨 瑊 瑄　珙　珏(珏)　瑴 班 瑯　气　氛 雰　士　壻 婿 壯

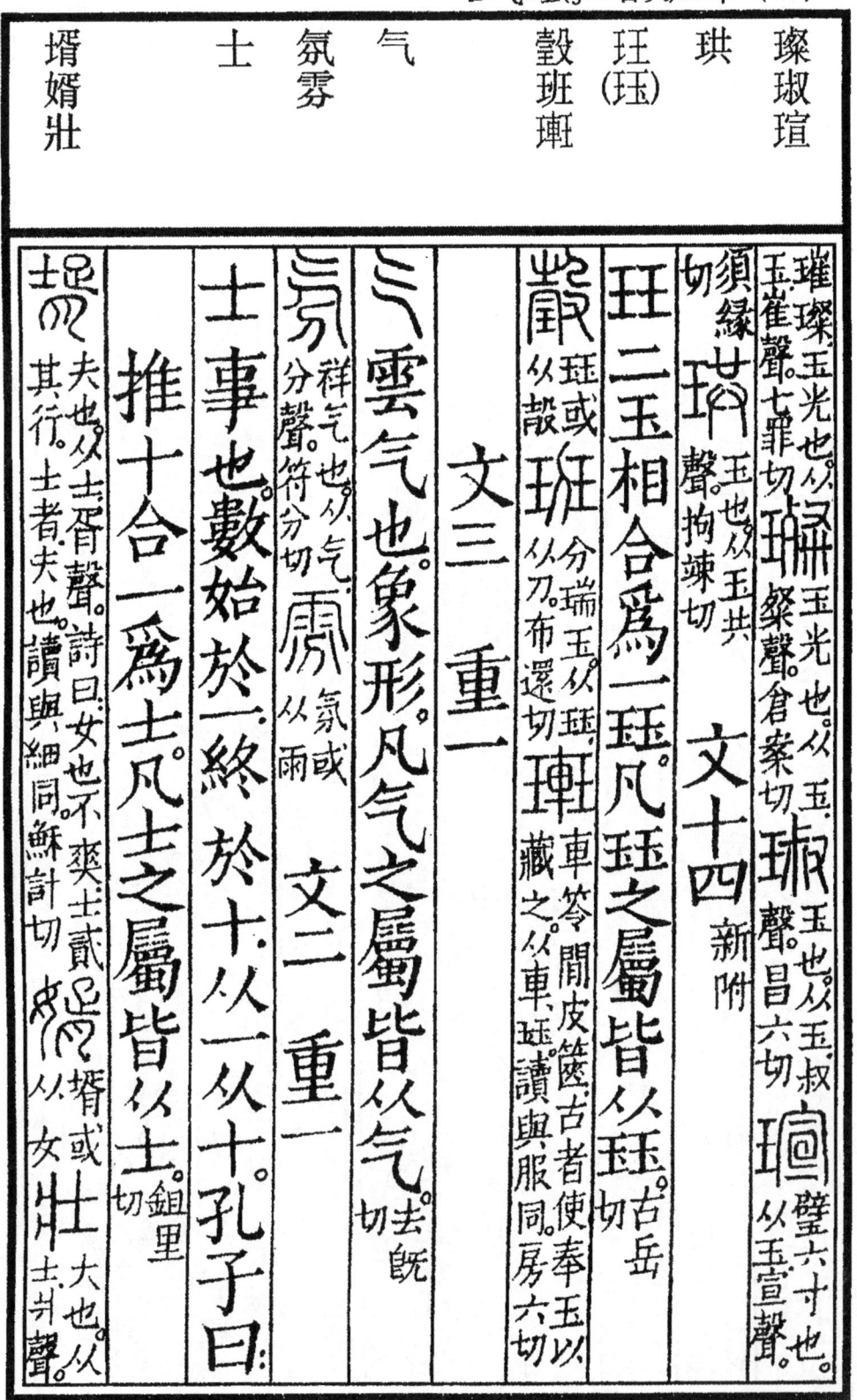

璀璨玉光也从玉。玉崔聲。七罪切。
璨 玉也从玉。粲聲。倉案切。
瑊 玉也从玉。昌六切。
瑄 璧六寸也。从玉宣聲。
琡 玉也从玉叔聲。

須緣切
珙 玉也从玉共。聲。拘陳切。
瑂 玉也从玉。分聲。

文十四　新附

嚴 珏或从殼。从刀。

珏 二玉相合為一珏。凡珏之屬皆从珏。古岳切。
班 分瑞玉。从珏从刀。布還切。間皮篋。古者使奉玉以藏之。从車、珏讀與服同。房六切。

文三　重一

气 雲气也。象形。凡气之屬皆从气。去既切。
氛 祥气也。从气分聲。符分切。
雰 氛或从雨。

文二　重一

士 事也。數始於一終於十。从一从十。孔子曰：推十合一為士。凡士之屬皆从士。鉏里切。
壻 夫也。从士胥聲。詩曰：女也不爽士貳其行。士者夫也。讀與細同。蘇計切。
婿 壻或从女。
壯 大也。从士爿聲。

(25) 丨部

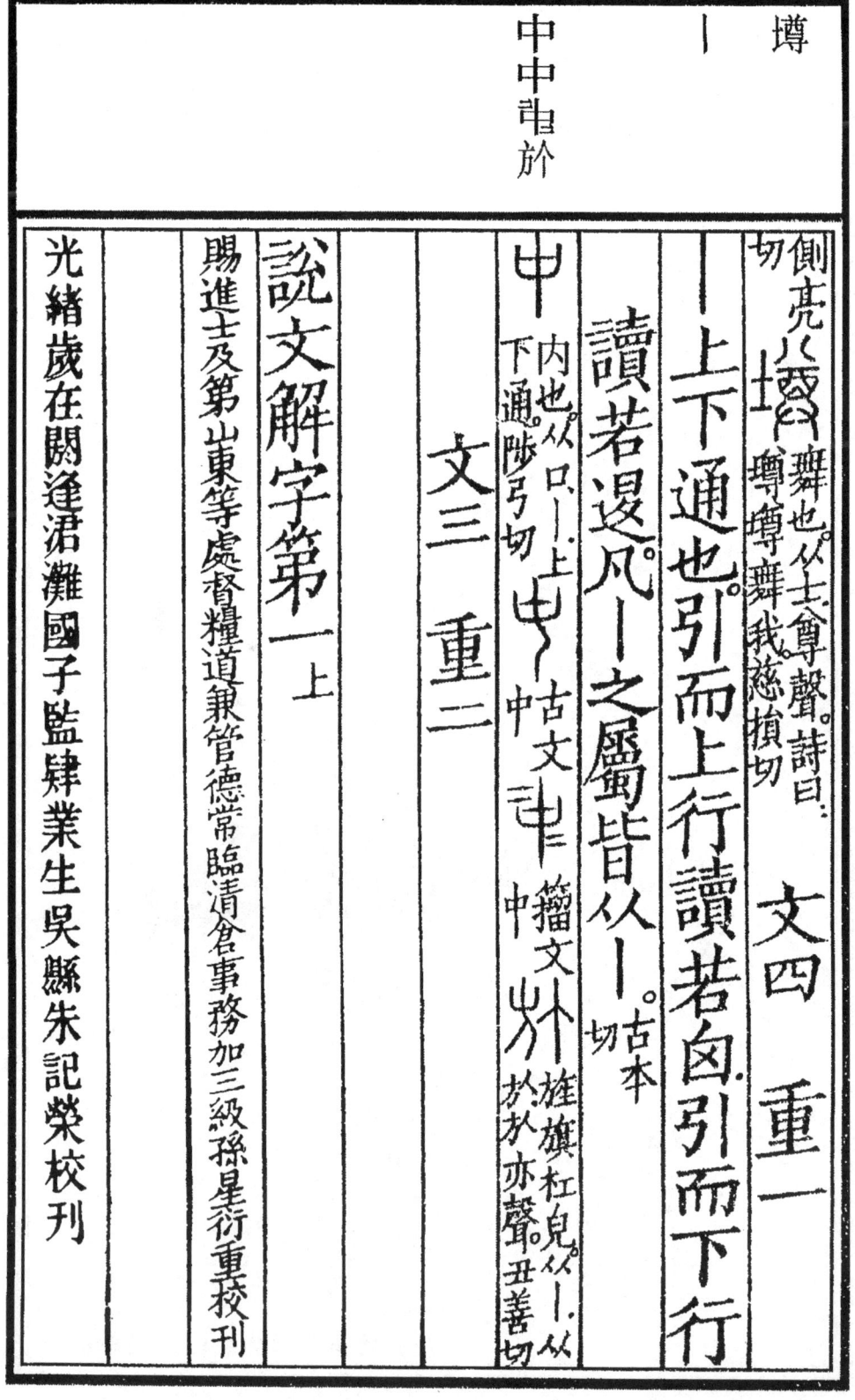

丨　中中电於

側亮切　舞也从士尊聲。詩曰：墫墫舞我。慈損切

墫

文四　重一

丨　上下通也引而上行讀若囟引而下行讀若退凡丨之屬皆从丨。古本切

讀若退凡丨之屬皆从丨。

中　内也从口丨上下通也陟弓切
中　古文中　籀文中　旌旗杠皃从丨从㫃㫃亦聲丑善切

文三　重二

說文解字第一　上

賜進士及第山東等處督糧道兼管德常臨清倉事務加三級孫星衍重校刊

光緒歲在閼逢涒灘國子監肄業生吳縣朱記榮校刊

字书

据六书以解释字体，依字体分类之训诂书，统称字书。历代史志将训诂与韵学统称小学，不立字书名目。至清代四库书目于小学中分训诂、字书、韵书三类，始见此称谓。古字书篆体以《说文解字》，楷体以《玉篇》最为完备。

注：此页原版为空白，编者增图。

說文解字第一下　漢太尉祭酒許氏記

銀青光祿大夫守右散騎常侍上柱國東海縣開國子食邑五百戶臣徐鉉等奉

敕校定

屮　艸木初生也。象丨出形，有枝莖也。古文或以為艸字。讀若徹。凡屮之屬皆从屮。尹彤說。臣鉉等曰：丨，上下通也。象艸木萌芽，通徹地上也。丑列切。

屯　難也。象艸木之初生，屯然而難。从屮貫一。一，地也。尾曲。易曰：屯，剛柔始交而難生。陟倫切。

每　艸盛上出也。从屮母聲。臣鉉等案：左傳原田每每。今別作莓，非是。武罪切。

毒　厚也。害人之艸，往往而生。从屮从毒。徒沃切。𡴋 古文毒如此。

芬　艸初生其香分布。从屮从分。分亦聲。撫文切。臣鉉等曰：今俗別作芬，非是。𦾓 籀文芬从艸。

熏　火煙上出也。从屮从黑。屮黑，熏黑也。許云切。

文七　重三

艸(艹)部　（28）

部首字目

艸

莊　菜　蔴

芝　莖　莆

虋　苔　其

蘿　菭　蓈

粮　莠　蓷

顡　芋　蘮　蘇

荏　芙　莒

葵　薑（薑）　蓼

葙　蘠　薇　蔽

艸　百芔也。从二屮。凡艸之屬皆从艸。倉老切。

莊　上諱。臣鉉等曰：此漢明帝名也。从艸壯聲。〔古文〕側羊切。

菜　在木曰果，在地曰蔬。从艸……郎果切。

蔴　……

芝　神艸也。从艸之聲。止而切。

莖　……

莆　萐莆，瑞艸也。堯時生於庖廚，扇暑而涼。从艸畫聲。方矩切。

虋　赤苗嘉穀也。从艸釁聲。莫奔切。

苔　小尗也。从艸荅聲。都合切。〔尗，豆也〕

其　……

蘿　霍也。从艸霍聲。虛郢切。

菭　赤之少也。从艸……

蓈　禾粟之采生而不成者謂之蕫蓈。从艸郎聲。魯當切。

粮　穀也。从艸良聲。〔或从禾〕力……切。

莠　禾粟下揚生者曰莠。从艸秀聲。讀若酉。與久切。

蓷　……从艸隹聲。他回切。

芋　……从艸于聲。王遇切。

蘮　麻母也。从艸……芋即枲也，菜也。疾吏切。

蘇　桂荏也。从艸穌聲。素孤切。

荏　……从艸任聲。如甚切。桂荏，蘇也。

芙　菜也。从艸夫聲。〔芙蓉〕房無切。

莒　齊謂芌為莒。从艸呂聲。居許切。菜也。

葵　菜也。从艸癸聲。強惟切。

薑（薑）　御溼之菜也。从艸畺聲。居良切。

蓼　辛菜，薔虞也。从艸翏聲。盧鳥切。

葙　菜也，似蘇者。从艸相聲。則古切。

蘠　蘠蘼，虋冬也。从艸牆聲。彊魚切。

薇　菜也，似藿。从艸微聲。無非切。

蔽　……

唯 莲 蘸　莧 芋　苣 蘧 菊　葷 蘘 菁　蘆 菔 苹　薏 薐 萱　苣 薺 藍　营 芎 藭 蘭　蘸 荄 芄　蘸 蘺

菜也。从艸唯聲。周　菜類萬。从艸。近聲。
薇省聲。以水切。　禮有蓲菹。巨巾切。　艸釀聲。

莧菜也。从艸莧聲。　大葉實根駭人。故謂之芋也。从艸亏聲。　人王聲。遇切。

莧菜也。从艸呂聲。居許切。　蘧麥也。从艸遽聲。彊魚切。　大菊蘧麥。居六切。

臭菜也。从艸軍聲。許云切。　襄荷也。一名苣蒩。从艸襄聲。汝羊切。　韭華也。从艸青聲。子盈切。

蘆菔也。从艸盧聲。落乎切。　蘆菔似蕪菁。實如小木者。从艸服聲。蒲北切。　大萍也。从艸平聲。符兵切。

無根浮水而生者。从艸　臣鉉等曰。萍。符真切。　营薐也。从艸薐聲。　令人忘憂艸也。从艸憲聲。況袁切。

营藭香艸也。从艸宫聲。去弓切。营或从弓　司馬相如說。营藭或从弓

香艸也。从艸閞聲。落干切。　蕾屬可以香口。从艸俊聲。息遺切。　营藭香艸也。从艸穷聲。渠弓切。

菀也。从艸丸聲。詩曰　莞之蓮。从艸　楚謂之蘺。晉謂之蘺。齊謂之茝。　蘸燕从艸
胡官切　蕳之枝。胡官切　江蘺蘸。从艸。蘺聲。許嬌切　燕从艸

艸(艹)部　（30）

蓝蘪薰薄
蕅筑蒢
蒡莓茗
苷芧蘁
蓟菫蓸
迷葱莨
茇葥蔟蒢
攸蓏萬
蔓蘽茣
黄薛（薛）苦菩

（31） 艸（艹）部

蕾茅菅　蘄　荒藺藤　蒲蒻藻　萑萑茟　苢蕁　蓨藪蘆菌　蘇藷蔗藗　蔩苹賷

艸(艹)部　（32）

芙弦繭
荸蘏荓
猶荌蔘蕃
夢葍苓
韚藑蘁
蕌蓨苗
薈藺蔽
蕠薁蕆
蘷蠤
蔲茈蘈

（33）艸（艹）部

荫蔻茜　蘣薜茝　苞艾葦　薺薽蔦　芹薽蔦　葎萊苦荹　葟蘽葽芀　蔇蘁釜　芩蓙

艸（艹）部

蘸　淩　蓬
芰　荖　薜　苔
茨　蘜　蘄
薍　劙
蘭　藗　薽　蒹
菲　芀　茢
莢　蘝　蕡　茚
菌（茵）　藺　蓮
茄　荷　蔤
澫　蘢　蓍

緩也。从艸賜聲。詩曰菉葹。司馬
相如說，蘸卭有旨蘸，是也。五狄切。

蔆　芰也。从艸淩聲。楚謂之芰，秦謂之薢茩。力膺切。薢茩或从遴。

芰　蔆也。从艸支聲。杜林說，芰从多。奇寄切。

薜　牡贊也。从艸辟聲。蒲計切。薜或省聲。

苔　蘜也。从艸后聲。胡口切。

茨　以茅葦蓋屋。从艸次聲。疾茲切。

蘜　日精也，以秋華。从艸鞠省聲。居六切。蘜或省。

蘄　艸也。从艸䰦聲。江夏有蘄春亭。渠支切。

薍　菼之初生。一曰薍。从艸亂聲。八月薍為萑。五患切。

劙　艸也。从艸刕聲。良辥切。

蘭　香艸也。从艸闌聲。落干切。

藗　牡茅也。从艸遬聲。蘧篨之速也。桑谷切。

薽　豕首也。从艸甄聲。側鄰切。

蒹　萑之未秀者。从艸兼聲。古恬切。

菲　芴也。从艸非聲。芳尾切。

芀　葦華也。从艸刀聲。徒聊切。

茢　芖也。从艸列聲。良辥切。

莢　艸也。从艸夾聲。青蒿似莎者。古叶切。

蘝　白蘝也。从艸斂聲。力鹽切。

蕡　雜香艸。从艸賁聲。附袁切。煩或从艸。

茚　艸也。从艸卬聲。五剛切。益州云。

菌（茵）　地蕈也。从艸囷聲。渠殞切。

藺　莞屬。从艸閵聲。良刃切。

蓮　芙蕖之實也。从艸連聲。洛賢切。

茄　芙蕖莖。从艸加聲。未發為菡萏，已發為芙蓉。古牙切。

荷　芙蕖葉。从艸何聲。胡哥切。

蔤　芙蕖本。从艸密聲。芙蕖根也。美畢切。

澫　水也。从艸水聲。無販切。

蘢　天蘥也。从艸龍聲。盧紅切。

蓍　蒿屬。生十歲百莖。易以為數。天子蓍九尺。从艸耆聲。式脂切。

(35) 艸(艹)部

蔽 蘽 莪
蘿 菻 蔚 蕭
萩 芍 蒲 蔦
芁 蘜 蘠 芪
菀 茵 茷
蓂 葇 莖 藼
葛 蔓 葊
苕 荇 薑
薺 芫 蘦 蓨
芺 芌 蔣

艸(艹)部

芫　菁　蘢
蘸　莨　萋
蓏　菌　葷
葽　葚　蒟
芘　蘸　萸
荣　茉　荥
荆　菿　落　芽
萌　茁　莖
蓷　葉　蓲
苿　葩　芛　蘳

也。从艸。將聲。子羊切。雕芫。一名蔣。从
良切。又即兩切。艸瓜聲。古胡切。

艸也。从艸。罷聲。符羈切。艸瓜聲。古胡切。聲。余六切。

艸也。从艸。將聲。如延切。艸也。从艸。青聲。子盈切。

慈衍切。木耳也。从艸。奠聲。一曰黃蕈而究切。桑葚也。从艸。甚聲。常衽切。聲。巨鳩切。

此味苦。菜也。从艸。毒聲。詩曰四月秀葽。劉向說此味苦董苦葽也。於消切。从艸。覃聲。徒含切。

朱切。菜也。从艸。市聲。市朱切。茅黄茉屬。从艸。朱聲。房脂切。聲羊切。

聲。从艸。瓜聲。此聲。房脂切。艸也。一曰茉木也。木董朝華暮落者。从艸。舜聲。舒閏切。

切艸。井聲。刑聲。舉卿切。楚木也。从艸。刑聲。古文荆。艸之小者。从艸。朝聲。盧箇切。

艸也。从艸。廷聲。特丁切。明聲。武庚切。艸芽也。从艸。初生出地見。艸初生出地見。艸木之葉也。从艸。世聲。詩曰彼茁者葭。鄒滑切。

華盛。从艸。帚聲。不聲。一曰華也。从艸。把聲。並巴切。艸之薰榮也。从艸。亞聲。艸木之葉聲。詩曰彼茁者葭。

(37) 艸(艹)部

薰英
繭萋萋
嶷蕤藰
莁蓄荂
蓩蓂荄
芃蒪
蓺狾
茂蕩蔭造
茲葳歗

从艸、難聲。讀若墮。壞平无切。

茗之黃華也从艸、央聲。一曰荣而不實者。一曰黃英。从艸、央聲。一曰黃英从艸、央聲。于京切。

蘭惟何兒氏切。爾聲。詩曰：彼繭惟何。爾聲。

華盛从艸、奉聲。爾聲。詩曰：萋萋萋。

聲補蠓切。青齊沇冀謂木細枝曰蔈。从艸、疑聲。詩曰：蔈蔈。魚己切。

黍稷蕤蕤。蕤聲从艸。蕤聲。艸木華垂皃从艸、垂聲。儒隹切。

蓩从艸、參聲。子紅切。移聲。弋支切。

聲古叶切。艸實从艸、叶聲。古哀切。又古諧切。

聲都毒切。夾从艸、希聲从艸。亥聲。一曰艸之白華為荂。北末切。

枯引之而發土為撥故謂之茇。一曰艸根也。从艸、犮聲。蒲撥切。

聲讀若傳方遇切。艸木不生也。一曰茅芽从艸、執聲。姊入切。

計切。艸根也从艸、亥聲。茇也从艸、犮聲。

聲武方切。茇也茅根也。从艸、均聲。于敏切。

初救切。艸木多益从艸、戊聲。艸多兒从艸、狾聲。江夏平春有狾亭。語斤切。

出也艸盛从艸、戊聲莫候切。茂也从艸、戊聲。

艸木盛从艸、執聲姊入切。

方遇切。一曰艸盛从艸、亦聲。詩曰：荒芫茂秦苗戎切。

兹葳省聲子之切。茲葳山川徒歷切。茲省聲子之切。

薇薇山川徒歷切。曰薇菜也从艸、俶聲。詩曰

艸早盡也从艸、俶聲。詩曰

艸造艸兒从艸、造聲。

艸陰地也从艸、陰聲。於禁切。詩曰

陽聲丑其切。艸茂世从艸、昜聲。賜艸茂世从艸、昜聲。賜

華葉布从艸、傅聲。詩曰：華葉布。

发聲春从艸、傅聲。

原聲愚素切。艸木形从艸、稚聲。

移聲弋支切。蘭蓼从艸、監聲。

省聲羊捶切。芟根也从艸、隨省聲。

歗聲周禮

艸(艹)部 （38）

薂 薋 藂
葍 芮 茌
薈 菽 芼
蒼 蒕 萃
蕛 薉 荒
蒔 苗 苛
蓝 葶 落
薇 撢
薀 蔫 菸
藥 蔡 茷

（39）艸（艹）部

菜茆
芝薄苑
藪
蒥
茁蔎芳薟
蘄藥茀
茉薮
藥蘆
蓆芰荐

薟春秋傳曰晉州之可食者从艸而聲沛
羅茷符發切　州采聲蒼代切　城父有楊蒥亭如之切

藪田青州孟諸沈州大野雝州弦圃幽州奚養冀州楊紆并州
大澤也从艸數聲。九州之藪楊州具區荊州雲夢豫州甫
从艸浮水中兒从艸溥聲。二曰蘆薄。蟲薄於阮切　州死聲。於利切

蒥昭餘祁是也从艸留聲。夏書曰：艸盛皃从艸彔聲。夏書曰
昭餘祁是也蘇后切　帚字相亂。側詞切

茁堂月令曰季夏燒薙。从艸雜聲他計切
側詞切省艸　茁或省艸曰：艸盛皃从艸　除艸也。明

蘄大澤也从艸數聲　州相蘄苞也从艸斬聲書
蘄或从艸　耕多艸也从艸未亦聲盧對切　薪或从艸

茉未聲　香艸也从艸　道多艸不可行从艸弗聲
茉薮　設聲識列切　方聲敷方切　香艸也从艸

藥治病艸从艸樂聲。以勺切
藥蘆　州木相附麗土而生从艸麗聲易曰：百穀艸木麗

蓆廣多也从艸席聲祥易切　薦獸之所食艸从艸从役所銜切
於地　席　刈艸也从艸存聲在旬切

藉薪
薜茨
葺蓋苫蓆
蒪藩菹蘆蘁
澉蒢藻
藾莕若
蕁茵蕁
莜葦
墓苴蘿蕢

（41）艸（艹）部

舆　蔓　茵
鞠　芻　茭　莎
茹　莝　菱
薂　茁　蔟　苣
蔜　薪　蒸
莍　蕉　菌　蘳
葿　斯　折
卉　芜　蒜
芥　蔥　蓶　蓽

艸　百卉也。从二屮。凡艸之屬皆从艸。

左文五十三　重三　大篆从艸

艸(艹)部　（42）

苟 蕨 莎 𦮒
董 菲 芴
鸛 蓷 葦
葭 萊 荔
蒙 藻 藻 蒝
菩 范 芳 茈
曹 薗 㳿
萄 芑 蕢
荽 薔 茖
蘇 蕡 菲 荼

也从艸單聲。句聲古厚切。聲多㲩切。鎬侯也从艸厥聲。鼈也从艸展聲居月切。䨲也从艸沙聲蘇禾切。

苹也从艸勿切洴。根如薺葉如細柳蒸食之甘从艸董聲。䓵也从艸刕聲芳尾切。董菲艸也从艸根聲。聲薄經切。

菲也从艸从非切。蘭也从艸雚聲胡官切。大葭也从艸韋聲于鬼切。葭葦也从艸叚聲古牙切。艸之未秀者从艸段聲。聲呼肝切。

蒙王女也从艸冡聲莫紅切。水艸也从艸巢聲。蔓華也从艸洛哀切。來聲洛哀切。菩蒲艸也从艸吾聲五乎切。有菩蒲艸吾聲五乎切。竹猗猗力王切。詩曰菉竹猗猗力王切。艸錄聲。

菩范芳茈
茈艸也从艸此聲將此切。范艸也从艸氾聲房犮切。香艸也从艸方聲府良切。菩蒲艸也从艸咅聲薄亥切。

曹薗㳿
曹艸也从艸曹聲昨牢切。詩曰言采其蕑房聲昨焦切。薗艸也从艸鹵聲直呂切。㳿艸也从艸㳿聲昨焦切。

萄芑蕢
萄艸也从艸匋聲徒刀切。芑白苗嘉穀从艸己聲驅里切。蕢艸也从艸貴聲求位切。

荽薔茖
荽艸也从艸冬聲都宗切。薔虞蓼从艸嗇聲所力切。茖艸也从艸各聲古額切。

蘇蕡菲荼
蘇桂荏也从艸穌聲素姑切。蕡雜香艸从艸賁聲詩曰言采其蕡。菲芴也从艸非聲符尾切。荼苦菜也从艸余聲同都切。

（43） 艸（艹）部

蘇蒿蓬
蓳藜蘺葆
蕃茸薄
叢艸
菆
蕎蕁(春)菰
荺
芺蓉薳
荺葃

苦荼也从艸余聲同都切

白蒿也从艸高聲呼毛切

籀文蓬省聲。郎奚切

蘩彔也从艸敄聲。歸辈驅婦切盛

蘺也从艸離聲自保切

薄紅切

番聲甫煩切

从艸保聲

蕃艸也从艸莪切聲

从艸茸聲而容切

草斗櫟實也一曰象斗子从艸早聲自保切此俗以為艸木之艸別作皁字非是

叢生艸也从艸叢聲。但紅切

艸叢生皃从艸保聲

為黑色之卓案櫟實可以染帛為黑色故曰草通用為艸木之艸从白从十或从白从七皆無意義無从下筆也

菆字今俗書皁或从白从七或从白从七

艸取聲一曰蓐也从艸側鳩切

積也从艸畜聲丑六切

春有菰其丁古狐切

蔓也从艸丏聲江夏平春切到聲都盜切

艸木剉从艸到聲都盜切

推也从艸日艸从日也从艸春聲。昌純切

時生也从艸屯聲。昌純切

芺蓉也从艸容聲余封切

夫聲方無切

芙蓉也从艸夫聲方無切

容聲余封切

左氏傳楚大夫蒍遠子馮从艸遠聲雨委切越崔蒍縣名見史記

艸也从艸旬聲。臣鉉等案今人姓荺氏本郇侯之後宜用郇字相倫切

艸也从艸乍聲。在各切

文四百四十五 重三十一

茻（mǎng 音莽）蓐（rù 音入）艸（艹）部 　（44）

蓀蔬芊茗

薌藏藏

醮

蓐

犨薅藬茠

茻

香艸也。从艸孫聲。思渾切。

菜也。从艸疏聲。所菹切。

艸盛也。从艸千聲。倉先切。

荼芽也。从艸名聲。莫迥切。

穀气也。从艸鄉聲。許良切。

匿也。臣鉉等案漢書通用藏字。从艸後人所加。昨郎切。

以物没水也。此蓋俗語。从艸未詳。斬陷切。

傳以藏陳事。杜預注云藏。丑善切。敕也。从艸未詳。

文十三　新附

陳艸復生也。从艸辱聲。一曰蔟也。凡蓐之屬皆从蓐。而蜀切。

拔去田艸也。从蓐好省聲。呼毛切。籀文薅省。籀文薅从休。詩曰：既茠荼蓼。

文二　重三

眾艸也。从四屮。凡茻之屬皆从茻。讀與冈同。模朗切。

（45） 茻（mǎng 音莽）部

莫
莽
葬

莫 日且冥也。从日在茻中。茻亦聲。莫故切。又慕各切

莽 南昌謂犬善逐兔草中為莽。从犬从茻。茻亦聲。謀朗切

葬 藏也。从死在茻中。一其中所以薦之。易曰古之葬者厚衣之以薪則浪切。

文四

說文解字第一下

賜進士及第山東等處督糧道兼管德常臨清倉事務加三級孫星衍重校刊

光緒歲在閼逢涒灘國子監肄業生吳縣朱記榮校刊

字典

字书的一种。详注各字之音、义，及书籍引证，以备检索。"字典"。之名始于清代《康熙字典》，此后编辑字书者皆冠以×字典，"字书"称谓至此消失。

注：此页原版为空白，编者增图。

（47）八小部

小
少尐
八
分仌曾

說文解字第二上　　漢太尉祭酒許慎記

銀青光祿大夫守右散騎常侍上柱國東海縣開國子食邑五百戶臣徐鉉等奉

敕校定

三十部　六百九十三文　重八十八

凡八千四百九十八字

文三十四新附

小物之微也從八丨見而分之凡小之屬皆從小。私兆切

尐少也從小丿聲讀若輟子結切

文三

八別也象分別相背之形凡八之屬皆從八博拔切

分別也從八從刀刀以分別物也甫文切

仌別也從八丨八亦聲　詞之必然也從八八　讀若輟子結切

八象气之分散兒氏切

曾詞之舒也從八從曰四聲昨稜切

半釆八部　（48）

尚象詹
介穴公
必余
釆
宋
亏番頗冊宋
審悉
恩釋
半

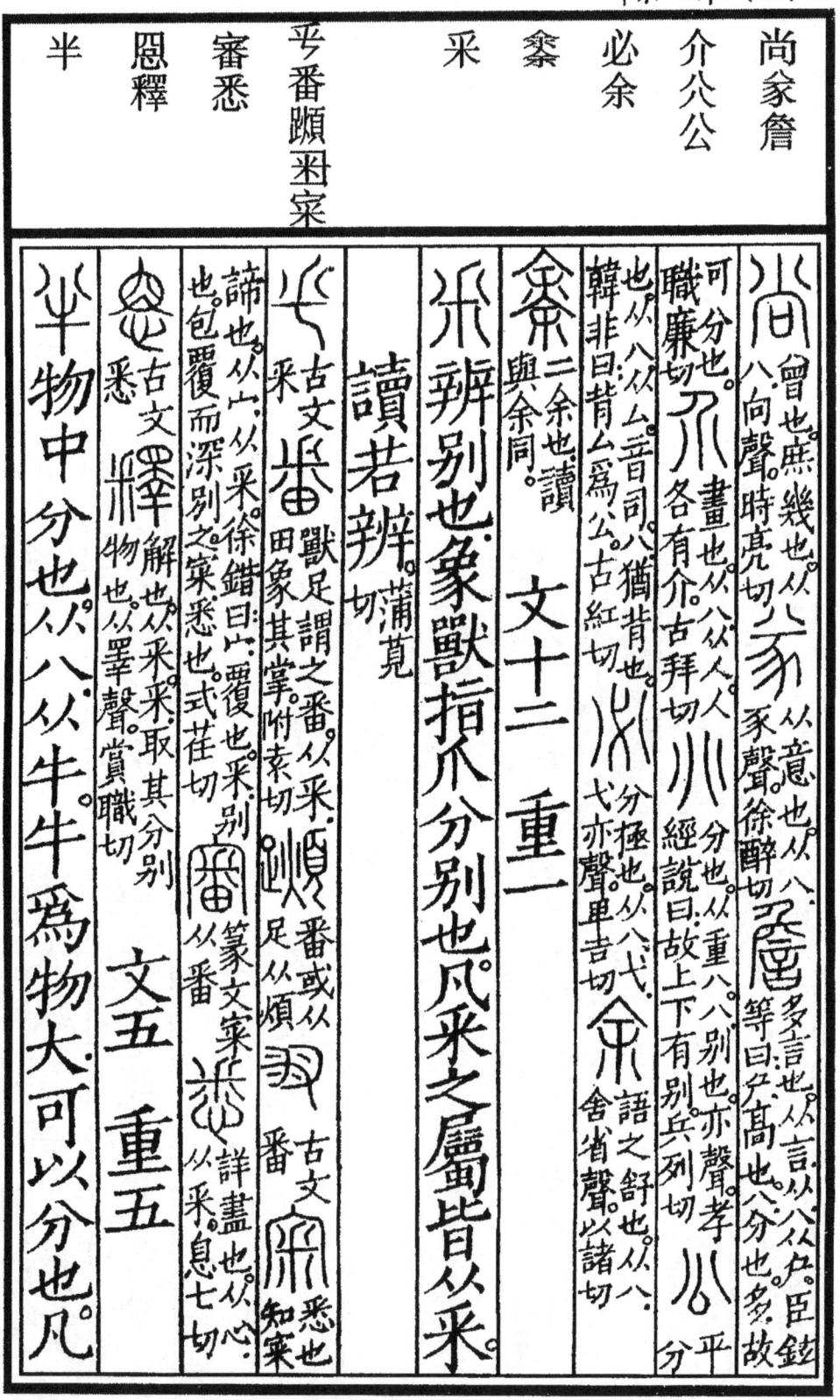

尚　曾也。庶幾也。从八。向聲。時亮切。

詹　多言也。从言从八、从厃。臣鉉等曰：厃，高也。故从厃。職廉切。

家　从意也。从八、豕聲。徐醉切。

職廉切。各有介。古拜切。

介　畫也。从八从人。人各有介。古拜切。

公　平分也。从八从厶。八猶背也。韓非曰：背厶為公。古紅切。

必　分極也。从八、弋。弋亦聲。卑吉切。

余　語之舒也。从八、舍省聲。以諸切。

二余也。讀與余同。

釆　辨別也。象獸指爪分別也。凡釆之屬皆从釆。讀若辨。蒲莧切。

古文釆。

文十二　重一

番　獸足謂之番。从釆、田象其掌。附袁切。

番或从足从煩。

古文番。

宷　悉也。知宷諦也。从宀从釆。徐鍇曰：宀，覆也。深別之。宀、悉也。式荏切。

篆文宷。从番。

審　詳也。从宀釆。息七切。

悉　詳盡也。从心从釆。息七切。

古文悉。

釋　解也。从釆。釆，取其分別物也。从睪聲。賞職切。

文五　重五

半　物中分也。从八从牛。牛為物大，可以分也。凡半之屬皆从半。

（49）牛半部

牛

胖叛

牡牺特牝
犢牬慘
牷牺特牳
㹁犥牭
犕牻𤙲
牪㸬㹂
𤙴㹄㹈

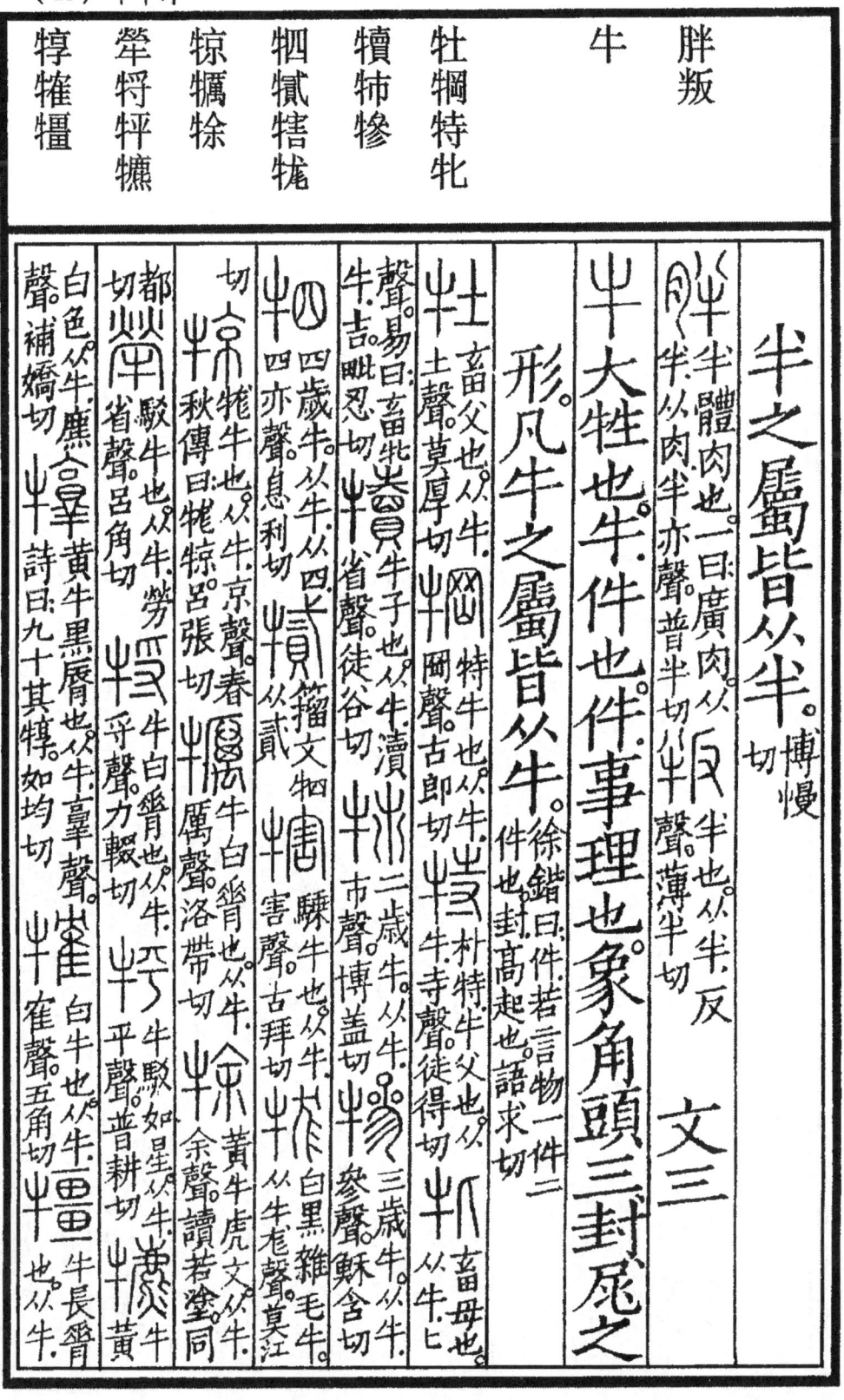

牛部 （50）

牪 犨 牟
牷 牲 牭 牽
牿 牢
犓 㹀
犕 犪 犉
犀 牣
物 犧

量聲。居良切。

牧 牛徐行也。从牛灷聲。讀若滔。一曰牛名。赤周切。

牟 牛鳴也。从牛象其聲气从口出。莫浮切。

牲 畜牲也。从牛生聲。所庚切。

牷 牛純色。从牛全。全亦聲。疾緣切。

牭 牛完全。从牛生聲。

牛產聲。所簡切。

牽 引前也。从牛象引牛之縻也。玄聲。苦堅切。

牿 牛馬牢也。从牛告聲。周書曰今惟牿牛馬。古屋切。

犓 以芻莖養牛也。从牛芻。芻亦聲。春秋國語曰犓豢幾何。側愚切。

犉 黃牛黑唇也。从牛隼聲。詩曰九十其犉。如均切。

犕 兩壁耕也。从牛非聲。一曰覆耕種也。讀若蔇。

犪 服牛也。从牛葡聲。詩曰犕牛乘馬。平祕切。

犨 牛息也。从牛雔聲。一曰牛名。赤周切。

牴 觸也。从牛氐聲。都礼切。

牼 牛踒春秋傳曰宋司馬牼字牛。口莖切。

牾 牛很不從引也。从牛从人从友取牛矣善牽。讀若賢。

犀 南徼外牛。一角在鼻一角在頂。似豕。从牛尾聲。先稽切。

牣 滿也。从牛刃聲。詩曰於牣魚躍。而震切。

物 萬物也。牛為大物。天地之數起於牽牛。故从牛。勿聲。文弗切。

犧 宗廟之牲也。从牛羲聲。賈侍中說此非古字。許羈切。

文四十五 重一

犍犝　　犛　　犛氂斄　　告　　嚳　　口　　嗷嘱喉吻

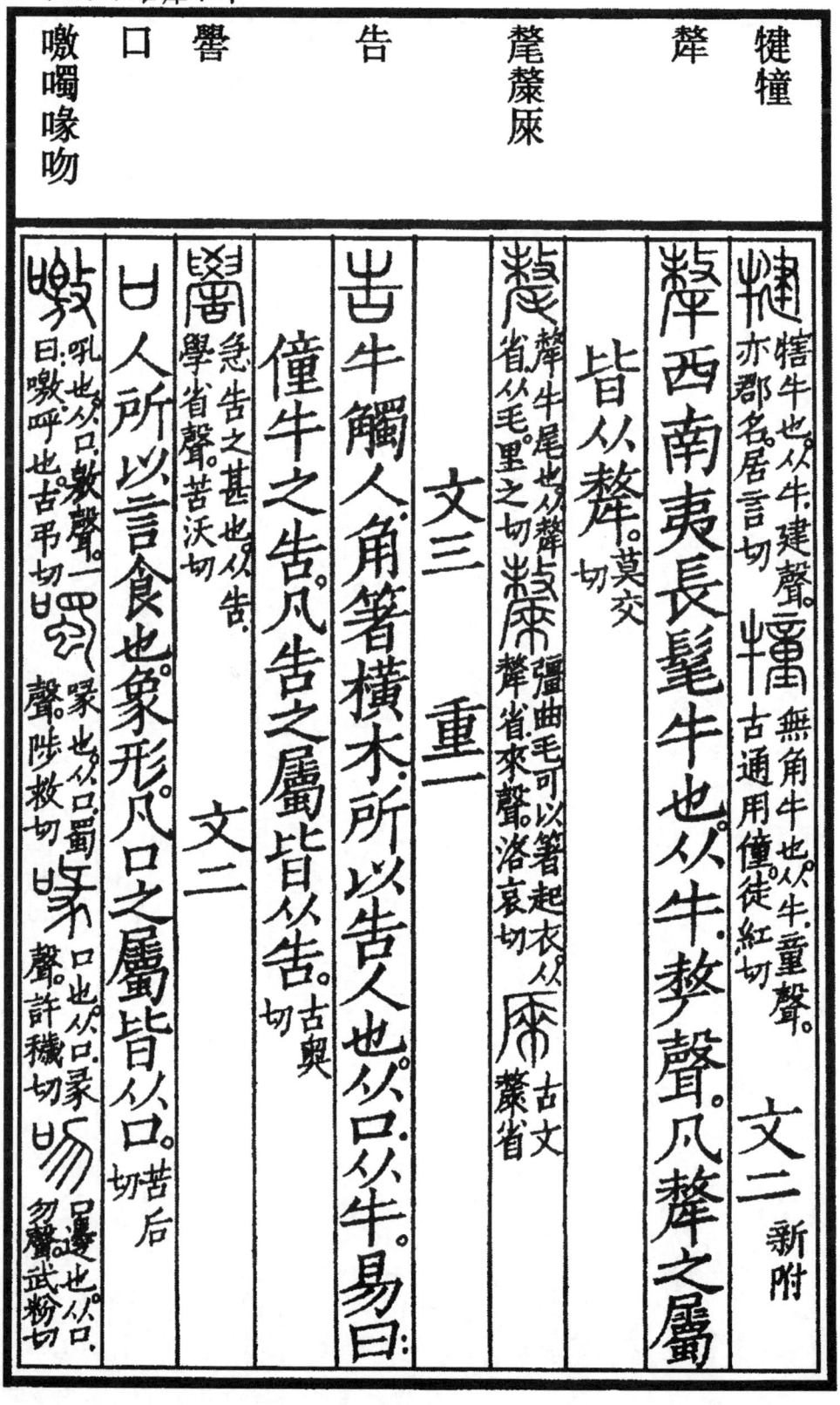

犝　無角牛也。从牛童聲。古通用僮。徒紅切

犍　犗牛也。从牛建聲。亦郡名居言切

文二　新附

犛　西南夷長髦牛也。从牛斄聲。凡犛之屬皆从犛。莫交切

氂　犛牛尾也。从犛省从毛。里之切

斄　彊曲毛可以箸起衣。从犛省來聲。洛哀切　斄古文斄省

文三　重一

告　牛觸人。角箸橫木。所以告人也。从口从牛。易曰：僮牛之告。凡告之屬皆从告。古奧切

嚳　急告之甚也。从告學省聲。苦沃切

文二

口　人所以言食也。象形。凡口之屬皆从口。苦后切

噣　喙也。从口蜀聲。陟救切

喙　口也。从口彖聲。許穢切

吻　口邊也。从口勿聲。武粉切

嗷　衆口愁也。从口敖聲。一曰嗷呼也。五弔切

脂嚨喉噲
吞咽嗌莙嘽
哆呱啾
唴喑嚘
嘽咺咷
咳孩嗛咀
噍嚼吮嘝
啜噱嚌
嚛噬咶嘰
嚊含哺味

（53）口部

噪嚘噎嚲　唾涶咦　咽喘呼　喷啍嘘嚏　吸嘘吹喟　唫噤名　吾哲惢嘉君　峇命咨召　問唯唱和　哇啞嚛

口部 （54）

唏 听 呭
嗔 咄 唉 哉
噂 咠 呷 嗜
嘰 嗺 唪
嗔 嘌 嘒 喑
啓 嚙 咸
嘯 歡 台 喌
呈（呈）右 音
吉 周 咠 唐
喁 曷 嘾 噎

唏 笑也。从口稀省聲。一曰哀痛不泣曰唏。虛豈切

听 笑兒。从口斤聲。宜引切

呭 多言也。从口世聲。詩曰無然呭呭。余制切

嗔 盛气也。从口眞聲。詩曰振旅嗔嗔。待年切

咄 相謂也。从口出聲。當沒切

唉 應也。从口矣聲。讀若埃。烏開切

哉 言之閒也。从口𢦏聲。祖才切

噂 聚語也。从口尊聲。詩曰噂沓背憎。子損切

咠 聶語也。从口耳。詩曰咠咠幡幡。七入切

呷 吸呷也。从口甲聲。呼甲切

嗜 嗜欲喜之也。从口耆聲。常利切

嘰 小食也。从口幾聲。詩曰亦有和羹。居衣切

嗺 小兒。从口崔聲。呼惠切

唪 大笑也。从口奉聲。讀若詩曰瓜瓞菶菶。方蠓切

嗔 振旅嗔嗔。从口眞聲。詩曰振旅嗔嗔。待年切

嘌 疾也。从口票聲。詩曰匪車嘌兮。撫招切

嘒 小聲也。从口彗聲。詩曰嘒彼小星。或从慧。呼惠切

喑 宋齊謂兒泣不止曰喑。从口音聲。於今切

啓 開也。从口从戶。康禮切

嚙 聲也。从口肅聲。有嚙其饛。他感切

咸 皆也。悉也。从口从戌。戌悉也。胡監切

嘯 吹聲也。从口肅聲。詩曰其嘯也歌。籀文嘯从欠。穌弔切

歡 喜樂也。从欠雚聲。呼官切

台 說也。从口㠯聲。与之切

喌 呼雞重言之。从吅州聲。讀若祝。之六切

呈 平也。从口壬聲。直貞切

右 助也。从口从又。于救切

音 聲也。生於心有節於外謂之音。於今切

吉 善也。从士口。居質切

周 密也。从用口。古文周字从古文及。職留切

咠 聶語也。（語詞不音也。讀若黑䬃。）从口昌聲。亦言也。詩曰噂沓。

唐 大言也。从口庚聲。古文唐从口昜。徒郎切

喁 古文唐。从口昜聲。

曷 何也。从曰匃聲。古文誰。直由切

嘾 含深也。从口覃聲。徒感切

噎 飯窒也。从口壹聲。烏結切

（55）口部

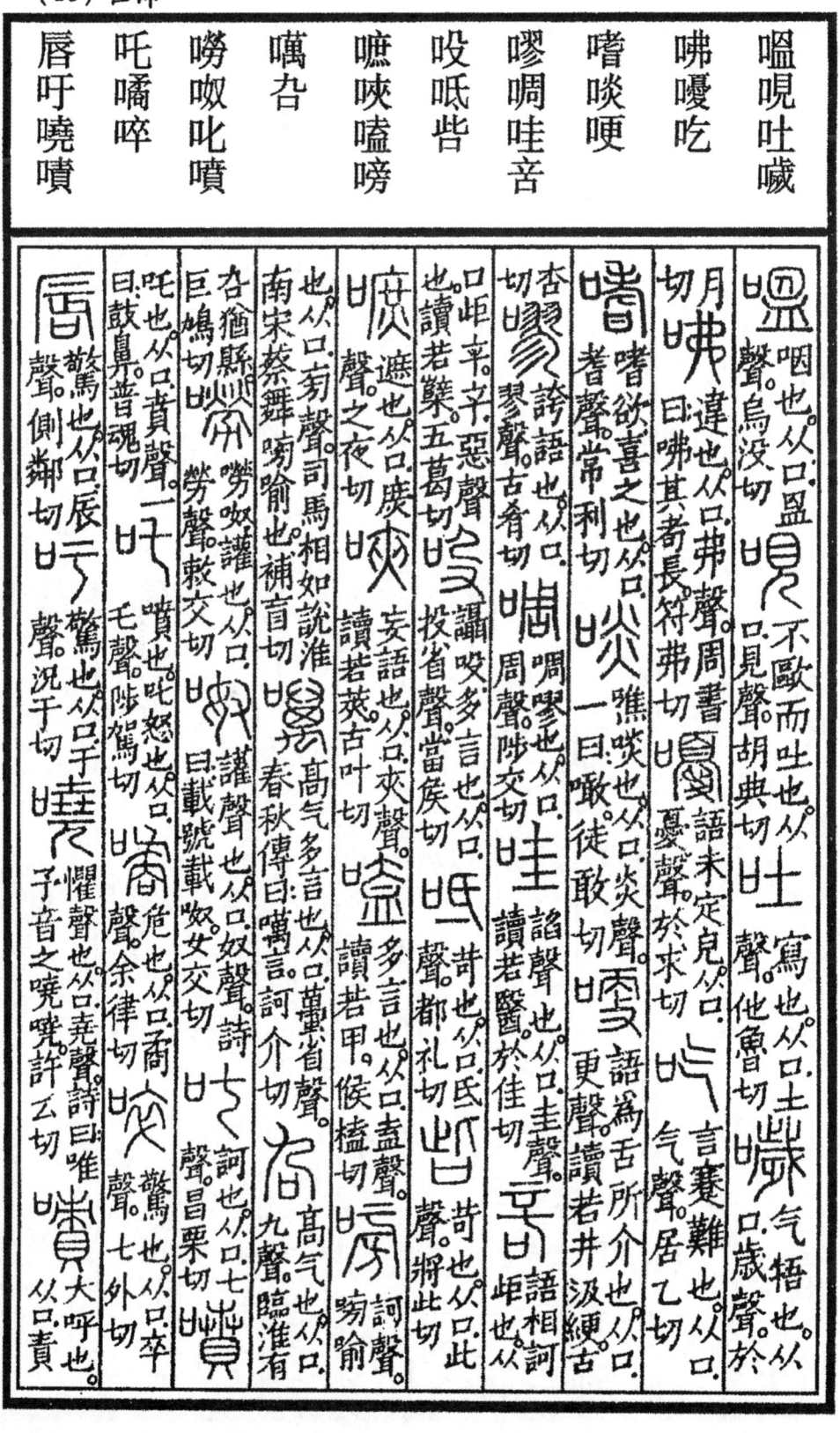

口部 （56）

讀 嗷 唸 吤
嘰 呻 吟 齡
訡 嗞 噅 叫（叫）
嘅 哑 嘆 喝
哨 吡 嚌 吝
否 唁 哀
咳 各
嚛 嗀 哥 啾
嘆 唇 昏 嚨
吠 咆 嗥 獋

（57）口部

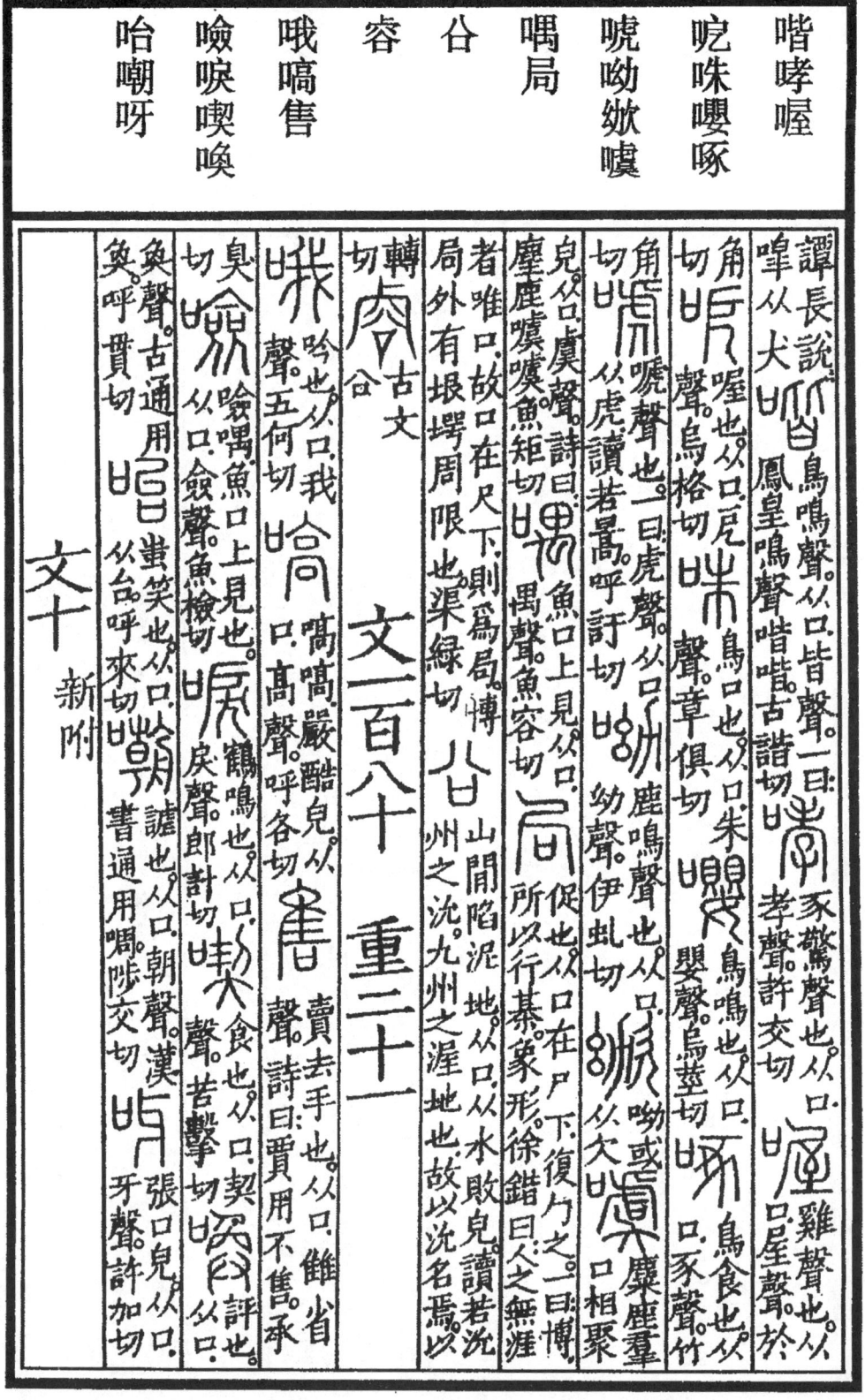

走哭吅（xuān音懸）凵（kǎn音坎）部　（58）

走	喪	哭		㗊	㱃	嚴		㸈	㿟	單	㸁		吅	凵

凵　張口也。象形。凡凵之屬皆从凵。口犯切

文一

吅　驚嘑也。从二口。凡吅之屬皆从吅。讀若讙。臣鉉等曰或通用讙今俗別作喧非是。況袁切

嚴　教命急也。从攴吅。古活切

㸈　亂也。从爻工交吅。一曰窒㗊讀若襄。徐鍇曰二口噂沓也。己象交構形。女庚切。㸈籀文㸈。

㗊　衆口也。从四口。讀若戢。一曰呶。阻立切。㗊古文㗊。从口。

單　大也。从吅甲。吅亦聲。闕。都寒切。

重言之。从吅。州聲。

讀若視之。視六切。

文六　重二

哭　哀聲也。从吅獄省聲。凡哭之屬皆从哭。苦屋切

喪　亡也。从哭从亡。會意。亡亦聲。息郎切

文二

走　趨也。从夭止。夭止者屈也。凡走之屬皆从走。徐鍇曰走則足屈故从夭。子苟切

（59）走部

趨赴趣
超趱赳
趨赳

趫趬趲
赽趕趯

趣趜趁趨
趙趬趂

趨趒趑
趨趖趃

趩趒
趨趩鎏
趨趕寨

走也。从走𠃊聲。臣鉉等曰：春秋傳。取疾也。从走。𧺷聲。七逾切。

赴告用此字。今俗作訃。非是。芳遇切。

七句切。跳也。从走召聲。敕宵切。緣大木也。一曰行兒。从走喬聲。讀若王子蹻居。去隱切。輕勁有才力也。从走𠬜聲。讀若鑛居。

黔也。从走支聲。巨之切。度也。从走厤聲。讀若王伐切。今俗別作躁。非是。則到切。趙也。从走参聲。丑忍切。

趨趙也。一曰行皃。从走走。萬行皃。从走羣聲。牟逄切。急走也。从走亘聲。胡田切。趙聲。張連切。

讀若資取私切。蒼卒也。从走叕聲。七雀切。輕行也。从走票聲。撫招切。行皃。从走巤聲。弦。酉聲。

千牛切。讀若蜀聲。行皃。从走蜀聲。讀若燭。之欲切。行皃。从走疾其亦切。急走也。从走𡈼聲。讀若茧。去忍切。

叡聲。遠疑从。讀若疾。行皃从走𥝢聲。走意从走巤聲。走皃讀若讀若舊。上忿切。坐聲讀若蘇。

和聲。許建切。走意从走亯聲。布賢切。詩威儀秩秩直質切。走意从走戴聲。

容祥遵切。髮結之結。古屑切。走也从走匡聲。走意从走亯聲讀若讀若匠。疾其亦切。走意从走奴聲以為。

从走有聲讀若齅。安古切。走意輕也从走烏聲。明雃讀若卲。其俱切。詩威儀秩秩讀若勩其俱切。

若又于救切讀若鄒。走顧兒从走瞿聲。走意从走。走兒省。

走部 (60)

赳 趚 趍 趣
起 趠 趫 趍
　趚 趠 赻
　趛 趢 趙
　趃 趡 趒
　趨 趒 趉
　趥 趢 赿

聲。九十

疑之等趄而去也。从走。才聲。倉才切

趕　安行也。从走。干聲。余昌切　此與趣同

行也。从走。臭聲。香仲切

趚　低頭疾行也。从走。𡭗聲。讀若𦶎去吉切　能立也。从走。己聲。巳聲。墟里切

趙　直行也。从走。氣聲。讀若𢱢素切　疾也。从走。㕟聲。讀若掔苦堅切

走也。从走。金聲。牛錦切

趨　趨進也。从走。芻聲。七逾切　進也。从走。與聲。余律切

越　趨越也。从走。戉聲。讀若緆居衛切

趨　走意也。从走。員聲。直離切　多聲。直離切

行貌也。从走。多聲。敕丑切

趠　行也。从走。卓聲。敕角切　走也。从走。氐聲。都禮切

趠　讀若褍。讀若蹇九輦切

趨　大步也。从走。矍聲。上縛切

小步也。从走。豈聲。丘豆切

聲。治。一曰行難也。从走。斤聲。讀若堇古本切

趨　行貌也。从走。𣍘聲。都兮切

趨　狂走也。从走。喬聲。巨嬌切　行趨趨也。从走。喬聲。曼遷切

𧼶　趨也。从走。亶聲。一曰行曲脊。讀若蹇九輦切

之屈輂。衢勿切

趨　窮也。从走。匊聲。居六切

趙越也。从走。斯聲。取私切

趜行不進也。从走。屈聲。勿勿切

趨　趨也。从走。取聲。七余切

趄　趨也。从走。且聲。七余切

趨越也。从走。虒聲。讀若怤去虔切

越也。从走。虔聲。讀若愆去虔切

趨　行趨趨也。从走。雚聲。巨員切

趨　錄聲。力玉切　行趨越也

（61）止走部

趨赾趣

趒赿趮趫

越赿

趍通趙趕

趩通趪趌

起趀赶

止

歱歫歭歫

歬歷歗壁

歸歸建尳

文八十五　重一

从走亥聲。七倫切。

側行也。从走束聲。詩曰謂之趌趌。地蓋厚不趢資昔切。

輕薄也。从走虎聲。僵也。从走音聲。讀若晉。卽刃切。

讀若池直离切。趴也。从走辟省聲。漢令曰趰張百人車者切。

動也。从走樂聲。讀若春秋傳曰輔趮。郎擊切。動也。从走隹聲。春秋傳曰地名千水切。

秋傳曰輔趬。郎擊切。走。盟于趰。地名千水切。

趰。妻四夷之舞各自有趰。曲从走。是聲。都兮切。走亘聲。羽元切。

讀若顛。都年切。趰名。从走畢聲。卑吉切。走亘聲。羽元切。

斬聲。藏曲从走。甬聲。余隴切。雀行也。一曰寵上聲。徒遼切。干聲。巨言切。

監切。

止下基也。象艸木出有址。故以止為足。凡止之屬皆从止。諸市切。

歱跟也。从止重聲。之隴切。

歫止也。从止巨聲。一曰槍也。一曰超距。其呂切。

歭歭踞不前也。从止寺聲。直离切。

歷過也。从止厤聲。郎擊切。

歬不行而進謂之歬。从止在舟上。昨先切。

歸女嫁也。从止从婦省。𠂤聲。舉韋切。

歗疾也。从止从又。手聲。疾葉切。

此步此(癶)止部　（62）

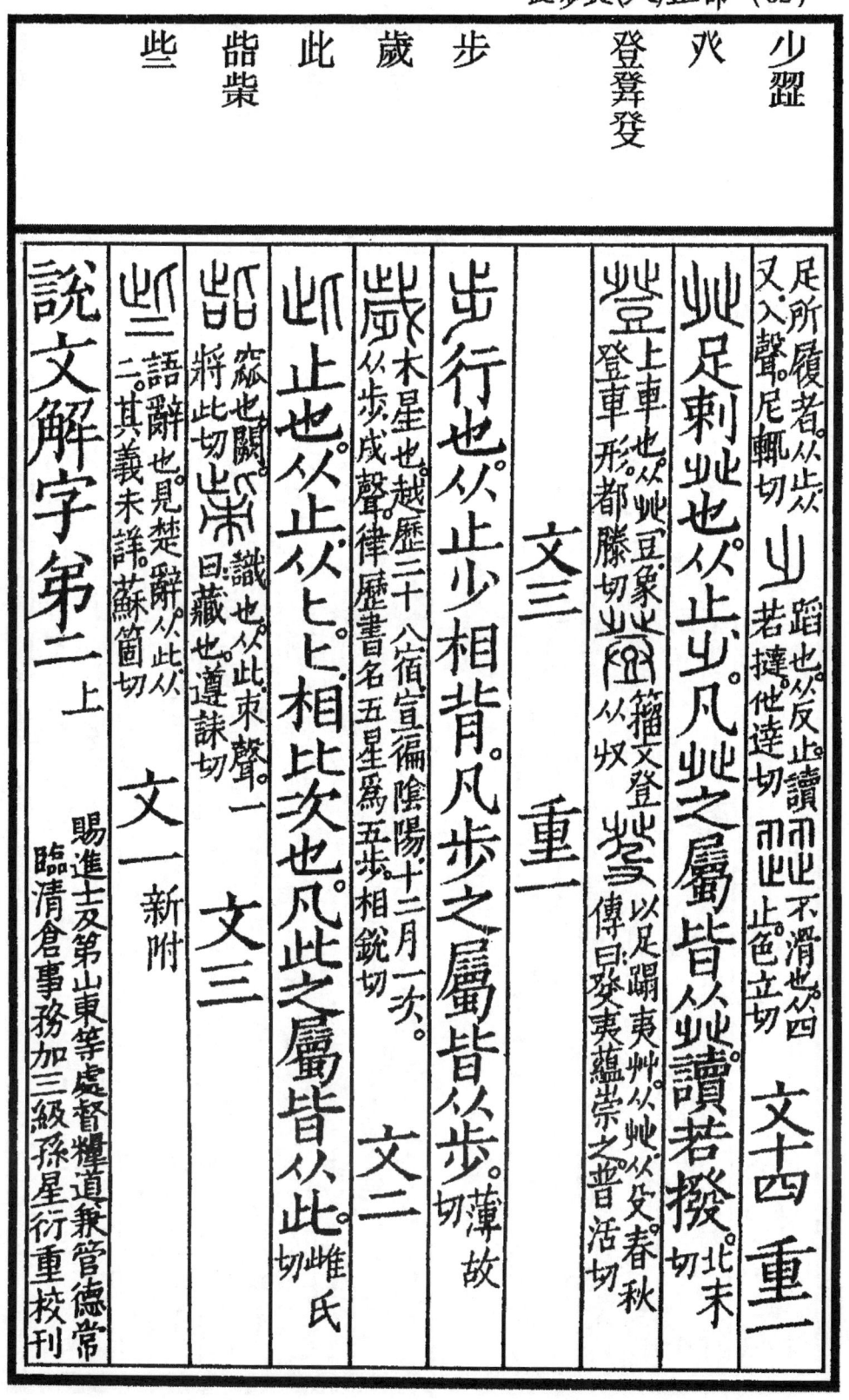

少　躙
癶
登　奨　癹
步　歲　此　啙　柴
啙
些

足所履者。从止从夂。又从聲。尼輒切　躙　蹈也。从足反止讀若稗。此不滑也。从此止色立切

癶　足剌癶也。从止少。凡癶之屬皆从癶。讀若撥。北末切

文十四　重二

登　上車也。从癶豆象登車形。都滕切　籒文登从収

奨　以足躢夷艸从癶从奴。士傳曰癸夷蘊崇之普活切

文三　重一

步　行也。从止少相背。凡步之屬皆从步。薄故切

歲　木星也。越歷三十八宿宣徧陰陽十二月一次。从步戌聲律歷書名五星爲五步相銳切

文二

此　止也。从止从匕匕相比次也。凡此之屬皆从此。雌氏切

啙　窳也闕。从此束聲。識也。此與切

柴　將此切从此曰藏也。遵誄切

文三

啙　二語辭也。见楚辭从此从二其義未詳。蘇箇切

文一　新附

說文解字第二上

賜進士及第山東等處督糧道兼管德常
臨清倉事務加三級孫星衍重校刊

（63）是（辶）是正部

正

正疋㝵

是

是韙愖愝

辵（辶）

說文解字第二下　漢大尉祭酒許慎記

銀青光祿大夫守右散騎常侍上柱國東海縣開國子食邑五百戶臣徐鉉等奉

敕校定

正　是也。从止一以止。凡正之屬皆从正。徐鍇曰守一以止也。之盛切

㝵 古文正从二。二古上字。〇 古文正从一足。足者亦止也。〇 為之房法切

文三　重三

是　直也。从日正。凡是之屬皆从是。承旨切。〇 籀文是从古文正。

韙　是也。从是韋聲。春秋傳曰犯五不韙。于鬼切

愖 是少也。从是甚。賈侍中說瓼甚典切 〇 是少也。愝俱存也从

文三　重三

辵（辶）　乍行乍止也。从彳从止。凡辵之屬皆从辵。讀若春秋公羊傳曰辵階而走。丑略切

辵（辶）部

迹蹟速逨逳　邁邐巡邀　辻邎证　隨迊迃逝　迟徂遣述　遄遵適過遺　遺進造舡　逾逤迮　造遄速　遨謷迅适逆

迹　步處也，从辵亦聲。趞，或从足責。蹟，籀文迹，从束。

速　疾也，从辵束聲。遫，籀文从敕。𧫢，古文从言。

逨　無違也，从辵來聲。讀若害。逳　道也。

邁　遠行也，从辵蠆省聲。讀若厲。

逳　行兒，从辵育聲。

邐　行邐邐也，从辵麗聲。

巡　視行也，从辵川聲。

邀　衺行也，从辵萬聲。

隨　从也，从辵隋省聲。

迊　行兒，从辵市聲。

迃　往也，从辵于聲。

逝　往也，从辵折聲。讀若誓。

迟　往也，从辵且聲。

徂　往也，从辵且聲。

遣　縱也，从辵𦜕聲。

述　循也，从辵术聲。

遄　往來數也，从辵耑聲。

遵　循也，从辵尊聲。

適　之也，从辵啻聲。適，宋魯語。

過　度也，从辵冎聲。

遺　亡也，从辵貴聲。

進　登也，从辵閵省聲。

造　就也，从辵告聲。

逾　進也，从辵俞聲。

逤　會也，从辵合聲。

迮　迫也，从辵作省聲。

遨　遨遊也，从辵敖聲。

謷　相戲也。

迅　疾也，从辵卂聲。

适　疾也，从辵昏聲。讀與括同。古活切。

逆　迎也，从辵屰聲。

（65） 辵（辶）部

迎 迓 遇 遭
遭 逢 遷 迪
屖 迻 遷 栖 運
遞 通 迬 征（徙）
還 選 送 迗
遁 遜 返 仮
遣 邐 逮 遟
迡 遟 遫 遟
逈 邁 逗 迟
逶 蟻 迆 逼

辵(辶)部 （66）

避違邎儳逡
衼達达逮（逯）
迵迭迷連
逑退
遺遂逋逃迫
逭遳遰逋
逐迺道近
芹邎迫逢
遍迱過遮遬
进迾迁

避　回也，从辵辟聲。毗義切。

違　離也，从辵韋聲。羽非切。

邎　行難也，从辵㕟聲。易以往邎良刃切。

儳　行不相遇也，从辵羇聲。讀若唱。

逡　復也，从辵夋聲。七倫切。

衼　怒不進也，从辵氐聲。都礼切。

達　行不相遇也，从辵羍聲。詩曰挑兮達兮。徒葛切。或曰迭。

达　達或从大。

逮　唐逮及也，从辵隶聲。徒耐切。

逯　行謹逯逯也，从辵录聲。盧谷切。

迵　迵迭也，从辵同聲。徒弄切。

迭　更迭也，从辵失聲。徒結切。

迷　惑也，从辵米聲。莫兮切。

連　員連也，从辵从車。力延切。

逑　斂聚也，从辵求聲。詩曰怨匹曰逑。巨鳩切。

退　卻也，一曰行遲，从彳从日从夊。又曰从内。

遺　亡也，从辵貴聲。以追切。

遂　亡也，从辵家聲。徐醉切。古文遂。

逋　亡也，从辵甫聲。博孤切。籀文逋从捕。

逃　亡也，从辵兆聲。徒刀切。

迫　近也，从辵白聲。博陌切。

逭　逃也，从辵官聲。逭或从兆。胡玩切。

遳　行遲也，从辵雚聲。徒困切。

遰　去也，从辵帶聲。特計切。

逋　捕也，从辵貝聲。

逐　追也，从辵从豚省。直六切。

迺　驚聲也，从辵酉聲。字秋切。迺或从酉。

道　所行道也，从辵从首。一達謂之道。徒皓切。

近　附也，从辵斤聲。渠遴切。古文近。

芹　微止也，从辵止聲。良涉切。

邎　行遲曳邎邎也，从辵曳聲。余制切。

迫　近也，从辵白聲。博陌切。

逢　遇也，从辵夆聲。符容切。

遍　帀也，从辵扁聲。兒氏切。

迱　遷徙也，从辵匜聲。

過　度也，从辵咼聲。古禾切。

遮　遏也，从辵庶聲。止車切。

遬　疾也，从辵欶聲。桑谷切。

进　前也，从辵从羊。讀若贊。

迾　遮也，从辵列聲。良辥切。

迁　進也，从辵千聲。讀若干。

辵(辶)部

遶 邊 邌 迦
迾 逞
遶 遠 邊 逑
遏 迴 逴
遼 遠 邊 逖
迁 建 遷
道 對 邌 迖
跂 迎 邊（邊）
迉
邂 逅 逭 逼
邌 邌 迄 迲

文二百十九　重三十一

彳(chì音斥)辵(辶)部　（68）

待	後	徐	徎	徵	彼	德	遙	彳	透
徉	徬	㣟	往	微	徽	徑			邐
徧	徯	徦	迮	徥	循	復（复）			迢
很	蹊	律	㣙		级	徐			逍

聲。北末切　跳也過也从辵羅

邐巡也从辵麗聲　逍遙也从辵小步也从辵

逍聲他候切　逍遙也从辵召聲　徒聊切

此二字字林所加相邀切　迢遙也从辵召聲　余招切

肯聲臣鉉等案詩只用消搖切

ᛃ小步也象人脛三屬相連也凡彳之屬皆从彳　丑亦切　文十三　新附

德升也从彳惪聲多則切　徑步道也从彳巠聲徐鍇曰道不容車故曰步道居正切

復往來也从彳复聲房六切　往之也从彳㞷聲于兩切

俱往有所加也从彳皇聲　徎徑行也从彳呈聲丑郢切　徎行兒从彳呈聲丑郢切

柔亦聲人九切　復也从彳从柔亦聲人九切

徐緩也从彳余聲似魚切　徐安行也从彳余聲似魚切

聲居立切此與駁同　徎行平易也从彳夷聲以脂切　行順也从彳盾聲許運切

聲補委切　皮聲補委切　盾聲古巧切

立切　循行也从彳盾聲詳遵切　级急行也从彳及

是聲爾雅曰徥行也从彳是聲　使也从彳胥聲相居切　則也是支切

讀若鑫敷容切　後遲也从彳幺夊者後也胡口切

溪或从足　蹊徯也从彳奚聲胡雞切

溪从足　待竢也从彳寺聲徒在切

使也从彳羊聲　徉徜徉从彳羊聲　行仿佯也从彳羊聲

讀若鑫敷容切　徧币也从彳扁聲比薦切　很不聽从也从彳

（69）行部　延（chān音攙）廴（yǐn音引）

復　衙　遝（退）後
遠　彳翟　很
徸　得　尋　衙　彳匀
殳　彳
馭　彳亍
律　御
行　延　延
廴　延　建

古雅切

[復] 却也。一曰行復也。从彳夏聲。他內切。復或从內。古文復从辵。

[很] 不聽從也。一曰行難也。一曰盭戾也。从彳艮聲。胡懇切。

[後] 遲也。从彳幺夊者，後也。胡口切。古文後从辵。

[徥] 行示也。从彳是聲。讀若遲。杜兮切。

[得] 行有所得也。从彳㝵聲。多則切。古文省彳。

[徸] 重聲之朧也。从彳重聲。直隴切。

[衙] 行且賣也。从彳从言。相述也。从彳从呂聲。閭切。

[御] 使馬也。从彳从卸。徐鍇曰：卸，解車馬也。或彳或卸，皆御者之職。牛據切。馭，古文御从又从馬。

[律] 均布也。从彳聿聲。呂戌切。

[彳] 小步也。象人脛三屬相連也。凡彳之屬皆从彳。丑亦切。

[亍] 步止也。从反彳。讀若畜。丑玉切。

文三十七　重七

[延] 長行也。从彳引之。凡延之屬皆从延。余忍切。

[延] 長行也。从延丿聲。丑連切。

文三

[建] 立朝律也。从聿从廴。居萬切。

[廴] 長行也。从彳引之。丑連切。

[延] 安步延延也。从廴从止。凡延之屬皆从延。丑連切。

[廷] 朝中也。从廴壬聲。特丁切。

[㢟] 行也。从廴正聲。諸盈切。

文四

[行] 人之步趨也。从彳从亍。凡行之屬皆从行。戶庚切。

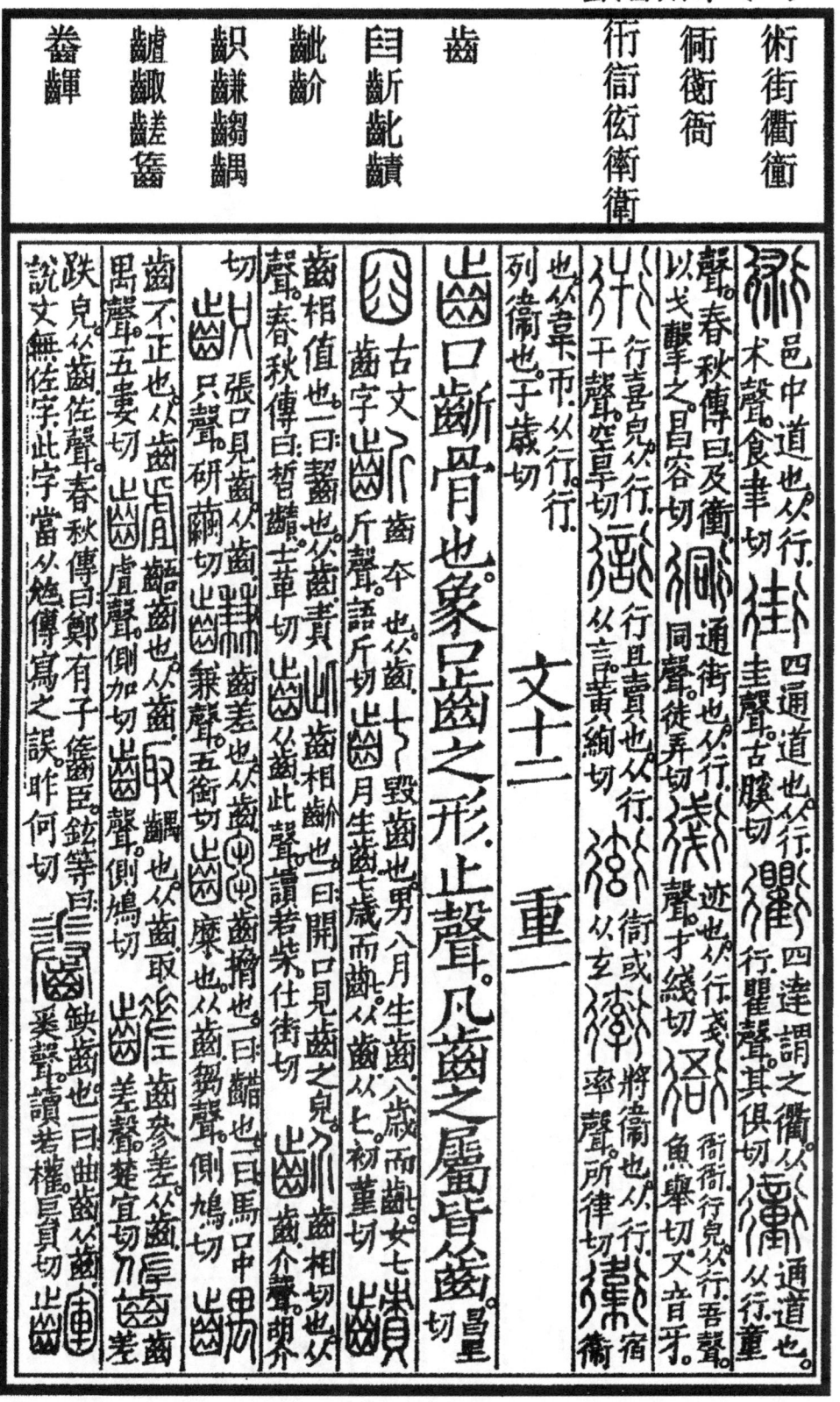

（71）齒（齿）部

齵 齟 齞 齮
齣 齰 齚 齹
齦 齗 齜 齘
齠 齦 齝 齗
齜 齕 齭 齛
齝 齣 齡

無齒也。从齒从狀。

缺齒也。从齒⋯魚綺切。

齗齒也。从齒奇聲。

軍聲。魚吻切。

獻聲。五鎋切。

斷腫也。从齒。巨聲。其呂切。

老人齒如臼也。一曰馬八歲齒臼也。从齒从臼。其久切。

齒見貌。从齒見聲。古限切。

齒差也。从齒，版聲。五版切。

齒差也。从齒。卒聲。昨沒切。

齒分骨聲也。从齒。刺聲。讀若齲。

齒見貌。从齒。契聲。詰結切。

齒堅聲。从齒。吉聲。讀若籋。古屑切。

齒堅也。从齒。果聲。工瓦切。

齒堅聲。从齒。吉聲。古屑切。

齒相値也。从齒。咸聲。讀若鹹。

齒差跌貌。从齒。且聲。

吐而齮齒也。从齒。此聲。雅曰牛曰齝。丑之切。

齒見貌。从齒。気聲。讀若讘。

齒傷酢也。从齒所聲。

齧也。从齒。契聲。苦結切。

噍堅也。从齒。吉聲。古活切。

齒堅聲。从齒。氐聲。

骨亦聲。从齒。從聲。側詵切。

齒本也。从齒。斤聲。

齒本肉也。从齒。肎省聲。補莫切。

齧骨也。从齒。虘聲。

齒分骨聲。从齒。所聲。

羊粻也。从齒。私列切。

益聲。伊昔切。

鹿麋粻。从齒。至聲。陟栗切。

齒聲。从齒。骨聲。

斷骨聲。从齒。骨聲。

丁加切

丁郎切

今巳年也。从齒令聲。臣鉉等案禮記夢帝與我九齡，疑通用靈武王初聞九齡之語不達其義，乃云西方有九國，若當時有此齡字，則武王豈不達也，蓋後人所語不達其義乃。

文一 新附

文四十四 重三

足牙部 （72）

牙
齖 犄 犕 齲

足
蹎 跟 跟 踝 跖
踦 跪 踞 踧
躍 踖
蹬 躪 趴 踰
跳 蹻 跫 蹡
踊 躋 躍 跧

牙　牡齒也。象上下相錯之形。凡牙之屬皆从牙。五加切。

踦　古文牙。

齖　齒蠹也。从牙貲聲。

犕　牙也。从牙奇聲。奇亦聲。去奇切。

齲　齒蠹也。从牙禹聲。區禹切。从齒。

足　人之足也。在下。从止口。凡足之屬皆从足。徐鍇曰：口象股脛之形。即玉切。

文三　重二

蹎　足也。从足虒聲。杜兮切。

跟　足踵也。从足艮聲。古痕切。踝　跟或从止。

踝　足踝也。从足果聲。胡瓦切。

踦　一足也。从足奇聲。去奇切。

跪　拜也。从足危聲。去委切。

踶　長脛行也。从足是聲。一曰蹶。資昔切。

跳　行兒。从足是聲。詩曰：蹢躅。資昔切。

跌　踶也。从足失聲。

踖　長脛行也。从足將聲。詩曰：履帝武敏。七羊切。

躡　行兒。从足瞿聲。詩曰：蹻蹻。居勺切。

趴　趨越兒。从足卜聲。芳遇切。詩曰：小子蹻蹻。

踰　越也。从足俞聲。俞朱切。

蹬　行高也。从足喬聲。舉足行高也。

躪　輕也。从足戔聲。疾也。長也。从足長聲。依聲式竹切。

踰　動也。从足俞聲。

跳　蹴也。从足兆聲。徒聊切。王伐切。詩曰：小子蹻蹻居勺切。

蹡　行兒。从足倉聲。倉聲七羊切。

踊　跳也。从足甬聲。余隴切。

躋　登也。从足齊聲。商書曰：予顛躋。祖雞切。

躍　迅也。从足翟聲。以灼切。

跧　蹴也。从足全聲。

踡　跳也。

（73）足部

蹴躡　跨踢
跰蹈　躐踐
踵踔　踴踐
跮蟄　跊
蹶躝　跳跧
蹢躅　踔
蹻跋　跟
躃跰　蹈踏
趹踖　跌踢
躓跲　趾蹎
趹踖　跌踢

足部 （74）

蹲踞跨躠
踣跋蹇
踾跔
踤跣跔踋
趼跰趼趽
跳踙趴趵
距躐跟
蹲跂
躇蹭蹬蹉
跎蹙

蹲　踞也。从足尊聲。慈損切。

踞　蹲也。从足居聲。居御切。

跨　渡也。从足夸聲。苦化切。

躠　行不正也。从足扁聲。一曰拖後足。火化切。

踣　僵也。从足咅聲。春秋傳曰晉人踣之。蒲北切。

跋　足不正也。从足扁聲。一曰偏跛。一曰曰跛胻也。讀若彼布。部田切。

蹇　跛也。从足寒省聲。臣鉉等案易王臣蹇蹇今俗作蹇。非九輦切。

踾　足親地也。从足戚聲。先聲。穌典切。

跔　天寒足跔也。从足句聲。其俱切。

踤　足跌地也。从足萃聲。讀若遽渠追切。

跣　足親地也。从足先聲。穌典切。

趼　跌也。从足先聲。穌典切。

踋　足親地也。从足段聲。平加切。

趼　雞距也。从足巨聲。其呂切。

跰　舞履也。从足麗聲。所綺切。

趽　曲脛馬也。从足方聲。所履也。

跳　蹶也。从足非聲。讀若匪扶味切。

踙　斷足也。从足月聲。魚厥切。或从兀讀與彭同。薄庚切。

趴　獸足企也。从足开聲。開聲。

趵　斷足也。从足决聲。五叵切。

距　雞距也。从足巨聲。其呂切。

躐　馬行皃从足汝聲。道也。从足各聲。道路人各有適也。洛故切。

跟　道也。从足艮聲。

蹲　歧也。从足支聲。巨支切。

跂　足多指也。从足支聲。

躇　踟躇旋行从足箸聲。

蹭　蹭蹬失道也。从足曾聲。徒亘切。

蹬　蹬登聲。

蹉　蹉跎失時也。从足差聲。臣鉉等案經史通用差池此亦後人所加七何切。

跎　蹉跎也。从足它聲。徒何切。

蹙　迫也。从足戚聲。臣鉉等案李善文選注通

文八十五　重四

（75）龠品疋部

疋蹍

呭𧾷

品

䟺延

龠

龢

籥龣籠龤

蹍字。子六切。

𤴓 足也。上象腓腸下从止弟子職曰問疋何止？古文以爲詩大疋字。亦以爲足字或曰胥字。

文七　新附

蹍蹕。行無常見𤴓。足甚聲。丑甚切。

一曰疋記也。凡疋之屬皆从疋。所菹切。

延 門戶疋蹻也。从疋从囗。象𤴓形。讀若跡所菹切。

延 通也。从辵从疋。疋亦聲所菹切。

文三

品 衆庶也。从三口。凡品之屬皆从品。丕飲切。

桑 多言也。从品相連。春秋傳曰：次于品北。讀與喦同尼輒切。

文三

龠 樂之竹管。三孔以和衆聲也。从品侖。侖理也。凡龠之屬皆从龠。以灼切。

龢 調也。从龠禾聲。讀與和同戸戈切。

龣 樂律管壎之樂也。从龠虒聲。讀若春秋傳曰：小虒。

龤 樂和龤也。从龠皆聲。虛皆切。

冊（cè音冊）部 　（76）

筴　嗣　壐　扁　　　　　册　龥

和同戶。
戈切。

龥　樂和龥也。从龥。皆聲。虞
書曰:八音克龥。戶皆切　　文五　重一

冊　符命也。諸侯進受於王也。象其札一長一短。
中有二編之形凡冊之屬皆从冊。　楚革切

册　古文冊。从竹。

嗣　諸侯嗣國也。从冊从口。司聲。徐鍇曰:
冊必於廟。史讀其冊。故从口祥吏切　卂　古文嗣从
从戶,冊戶冊者署門
戶之文也方沔切　　文三　重二　　扁　署
也

說文解字弟二下

賜進士及第山東等處督糧道布政使德常臨清倉事務加三級孫星衍重校刊

光緒歲在閼逢涒灘國子監肄業生吳縣朱記榮校刊

（77）品（jí音吉）部

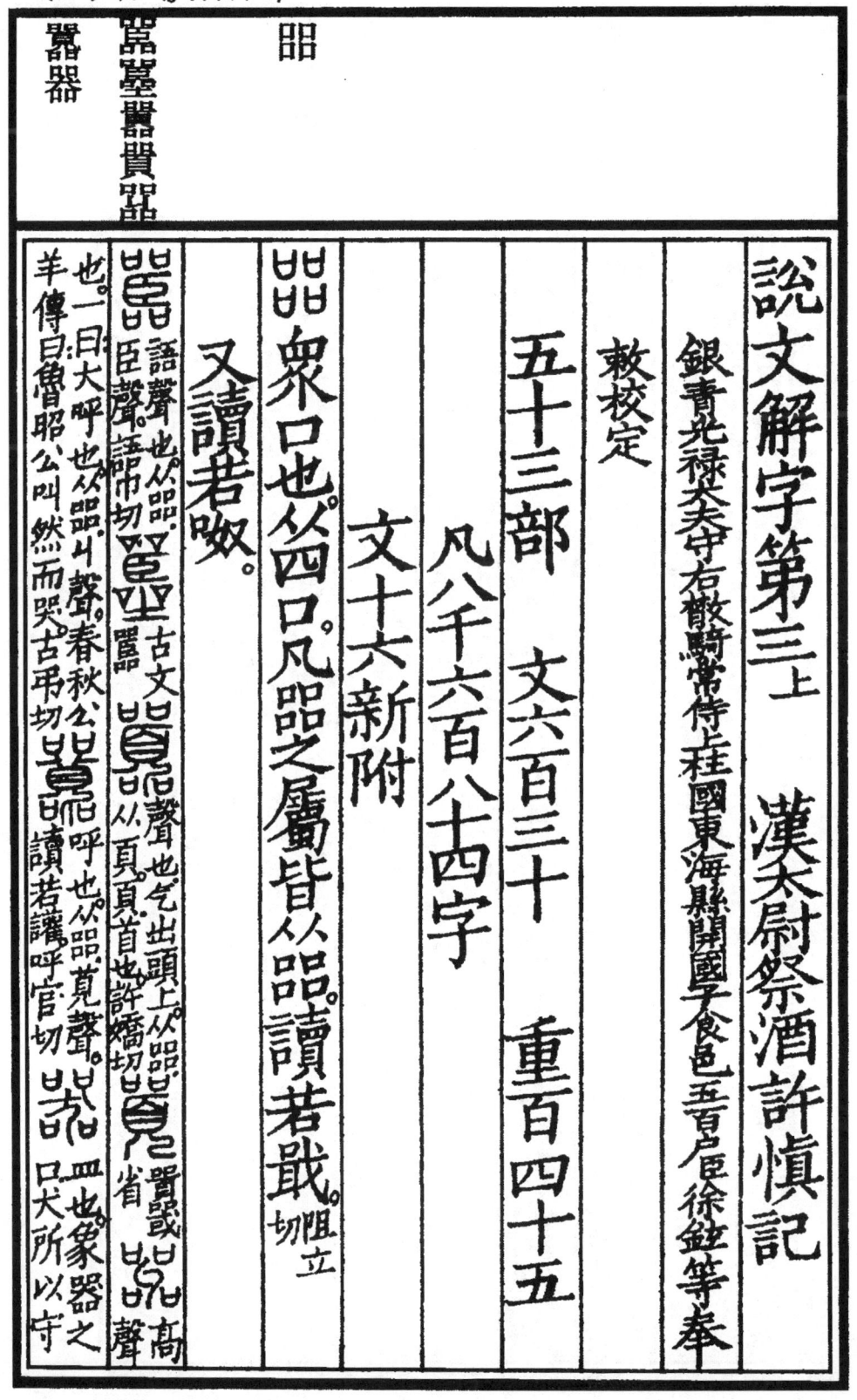

說文解字第三上　漢太尉祭酒許慎記

銀青光禄大夫守右散騎常侍上柱國東海縣開國子食邑五百戶臣徐鉉等奉

敕校定

五十三部　文六百三十　重百四十五

凡八千六百八十四字

文十六新附

品　衆口也从四口凡品之屬皆从品讀若戢。阻立切

又讀若呶。

嚚　語聲也从品臣聲。語巾切　古文嚚。

囂　聲也气出頭上从品从頁頁首也許嬌切　囂或省。

嚴　呼也从品叩聲春秋公羊傳曰魯昭公叫然而哭古邪切　嚴四也象器之口犬所以守　讀若譁呼官切

器　也一曰大呼也从品口聲。讀若讙呼官切

只 谷 干 舌 部 （78）

舌
　餂 餂 舚

干
　羊 𦎫

谷
　嘟 膞 丙 囧

只

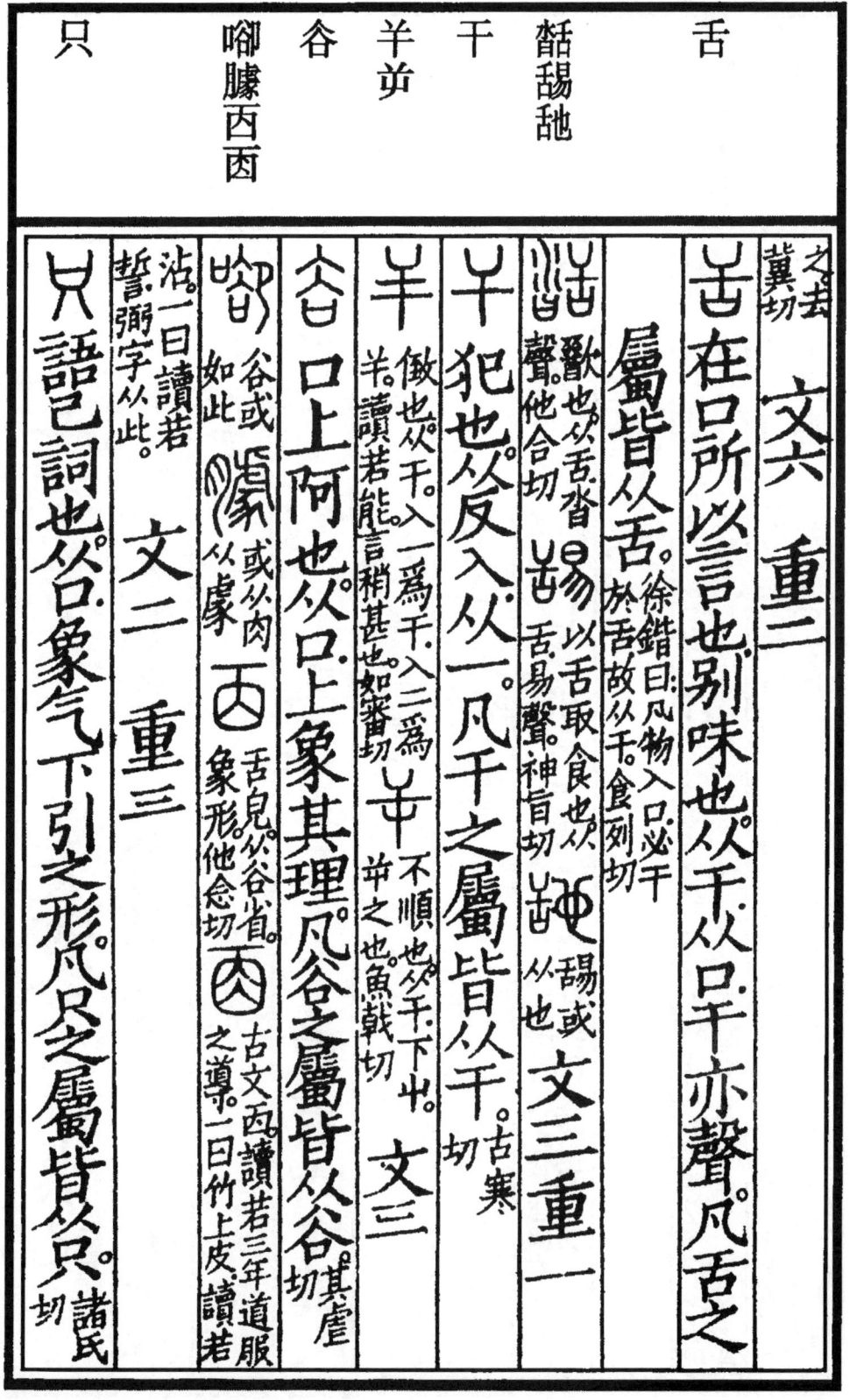

（79）　古丩(jiū音纠)句冋(nè音讷)只部

敠　　冋　　喬商爾商　　句拘筍鉤　　丩　　古茻糾

敠 聲也。从只粤聲。讀若聲。呼形切。
文二

冋 言之訥也。从口从冋之屬皆从冋。女滑切

喬商爾商
商 从外知内也。从冂章省聲。式陽切。
爾 古文商。
商 亦古文商。

喬 以錐有所穿也。从冂从…一曰滿有所出也。余律切
文三 重三

句 曲也。从口丩聲。凡句之屬皆从句。古矦切又九遇切。
文四

拘 止也。从句从手。句亦聲。舉朱切。
筍 曲竹捕魚笱也。从竹句。句亦聲。古厚切。
鉤 曲鉤也。从金句。句亦聲。古矦切。

丩 相糾繚也。一曰瓜瓠結丩起。象形。凡丩之屬皆从丩。居虯切。
文三

茻 艸之相丩者。从艸丩。丩亦聲。居虯切。
糾 繩三合也。从糸丩。丩亦聲。居黝切。

古 故也。从十口。識前言者也。凡古之屬皆从古。臣鉉等曰:十口…

言卅十古部　（80）

竷　十　悖　丈千胙卙　博劦廿　亦(卅)世　言

所傳是前言也公戶切　古文𧮫 古文　大遠也从古公古也。段聲古雅切。　文三　重一

十數之具也。一爲東西丨爲南北則四方中央備矣。凡十之屬皆从十。是執切。

古 十尺也。从又持十。直兩切。

十百也。从十从百。等曰从百从十人先切。

从十从尃尃布也。大通也。補各切。博大通也。从十尃聲。補各切。

䇂聲盛也从业子入切。

汁 詞之卙矢从十。卙盛也。从卙耳聲。秦入切。力聲盧則切。廿二十并也。古文省人。

世 三十年爲一世。从卅而曳長之亦取其聲也。舒制切。

来 三十并也。古文省凡卅之屬皆从卅。蘇沓切。

𠶷 直言曰言論難曰語。从口䇂聲凡言之屬皆从言。語軒切。

从言 切。

（81）言部

譬 讐 語 談
謂 諒 詵
請 謁 許 諾
謄（謄）讎 諸 詩
讀 音 訓 誨
訄 讖 諷 誦
譔 譬 諑
訣 諭 詖 諄
譯 詻 誾
謀 𣌍 謷 謨

言部　(82)

暮訪諷論
議訂詳
諭詧謹訊
諟諦識訊
諶信仞
詔誓論
記諱誥叡
詁藹諫
諝証諫諗

聲。虞書曰咨。古文謀。從言。

泛謀曰訪。從言方聲。敷亮切。
聚謀也。從言取聲。子于切。

論，議也。從言侖聲。盧昆切。古文論。

議，語也。從言義聲。宜寄切。

訂，平議也。從言丁聲。他頂切。

詳，審議也。從言羊聲。似羊切。
諦，審也。從言帝聲。都計切。

謹，慎也。從言堇聲。居隱切。
諶，誠諦也。從言甚聲。詩曰天難諶斯。是吟切。
信，誠也。從言從人。息晉切。古文信。古文信。

訊，問也。從言卂聲。祭省聲。楚八切。古文訊從鹵。

誠，信也。從言成聲。氏征切。
燕代東齊謂信曰訦。從言冘聲。
誡，敕也。從言戒聲。古拜切。

誥，告也。從言告聲。古到切。古文誥。
誓，約束也。從言折聲。時制切。

詔，告也。從言從召。召亦聲。之紹切。
誋，誡也。從言忌聲。渠記切。

諱，誋也。從言韋聲。許貴切。
告也。從言章聲。告。
會意息晉切。
叡，以芮切。

訓故言也。從言古聲。詩曰詁訓。公戶切。
臣盡力之美。從言葛聲。詩曰藹藹王多吉士。於害切。
問也。從言㑃聲。古音切。折聲時制切。

約束也。從言召聲。之紹切。
召亦聲之紹切。
論人息廉切。

戒也。從言戒聲。古拜切。
詩曰。召旋。詩曰詁訓。

知也。從言胥聲。私呂切。
諫也。從言正聲。之盛切。
諫也。從言柬聲。古晏切。
証也。從言正聲。
聲之盛切。
桑谷切。

（83） 言部

課　試
誠　書　詮　訴
說　計　諧
詥　調　話　論
誣　諓　警　諡
謙　誼　詔
諓　詗　詞
設　護　讓
諞　諰　託　記
譽　謠　謝　謳

深諫也。从言念聲。春秋傳曰辛伯諗周桓公。式荏切

試　用也。从言式聲。虞書曰明試以功。式吏切

課　試也。从言果聲。苦臥切

諴　和也。从言咸聲。周書曰不能諴于小民。故䕫切

說　釋也。从言兌。一曰談。失爇切。又弋雪切。
訢　喜也。从言斤聲。許斤切。
詮　全具也。从言全聲。此緣切。

諧　詥也。从言皆聲。戶皆切。
䛟　十。合會也。从言十。古諧切。
詥　諧也。从言合聲。候閤切。

調　和也。从言周聲。徒遼切。
論　議也。从言侖聲。盧昆切。
話　合會善言也。从言䛅聲。傳曰告之話言。胡快切。語文話从會。

諓　善言也。从言戔聲。一曰謔也。慈衍切。
警　戒也。从言从敬。敬亦聲。居影切。
誣　加也。从言巫聲。武扶切。
諡　行之迹也。从言从兮皿。闕。

謙　敬也。从言兼聲。苦兼切。
詔　告也。从言从召。之紹切。
誼　人所宜也。从言宜。宜亦聲。儀寄切。

詗　知處告言之。从言冋聲。朽正切。
詞　意內而言外也。从言从司。似茲切。
諓　嘉善也。从言我聲。五何切。

設　施陳也。从言从殳。殳使人也。識列切。
讓　相責讓。从言襄聲。人漾切。
護　救視也。从言蒦聲。胡故切。

諞　便巧言也。从言扁聲。周書曰截截善諞言。論語曰友諞佞。房連切。
諰　思之意。从言从思。胥里切。
託　寄也。从言乇聲。他各切。
記　疏也。从言己聲。居吏切。

譽　稱也。从言與聲。羊茹切。
謠　徒歌。从言䍃聲。余招切。
謝　辭去也。从言射聲。辝夜切。
謳　齊歌也。从言區聲。烏侯切。

言部 （84）

詠咏諍評　護詑諺訏　迓詣講謄　訒訥讄　諂諼謷訊　譜啍諛諞　昬警譊謷　詑讟謣　訦謷譲讄　詒診誳誕

齊歌也。从言。区聲。烏侯切。

詠，歌也。从言。永聲。咏或从口。為命切。

諍，止也。从言。爭聲。側迸切。

評，平議也。从言。平聲。皮命切。

護，止也。从言。蒦聲。胡故切。

詑，沇州謂欺曰詑。从言。它聲。託何切。

諺，傳言也。从言。彥聲。魚變切。

訏，詨也。从言。于聲。況于切。

迓，相迎也。从辵。牙聲。五駕切。

詣，候至也。从言。旨聲。五計切。

講，和解也。从言。冓聲。古項切。

謄，迻書也。从言。朕聲。徒登切。

訒，頓也。从言。刃聲。而振切。

訥，言難也。从言。内聲。内骨切。

讄，禱也。累功德以求福。从言。纍省聲。力軌切。

諂，諛也。从言。臽聲。丑琰切。

諼，詐也。从言。爰聲。況袁切。

謷，不省人言也。从言。敖聲。五牢切。

訊，問也。从言。卂聲。思晉切。

譜，籍錄也。从言。普聲。博古切。

謉，誇也。从言。虚聲。去魚切。

諛，諂也。从言。臾聲。羊朱切。

諞，便巧言也。从言。扁聲。部田切。

昬，亂也。一曰昬疾言失次也。从言。昬聲。五各切。

警，戒也。从言。敬聲。居影切。

譊，喧也。从言。堯聲。女交切。

謷，痛呼也。从言。敖聲。五牢切。

詑，欺也。从言。它聲。託何切。

讟，痛怨也。从言。毒聲。當沒切。

謣，妄言也。从言。雩聲。况于切。

訦，信也。从言。冘聲。氏任切。

謷，盜自呼也。从言。敖聲。五牢切。

讓，相責讓。从言。襄聲。人漾切。

譲，同讓。

讄，累功德以求福也。

詒，相欺詒也。一曰遺也。从言。台聲。與之切。

診，視也。从言。㐱聲。直刃切。

誳，詘也。从言。屈聲。居聿切。

誕，詞誕也。从言。延聲。徒旱切。

（85）言部

謏　訕　譏　誣
誹　謗　讟
訕　詛　詗
嫛　誤　註　誒
讄　詯
讕　訿
謑　詬　訍
讘　譜　訏（訐）讄
詯　訇　諞

言部

響訝
說訛譖詿
譬誠誃詩
誕誕講謔
詪訌讚
譟訏詵
讖譌讑
譁譁譆譇
譌註誤謬
詭譽訬

便巧言也。从言扁聲。周書曰戲戲。比也。从言頻聲。符真切　扣也。如求婦先訝。發之从言从口。亦

善論言也。論語曰友論佞。侯部田切　聲。苦□切　言相說司也。从□□切　言兒聲。女家切　相呼誘也。从言兆聲。徒了切　誕也。从言萬聲。下闚切　加也。从言从曾聲。作滕切

忘也。从言失聲。□記切　聲。苦瓜切　誠也。从言其聲。周書曰忌上不甚于凶德。渠記切　誕也。从言延聲。徒旱切　延聲。省正　籀文誕　敢聲。莫話切　俗从忘

戲謔今。从言虛約切　省聲　詞。誕也。从言延聲。詩曰善詞　聲。杜回切　言貴聲。司馬法曰師多則人讚。讀止也。胡對切　有識其聲。呼會切　誤也。从言□聲。讀也。从言工聲。詩曰中止　□聲。疾言也。从言□聲。呼會切　□聲。孟賊內訌。戶工切　□聲　很戾也。从言　工讀也。从言工聲。詩曰

乎刀切　譁也。从言雚聲。蘇到切　譁也。从言奠聲。呼官切　擾也。从言枭聲。大呼也。从言斗聲。春秋傳　號也。从言虎聲。呼瓜切　或訋于宋大廟。古平切　妄言也。从言□聲。羽俱切　妄言也。从言□聲。五故切　誤也。从言吳聲。五禾切

从言翏聲。夢言也。从言　譁言也。从言為聲。詩　謬也。从言翏聲。五故切　譌言也。从言民聲。民之譌言。五禾切　誤也。从言主聲。古賣切　大呼自冤也。从言狂者之　聲。古壞切省聲　一曰沙擾也。一曰譊

靡幼切　从言羔聲。呼光切　暴省聲。蒲角切　詅也。一曰沙擾也　獝从言少聲。讀

言部

誖　訐　讆　諞　說　讕　誾　訴　謫　讓
誦　譳　譋　詞　訟　譋　譳　　　怨　讒
詐　誊　誳　詎　諭　詾　誷　　　譖　誚
　　　　　　　　　讀

詐　欺也。从言乍聲。側駕切。
權詐也。益梁曰譲，欺天下以欺也。从言其聲。去其切。
詭譆也。一曰詐也。从言冘聲。古穴切。
譬，喻也。从言辟聲。匹詣切。
傳教覆審也。从言，虘省聲。雖遂切。一曰不省。
相毀也。从言雖聲。雖遂切。
言不止也。从言辭省聲。一曰諞言。諞文聾。
言亟疾也。从言亟聲。徒盍切。
言急也。从言閻聲。秦入切。
相毀也。从言商聲。古穴切。一曰痛惜也。子邪切。
爭也。从言公聲。似用切。
大言而怒也。从言虎聲。虎何切。
言謂龍聲也。从言詢聲。許容切。
言調諭似用切。
告也。从言厈省聲。《論語》曰：訴子路於季孫。桑故切。
面相斥罪相告訐也。居謁切。
告也。从言屏省聲。論語曰訴子路於季孫。
多言也。从言甚聲。以曰頌。古文訟。
異如皀亦音香。譬易亦音門，乃亦音仈。古今失傳，不可詳究。桑故切。
今他皆放此。
他皆放此。
誹也。从言襄聲。人漾切。
譖也。从言毚聲。士咸切。
相責讓也。从言襄聲。人漾切。
罰也。从言啻聲。陟革切。
謫問也。从言遣聲。去戰切。
數也。从言雋聲。尺絹切。
讀若專。尺絹切。
讀若隱。於謹切。才肖切。古文

諫諤詰
謹(謹)詭證詘
謳訦詗讀
詆讎譁
訧誅討
讕讇診斷
諡諫譓
訴詢諜該
譯訛謚

讎，數諫也。从言隹聲。讓也，从言，卒聲。國語曰，詰問也。
亦未敢訕公。讀，束聲。七賜切。曰譯，申冑雔遂切。

諫，責也，从言隹聲。責也，从言危聲。告也，从言登聲。
吉聲去。望聲。巫放切。過委切。諸應切。也一

謳，齊也，从言區聲。或从口。訦，尉也，从言，夗聲。詗，知處告言之人从言。
出聲。勿切。曰，訶也，从言。聲於願切。何也，从言同聲。朽正切。流言

曰屈襞从言。苛也。曰，苛也，从言。
言曾聲。屈聲於願切。火聲。

古獸讕从言。悵讕也，从言。諽視也，从言今聲。舊。
火縣切。闌聲洛干切。關或，直刃切又之忍切。悲聲也。
言氐聲都禮切。言革聲讀若戒。言斯省聲。

先稽諽从言。讕或从闌。
切。讀

悉也从言音音。罪也从言尤聲周書。討也从言寸。治也从言寸。他皓切。
聲烏含切。以庶訧羽求切。朱聲陟輸切。从言寸。

二曰禱也累功德以求福論語云禱曰禱。
爾于上下神祇从言雨省聲力軌切。省。

行之迹也从言音音。恥也从言耎聲。恥也从言奚佳六譓。
徐鍇曰今聲也神至切。朱聲未。恥也从言奚佳六譓。

謏也訧恥也从言。詬或从句。
后聲呼寇切。言某聲。

讀若心中滿讀辛傳譯四夷之言者。
詨古哀切。从言睪聲羊昔切。

謏訨誘也从言九聲。
言某聲。軍中約也。徒叶切。

言益聲。笑貌从言。讀若求臼鳩切。

（89）音諳（jing音）言部

伊昔切。又
呼狄切。

〔詧〕言察也。从言祭省聲。讀若沓。徒合切。

文二百四十五　重三十三

〔詢〕謀也。从言旬聲。相倫切。

〔讞〕議辠也。从言獻。直言也从言。籍錄也从言普聲。

〔譜〕史記从並。博古切。

〔詎〕詎猶豈也。从言巨聲。

〔誂〕小也誘也。从言安聲。

〔誘〕多服切。黨聲。

〔詍〕多言也。从言世聲。

〔詯〕膽气滿聲在人上。从言自。

〔詬〕謑詬恥也。从言后聲。

〔誋〕誡也。从言忌聲。

〔誌〕記誌也。記誌也。

〔訾〕不思稱意也。从言此聲。

文八　新附

〔誩〕競言也。从二言。凡誩之屬皆从誩。讀若競。渠慶切。

〔訣〕訣別也。一曰法也。从言夬聲。古穴切。

〔讟〕痛怨也。从誩賣聲。春秋傳曰。民無怨讟。徒谷切。

〔譱〕吉也。从誩从羊。此與義美同意。篆文譱从言。常衍切。（善）

〔詤〕彊語也。一曰逐也。从二人。渠慶切。

文四　重一

〔音〕聲也。生於心有節於外謂之音。宮商角徵羽聲。絲竹金石匏土革木音也。从言含一。凡音之屬皆从音。

文三　重一

丵(zhuó音浊)平(qiān音千)音部　（90）

響韽韶
章竟
韻
辛
童童妾
丵

響　聲也从音鄉□聲許兩切　今□　下徹聲从音

韽　會聲恩甘切　鳳皇來儀从音召聲市招

之屬皆从音。□切　於今

章　樂竟為一章从音从十。十數之終也諸良切

韶　虞舜樂也書曰簫韶九成

樂曲盡為竟从人居慶切　音从人居慶切

文一　新附

韻　和也从音員聲裴光遠云古與均同，未知其審。王問切

辛　皐也从千、三，二古文上字。凡平之屬皆从

辛。讀若愆。張林說　去虔切

文一

辛　男有辠曰奴奴曰童女曰妾从辛重省聲。徒紅切

妾　有辠女子給事之得接於君者从辛从女。春秋云女為人妾妾不娉也七接切

播文童中與竊中同从

有辠女子給事

文三　重一

丵　叢生艸也。象丵嶽相並出也凡丵之屬

皆从丵。讀若浞　士角切

文六

（91）廾（gǒng 音拱）菐（pú 音仆）部

業 巤
叢 對 對
菐
暷 龔
奴（廾）
拜 奉 丞 奐
弄 算 霥
舁 异

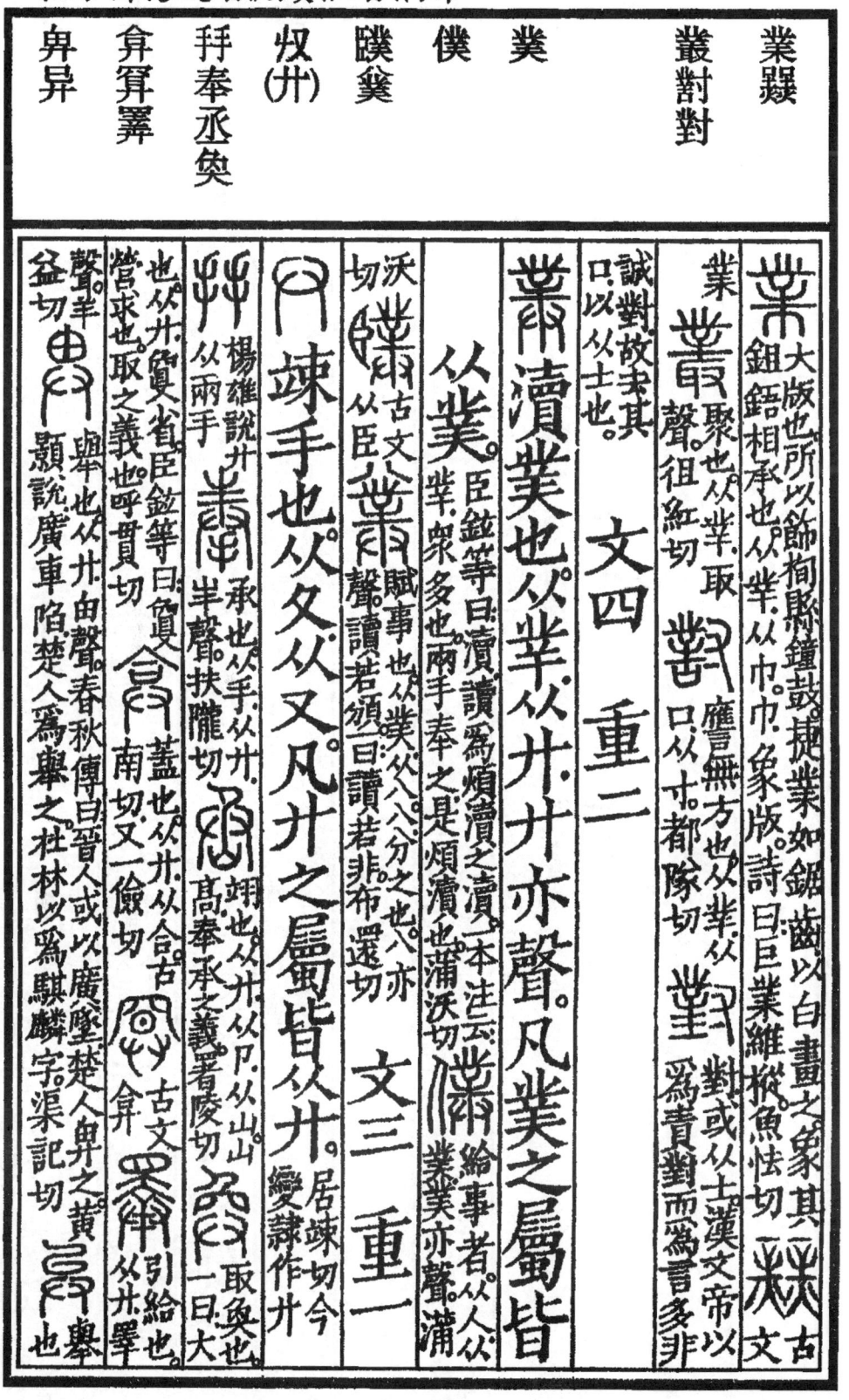

業　大版也。所以飾栒縣鐘鼓。捷業如鋸齒以白畫之。象其鉏鋙相承也。从丵从巾。巾象版。詩曰。巨業維樅。魚怯切。古文。

叢　聚也。从丵取聲。徂紅切。

對　應無方也。从丵从口从寸。漢文帝以為責對而為言多非誠對。故丵其口以从士也。都隊切。對或从土。

菐　瀆菐也。从丵从廾。廾亦聲。凡菐之屬皆从菐。蒲沃切。
文四　重二

僕　給事者也。从人从菐。菐亦聲。臣鉉等曰。菐賤之事。非人所宜。故从人。蒲沃切。古文从臣。

暷　賦事也。从菐八分之。八亦聲。讀若頒。一曰讀若非。布還切。

龔　給也。从廾龍聲。俱容切。

廾　竦手也。从又从廾。凡廾之屬皆从廾。居竦切。今變隸作廾。
文三　重一

拜　首至地也。从手从廾。楊雄說。拜从兩手下。扶隴切。

奉　承也。从手从廾。丰聲。扶隴切。

丞　翊也。从廾从卪从山。山高奉承之義。署陵切。古文。

奐　取奐也。一曰大也。从廾夐省。呼貫切。

弄　玩也。从廾持玉。盧貢切。

算　數也。从竹从具。讀若筭。蘇管切。古文。

霥　引給也。从廾貝省。古文以為貟字。春秋傳曰。晉人或以廣墜楚人為舉。益切。

舁　共舉也。从臼从廾。以諸切。

异　顯說廣車陷楚人為舉之杜林以為駒麟字。渠記切。

共 癶（pān音潘）部　（92）

弄　具　兵俜㾆顨弈　㳶　攀（擧）樊孌　共
弇　　　　　　　　弅　　　　　　　龔
㧅　　　　　　　　戒

从廾曰聲。虞書曰：
岳曰异哉羊吏切

玩也从廾持　王盧貢切
兩手盛也从廾　此聲。余六切
搏飯也。从廾采

聲。采古文辨字。讀
若書卷居券切

持弩拊　从廾肉聲。讀若逵臣
鉉等曰从肉未詳渠追切

警也从廾持戈
以戒不虞居

拜　械也从廾持斤弅
力之兒。補明切

从廾千　古文兵从
人廾干　籀文

戁也从廾龍
聲紀庸切

圍棊也从廾亦聲。論語曰。
不有博弈者乎羊益切

共置也从廾从貝省。
古以貝為貨其遇切

文十七　重四

引也从反廾凡　之屬皆从　普班切今
變隸作大。

从廾从　樊也从　棥
棥亦聲附表切
聲呂員切

手从樊　樊攀亦聲
執　不行也从　从廾
樊也从　棥

文三　重一

甘同也从廿廾凡共之屬皆从共　渠用切

共古文共
共
給也从廾共龍
聲俱容切

文二　重一

（93）　晨臼(jū音居)舁(yú音于)異(yì音異)部

異
戴戴
舁
舁臼舁與与
興
臼
奴奧
(要)
晨

異　分也。从廾从畀。畀予也。凡異之屬皆从異。　徐錯曰將欲與物先分異之也禮曰賜君子小人不同日羊吏切

戴　分物得增益曰戴从異𢦏聲都代切　籀文戴

文二　重一

興　起也从舁从同同力也虚陵切

舁　共舉也从臼从廾凡舁之屬皆从舁讀若余余切　以諸

舁　𦥑高也从舁𠃟聲七然切　古文舁　古文興　黨與也从舁从与余吕切　与古文與

臼　叉手也从𦥑从彐凡臼之屬皆从臼居玉切

文四　重三

奴　身中也象人要自𦥑之形从𦥑交省聲於消切又於笑切　要古文

文三　重一

𦥑　早昧爽也从臼从辰辰時也辰亦聲𠫗夕為𡖇

晨　辰為晨皆同意凡晨之屬皆从晨食鄰切

爨（cuàn音竄）部 （94）

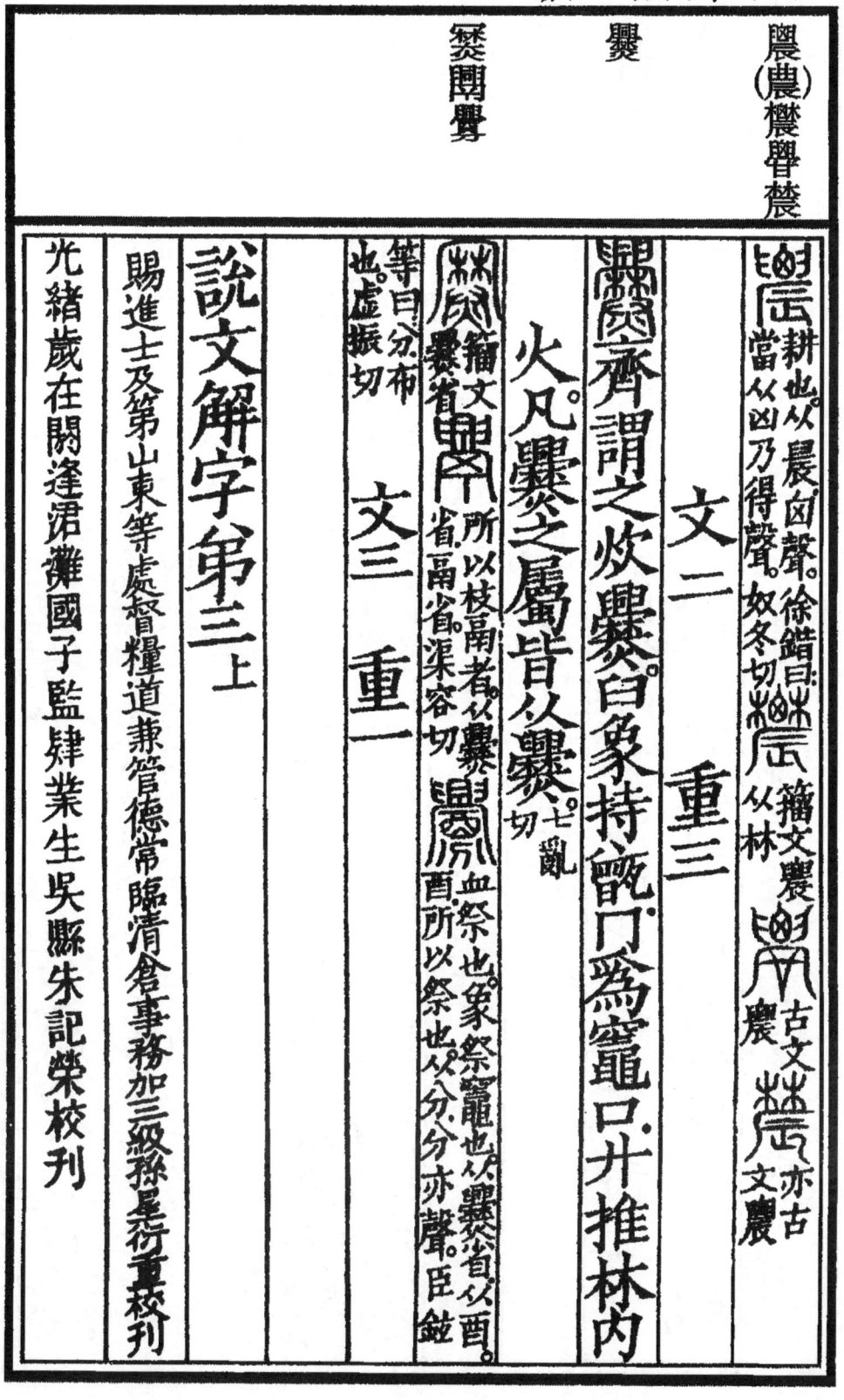

農(農)爨釁農

釁

爨鬭釁

耕也从晨囟聲。徐鍇曰當从凶乃得聲。奴冬切　籀文農从林　古文農　亦古文農

齊謂之炊爨臼象持甑冂爲竈口廾推林內

文二　重三

火凡爨之屬皆从爨　切

籀文爨省　切

等曰分布也虛振切

文三　重一

說文解字弟三上

賜進士及第山東等處督糧道兼管德常臨清倉事務加三級孫星衍重校刊

光緒歲在閼逢涒灘國子監肄業生吳縣朱記榮校刊

説文解字第三下　漢太尉祭酒許慎記

銀青光祿大夫守右散騎常侍上柱國東海縣開國子食邑五百戶臣徐鉉等奉

敕校定

革　獸皮治去其毛革更之象古文革之形凡

革之屬皆从革。古覈切

古文革。从三十。三十年為一世而道更也。臼聲。

鞹　去毛皮也。論語曰虎豹之鞹。从革郭聲。苦郭切

靬　乾革也。武威有麗靬縣。从革干聲。苦旰切

鞄　柔革工也。从革包聲。讀若朴。周禮曰柔皮之工鮑氏。鞄即鮑也。蒲角切

鞣　攻皮治鼓工也。从革軍聲。讀若運。王問切

鞣　柔革也。从革从柔。柔亦聲。耳由切

韗　生革可以為縷束也。从革各聲。盧各切

鞄　鞄也。从革宣聲。况袁切

鞄　古文鞄。从宣。

鞼　車鞄絲也。从革从糸。貴聲。讀若闠。求位切

鞶　大帶也。易曰或錫之鞶帶。男子帶鞶革婦人帶絲。从革般聲。薄官切

鞶　帶所以束衣也。从革般聲。薄官切

鞮　革履也。从革是聲。以韋束也。易曰鞏用黃牛之革。从革鞏聲。居竦切

鞏　以韋束也。易曰鞏用黃牛之革。从革巩聲。居竦切

鞠　履空也。从革叚聲。徐錯曰履空猶言履殼也。

革部 （96）

（97） 鬲（lì音立）革部

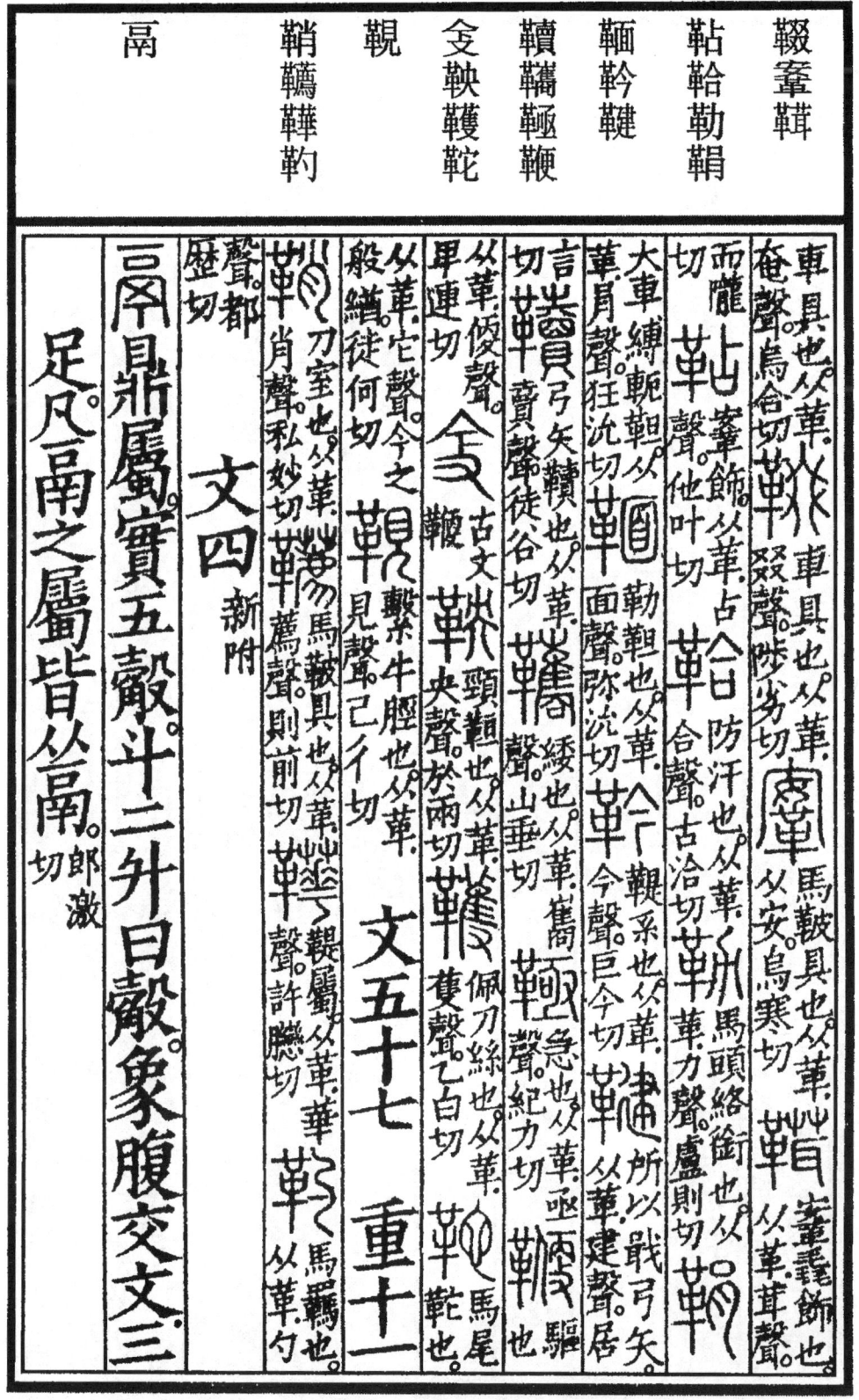

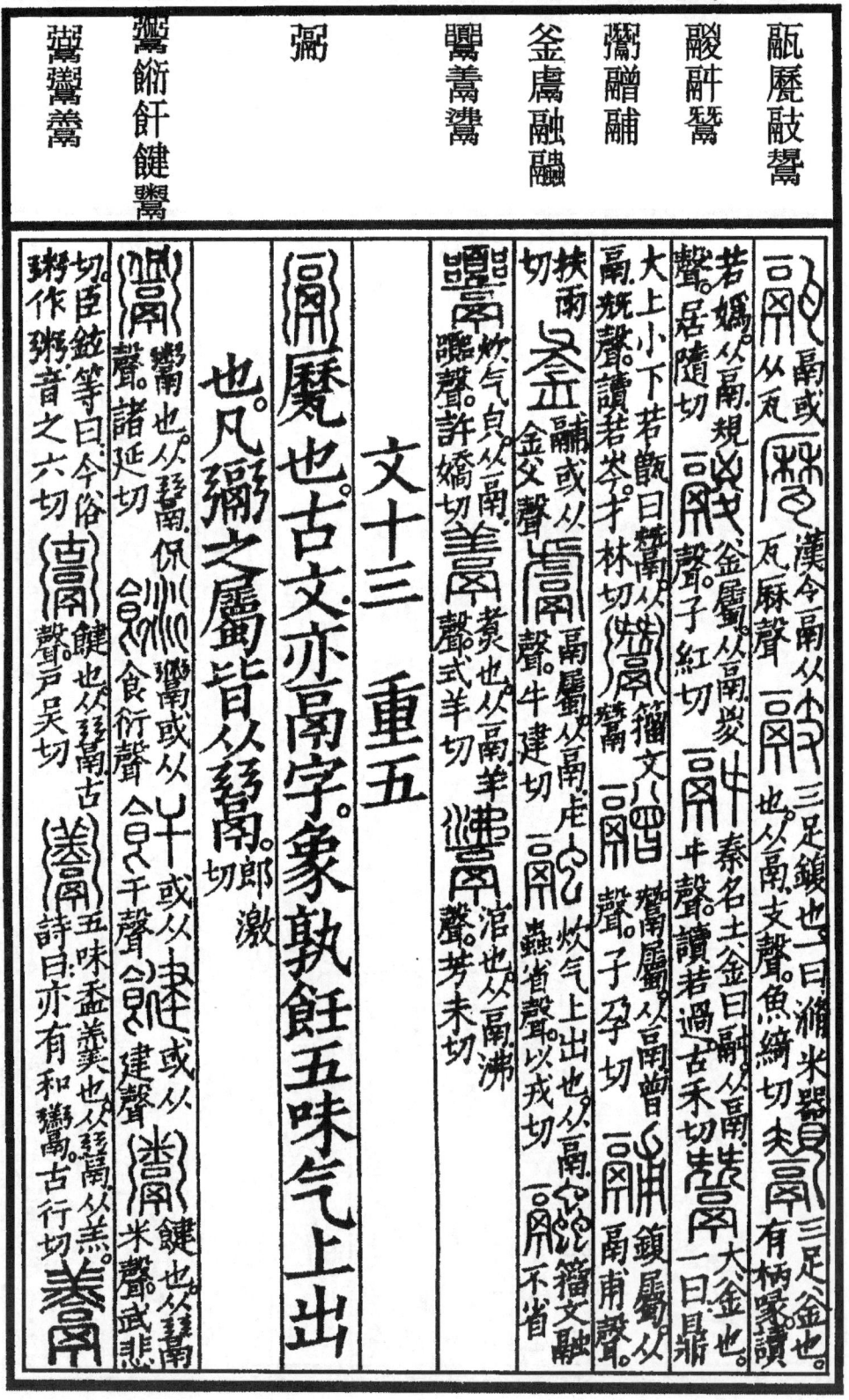

（99）鬻（jí音吉）爪部

鬻鬻鬻
餗鬻糜鬻
粖鬻餌鬻
鬻鬻煮
鬻鬻
爪
孚采
為為爪
丮

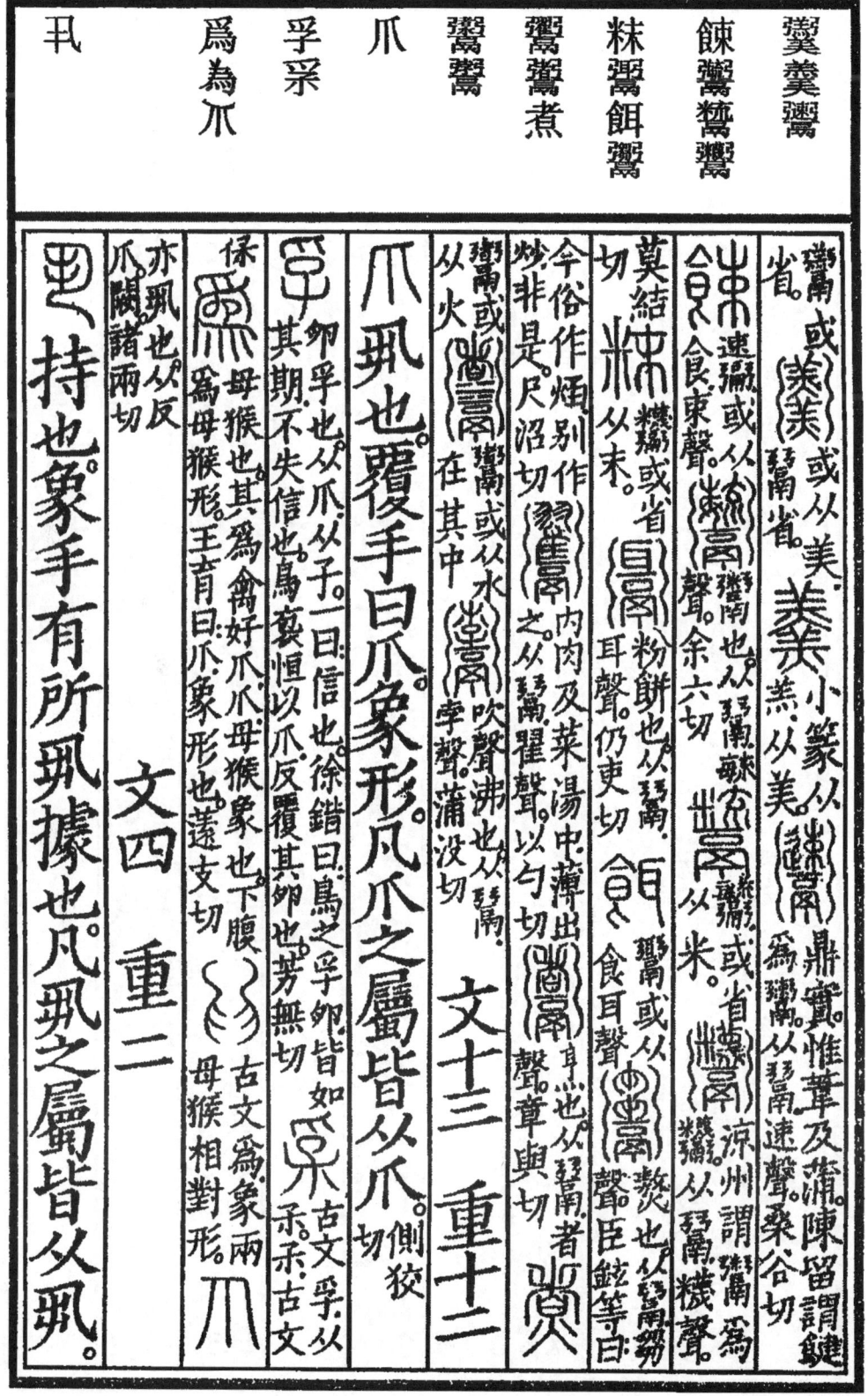

鬻南或 省。（羹）或从美。羹，小篆从羔从美。鼎實惟葦及蒲。陳留謂鍵 省。

餗 鬻南或从辣。鬻南省。速 或从辣南。 為鍵 从鬻南速聲。桑谷切。凉州謂鬻為 。 粖 糜鬻南或省。 从米。莫結切。

會 食兼聲。余六切。

鬻南或从米。粉餅也。从鬻南。 之。从鬻南瞿聲。以勻切。

今俗作煩。別作炒。非是。尺沼切。内肉及菜湯中薄出。吹聲沸也。从火。

餌 鬻南或从食。耳聲。仍吏切。

鬻南或从火。在其中。字聲。蒲没切。

爪 丮也。覆手曰爪。象形。凡爪之屬皆从爪。側狡切。

文十三 重十二

孚 卵孚也。从爪从子。一曰信也。徐鍇曰鳥之孚卵皆如其期不失信也。盇恒以爪反覆其卵也。芳無切。 古文孚从禾 古文孚

係 母猴也。其為禽好爪爪母猴象也。下腹爲母猴形也。王育曰爪象形也。遠支切。 古文爲象兩母猴相對形。

亦玩也。从反爪闕。諸兩切。

丮 持也。象手有所丮據也。凡丮之屬皆从丮。

文四 重三

鬥（dòu音豆）飛部（100）

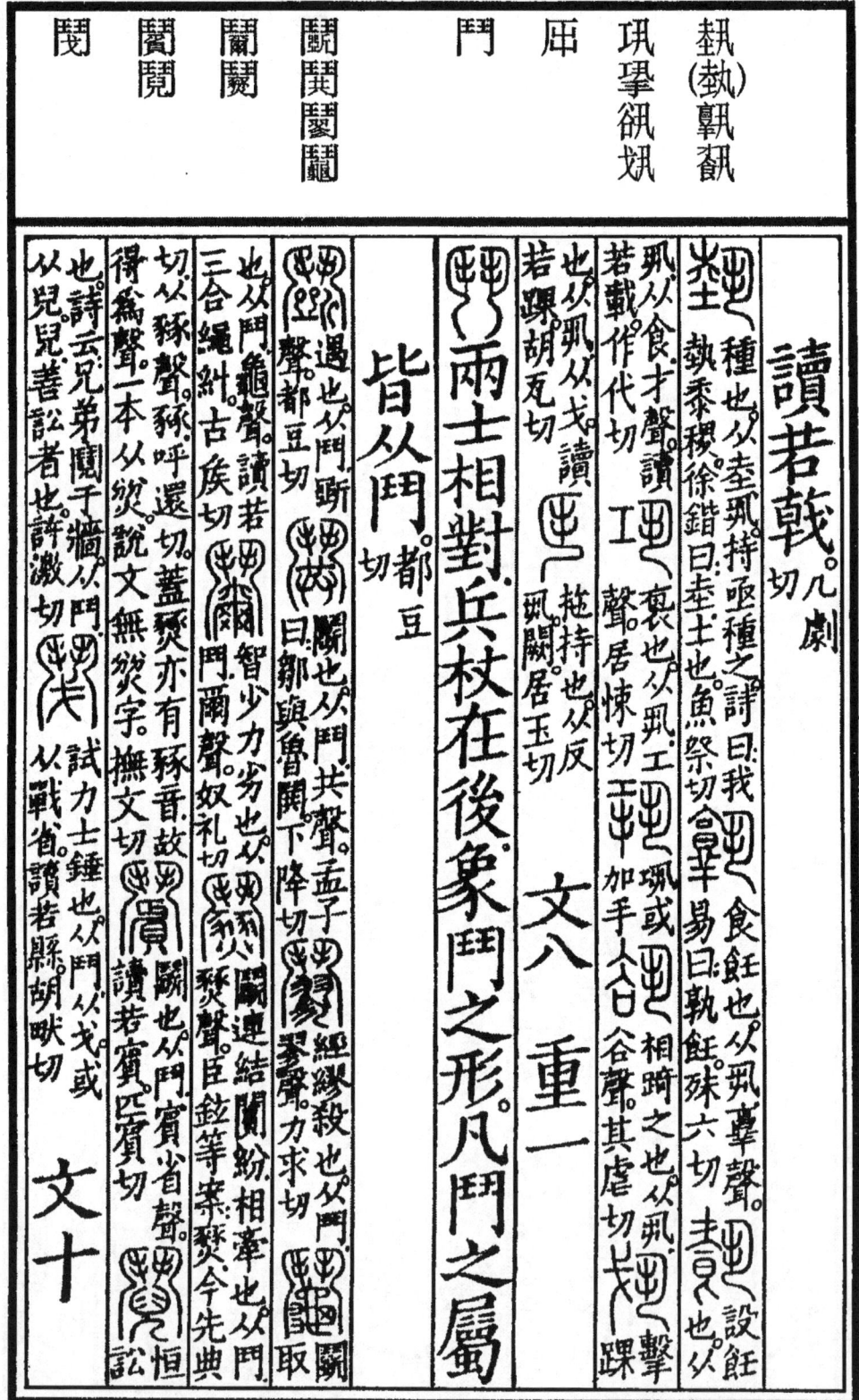

鬥　兩士相對，兵杖在後，象鬥之形。凡鬥之屬皆从鬥。都豆切

讀若戟。切　劇

（101）又鬥部

鬥

又

右厷厶肱

叉叉父

夋叟寽燮

曼夋

夬尹

帚（帚）叔燮叔

及及肢

及及逮秉

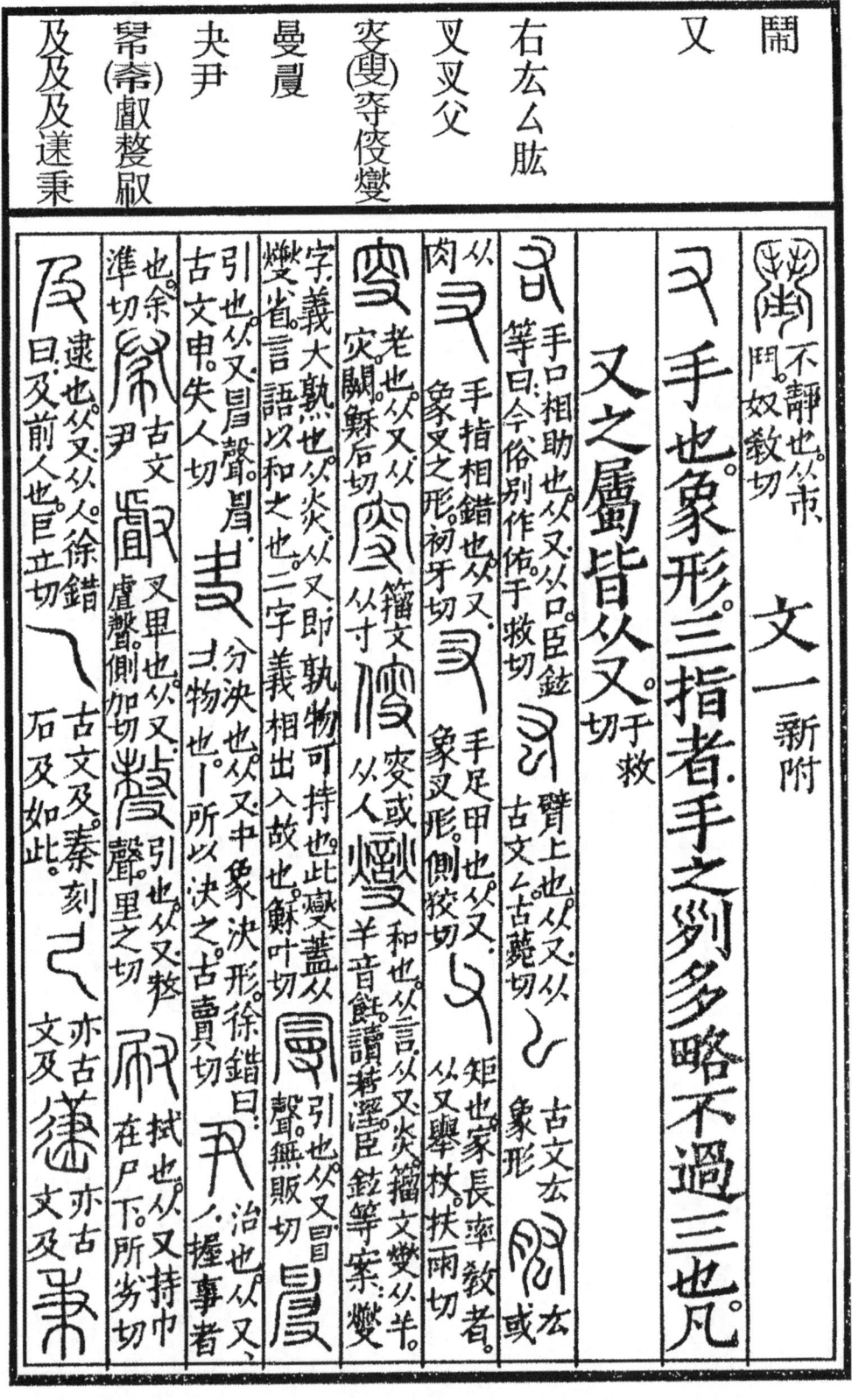

史ナ（zuǒ音左）又部　（102）

反　反　反　ㄋ
敊　叔
村　曼　取
彗　篲　篧
叚　彶　叚　友　弅
習　度
ナ
卑
史

禾束也，从又持禾。兵永切。

覆也，从又厂。反形。府遠切。古文反。　治也，从又从卩。卩，事之節也。房六切。　也。　滑

詩云：彡兮達兮。从又、𡳿。楚人謂卜問吉凶曰敊。从又持卜。一曰取也。土刀切。　出㣇。柰，柰亦聲。讀若敖之。芮切。

拾也。从又尗聲。汝南名收芌爲叔。式竹切。　从寸。

柀也。从又寸。　回，淵水也。讀若沫莫勃切。　水有所取也。从又在回下。回，古文回。捕取也。　也。从

捕取也。从又从耳。司馬法曰：載獻聝。聝者，耳也。讀若“聝”。耳庚切。　又从耳。　掃竹也。从又持𣲹。㣇歲切。彗或从竹。　古文彗从竹。

借也，闕。古雅切。叚。　叚，古文叚。

習　段，古文叚。譚長說，叚如此。

法制也。从又庶省聲。徒故切。　亦古文友。友，同志爲友。从二又相交。友也。云又切。古文友。

ナ，手也。象形。凡ナ之屬皆从ナ。臧可切。　文二。

卑，賤也。執事也。从ナ甲。徐鍇曰：右重而左卑，故在甲下。補移切。

史，記事者也。从又持中。中，正也。凡史之屬皆从史。疏士切。

皆从史。

文二十八　重十六

（103）聿(yù音玉)聿(niè音聶)支部

事 事
支
帝 敊
聿
肅 聿
隸 隸 肆 肅
筆(笔) 聿

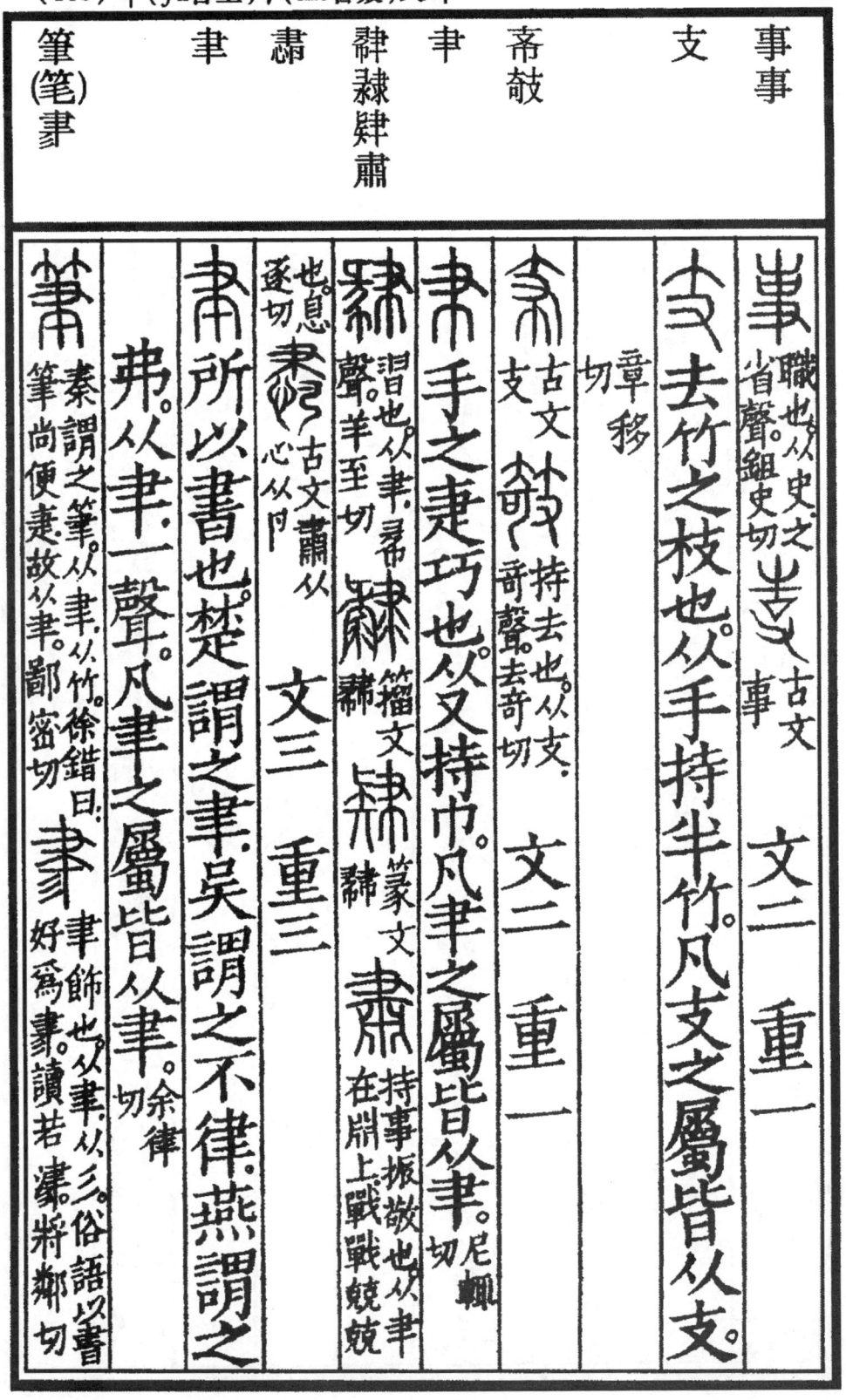

事 職也从史之省聲組史切 古文事 文二 重一

支 去竹之枝也从手持半竹凡支之屬皆从支。章移切 文三 重一

敊 持去也从支奇聲去奇切 古文敊 文二 重一

聿 手之建巧也从又持巾凡聿之屬皆从聿。尼輒切 文三 重三

隸 謂也从聿㣇聲羊至切 篆文隸

肅 持事振敬也从聿在𢇛上戰戰兢兢 息逐切 古文肅从心从卩

聿 所以書也楚謂之聿吳謂之不律燕謂之弗从聿一聲凡聿之屬皆从聿。余律切

筆(笔) 秦謂之筆从聿从竹。徐鍇曰筆尚便速故从聿鄙密切

臤（qiān音千）聿畫（画）聿部（104）

臤	隸隸隸	隶	書劃畫畫	畫	書

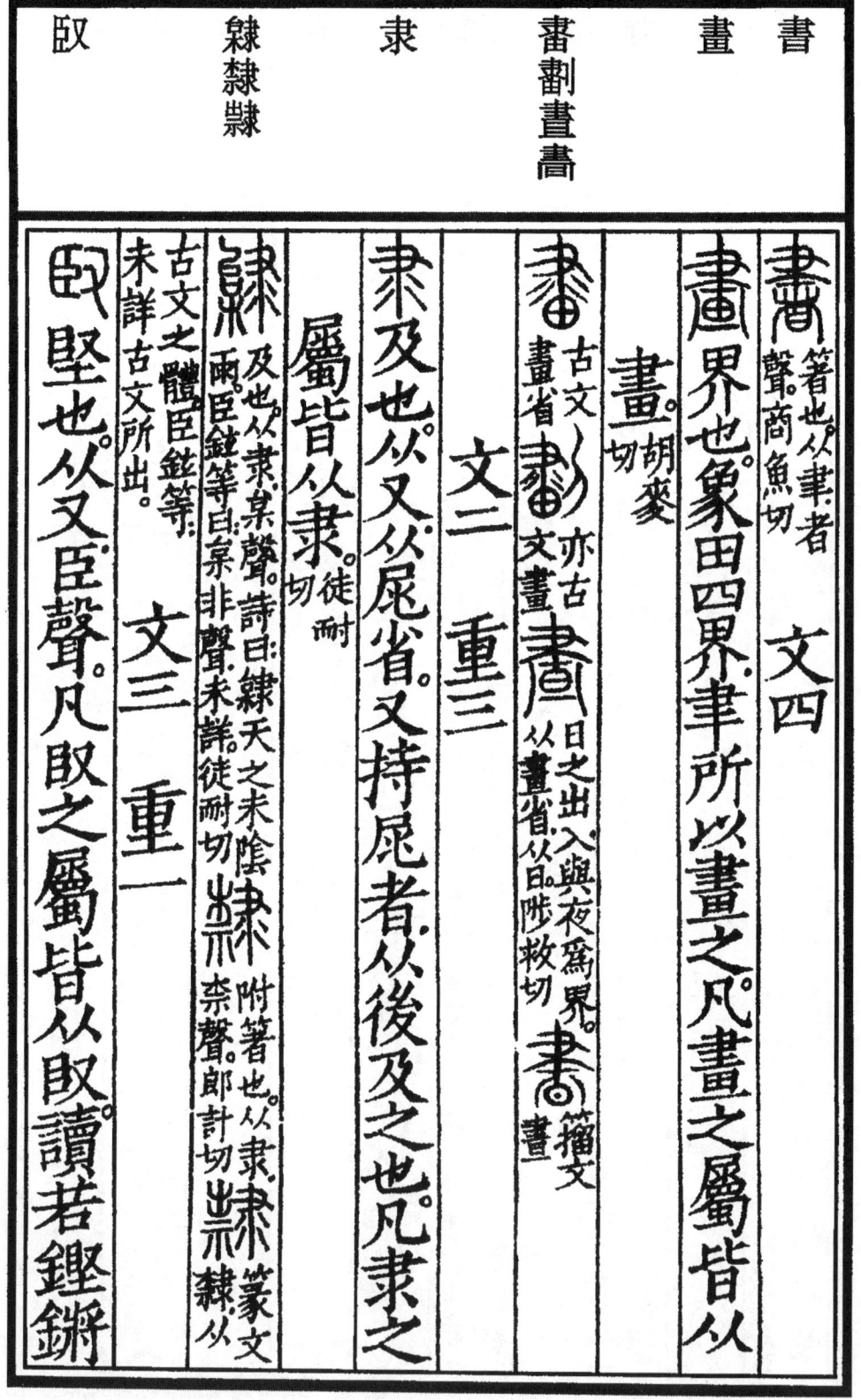

書 箸也从聿者聲。商魚切

文四

畫 界也象田四界聿所以畫之凡畫之屬皆从畫。胡麥切

古文畫省

亦古文畫。

書 日之出入與夜爲界。从畫省从日。陟救切

籀文

書

畫

文三 重三

隶 及也从又从尾省。又持尾者从後及之也凡隶之屬皆从隶。徒耐切

隸 屬皆从隶。徒耐切

隸 及也从隶枲聲。詩曰隸天之未陰。未詳徒耐切

古文枲非聲。

隸 两臣銤等曰枲篆文

附箸也从隶柰聲。郎計切

文三 重一

臤 堅也从又臣聲凡臤之屬皆从臤讀若鏗鏘

未詳古文所出。古文之體臣銤等。

（105）殳（shū音书）臣臤部

殳　　亞臧臤　　臣　　緊堅豎豎

臣之鏗古文以爲賢字。苦閑切

緊纏絲急也从臤从絲省劦忍切　堅剛也从臤从土古賢切　豎豎立也从臤豆聲臣庚切　豎籀文豎从殳

文四　重一

臣牽也事君也象屈服之形凡臣之屬皆从臣　臣植鄰切

亞乖也从二臣相違善也从臣兆聲讀若誑居況切　臧善也从臣戕聲則郎切　臧籀文

文三　重一

殳以杸殊人也禮殳以積竹八觚長丈二尺建於兵車車旅賁以先驅从又几聲凡殳之屬皆从殳　殳市朱切

殺殳部（106）

殳
杸 毄 殼
烆 殳
穀 殺 毆 殼
殿 殹 段
毃 殺 毅
倪 役
殳 殳
殺

殳也从又示聲。或說城郭市里高縣羊皮有不當入而欲入者暫下以驚牛馬曰殳故从示殳詩曰何戈與殳丁外切

軍中士所持殳也从木从殳司馬法曰執羽从殳市朱切

擊下也一曰素也从殳青聲苦角切

擊中聲也从殳豆聲讀若哠

縣物殳擊也从殳青聲苦角切

椎物也从殳豖聲冬毒切

捶毄物也从殳區聲烏后切

擊聲也从殳高聲口卓切

擊空聲也从殳宮聲

擊頭也从殳徒冬切又火宮切

尸聲堂練切

醫擊也从殳从臣臣惡也一曰殳擊冒省聲於計切

相雜錯也从殳青聲胡芽切

摶屈也从殳从人臣鉉等曰東小謹也亦屈服之意居又切

殳改大剛卯也从殳亥聲古哀切

日行步也从彳从殳古文役从人

殺也从殳杀聲凡殺之屬皆从殺。臣鉉等曰說文無殺字相

亦聲豐隻切

傳云音察未知所出所八切

文二十重一

（107）寸八殺部

儯 敎 布 弒

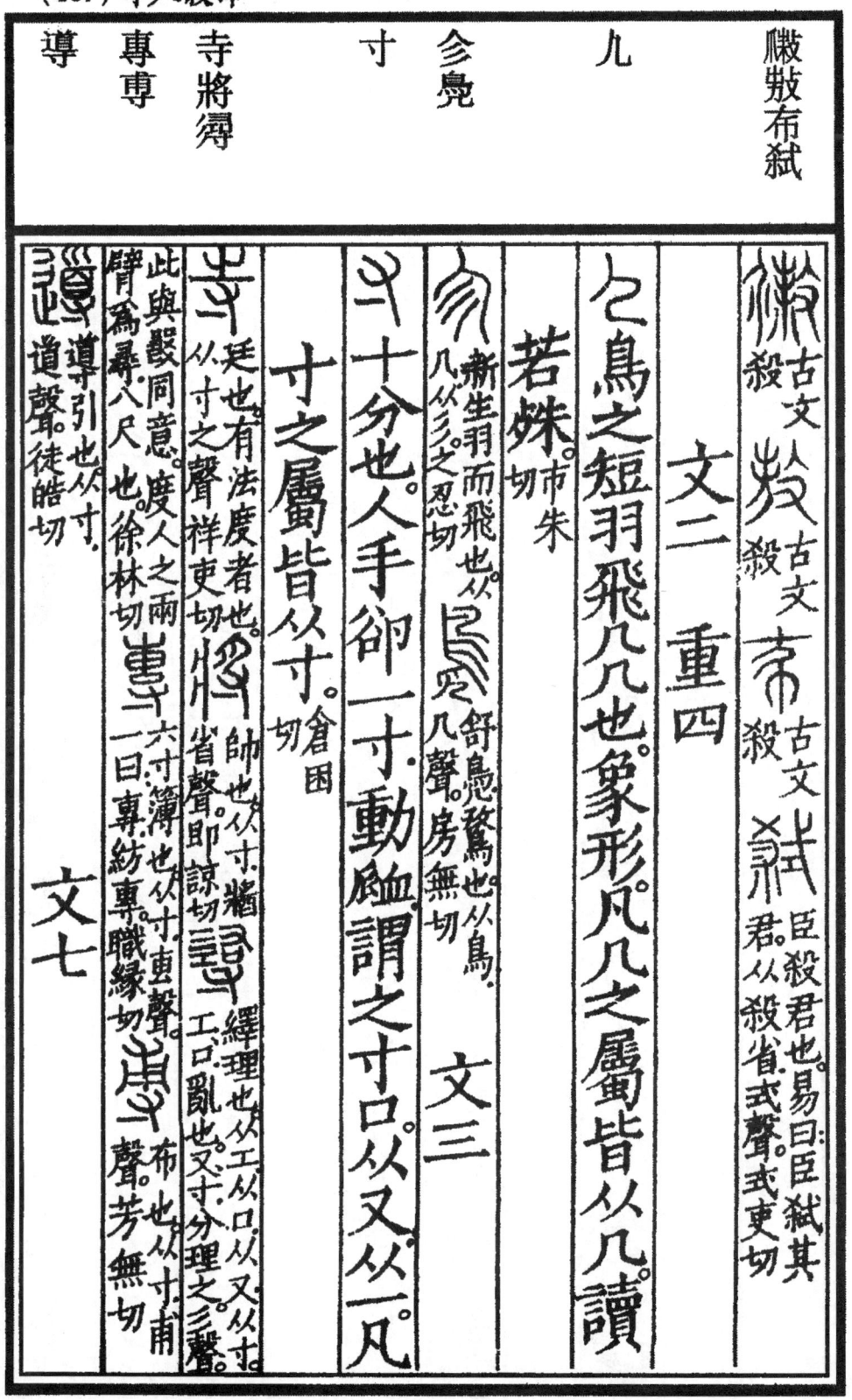

殺 古文
敎 古文
弒 古文

臣殺君也。易曰：臣弒其君。从殺省式聲。式吏切。

文二　重四

帝 殺古文

若絑。市朱切

几　鳥之短羽飛几几也。象形。凡几之屬皆从几。讀若殊。

鳬　舒鳬鶩也。从鳥几聲。房無切。

文二

寸　十分也。人手卻一寸動脈謂之寸口。从又从一。凡寸之屬皆从寸。倉困切。

文三

寺　廷也。有法度者也。从寸之聲。祥吏切。

將　帥也。从寸牆省聲。即諒切。

專　六寸簿也。从寸叀聲。一曰專，紡專。職緣切。

導　導引也。从寸道聲。徒皓切。

文七

攴（pū音扑）甏（ruǎn音软）皮部（108）

皮　尋夏皰皯　甏　朋瓮獸裵　攴
　　　　　　鞁皵　甏

段　剝取獸革者謂之皮从又㠯又為省聲凡皮之屬
皆从皮。符羈切

古文皮

籀文皮

皰　面生气也从皮包聲菊教切
皯　面黑气也从皮干聲古旱切

文二　重三

軍聲矩云切
皴　皮細起也从皮夋聲七倫切

文二

足跰也从皮
皵　……讀若偁。臣鉉等曰此者反覆柔
治之也从皮管聲而兖切

文二　新附

甏　柔韋也从北从皮省从夐省凡甏之屬皆从甏
讀若耎。一曰若儁。

古文甏
籀文甏从夐省

古文甏从羽獵韋綫从北
或从衣从朕虞
斧聲而隴切
書曰鳥獸襞毛

文三　重三

攴　小擊也从又卜聲凡攴之屬皆从攴。普木切

（攴部）

啟 徹 徽 肇
敏 啟 赦 攽
整 效 故
敍 敃 敳
漱 孜 放
攽 斁 數
敞 俶 改
變 更 敕
取 斂 敫

啟　教也。从攴启聲。論語曰：不憤不啟。康礼切。

徹　通也。从彳从攴从育。丑列切。古文徹。

徽　从攴微聲。

肇　擊也。从攴肁聲。

肇　省聲。治小切。小也。从攴眉殳切。

敏　疾也。从攴每聲。眉殳切。

啟　彊也。从攴民聲。彊也。从攴民聲。交从攴交切。

赦　置也。从攴赤聲。象也。从攴赤聲。胡教切。

攽　分也。从攴分聲。周書曰：乃惟孺子頒。布還切。

整　齊也。从攴从束从正。正亦聲之盛切。之郢切。

效　正也。从攴正聲。之盛切。讀與施同式攴切。

故　使為之也。从攴古聲。古慕切。

政　正也。从攴从正。正亦聲。之盛切。

敃　彊也。从攴民聲。眉殳切。

敳　有所治也。从攴豈聲。讀若豤。五來切。

敍　次第也。从攴余聲。敍遺後人芳无切。

斁　解也。从攴睪聲。一曰：終也。羊益切。

數　計也。从攴婁聲。所矩切。

敄　彊也。从攴矛聲。亡遇切。

孜　汲汲也。从攴子聲。周書曰：孜孜無怠。子之切。

放　逐也。从攴方聲。甫妄切。

漱　鐵也。从攴束聲。所劣切。

敕　誡也。臿地曰敕。从攴束聲。耻力切。

敞　平治高土可以遠望也。从攴尚聲。昌兩切。

俶　善也。从攴尗聲。一曰：始也。昌六切。

改　更也。从攴己聲。古亥切。

變　更也。从攴䜌聲。秘戀切。

更　改也。从攴丙聲。古行切。

敕　擇也。从攴柬聲。周書曰：敕乃甲。郎甸切。

取　收也。从攴耳聲。良典切。

斂　收也。从攴僉聲。良冉切。

敫　光景流也。从攴从敫。古弔切。

攴部（110）

歊 歈
陳 敕 救 㪫
歡 赦
赦 攸 汝
敺 救 㑗
敿 敕 敦
歠 敗 歊 歈
寇 歊 歈
劇 念 歊
收 鼓 攷

冒洛上聲。繫系連也。从攴喬聲。周書曰合會也。从攴从合。合亦聲。古沓切。

蕭切。歊。歊乃干讀若矯。居夭切。取合亦聲。古沓切。

陳。列也。从攴陳聲。直刃切。仇也。从攴求聲。止也。从攴求聲。巨鳩切。

書曰欲攘嬌虔。从攴喬聲。徒歷切。解也。从攴罩聲。詩云服之無置也。从攴置聲。居又切。陟利切。

攴見聲。徒活切。歊歊獸也。一曰終也。羊益切。支亦聲。

始夜切。从攴亦聲。救或从攴。行水也。从攴从人。水省徐鍇曰水所以滌也。以周切。秦刻石繹山文攸字如此。都昆切。

撫也。从攴亡聲。讀與撫同。芳武切。克敉公功。讀若弭。緜婢切。撫也。从攴米聲。周書曰亦未切。敉或从人。

敦。侮也。从攴丩聲。易曰易亦聲。羽非切。怒也。詆也。一曰誰何也。籒文敗从賏。博陌切。

回也。明侵也。从攴丩聲。其完聚而欲寇之苦候切。毀也。从攴貝。敗賊皆从貝。會意。薄邁切。从攴韋聲。都昆切。

煩也。从攴从頁。暴也。从攴完完亦聲。郎段切。徐鍇曰當其完徐錯曰當刺也。从攴束聲。豬几切。

閑也。从攴度聲。敳或从念聲。周書曰擊也。从攴念乃卒奴叶切。歊盡也。郎段切。從攴畢聲。

讀若杜徒古切。从攴度聲。从刀。敳乃卒奴叶切。从攴畢。

聲。甲切。捕也。从攴斗聲。武州切。擊鼓也。从攴壴。壴亦聲。公戶切。

吉切。敏也。从攴每聲。苦浩切。

（111）攴攵部

敏攻敲致
數瞽
敷瞽
敲啟敬
敍敷政
謸攻改
牧敕敏
教敶
（斂）

擊也。从攴句聲。上，讀若扣。苦候切

攻 擊也。从攴工聲。古洪切

橫擿也。从攴上聲。

放也。从攴羹聲。敫往切

堅也。从攴从人从二。竹角切

冒也。从攴昏聲。周書曰敃不畏死。眉殞切

㪅也。从攴丙聲。徐鍇曰日

持也。从攴金聲。讀若琴。

研治也。从攴果聲。舜女弟名敤首。苦果切

禁也。一曰樂器椌楬也。从攴吾聲。

書曰剛劓敔黥竹角切

許其切

广廙也。从攴豕聲。去陰之刑也。

今棄也。从攴屬聲。周書以為討。詩云無我

切。以逐鬼魅也。从攴巳聲。讀若已。古亥切

知。以逐鬼魅也。切詩云無我敷兮而流切日敃平田也。从攴田。周書以為毀也。从攴辟米切

五計切

養牛人也。从攴从牛。詩曰牧人乃夢。莫卜切

敀角田也。从攴。擊馬也。从攴甲聲。古狎切次弟也。从攴。余聲。徐吕切敀也。从攴壬聲。辟米切

堯角也。从攴。敀堯聲。牽遙切

牧人也。从攴从牛。詩曰牧人乃夢。莫卜切

文七七 重六

束聲楚革切小春也。从攴算聲。初簪切

殳角田也。从攴。

敆上所施下所效也。从攴从孝。凡教之屬皆从

教 古孝切

用卜敎部 (112)

卜

卜卦叶

貞每

占卧卦兆

用

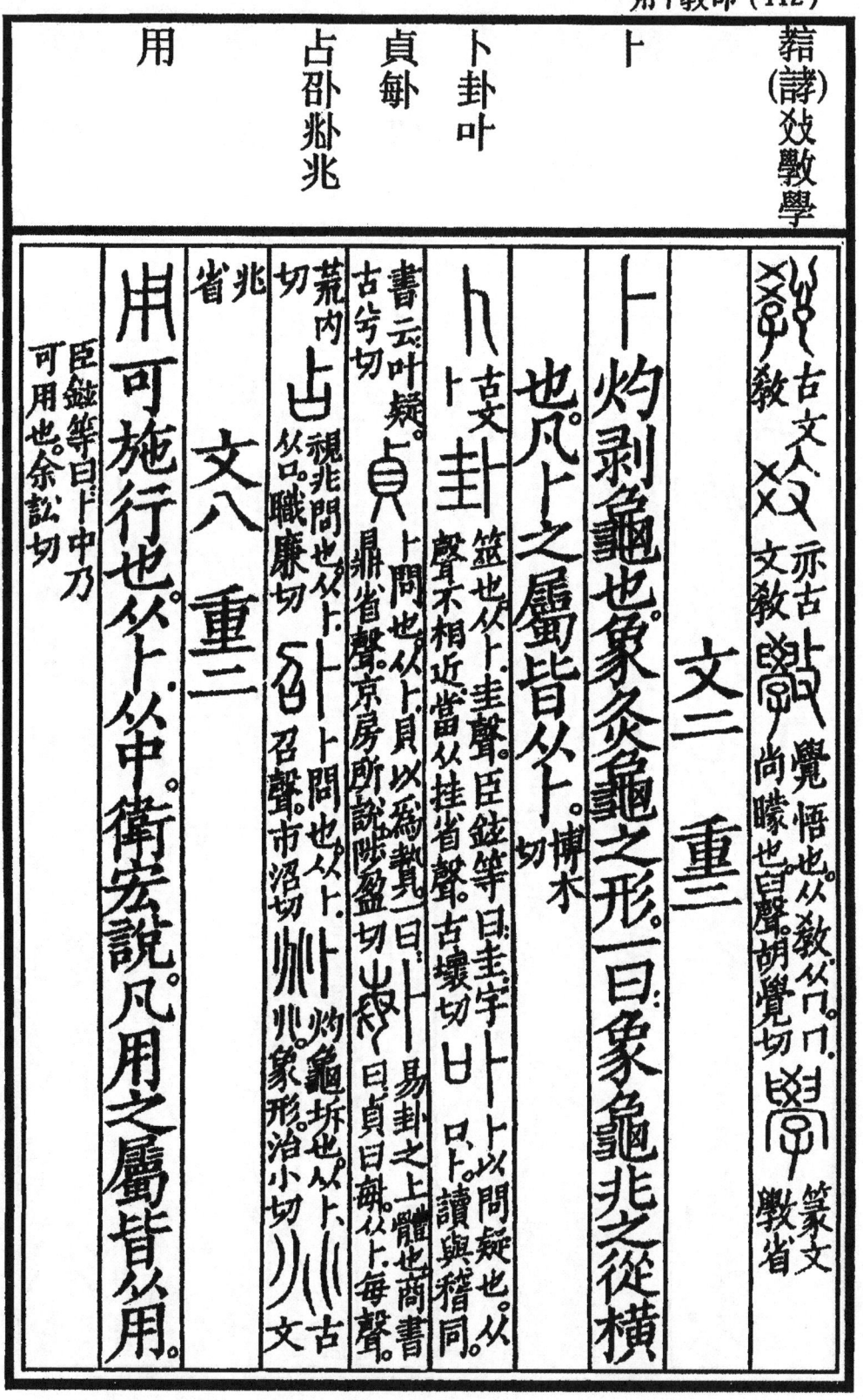

古文入。亦古
敎　文敎　覺悟也，从敎从冂，冂尚矇也，臼聲，胡覺切。篆文敎省。敎省

卜灼剝龜也，象灸龜之形。一曰象龜兆之從橫
也。卜之屬皆从卜。博木切。　　　　　　文二　重三

卜　古支切　卦　筮也，从卜圭聲。臣鉉等曰圭字
　　　　　　　　從卜以問疑也。古壞切。

書云叶疑。
古兮切
貞　卜問也，从卜貝以爲贄。一曰鼎省聲，京房所
　　說陟盈切。古文。

荒內
切
占　視兆問也，从卜从口。職廉切。

　　　　　　　　　召聲市沼切。
兆　灼龜坼也，从卜
省切　　　　　　文八　重三　　兆象形冶小切。　古文

用可施行也，从卜从中衛宏說，凡用之屬皆从用。
臣鉉等曰卜中乃　可用也。余訟切。

（113）奻（□音李）爻用部

用 甫 庸
葡 甯
爻
棥
燊
爾 爽
爽

用 古文用。
用 男子美稱也从用、父。父亦聲。方矩切。
易曰先庚三日余封切。用也从用从庚。庚、更事也。

葡 具也从用苟省。臣鉉等曰。苟急敕也。會意平秘切。
甯 所願也从用寧省聲乃定切。

文五 重一

爻 交也。象易六爻頭交也。凡爻之屬皆从爻。胡茅切。
棥 藩也从爻从林。詩曰：營營青蠅止于棥。附袁切。
㸚 二爻也。凡㸚之屬皆从㸚。力几切。

文二

爾 麗爾猶靡麗也。从冂从㸚其孔。㸚尒聲。此與爽同意。兒氏切。
爽 篆文爽。

文三 重一

爽 明也从㸚从大。徐鍇曰：大、其中隙縫光也。疎兩切。

說文解字第三下

《字贯》

清乾隆时王锡侯撰。《康熙字典》刊行后，文人和有识之士发现该书错讹百出，但恐惧于文字狱横行，皆噤似寒蝉。惟王锡侯指出以"康熙"冠名的字典"有错"。结果，清廷以犯（康熙）庙讳之罪，将王锡侯及其子孙并处重刑，今其书流传甚少。

注：此页原版为空白，编者增图。

（115）夐（xuè音血）部

閒　　夐　　　　夐
夏　（夐）

說文解字第四上　漢太尉祭酒許慎記

銀青光祿大夫守右散騎常侍上柱國東海縣開國子食邑五百戶臣徐鉉等奉

敕校定

四十五部　文七百四十八　重百十二

凡七千六百三十八字

文三十四新附

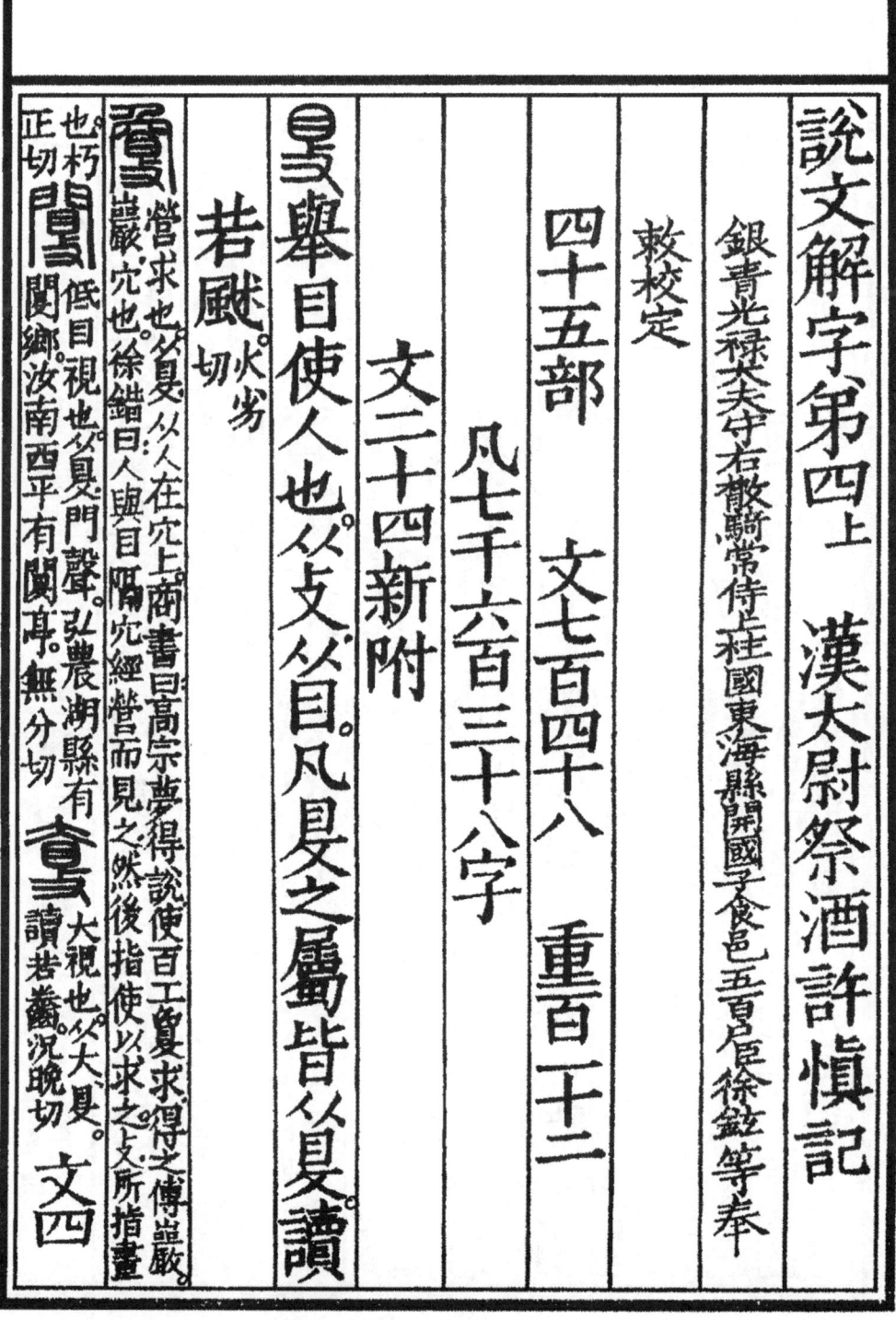

夐　舉目使人也。从攴从目。凡夐之屬皆从夐。讀若颮。火劣切

夐　營求也。从人在穴上。商書曰。高宗夢得說。使百工夐求。得之傅巖。巖穴也。徐鍇曰。人與目隔穴經營而見之。然後指使以求之。之所指畫。也。从人…

夐　低目視也。从夐門聲。弘農湖縣有閒鄉。汝南西平有閒亭。無分切　正切

亶　大視也。从大夐。讀若眄。況晚切

文四

目部（116）

目								
	囧眼矏眩眥	映縣瞶瞋	背瞖眣	睆暖瞞睴彎	睔盼盰	瞵眵眊	瞜睒眮	眇瞴眄

目 人眼。象形。重童子也。凡目之屬皆从目。莫六切。

囧 古文目。

眼 目也。从目艮聲。五限切。

眩 目無常主也。从目玄聲。黃絢切。

眥 目匡也。从目此聲。在詣切。

映 目薄緻𥄉𥄉也。从目夾聲。子葉切。

縣 目搖也。从目縣聲。胡畎切。

瞶 目童子精也。从目貴聲。讀若禧。許其切。

瞋 張目也。从目𥄉聲。昌真切。

背 目蔽垢也。从目非聲。芳微切。

瞖 目病生翳也。

眣 目不明也。从目失聲。丑栗切。

睆 大目也。从目完聲。武版切。

暖 目不明也。

瞞 平目也。从目㒼聲。母官切。

睴 大目出也。从目軍聲。古渾切。

彎 目相戾也。从目䜌聲。

睔 大目也。从目侖聲。古本切。

盼 《詩》曰：美目盼兮。从目分聲。匹莧切。

盰 張目也。从目干聲。古案切。

瞵 目精也。从目粦聲。力珍切。

眵 目傷眥也。从目多聲。叱支切。

眊 目少精也。从目毛聲。亡報切。

瞜 小視也。

睒 暫視皃也。从目炎聲。讀若白蓋謂之苫相似。失冉切。

眮 目眶也。从目同聲。他紅切。

眇 一目小也。从目从少。亡沼切。

瞴 微視也。从目無聲。莫浮切。

眄 目偏合也。从目丏聲。莫甸切。

（117）目部

瞋 晚 眠 睆
瞎 賊 眈
逳 盰 睘
瞟 瞤 睹 覩
瞳 眣 眕
辯 眅 瞯 瞕
眔 睞 眛 瞖
瞷 瞶 智 睢
旬 朐 曠 睦
春 瞻 督 瞶 矓

目部（118）

瞽　相　瞋
賊　瞗　賜　睍
暗　睼　暖
瞯　眷　督
睎　看　翰　暉
睡　瞑　眚
瞥　眵　臷
映　眼　眛
瞯　眯　眺　睞
睩　瞀　眗　眹

視也。从目監聲。古衝切。

省視也。从目从木。易曰地可觀者莫可觀於木。詩曰相鼠有皮。息良切。

目深皃也。从目其省聲。苦糸切。

張目也。从目真聲。昌真切。

祕書瞋从戍。

目戟視也。从目鳥聲。讀若雕。都僚切。

視見从目目省聲。於絢切。

目深皃。从目突聲。讀若易曰勿卹之卹。於悅切。

目疾視也。从目易聲。施隻切。

目深皃也。从目賓聲。詩曰暖暖。

婉之求於稔切。从目安聲。詩曰暖暖。

短深目皃。从目癸聲。鳥括切。

目視深也。从目叔聲。冬毒切。

睘也。从目希聲。稀省聲。海岱之間謂眄曰睎。香衣切。

顧也。从目卷聲。西顧居倦切。

察也。从目又聲。式荏切。

目垂是。式荏切。

目一曰下視也。又竊見也。从目單聲。

目病生翳也。从目。普滅切。

一曰財見也。普滅切。

目搖也。从目夾聲。莫結切。

翕目也。从目冥聲。亦聲。臣鉉等曰今俗別作眠。非是。武延切。

目藏也。从目臧省聲。士滅切。

目不明也。从目丏聲。香衣切。

目病也。从目多聲。昌支切。

目傷眥也。从目多聲。莫佩切。

戴目也。从目間聲。之間謂眄目賵戶間切。

目睞謹也。从目僉聲。力讓切。

目病也。从目末聲。莫佩切。

子不正也。从目夬聲。洛代切。

目兆省聲。他弔切。

目不正也。从目兆聲。他弔切。

目睞謹也。从目僉聲。讀若鹿盧之盧谷切。

目睞謹也。从目僉聲。敕鳩切。

目不明也。从目攸聲。以周切。

（119）䀠（jù音句）目部

矇眇眛
略盲䀲
瞽瞍瞽睉
瞁睇
瞷眙眝
眕書
瞼眅眭眹
眸睚
朚

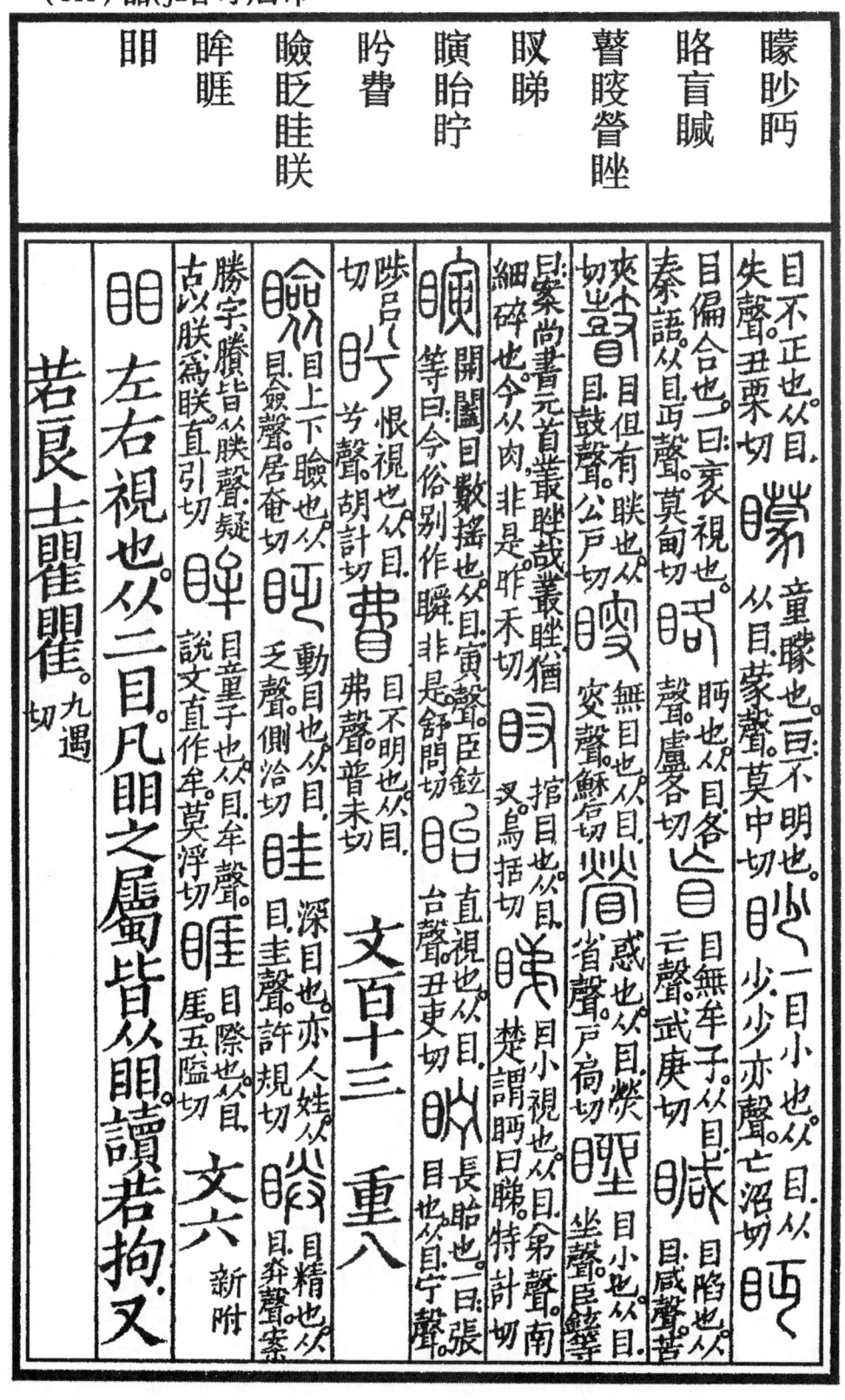

眲眮　眉　省眚　盾　臱膍　自　杳鼻（鼻）　白

目圍也从明〇讀若書卷之卷·古文以爲醜字·居倦切。

目賣也从明从大。大人也舉朱切。文三

眉　目上毛也从目·象眉之形上象額理也凡眉之屬皆从眉。武悲切

省　視也从眉省从屮屮臣鉉等曰屮通識也所景切〇古文从少从囧

盾　瞂也所以扦身蔽目象形凡盾之屬皆从盾。食閏切　文二　重一

臱　盾也从盾犮聲扶發切〇膍盾握也从盾圭聲苦圭切　文二

自　鼻也象鼻形凡自之屬皆从自。疾二切

杳　古文自〇鼻亡不見也闕武延切　文二　重一

白　此亦自字也省自者詞言之气从鼻出與口相助也凡白之屬皆从白。疾二切

（121）習（习）皕（bì音毕）鼻白部

皆魯者幬

暫暫百

百

鼻

鼽鼾鼿

鼸

皕

奭奭

習

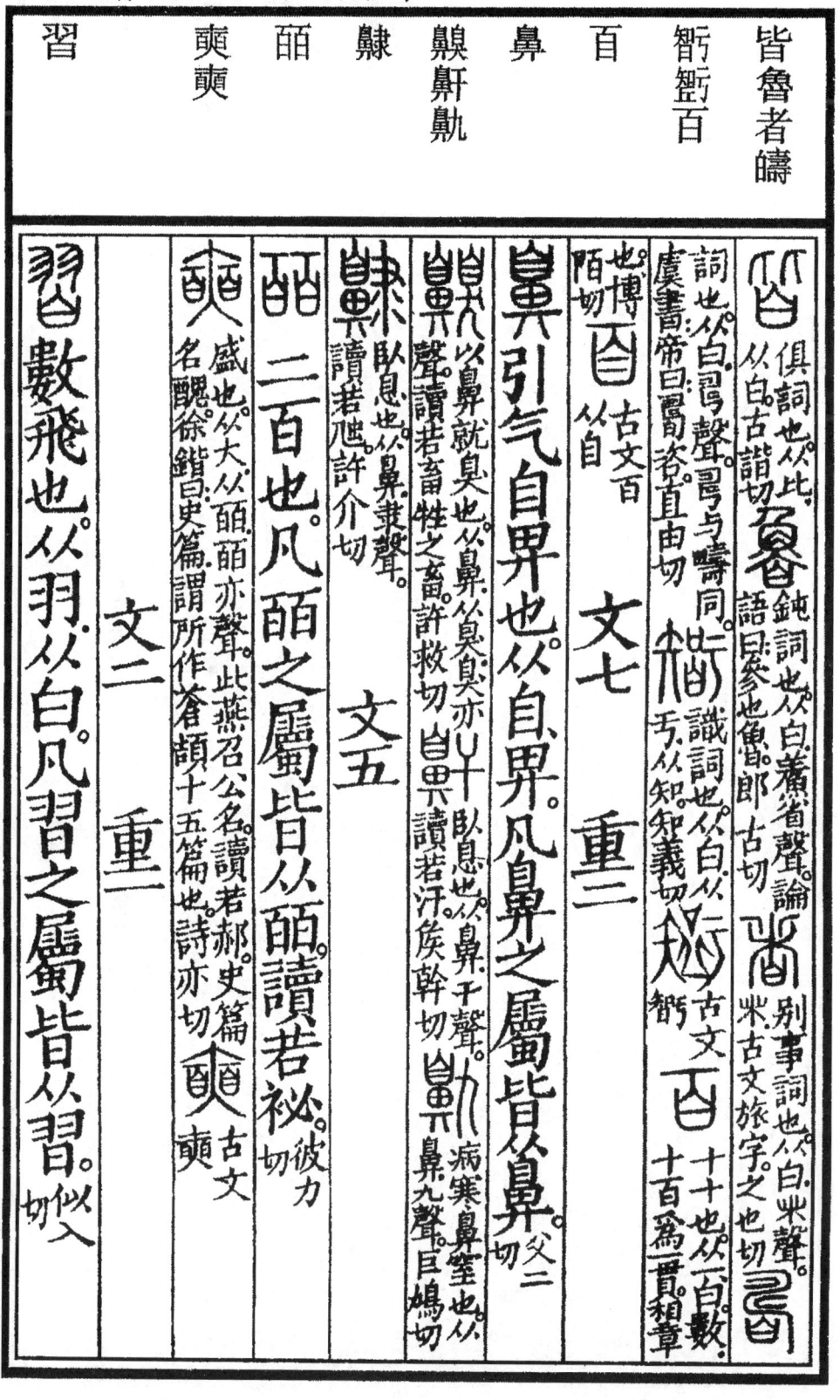

羽部（122）

瓩

羽

翟翰翟

翡翠翦

翟翰翟

鵝翅觓翔翹

翁翇觓翔

鵝翮翎翄

翟翏翮

翠翊昴

崒翱（翶）翔翻

文二

習獸也。从羽从白。从元聲。春秋傳
曰瓩歲而獦。曰五換切

羽　鳥長毛也。象形。凡羽之屬皆从羽。王矩切

習　鳥之彊羽猛者从人。从羽幹聲。逸周書曰天翰若翬。山連切

翟　赤羽雀也。出鬱林。从隹从羽。徒歷切

翡　赤羽雀也。出鬱林。从羽非聲。房未切

翠　青羽雀也。出鬱林。从羽卒聲。七醉切

翦　羽生也。一曰矢羽。从羽前聲。即淺切

（123）隹部

翯翠
翌翻
翳翣
翻翎翇
雅隻
隹
雗閵雗雟
雄
雀雅雗
雌

也从羽歲聲詩曰鳳皇
于飛翽翽其羽呼會切
也从羽王聲

翳翳也所以舞也从羽殹
聲詩曰左手執翳於計切

翳翳也从羽般聲於計切

翻飛也从羽番聲讀若
華蓋也天子八諸侯六大夫
四士二下垂从羽妾聲山洽切

翎羽也从羽令聲郎丁切

翇樂舞以羽籥自翳也从羽友聲讀若紱分勿切

翣棺羽飾也从羽妾聲山洽切

隹鳥之短尾總名也象形凡隹之屬皆从隹職追切 文三十四 重二

雗楚烏也一名鸒一名卑居秦謂之雅从隹牙聲職追切 文三 新附

雟鳥也从隹工聲戶公切

雅今閵似鴝鵒而黃从隹牙聲良刃切

隻鳥一枚也从又持隹持一隹曰隻二隹曰雙之石切

雗今閵别作鴝非是五下切又烏加切

閵各聲盧各切

雗鳥也从隹前省聲

雟鳥也从隹娃其相妻聲戶圭切

閵籀文不省

雟閵鳥鳴皆起云望帝婬其相妻慚而去為子巂鳥故蜀人聞子巂鳥鳴皆起云望帝婬

雄鳥父也从隹厷聲羽弓切

雌鳥母也从隹此聲此移切

雀依人小鳥也从小隹讀與爵同即略切

雟周燕也从隹屮象其冠也牙聲良刃切

雄有十四種盧諸雉喬雉鳴雉鷩雉秩秩海雉翟山雉翰雉卓雉伊洛而南曰翬江淮而南曰搖南方曰疇東方曰甾北方曰稀西方曰蹲

隹部（124）

鵗隼雞　雞雛鷄雡　離雕鵰雁　鴈雌鷗　雂雁　雞雐雚鷙　雇　鵯鳥雜雜　鷸雉隹鳿

從隹矢聲。

直几切

古文雜

雄、鳥父也。从隹厷聲。古文雜。从弟。

雌、鳥母也。从隹此聲。將移切

雞、知時畜也。从隹奚聲。籀文雞从鳥。古兮切

雛、雞子也。从隹芻聲。士于切。籀文雛从鳥。

雡、鳥大雛也。从隹翏聲。力救切

雕、鷻也。从隹周聲。都僚切。籀文雕从鳥

離、黃倉庚也。鳴則蠶生。从隹离聲。呂支切

雁、鳥也。从隹从人厂聲。讀若鴈。五晏切

雇、九雇。農桑候鳥。扈民不婬者也。从隹戶聲。春雇鳻盾夏雇竊玄秋雇竊藍冬雇竊黃棘雇竊丹行雇唶唶宵雇嘖嘖桑雇竊脂老雇鷃鷃从雇戶工切。雇或从雩。籀文雇从鳥。

雖、似蜥蜴而大。从虫唯聲。息遺切

雞、石鳥。一名雖䳚。一曰精列。从隹昔聲。楚革切。籀文雞从鳥

鷙、擊殺鳥也。从隹从力。

雐、鳥也。从隹虍聲。荒烏切

雚、小爵也。从隹吅聲。讀若和。工瓦切

鵯、卑居也。从鳥卑聲。

雝、雝渠也。从隹邕聲。於容切

鳿、鳥也。从隹工聲。戶工切

雜、雞肥大雄也。从隹工聲。工聲。

鷸、鳥肥大雄也。从隹支聲。一曰雄度章移切

（125）萑（huán音环）奞隹部

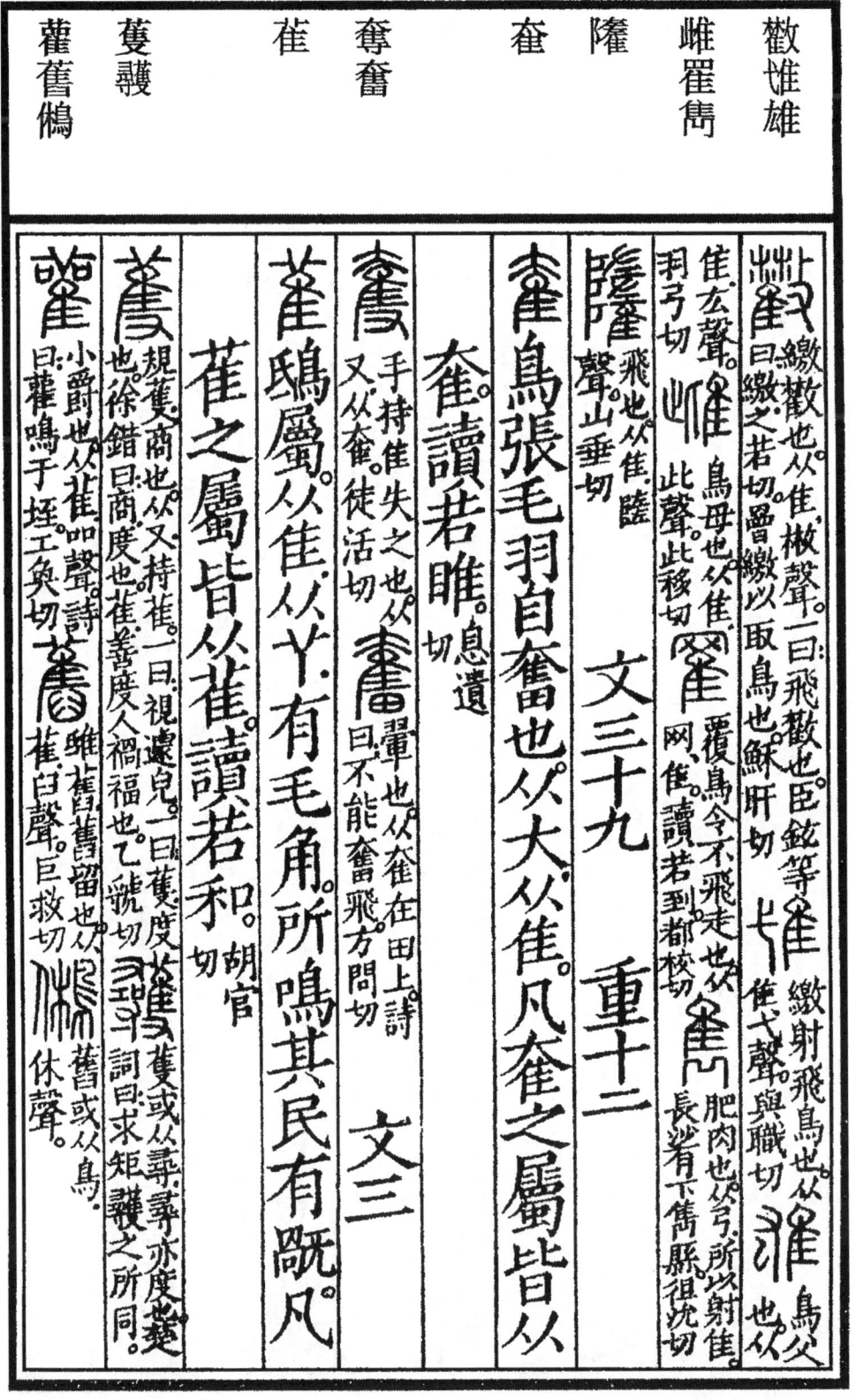

雄 鳥父也。从隹，厷聲。

雌 鳥母也。从隹，此聲。

隿 繳射飛鳥也。从隹，弋聲。長沙有下隿縣。与職切。

奞 鳥張毛羽自奮也。从大，从隹。凡奞之屬皆从奞。讀若睢。息遺切。

文三十九 重十二

隺 飛也。从隹上欲出冂。讀若窒。山垂切。

奪 手持隹失之也。从又，从奞。徒活切。

奮 翬也。从奞在田上。詩曰：不能奮飛。方問切。

文三

萑 鴟屬。从隹，从丫，有毛角。所鳴其民有旤。凡萑之屬皆从萑。讀若和。胡官切。

蒦 規蒦，商也。从又持萑。一曰：視遽皃。一曰：蒦，度也。

舊 鴟舊，舊留也。从萑，臼聲。巨救切。

雚 小爵也。从萑，吅聲。詩曰：雚鳴于垤。工奐切。

羊茻丱（guǎi音拐）部（126）

丱

芇茆

瞢莫蔑

茴

羊

茻羔羍

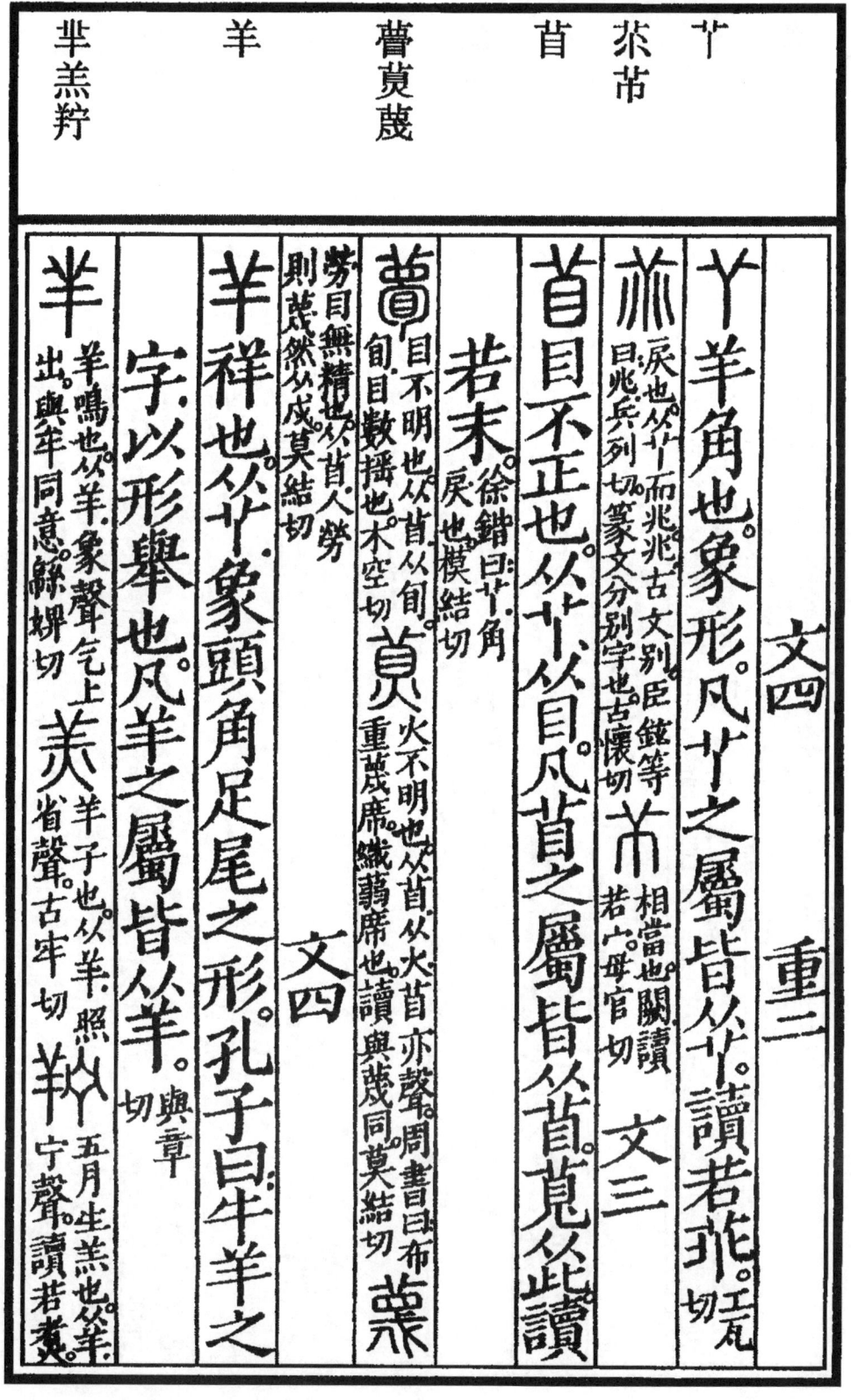

丱羊角也。象形。凡丱之屬皆从丱。讀若乖。工瓦切

芇戾也。从丱而兆。兆古文別。臣鉉等曰兆兵列切。篆文分別字也古懷切

茆相當也闕讀若央毋官切

文三

苜目不正也。从丱从目。凡苜之屬皆从苜。讀若苜从此讀

首目不明也。从首从旬。旬目數搖也木空切

瞢目不明也。从苜从火首亦聲。周書曰布重莫席織蒻席也讀與蔑同莫結切

莫勞目無精也。从苜人勞則蔑然也亦省从戍莫結切

若末徐鍇曰丱角戾也模結切

文四　重三

羊祥也。从丱象頭角足尾之形孔子曰牛羊之字以形舉也凡羊之屬皆从羊。與章切

羋羊鳴也。从羊。象聲气上出。與牟同意。綿婢切

美羊子也。从羊。照……切五月生羔也从羊宁聲讀若寧

文四

（127）羊部

羍 羔 羍 羝
羜 羒
羴 羭 殺 羯
羠 羳 羥 羍
羸 羒
羠 羳 羥（群）羍
羍 美
羌
羍 美

直昌……六月生羔然羊孜聲。

切讀蓁務巳遇切。文王遇切。小羊也从羊孜聲大聲。

羊未卒歲也。从羊兆聲。或曰夷羊百斤左右為羝。讀若春秋盟于洮。涂切。讀若達他末切。牡羊也从羊。牡羊也从羊。分聲。

分。牂羊也从羊。牝曰羭。从羊。羊俞聲。夏羊牡曰殺从羊。夏羊牝曰羭。从羊朱切。

牡羊也从羊。俞聲。夏羊牝曰羭。公戶切。羊殺牲。執聲。汝。

昌聲居。南平壄有羍亭。讀若䣄。徐姊切。夷聲。番聲附袁切。給膳以瘦為病故从羊。力為切。

羍曰執非聲。未詳即刃切。瘦也从羊。羸聲。臣鉉等曰羊主瘦故从羊。

從羊委聲。於偽切。矮羜也从羊。羜聲。子賜切。

羊从羊重。聲鳥關切。羊名蹏皮可以割黍。此思切。輩也从羊君聲。臣鉉等曰羊性好羣故从羊。渠云切。一曰黑羝羊相羜也。

美从羊从大。甘也从羊从大。羊在六畜主給膳也。美與善同意。臣鉉等曰羊大則美故从大。無鄙切。

西戎牧羊人也从羊从人。羌亦聲。南方蠻閩从虫北方狄从犬東方貉从豸西方羌从羊此六種也。西南僰人燋僥从人蓋在坤地頗有順理之性唯東夷从大人也夷俗仁仁者壽有君子不死之國孔子曰道不行欲之九夷乘桴浮於海有以也去羊切。

从大犬人也。夷俗仁仁者壽有君子不死之國孔子曰道不行欲之九夷乘桴浮於海有以也去羊切。

古文羌如此。

聲文王拘羑里。在湯陰與父切。

進善也。从羊父。

文三十六 重三

羴（zó音杂）雔（chóu音仇）瞿羴部（128）

羴
羶羷
瞿
矍
雔雙
靃
讎
雥
雧雦集

羴 羊臭也从三羊凡羴之屬皆从羴 武連切

羶 羴或从亶 羴羊相厠也从羴在戶下尸屋也一曰相出前也初限切

瞿 鷹隼之視也从隹从昍昍亦聲凡瞿之屬皆从瞿讀若章句之句 九遇切 又音懼 文三 重一

矍 隹欲逸走也从又持之瞿瞿也讀若詩云穬彼淮夷之穬一曰視遽皃九縛切 文三

雔 雙鳥也从二隹凡雔之屬皆从雔讀若酬 市流切 文二

靃 飛聲也雨而雙飛者其聲靃然 呼郭切 又持之所江切

讎 隹二枚也从雔 文三

雥 群鳥也从三隹凡雥之屬皆从雥 徂合切

雧 群鳥在木上也从雥从木 秦入切 雧或从隹 文三 重一

鳥羣也从雥开聲鳥玄切 文三 重一

鳥部

鳥 鳳 朋鵬鸞 鷙 鷙鷫 窫鵝鳩鵬 雛隼鶻鵃 鶬鴿鳴 鵙雖鷚鵰鸞

鳥　長尾禽總名也。象形。鳥之足似匕。从匕。凡鳥之屬皆从鳥。都了切

鳳　神鳥也。天老曰鳳之象也。鴻前麐後蛇頸魚尾鸛顙鴛思龍文虎背燕頷雞喙五色備舉出於東方君子之國翔四海之外過崑崙飲砥柱濯羽弱水莫宿風穴見則天下大安寧。从鳥凡聲。馮貢切

古文鳳象形鳳飛群鳥從以萬數故以為朋黨字。亦古文鳳

鷫　獄鷫也。五方神鳥也。東方發明南方焦明西方鷫鷞北方幽昌中央鳳皇。从鳥肅聲。息逐切

鵬　獄鵬也。五采雞形鳴中五音頌聲作則至。从鳥賓聲。周成王時氏羌獻鷫鷞。洛官切

朋鵬　朋鵬也。司馬相如說安聲。所莊切

雛　雞子也。从鳥芻聲。士于切

鷙　擊殺鳥也。从鳥執聲。脂利切

隼　祝鳩也。从隹一曰鶉字。思允切

鶻　鶻鵃也。从鳥骨聲。古忽切

鵃　鶻鵃也。从鳥舟聲。張流切

鶬　麋鴰也。从鳥倉聲。七岡切

鴿　鳩屬。从鳥合聲。古沓切

鳴　鳥聲也。从鳥从口。武兵切

鳩　渴鳩也。从鳥九聲。居求切

鵙　鳩鵙也。从鳥只聲。古闃切

雖　雞雛也。从隹與聲。息遺切

鷚　天龠也。从鳥翏聲。力救切

鵰　鷻也。从鳥周聲。都僚切

鸞　亦神靈之精也。赤色五采雞形鳴中五音頌聲作則至。从鳥䜌聲。洛官切

鳥部

瞿	鳩	鵝	鴂	鸛	雛	鶹	鴿	鷺	鴛
鶼	鶹	鴩	鳳	鸛	雞	鶼	鸓	鵠	鴦
号	魴	鶪	鵰	難	鵻 兒 鵁 瑪	鵰	鶴	鴻	鸃
	鶴		鶵	蘽		鶛		鶮	鸃

知來事鳥也。从鳥……黑色多子。師曠曰：南方有鳥名曰羌……

學省聲。胡角切。

从隹鶛。黃頭赤目，五色皆備。名鳥就聲。疾儵切。

鵝鵝鷥也。从鳥監……澤虞也。从鳥方聲。分兩切。

鳥号聲。于嬌切。

夬聲。古究切。

辛聿切。

鳥軍聲。

鳥也。从鳥戳。鳥號聲。子結切。

鳥也。从鳥桼。親吉切。

鳥也。从鳥失聲。

讀若運。

鳥也。从鳥浩切。

鳥也。从鳥芙聲。

鋪鼓也。从鳥……等曰鋪鼓。鳥焦聲。即消切。

古渾切。

聲。鳥。居玉切。

鵻雞也。从鳥……桃蟲也。从鳥軍聲。

鳥聊聲。

鳥少美長醜為鵻離。从鳥留聲。力求切。

那干切。

鳥也。从鳥堇聲。

鶴或从隹草聲。

古文。古文鵻。从隹堇聲。

欺老也。从鳥戈。丑絹切。省聲。弋雪切。

鳥也。从鳥壴聲。天口切。

鶴或从隹主聲。

顗鶮也。从鳥昏聲。武巾切。

鶴割葦食其中蟲。一曰鳳皇也。於憶切。

刀鶴副。二曰鳳皇。鳴九皋。聲聞于天。从鳥雀聲。下各切。

鳥暴也。从鳥暴聲。蒲木切。

鳥暴也。从鳥暴聲。蒲木切。

禿鵾也。从鳥卒聲。

路聲。洛故切。告聲。胡沃切。

鴻鵠也。从鳥江聲。戶工切。

鴻鵠也。从鳥工聲。

鵝鳩也。从鳥失聲。

白鷺也。从鳥路聲。

未詳。七由切。

鴛鴦也。从鳥夗聲。於袁切。

鴛鴦也。从鳥央聲。於良切。

鵝鳩也。从鳥或聲。

鵝鳩也。从鳥秋聲。

死聲。於表切。

鴳聲。丁刮切。

鳥部

鵳 駒 䴗 鴈

鷔 鷖 鵝

鷩 鷞 鵒

䳜 鷩 䳎 鱸 鶿

鮑 鷽 䴔 鷸

鸕 䴕 鶹 鷸

鵜 鴻 鶴 雖 鴰

鷩 鷻 鷰

鳥部（132）

鶹鵔鷺鵱
鵻鴟鷾鵻
鵔鵔鴟鵑
鷙駿鸃
鴝鵒鴟
鸃鴟鷺（鶯）
嶲鶹鸎鵱
窫鵁
彀鳴䲹鳶

疑从萑从省。今俗別作鴟非是。與專切。

鴟也从鳥閒聲。戶閒切。

鷙鳥也从鳥。弋笑切。

鳥廐聲。居月切。鳥廐聲詩曰。

王鴟也从鳥雇聲。畐踥如誰。短尾射之鳥也。且聲。余叀切。矢射人从鳥畢聲。呼官切。

白鷢王鴟也从鳥厥聲。居月切。

鷢風也从鳥畐聲。諸延切。

晨風也从鳥晨聲植鄰切。執聲脂利切。

鷙殺鳥也从鳥。古穴切。鳥冥聲。余律切。

有鷙其羽。

鳥莖聲。

鶌鶋也从鳥屈聲。句聲其俱切。

鶌鶋也从鳥居聲。古者切。

鶌鶋不踰泲。余蜀切。

赤雉也从鳥敝聲周禮曰。雉屬。贛鳥也从鳥。晃井劉切。

冠雀也从鳥歷聲。都歷切。

雌雉鳴也从鳥唯聲。詩曰有唯雉鳴。以沼切。

鸇鶡能言鳥也从鳥賚聲。鸚鶋也从鳥嬰聲。烏莖切。

鼠形飛走且乳之鳥也从鳥畾聲。力軌切。

籀文鴟从隹。

似雉出上黨从鳥介聲。古拜切。

走鳴長尾雉也从鳥喬聲。巨嬌切。

駿鸃也从鳥義聲。泰漢之初侍中冠駿鸃。从隹从史。

鶡似鶡而青出羌中。从鳥介聲。古拜切。

毒鳥也从鳥冘聲。一名運日。直禁切。

者也从鳥郊以丹雞祝曰以斯鷅音赤羽去魯侯之咎。侯幹切。

雃也从鳥安聲。鳥諫切。一名運日。

鳥子生哺者从鳥。轂聲魯郊。口豆切。

鳥教聲也从鳥。□□□武兵切。

飛皃从鳥棘省聲。

飛皃从鳥棄聲虛言切。

鳥聚兒从鳥分

飛皃从鳥

（133）烏鳥部

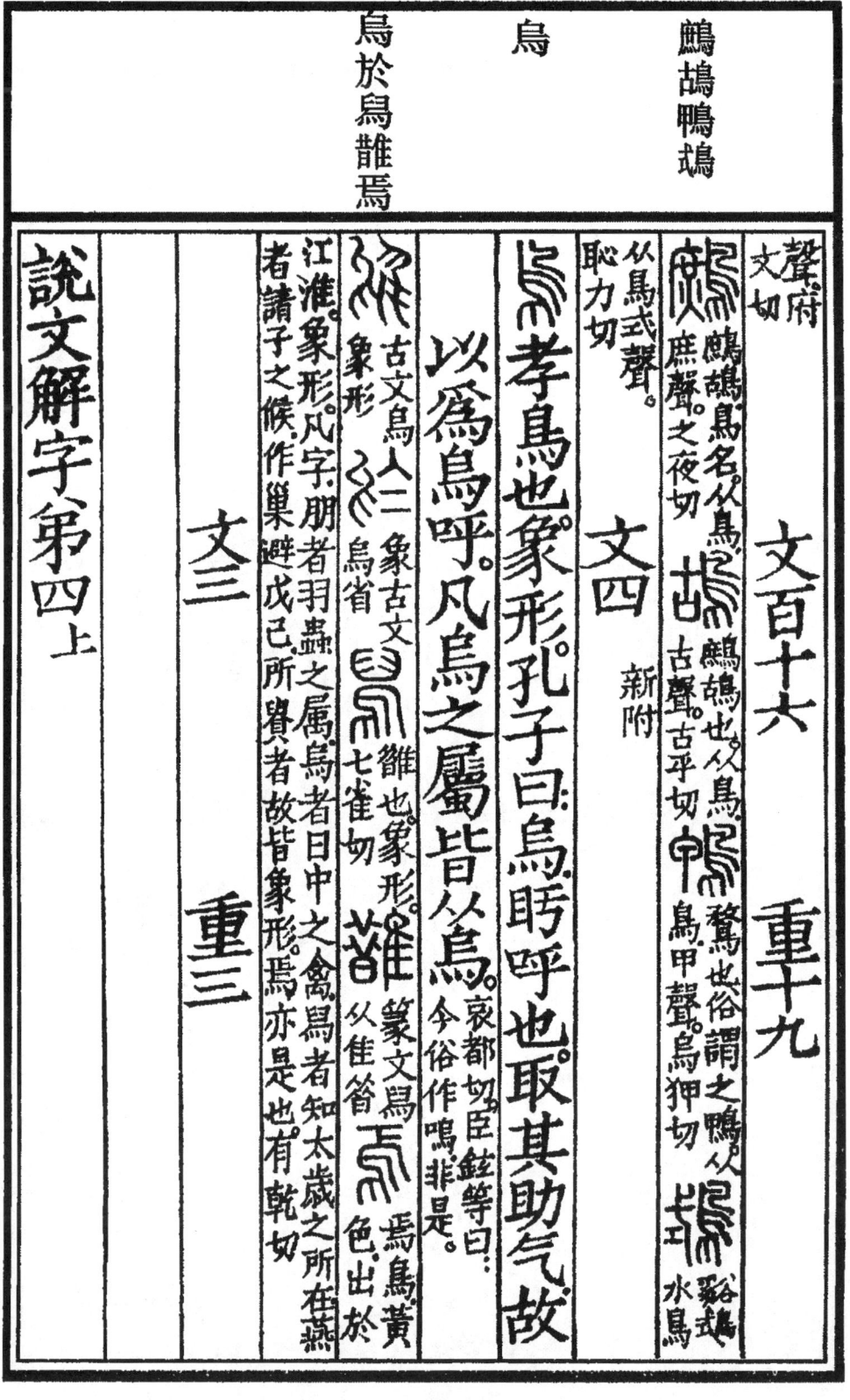

聲府
文如切

文百十六　重十九

鷗鴉鴨鵝

鷗鴉鳥名从鳥區聲

鴨鳥也俗謂之鴨从鳥甲聲烏狎切　水鳥

鵝鴈也俗謂之鵝从鳥我聲古聲古平切

庶聲之夜切

从鳥式聲。

聰力切

烏

文四　新附

孝鳥也象形孔子曰烏盻呼也取其助气故以為烏呼凡烏之屬皆从烏。哀都切臣鉉等曰古者烏以為烏呼今俗作鳴非是。

古文烏象古文烏省

象形　象古文

古文鳥人二象古文

雛也象形七雀切

篆文烏从隹昔　焉鳥黃色出於

江淮象形凡字朋者羽蟲之屬烏者日中之禽烏者知太歲之所在燕者請子之候作巢避戊己所貴者故皆象形焉亦是也有乾切

烏於烏雖焉

文三　重三

說文解字弟四上

字纽

　　唐、宋人反切，所用双声叠韵之字，谓之字纽，言以此字纽合彼字以取音。

注：此页原版为空白，编者增图。

（135）冓(gòu音购)華(bān音班)部

再　冓　華(棄)(糞)　畢　華
冓　　　棄
　　　　弃
　　　　棄

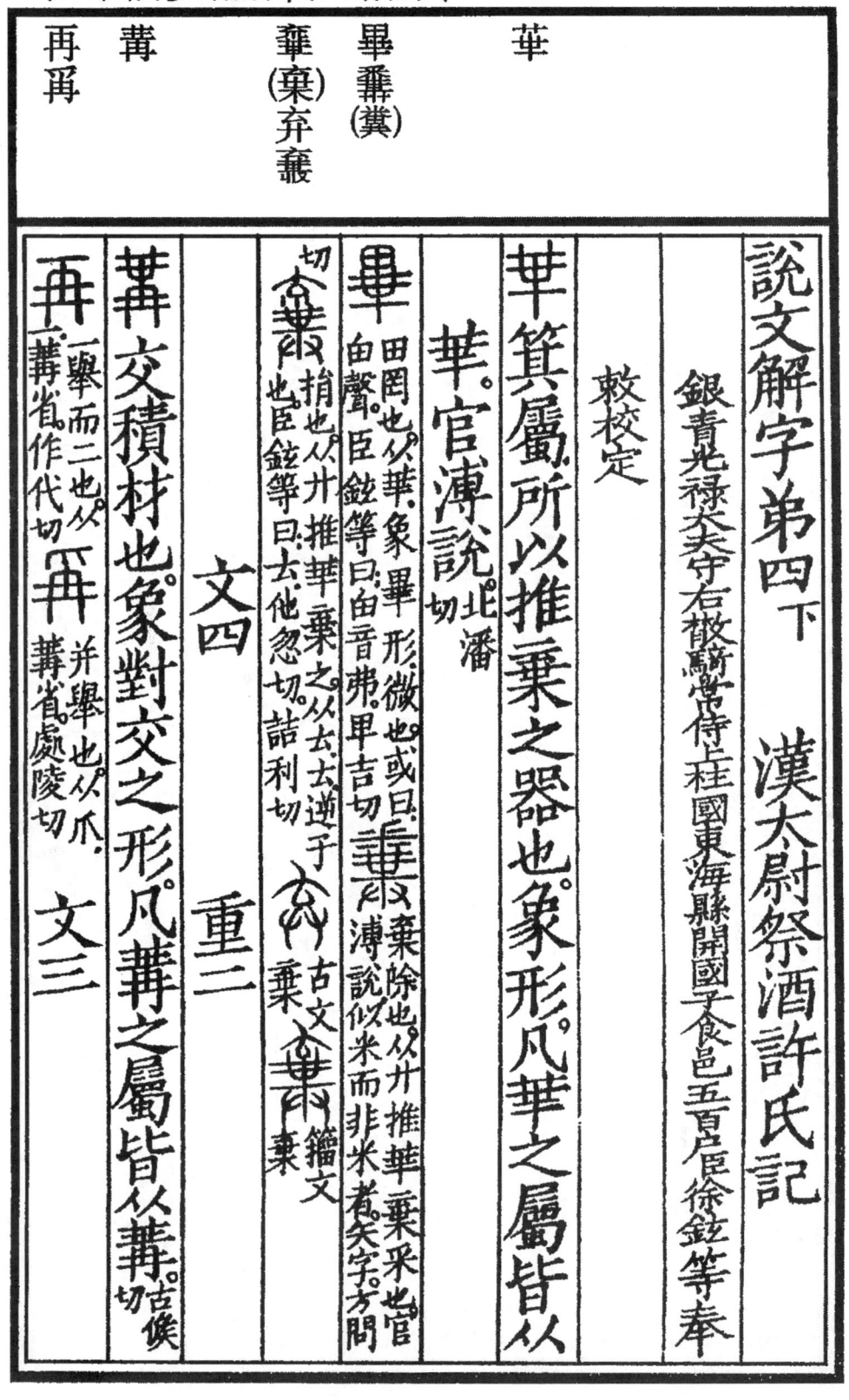

說文解字弟四下　漢大尉祭酒許氏記

銀青光祿大夫守右散騎常侍上柱國東海縣開國子食邑五百戶臣徐鉉等奉

校定

華　箕屬，所以推棄之器也。象形。凡華之屬皆从華。官溥說。北潘切。

畢　田罔也。从華，象畢形微也。或曰：由聲。臣鉉等曰：由音弗。卑吉切。

棄　捐也。从廾推華棄采也。从去，去逆子也。詰利切。棄　古文　籀文棄

文四　重三

冓　交積材也。象對交之形。凡冓之屬皆从冓。古候切。

再　一舉而二也。从冓省。作代切。

爯　并舉也。从爪冓省。處陵切。

文三

玄叀（zhuān音专）幺（yōu音优）幺部（136）

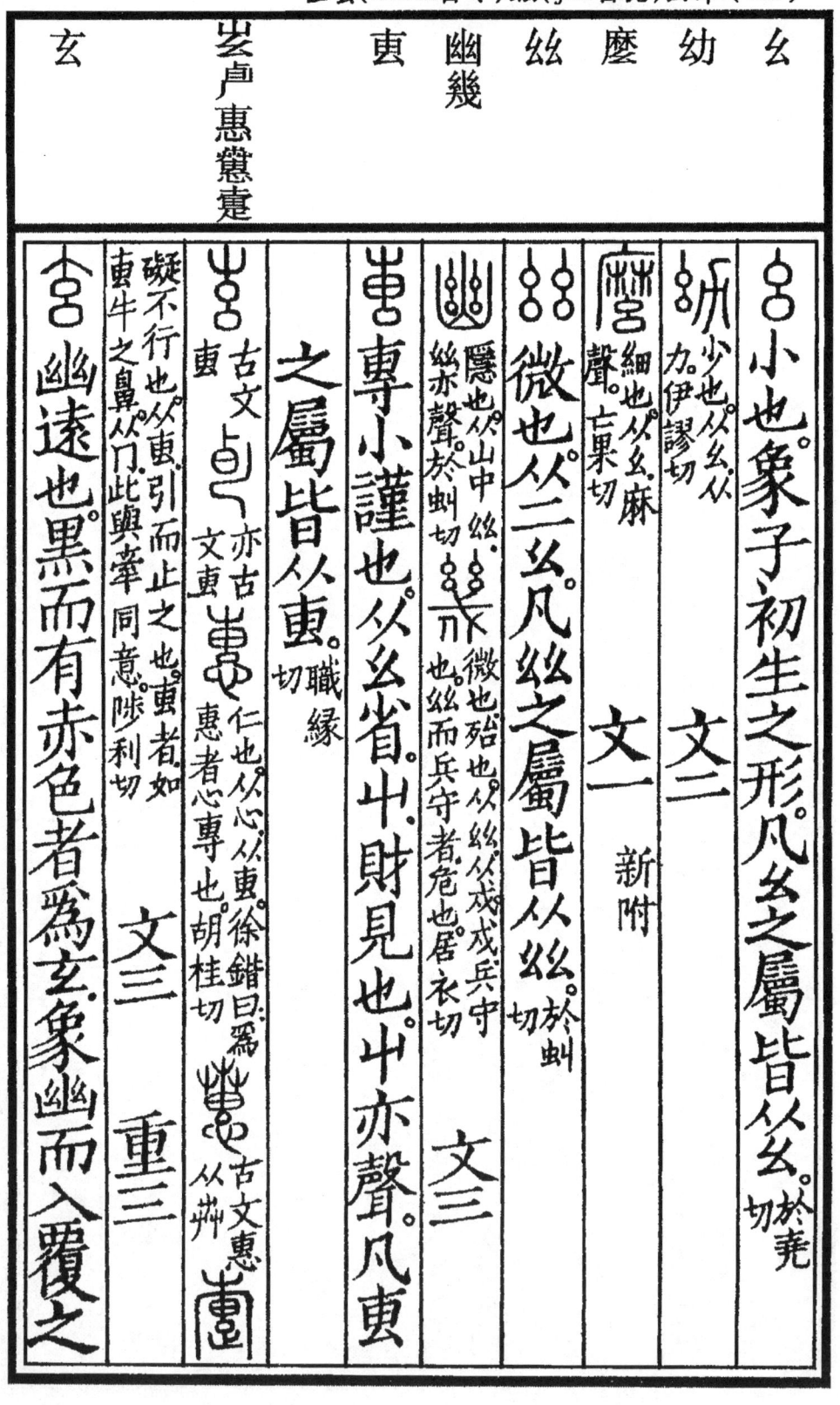

幺 小也。象子初生之形。凡幺之屬皆从幺。於堯切

幼 少也。从幺从力。伊謬切　文三

麼 細也。从幺麻聲。亡果切　文一　新附

丝 微也。从二幺。凡丝之屬皆从丝。於虯切　文二

幽 隱也。从山中丝。丝亦聲。於虯切
微也。殆也。从幺从戍。戍兵守也。丝而兵守者危也。居衣切　文三

幾　

叀 專小謹也。从幺省。屮財見也。屮亦聲。凡叀之屬皆从叀。職緣切
　古文叀　亦古文叀　古文惠从芔　

惠 仁也。从心从叀。徐鍇曰。爲惠者如惠者心專也。胡桂切　文三　重三

礙不行也。从叀引而止之也。叀者如寊牛之鼻。从门。此與牽同意。陟利切

玄 幽遠也。黑而有赤色者爲玄。象幽而入覆之。

（137）受（biào音鰾）放予部

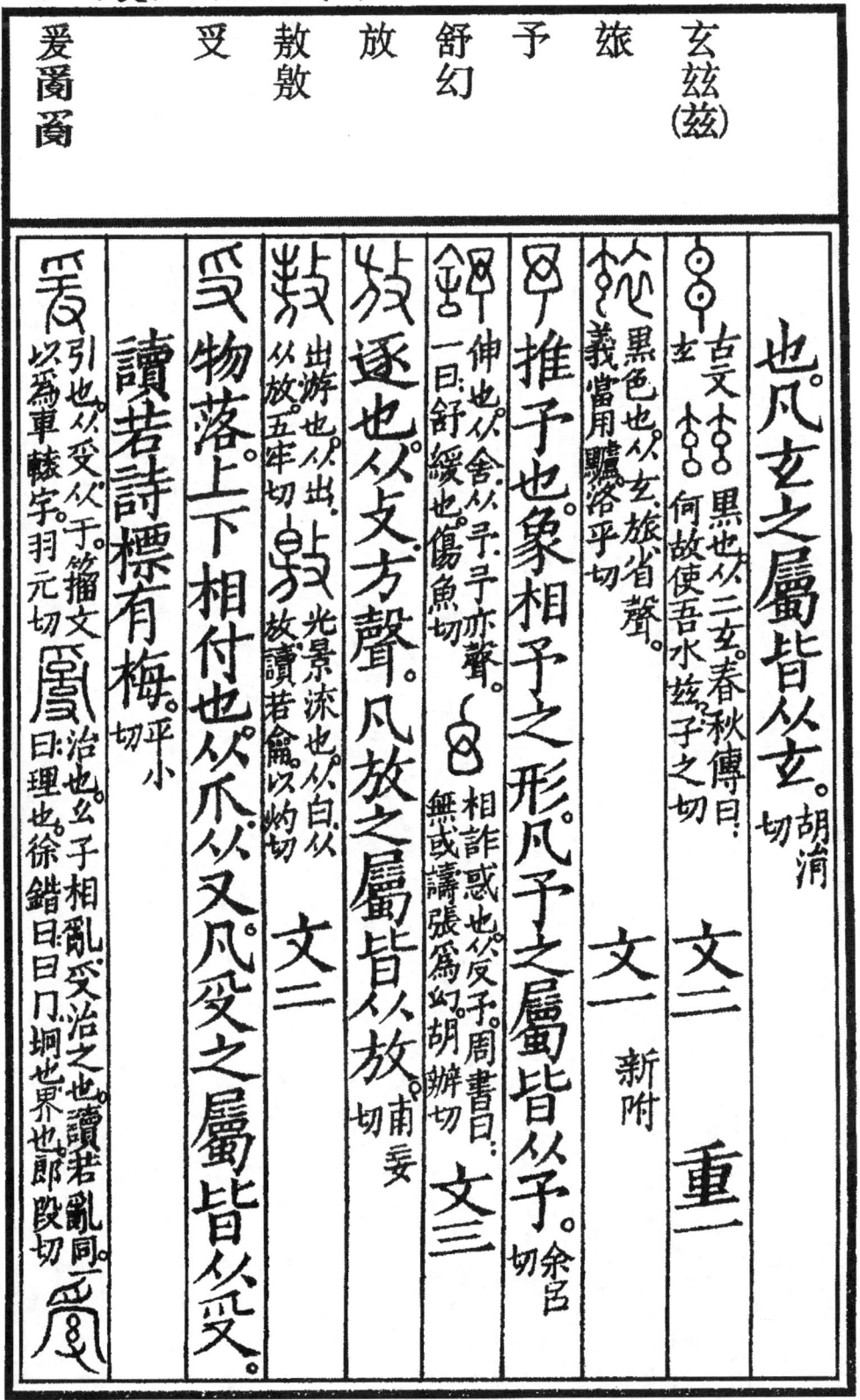

也。凡玄之屬皆从玄。胡涓切

古文玄。黑色也从二玄。春秋傳曰：何故使吾水兹。子之切　文二　重一

黑色也从玄旅省聲。義當用驪溶平切　文一　新附

推予也象相予之形。凡予之屬皆从予。余呂切

相詐惑也从反予。周書曰：無或譸張爲幻。胡辦切　文三

伸也从舍从予予亦聲。一曰：舒緩也。傷魚切

逐也从攴方聲。凡放之屬皆从放。甫妄切　文三

光景流也从白从放。讀若龠。以灼切

出游也从出从放。五牢切

物落上下相付也从爪从又。凡受之屬皆从受。

讀若詩標有梅。平小切

引也从受从于。籀文以爲車轅字。羽元切

治也幺子相亂受治之也。讀若亂同。一曰：理也。徐鍇曰：日ㄇ冂坰也。界也。郎叚切

夕(è音餓)叔(cán音蠶)部 （138）

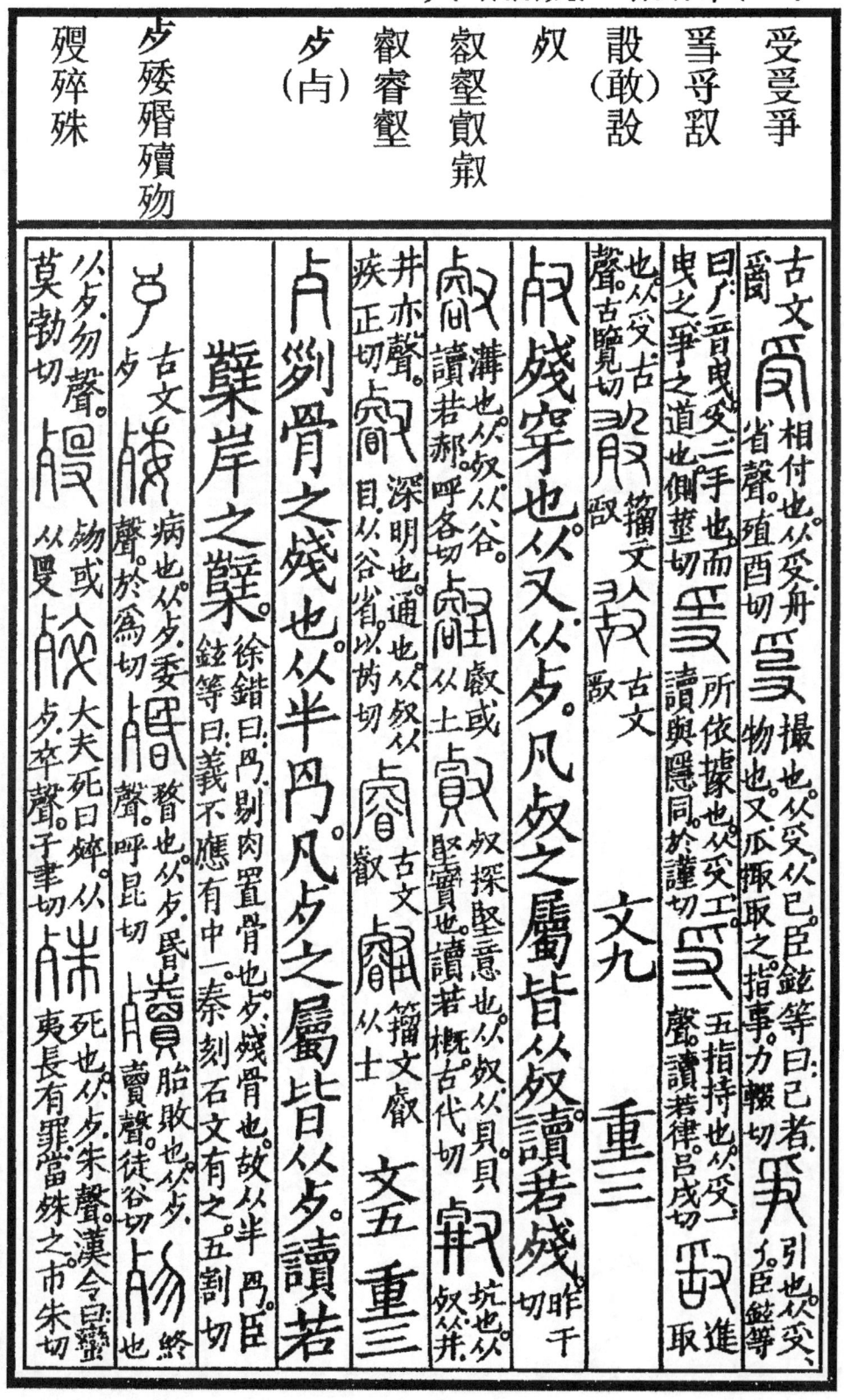

死殤　殂殀殟殥　壹夢殯　隸殣　殈殃殘殄歹　殠殨歺朽　殰殬殈殖　殂殕殆殄り　死　殆殣

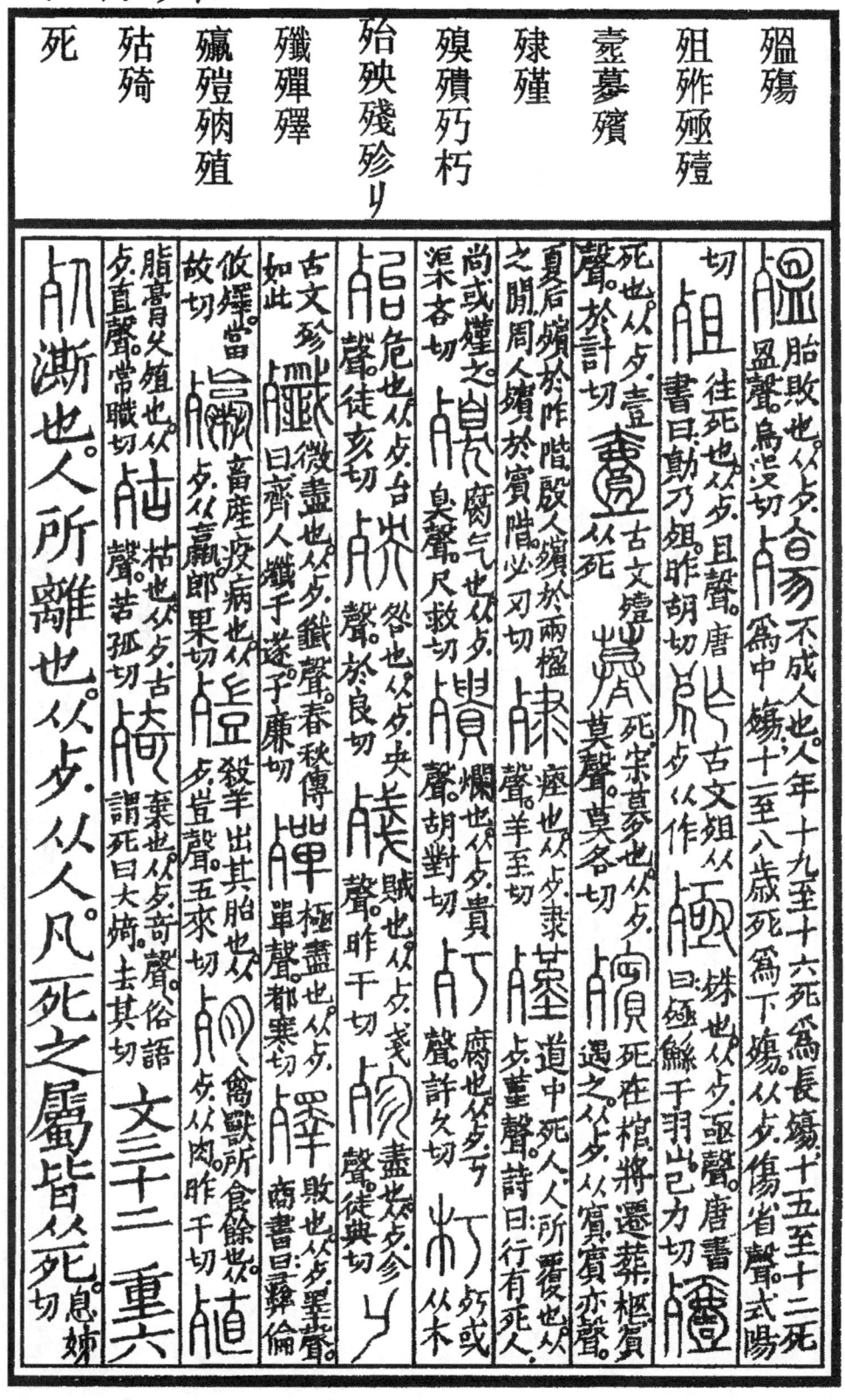

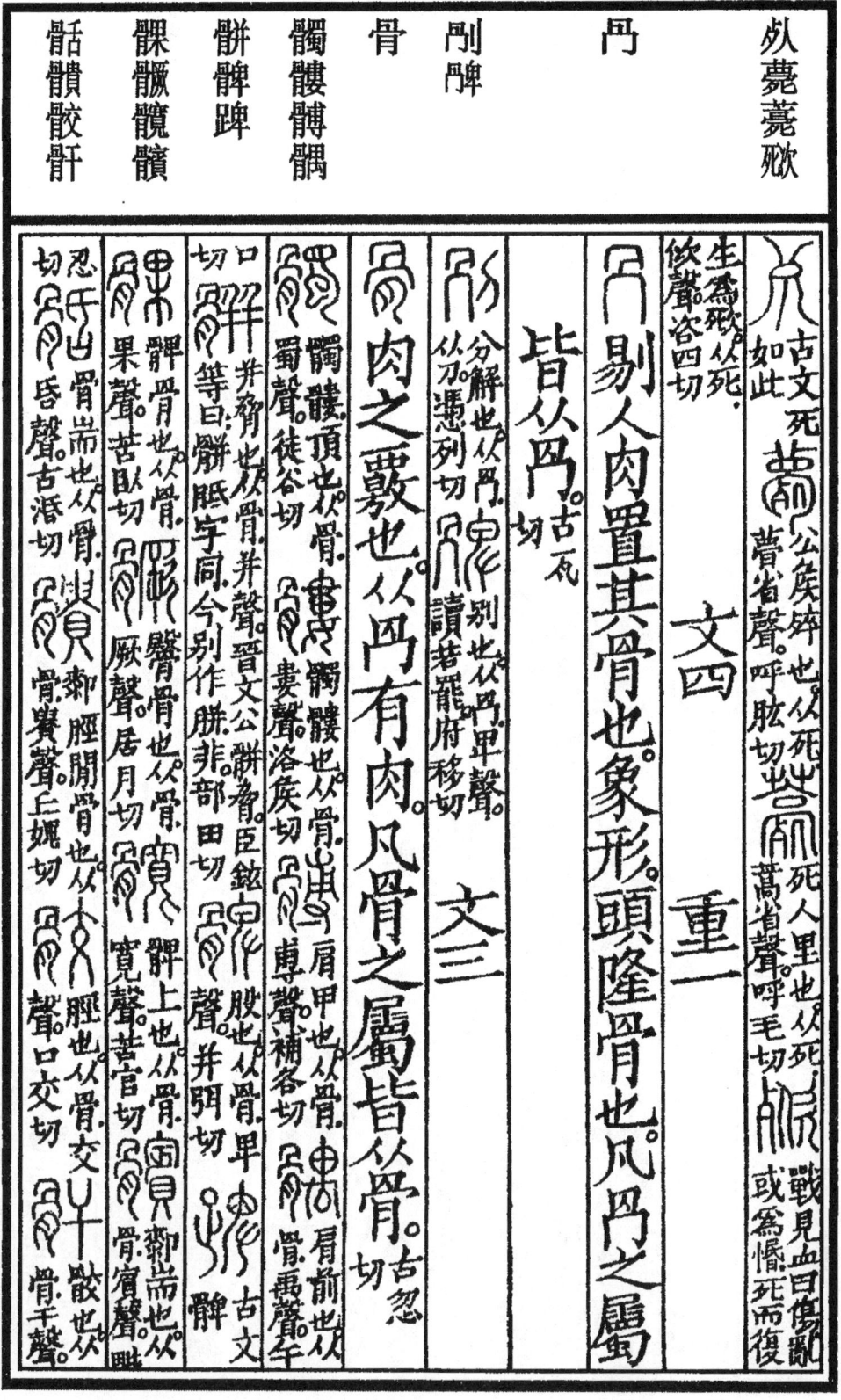

（141）月（肉）骨部

骸髑髃　髓髒髁骼　體髒髏骿　骪骩　髑　肉　膜胚胎肌　臚膚肫臟　冃顱脛尿　腎肺脾肝　膽胃脬腸

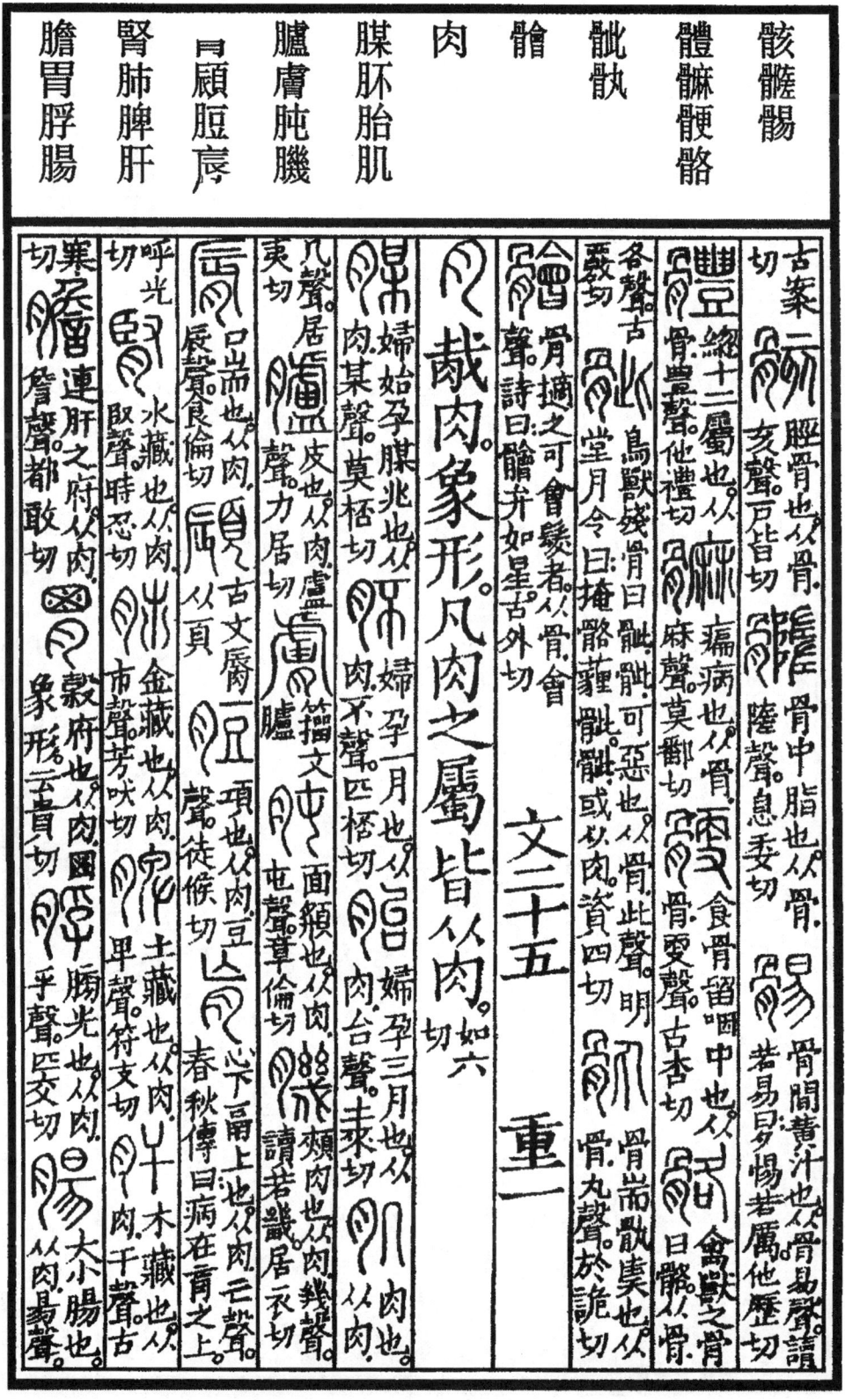

月(肉)部 (142)

膏肪癉(膚)肒　臗背脅膀髂　肘肋胂　胸肩肩胳　齎腹胅　肤臂臑肘　脿肤胯股　腳(脚)脛胻腓　腨胑肢胲　肖胤臀

月(肉)部

肎　肏　膻　膁
脂　朧　脫
脈　臂　（臠）　膌
瘦　脊　胗　疹
肍　腫　胅　胏
腄　眽　肬　黖
胴　臘　腰
胱　胙　隋
膳　脀　肴
腜　曽　脂　胏

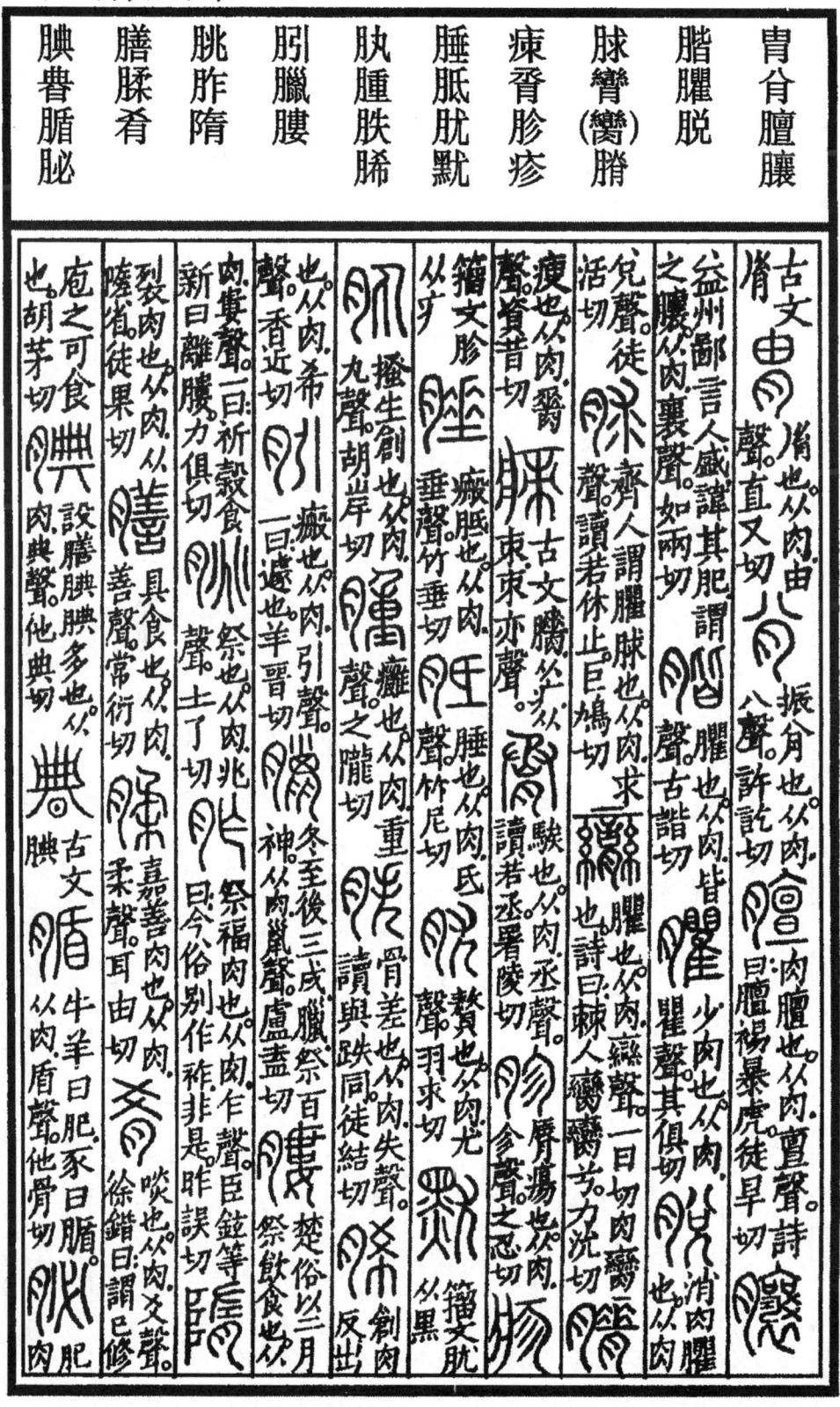

胡胘膍
膍胵膘䏶
膟膫膋脯
脩膎脼膊
脘朐膴
胥腒肍
䐹腝𦟝
脠䐍胹䐣
胜臊膮
腥脂

也。从肉，必聲。蒲結切 胡 牛頤垂也。从肉，古聲。戶孤切 胘 牛百葉也。从肉，弦省聲。胡田切 膍 牛百葉也。从肉，𣪠聲。一曰鳥膍胵。房脂切

膍 膍或从比。胵 鳥胃也。从肉，至聲。一曰胵，五藏總名也。處脂切 膘 牛脅後髀前合革肉也。从肉，票聲。讀若繇。敷紹切 䏶 血祭肉也。从肉，帥聲。呂戌切 膟 䏶或从率。膫 牛腸脂也。从肉，尞聲。詩曰：取其血膫。洛蕭切 膋 膫或从勞省聲。脯 乾肉也。从肉，甫聲。方武切 脩 脯也。从肉，攸聲。息流切 膎 脯也。从肉，奚聲。戶皆切 脼 膎肉也。从肉，兩聲。良獎切 膊 薄脯，膊之屋上。匹各切 脘 胃府也。从肉，完聲。讀若患。舊云脯。古卵切 朐 脯挺也。从肉，句聲。其俱切 膴 無骨腊也。楊雄說：鳥腊也。从肉，無聲。周禮有膴判。讀若謨。荒烏切 胥 蟹醢也。从肉，疋聲。相居切 腒 北方謂鳥腊曰腒。从肉，居聲。傳曰：堯如腊，舜如腒。九魚切 肍 孰肉醬也。从肉，九聲。讀若舊。巨鳩切 䐹 乾魚尾䐹䐹也。从肉，肅聲。周禮有腒䐹。所鳩切 腝 有骨醢也。从肉，耎聲。人移切 𦟝 腝或从難。脠 生肉醬也。从肉，延聲。丑連切 䐍 豕肉醬也。从肉，咅聲。薄口切 胹 爛也。从肉，而聲。如之切 䐣 切孰肉內於血中和也。从肉，員聲。讀若遜。穌本切 胜 犬膏臭也。从肉，生聲。一曰不孰也。桑經切 臊 豕膏臭也。从肉，喿聲。穌遭切 膮 豕肉羹也。从肉，堯聲。許幺切 腥 星見食豕，令肉中生小息肉也。从肉从星，星亦聲。穌佞切 脂 戴角者脂，無角者膏。从肉，旨聲。旨夷切

(145) 月(肉)部

贖　膩　膜　𦠄
臃　膹　膡　爒
𦞩　䐑　膾　腌
腏　𦜕　肺
胅　肰　胕　朓　膜
肬　膠　羸
胆　骨　腐
肎（肯）　骨　肥

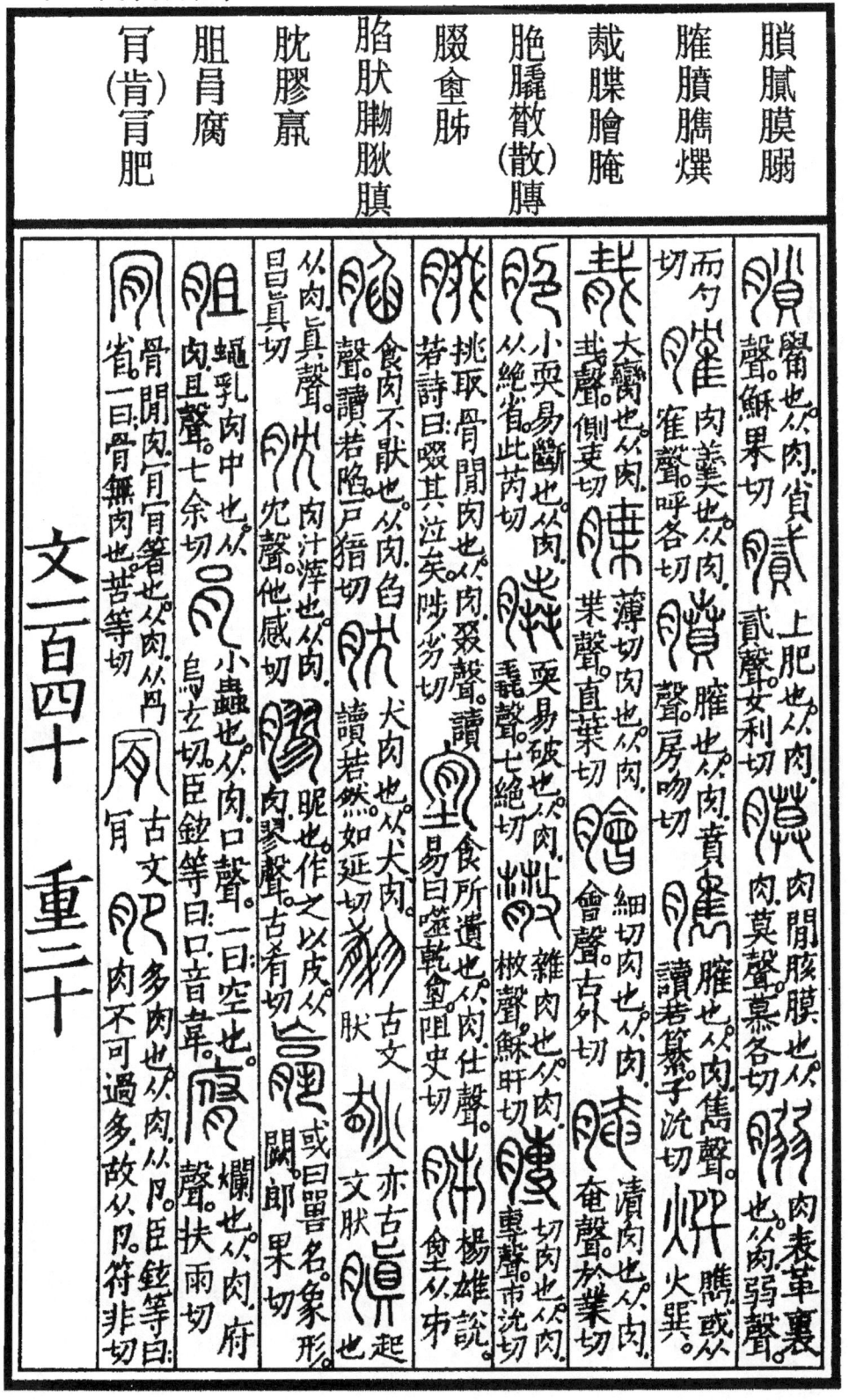

文二百四十　重三十

刀筋部（146）

臂腺腔胸
腮
筋
笏腱筋肕
刀（刂）
剒剨劄削
刉剴劓
剺利秒剡

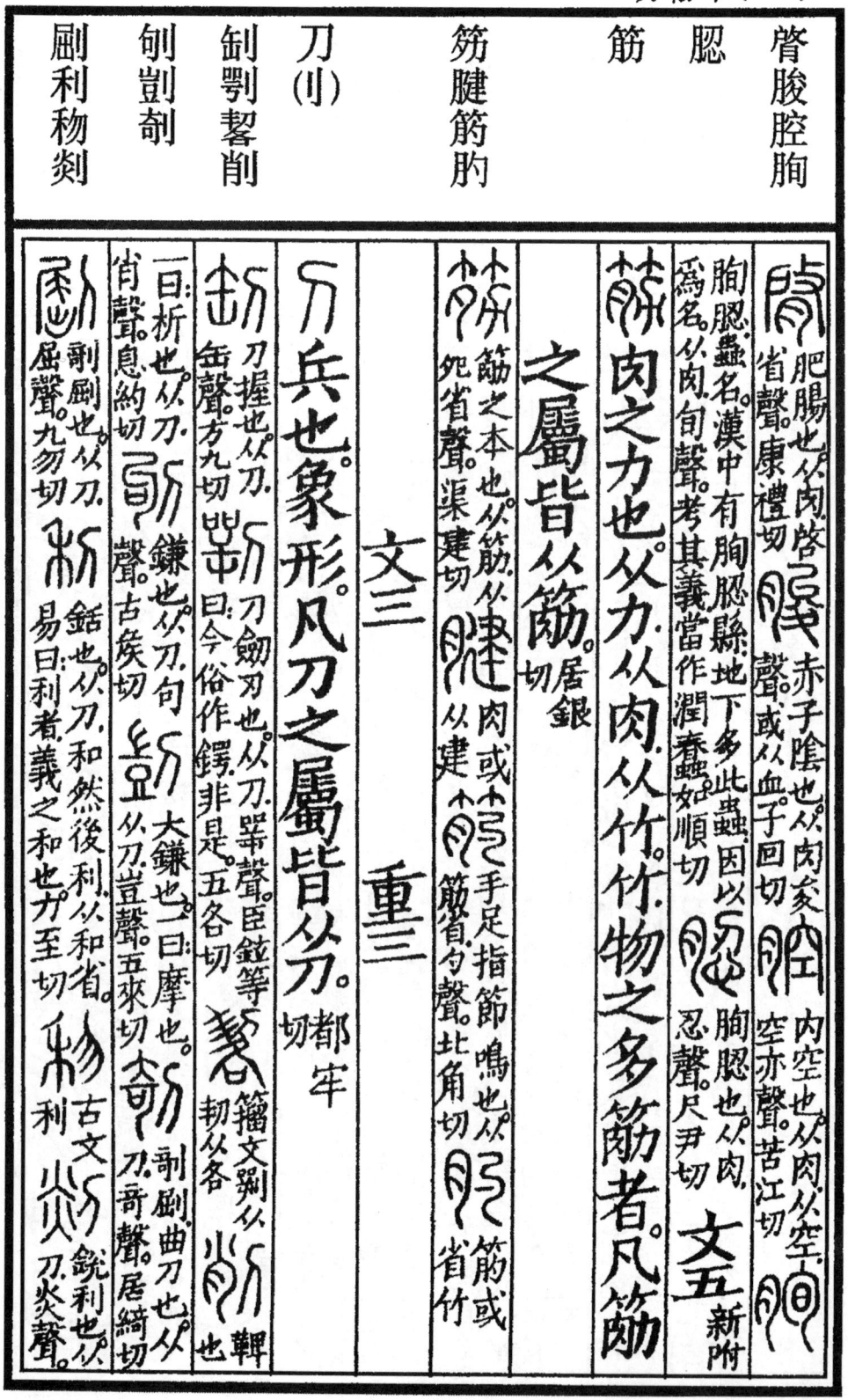

膌　肥腸也。从肉啟省聲。康禮切。

腮　赤子陰也。从肉矣聲。或从血。子回切。

腔　内空也。从肉从空，空亦聲。苦江切。

胸　胸腮也。从肉匈聲。

胸腮，蠱名。漢中有胸腮縣，地下多此蟲，因以爲名。从肉旬聲。考其義當作潤，春蟲女順切。

腮　胸腮也。从肉。忍聲。尺尹切。

文五　新附

筋　肉之力也。从力从肉从竹。竹，物之多筋者。凡筋之屬皆从筋。居銀切。

腱　筋之本也。从筋从肉。建省聲。渠建切。肉或从建。

肕　筋或省竹。

笏　

文三　重二

刀　兵也。象形。凡刀之屬皆从刀。都牢切。

剒　刀握也。从刀。乇聲。息約切。一曰析也。从刀。

剨　刀劍刃也。从刀。㓞聲。臣鉉等曰：今俗作鍔，非是。五各切。

劄　缶聲。方九切。

削　鞞也。从刀。肖省聲。

刉　刀也。从刀。句省聲。鎌也。古侯切。

劓　剝曲刀也。从刀。豈聲。五來切。大鎌也。一曰摩也。

剴　剝剴曲刀也。从刀。豈聲。居綺切。

剺　剝也。从刀。和然後利从和省。銛也。从刀。和然後利从和省。易曰利者義之和也。力至切。古文剺从利。

利　銛也。从刀。和然後利从和省。易曰利者義之和也。力至切。古文利从刀炎聲。

剡　銳利也。从刀炎聲。

秒　剝剴曲刀也。屈聲。九勿切。

初剪則
刓刐鼎冏信剷
劏切刌劗
刉劌刻
副鷝剖辨
判劇刿列刊
剢删劈剥
刐割劵劃
刞劀劑
刷刮剽刲

刃刀部（148）

剉　剐　剐　剏
剎　劊　兀　釗
制　剎　占
劓（罰）刵　剐
劃　刑　型　劋　劒
剔
券　刺
刎　剜　劇　刹
刃

圭聲。易曰士刲羊。苦圭切

折傷也。从刀坐聲。麤臥切。

絶也。从刀喿聲。《周書》曰：天用剿絶其命。子小切。

擊也。从刀弗聲。分勿切。

劋絶也。从刀𣏟聲。魚廢切。
傷也。从刀𣏟聲。

斷也。从刀𢧵聲。親結切。
刵也。从刀从金周聲。《詩》曰：刜。

裁也。从刀未。未，物成有滋味可裁斷。一曰止也。征例切。
缺也。从刀占聲。《詩》曰：白圭之刮尚可磨也。
丁念切。

剖也。从刀𠬚聲。未以刀有所。古文制如此。

康王名止遙切
圭之刮也

賊但持刀罵詈則應罰。房越切。
自辛之小者，从刀从言。未以刀。

味可裁斷，一曰止也。征例切。
斷耳也。从刀从耳。仍吏切。

劓，刑鼻也。从刀臬聲。《易》曰：天且劓。魚器切。劓，或从鼻。

剸也。从刀專聲。五丸切。
䚡也。从刀睘聲。徐切。

楚人謂治魚也，从刀从魚，讀若鍊。昔屑切。

剝，裂也。从刀从录。录，刻割也。录亦聲。一曰剝，割也。北角切。

剔，解骨也。从刀易聲。他歷切。
賜，解骨也。从刀易聲。

到也。从刀到聲。都悼切。
剷也。从刀尖聲。

剄，刑也。从刀巠聲。古零切。
到也。从刀开聲。

刎，剄也。从刀勿聲。武粉切。
削也。从刀肖聲。

文六十二　重九

剜，削也。从刀宛聲。一丸切。

刹，柱也。从刀。未詳。殺省聲。初轄切。
劇，尤甚也。从刀。未詳。豦聲。渠力切。

文四　新附

刃　刀堅也。象刀有刃之形。凡刃之屬皆从刃。而振切。

（149）耒丰(jiè音介)㓞(qià音洽)部

| 耕 耦 耤 | 耒 㓢 | 丰 契 絜 | 㓂 創 剏 劍 |

㓂 傷也。从刃从一。楚良切。創 或从刀倉聲。臣鉉等曰：今俗別作瘡，非是也。

劍 人所帶兵也。从刃僉聲。居欠切。㓨 籀文劍从刀。

㓞 巧㓞也。从刀丰聲。凡㓞之屬皆从㓞。苦八切。

文三 重二

契 齘㓞刮也。从㓞夬聲。一曰契，畫堅也。古黠切。㓞木 刻也。从㓞从木。苦計切。

文二

丰 艸蔡也。象艸生之散亂也。凡丰之屬皆从丰。丰 讀若介。古拜切。

文三

㓎 枝㓎也。从丰各聲。古百切。

耒 手耕曲木也。从木推丰。古者垂作耒相以振民也。凡耒之屬皆从耒。盧對切。

耕 犂也。从耒井聲。一曰古者井田。古莖切。耦 耕廣五寸為伐，二伐為耦。从耒禺聲。五口切。耤 帝耤千畝也。古者使民如...

角耒部（150）

耒耜耒 耡 角

鑮鱳鰓 絭舼犗 饠犄斛 衡奧觸 觲舩觼

借。故謂之耤。从耒昔聲。秦昔切。冊又可以剟麥河內用耒齒聲。除苗間穢也。从耒貞聲。羽文切。或从耒芆聲。秦昔切。

耡。商人七十而耡。耡耤稅也。从耒助聲。周禮曰以興耡利萌。牀居切。

角。獸角也。象形。角與刀魚相似。凡角之屬皆从角。古岳切。

鑮。揮角兒。从角雈聲。梁鄒縣有鑮亭。又讀若譁。況袁切。

觷。治角也。从角學省聲。胡角切。

觰。角低仰便也。从角虒聲。詩曰觰角弓息。普覺切。

觲。用角低仰便也。从羊牛角。詩曰觲觲角弓。息營切。

觸。牛觸橫大木其角。从角从大。詩曰設其福衡。戶庚切。

奧。角中也。从角西聲。易曰其牛觢。烏賄切。

觶。鄉飲酒角也。禮曰一人洗舉觶。觶受四升。从角單聲。之義切。

（以下各字略）

觰觤觟
觡觜解
觿觵
觥觶
䚳觗觛觴⿰角爵
觚䚪
⿱敫角觼鐍⿰角弜
⿰角發⿰角酋觳
觱

弓。出胡休多國。从角。

觰 觰拏，獸也。从角，者聲。一曰下大者也。陟加切

觤 羊角不齊也。从角，危聲。過委切

觟 牝牂羊生角者也。从角，圭聲。下瓦切

觡 骨角之名也。从角，各聲。古百切

觜 鴟舊頭上角觜也。一曰：觜，觿也。从角，此聲。遵爲切

解 判也。从刀判牛角。一曰解廌，獸也。佳買切，又戶賣切

觿 佩角，銳耑可以解結。从角，巂聲。詩曰：童子佩觿。戶圭切

觵 兕牛角可以飲者也。从角，黃聲。其狀觵觵，故謂之觵。古橫切

觥 俗觵从光。

觶 鄉飲酒角也。禮曰：一人洗，舉觶。觶受四升。从角，單聲。臣鉉等曰：當从戰省乃得聲。之義切

䚳 觶或从辰。

觗 禮經觶。

觛 小觶也。从角，旦聲。徒旱切

觴 觶實曰觴，虛曰觶。从角，煬省聲。式陽切

⿰角爵 籀文觴从爵省。

觚 鄉飲酒之爵也。一曰：觴受三升者謂之觚。从角，瓜聲。古乎切

䚪 角匕也。从角，亘聲。讀若讙。臣鉉等曰：亘音宣，俗作古鄧切，篆文有異。況袁切

⿱敫角 杖耑角也。从角，敫聲。胡狄切

觼 環之有舌者。从角，夐聲。古穴切

鐍 觼或从金、矞。

⿰角弜 調弓也。从角，弱省聲。於角切

⿰角發 惟射收繁具也。从角，發聲。方肺切

⿰角酋 惟射收繳具。从角，酋聲。讀若鰌。字秋切

觳 盛觵卮也。一曰射具。从角，殼聲。讀若斛。胡谷切

觱 羌人所吹角屠觱，以驚馬也。从角，𤼽聲。𤼽，古文誖字。卑吉切

文三十九　重六

《干禄字书》

唐颜元孙撰。一卷。为章表、书判而作，故曰"干禄"，其例以四声隶字，又以二百六部排比字之先后，每字分俗、通、正三体，颇为详核，且酌古准今，实可行用，非诡称复古，以奇怪钓名之比。

說文解字第四下

賜進士及第山東等處督糧道兼管德常臨清倉事務加三級孫星行重校刊

光緒歲在閼逢涒灘國子監肄業生吳縣朱記榮校刊

（153）竹部

說文解字弟五上　漢太尉祭酒許慎記

銀青光祿夫守右散騎常侍上柱國東海縣開國子食邑五百戶臣徐鉉等奉

敕校定

六十三部　五百二十七文　重百十二

凡七千二百七十三字

文十五新附

竹　冬生艸也。象形。下垂者箁箬也。凡竹之屬皆从竹。陟玉切

箘　簬也。从竹囷聲。一曰博棊也。渠隕切

箭　矢也。从竹前聲。子賤切

箘簬　箘簬也。从竹路聲。夏書曰惟箘簬楛。洛故切
（古文箘簬）

籡　箭屬小竹也。从竹笢聲。先杳切

簜　大竹也。从竹湯聲。夏書曰瑤琨篠簜。篠簜可為幹。筱簜可為

竹部（154）

簽 篋 筍 簹
箸 箸 節 篸
簹 篋 笨 篰
篸 篆 籀
簡 笒 箹 等
簏 篇 劉
箈 籍 簹 簥
筥 筭 筐
籔 觭 筳 筦

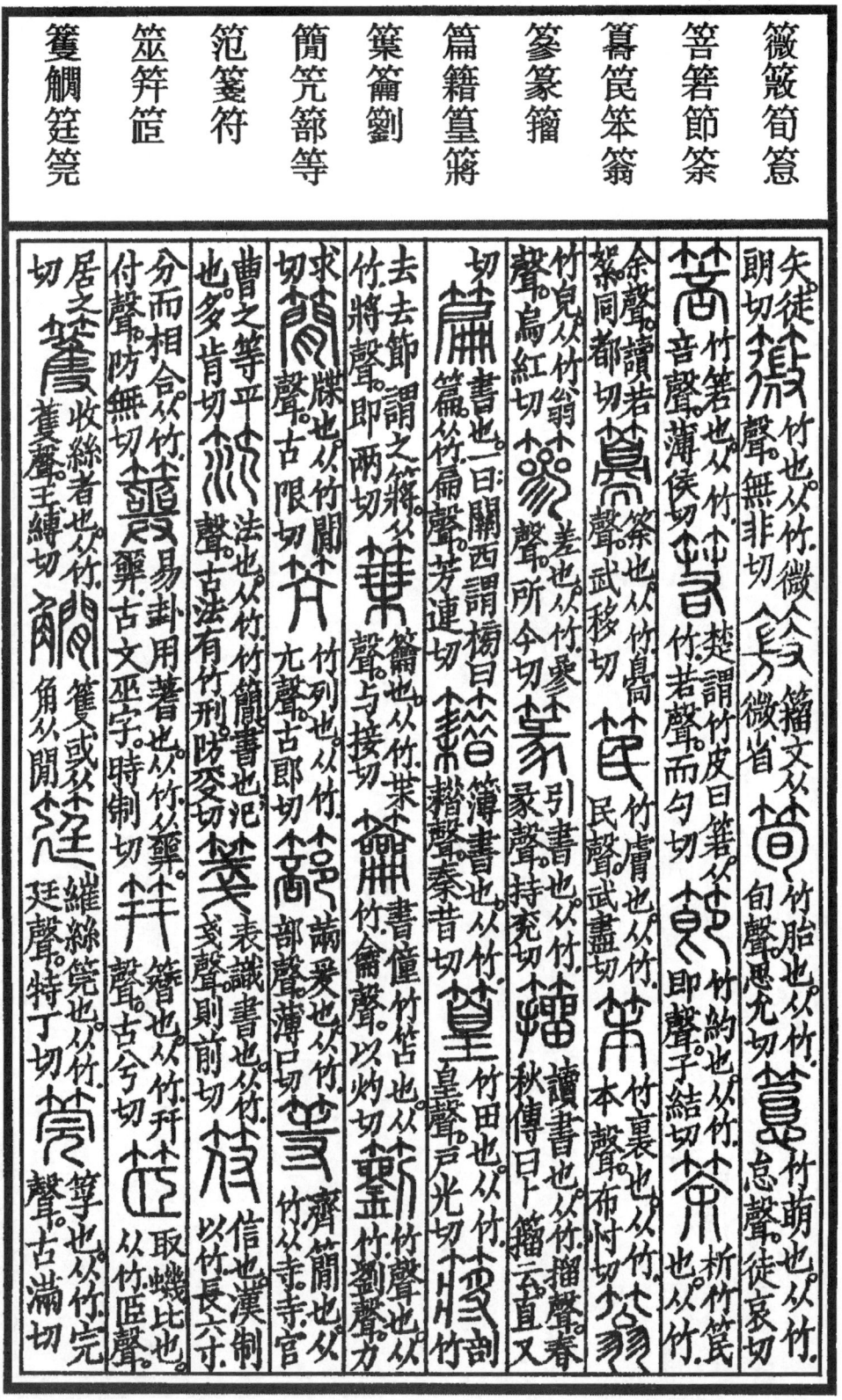

（155）竹部

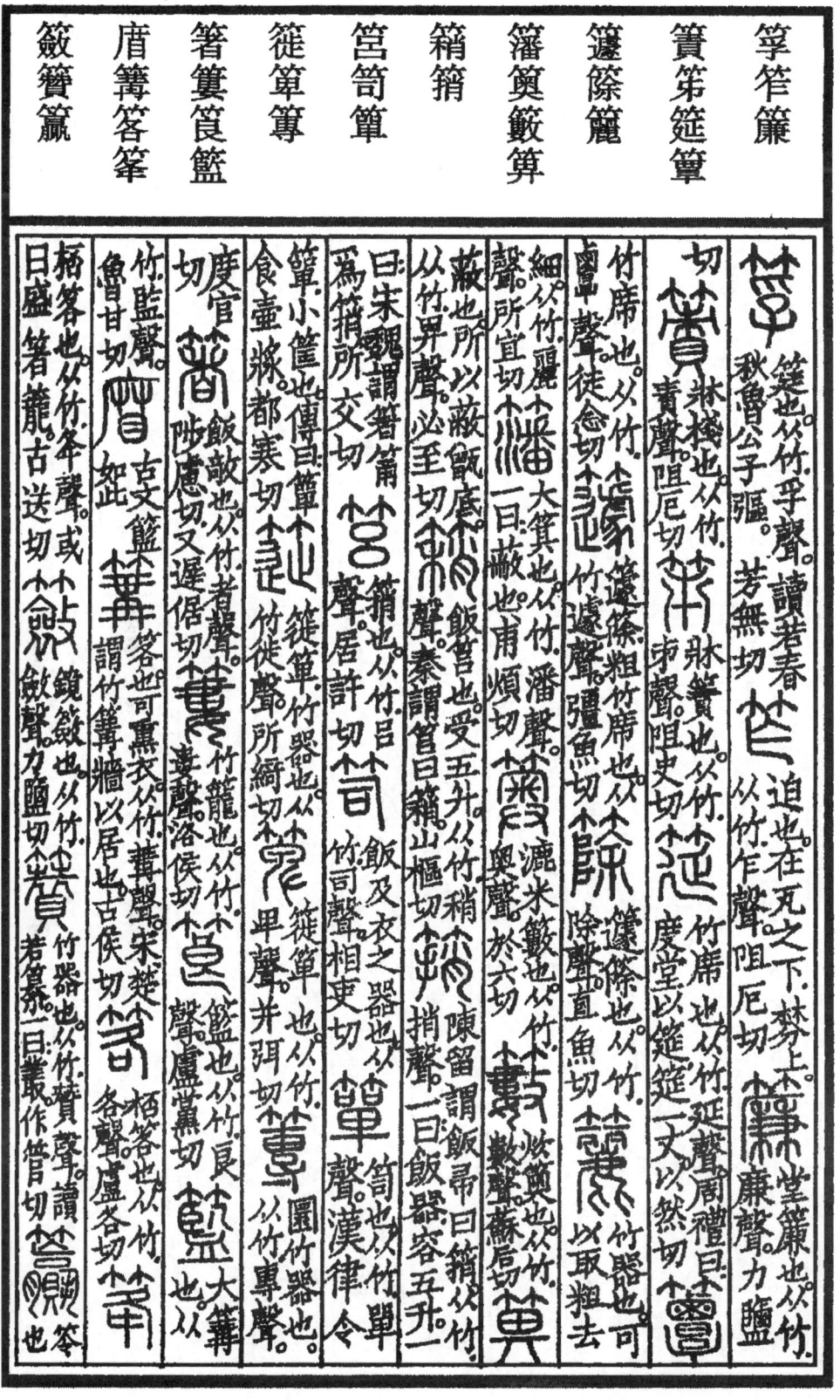

竹部（156）

籭 簁 甌 甅
杫 簠 医 邉
匲 筦 簅 籠
篆(簶)簒 箱 簏 筊
竿 籃 簻 筩
筊 筰 箷 筳
互 簜 簾
篗 籠 簙 笠
簅 籚 箔
籲 簦 笠

从竹贏聲。以成切。

竹器也从竹刪省聲蘇旰切。

黍稷方器也从竹从皿从皀古文簋居洧切 古文 簋或

古文簋从匚飢 甌古文簋或

籩邊也从竹邉聲布玄切

从竹亦聲古文簠从匚夫

医盛弓弩矢器也从匚从矢古者医初作矢於祥切

黍稷圜器也从竹从皿从米讀若逴方矩切

籩竹豆也从竹豆聲徒玩切

篛楚謂竹皮曰篛从竹弱聲而勺切

籃大篝也从竹監聲魯甘切

籠舉土器也一曰笭也从竹龍聲盧紅切

筩斷竹也从竹甬聲徒紅切

籚積竹矛戟柲也从竹盧聲洛乎切

籠竹籠也从竹高聲。古勞切。

筊竹索也从竹交聲胡茅切

笭車笭也从竹令聲郎丁切

筊蔽絮簀也从竹沾聲他兼切

筰筊也从竹作聲在各切

筳繀絲管也从竹廷聲特丁切

簾堂簾也从竹廉聲力鹽切

簜大竹筒也从竹湯聲徒朗切

簙局戲也六箸十二棊也从竹博聲補各切

笠所以覆也从竹立聲力入切

篗收絲者也从竹蒦聲王縛切

籚飯竹器也从竹盧聲洛乎切

箔蠶薄也从竹尃聲補各切

簦笠蓋也从竹登聲都滕切

籲驚語也从雨爾聲未詳尼輒切

（157）竹部

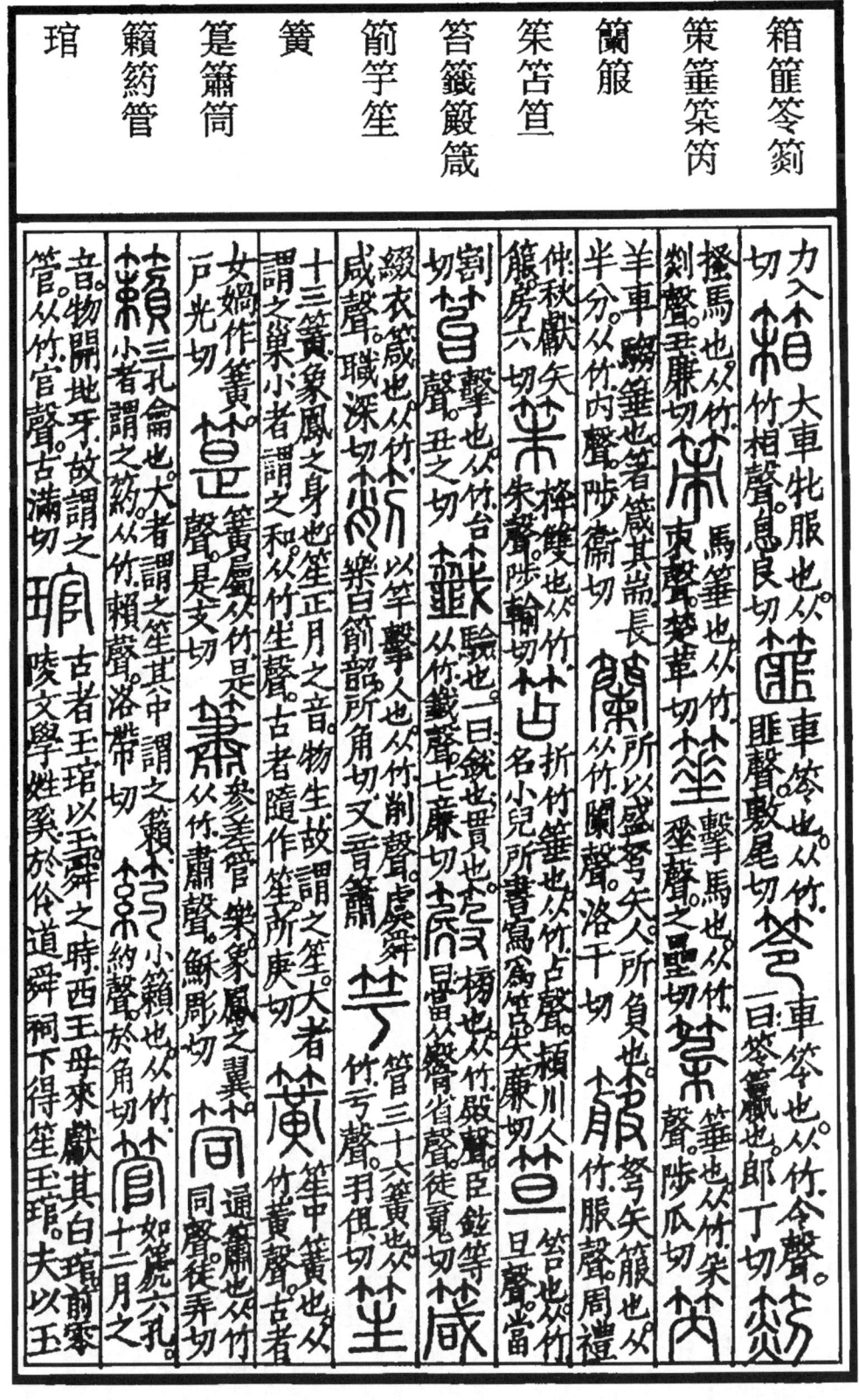

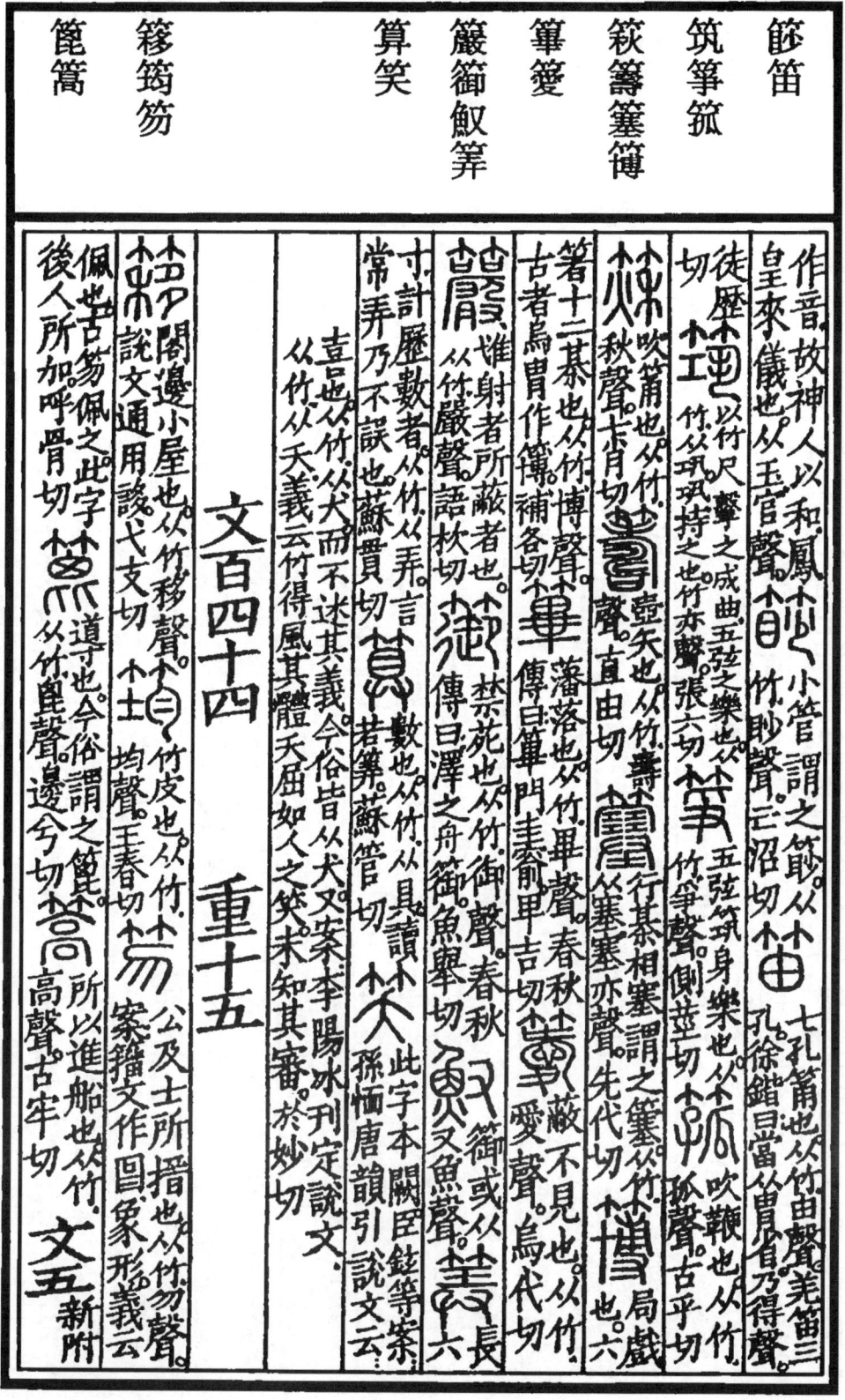

筋笛
筑箏筑
籤篝箑簿
篳簽
算笑
籖箇籔筭
籈篤筋
篦篙

文百四十四　重十五

文五　新附

（159）丌（jī音机）箕部

箕
甘㔼㐅其（其）匚籢

丌
辺典
筭顨
巽奠
㐅㿕㐅

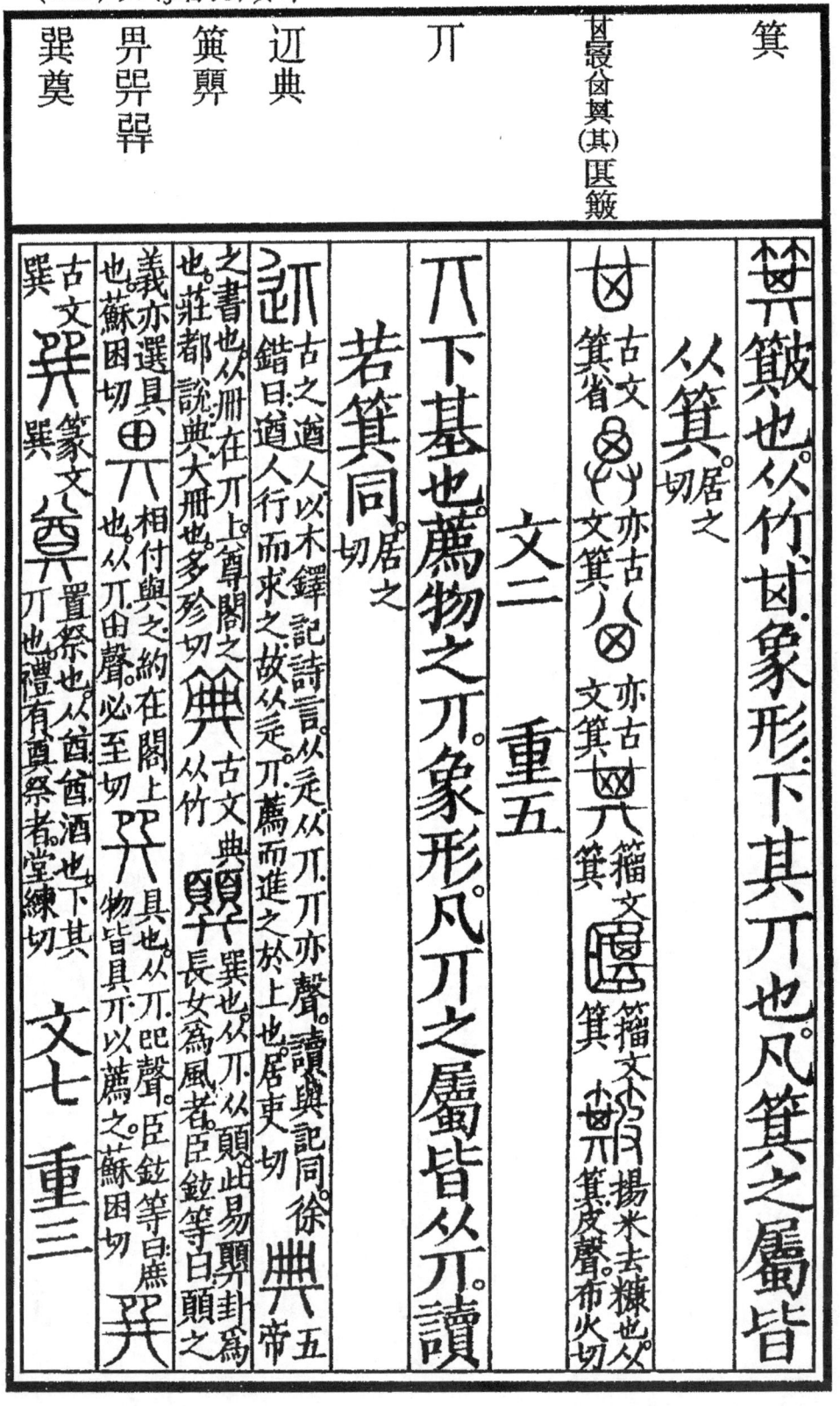

箕
籤也从竹甘象形下其丌也凡箕之屬皆
从箕
居之切。

甘
古文箕省。㐅亦古文箕。㐅亦古文箕。
匚籀文箕。籀文箕。
㿻揚米去糠也从𠬶箕皮聲。布火切。

文二　重五

丌
下基也薦物之丌象形凡丌之屬皆从丌讀
若箕同居之切。

辺
古之遒人以木鐸記詩言从辵从丌丌亦聲。讀與記同徐錯曰遒人行而求之故从辵。丌薦而進之於上也居之切。

典
五帝之書也从册在丌上尊閣之也莊都說典大册也多殄切。典古文典从竹

筭
長六寸計歷數者从竹从弄言常弄乃不誤也蘇貫切。

顨
巽也从丌从頁此易顨卦為長女為風者臣鉉等曰顨之言蓋也吅亦聲。

巽
具也从丌从吅吅物皆具丌以薦之蘇困切。巺篆文巽。㔾古文巽。

奠
置祭也从酋酋酒也下其丌丌以薦之禮有奠祭者堂練切。

文七　重三

巫巫（zhǎn音展）工左部（160）

左
差差
工
珍式巧巨榘
巨 亞 寣 巫

巨手相左助也从ナ、工凡左之屬皆从左。則箇切臣鉉等曰今俗別作佐。

堅貳也左差不相值也从左从𠂇。徐鍇曰左不當值也。初牙切又楚佳切。籀文差从二 文三重一

工巧飾也象人有規榘也與巫同意凡工之屬皆从工。

皆从工。事無形失在於詭亦當遵規榘故曰與巫同意。古紅切。徐鍇曰為巧必遵規榘法度然後為工否則目巧也。

丂古文工从彡。

巧技也从工丂聲。苦絞切。

巨規巨也从工象手持之。其呂切。巨古文巨。

从木矢矢者其中正也。𢒄古文巨。

亞極巧視之也从四工凡亞之屬皆从亞。知衍切。

寣窒也从𠦜𡧛山中。亞猶齊也蘇則切。

巫祝也女能事無形以舞降神者也象人兩襃。

舞形與工同意古者巫咸初作巫凡巫之屬

（161）日甘部

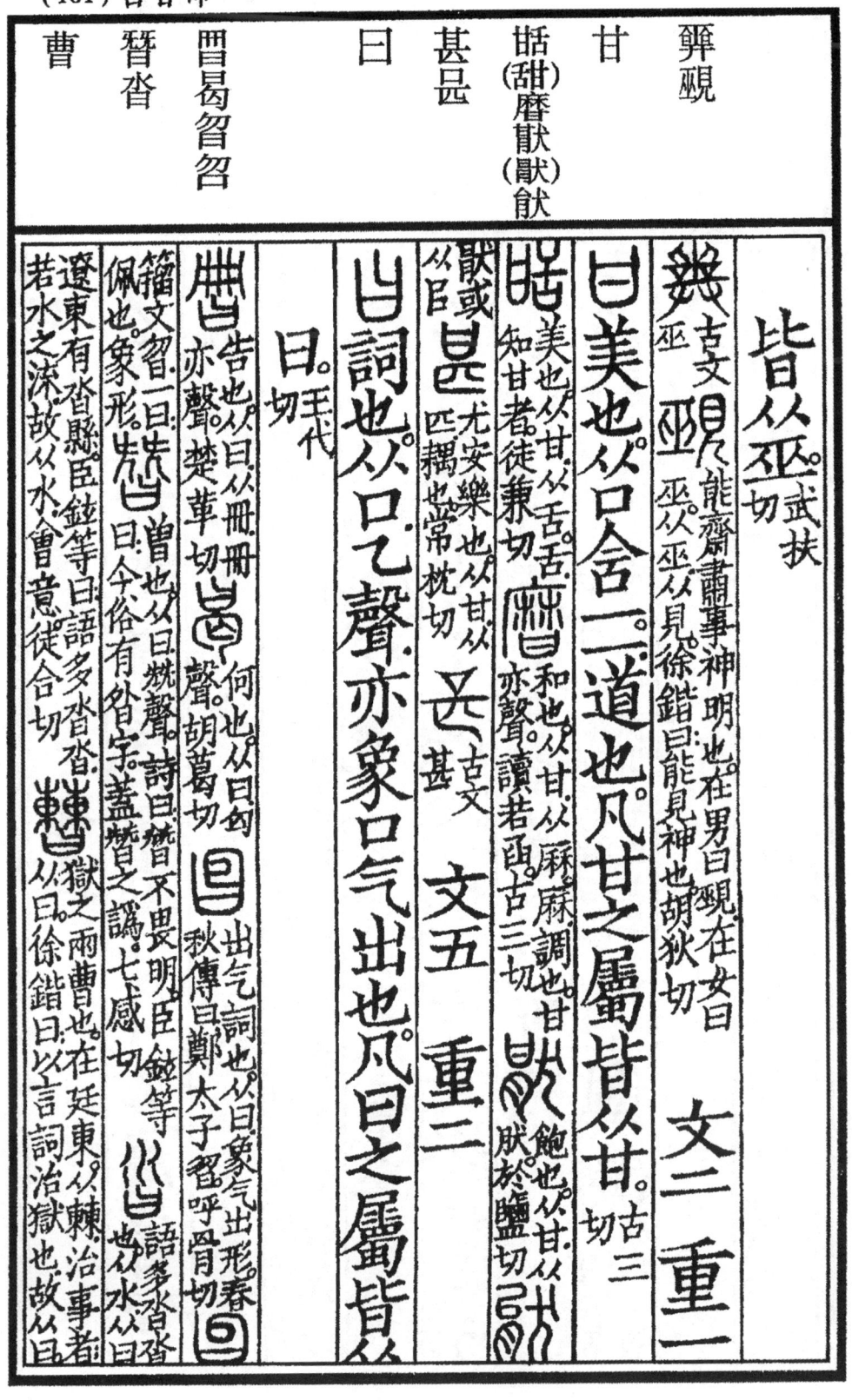

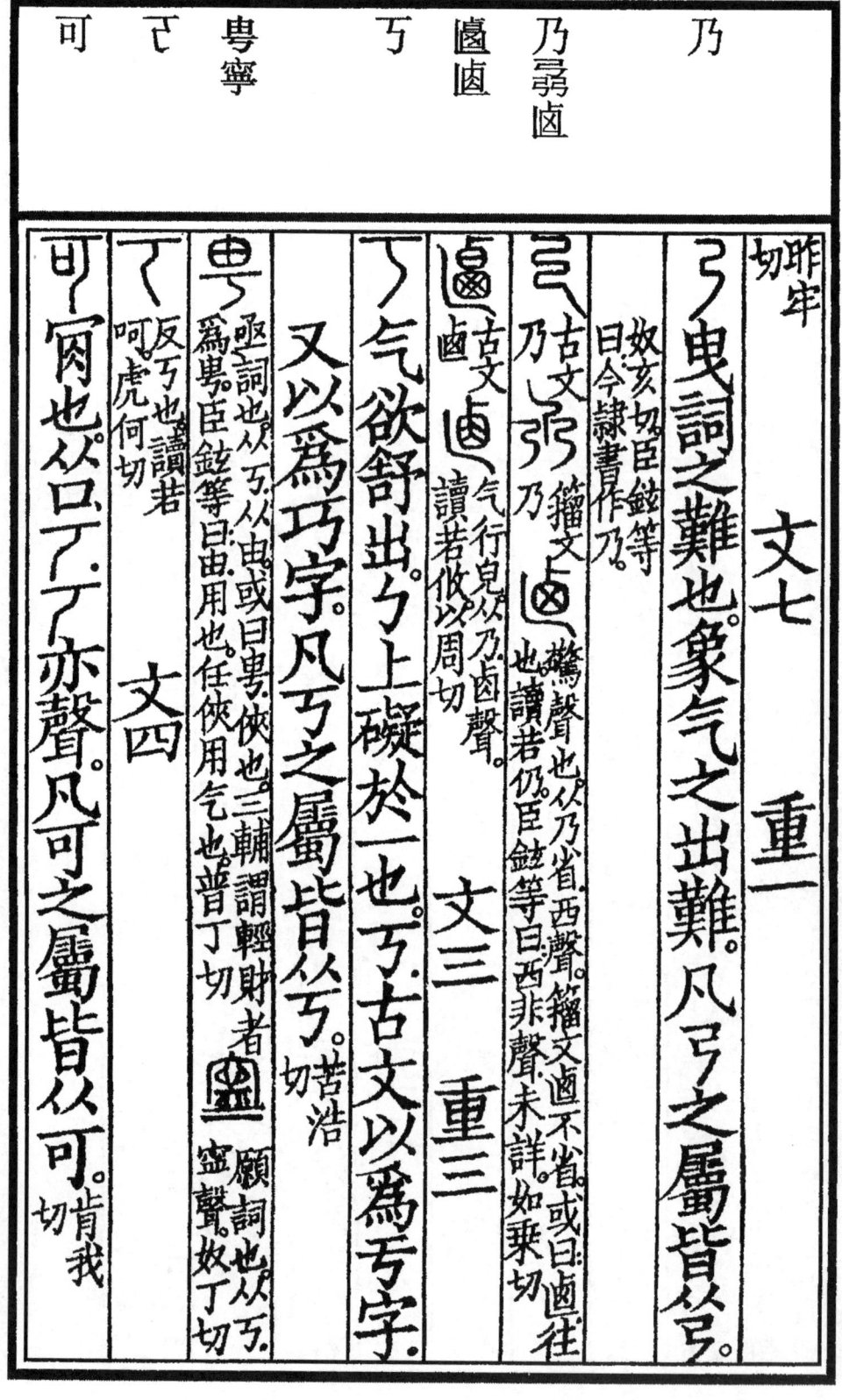

昨年切

乃　曳詞之難也。象气之出難。凡乃之屬皆从乃。　文七　重一

乃　古文乃。

弱　籀文乃。　奴亥切。臣鉉等曰：今隸書作乃。

鹵　驚聲也。从乃省，西聲。籀文鹵不省。或曰鹵往也。讀若仍。臣鉉等曰：西非聲，未詳。如乘切。

卥　气行皃。从乃卥聲。讀若攸。以周切。鹵，古文卥。
文三　重三

丂　气欲舒出。𠀀上礙於一也。丂古文以為亏字。又以為巧字。凡丂之屬皆从丂。苦浩切。

甹　亟詞也。从丂从甶。或曰：甹，俠也。三輔謂輕財者為甹。由，用也。任俠用气也。普丁切。

寧　願詞也。从丂寍聲。奴丁切。
文四

可　肎也。从口丂，丂亦聲。凡可之屬皆从可。肯我切。

哿　可也。从可加聲。

叵　反可也。讀若呵。虎何切。

（163）亏号兮可部

亏号兮可部

奇哿哥　丂（回）　兮 夸惷義乎　號 号 亏（于）

奇　異也。一曰：不耦。从大从可。可也从可。加聲。詩曰：可以履。渠羈切～賀从矢富人古我切
哿　～聲也从二可。古文以為謌字古俄切　文四

可　不可也从反可普火切　文一　新附

兮　語所稽也从丂八象气越亏也凡兮之屬皆从兮。胡雞切

号　驚辭也从兮从旬聲思允切～夸或从心聲。許羈切
義　～气也从兮義聲～于　語之餘也从兮象聲。上越揚之形也戶吳切　文四　重一

号　痛聲也从口在丂上凡号之屬皆从号。胡到切

號　呼也从号从虎平刀切　文二

亏　於也象气之舒亏从丂从一一者其气平之也凡亏之屬皆从亏。羽俱切今變隸作于

豈（zhǔ音住）喜旨亏部（164）

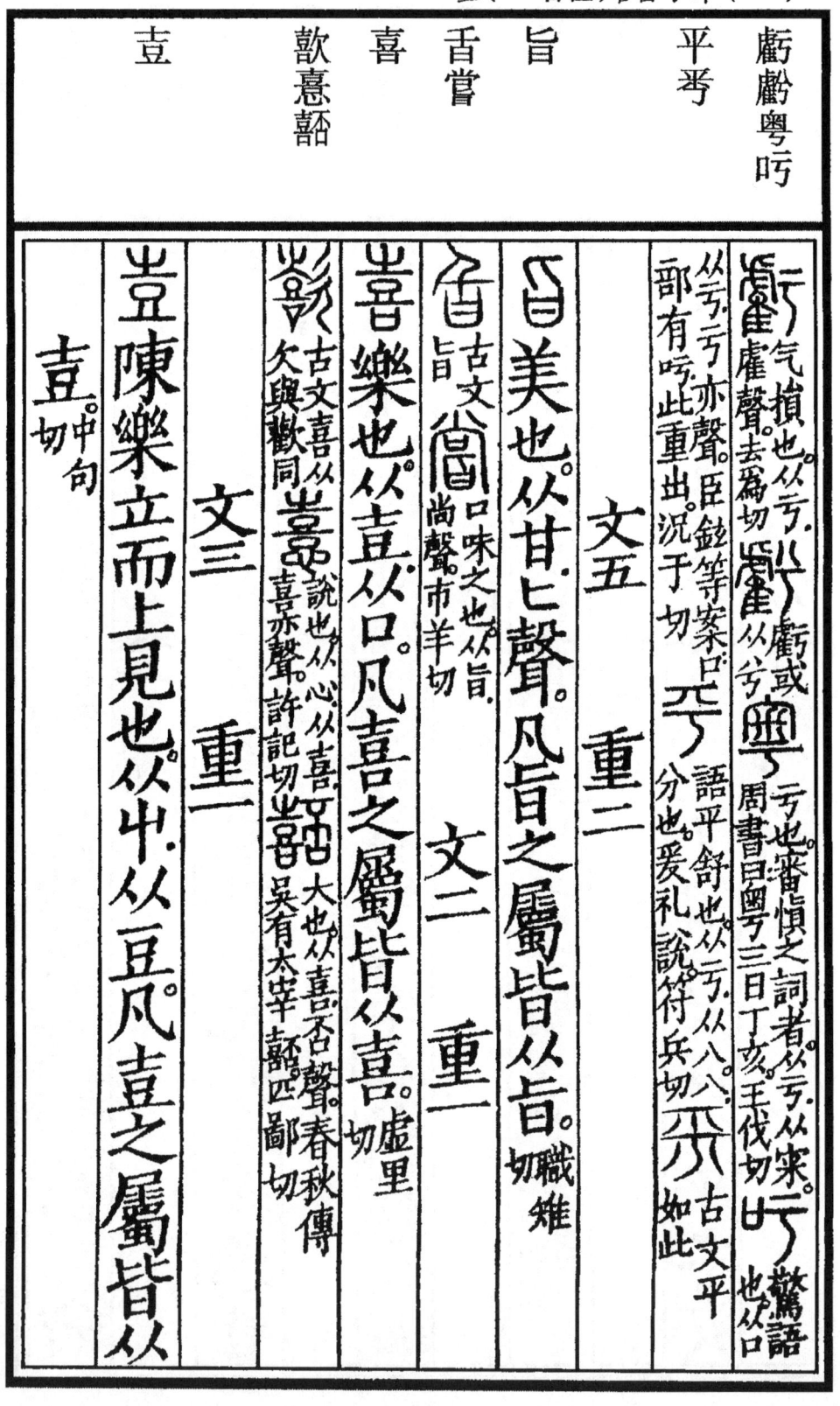

平亏

虧虧粤亏

旨

舌嘗

喜

歖憙嚭

豈

（165）壴部

尌 蝨（鼜）

彭 嘉

鼓

嚭 鼗 鼓

鞉 鼖 鼙 鼘

鼘 鼚 鞀

鼘 鼘

尌 立也。从壴从寸持之。讀若駐。常句切

鼜 夜戒守鼓也。从壴蚤聲。禮昏鼓四通為大鼓。夜半三通為戒晨旦。明五通為發明。讀若戚。倉歷切

彭 鼓聲也。从壴彡聲。薄庚切

嘉 美也。从壴加聲。臣鉉等曰。當从形省乃得聲。古牙切

文五

鼓 郭也。春分之音萬物郭皮甲而出故謂之鼓。从壴支象其手擊之也。周禮六鼓靁鼓八面。靈鼓六面。路鼓四面。鼖鼓皋鼓晉鼓皆兩面。凡鼓之屬皆从鼓。徐鍇曰郭者覆冒之意。工戶切

籀文鼓从古聲

鼖 大鼓謂之鼖。鼖八尺而兩面。以鼓軍事。从鼓賁省聲。符分切

鼘 鼓聲也。从鼓冬聲。詩曰鼘鼘。徒冬切

鞀 騎鼓也。从鼓甲聲。部迷切

鼛 鼓聲也。从鼓隆聲。詩曰鼛鼓。古文鼓。

鼚 鼓聲也。从鼓堂聲。詩曰擊鼓其鼚。土郎切

鼙 鼓聲鼛鼛也。从鼓堂聲。合聲。徒合切

鞉 大鼓也。从鼓咎聲。詩曰鼛鼓不勝。古勞切

鼓 鼓也。从鼓其聲。鼓堂土盍切

鼘 鼓無聲也。从鼓咠聲。他叶切

鼓 鞟也。烏立切 鼓咠咠聲从鼓咠聲。土盍切

缶聲

文十 重三

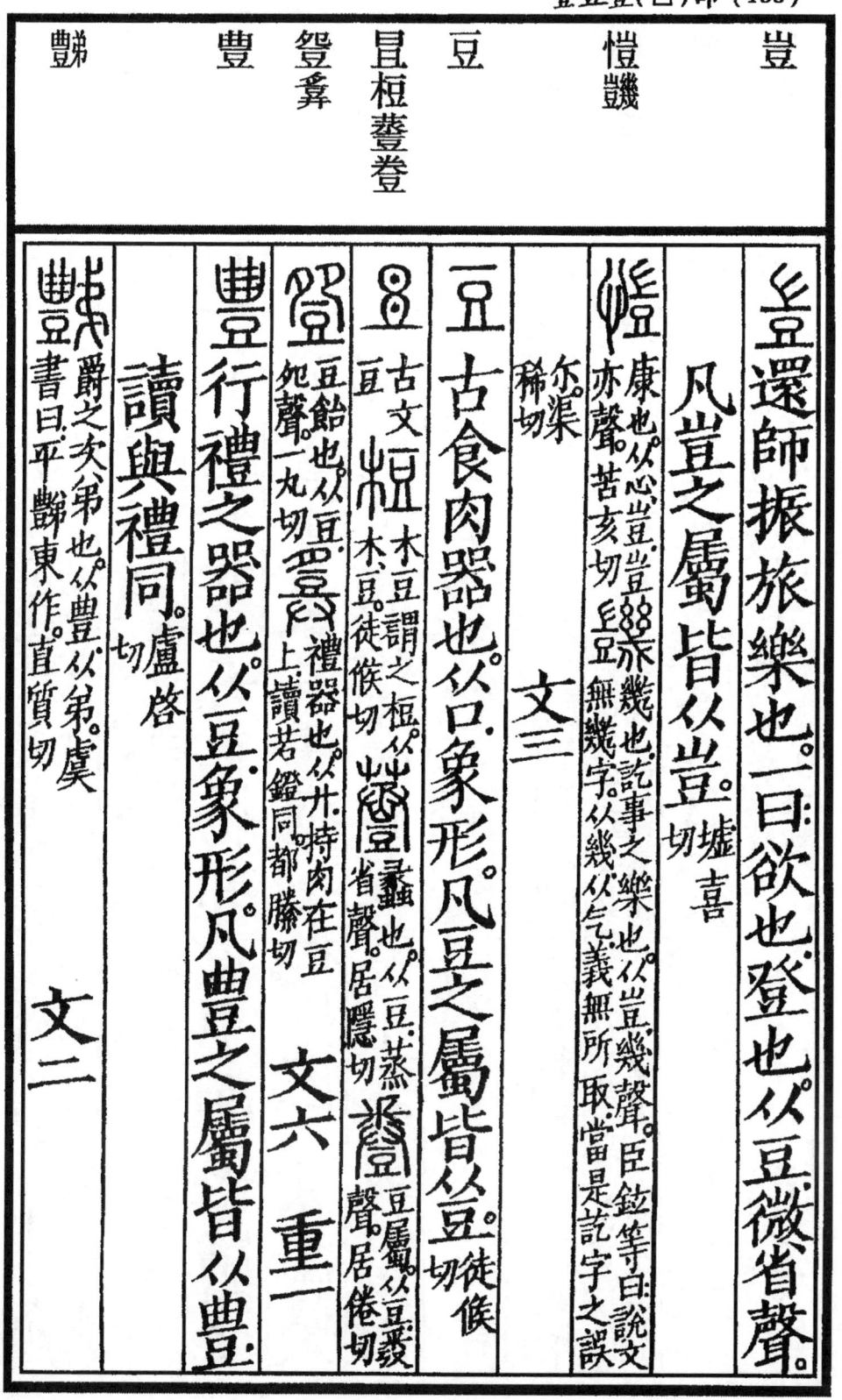

豈 愷譏 豆 昷桓㮛登 豐 豔

豈 還師振旅樂也。一曰：欲也。登也。从豆微省聲。凡豈之屬皆从豈。墟喜切

愷 康也。从心豈，豈亦聲。苦亥切

譏 旅几也。从豈幾聲。臣鉉等曰：說文無幾字，从幾从乞，義無所取，當是訖字之誤。

尔渠稀切

豆 古食肉器也。从口，象形。凡豆之屬皆从豆。徒候切 文三

古文豆

桓 木豆謂之桓。从木，豆聲。居隱切

㮛 蟲也。从豆，蒸省聲。居慇切

豆飴也。从豆，九聲。讀若鎧同。都滕切

登 禮器也。从廾持肉在豆上。讀若鐙同。都滕切

豐 豆行禮之器也。从豆，象形。凡豐之屬皆从豐。讀與禮同。盧啟切 文六 重一

豔 爵之次弟也。从豆，从弟。虞書曰：平豔東作。直質切 好而長也。从豐。豐，大也。書曰：平豔東作。直質切 文二

（167）虍(hū音呼)盧(xī音西)豊部

鑢虡　虙虖　虍　號艫　豐(豐)豓(艶)　豐
　虡　虖虐　　　盧　　　　　　　盧
虡　虙虖　　虞處虖
　　虎虜　盧虖虐

豐　豆之豐滿者也从豆象形一曰鄉飲酒有豊俎者凡豊之屬皆从豊　敷戎切

豐(豐)豓(艶)　古文豊如此　豐春秋傳曰美而豓从豐豐大也盍聲　大也盍聲　文二重一

盧　器也从缶盧聲讀若關直呂切　亦聲關直呂切　文二重一

號艫　號……　艫器也从缶盧聲讀若鎬胡到切

盧　古陶器也从豆虍聲凡盧之屬皆从盧讀若鍵呂切　器也从盧宓聲　文三

虍　虎文也象形凡虍之屬皆从虍　荒烏切　徐鍇曰象其文章屈曲也荒烏切　許羈切

虞處虖　虞騶虞也白虎黑文尾長於身仁獸食自死之肉从虍吳聲詩曰于嗟乎騶虞五俱切　處止也从夊虍聲讀若矜　虖哮虖也从虍乎聲荒烏切

盧虖虐　虖虎兒从虍歺聲讀若鄘縣昨何切　虖虎行也从虍必聲荒烏切　虐殘也从虍虎足反爪人也魚約切　古文虐如此

䖒虎虜　䖒虎不柔不信也从虍且聲讀若鄘縣昨何切　虎山獸之君从虍虎足象人足象形呼古切　虎兒从虍必聲　虜獲也从毌从力虍聲郎古切　古文虎　亦古文虎

鑢虡　鑢虡也或从金豦聲　虡鐘鼓之柎也飾為猛獸从虍異象形其下足从虍𠃊象形　其呂切　篆文虡从金　虡或从虞省

文三重三

堯　重二

虍（yán音言）虎部 （168）

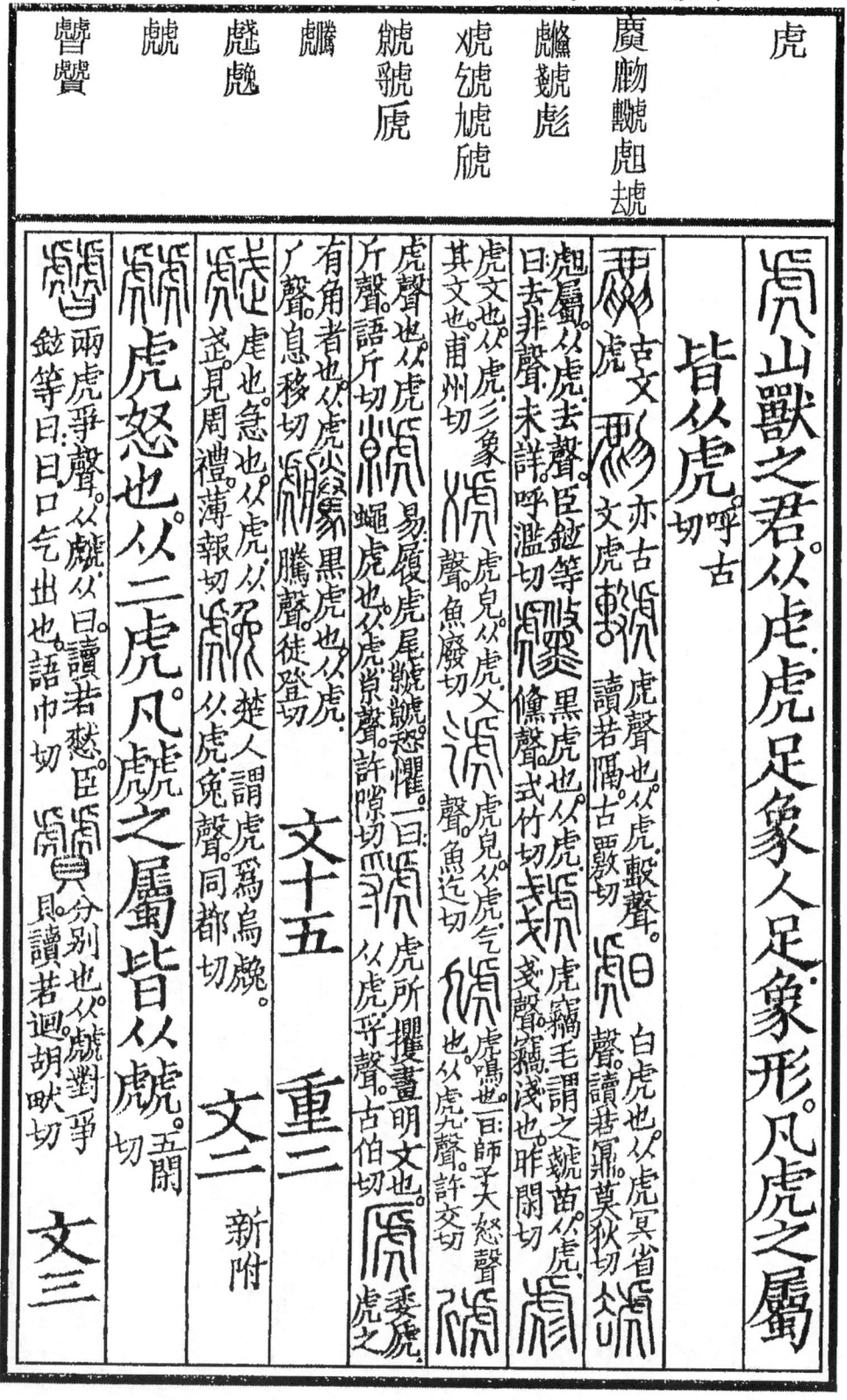

（169）皿部

皿

盂怨盛盇

盅盉盧

盧醢盥盈盉

盆宖須澀

盗醯盂益

盈盡

盅盒罂（盟）

盥溫

血去凵（qū音区）部 （170）

盇　凵　笒　去　血　揭棲　兂虾盡丐　衄盥膿　监蒀

文二十五　重三

盇　盇器也。孟屬。从皿大聲。

盇或从金从本。北末切。

凵　凵盧，飯器。以柳為之。象形。凡凵之屬皆从凵。去魚切
文一　新附

笒　凵或从竹去聲。
文一　重一

去　人相違也。从大凵聲。凡去之屬皆从去。丘據切
文一　重一

揭　去也。从去曷聲。去訖切

棲　去也。从去棲聲。讀若陵力膺切。

血　祭所薦牲血也。从皿，一象血形。凡血之屬皆从血。呼決切
文二　重一

衁　血也。从血亡聲。《春秋傳》曰：士刲羊，亦無衁也。呼光切

衃　凝血也。从血不聲。不聲。芳桮切

衅　气液也。从血卑聲。將鄰切

衄　鼻出血也。从血丑聲。女六切

膿　腫血也。从血農聲。俗盥从肉農聲。奴冬切

盥　血醢也。从血耎聲。《禮記》有盥醢，以牛乾脯梁麴鹽酒也。農聲。

衉　血醢也。从血隓聲。側鄰切

定息也。从血粵省聲。讀若亭，特丁切

監　血祭也。从血脘省聲。禮記有監醢以牛乾脯梁麴鹽酒也。臣鉉等曰脘肉汁滓也，故从脘，脘亦聲。他感切

（171）丨(zhǔ音朱）血部

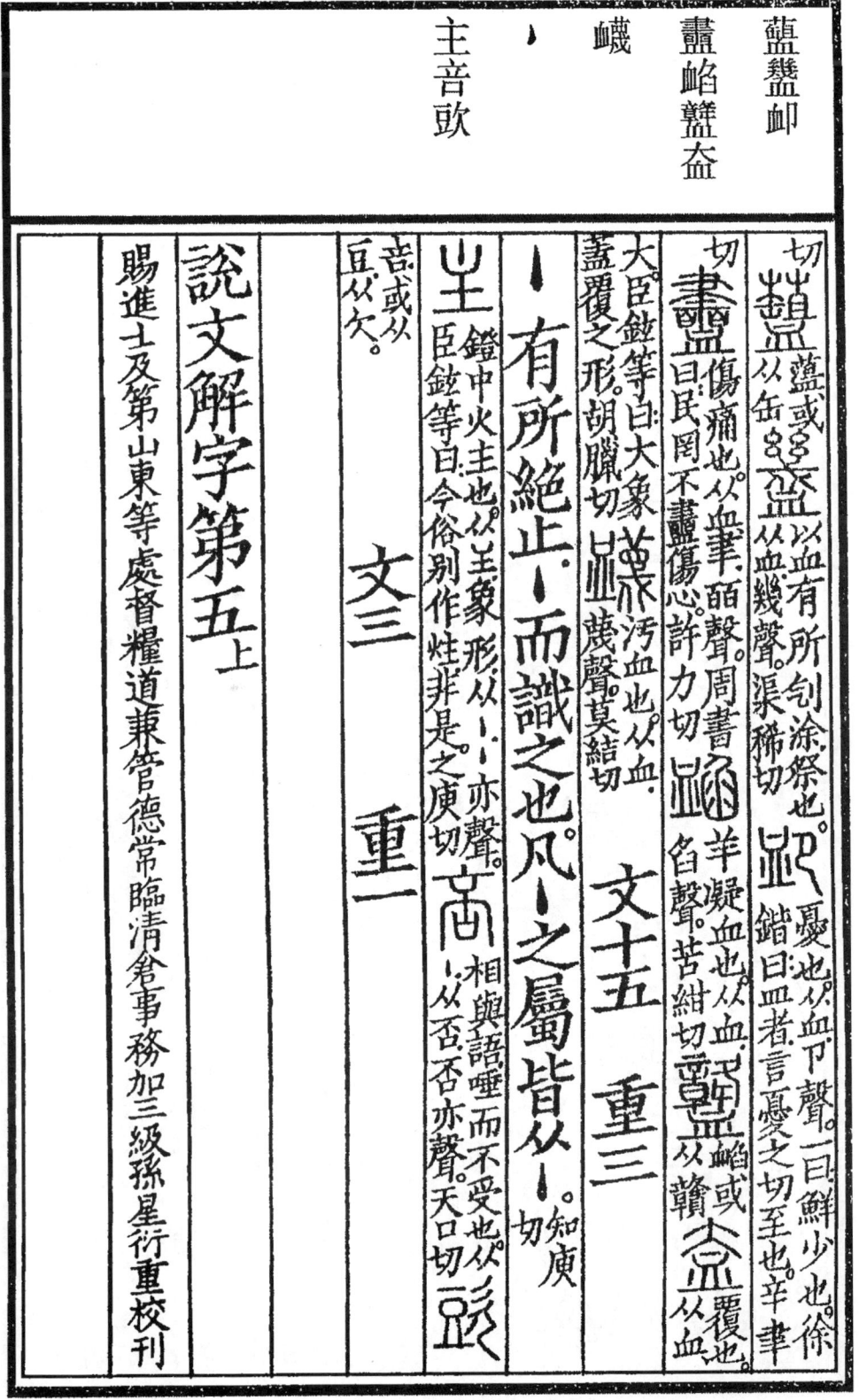

盍衁衄

衁衉盍盇

蟻

丶
主音歟

盍衁以血有所刉涂祭也。从血幾聲。渠稀切

衁傷痛也。从血配聲。周書曰民罔不衋傷心。許力切

盍羊凝血也。从血衁聲。苦紺切

盍錯血也。从血𧈧者言憂之切至也辛聿切

憂也。从血卩聲。一曰鮮少也。徐切

衁衁从血

盍衁从贛

盍盇从血

盍覆也。从血大聲。胡臘切

衁戜聲莫結切

大臣鈕等曰大象矢汙血也。从血

丶有所絕止。而識之也。凡丶之屬皆从丶。知庚切

主鐙中火主也。从丶象形。从丶亦聲。之庾切

臣鈕等曰今俗別作炷非是之庾切

盇相與語唾而不受也。从丶从否。否亦聲。天口切

文三 重一

文十五 重三

音或从豆从欠。

文三 重一

說文解字第五上

賜進士及第山東等處督糧道兼管德常臨清僉事務加三級孫星衍重校刊

（172）

《龙龛手鉴》

辽僧行均撰。四卷。于《说文》《玉篇》之外，另有所搜辑，虽立足于佛教，多引佛经，却不专以释佛典为主。每字之下，必详列正俗、今古，或作诸体，仿《干禄字书》之例也。

注：此页原版为空白，编者增图。

（173）青丹部

丹　目肜臁肜

青

岑靜

說文解字第五下　漢太尉祭酒許愼記

銀青光祿大夫守右散騎常侍莊國東海縣開國子食邑三百戶臣徐鉉等奉

敕校定

月巴越之赤石也象采丹井一象丹形凡丹之屬

皆从丹。都寒切

古文丹亦古文丹

丹从彡彡其畫也。三亦聲。徒冬切

肜膧善丹也从丹雙聲。周書曰惟其敹丹膧讀若崔同烏郭切　肜丹飾也从

青東方色也木生火从生丹。丹青之信言必

然凡青之屬皆从青。倉經切

古文青　丹青明審也疾郢切　審也从青爭聲。徐鍇曰：丹青明審也

文三　重一

文三　重二

巷（chàng音唱）皀（bǐ音逼）井部（174）

井

㓝阱㖡𥠌刱

皀

即 既（既）皀

巷

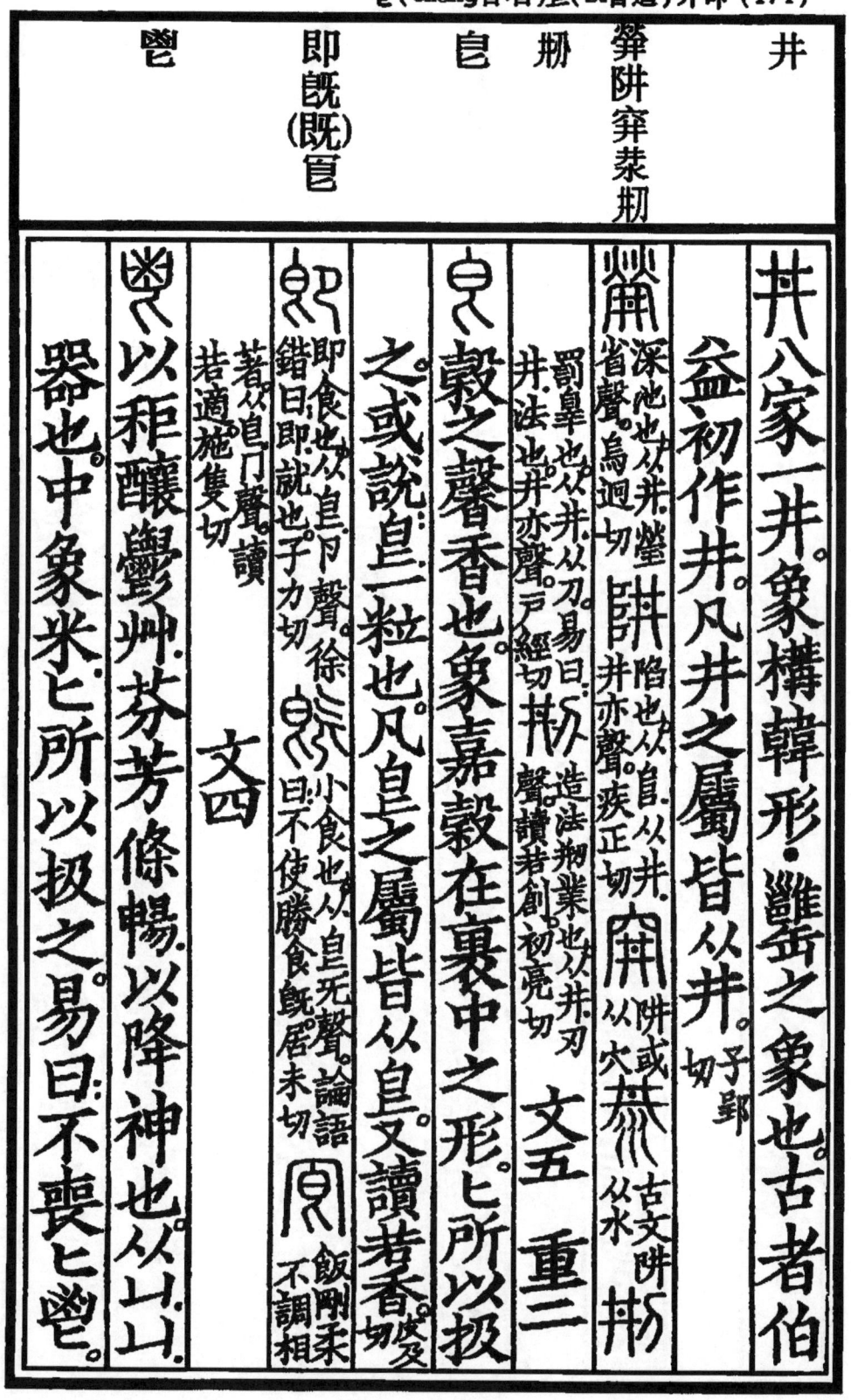

井 八家一井。象構韓形。𡊲𠥼之象也古者伯益初作井凡井之屬皆从井。子郢切

阱 陷也从𨸏从井。或省聲。烏迥切 阱或从穴。古文阱从水。

㖡 深池也从井𤇾省聲。疾正切

𥠌 𤔔𦥑也从爿从井井法也井亦聲。讀若耕。戶經切 造法刱業也从井刃聲讀若創初亮切

皀 榖之馨香也象嘉榖在裏中之形匕所以扱之或說皀一粒也凡皀之屬皆从皀又讀若香。皮及切

即 即食也从皀卩聲。徐錯曰即就也子力切 鉉曰即就也从皀卩聲徐力切

既 小食也从皀旡聲。論語曰不使勝食既居未切 著以皀口聲讀若適施隻切

巷 以秬釀鬱艸芬芳條暢以降神也从山山。器也中象米匕所以扱之易曰不喪匕巷。

（175）食鬯部

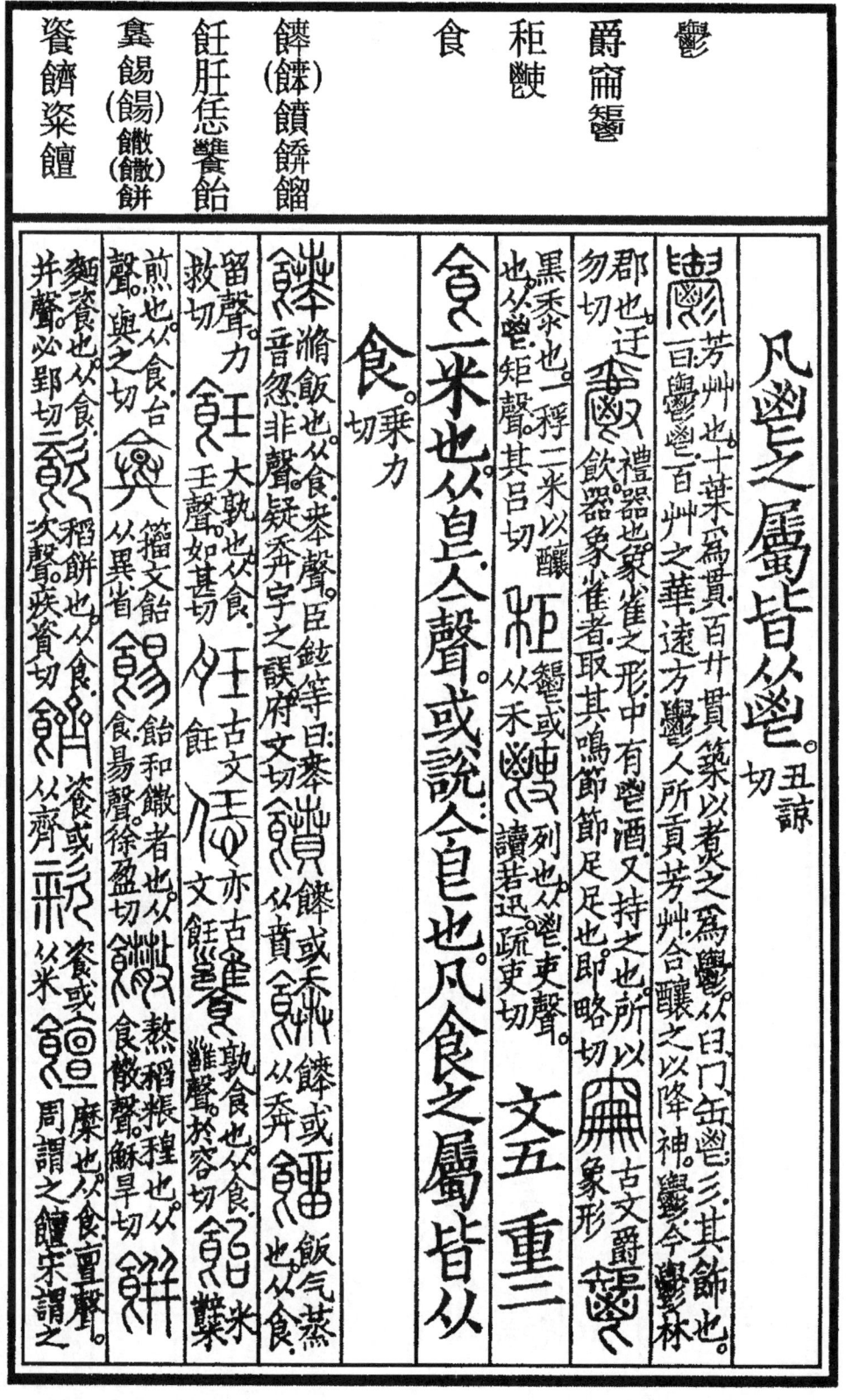

食部（176）

餱養饎

餾糦簋饌

養羑飯飪飲

饙餘餳飠飧（飱）

舖瀘餐湌餝

饋饗餯飤

饐饟飼

餕飴饎餽

飽飪飪羊

餬飶䬣

飽餱餴䭇

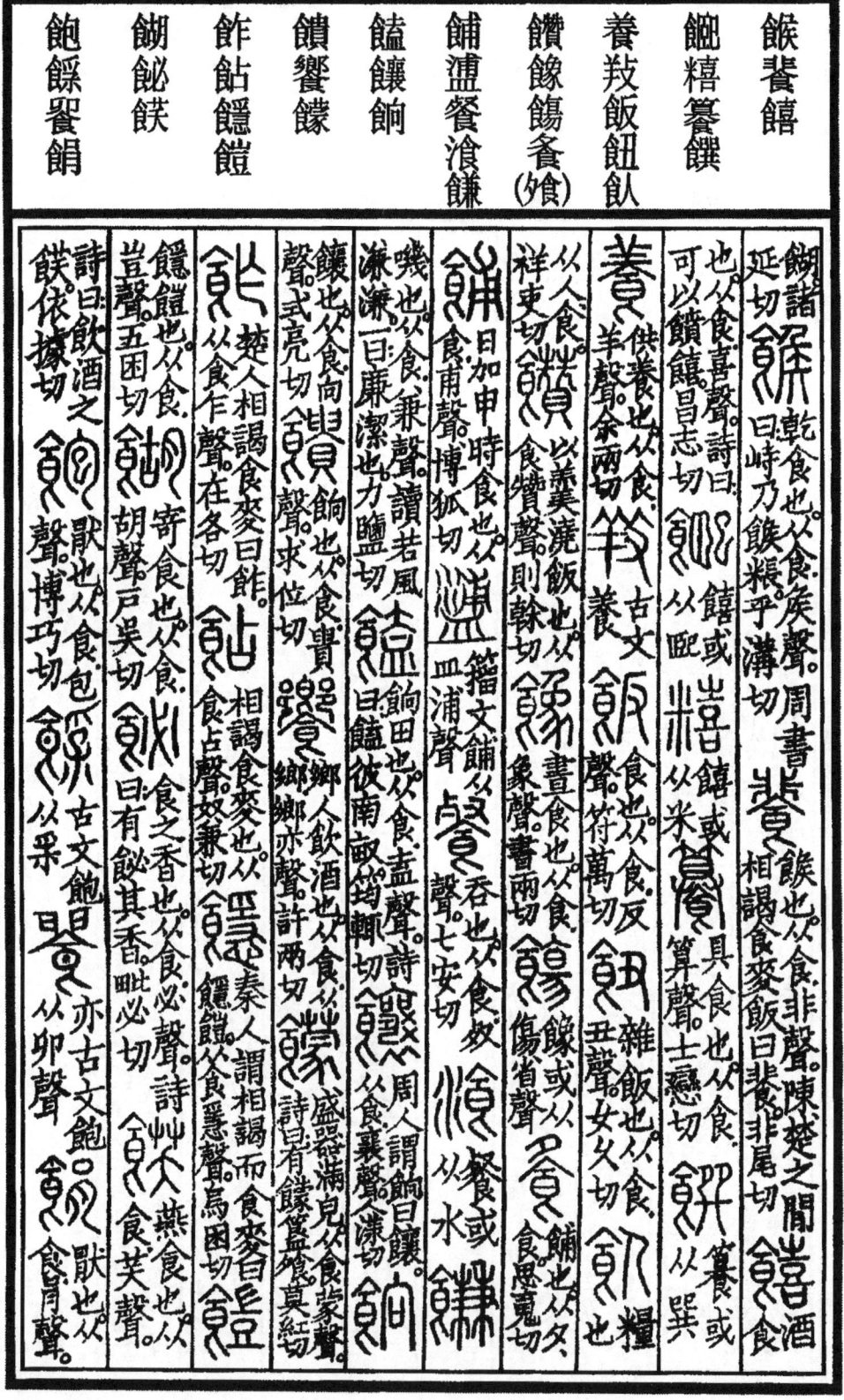

（177） 亼（jí音吉）食部

饒餘飫餞
餫館
饗叨虢飱
饐餲餀
饑饉飽
餧飢餓餒
餗
餔餗
亼　餟餞餕
　　餶餹

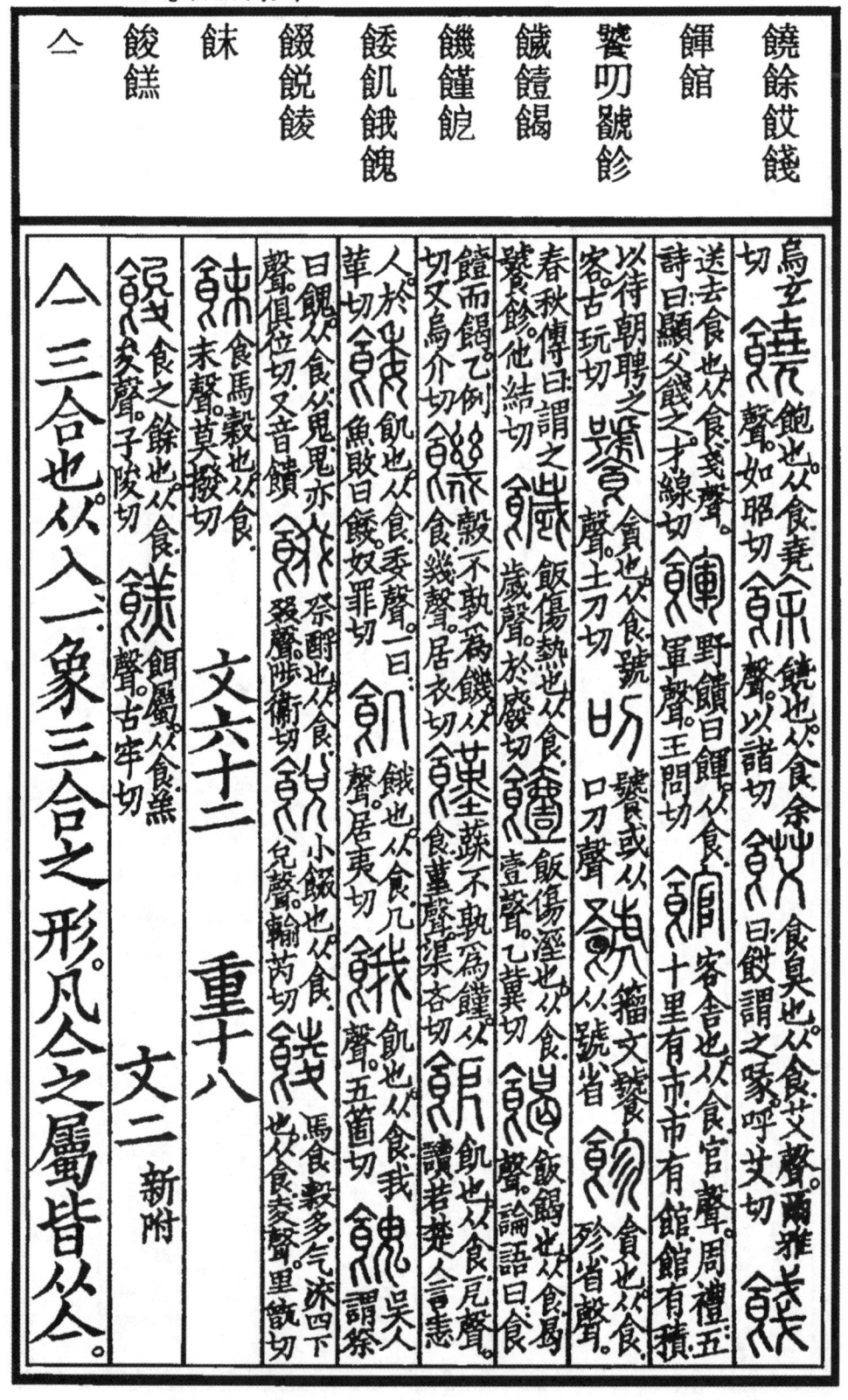

合僉侖龠　今舍　會　倉𩜁㐭　入　全牄　內尖羅（釆）全

讀若集。

秦入切臣鉉等曰此疑只象形非从入一也。

合 合口也从亼从口。皆也从亼从口从 候閤切

今 是時也从亼从乁。古文及居音切 市居曰舍从亼中象屋也口象築也始夜切 伯東七廉切

會 會合也从亼从曾省曾益也凡會之屬皆从會。黃外切

倉 倉穀藏也倉黃取而藏之故謂之倉从食省口。七岡切

仝 仝古文全。益也从亼从會 从辰辰亦聲植鄰切 恩也从亼从

全 全奇字仝。鳥獸來食聲也从倉 聲虞書曰鳥獸牄牄七羊切

入 入內也象从上俱下也凡入之屬皆从入。人汁切

內 內入也从口从入入从外而入也奴對切

羅 入山之深也从山亼聲似林切 市穀也从入从羅徒歷切 完也从入从

文六重一
文三重二
文三重一

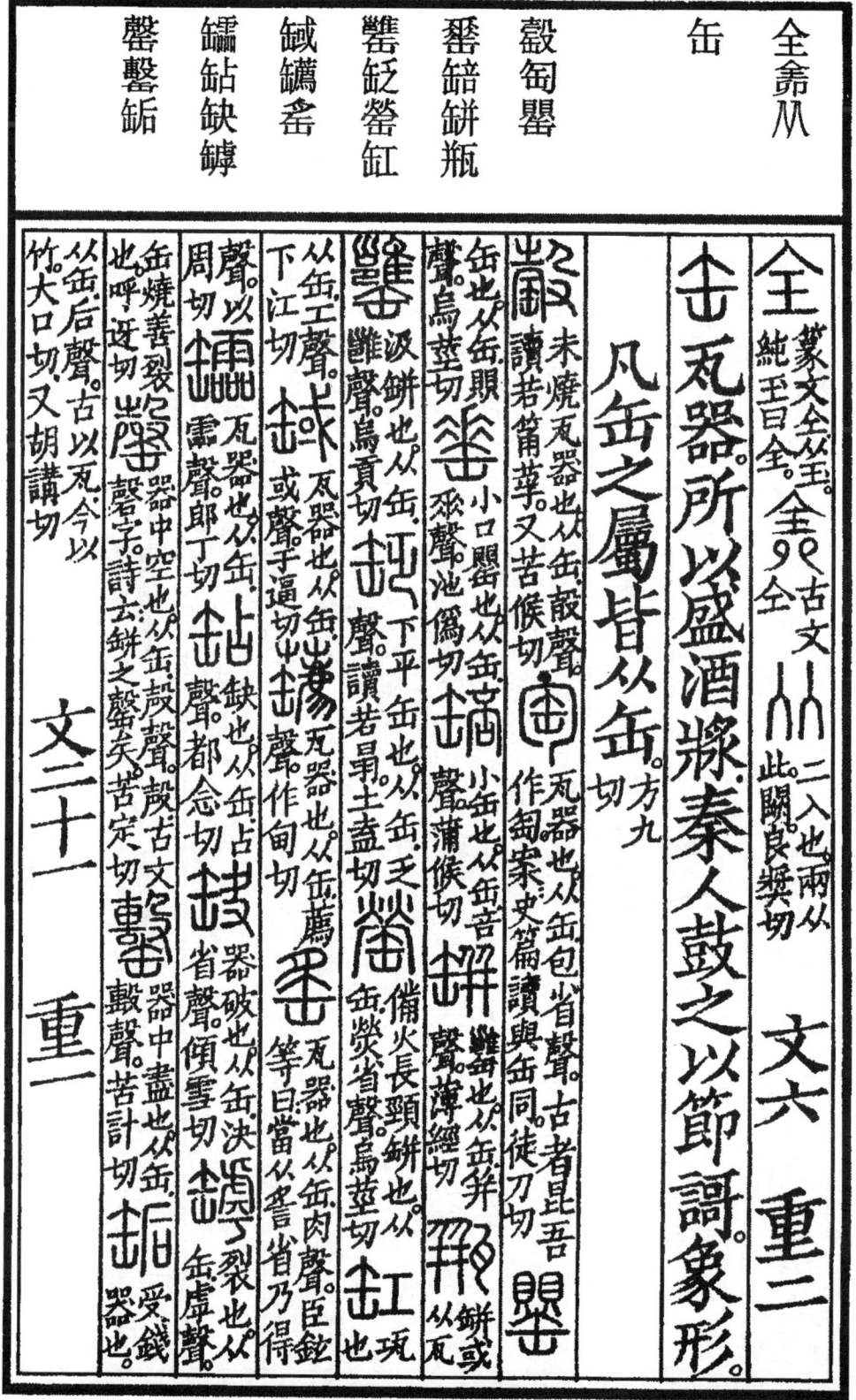

高矢缶部（180）

| 高 | 矮 | 矤 知 矣 | 矦（侯） | 矦 錫 短 | 躲 射 矯 矰 | 矢 | 罐 |

罐
器也从缶雚聲。古玩切

文一 新附

矢
弓弩矢也从入象鏑栝羽之形。古者夷牟初作矢凡矢之屬皆从矢。式視切

躲
弓弩發於身而中於遠也从矢从身。食夜切

矤 篆文躲从寸。寸法度也亦手也。

矯
揉箭箝也从矢喬聲。居夭切

矦
春饗所躲矦也从人从厂象張布矢在其下。天子躲熊虎豹服猛也諸矦躲熊豕虎大夫射麋麋惑也士躲鹿豕爲田除害也其祝曰毋若不寧不朝于王所故伉而躲汝也乎溝切

矦 古文矦

矰
躲矢也从矢曾聲作滕切

矤
況詞也从矢引省聲从矢取詞之所之如矢也式忍切

知
詞也从口从矢陟离切

矤
语已詞也从矢呂聲于已切

短
有所長短以矢爲正从矢豆聲都管切

矮
短人也从矢委聲烏蟹切

文十 重三

文一 新附

高
崇也象臺觀高之形从冂口與倉舍同意。

（181）亯冂（jiōng音坰）部

高　廎　亭　亳
冂
同　坰　市　尢
央　雀
亯

凡高之屬皆从高。古牢切

高　小堂也，从高省。高或以亯同聲。去穎切

廎　民所安定也，亭有樓，从高省，丁聲。特丁切

亭　京兆杜陵亭也，从高省，乇聲。旁各切

省毛聲。鬲各切

文四　重一

冂　邑外謂之郊，郊外謂之野，野外謂之林，林外謂之冂，象遠界也。凡冂之屬皆从冂。古熒切

同　古文冂从口，象國邑。

坰　冂或从土。

市　買賣所之也，市有垣，从冂从乀，乀古文及，象物相及也，之省聲。時止切

央　中央也，从大在冂之內。大，人也。央旁同意。一曰久也。於良切

文五　重三

央　淫淫行兒，从夨，出冂，余箴切

雀　高至也，从隹上欲出冂。易曰夫乾雀然。胡沃切

亯　度也，民所度居也，从回，象城亯之重，兩亭也。古博切

相對也，或但从口。音韋。凡亳之屬皆从亳。古博切

冔（hòu音厚）亯（hēng音亨）京亯部（182）

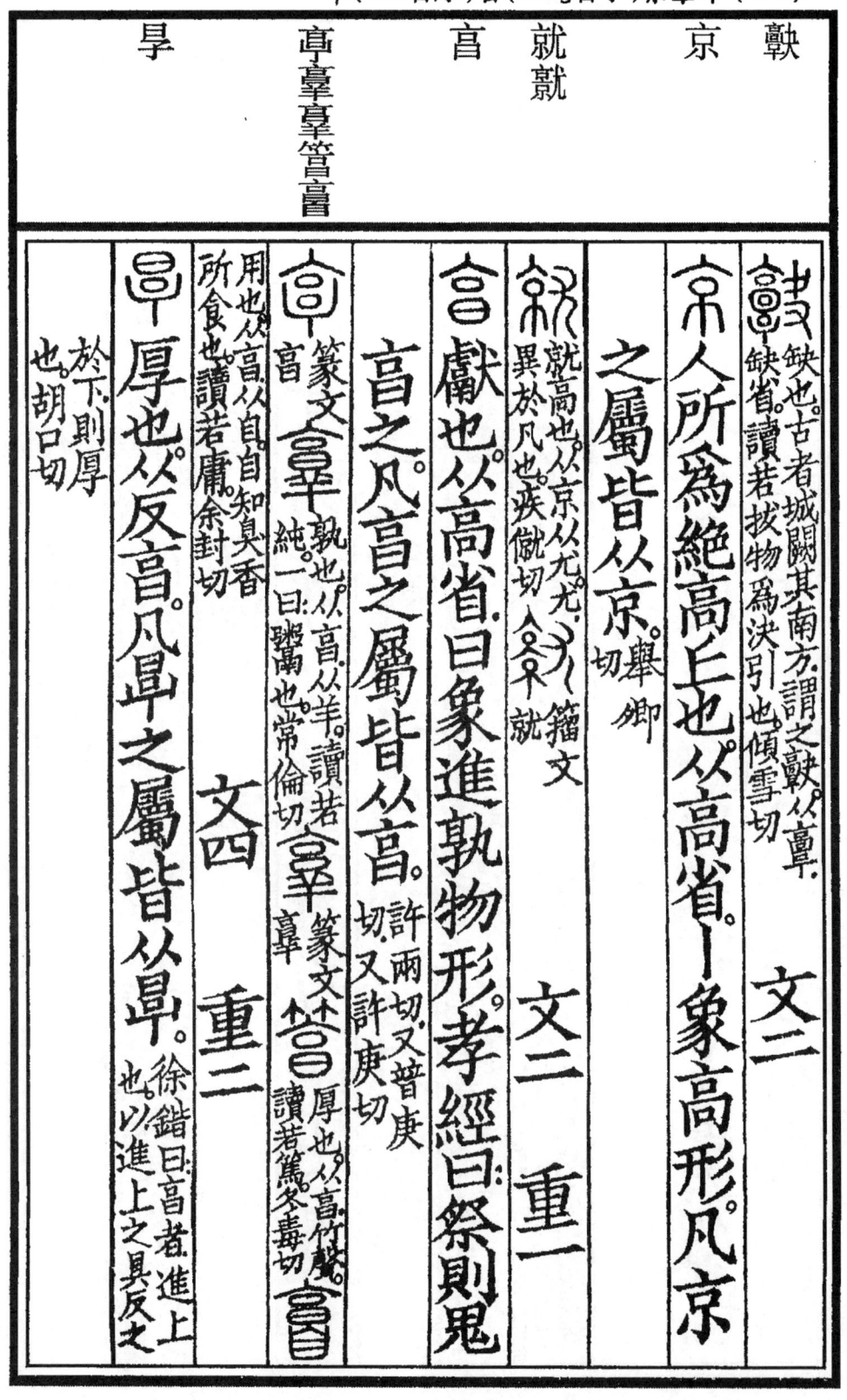

戴缺也。古者城闕其南方謂之戴。从亯。缺省。讀若拔物為決引也。傾雪切　文三

京人所為絕高丘也。从高省。丨象高形。凡京之屬皆从京。舉卿切　文二　重一

就就高也。从京从尤。尤異於凡也。疾僦切　〔籀文就〕　文三　重一

亯獻也。从高省。曰象進孰物形。孝經曰：祭則鬼亯之。凡亯之屬皆从亯。許兩切。又普庚切。又許庚切　文二　重一

〔篆文亯〕　純。一曰鬻也。常倫切

𦎫厚也。从亯竹聲。讀若篤。冬毒切

亭民所安定也。从高省。丁聲。特丁切　〔篆文亯〕

亶多穀也。从亯旦聲。多旱切　文四　重三

冔厚也。从反亯。凡冔之屬皆从冔。徐鍇曰：亯者進上也，以進上之具反之於下則厚也。於下則厚也。胡口切

（183）靣（lǐn音廩）畗（fú音福）部

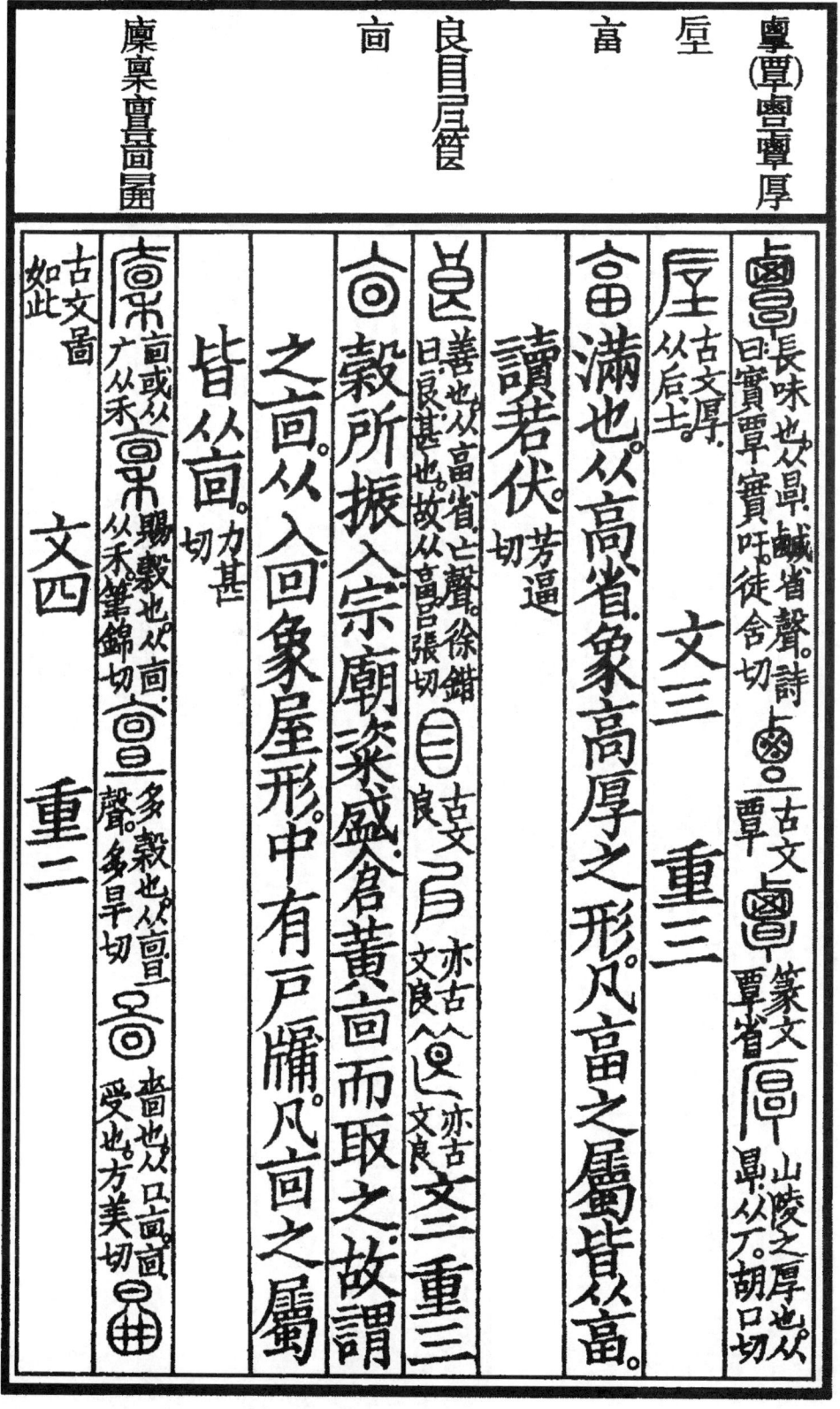

亶長味也从鹵鹹省聲。詩曰實亶實呼徒感切。古文亶。篆文亶省。

鼎山陵之厚也从鼎从亍。胡口切

垕古文厚从后土。

靣滿也从高省象高厚之形凡靣之屬皆从靣。

讀若伏。芳逼切

文三　重三

亯善也从高省曰象孰物也故从高曰張切。目古文亯。良亦古文亯。

文三　重三

亯穀所振入宗廟粢盛倉黃亯而取之故謂之亯从入回象屋形中有戶牖凡亯之屬皆从亯。力甚切

之亯从入回象屋形中有戶牖凡亯之屬

皆从亯。力甚切

稟賜穀也从亯从禾筆錦切。

廩稟或从广从禾宣多穀也从亶聲多早切。啚嗇也从口亯聲方美切。圖古文啚如此。

文四　重三

麥（麦）來（来）嗇（sè音色）部（184）

嗇　牆（墻）　　來　糠俟　麥
　　牆牆牆

嗇◎愛濇也从來从靣來者靣而藏之故田夫謂之

嗇天凡嗇之屬皆从嗇。所力切

牆◎古文嗇从田

牆◎垣蔽也从嗇爿聲。才良切
牆◎籀文从二禾
牆◎籀文亦从二來

來◎周所受瑞麥來麰。一來二縫象芒束之形。天所來也故爲行來之來。詩曰詒我來麰。凡來之屬皆从來。洛哀切

文二　重三

麳◎詩曰不麳不來从來矣聲。麳史切
嫠◎从行

麥◎芒穀秋種厚薶故謂之麥。麥金也金王而生火王而死从來有穗者从夊凡麥之

文二　重二

（185）夊（suī音虽）麥（麦）部

麷䵃麳麳㷀
麩䵄麳麳
麳䴾䵆
䵉麳
夊

炙夏（复）麥致
憂憂㞢
䵟夊夏

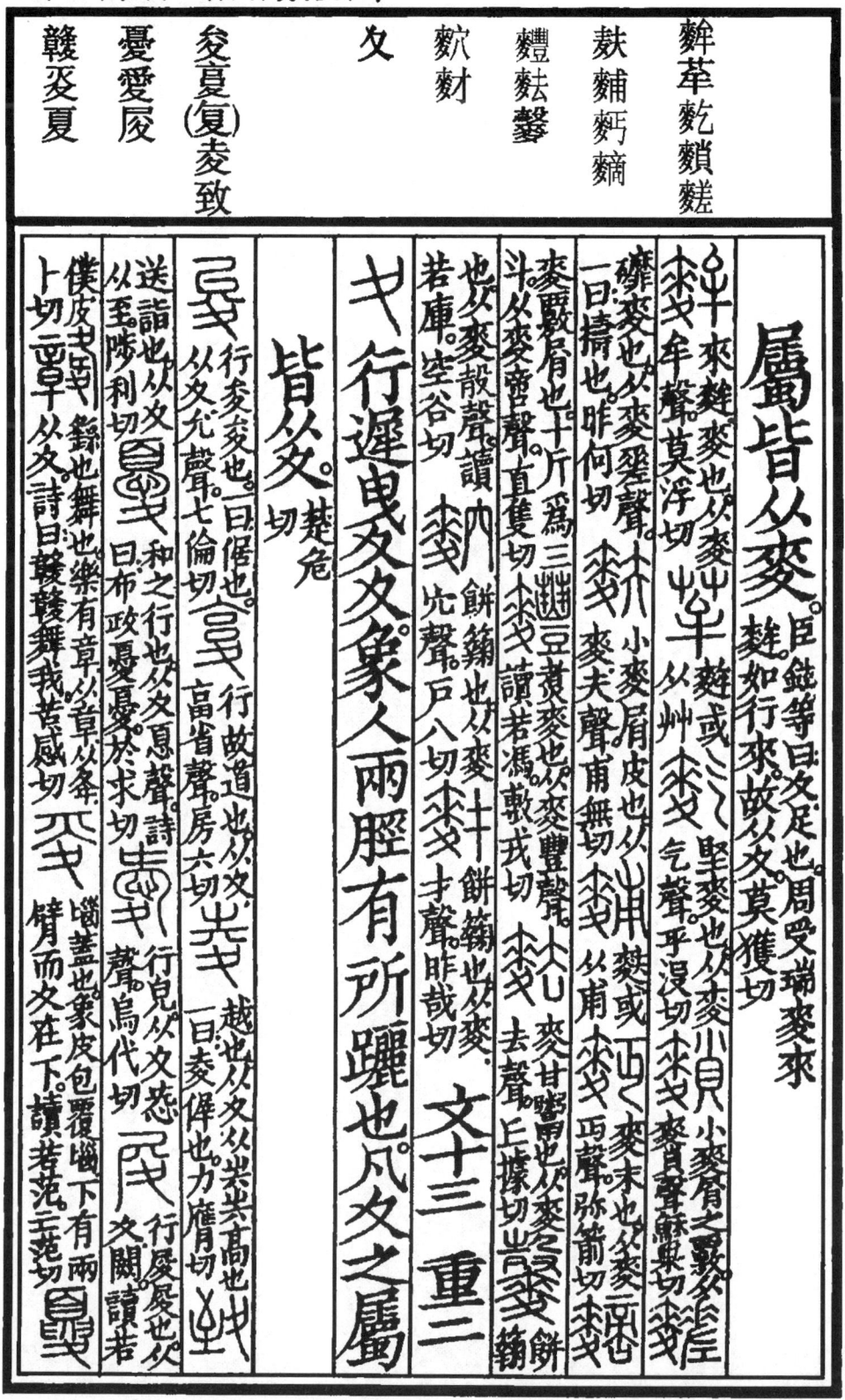

舛(舜)舛(chuǎn音传)夂部（186）

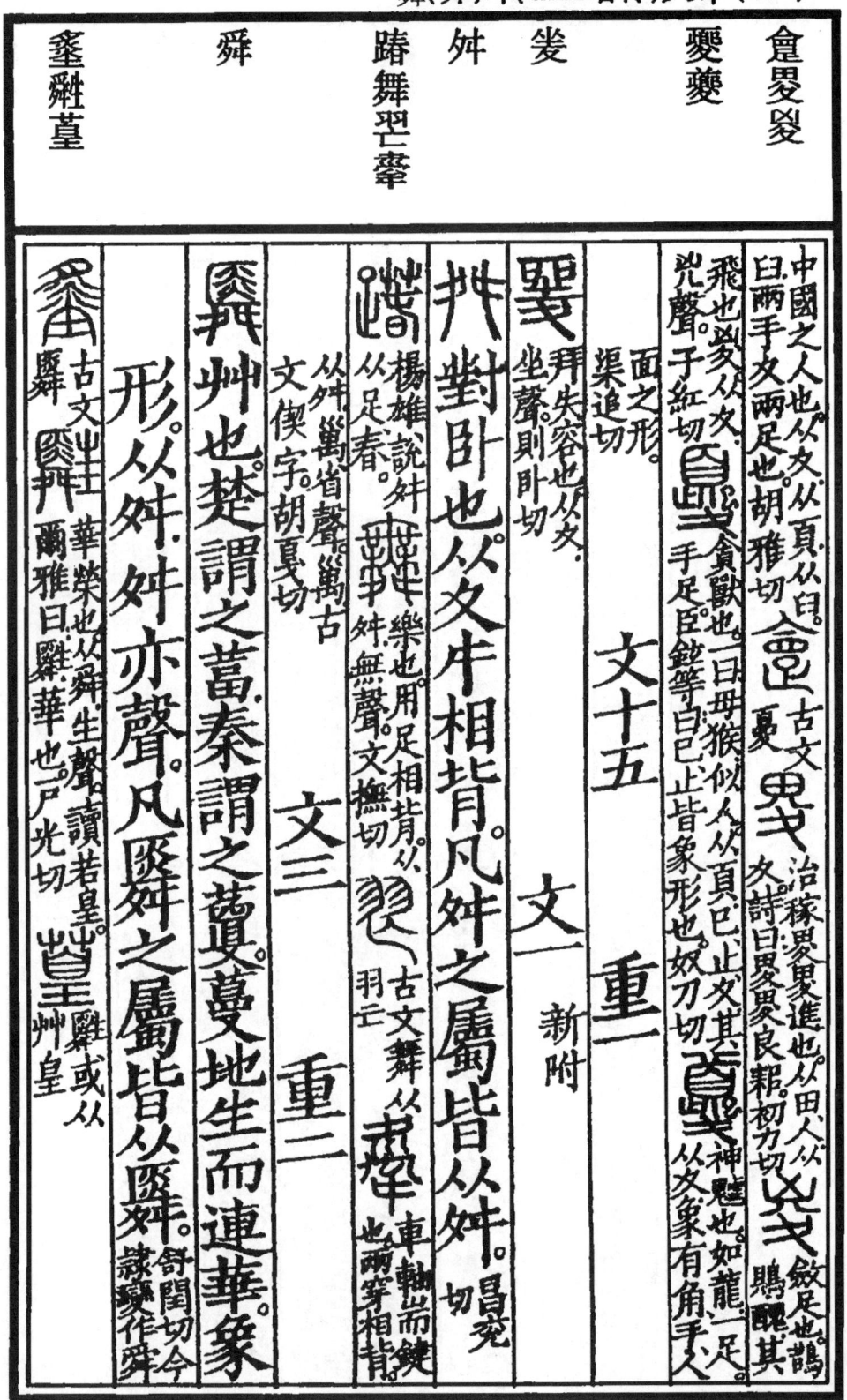

韋(韦)部

韋

奠韠韎　韇韜韛　韤韘　緞韄韏　鞴韔韝韝　韏韠韡　鞪韓(韓)

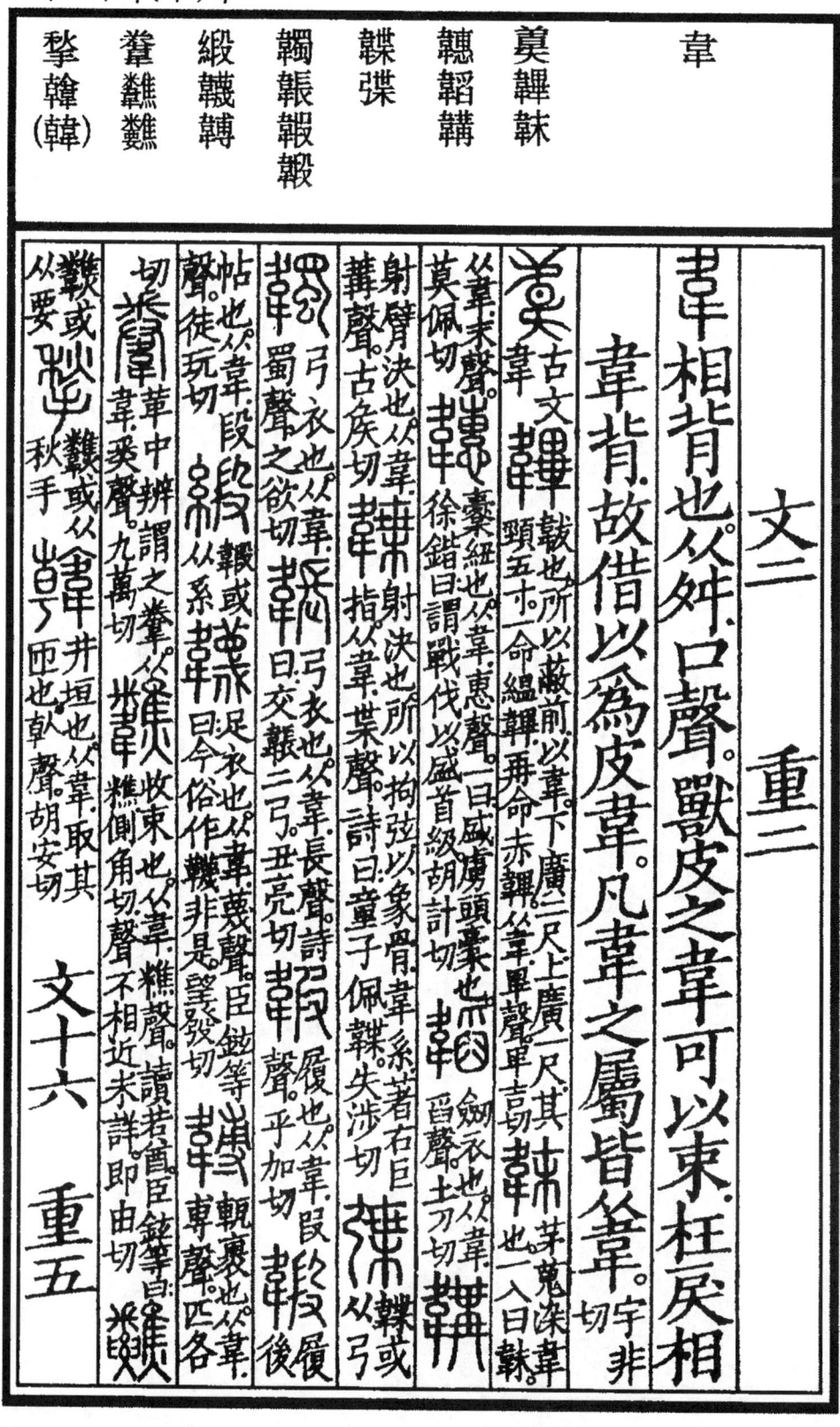

夂(zhǐ音旨)弟韋(韋)部 （188）

韌　弟韗　夂　夆夆夆　夂午

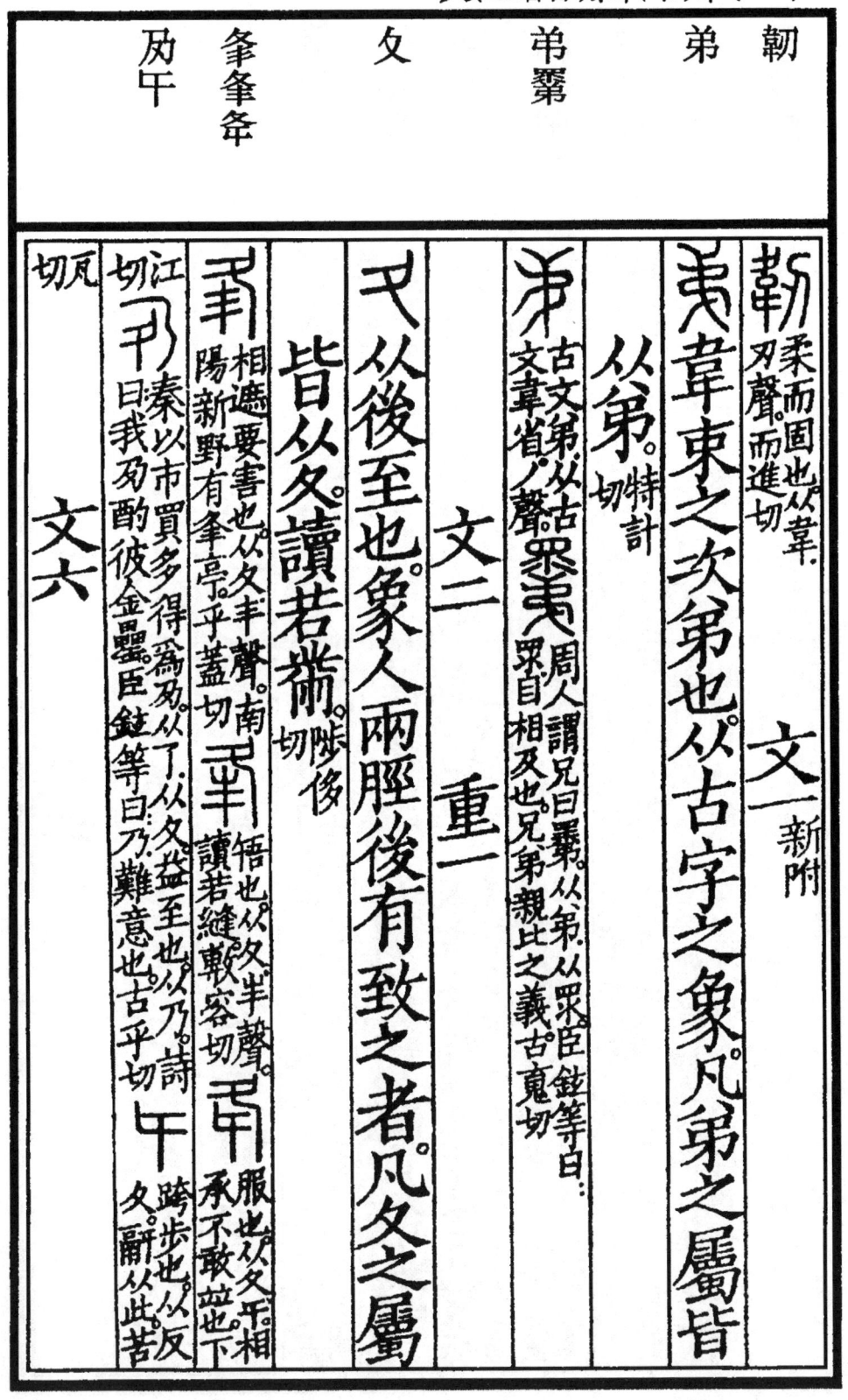

韌　柔而固也。从韋刃聲。而進切。

韋束之次弟也。从古字之象。凡弟之屬皆从弟。特計切。

文一　新附

弟　古文弟从古文韋省。ㄆ聲。周人謂兄曰㠯。从弟从眾臣鉉等曰：弟目相及也。兄弟親比之義古寬切。

文一

夂　从後至也。象人兩脛後有致之者。凡夂之屬皆从夂。讀若黹。陟侈切。

文二　重一

夆　相遻要害也。从夂丰聲。南陽新野有夆亭。平聲。敷容切。讀若縫。

夆　悟也。从夂半聲。

夆　服也。从夂午相承不敢並也。

夂　秦以市買多得為夂。从丁从夂益至也。从夊乃。詩曰：我夂酌彼金罍。臣鉉等曰：乃難意也。古乎切。

午　跨步也。从反夂。韗从此。苦江切。

文六

（189）桀（jié音杰）夂部

夂　桀　磔　椉（乘）　㐁

夂。从後至之，象人兩脛後有距也。周禮曰：夂

諸牆以觀其橈。凡夂之屬皆从夂。舉友切。

桀。磔也。从舛在木上也。凡桀之屬皆从桀。渠列切。

文一

磔。辜也。从桀石聲。陟格切。

椉。覆也。从入桀。桀黠也。軍法曰椉。食陵切。㕙古文椉。从几。

文三　重一

說文解字第五下

賜進士及第山東等處督糧道兼管德常臨清倉事務加三級孫星衍重校刊

《字通》

宋李从周撰。一卷。以《说文》校隶书之偏旁，其宗旨在于说明隶书源流，而非以篆文改隶，然体例乖异，以正俗书，如"衣裳"必作"衣常"，"袒裼"必作"但裼"之类，亦难通行。

注：此页原版为空白，编者增图。

（191）木部

橘橙柚
櫨棃梬
柿枏梅楳杏

木

說文解字弟六上　漢大尉祭酒許氏記

銀青光祿大夫守右散騎常侍上桂國東海縣開國子食邑五百戶臣徐鉉等奉

敕校定

二十五部　文七百五十三　重六十一

凡九千四百四十三字　文二十新附

木冒也冒地而生東方之行从屮下象其根。凡木之屬皆从木。徐鍇曰少者木始甲拆萬物皆始於微故木从屮。莫卜切

橘果出江南从木矞聲。居聿切

橙橘屬从木登聲。丈庚切

柚條也似橙而酢从木由聲。夏書曰厥包橘柚。余救切

櫨果似棃而酢从木盧聲。側加切

棃果名从木称聲。称古文利力脂切

梬棗也似柹从木甹聲。以整切

柹赤實果从木市聲。鉏里切

枏梅也可食从木冄聲。汝閻切

梅枏也可食从木每聲。莫桮切

楳或从某

木部（192）

奈李杍桃
橄杗楷
桱桂棠
樏楢柟
樅楛
楍楣柍
椆楸檓柊
棌桷虩
棪檔椋

果也从木可
省聲。何梗切

果也从木示
省聲。奴帶切

徒刀
切

讀若畢莫候切

冬桃从木戎聲。

果也从木兆聲。

孔子家蓋樹之者
从木皆聲苦駭切

桂也从木侵
省聲。七桂切

江南木百藥之長。
从木圭聲。古惠切

牡曰
棠
牝曰
杜

傳曰
女執不過親栗側
誂切

日杜从木尚聲
从木尚聲

甘棠也从木
土聲。徒古切

聲徒郎切

旨善木也可屈為杍者。
从木韋聲。于鬼切

柔木也工官以為輪从
木酋聲。讀若槱以周切

木也从木習聲。
讀若襖以入切

梅也从木央聲。
一曰江南橲於京切
又度也求癸切

毋杶也从木侖聲。讀
若易卦屯陟倫切

木也从木旬聲讀
若芟刈之芟私閒切

渠容切

柜也从木巨聲

木也从木冒聲
讀若槱以周切

樟材其實謂之梜於京切

木也从木羊聲
讀若皓。古老切

木也从木各聲。

木也从木咎聲。羊皮切

梅也从木周聲。
讀若丩。職留切

或从木寰省。

木也从木炎聲讀若三
年道寸服之道以冉切

木也从木叕聲。
職說切益聲切

木也从木號
省聲。乎刀切

棌木聲。
或从木寰省。

子林切

木也从木粲聲。
讀若沙。桑谷切

木也从木兮聲

木也从木毚縣職說切
州有毋棳縣職說切

木也从木遰
省聲切

木也从木遰

橞文寢。

木也从木即來也从木
即來也从木

木也从木京聲呂張切

棪聲。市緣切

（193）木部

檍	蕈	樧	棫	標	榛	柀	梓		杕	
槵	韊	櫕	槵	杶	梗	櫔	梓	械	枇	槵
樗	楝	椅	梠	榗	杶		楸	槵	桔	栁
檇	枡			櫻			檟	梠		柔 樣

檍 枑也。从木意聲。於力切

槵 木也。从木貴聲。房未切

樗 木也。从木雩聲。丑居切

檇 木也。从木雋聲。禹聲王矩切

蕈 木也。从木蕈聲。力軌切 文

韊 赤楝也。从木夷聲。詩曰隰有杻。以脂切

楝 赤楝也。从木柬聲。古雅切

樧 栺欘也。可作車。从木殺聲。子紅切

櫕 木也。从木賛聲。春秋傳曰榗六櫕於蒲圃。即里切

椅 梓也。从木奇聲。於離切

梓 楸也。从木宰聲。即里切

梓 楸也。从木辛聲省。子紅切

楸 梓也。从木秋聲。七由切

檟 楸也。从木賈聲。大者。古雅切

柀 柀也。从木皮聲。甫委切

櫔 山樗也。从木厲聲。苦浩切

標 木杪末也。从木票聲。甫遙切

杶 木也。从木屯聲。古文杶。側說切

榗 木也。从木晉聲。即里切

櫻 白櫻也。从木賏聲。烏莖切

榛 木也。从木秦聲。側詵切

梗 山枌榆。从木更聲。古杏切

杶 木也。从木尤聲。羽求切

槵 木也。从木貴聲。房未切

栁 木也。从木丣聲。力久切

柔 木曲直也。从木矛聲。耳由切

樣 栩實也。从木羕聲。徐兩切

械 桎梏也。从木戒聲。胡介切

桔 桔梗藥名。从木吉聲。古屑切

木部（194）

柞枰楛　楰椵穗　楷檕朹　櫬檖樸　櫼栵梭　橪柅槮　櫸梸枸　樗樓欂柎　樧櫬楊

一曰直木。古昂切

木也。从木乍聲。在各切

平聲，他乎切。

木出豪山。从木晉聲。書曰：竹箭。

如橬子也。从木家聲。詩曰：隰有樹檖。徐醉切

木可以爲大車軸。从木段聲。讀若賈。古雅切

惠聲，胡桂切。

木也。从木乃聲。計切。

木也。从木苦聲。詩曰：榛楛濟濟。侯古切。

讀若仍。如乘切。

木也。从木顏聲。符真切。

酸棗。从木東聲。而至切。

酸小棗。从木然聲。一曰染也。人善切。

木之屬。私閏切。

木也。从木隸聲。郎計切。

木尾聲。女履切。

木實。从木肖聲。所交切。

酸棗也。从木刺聲。今人別音穌禾切。以爲機杼之屬。

木也。从木彔聲。盧達切。

木也。从木多聲。臣鉉等曰：枋也。从木。盧達切。

枋也。从木畾聲。一曰鈕枋名。居良切。

木可作車。从木良聲。方良切。

木出發鳩山。从木庶聲。之夜切。

木也。从木雲聲。讀若薰松脂。讀若華平化切。

黃木也。从木辟聲。博尼切。

木可作大車輮。从木堅聲，或从木。

木也。从木隻聲。

木出淮南。从木威聲。子六切。

似茱萸出淮南。从木殺聲。所八切。

文撫切。

木也。从木易聲。與章切。

木也。从木昜聲。

（195）木部

檉柳檉欒
柗棣
枳楓權
柜槐穀楮
檸檵杞枒
楝櫪柘
樾欓梧
榮桐檈
榆枌梗

檉　河柳也。从木。聖聲。敕貞切。

柳　小楊也。从木。丣聲。丣，古文酉。力九切。

檉　大木可爲鉏柄。从木。圼聲。詳遵切。

欒　木也。从木。䜌聲。洛官切。

柗　棠棣也。从木。隶聲。弋支切。一曰白棣也。特計切。

棣　諸矦柏大夫藥士楊冾官。

枳　木似橘从木只聲。諸氏切。

楓　木也。厚葉弱枝善搖一名欇。从木風聲。方戎切。

權　黃華木。从木雚聲。一曰反常。巨員切。

柜　木也。从木巨聲。其呂切。

槐　木也。从木鬼聲。戶恢切。

穀　楮也。从木㱿聲。古祿切。

楮　榖也。从木者聲。丑呂切。

檸　木也。从木宁聲。

檵　枸杞也。从木繼省聲。古詣切。一曰堅木也。

杞　枸杞也。从木己聲。墟里切。已聲。

枒　木也。从木牙聲。一曰車輞會也。五加切。

楝　木也。从木柬聲。郎電切。

櫪　櫪㯕椑也。从木歷聲。郎擊切。一曰其㯕其柘於琰切。

柘　桑也。从木石聲。之夜切。

樾　木可爲杖从木越聲。親吉切。

欓　木味稔也从木當聲。还聲似汜切。

梧　梧桐木也从木吾聲。五胡切。一名櫬。

榮　桐木也。从木熒省聲。永兵切。一曰屋梠之兩頭起者爲榮。

桐　榮也。从木同聲。徒紅切。

檈　木也。从木番聲。附袁切。桐之材起者爲榮。番聲讀若樊附轅切。

榆　榆白枌。从木俞聲。羊朱切。

枌　榆也。从木分聲。扶分切。

梗　山枌榆有束莢者。从木更聲。可爲燕夷者从木。

木部（196）

樵　松　寀　橚
檜　樅　柏
机　枮　枏　柍
桅　枛　樲
榙　枼　槑
檘　樹　尌　本
杚　柢　朱
根　株　末
櫻　果　榛　杈
枝　朴　條

木更聲。古杏切。

樵　散也。从木焦聲。昨焦切。
松　木也。从木公聲。祥容切。枀，松或从容。
寀　松心木。从木賓聲。博陌切。
橚　木也。从木肅聲。
檜　柏葉松身。从木會聲。古外切。
樅　松葉柏身。从木從聲。七恭切。
柏　木也。从木白聲。博陌切。鞠也，从木。
机　木也。从木几聲。居履切。
枮　木也。从木占聲。息廉切。
枏　梅也。从木冉聲。而震切。桱，梴木也。古文。
桅　船上掛帆的桿子。从木危聲。過委切。
枛　有梜梾縣。从木益州……盧貢切。
樲　酸果也。从木貳聲。莫厚切。某，古文。
榙　鼠梓木。从木夷聲。詩曰：北山有梾。羊朱切。
枼　榙樸，果似李。从木苔聲。讀若哩。子合切。
槑　楺果也。从木世聲。讀以周切。徒合切。
檘　崐崘河隅之長木也。从木絲聲。以周切。
樹　生植之緫名。从木尌聲。常句切。
尌　……从木寸聲。陟輸切。文
本　木下曰本。从木，一在其下。徐鍇曰：一記其處也。本末朱皆同義。布忖切。
杚　木尌也。从木……陟輸切。
柢　木根也。从木氐聲。都礼切。
朱　赤心木。松柏屬。从木，一在其中。章俱切。
根　木株也。从木艮聲。古痕切。
株　木根也。从木朱聲。陟輸切。
末　木上曰末。从木，一在其上。莫撥切。
櫻　細理木也。从木嬰聲。子力切。
果　木實也。从木象果形在木之上。古火切。
榛　木別生條也。从木秦聲。側詵切。
杈　从木又聲。初牙切。
枝　木別生條也。从木支聲。章移切。
朴　木皮也。从木卜聲。匹角切。
條　小枝也。从木攸聲。徒……切。

（197）木部

枚	藁	槙	標	桹	枉	朴	梴	橐
桀	集	梃	杪	欄	橈	榴	橢	格
桀	枑	藟	朵	桮	枎	槮	林	樕
			（朵）	招	橋			

榦也。可爲杖。从木从攴。莫桮切。詩曰施于條枚。

橪識也。从木戔聲。隨山桀木讀若刈。若寒切。篆文

磔也。从舛在木上也。渠列切。

木葉搖白也。从木䫒聲。詩曰萚兮萚兮。

一枚也。从木廷聲。徒鼎切。

木頂也。从木眞聲。一曰仆木也。都季切。

木標末也。从木少聲。亡沼切。

木杪末也。从木票聲。敷沼切。

樹木垂朵朵也。从木象形。此與采同意。丁果切。

木根也。从木艮聲。古恨切。

木閒也。从木闌聲。

高木也。从木良聲。魯當切。

木皃。从木号聲。春秋傳曰歲在玄枵。虛也。許嬌切。

水梁也。从木喬聲。

樹搖皃。从木否聲。

木動也。从木屋聲。下句曰橾四布也。

樹動也。从木召聲。止搖切。

橋高也。从木喬聲。女敎切。

衺曲也。从木枉聲。迂往切。

木可作琴。从木離聲。賈侍中說橢即檯。

橢高也。从木繇聲。余昭切。

木小皃。从木小聲。私兆切。詩曰榛楛濟濟。

長木皃。从木延聲。詩曰松桷有梴。丑連切。

高皃。从木智聲。呼骨切。

木相摩也。从木林聲。作菜所以離。

參差也。从木參聲。所今切。

木長皃。从木延聲。

木葉陊也。从木橐聲。讀若薄。他各切。

木大聲。从木豦聲。

木長皃。从木各聲。古百切。

樕相木。

木部 (198)

欘枯櫜(槁)　樸楨柔　柝杚材　柴榑　杲杳榶　榦檥構　模桴　棟極柱楹　橙楮

摩也。从木。敎聲。魚祭切。

枯木也。从木。古聲。夏書曰：唯箘輅枯。木名也。苦孤切。

櫜橐也。从木古聲。从艸。木枯也。

槁木枯也。从木高。

極棟也。从木亟聲。浩切。木素也。从木。美聲。四角切。

樸木之理也。从木力聲。剛木也。从木貞聲。上郡有楨林縣。陟盈切。平原有柝縣盧則切。

柝判也。从木席聲。易曰：重門擊柝他各切。木札也。从木。才聲。昨哉切。

柴小木散材。从此聲。柴籬後人語譌轉入去聲。又別作簗字。非是。士佳切。榑各曰柴。師行野次豎散木爲區落。又别作寨字。非是。土佳切。

榶神木日所出也。从木。專聲。防無切。榶桑各曰榶明也。从日在木上古老切。冥也。从日在木下烏皎切。榶角械也。从木邸聲。

榦築牆耑木也。从木軒聲。春秋傳曰楚圍蔡里而栽昨代切。築牆長版也。从木戈聲。傳曰楚圍蔡里而栽昨代切。檥榦也。从木義切。棟名从木乎聲。魚羈切。構蓋也。从木冓聲。讀若遘古后切。

模法也。从木莫聲。模母之模莫胡切。桴棟名从木乎聲。魚羈切。

棟極也。从木東聲。多貢切。極棟也。从木亟聲。渠力切。柱楹也。从木主聲。直主切。楹柱也。从木盈聲。

橙衰柱也。从木堂聲。臣鉉等曰今俗别作撐非是丑庚切。楮榶柱砥古用木今以石。春秋傳曰丹桓宮楹以成切。

楶 欂 櫨
枅
栵 栭 檼
橑 桷 椽
榱 楣
梠 㮰 櫋
檐 橝 樀
植 𣚍 樞
槏 樓 櫳 楯
櫺(椂) 杗 棟

从木，耆聲。易：榰恒凶。章移切

楶 欂櫨也。从木，咨聲。子結切

欂 壁柱。从木，薄省聲。弼戟切

櫨 柱上柎也。从木，盧聲。伊尹曰：果之美者，箕山之東，青鳧之所，有櫨橘焉。夏孰也。一曰宅櫨木，出弘農山也。落胡切

枅 屋櫨也。从木，幵聲。古兮切

栵 栭也。从木，𠛱聲。詩曰：其灌其栵。良辥切

栭 屋枅上標。从木，而聲。爾雅曰：栭謂之楶。如之切

檼 棼也。从木，㥯聲。於靳切

橑 椽也。从木，尞聲。盧浩切

桷 榱也。椽方曰桷。从木，角聲。春秋傳曰：刻桓宮之桷。古岳切

椽 榱也。从木，彖聲。直專切

榱 秦名爲屋椽，周謂之榱，齊魯謂之桷。从木，衰聲。所追切

楣 秦名屋櫋聯也。齊謂之檐，楚謂之梠。从木，眉聲。武悲切

梠 楣也。从木，呂聲。力舉切

㮰 梠也。从木，㿝聲。讀若枇杷之枇。房脂切

櫋 屋櫋聯也。从木，邊省聲。武延切

檐 㮰也。从木，詹聲。臣鉉等曰：今俗作簷，非是。余廉切

橝 屋梠前也。从木，覃聲。一曰蠶槌。徒含切

樀 戶樀也。从木，啻聲。爾雅曰：檐謂之樀。讀若滴。都歷切

植 戶植也。从木，直聲。常職切

𣚍 或从置。

樞 戶樞也。从木，區聲。昌朱切

槏 戶也。从木，兼聲。苦減切

樓 重屋也。从木，婁聲。洛侯切

櫳 房室之疏也。从木，龍聲。盧紅切

楯 闌楯也。从木，盾聲。食允切

櫺 楯閒子也。从木，霝聲。郎丁切

杗 棟也。从木，亡聲。爾雅曰：杗廇謂之梁。武方切

棟 短椽也。从

木部（200）

朽 楘 棍
榰 梱 楄 柤
槍 槤 櫼
楔 柵 杝 橝
桓 椳 橦
杠 桯
牀（床）
枕 械 櫝
櫛 梳 枱 柙

木束聲。丑録切

杇，所以涂也。秦謂之杇，關東謂之槾。从木亏聲。哀都切

槾，杇也。从木曼聲。母官切

椳，門樞謂之椳。从木畏聲。烏恢切

楣，門樞之橫梁。从木冒聲。莫報切

楗，限門也。从木建聲。其獻切

楔，櫼也。从木契聲。先結切

櫼，楔也。从木韱聲。子廉切

柵，編樹木也。从木从冊，冊亦聲。楚革切

杝，落也。从木也聲。讀若他。弋支切

橝，屋梠前也。从木覃聲。徒含切

柤，木閒也。从木且聲。側加切

梱，門橜也。从木困聲。苦本切

橦，帳極也。从木童聲。宅江切

柝，夜行所擊者。从木橐聲。《易》曰：重門擊柝。他各切

桓，亭郵表也。从木亘聲。胡官切

杠，牀前橫木也。从木工聲。古雙切

桯，牀前几。从木呈聲。他丁切。一曰木名。

牀，安身之坐者。从木爿聲。徐鍇曰：《左傳》蒍子馮詐病，掘地下冰而牀焉。安身之坐者，至於牀則席也。故从爿，則爿之省。仕莊切

象人衰身有所倚箸，至於牀，牀狀戕狀之屬並當从牀省聲。李陽冰言木右為片、左為牆，且《說文》無引字，其書亦異，故知其妄。仕莊切

枕，臥所薦首者。从木冘聲。章衽切

械，桎梏也。从木戒聲。一曰器之總名也。一曰持也。一曰有盛為械，無盛為器。胡戒切

器之總名也。从木威聲。於非切

櫝，匱也。从木賣聲。一曰木名。又曰大梡也。徒谷切

櫛，梳比之總名也。从木節聲。阻瑟切

梳，理髮也。从木疏省聲。所菹切

柙，劒柙也。从木甲聲。一曰押也。胡甲切

（201）木部

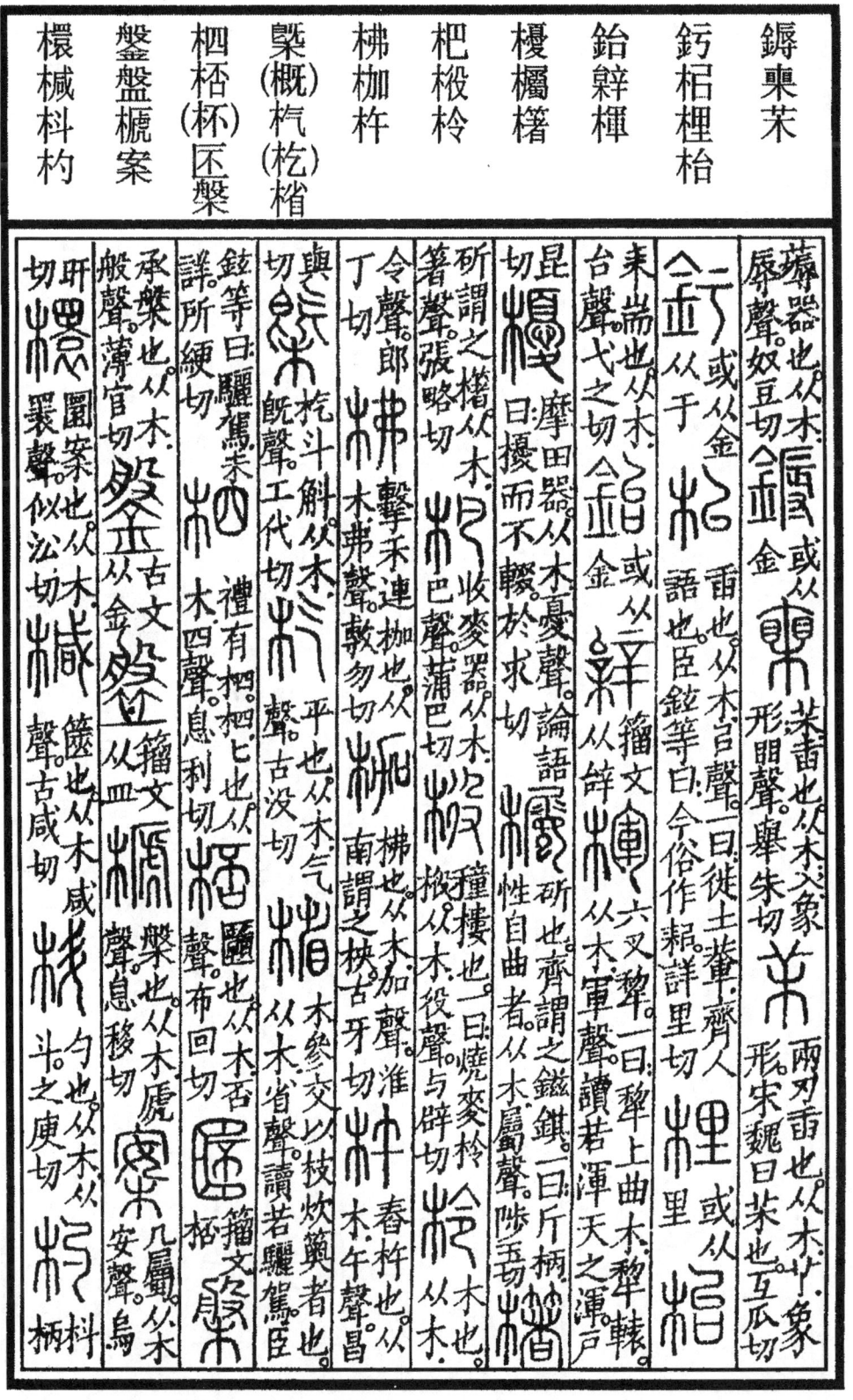

木部

櫑罍　甖罋椑榼榹　槌椌栚（枂）　櫎橫　杲槃　櫼幐杼　棚棧栚　榜楥核　櫺梯根　桼椯檗（概）

也。从木从勺。臣鉉等曰：今俗作杓。
市若切。以為㯡杓之杓。甫搖切。

櫑，龜目酒尊，刻木作雲靁象。象施不窮也。从木畾聲。魯回切。
罍，櫑或从缶。
𤭯，櫑或从皿。

籀文㯡，从缶。
榼，酒器也。从木盍聲。枯蹋切。

中檈楕器也。从木隋聲。徒果切。
椑，圜榼也。从木卑聲。部迷切。

槌，關東謂之槌，關西謂之特。从木追聲。直類切。
臣鉉等曰：今俗作槌，非是。

栚，槌也。从木灷聲。臣鉉等曰：朕聲非是。里典切。一曰：當从朕省聲。陳華切。

椌，柷樂也。从木空聲。苦江切。

橫，闌木也。从木黃聲。胡盲切。
櫎，从木廣聲。一曰：帷屏風之屬。臣鉉等曰：今別作幌，非是。胡廣切。

槃，承槃也。从木般聲。薄官切。
鎜，古文从金。
盤，籀文从皿。

杲，具聲。舉食者。从木幾聲。居衣切。
櫼，絡絲櫼。从木爾聲。胡詣切。

杼，機之持緯者。从木予聲。直呂切。
幐，囊也。从巾朕聲。徒登切。
櫼，楔也。从木韱聲。讀若帴。奴礼切。

機，主發謂之機。从木幾聲。居衣切。
機持緯者，从木爾聲。

棚，棧也。从木朋聲。薄衡切。
棧，棚也。竹木之車曰棧。从木戔聲。士限切。一曰：棧，木也。
栚，讀若指撝。吁卷切。

榜，所以輔弓弩。从木㫄聲。補盲切。讀若旁。
楥，履法也。从木爰聲。扶富切。
核，蠻夷以木皮為篋，狀如籨尊。从木亥聲。古哀切。

櫺，楯閒子也。从木靈聲。國聲。古悔切。
梯，木階也。从木弟聲。土雞切。
根，木株也。从木艮聲。一曰：㮣也。筮也。从木耑聲。一曰：剟也。塊果切。

桼，牛鼻中環也。从木枼聲。居倦切。
椯，箠也。从木耑聲。度也。一曰：剟也。兜果切。
檗，黃木也。从木辟聲。
宅耕切。木存聲。祖悶切。
以柴木雝也。从木厥聲。

（203）木部

橄　杖　杸
棓　椎　柯
梲　柄　棅　柲
欑　屎　杘
橄　隳　栖
榜
棊（棋）棱　桴
桶　櫓　櫨
樂　柎　枹　桱

一曰門梱也。瞿月切。

橜　弋也。从木戈聲。臣鉉等曰：今俗別作仗，非是。直兩切。

杖　持也。从木丈聲。臣鉉等曰：今俗別作仗，非是。直兩切。

杸　从木殳聲。步項切。

柯　木可斵也。从木可聲。柯斧柄也。古俄切。

椎　擊也。齊謂之終葵。从木隹聲。直追切。

柄　柯也。从木丙聲。陂病切。或从秉。

棅　梲也。从木兌聲。他活切。又音讀。

柲　欑也。从木必聲。兵媚切。

梲　木杖也。从木兌聲。他活切。

欑　積竹杖也。从木贊聲。一曰穿也，一曰叢木。在丸切。

屎　从木尼聲。女氏切。木片也。

杘　比末切。此朗切。木片也。

橄　女氏切。木若黎此重出。

隳　案李舟切韻一音此孟切，進柶也，又音。

栖　楣也。从木敬聲。巨京切。

榜　所以輔弓弩。从木旁聲。補盲切。一曰矢栝。

桴　棟名也。从木孚聲。楇雙也。从木𪉞聲。讀若鴻。下江切。

棱　柧也。从木夌聲。魯登切。

棊　博棊。从木其聲。渠之切。續木也。从木奢聲子葉切，射準的也。从木𪉞聲昨牟切，大盾也。

櫨　柱上柎也。从木盧聲。落乎切。今俗作櫨非。

櫓　大盾也。从木魯聲。郎古切。

桶　木方受六升。从木甬聲。他奉切。

桱　炊竈木也。从木苦聲。臣鉉等曰：當从姑省，乃得聲。他念切。自非李陽冰曰自非從木。

柎　闌足也。从木付聲。甫無切。

枹　擊鼓杖也。从木包聲。甫無切。

樂　五聲八音總名。象鼓鞞，木虡也。玉角切。

木部（204）

〔標目〕

柷　槧　札
檢　檄　棨
桓　楘
椑　枑　榻
极　樞　楇
枊　梱
欙　權
梭　橃
橋　榷　梁　潊
楫　欚　校　樸
采　柹　横

〔本文〕

……也。从木空。

柷　樂，木空也，所以止音爲節。从木祝省聲。昌六切。

槧　牘樸也。从木斬聲。自琰切。

札　牒也。从木乙聲。側八切。

檢　書署也。从木僉聲。居奄切。

檄　二尺書。从木敫聲。胡狄切。

棨　傳信也。从木啟省聲。康禮切。

桓　亭郵表也。从木亘聲。胡官切。

楘　車歷錄束文。从木敄聲。詩曰：五楘梁輈。莫卜切。

椑　圜榼也。从木卑聲。讀若沸。部迷切。

枑　梐枑也。从木互聲。周禮曰：設梐枑。重胡誤切。

榻　……从木……

极　驢上負也。从木及聲。讀若急。其輒切。

樞　戶樞也。从木區聲。讀若……

楇　盛膏器。从木冎聲。讀若過。平臥切。

枊　馬柱。从木卬聲。一曰堅也。吾浪切。

梱　門橛也。从木困聲。苦本切。

欙　山行所乘者。从木纍聲。虞書曰：予乘四載，水行乘舟，陸行乘車，山行乘欙，澤行乘輴。力追切。

權　……从木雚聲。

梭　船總名。从木叟聲。蘇遭切。今俗別作艘，非是。

橃　海中大船。从木發聲。臣鉉等曰：今俗別作筏，非是。房越切。

橋　水梁也。从木喬聲。巨驕切。

榷　水上橫木，所以渡者也。从木寉聲。江岳切。

梁　水橋也。从木从水刃聲。呂張切。

潊　……从水……

楫　舟櫂也。从木咠聲。子葉切。

欚　江中大船名。从木蠡聲。盧啓切。

校　木囚也。从木交聲。古孝切。

樸　……

采　捋取也。从木从爪。倉宰切。

柹　削木札朴也。从木市聲。陳楚謂櫝爲杮。芳吠切。

横　闌木也。从木黃聲。戶盲切。

（205）木部

梜桄橋（橇）

椓杓柧

棱㰜

檮析梗梡

槎柮

糵不榦枰柆

福枼

楓楄

樵褫休

麻桓互械

木黃聲。戶盲切。

梜　撿柙也。从木夾聲。古洽切

桄　充也。从木光聲。古曠切

橋（橇）以木有所擣也。从木𢆉聲。春秋傳曰：橋木有所擣也。

椓　擊也。从木豖聲。竹角切

杓　枓柄也。从木家聲。宅耕切

柧　棱也。从木瓜聲。古胡切。又柧棱，殿堂上最高之處也。古胡切

棱　柧也。从木夌聲。魯登切

㰜　柧㰜也。从木獻聲。讀若𩎌，若顛木之有㩻㰜。五葛切

檮　斷木也。从木𦤀聲。春秋傳曰：檮杌。徒刀切

析　破木也。一曰折也。从木从斤。先激切

梗　山枌楡。有朿，莢可爲蕪荑者。从木更聲。古杏切

梡　㮣也。从木完聲。胡本切

槎　衺斫也。从木差聲。春秋傳曰：山不槎。側下切

柮　斷也。从木出聲。讀若貀。女滑切

糵　牙米也。从米辥聲。魚列切

不　鳥飛上翔不下來也。从一，一猶天也。象形。方久切

榦　築牆耑木也。从木倝聲。古案切

枰　平也。从木从平，平亦聲。蒲兵切

柆　折也。从木立聲。盧合切

福　以木有所逼束也。从木畐聲。彼卽切

枼　楄也。薄也。从木世聲。與涉切

楓　木也。厚葉弱枝，善搖。一名欜。从木風聲。方戎切

楄　楄部，方木也。从木扁聲。春秋傳曰：楄部薦榦。部田切

樵　散木也。从木焦聲。昨焦切。詩曰：翹翹錯薪。

褫　宗廟奏裸血祭天神。从示且聲。則古切。裸或从示。

休　息止也。从人依木。許尤切。休或从广。

麻　與𣏟同。人所治，在屋下。从广从𣏟。莫遐切

桓　亭郵表也。从木亙聲。胡官切

互　可以收繩也。从竹，象形。中象人手所推握也。胡誤切

械　桎梏也。从木戒聲。一曰器之總名。一曰持也。一曰有盛爲械，無盛爲器。胡戒切

木部（206）

杍桎栲
櫪櫛檻櫳
柙 泒棺
櫬槽桿榻
梟枭
栀榭槃椸
榻檳櫂
桿（檡）椿櫻
棟

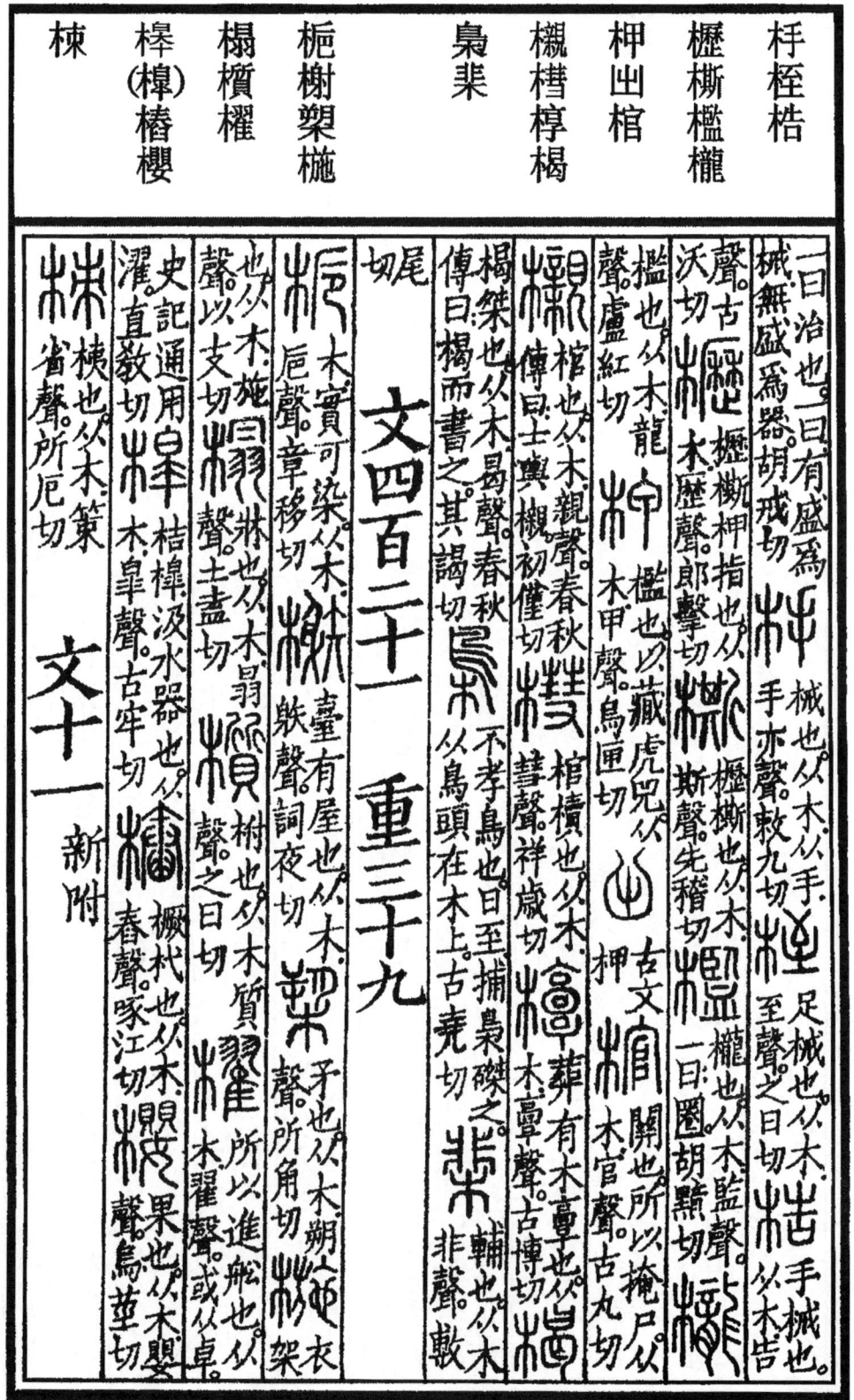

（207）林東（东）部

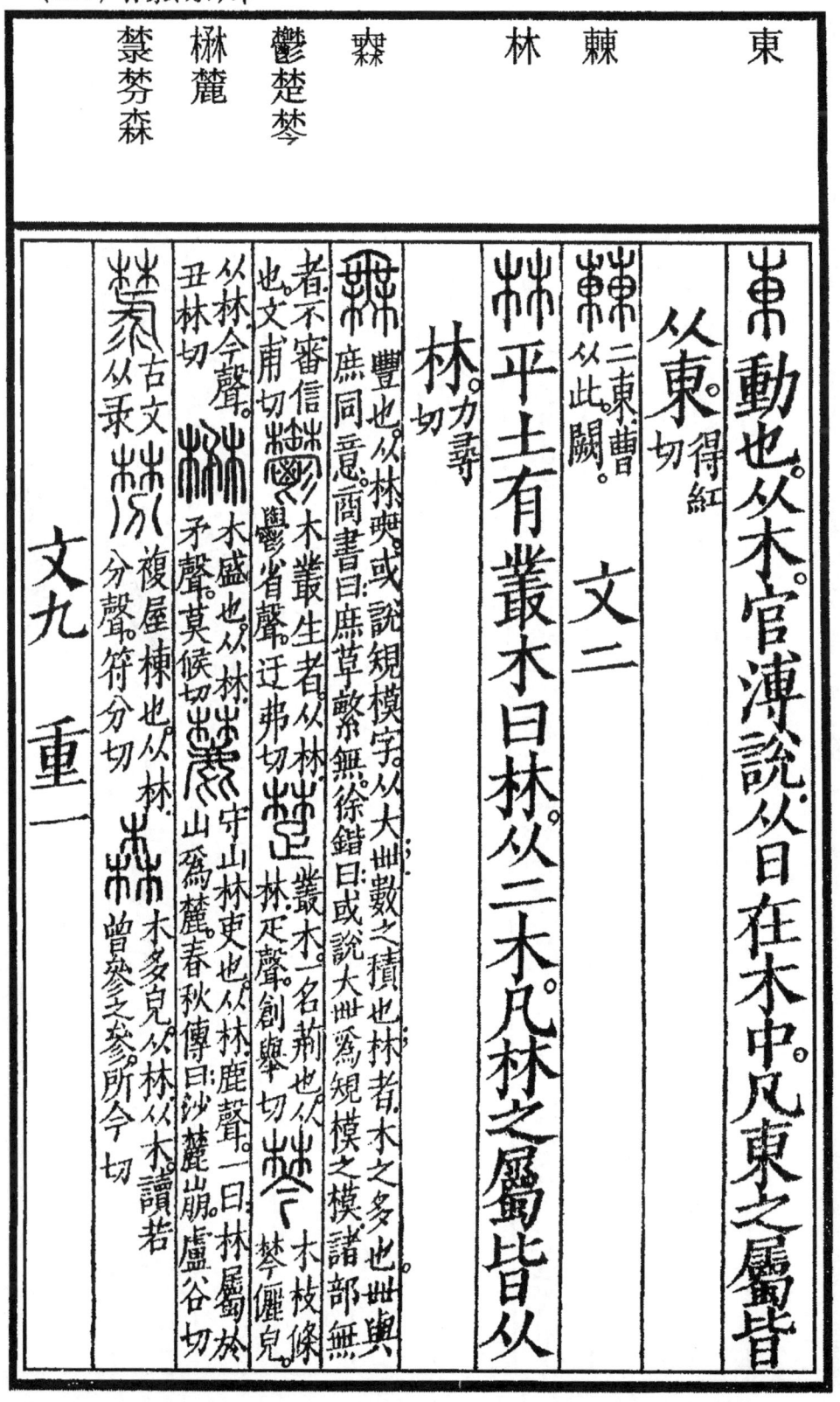

東　動也。从木。官溥說从日在木中。凡東之屬皆從東。得紅切

棘　二東曹。从此闕。

林　平土有叢木曰林。从二木。凡林之屬皆从林。力尋切　文二

森　木多兒。从林从木。讀若曾參之參。所今切

鬱楚梦

楙麗

禁棼森

文九　重一

才 梵

梵 出自西域釋書未詳意義扶泛切 文一 新附

才 艸木之初也从丨上貫一將生枝葉一地也。凡才之屬皆从才。徐鍇曰上一初生歧枝也下一地也昨哉切 文一

說文解字第六上

賜進士及第山東等處督糧道兼管德常臨清倉事務加三級孫星衍重校刊

光緒歲在閼逢涒灘國子監肄業生吳縣朱記榮校刊

（209）之叒（ruò音弱）部

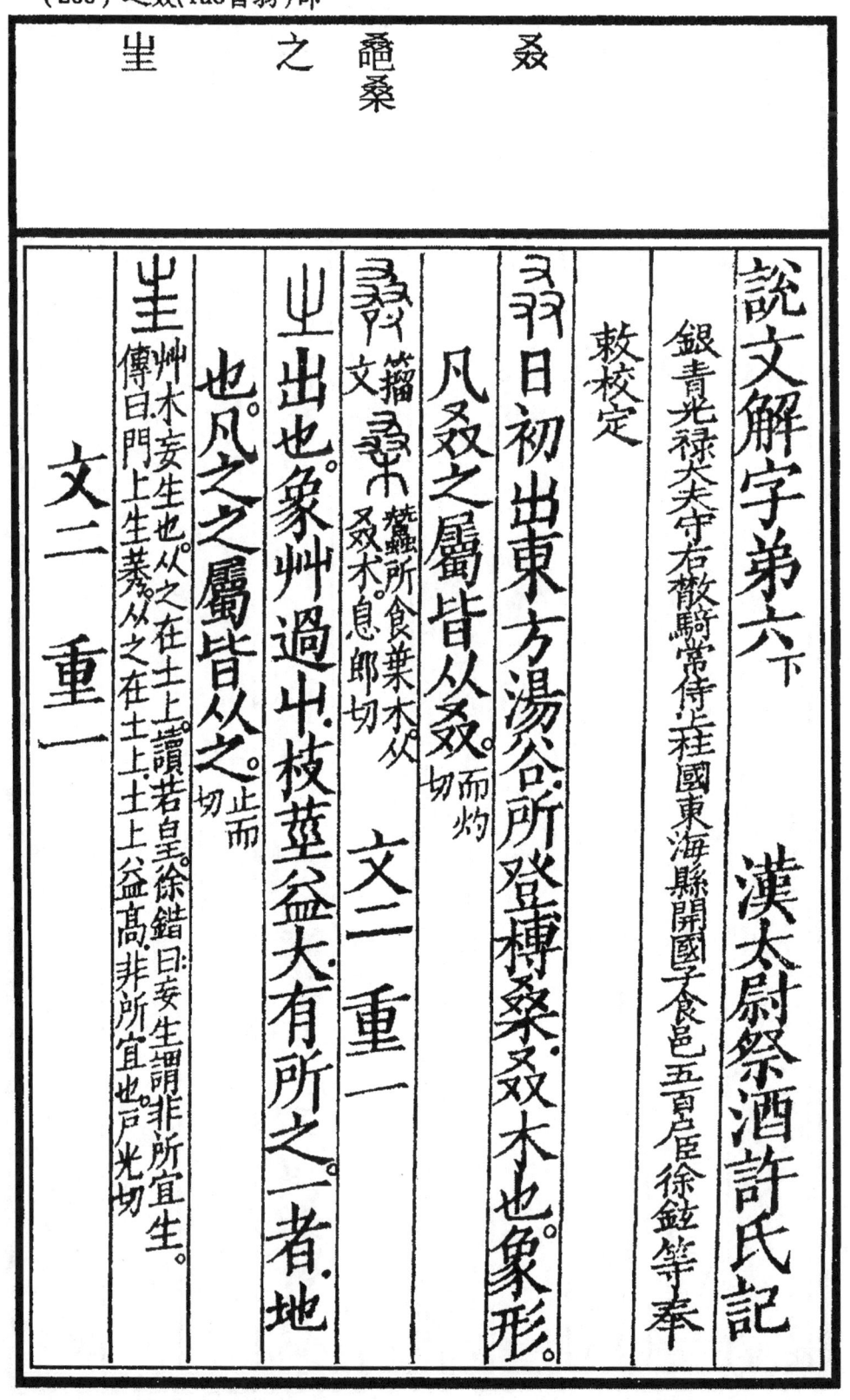

說文解字弟六下　　漢太尉祭酒許氏記

銀青光祿大夫守右散騎常侍‧莊國東海縣開國子食邑五百戶臣徐鉉等奉

敕校定

叒　日初出東方湯谷所登榑桑叒木也‧象形。凡叒之屬皆从叒。而灼切

籀文叒。

桑　蠶所食葉木。从叒木。息郎切

之　出也。象艸過中枝莖益大‧有所之‧一者地也。凡之之屬皆从之。止而切

文二　重一

坒　艸木妄生也。从之在土上。讀若皇‧徐鍇曰：妄生謂非所宜生。傳曰：門上生莑从之在土上。土土益高。非所宜也。戶光切

文二　重一

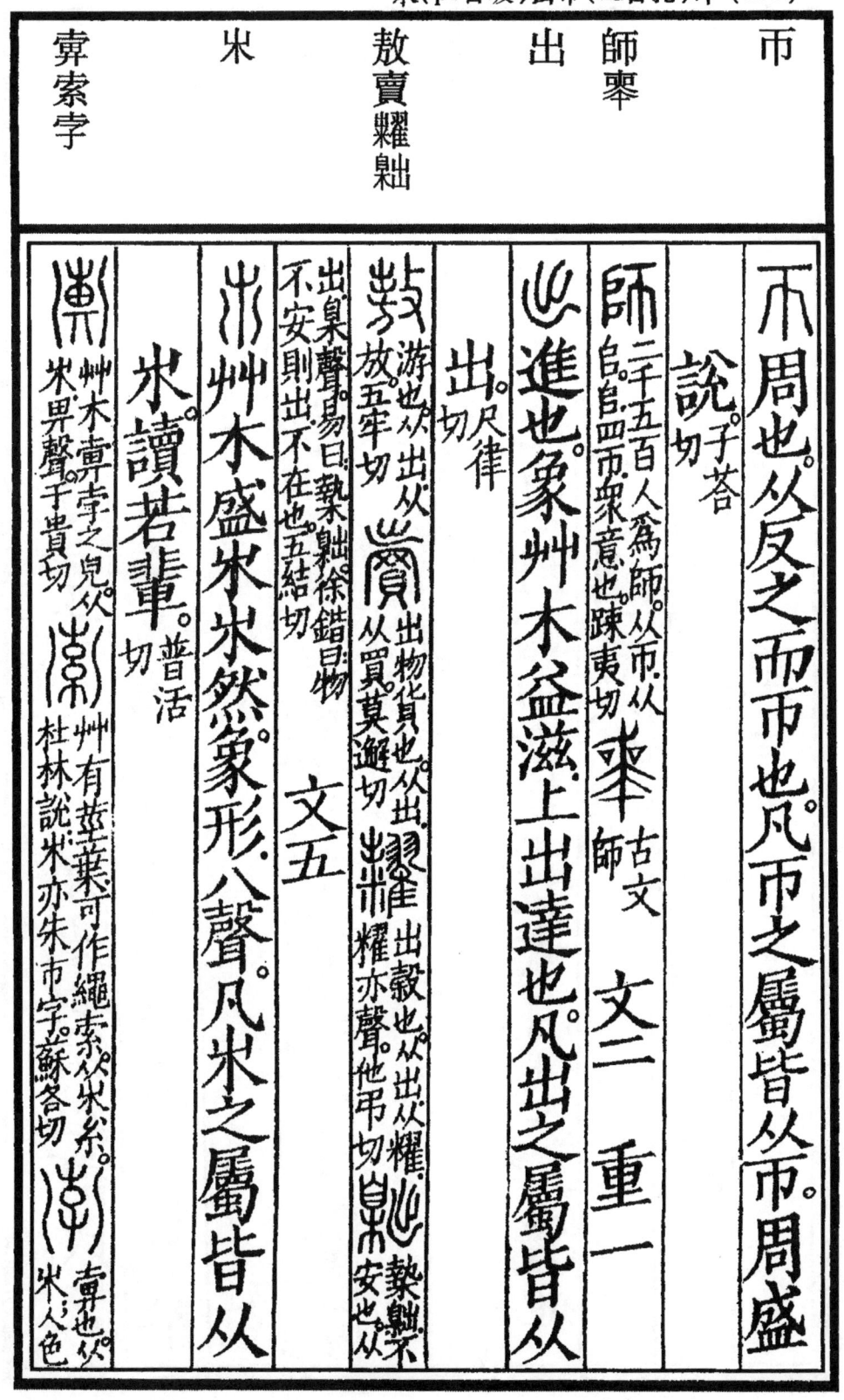

帀
師　宋
出
敖　賣　糶　朏
宋
羍　索　孛

帀　周也。从反之而帀也。凡帀之屬皆从帀。帀周盛也。子荅切

說

師　二千五百人爲師。从帀从𠂤。𠂤四帀眾意也。疏夷切　𠕁古文師　文二　重一

出　進也。象艸木益滋上出達也。凡出之屬皆从出。尺律切

敖　游也。从出从放。五牢切

賣　出物貨也。从出从買。莫邂切

糶　出穀也。从出从糴。糴亦聲。他弔切

朏　从出臭聲。易曰：朏。徐鍇曰：物不安則出，不在也。五結切　文五

宋　艸木盛宋宋然。象形。八聲。凡宋之屬皆从宋。讀若輩。普活切

索　艸有莖葉，可作繩索。从宋糸。杜林說：宋亦朱市字。蘇荅切

孛　木亭亭之皃也。从宋。異聲。于貴切　从宋。人色也。从子

（211）乑（垂）毛生部

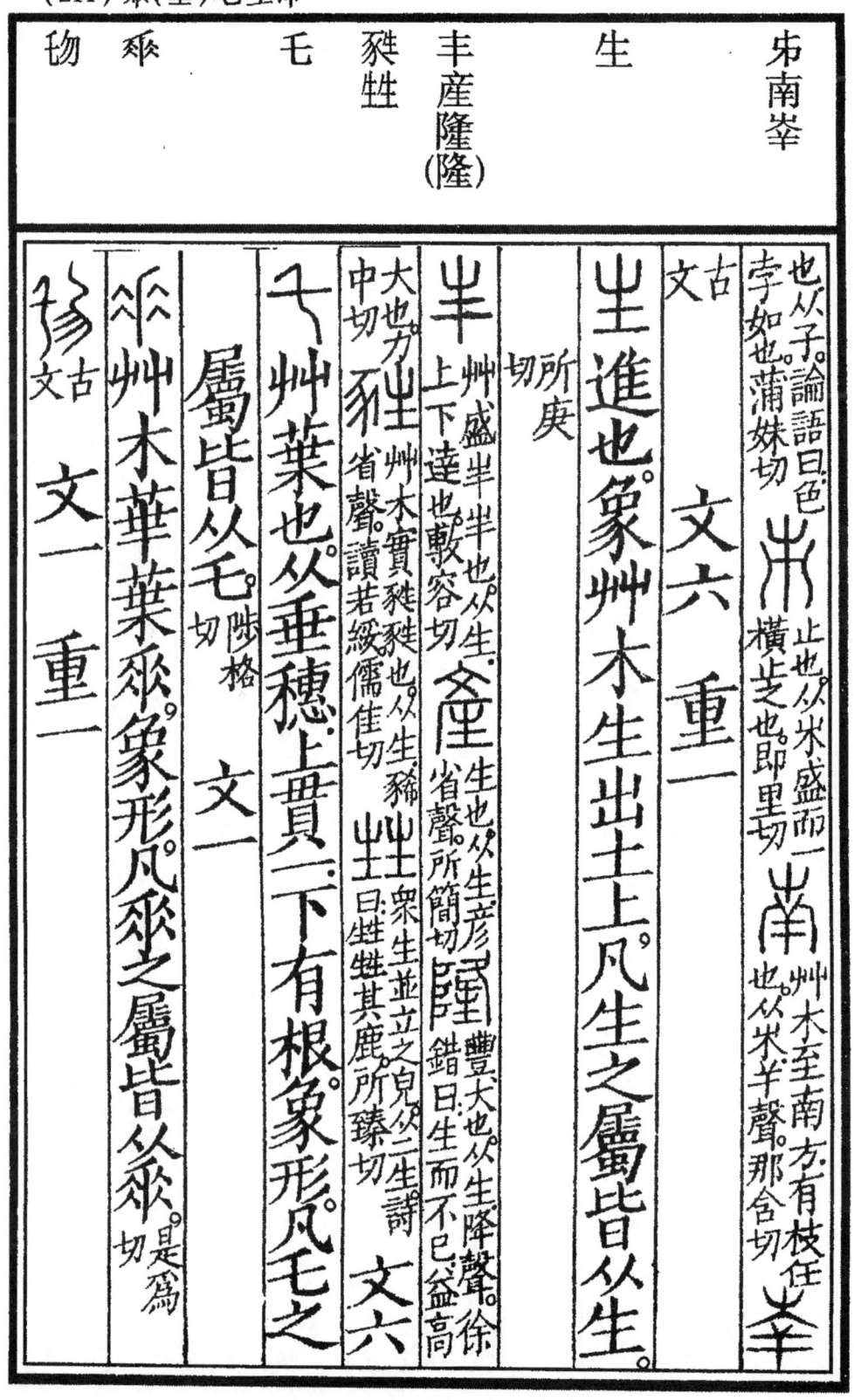

毛：艸木也。从垂穗上貫一下有根。象形。凡毛之屬皆从毛。

狌牲 丰產隆（隆） 生 乿南峯

乿：也。从子。論語曰色字如也。蒲妹切

止也。从米盛而一。横之也。即里切

南：艸木至南方有枝任也。从米羊聲。那含切

生：進也。象艸木生出土上。凡生之屬皆从生。所庚切

古文

文六 重一

丰：艸盛丰丰也。从生上下達也。敷容切

產：生也。从生彥省聲。所簡切

隆：豐大也。从生降聲。徐鍇曰生而不已益高也。力中切

牲：大也。从生㹜聲。㹜古文牲也。从生。衆生並立之皃从二生。詩曰牲牲其鹿。所臻切

日牲牲

文六

毛：屬皆从毛。莫格切

文一

乑：艸葉也。从垂穗上貫一下有根。象形。凡毛之屬皆从毛。

文一

乑：艸木華葉乑。象形。凡乑之屬皆从乑。是爲切

古文

文一 重一

稽禾華(华)琴(huā音花)部（212）

琴、艸木華也。从㟝亏聲。凡琴之屬皆从琴。況于切

琴、琴或从艸从夸。蔕、盛也。从艸从琴亏韋聲。詩曰：蔕不琴。琴、于思切

華、榮也。从艸从琴。凡華之屬皆从華。戶瓜切
文二　重一

曅、艸木白華也。从白从琴。轉切
文二

禾、木之曲頭止不能上也。凡禾之屬皆从禾。古兮切

稼、多小意而止也。从禾从支。只聲。一曰木也。職雉切
穊、稹穊也。从禾从又句聲。又者从丑省。一曰：木名。徐鍇曰：丑者束縛也。稼穊不伸之意。俱羽切
文二

稽、留止也。从禾从尤旨聲。凡稽之屬皆从稽。古兮切
穊、特止也。从稽省卓聲。徐鍇曰：特止卓立也。竹角切
文二

穆、名。古老切
穆、特止也。从稽省各聲。讀若賈侍中說稽穆穆三字皆木
文三

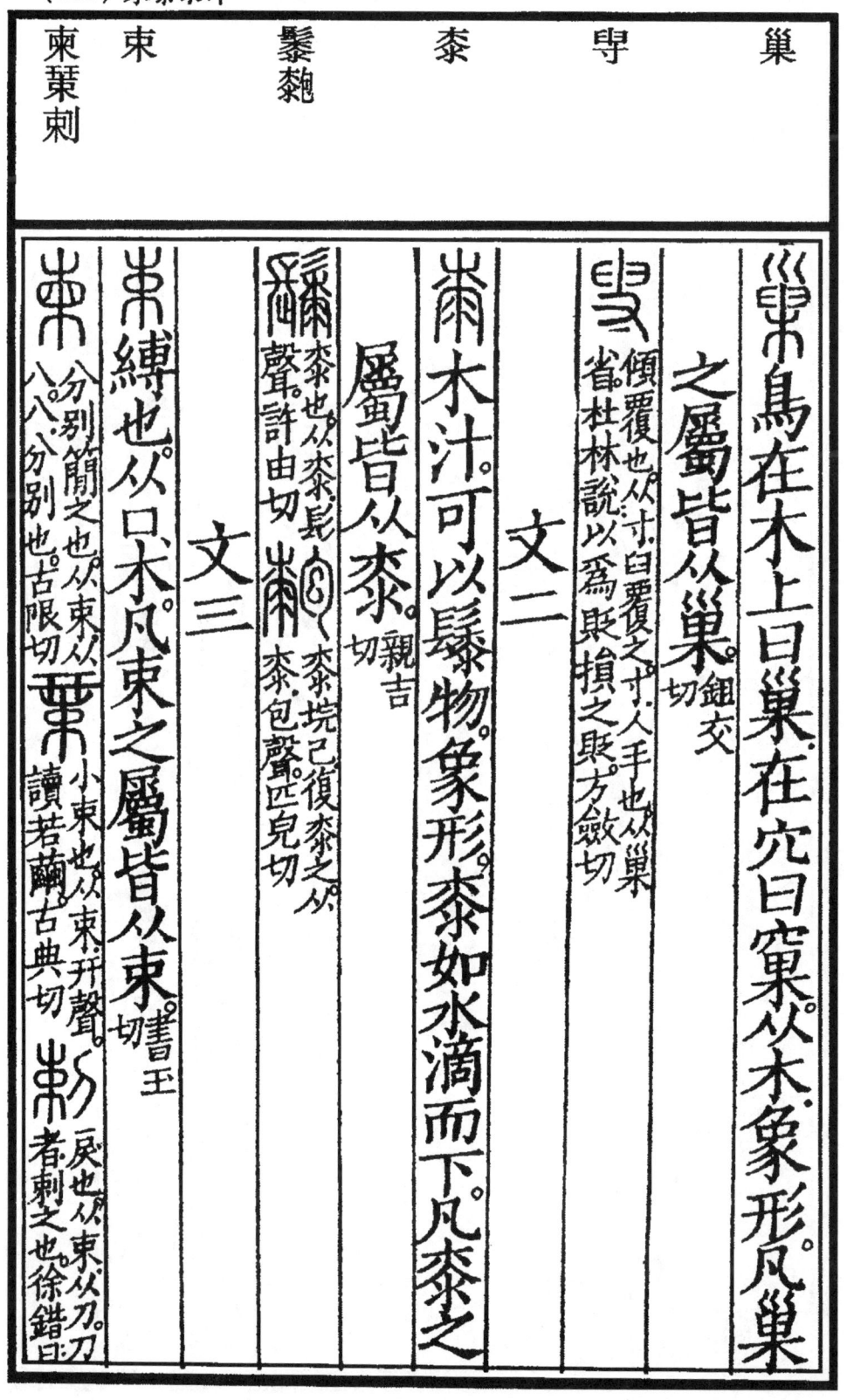

巢　鳥在木上曰巢。在穴曰窠。从木。象形。凡巢之屬皆从巢。鉏交切

叒　傾覆也。从寸臼覆之。寸，人手也。从巢省。杜林說：以爲貶損之貶。方斂切

文二

桼　木汁。可以髹物。象形。桼如水滴而下。凡桼之屬皆从桼。親吉切

　桼也。从桼髟聲。許由切
　漆坑已復桼之。从黍桼。包聲。匹兒切

文三

束　縛也。从口木。凡束之屬皆从束。書玉切

　小束也。从束开聲。讀若蘭。古典切

　分別簡之也。从束从八。八，分別也。古限切

　戾也。从束从刀。刀者，刺之也。徐錯曰

口（wéi音为）𣪏（gǔn音衮）部

橐

橐囊槖

槖

口

圜團圓园
圓回㞒圖

圍國

廩（壹）困

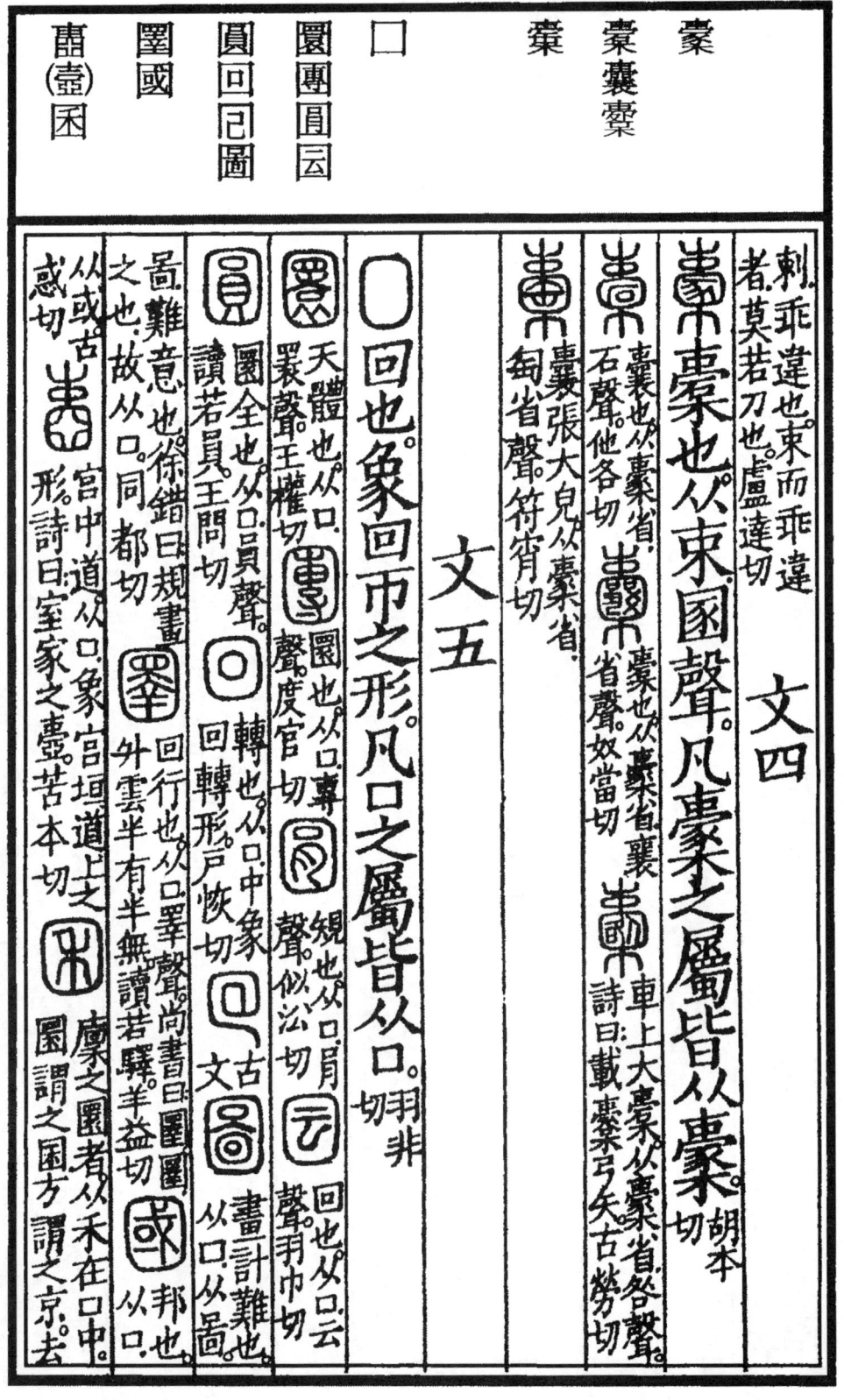

刺乖違也束而乖違者莫若刀也虘達切

文四

橐也从束圂聲凡橐橐之屬皆从橐。胡本切

橐襄也从橐省石聲他各切

橐襄也从橐省𣪏聲奴當切
車上大橐从橐省襄省聲詩曰載橐橐弓矢古勞切

囊張大皃从橐省匋省聲符宵切

文五

口回也象回帀之形凡口之屬皆从口。羽非切

圜天體也从口瞏聲王權切

團圜也从口專聲度官切

圓全也从口員聲王問切

回轉也从口中象回轉形戶恢切

圖畫計難也从口从啚徒古切

啚難意也从口从亩同都切

回行也从口……外雲半有半無讀若驛羊益切

國邦也从口从或古或切

圍守也从口韋聲羽非切

圈回也从口云聲……

廩穀所振入宗廟粢盛蒼黃穈𥝌之也故謂之廩廩者从禾在口中

壹宮中道从口象宮垣道上之形詩曰室家之壹苦本切

（215）員（貝）員口部

圈囿圝園
圃因
囚囹圄囵
固圍困枲
囩囮
罻
員
鼎貶
貝

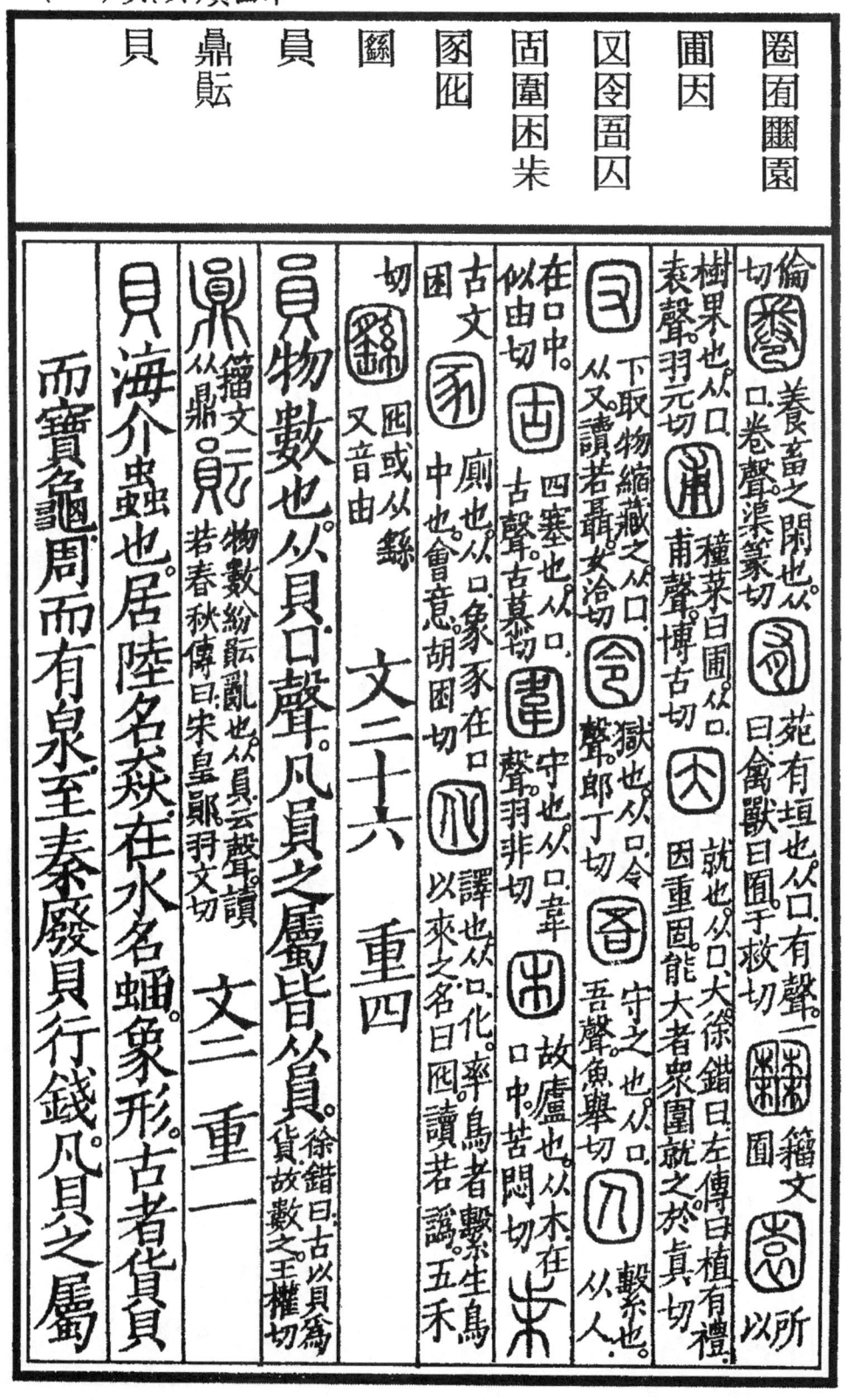

倫 養畜之閑也。从口。卷聲。樂篆切。苑有垣也。从口。有聲。一曰：禽獸曰圂。于救切。籀文圂。圉以所

樹果也。从口。袁聲。羽元切。樹菜曰圃。从口。甫聲。博古切。因。就也。从口。大。徐鍇曰：左傳曰植有禮。因重圍能大者眾圍就之於真切。

在口中。从又讀若聶。女洽切。下取物縮藏之。从口。又讀若聶。女洽切。獄也。从口。令聲。郎丁切。囹守之也。从口。九聲。魚舉切。从人。

古文。似由切。四塞也。从口。古聲。莫切。守也。从口。韋聲。羽非切。故盧也。从木在口中。口中苦悶切。譯也。从口。化。率鳥者繫生鳥以來之名曰圂。讀若誆。五禾。

切。罻或从縣。囮或从繇。又音由。廁也。从口。象豕在口中也。會意。胡困切。故囹讀若誆。五禾。

員 物數也。从貝。口聲。凡員之屬皆从員。徐鍇曰：古以貝為貨。故數之王權切。

文三十六　重四

鼎 籀文。从鼎。物數紛紜亂也。从貝。云聲讀若春秋傳曰宋皇鄖。羽文切。

文三　重一

貝 海介蟲也。居陸名猋。在水名蜬。象形。古者貨貝而寶龜。周而有泉。至秦廢貝行錢。凡貝之屬

貝(貝)部（216）

貧賄財貨
賙資購
賑賢賣賀
貢贊
賣齎貸貧
賂賸
贈販贛（贛）
贛賫賞賜
貤贏賴

皆从貝。博蓋切

貝 財也从貝有叴，人所寶也从貝 財 人所寶也从貝才聲，昨哉切

賜 財也从貝化聲，呼罪切

貨 財也从貝化聲

賙 資也从貝為聲，或曰此貨也从貝次聲，即夷切

資 貨也从貝次聲

購 古貨字。讀若貴，以財有所求也，詭偽切

賑 富也从貝辰聲，之忍切

賢 多才也从貝臤聲，見也从貝从兟臣鉉等曰姚音詵進而就贊而進有司贊相之則肝切，胡田切

貢 獻功也从貝工聲，古送切

賀 以禮相奉慶也从貝加聲，胡箇切

贊 見也从貝从兟臣鉉等曰姚音詵，則肝切

齎 持遺也从貝齊聲，祖雞切

貸 施也从貝代聲，他代切

賂 遺也从貝各聲臣鉉等曰，洛故切

賸 物相增加也从貝朕聲，一曰送也，副也以證切，得切

贈 玩好相送也从貝曾聲，昨鄧切

販 買賤賣貴者从貝反聲，方願切

贛 賜也从貝从竷省聲，古送切

賫 行貝也从貝各聲，洛帶切籒文賫从宋來，周書曰賫爾秬鬯

賞 賜有功也从貝尚聲，書兩切

賜 予也从貝易聲，斯義切

貤 重次弟物也从貝也聲，以豉切

贏 有餘賈利也从貝羸聲臣鉉等曰，以成切

賴 贏也从貝剌聲，斯義切

負貯貳
賓賔賒䝸
贅質
貿贖費責
買賤賦
賈養販
貪販貧窮
賃賕購
賍貲賛
賣貴䝼

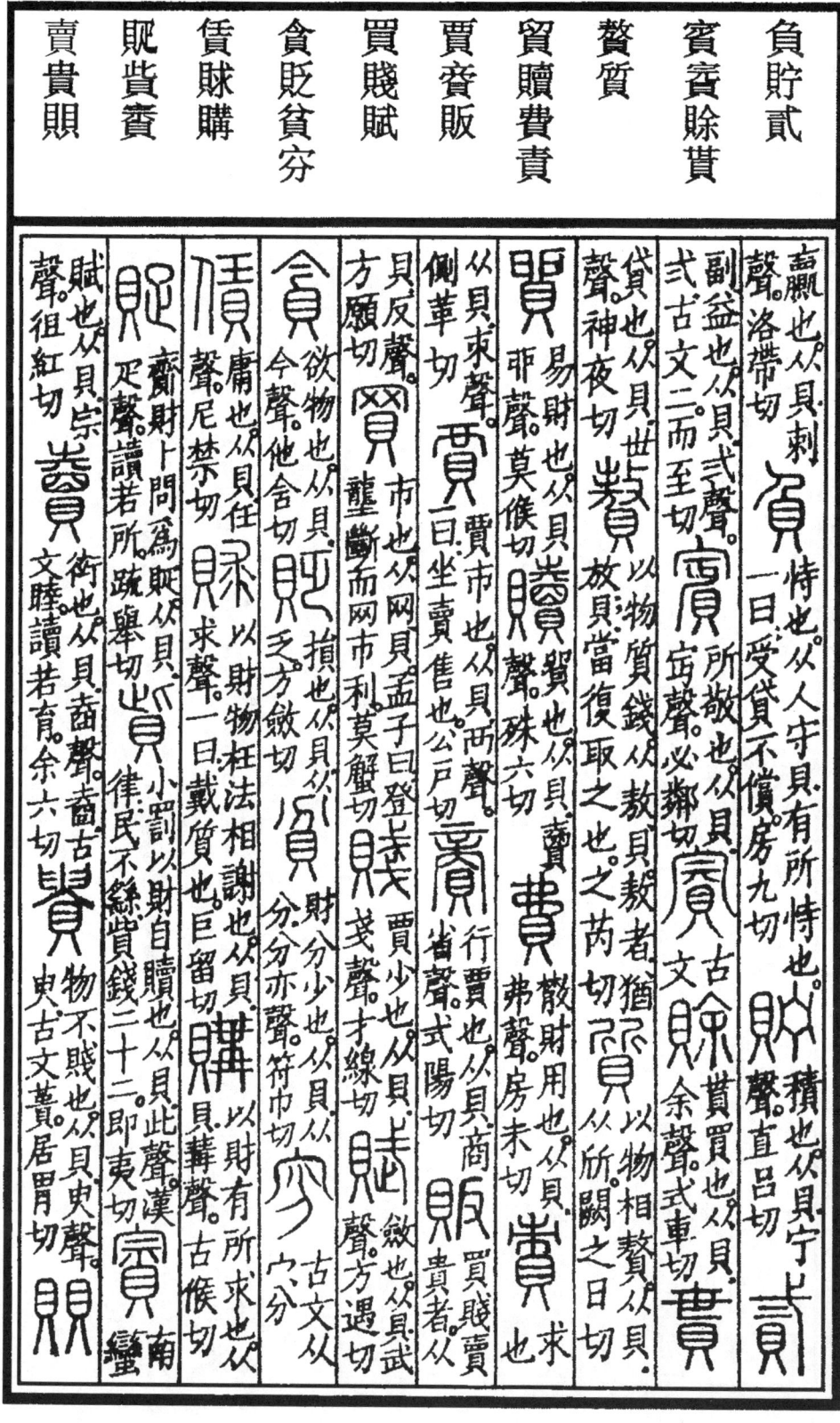

邑貝(貝)部　（218）

貶賸賭貼
貽賺(賺)賽
賻贍
邑
邦嵜郡
都郲
鄷鄙
郊邸郫郵

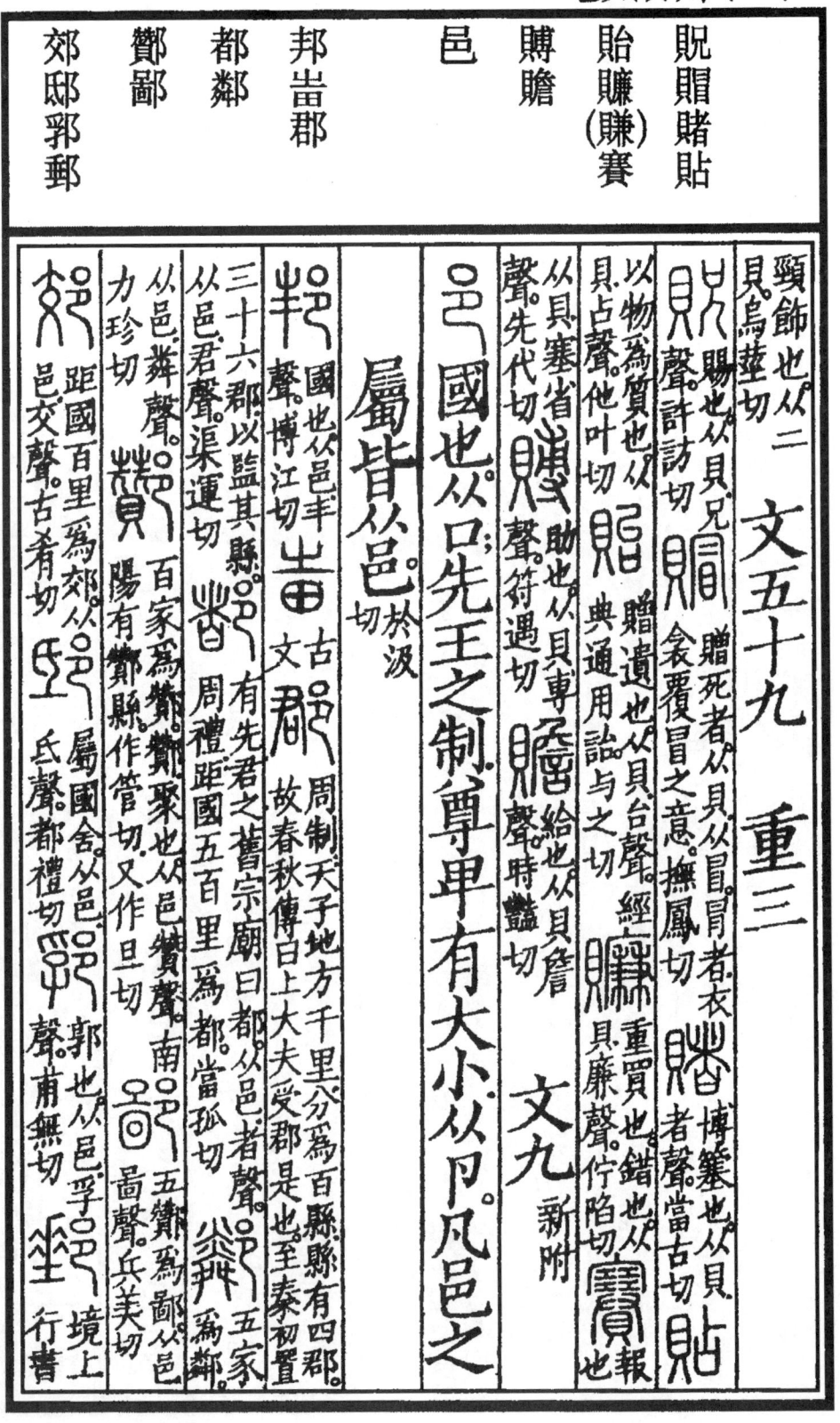

頸飾也从二貝鳥莖切

文五十九　重三

貶　賜也从貝兄聲許訖切

貤　贈死者从貝从冒冒者衣衾覆冒之意撫鳳切

賭　博簺也从貝者聲當古切

貼　以物為質也从貝占聲他叶切

貽　贈遺也从貝台聲經典通用詒与之切

賺　重買也从貝兼聲賕賺也从貝廉聲佇陷切

賽　報也

賻　助也从貝尃聲符遇切

贍　給也从貝詹聲時豔切

文九　新附

邑　國也从囗先王之制尊卑有大小从卩凡邑之屬皆从邑於汲切

邦　國也从邑丰聲博江切

嵜　古文邦

郡　周制天子地方千里分為百縣縣有四郡故春秋傳曰上大夫受郡是也至秦初置三十六郡以監其縣从邑君聲渠運切

都　有先君之舊宗廟曰都从邑者聲當孤切周禮距國五百里為都

郲　百家為郲郲聚也从邑贊聲南陽有郲縣作管切又作旦切

鄷　陽有鄷縣从邑豐聲力珍切

鄙　五酇為鄙从邑啚聲兵美切

郊　距國百里為郊从邑交聲古肴切

邸　屬國舍从邑氐聲都禮切

郫　郭也从邑孚聲甫無切

郵　境上行書舍

（219）邑部

鄑	竆	邰	豳	岐	郁	郝	屻	邰	蠻
鄙	鄹	郊	郿	橘	鄂	酆	崩	邧	廓
				邠	扈	鄭	邯		郿

舍從邑垂。垂、西
邊也。求求切。

國旬大夫稍稍所食邑從邑肯聲。周禮
曰任鄙地在天于三百里之內。所教切。鄙善、西

從邑從善、善
亦聲。時戰切。

夏后時諸矦夷羿國也。
從邑契聲渠弓切。

炎帝之後姜姓所封周棄外家國從邑台聲。
周封黃帝之後於鄭也。讀若薊上谷
所封在。

有鄭縣。
古詣切。

右扶風美陽從
邑攴聲巨支切。

右扶風鄗縣是也詩曰有邰家室土來切。

周文王所
封在右扶
風鄠鄠聲於六切。

郊或从山攴聲因
岐山以名之也。
古文郊从山从支周
太王國。枝从山。王國。

美陽亭即歜也民俗以夜
市有陶山从山从豖闕。

右扶風郁夷也从
邑有聲補巾切。

右扶風美陽从
邑分聲。補巾切。

右扶風美陽从
邑有聲於六切。

邑有聲。

右扶風縣名从
邑眉聲武悲切。

右扶風鄠鄉从
邑崩聲沛城从
邑崩鄉讀若陪薄回切。

夏后同姓所封戰於甘
者在鄂有扈谷甘亭从
邑戶聲。

右扶風鄠鄉从
邑崩鄉讀若陪薄回切。

父有崩鄉从
山从馬。

古文扈从山屍。
胡古切。

右扶風鄠郁蠻壐歴鄉。
邑亦聲宗周之滅
鄭徙溜澮之上今新鄭是也直正切。

周王子友所封从
邑宗周之滅。

余切。
子切。

从邑赤聲。呼各切。

周文王所都在京兆杜陵。
从邑豐聲敷戎切。

左馮翊郃陽縣从邑合
聲詩曰在郃之陽矦閻切。

聲子切。

鄭从邑員聲。宗周之滅
鄭徙溜澮之上今新鄭是也直正切。

右扶風鄠鄉从
邑崩聲。西
南从邑豐聲敷戎切。

郃从邑合
聲詩曰在郃之陽矦閻切。

左馮翊郃陽亭从
邑。藍田
京兆。

左馮翊郃陽縣从邑。
京兆杜陵。

鄉从邑
且。

右扶風鄠郷从
邑且。

屬王子友所封从
邑宗周之滅。

鄉苦后切。
从邑。

京兆杜陵
鄉从邑。

左馮翊郃陽亭从
邑樊聲附表切。

右扶風廓聲甫無切。

左馮翊郃陽亭从
邑屠聲。同都切。

邑部

郵 郱 邽 部　郖 屛　酇 郔 邡　都 郫 邶　邘 酆　鄍 邲 谷　邵 郢 都　酅 郻 邼　鄭 邢（邢）鄔　祁 鄴 邢 邯

邮〇左馮翊高陵亭。从邑由聲。徒歷切。〇隴西上邽也。从邑圭聲。古畦切。〇天水

狄部从邑音聲。弘農縣渡地也。从邑辱聲。而蜀切。〇河南縣直城門官陌地也。从邑辱聲。奉聲。讀若寵。奴顛切。

聲。蒲口切。〇邑豆聲。當侯切。〇河南洛陽北亡山上。从邑襄聲。側角切。〇春秋傳曰成王定鼎于郟鄏。莫郎切。〇周邑也。从邑。

輦聲。丑展切。〇周邑也。在河內。从邑。〇河內沁水鄉。从邑軍聲。〇祭聲。側介切。〇春秋傳曰爭鄔田。胡遘切。

林邑希聲。丑脂切。〇周邑也。从邑。〇河內朝歌以北是也。从邑邶聲。補妹切。〇故商邑。自河內朝歌。

切。〇周武王子所封。在河內野王是也。从邑于聲。又讀若區。〇魯有鄆地。〇殷諸侯國在上黨東北。从邑軍聲。〇晉邑也。从邑冥聲。春秋傳曰伐鄍三門。莫經切。〇晉邢侯邑。从邑。

耶奚切。〇晉之溫地。从邑侯聲。〇召聲。寒照切。春秋傳曰晉楚戰于邲。毗必切。春秋傳曰晉大夫叔虎邑。〇晉邑也。从邑必聲。

聲。綺戟切。〇河東聞喜鄉。从邑。〇晉邑也。从邑寶聲。渠焉切。〇河東聞喜鄉。从邑。

聲。去王切。〇后土處。从邑癸聲。揆唯切。〇河東臨汾地即漢之所祭。〇周公子所封地近河內。〇鄭地邢亭。从邑幵聲。戶經切。

太原縣。从邑。烏聲。安古切。〇太原縣。从邑。示聲。巨支切。〇魏郡縣。从邑。業聲。魚怯切。〇鄭地邢聲。戶經切。

邑部

鄲郇鄃　鄗鄔鄭　郅鄈(鄭)　郟鄩郇　無兂鄟　郎鄁郳　鄄邪郚　邳鄥鄆鄈

趙邯鄲縣从邑。甘聲。胡安切。

邯鄲縣从邑。單聲。都寒切。

周文王子所封國在晉地。从邑旬聲。讀若泓相倫切。

鉅鹿縣从邑。梟聲。牽遙切。涿郡

清河縣从邑。常山縣世祖所即位今為高邑。从邑高聲。呼各切。

俞聲。式朱切。

縣从邑莫各切。墓各切。邑至聲。之日切。北地郁郅縣从邑。郁至聲。為汪洔氏从邑突聲。春秋傳曰鄖瞞。潁川縣从邑。浪切。

潁川縣从邑。

侵齊所。炎帝太嶽之胄甫庆所封在潁川从邑。無聲讀若許虛呂切。

鳩切。

邑匡聲。於建切。潁川縣从邑。自聲。讀若奚胡雞切。

山。奔之古。聲讀若奚胡雞切。

汝南邵陵里从邑。里聲。汝南鮦陽亭从邑。妻聲七稽切。邑妾聲。步光切。新鄭汝南縣从邑。自聲。

邑号聲。平刃切。關切。曼姓之國今屬南陽。邑号聲。徒亘切。鄧國地也从邑夏聲。春秋傳曰鄖陽封人之女。

南陽清陽鄉从邑。邑号聲。鉏交切。南陽棘陽鄉从邑。奞聲。今南陽襄鄉。蔡邑也。从邑臭聲。春秋傳曰鄖陽封人之女。

从邑妻聲。力朱切。南陽西鄂亭从邑。羽聲。南陽舞陰亭从邑。王榘切。姻姓之國在淮北从邑憂人攻之於求切。

里从邑呈聲。以整切。郃或从邑。宜城从邑焉聲。於乾切。南郡縣孝惠三年改名。故楚都在南郡江陵北十。郢南陽穰鄉。襄鄉。江夏縣从邑。龜聲卜莫杏切。

邑部（222）

鄂邟邾郋
鄜郫酈
糚鄤郊鄔
甇郎邢（那）
鄱鄑郴耓
鄧鄞邩
邴鄐邲邸鄽
邛郐元
鄗郜鄆
延郠鄘

南陽陰鄉。从邑。萅聲。古達切。

江夏縣。从邑。咢聲。五各切。

南郡縣。从邑。己聲。居擬切。蜀江原地。从邑。朱聲。陟輸切。邑壽聲市流

漢南之國。从邑。員聲。蜀地也。从邑。

漢中有郹關从文切。南夷國。从邑。蜀縣也。从邑。什邡廣漢鄉也。从邑。方聲府良切。鄹存甲聲府支切。西夷國。从邑。安定有鄹

蜀廣漢鄉也。从邑。莫聲讀若蔓。無販切。地名。从邑。包聲布交切。

馬聲莫駕切。从邑。糙聲秦昔切。若譽雄之譽必袂切。聲讀若蔓。無販切。

牂為縣。从邑。牂聲薄波切。嫩聲讀讀若黴雄之黴必袂切。

朝那縣。从邑。丁聲。都陽豫章縣。从邑。番聲。鄱陽縣。丁切。桂陽縣。从邑。圭聲。林聲。九林切。聲博蓋切。

陽邦陽縣。从邑。需聲。郎丁切。長沙縣。从邑。林聲植鄰切今

諾何切。從聲。會稽縣。从邑。从邑。今

未聲。盧對切。貿聲莫候切。董聲諤斤切。沛郡从邑。市桂

丙聲兵永切。地名。从邑。少聲。鄭下邑。从邑。少聲。書沼切。地名从邑。宋

若譙士咸切。宋魯開地。从邑。从邑告聲古到切。今濟

也。从邑龜聲讀。晉聲。即移切。周文王子所封國。衞地。

陰鄹城从邑。工聲渠容切。祝融之後姁姓所封鄶之从邑。會聲古外切二

聖聲吉掾切。邑王聲渠容切。開鄭滅之从邑。

秦邑也。从邑。邛成濟陰縣。琅邪莒邑从邑。更聲春

元聲虞遠切。鄭地从邑延聲以然切。秋傳曰取鄹。古杏切。

國从邑妘姓之从邑

(223) 邑部

鄒　邽　酀　郎　郭　邱　邡　邦　鄆
邾　聑　郁　邳　邢　郯　鄰　鄡　郋
　　　　邲　　　義　部　鄧　郭　邱
　　　　　　　　　　　　邪

魯縣古邾國帝顓頊之後所封。从邑芻聲。側鳩切。

禹聲。春秋傳曰：鄅人籍稻。讀若規榘之榘。王榘切。邑地。

魯附庸國在東平六父邾亭。从邑朱聲。讀若舂。陟輸切。邑孔。

魯東有鄅。讀若塗同都切。从邑余聲。

附庸國。从邑寺聲。春秋傳曰：取邿。書之切。

魯下邑孔子之鄉。从邑取聲。側鳩切。

魯孟氏邑。从邑己聲。墟里切。

周公所誅郜國在魯。从邑奄聲。依檢切。

魯亭也。从邑成聲。氏征切。

魯亭也。从邑黽聲。魯有鄆亭。

奚仲之後湯左相仲虺所封國。在魯薛縣。从邑丕聲。敷悲切。

紀邑也。从邑己聲。

國也今屬臨淮。从邑干聲。一曰邗本屬吳。胡安切。

臨淮徐地邑名。从邑義聲。春秋傳曰：徐鄰。

東平無鹽鄉。从邑奄聲。邑后聲。胡口切。

東海縣帝少昊之後所封。从邑炎聲。徒甘切。

東海縣故紀庾之邑。

國也从邑曾聲。疾陵切。妘姓國。

楚魚。羈切。

聲五平切。吾切。北海之邑。

琅邪縣一名純德。从邑爾聲。戶圭切。

齊地从邑兒聲。春秋傳曰：齊地。夫聲甫無切。

齊之郭氏虛。善善不能進，惡惡不能退，是以亡國也。

琅邪郡。从邑牙聲。以遮切。

紀邑也。从邑章聲。一曰鄣本屬吳。

齊地从邑兒聲。春秋傳曰：郭海郡。从邑李聲。一曰地之起者曰郭。臣鉉等曰：今俗作渤非是。

齊高厚定郥田。五雞切。

齊桓公之所滅从邑覃聲。臣鉉等曰：今作譚。

國也从邑賣聲。蒲沒切。

地名。非是。說文注義有譚長，疑後人傳寫之誤。徒舍切。

邑司聲。地名。

郳 邘 邝 鄒
郏 鄹 鄗 邢
䣕 炋 鄝 鄏
乾 酀 屾 鄲
邨（村） 郤 郜
鄩 郙 郙
酈 鄡 号

郊 戴 㰍 邱
娜

鄉

其俱切

陳留鄉。故國在陳留。從邑。㰍聲。地名。從邑。燕聲。

亥聲。古哀切。邑。戟聲。作代切。地名。

烏前切。地名。從邑。

從邑。丘聲。去鳩切。

地名。從邑。如聲。女九切。

聲。人諸切。

郏　地名。從邑。求聲。巨鳩切。

嬰聲。於郢切。地名。從邑。

女九切。地名。從邑。

邑。几聲。居履切。

翁聲。烏前切。

鄗　聲。呼木切。地名。從邑。虖聲。古切。

薄經切。地名。從邑。尚聲。

火聲。呼果切。

地名。從邑。多聲。朗切。

并聲。地名。

立聲。

乾　爲聲。居聲。地名。從邑。乾聲。古寒切。

地名。從邑。屯聲。臣鉉等曰。

今俗作村非是。此尊切。

地名。從邑。果聲。盧鳥切。

讀若涯。力荏切。

姬姓之國。從邑。

屾　聲。臺古堂。從邑。山聲。所閒切。

汝南安陽鄉。從邑。　汝南上蔡亭。從邑。

鄩　南陽縣。從邑。馮聲。房戎切。

徒郎切。字。馮聲。叔省聲。苦怪切。

从邑。臺聲。　从邑。甫聲。

酈　南陽縣。從邑。麗聲。郎擊切。

地名。从邑。粤。卷聲。七然切。

字从此闕。

鄉　道也。從邑。從㬪。凡鄉之屬皆從鄉。闕。胡絳切今隸變作鄉。

文二百八十一　重六

（225）邑部

巷（巷）

鄉國離邑民所封鄉也嗇夫別治封圻之内六鄉六鄉治之从𨞏皀聲許良切

𨞣篆文从邑省

里中道从邑从𨞏共皆在邑中所共也胡絳切

文三 重一

說文解字第六下

賜進士及第山東等處督糧道兼管德常臨清倉事務加三級孫星衍重校刊

光緒歲在閼逢涒灘國子監肄業生吳縣朱記榮校刊

《字鉴》

元李文仲撰。五卷。依二百零六部之韵编次，辨正点画，刊除俗谬，于诸家皆有所驳正，大旨悉本《说文》，而亦不至泥古骇俗。

注：此页原版为空白，编者增图。

(227) 日部

日

日昃時旹
早旳昧晵

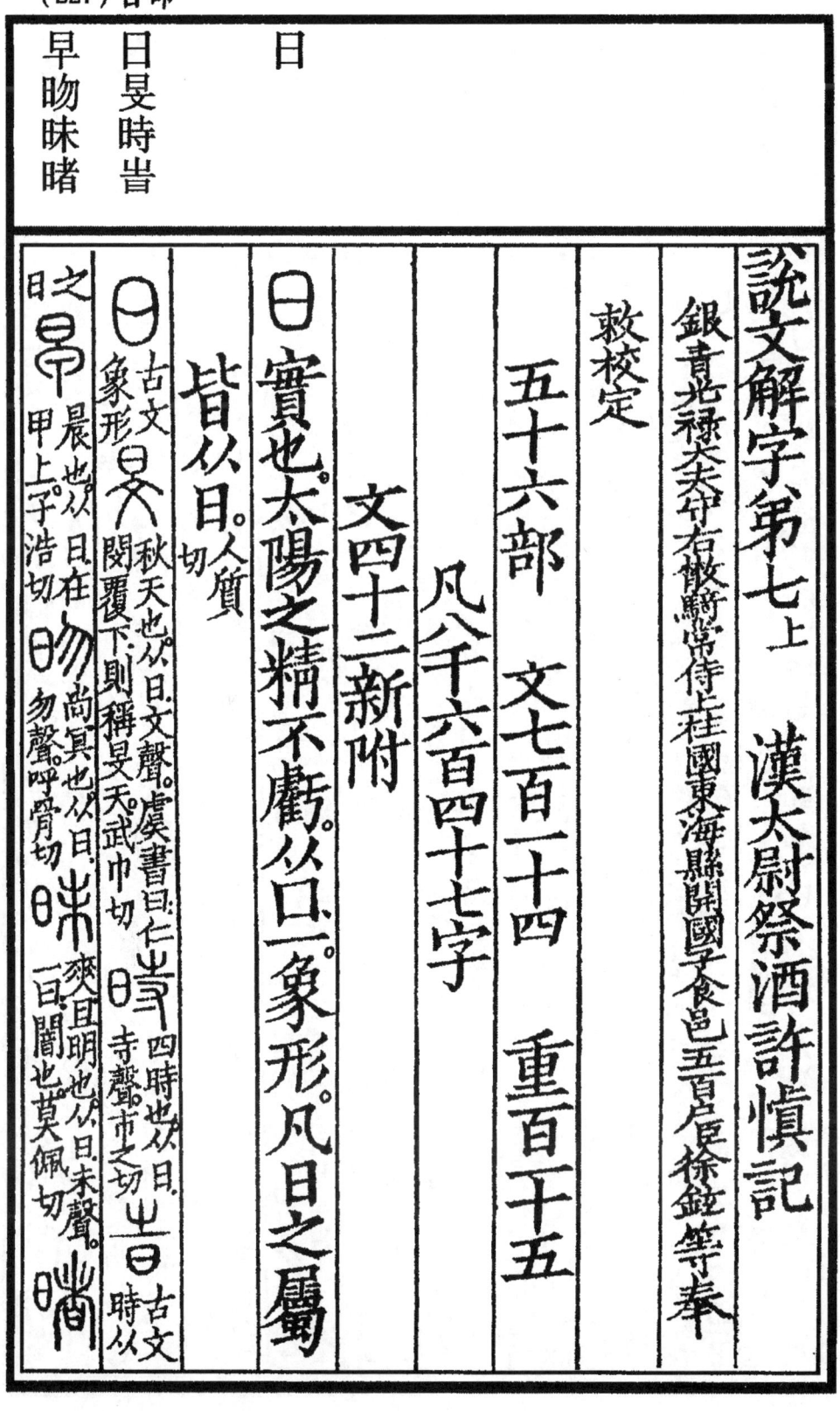

說文解字弟七上　漢太尉祭酒許慎記

銀青光祿大夫守右散騎常侍上柱國東海縣開國子食邑五百戶臣徐鉉等奉

敕校定

五十六部　文七百二十四　重百二十五

凡八千六百四十七字

文四十二新附

日　實也。太陽之精不虧。从口一。象形。凡日之屬皆从日。人質切
古文。象形。

旻　秋天也。从日文聲。虞書曰仁閔覆下則稱旻天。武巾切

時　四時也。从日寺聲。市之切　古文時从之日

早　晨也。从日在甲上。子浩切

昒　尚冥也。从日勿聲。呼骨切

昧　爽旦明也。从日未聲。莫佩切

晵　闇也。莫佩切

日部（228）

哲昭晤
旳（的）晄曠（旷）
旭晉
暘啓昜
昫晛
晏齌景皓晫
睎曄暉旰晥
晷昄（昃）
晚昏彎
晻暗晦曆

旦，明也。从日見一上。一，地也。凡旦之屬皆从日。得案切。

晢，昭晰，明也。从日折聲。禮曰：晢明行事。旨熱切。

昭，日明也。从日召聲。止遥切。

晤，明也。从日吾聲。詩曰：晤辟有摽。五故切。

旳，明也。从日勺聲。詩曰：旳旳。都歷切。的，旳或从的。

晄，明也。从日光聲。胡廣切。

曠，明也。从日廣聲。苦謗切。

旭，日旦出皃。从日九聲。讀若勖。一曰明也。許玉切。

晉，進也。日出萬物進。从日从臸。易曰：明出地上晉。即刃切。

暘，日出也。从日昜聲。虞書曰：暘谷。與章切。

啓，雨而晝姓也。从日啓省聲。康礼切。

昜，開也。从日一勿。一曰飛揚。一曰長也。一曰彊者眾皃。與章切。

昫，日出溫也。从日句聲。北地有昫衍縣。火于切，又火句切。

晛，日見也。从日見。詩曰：見晛曰消。胡甸切。

晏，天清也。从日安聲。烏諫切。

齌，星無雲也。从日燕聲。於甸切。

景，光也。从日京聲。居影切。

皓，日出皃。从日告聲。胡老切。

晫，明也。从日卓聲。之若切。

睎，見也。从日希聲。羊益切。

曄，光也。从日从華。光見也。

暉，光也。从日軍聲。許歸切。

旰，日晚也。从日干聲。春秋傳曰：日旰君勞。古案切。

晥，明也。从日完聲。胡管切。

晷，日景也。从日咎聲。居洧切。

昄，日在西方時側也。从日仄聲。易曰：日昃之離。阻力切。

晚，莫也。从日免聲。無遠切。

昏，日冥也。从日氐省。氐者下也。一曰民聲。呼昆切。

彎，讀若新城彎中洛官。

晻，不明也。从日奄聲。烏感切。

暗，日無光也。从日音聲。烏紺切。

晦，月盡也。从日每聲。荒內切。

曆，光也。从日。

（229）日部

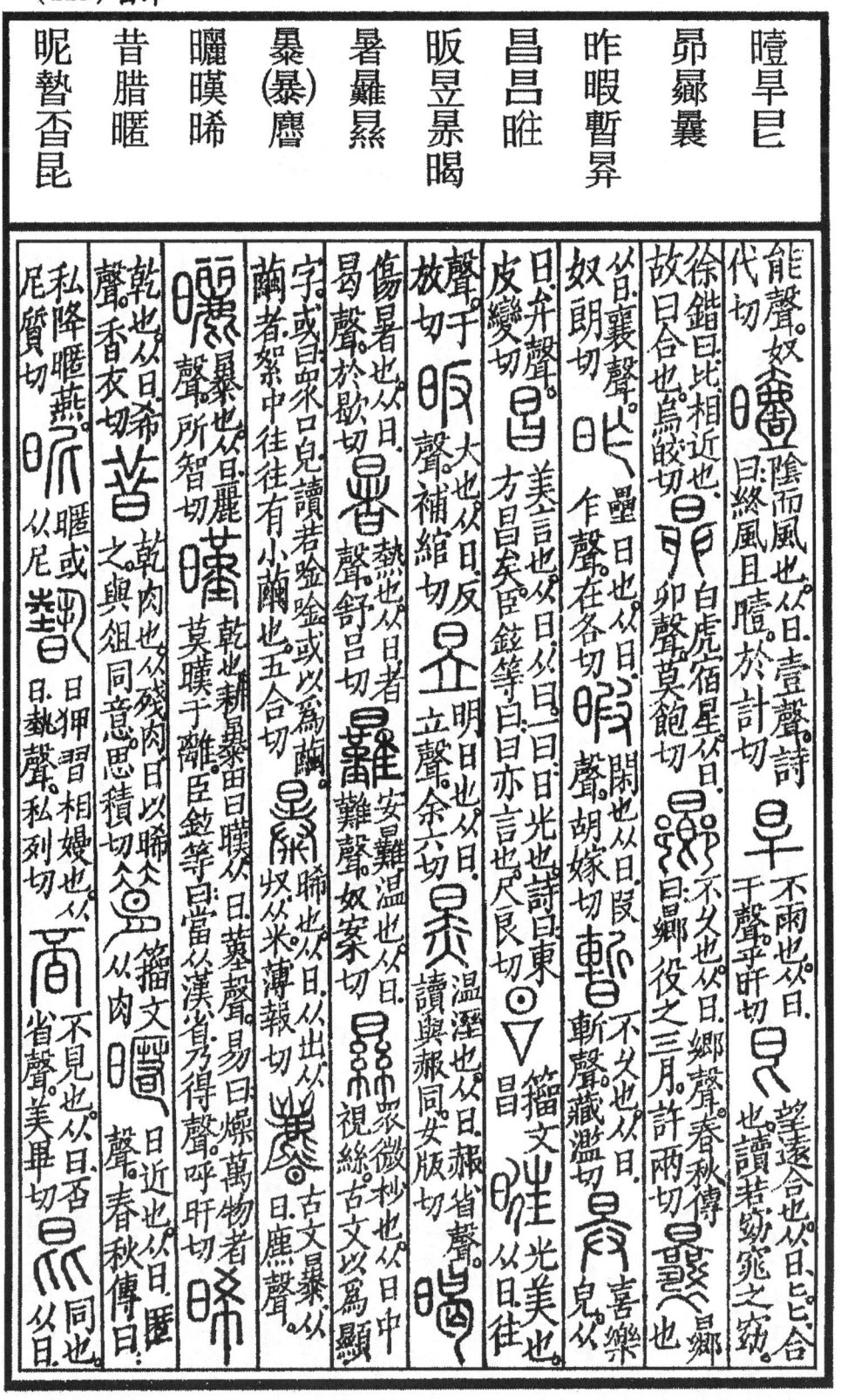

倝(gàn 音干)旦日部 （230）

晐普　曉昕　曈曨旿昉　晙晟昶暈　晬映曙昳　曇曆昂　昇　旦　暨　倝

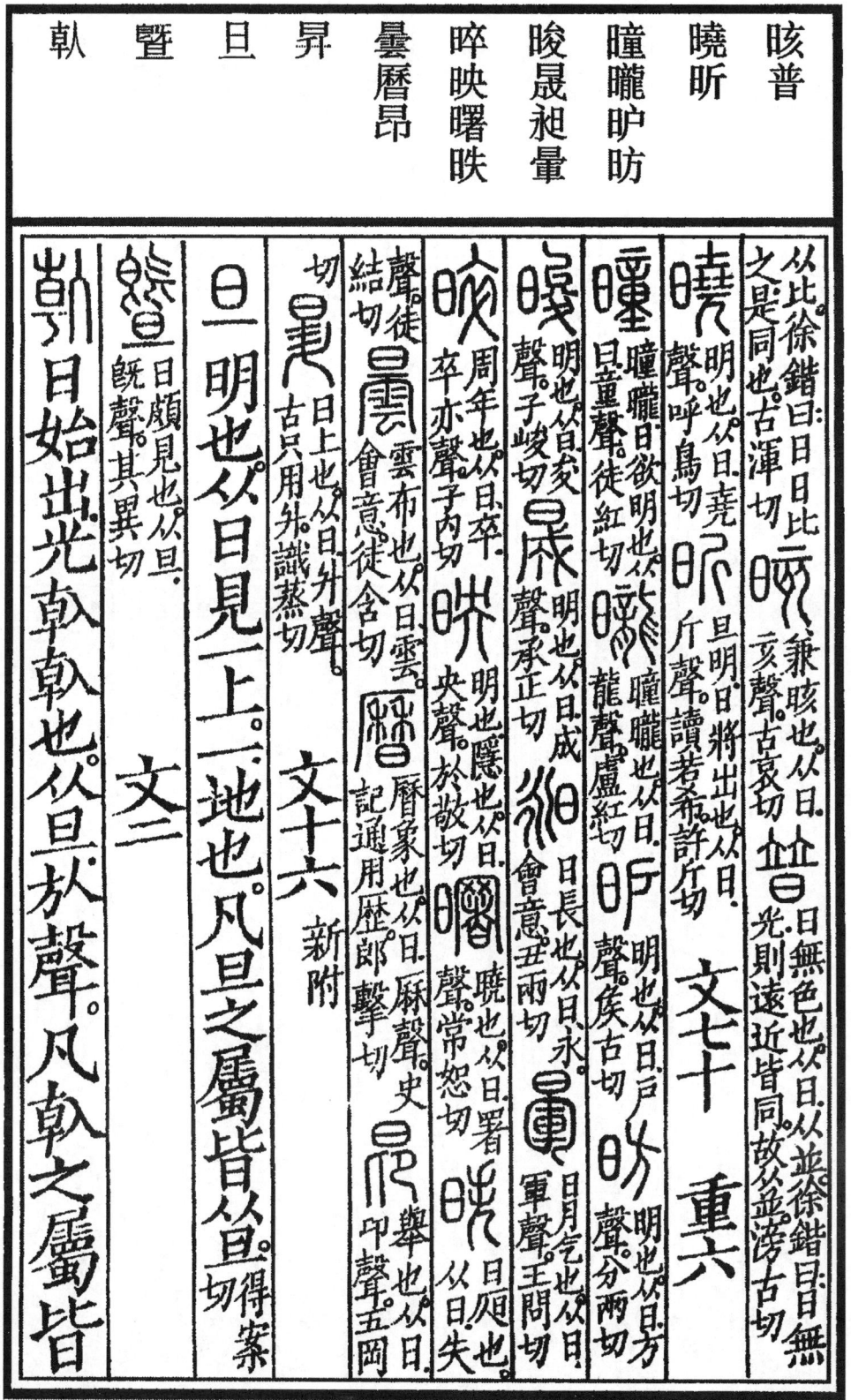

（231）㫃（yǎn音演）部

旞	旇	旌	旗	㫃		倝
旖	旛	旟	旆	斿		翰（朝）
	旒			旐		

倝：闕。大也。从倝舟声。陟遥切。

朝：旦也。从倝舟声。陟遥切。

文二

㫃：旌旗之游，㫃蹇之皃。从屮曲而下，垂㫃相出入也。讀若偃。古人名㫃字子游。凡㫃之屬皆从㫃。於幰切。

古文㫃字象形。於憬切。

旐：龟蛇四游，以象营室，游游而长。从㫃兆声。周礼曰：县鄙建旐。治小切。

旆：继旐之旗也，沛然而垂。从㫃巿声。蒲盖切。

旗：熊旗六游，以象罚星，士卒以为期。从㫃其声。周礼曰：率都建旗。渠之切。

旟：错革画鸟其上，所以进士众。旟旟，众也。从㫃与声。周礼曰：州里建旟。以诸切。

旌：游车载旌，析羽注旄首，所以精进士卒。从㫃生声。子盈切。

旃：旗曲柄也，所以旃表士众。从㫃丹声。诸延切。

旞：导车所载，全羽以为允，允进也。从㫃遂声。徐醉切。

旝：建大木，置石其上，发以机以追敌也。《春秋传》曰：旝动而鼓。《诗》曰：其旝如林。从㫃会声。古外切。

旂：旗有众铃，以令众也。从㫃斤声。渠希切。

旛旆膴施
旖旓
旒游遰旒
旋旄旛
旅𢿱
族
冥
甐
晶

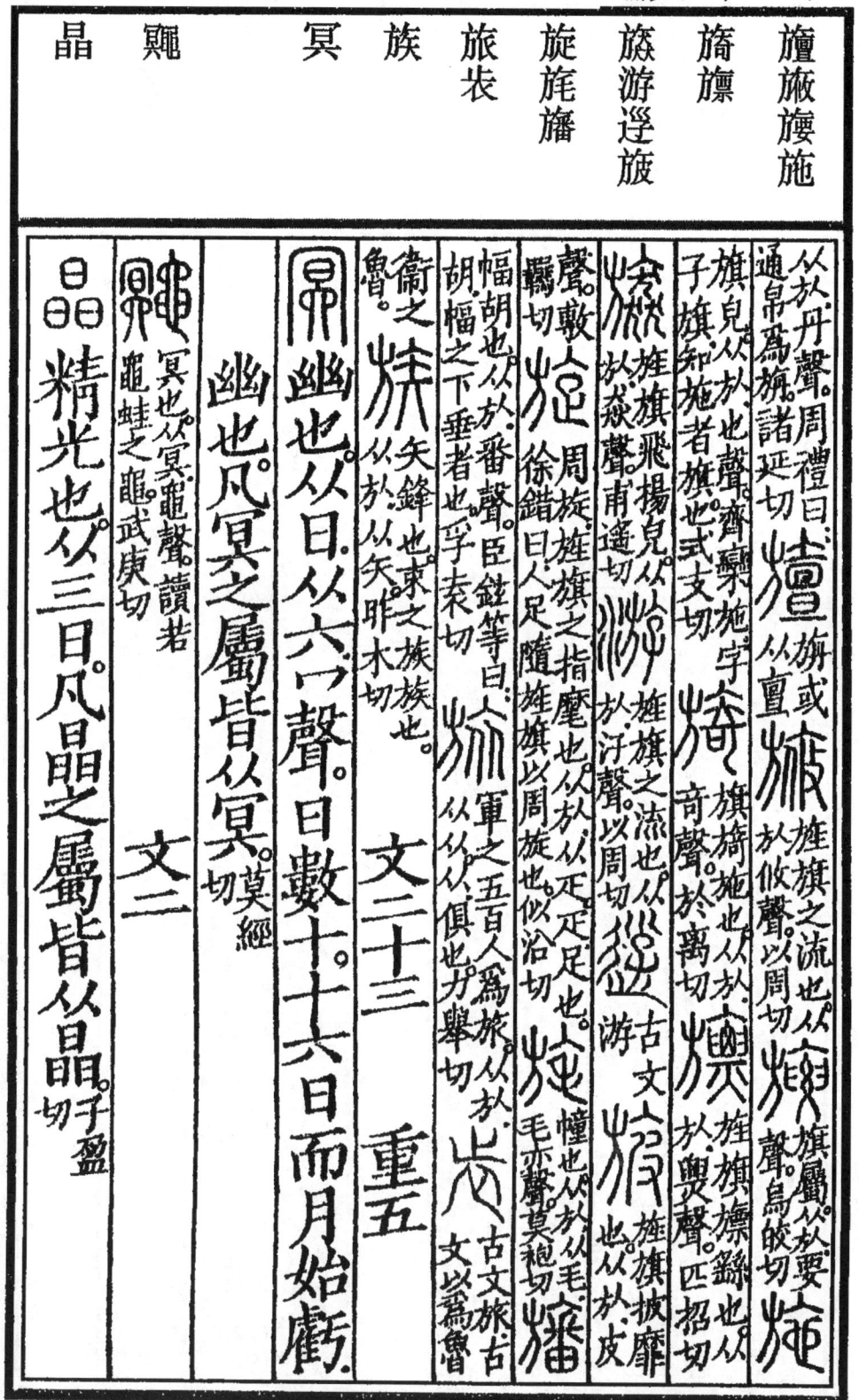

从㫃丹聲。周禮曰。通帛為旜。諸延切

旜 旂旒或从㫃亶聲。从㫃要。旜聲。鳥皎切。

旖 旗旖施也。从㫃奇聲。於離切。

施 旗旖施字也。从㫃也聲。式支切。

旓 旌旗之流也。从㫃㫃聲。齊欒施字。甫遙切。

游 旌旗之流也。从㫃汙聲。以周切。古文游。

旋 周旋旌旗之指麾也。从㫃从疋。疋足也。似沿切。

旄 幢也。从㫃从毛。毛亦聲。莫袍切。古文旄。

旛 幅胡也。从㫃番聲。軍之五百人為旅。甫煩切。古文旅。

族 矢鋒也。束之族族也。从㫃从矢。昨木切。魯。衛之魯。从㫃从矢。

旐 幽也。从㫃之屬皆从㫃。莫經切。

文二十三　重五

冥 幽也。从日从六，冖聲。日數十，十六日而月始虧。莫經切。

鼀 冥也。从冥黽聲。讀若鼀蛙之鼀。武庚切。

文二

晶 精光也。从三日。凡晶之屬皆从晶。子盈切。

曐晶曡星曑(參)

曑曟晨

曡(疊)

月

朔朏霸

宵朗

朓朒期

百(晉)

朦朧

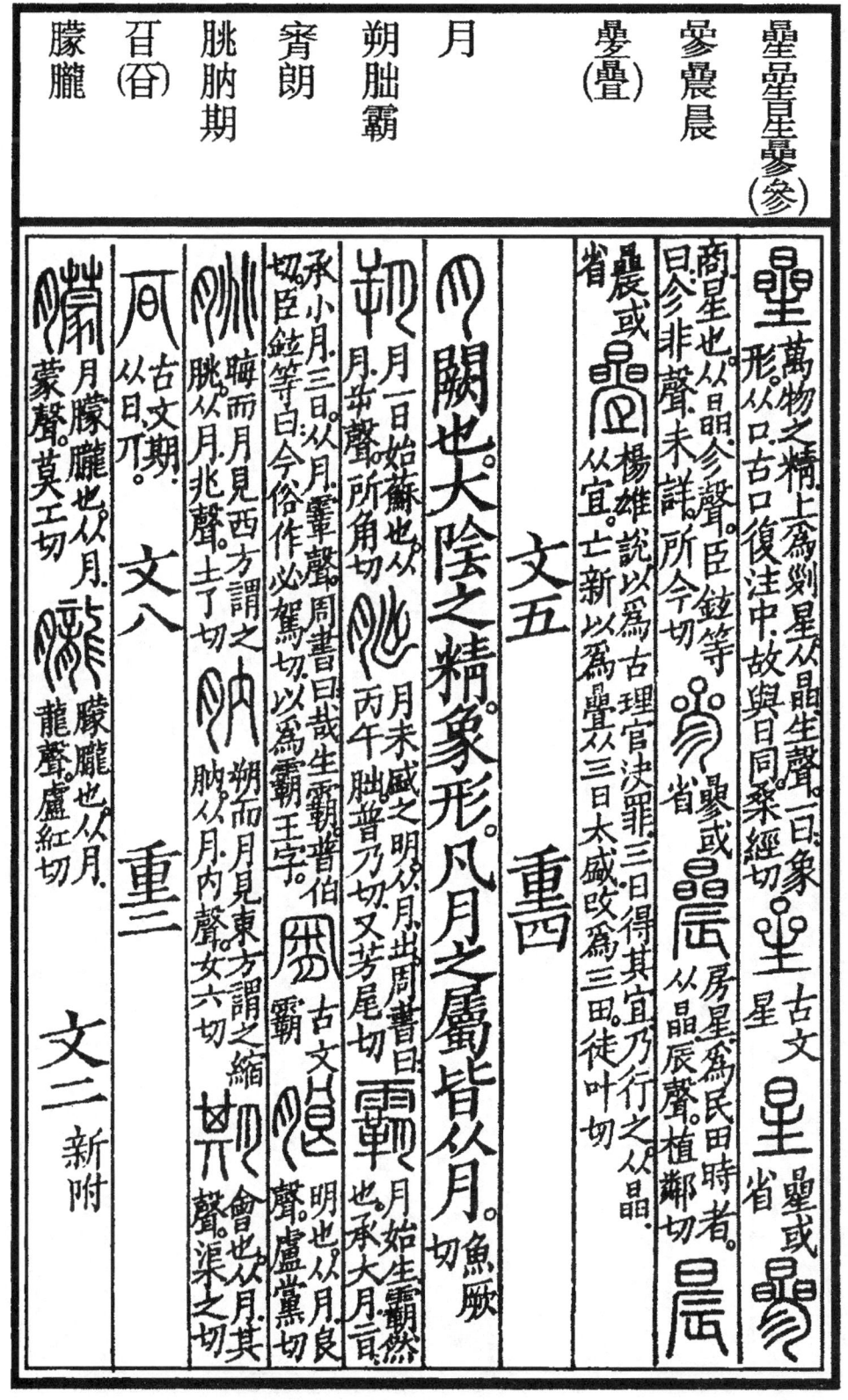

夕囧朙有部

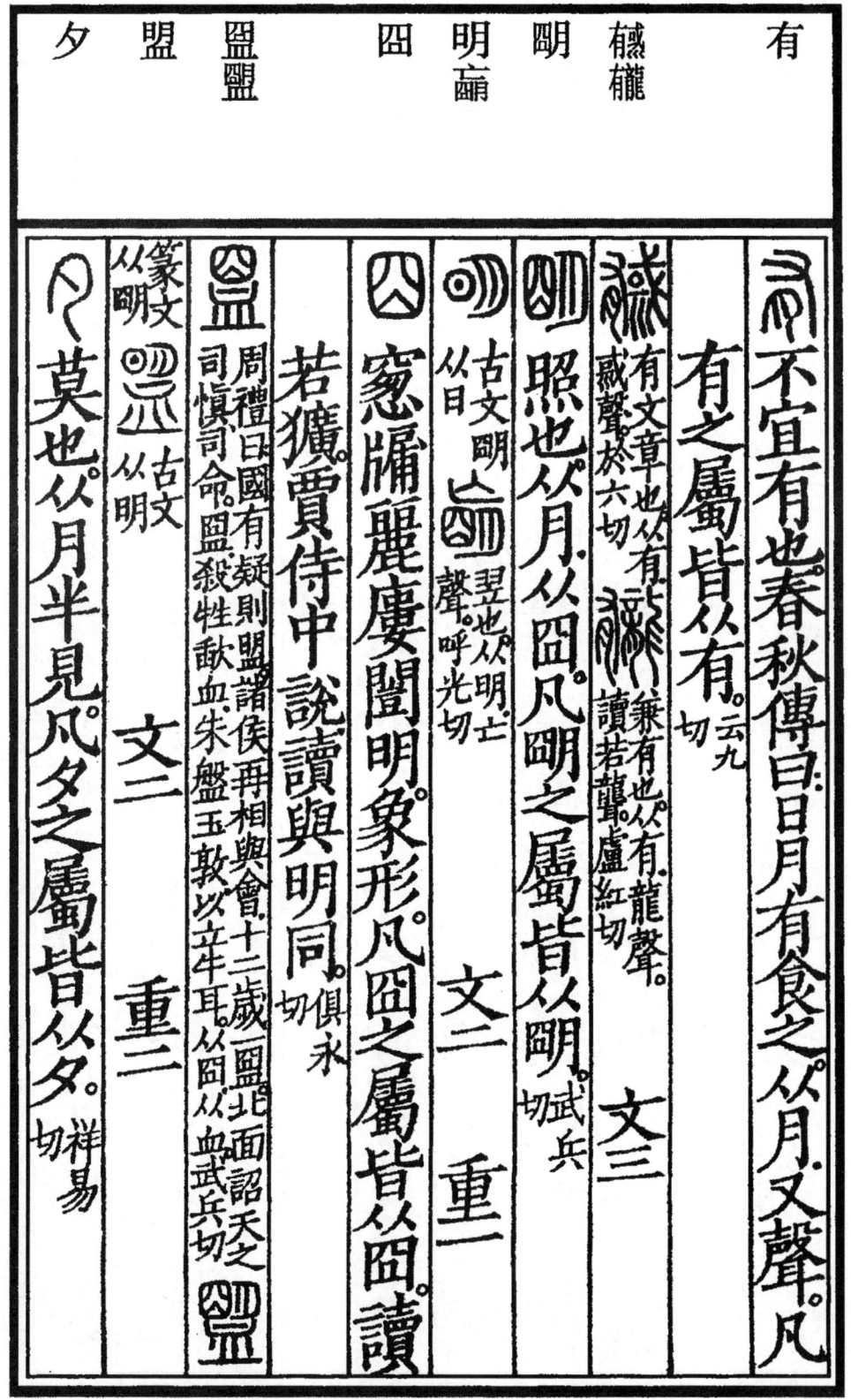

有　不宜有也。春秋傳曰：日月有食之。从月又聲。凡有之屬皆从有。云九切

龓　兼有也。从有龍聲。讀若聾。盧紅切

戫　有文章也。从有戜聲。讀若鬱。於六切

文三

朙　照也。从月从囧。凡朙之屬皆从朙。武兵切

明　古文朙。从日。

朚　翌也。从明亡聲。呼光切

文二　重一

囧　窻牖麗廔闓明。象形。凡囧之屬皆从囧。讀若獷。賈侍中說讀與明同。俱永切

盟　周禮曰：國有疑則盟。諸侯再相與會，十二歲一盟。北面詔天之司慎司命。盟，殺牲歃血，朱盤玉敦，以立牛耳。从囧从血。武兵切

盟　篆文从朙。

盟　古文从明。

文二　重二

夕　莫也。从月半見。凡夕之屬皆从夕。祥易切

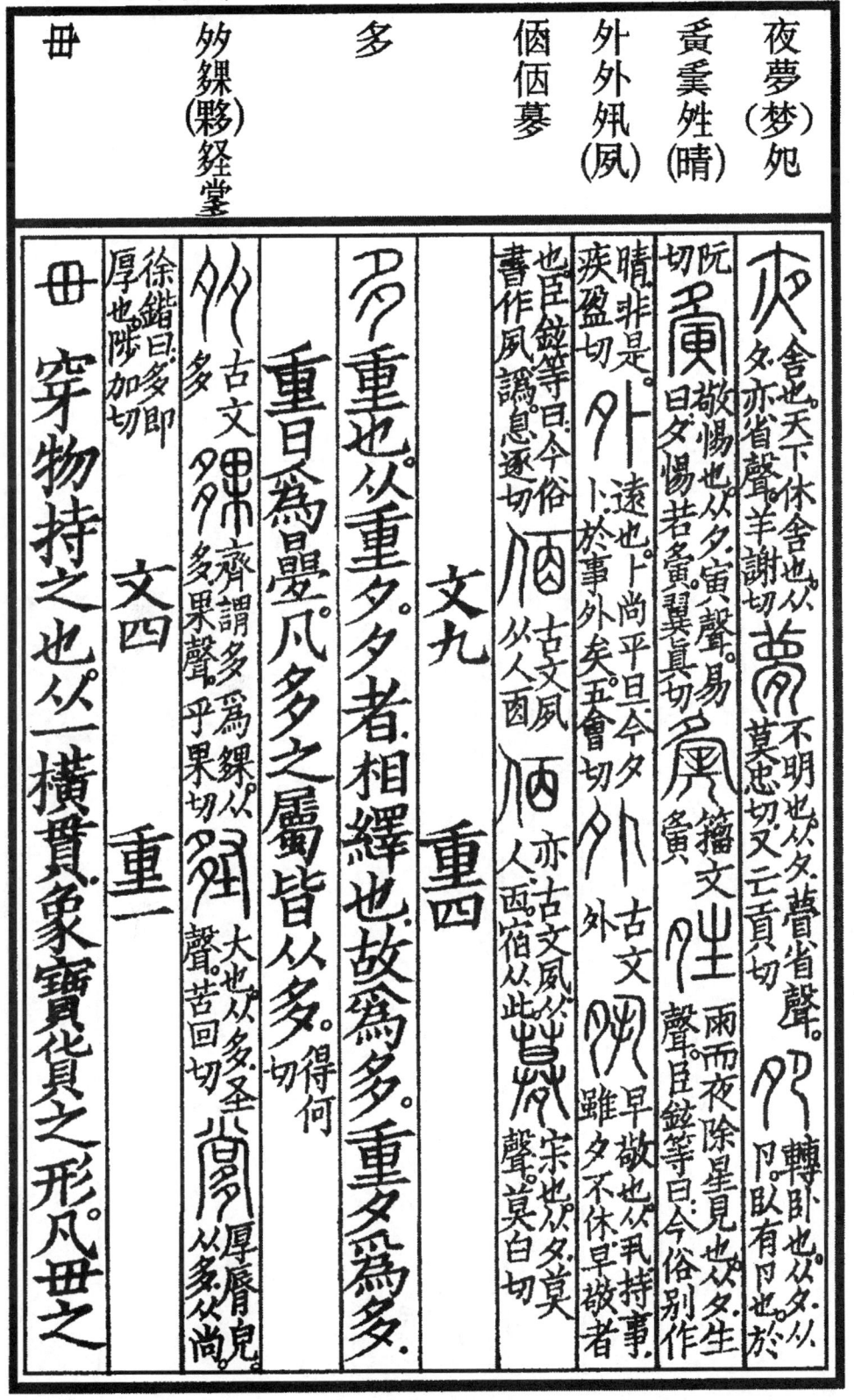

（235）冊多夕部

冊　　夗㝅（㝤）経堂　　　多　　　佰佰蔓　　外外殂（凤）　　貪夑姓（晴）　　夜夢（梦）夗

夾　舍也。天下休舍也。从夕亦省聲。羊謝切。

　不明也。从夕瞢省聲。莫忠切。又云貢切。

夗　轉臥也。从夕。卪臥有卪也。於阮切。

　敬惕也。从夕。寅聲。易曰。夕惕若。羊謝切。

夙　早敬也。从丮持事。雖夕不休。早敬者。息逐切。古文夙。从人西。宿从此。亦古文夙。从人丙。

佰　遠也。卜尚平旦。今夕。疾盈切。外　遠也。卜尚平旦。今夕。外於事外矣。五會切。古文外。

　晴非是。从夕。陽省聲。翼眞切。日夕陽若黃翼眞切。

　敬惕也。从夕。寅聲。易曰。夕惕若。兩而夜除星見也。从夕。生聲。臣鉉等曰。今俗別作夜。非是。

　書作夙誤息逐切。也臣鉉等曰。今俗書作夙誤。息逐切。

文九　重四

多　重也。从重夕。夕者。相繹也。故爲多。重夕爲多。得何切。

　重日爲曡。从多。之屬皆从多。

夥　齊謂多爲夥。从多。果聲。胡果切。古文多。大也。从多。圣聲。苦回切。

多　古文多。

㝅　厚脣貝也。从多。从尚。徐鍇曰。多即厚也。陟加切。

冊　穿物持之也。从丨橫貫。象寶貨之形。凡冊之

㒳(hàn音汉)弓(hàn音汉)部　(236)

貫
虜

弓

圅
(函)
肣
粵

甬
弓

柬

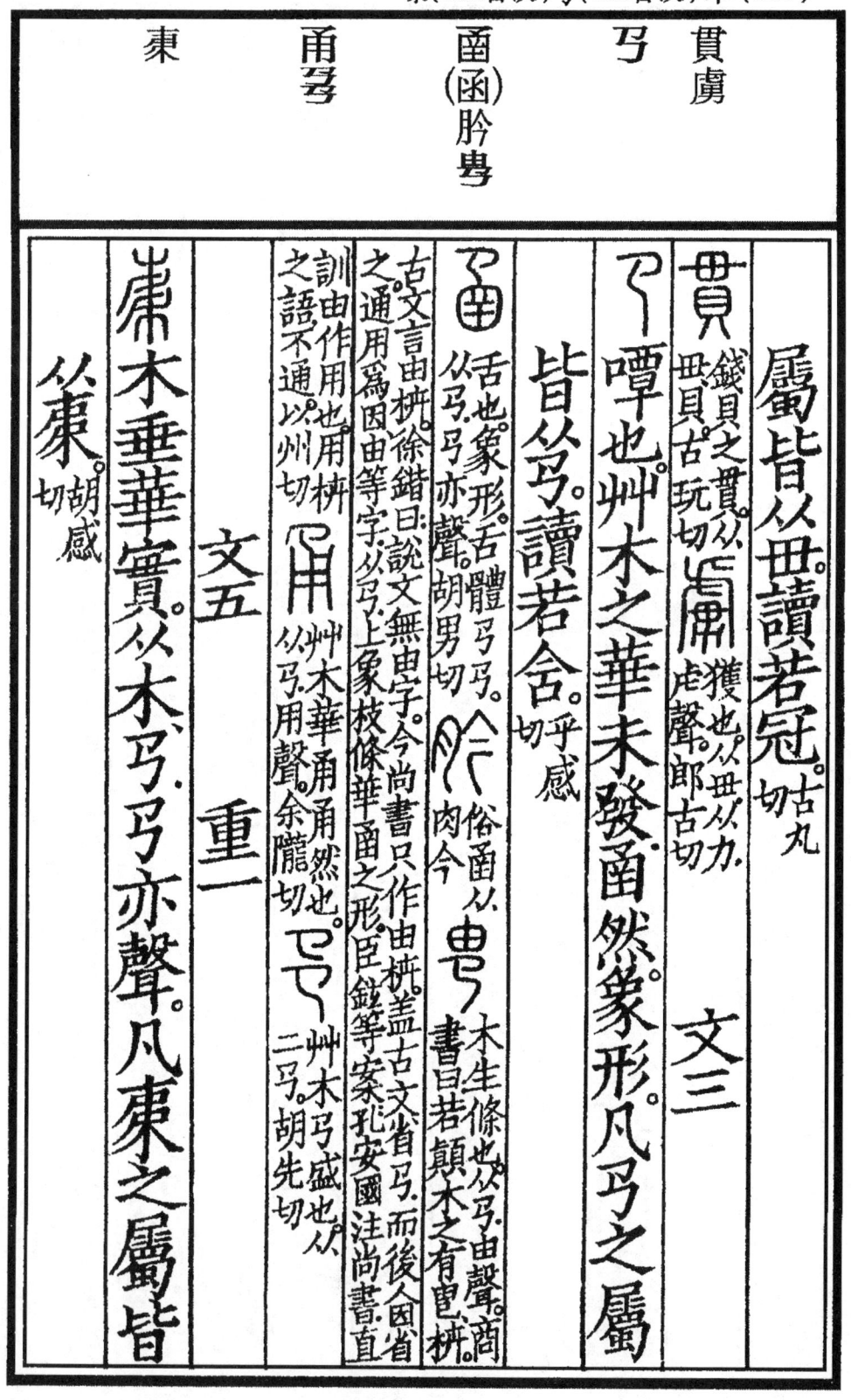

屬皆从毌讀若冠。古丸切

貫　錢貝之貫从毌貝。古玩切
獲也从毌。虜聲。郎古切

弓　嘾也艸木之華未發圅然。象形凡弓之屬　文三

皆从弓讀若含。乎感切

圅　舌也象形舌體弓弓。弓亦聲。胡男切
俗圅从肉今

古文言由拱徐鍇曰說文無由字今尚書只作由拱蓋古文省弓而後人因省之通用爲因由等字从弓上象枝條華圅之形臣鉉等案孔安國注尚書直

木生條也从弓由聲商書曰若顛木之有邑枿。

訓由作用也用枿之語不通以州切

艸木華甬然也从艸木華甬。余隴切

用从艸木華甬用聲

艸木華甬盛也从二弓。胡先切

文五　重一

柬　木垂華實从木弓。弓亦聲凡柬之屬皆

纂　胡感切

（237）東齊鹵（tiáo音条）部

棘棗	束	齏(韲)	齊	臬(栗)曓	臬(栗)	鹵	棘

棘
束也。从束。韋聲。徐鍇曰言朿之多也。干非切

鹵
艸木實垂鹵鹵然。象形。凡鹵之屬皆从鹵。
文二

臬
鹵讀若調。徒遼切

臬
籀文三　鹵爲鹵。木也。从木其實下垂故从鹵。力質切。古文鹵栗从西从二鹵。徐巡說木至西方戰鹵。
文三　重三

曓
嘉穀實也。从鹵从米。孔子曰鹵之爲言續也。相玉切。鹵米籀文曓。

齊
禾麥吐穗上平也。象形。凡齊之屬皆从齊。
文三

齏
齊也。从齊妻聲。徂兮切

齊
地也。兩傷在低處也。徂兮切。徐鍇曰生而亦齊者莫若禾麥。

束
木芒也。象形。凡束之屬皆从束。讀若刺。七賜切

棗棘
羊棗也。从重束。子晧切
小棗叢生者从並束。己力切

鼎片部（238）

片　版牖牘牒　牖　牖牖　鼎

鼏　鼒鼏鼐

片　判木也从半木凡片之屬皆从片。匹見切

版　判也从片反。書版也从片畐聲。布綰切

牘　書版也从片賣聲。徒谷切

牒　札也从片枼聲。徒叶切

牖　穿壁以木為交窗也从片户甫。譚長以為甫上日也非户也。

牖　讀若邊。方田切

牖　築牆短版也从片俞聲。讀若俞。俞　紐度庚切

所以見日。从日牖。与久切　文八

鼎　三足兩耳。和五味之寶器也。昔禹收九牧之金。鑄鼎荊山之下。入山林川澤。螭魅蝄蜽莫能逢之以協承天休。易卦巽木於下者為鼎。象析木以炊也。籀文以鼎為貞字。凡鼎之屬皆从鼎。都挺切

鼐　鼎之圜掩上者从鼎才聲。詩曰鼐鼎及鼒。子之切

鼒　鼎之絕大者从鼎乃聲。魯詩　鼎之圓掩上者从鼎才聲。詩曰鼐鼎及鼒。子之切　俗書鼒从金。金从兹。

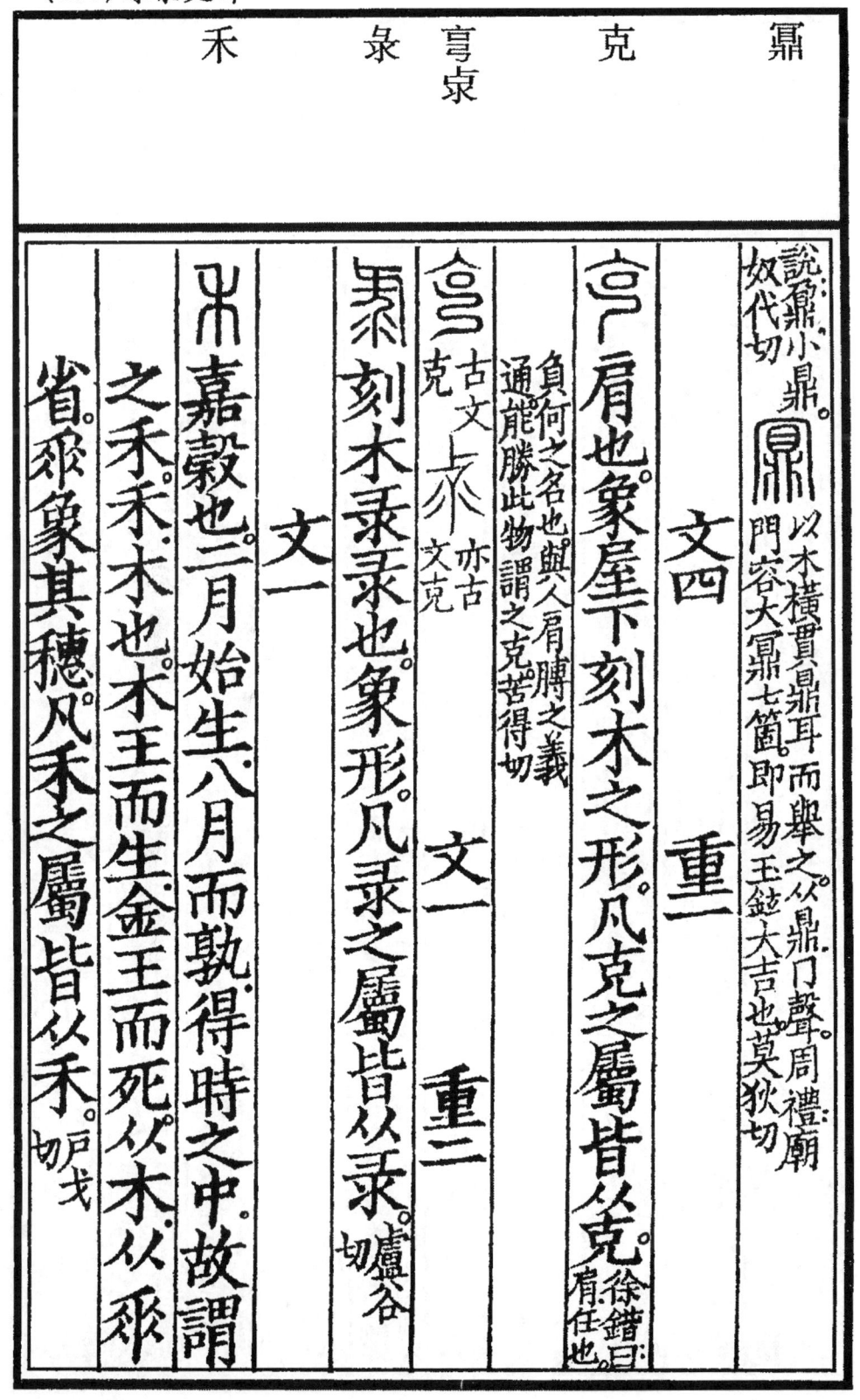

說文 鼎小篆。

以木橫貫鼎耳而舉之。从鼎冂聲。周禮：廟門容大鼎七箇。即易玉鉉大吉也。莫狄切

奴代切

文四　重一

肩也。象屋下刻木之形。凡克之屬皆从克。徐鍇曰肩任也。

古文克
亦古文克

負何之名也。與入肩膊之義通。能勝此物謂之克。苦得切

文一　重二

刻木彔彔也。象形。凡彔之屬皆从彔。盧谷切

文一　重三

嘉穀也。二月始生八月而孰。得時之中。故謂之禾。禾木也。木王而生金王而死。从木从巛省。巛象其穗。凡禾之屬皆从禾。戶戈切

禾部（240）

秀稼

稴種稙

種稑穆穉（稚）

積稠穊

稀

穙穆私

穛稷稅

齋粱秫朮穄

稻稌稬

䅺秔稉（粳）

秀 上諱。漢光武帝名也。徐鍇曰。禾實也。有實之象下垂也。息救切。

禾之秀實爲稼。稼 禾之秀實爲稼。从禾家聲。一曰稼、家事也。一曰在野曰稼。从禾家聲。古訝切。

所 穀可收曰稴。从禾兼聲。

稙 先種後孰也。从禾直聲。直容切。

稑 疾孰也。从禾坴聲。詩曰。稙稑穜稑。力竹切。

稚 幼禾也。从禾坴聲。直利切。

種 禾重種也。从禾重聲。直容切。一曰稚也。早種也。从禾。直聲。詩曰種。

稙 種稑也。从禾眞聲。周禮曰種稑理而堅之。忍切。

穉 幼禾也。从禾。

稠 多也。从禾周聲。直由切。

穊 稠也。从禾既聲。

稀 跡也。从禾希聲。徐鍇曰當言希。从爻从巾。無聲字。爻者稀疏之義。與爽同意。巾象禾之根莖至於希穊稀皆當从稀省。何以知之。說文無希字。故知之。香依切。

私 禾也。从禾厶聲。北道名禾主人曰私。息夷切。

穙 禾盛皃。从禾僕聲。莫卜切。

穆 禾也。从禾㿝聲。莫結切。

穛 早取穀也。从禾算聲。讀若靡扶沸切。稻紫莖不黏者。

稷 齋也。五穀之長。从禾畟聲。子力切。粳古文稷省。

稅 租也。从禾兌聲。周禮讀若麃。扶沸切。

齋 稷之黏者。从禾齊省。即夷切。秫或从禾。

粱 米名也。从米梁省聲。呂張切。

秫 稷之黏者。从禾术。象形。食聿切。秫或省禾。

朮 稻也。从禾术聲。徒皓切。

穄 穈也。从禾祭聲。子例切。

稻 稌也。从禾舀聲。徒皓切。

稌 稻也。从禾余聲。周禮曰牛宜稌。徒古切。

稬 沛國謂稻。徒古切。

䅺 稻紫莖不黏者。从禾靡聲。讀若靡。

秔 稻屬。从禾亢聲。古行切。

稉 稻不黏者。从禾更聲。讀若粳。

秔 若風廉之廉。力兼切。稉或

(241) 禾部

耗 積 秜
稗 移
穎 秭 采
穗 礿 穟
機 秠
蓫 稬 稠 秒
秭 穧 穫 穧
積 秩 稇
稞 秸 秆
(秔)

稻也。从禾毛聲。伊尹曰飯之美者立山之禾南海之秏呼到切

稻今奉落。芒粟也。从禾。來奉自生

廣聲。古猛切

謂之稗。从禾卑聲。琅

禾別也。从禾卑聲。旁卦切

禾末也。从禾頃聲。詩曰禾穎穟穟余頃切

禾采也。从禾多聲。一曰。

禾名臣鍇等曰多與移聲不相近蓋古有邪聲弋支切

稻紫莖不黏也。从禾。戶括切

禾苣穗也。从禾。戶瓦切

禾舂粟不潰也。从禾。直質切

禾穀之善者从禾果聲。胡瓦切

禾穀之善者一曰無皮穀胡瓦切

禾搖皃从禾作聲。七沼切

機一稃二米从禾麻聲。讀若靡。旁甫嬌切

耕禾閒也。从禾。士卯切

禾開也。从禾。讀若昨。在各切

禾資聲。詩曰積禾。詩曰積禾。

聚也。从禾責聲。則歷切

秒禾芒也。从禾少聲。詩曰春秋

禾雝本从禾。齊聲。春秋

刈穀也。从禾蒦聲。胡郭切

積禾也。从禾失聲。詩曰

禾成秀也人所以收从爪禾徐醉切

禾部

稃秕穭穟
康穔稭
稈稾（稿）
秕稍梨穰
秧穭程
季（年）穀稔
租稅薲
稢穌稍秌（秋）
穤秦穮稱

从禾气聲。居气切。

稑也。从禾坴聲。芳無切。米付聲。

米庚聲。糠或古黠切。

从禾羔聲。臣鉉等曰苦會切。羞聲不相近未詳之若切。

禾皮也。从禾从皮。祭天以為席。

穟也从禾會聲。苦會切。从禾禾。穀皮也。

禾莖也。从禾旱聲。古旱切。曰或投一秉稈。古老切。

禾若秧穰也。从禾襄聲。稺程禾名。从禾皇聲。

麥莖也。从禾叜聲。古立切。黍穰也从禾。劉聲。良薛切。治者已。

禾襄聲。汝羊切。穰禾也从禾。穀之總名。蒲庚切。

不成粟也。从禾比聲。早履切。稺程穀名。从禾皇。菊聲於良切。

禾央聲。稻程也从禾皇聲。戶光切。

季穀孰也。从禾千聲。春秋傳曰大有季。奴顛切。

穀孰也。从禾毀聲。念聲。莫禮切。

續也。百穀之總名。从禾穀聲。穀孰也从禾。

田賦也。从禾且聲。則吾切。租也从禾兑聲。輸芮切。禾也从禾道聲。司馬相如曰道一莖六穗徒到切。

把取禾若也。从禾若聲。素孤切。出物有漸也。从禾。禾穀孰也从禾。

虛無食也。从禾荒聲。呼光切。籀文泰从秝从禾。伯益之後所封國地宜禾。所教切。

銓也。从禾舜聲。春分而禾生日夏至晷景可度禾有秒。秋分而秒定律。七由切。禾八不省。一曰秦禾名匠鄉切。籀文泰从秝。

龜省聲。數十二秒而當一分。十分而寸。其以為重十二粟為一分。十二分為一銖。故諸

（243）黍秝(lì音立)禾部

科程稷　稅秭秏　棋秷　穩稈　秝　兼　黍

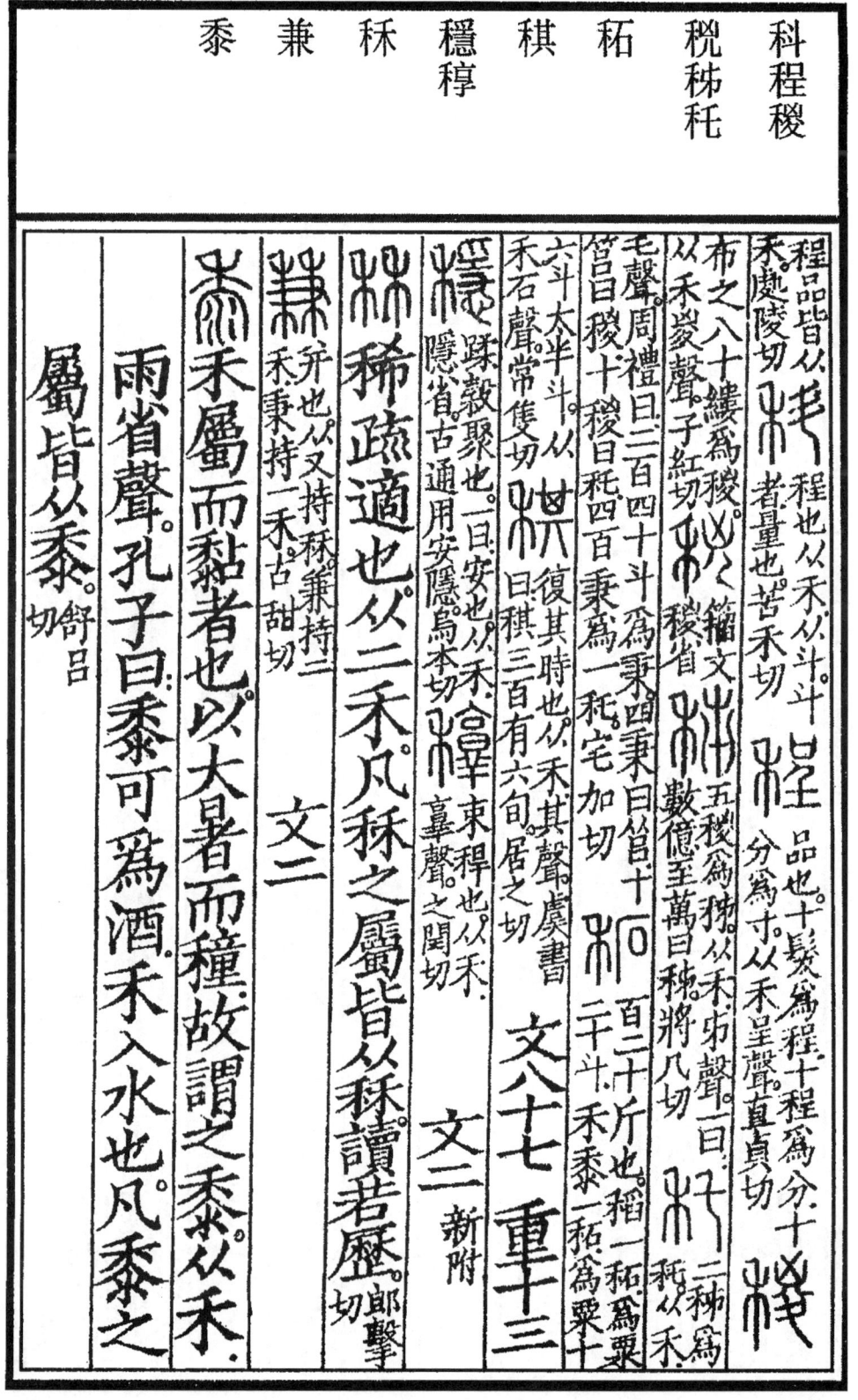

科　程也。从禾从斗。斗者，量也。苦禾切。

程　品也。十髮爲程，十程爲分，十分爲寸。从禾呈聲。直貞切。

稷　齋也。五穀之長。从禾畟聲。子力切。

稅　租也。从禾兌聲。輸芮切。

秭　五稷爲秭。从禾姊省聲。將几切。

秏　稻屬。从禾毛聲。伊尹曰：飯之美者，玄山之禾，南海之秏。呼到切。

棋　復其時也。从禾其聲。《唐書》曰：棋三百有六旬。居之切。

秷　穫禾聲。从禾日聲。陟栗切。

穩　蹂穀聚也。一曰安也。从禾隱省。古通用安隱。烏本切。

稈　禾莖也。从禾旱聲。《春秋傳》曰：或投一秉稈。古旱切。

秝　稀疏適也。从二禾。凡秝之屬皆从秝。讀若歷。郎擊切。
文二

兼　并也。从又持秝。兼持者并也。古甜切。
文二

黍　禾屬而黏者也。以大暑而種，故謂之黍。从禾雨省聲。孔子曰：黍可爲酒，禾入水也。凡黍之屬皆从黍。舒呂切。

䵝䵐黏䵑

粘䵒𥹉䵚(黎)

䵓

香

馨

馥

米

粱⿰米焦粲

糲精

䵝 穄也。从黍麻聲。靡爲切 䵐 黍屬。从黍卑聲。并弭切 黏 相箸也。从黍占聲。女廉切 䵑 黏也。从黍古聲。戶吳切 粘 黏或从米。䵒 黏也。从黍日聲。春秋傳曰：不義不䵒。尼質切 𥹉 䵒或从刃。黎 履黏也。从黍，𥹉省聲。𥹉，古文利。作履黏以黍米。郎奚切 䵓 治黍禾豆下潰葉。从黍畐聲。蒲北切

文八　重二

香 芳也。从黍从甘。春秋傳曰：黍稷馨香。凡香之屬皆从香。許良切

馨 香之遠聞者。从香殸聲。殸，籀文磬。呼形切

文二

馥 香气芬馥也。从香复聲。房六切

文一　新附

米 粟實也。象禾實之形。凡米之屬皆从米。莫禮切

粱 米名也。从米，梁省聲。呂張切 ⿰米焦 早取穀也。从米焦聲。一曰小。側角切 粲 稻重一䄷，爲粟二十斗，爲米十斗曰毇，爲米六斗太半斗曰粲。从米奴聲。倉案切 糲 粟重一䄷，爲十六斗太半斗，舂爲米一斛曰糲。从米萬聲。洛帶切 精 擇也。从米

米部

粺　粗　䉽

糱　粒　䄍　釋　糕

糳　穄　鑿

糜　釋　卷　䉤

鞠　糟　醫　糯（糈）

糗　䊤　糈　糧

氣　䊠　饎

粗　糫　糳　粹

粉　粉　卷　糯

𥺟　糵　竊　穅

（窾）

臼（jiù音就）毇（huǐ音悔）米部（246）

糧粕粗籹
糝糖
臼
糳
毇

舂畱畱
舀抗皖

疾也离古文㑹干結切　文三十六　重七

糧食米也从米良聲陟良切

䊈食米也从米㒼聲
粕糟粕酒滓也从米白聲匹各切
粗粗粢膏璟也从米巨聲其呂切　文六　新附

籹蘆葉裹米也从米女聲人渚切
糝以米和羹也从米㱛聲作弄切
糖飴也从米唐聲徒郎切

粗粗籹

毇米一斛舂爲𠦘也从臼从殳凡毇之屬皆从毇許委切

糳毇米一斛舂爲八斗也从毇丵聲則各切
䊈糳米一斛舂爲八斗曰䊈舂則各切　文二

臼舂也古者掘地爲臼其後穿木石象形中米也凡臼之屬皆从臼其九切

舂搗粟也从廾持杵臨臼上午杵省也古者雝父初作舂書容切

畱齊謂舂曰畱从臼午黃从臼午黄讀若膊匹各切
畱舂去麥皮也从臼干聲徒洽切

舀抒臼也从爪臼詩曰或舂或舀以沼切
舀舀或从宂以沼切　手从宂
臽舀或从臼宂

（247）凶部

兇　凶　凷

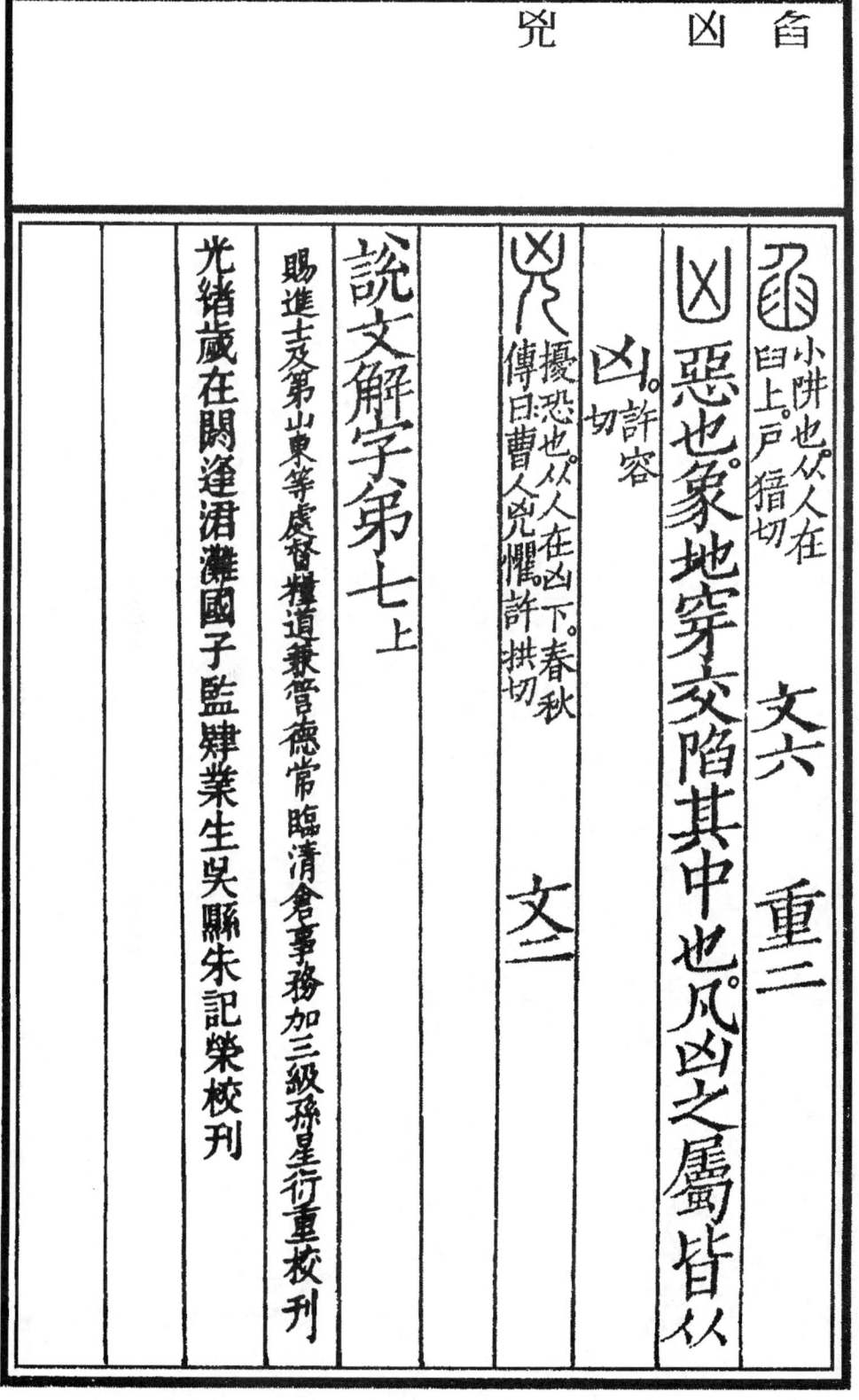

凷　小阱也从凵从人在臼上户猛切

凶　惡也象地穿交陷其中也凡凶之屬皆从
凶　許容切

兇　擾恐也从人在凶下。春秋傳曰曹人兇懼許拱切

文六　重三
文三

說文解字弟七上

賜進士及第山東等處督糧道兼管德常臨清倉事務加三級孫星衍重校刊

光緒土歲在閼逢涒灘國子監肄業生吳縣朱記榮校刊

《字林》

晋吕忱撰。七卷。唐书学博士掌教诸生，以石经、《说文》、《字林》为专业。

注：此页原版为空白，编者增图。

（249）麻枲朮（pín音聘）部

麻　檾（檆）　枲　枲镜　朮

説文解字第七下　漢太尉祭酒許氏記

銀青光祿大夫守右散騎常侍上柱國東海縣開國子食邑五百戶臣徐鉉等奉

勑校定

朮　分枲莖皮也从屮八象枲之皮莖也凡朮之屬皆从朮　讀若髕。匹刃切

枲　麻也从木台聲。籀文枲从林从朮。胥里切

棥　茻之緫名也林之為言微也微纖為功象形。文二重一

凡林之屬皆从林。　切

楙　枲屬从林粢省詩曰衣錦褧衣去穎切　分離也从攴从林林分枲之意也穌肝切　文三

麻　與林同人所治在屋下从广从林凡麻之屬皆

韭耑(duān音端)尗(shú音孰)部（250）

檾　　　　韭　　耑　　尗　　　檾
麘　　　　　　　　　尗　　　麘
麻　　　　　　　　　鼓　　　麻

隓
壺
壺
薺

麻
从麻　莫遐切

未練治纑也。从麻後聲。臣鉉等曰後非
聲疑復字譌當从復省乃得聲空谷切

檾
枲屬。从麻䜌也。从麻取聲。側鳩切

麻屬。从麻愈聲。度侯切

文四

尗
豆也。象尗豆生之形也。凡尗之屬皆从尗。式竹切

豉
配鹽幽尗也。从尗支聲。是義切
豉　俗豉从豆

文二　重一

耑
物初生之題也。上象生形，下象其根也。凡耑之屬皆从耑。
臣鉉等曰：中，一，地也。多官切

文一

韭
菜名。一種而久者，故謂之韭。象形。在一之上。一，
地也。此與耑同意。凡韭之屬皆从韭。舉友切

韰
菜也。葉似韭。从韭戠聲。胡戒切

韲
齏也。从韭齊，二聲。祖雞切

韲
菜也。从韭次聲。七余切

隧
齏也。从韭隊聲。徒對切

（251）宀（mián音棉）瓠瓜部

瓜

㿭㿘㿷

㼱㼌瓣瓞

宀　瓢　瓠

家豖宅㝈㝉室

宣宧（向）

讖　山韭也。从韭。㦿聲。息廉切。　小蒜也。从韭。番聲。附表切。

文六　重一

瓜　㼌也。象形。凡瓜之屬皆从瓜。古華切。

㿭　小瓜也。从瓜交聲。臣鉉等曰：交非聲，未詳。蒲角切。

㿘　瓞也。从瓜㡁省聲。戶扃切。

㼱　小瓜也。从瓜繇省聲。余昭切。

瓞　㼌也。从瓜失聲。詩曰：緜緜瓜瓞。徒結切。

瓝　縣縣瓜㿽。从瓜。詩曰。縣縣瓜㿽。

瓣　瓜中實也。从瓜辡聲。蒲莧切。

㼬　瓜當實从瓜。本不勝末，微弱也。从

文六　重一

瓠　匏也。从瓜夸聲。凡瓠之屬皆从瓠。胡誤切。

瓢　蠡也。从瓠省，票聲。符宵切。

文二

宀　交覆深屋也。象形。凡宀之屬皆从宀。武延切。

家　居也。从宀豭省聲。古牙切。　㝯古文家。

宅　所託也。从宀乇聲。場伯切。　㡯古文宅。㡯亦古文宅。

室　實也。从宀从至。至，所止也。式質切。

宣　天子宣室也。从宀亘聲。須緣切。

宧　北出牖也。从宀从口。詩曰：塞向墐戶。徐鍇曰：牖所以通人气。

宀部（252）

宧官寏(奥)　宛寃宸　宇寓寷　寏院宏宖　宧康宬成　寍定寔　宋(寂)誄察覛　完富實　宋容

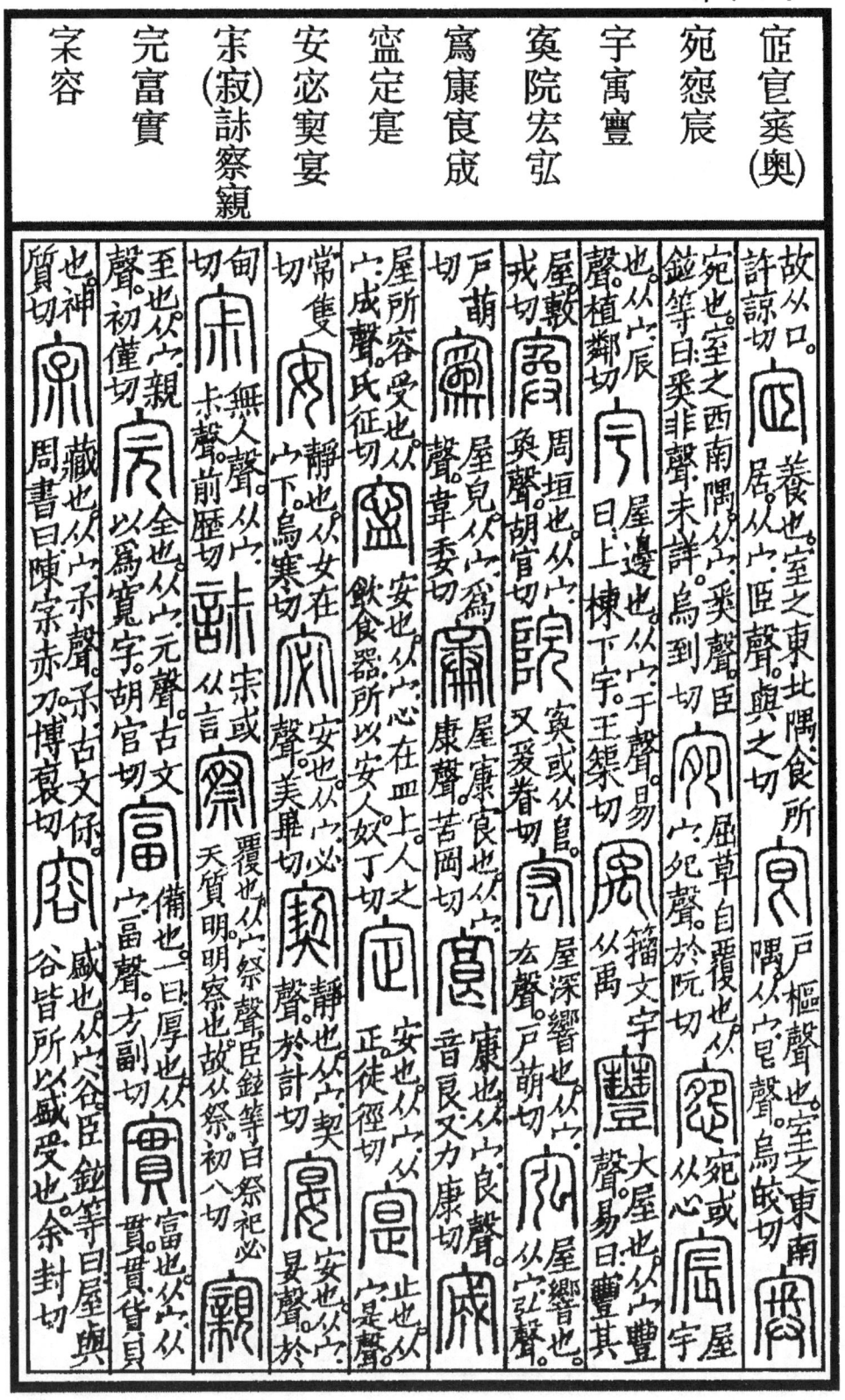

許諒切。故从口。

養也室之東北隅食食所居从宀匝聲與之切

戶樞聲也室之東南隅从宀皀聲烏皎切

宛也室之西南隅从宀㮕聲臣鉉等曰㮕非聲未詳烏到切

屈草自覆也从屮宀宀妃聲於阮切　宛或从心

屋響也从宀韾聲易曰豐其屋大屋也从宀豐聲易曰豐其屋宀響聲

屋邊也从宀宇聲易曰上棟下宇王榘切　宇或从禹　屋深響也从宀冥聲武延切

屋所容受也从宀谷聲余封切

戒也从宀莫聲胡官切　奥或从㕯

屋牝兒从宀爾聲兒氏切

屋宇也从宀辰聲植鄰切

安也从宀心在皿上人之食飲食器所以安人也丁切

常隻切　靜也从宀在女靜也从宀必聲　安也从宀必聲　安也从宀是聲

宀成聲氏征切

無人聲从宀未聲

覆也从宀祭聲臣鉉等曰祭祀必天質明察其故从祭初八切

全也从宀元聲古文从天質切

富也从宀畐聲方副切　備也一曰厚也从宀一曰厚也从宀畐聲富也从宀畐聲貫貫皆貫

飲食器所以安人之安也从宀必聲

藏也从宀承聲承古文保宀承聲

周書曰陳宋赤刀博哀切

宀下烏寒切　安也从宀必聲美皃从宀必聲靜也於計切

周垣也从宀完聲

初僅切神也从宀親聲　感也从宀谷臣鉉等曰屋與谷皆所以感受也余封切

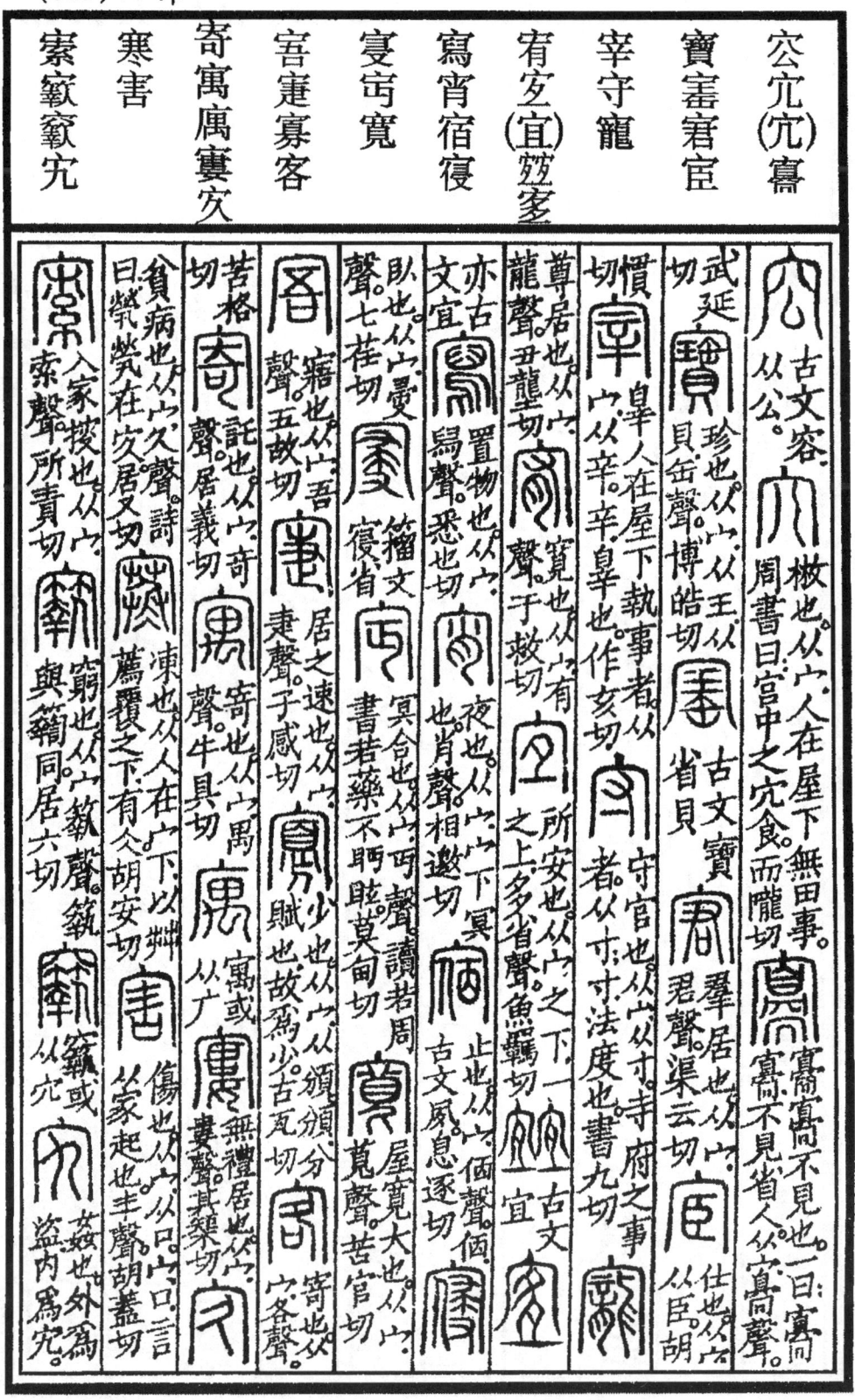

呂宮宀部（254）

変宖竀宕　宋䆶　宗宔宙　寚寰宋　宮　營　呂　臂躳（躬）躬

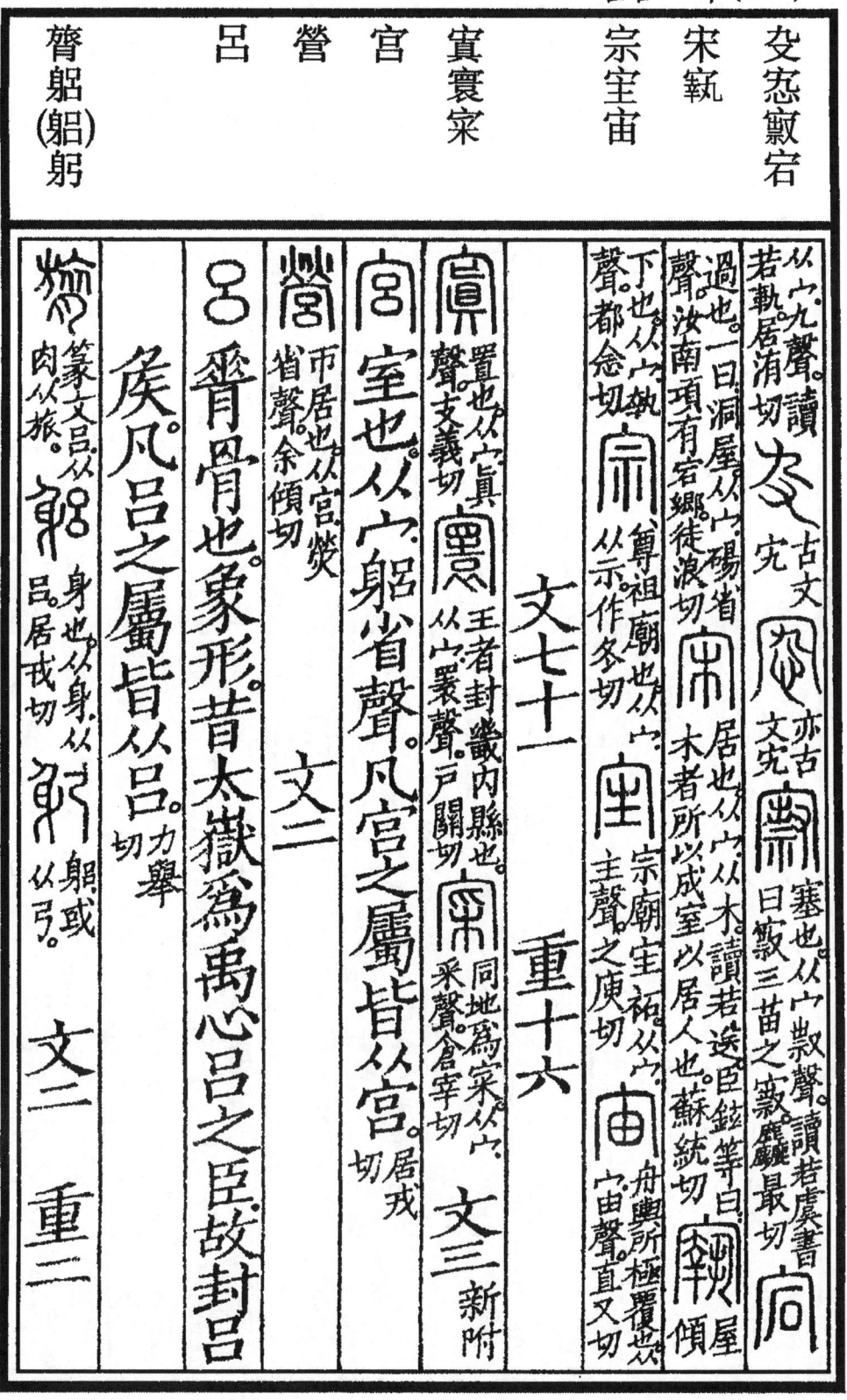

从宀九聲。讀若軌。居牖切　宄古文宄

塞也。从宀叔聲。讀若虞書曰敡三苗之敡。凫驫最切

過也。一曰洞屋。从宀昜省聲。汝南項有宕鄉。徒浪切　宕

居也。从宀木讀若送。臣鉉等曰木者所以成室以居人也。蘇統切　宋

宕屋。从宀項聲。余傾切　宖

下也。从宀執聲。念切

尊祖廟也。从宀从示。作冬切　宗

宗廟宝祧从宀。主聲。之庾切　宔

宗廟宝也。从宀。舟輿所極覆也。宙聲。直又切　宙

置也。从宀眞聲。支義切　寚

王者封畿內縣也。从宀裏聲。戶關切　寰

同地爲宋从宀。采聲。倉宰切　宋

文七十一　重十六

文三　新附

室也。从宀躳省聲。凡宮之屬皆从宮。居戎切　宮

市居也。从宀熒省聲。余傾切　營

文二

脊骨也。象形。昔太嶽爲禹心呂之臣故封呂。凡呂之屬皆从呂。力舉切　呂

躳身也。从身从呂。躳或从弓。居戎切　臂
篆文呂从肉从旅

文三　重二

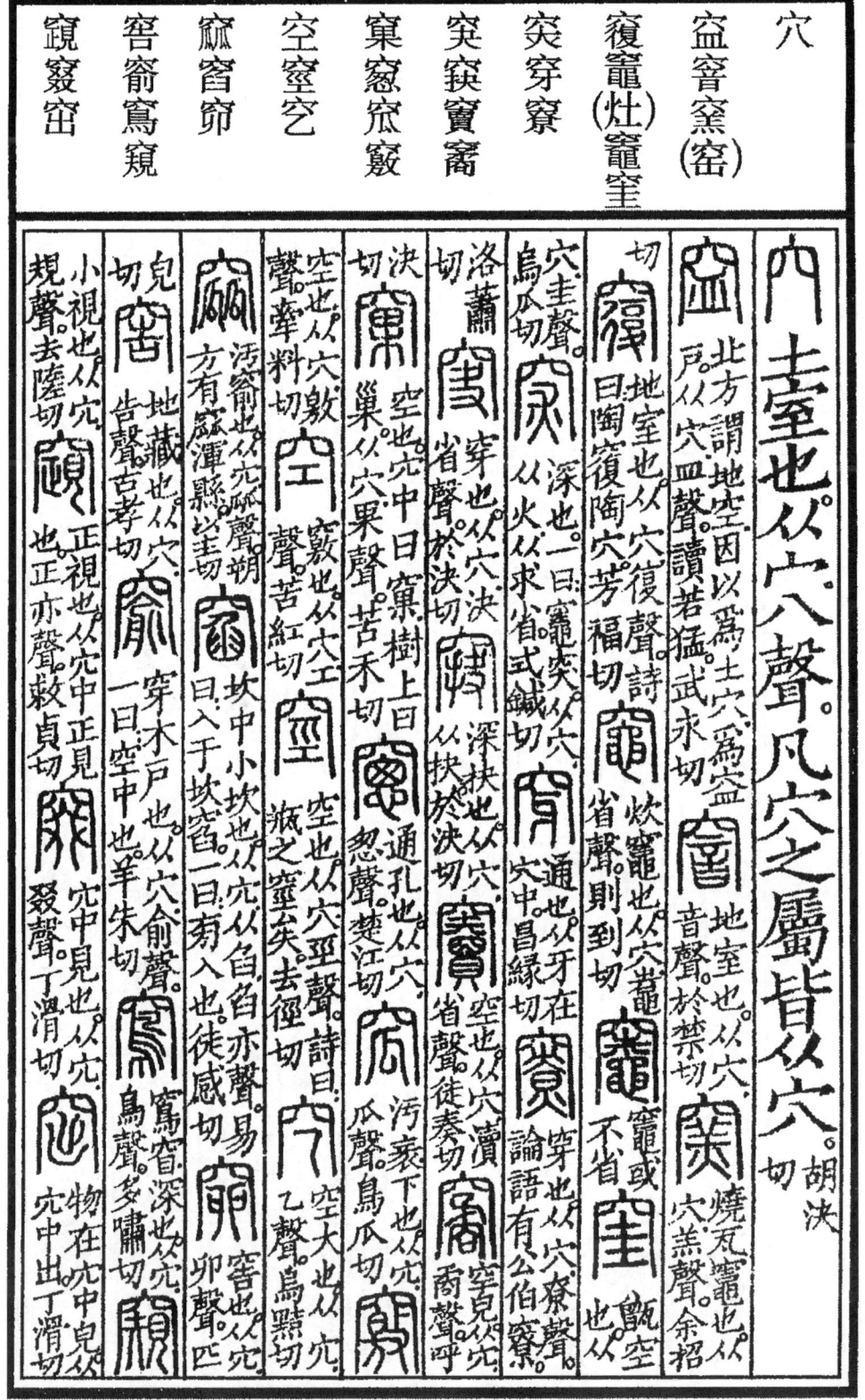

穴　土室也。从宀八聲。凡穴之屬皆从穴。胡決切

窀　北方謂地空因以爲土穴爲窀。从穴。屯聲。讀若猛。武永切

窨　地室也。从穴。音聲。於禁切

窯　燒瓦竈也。从穴。羔聲。余招切

復　地室也。从穴。復聲。《詩》曰：陶復陶穴。芳福切

竈　炊竈也。从穴。鼀省聲。則到切

窒　塞也。从穴。至聲。不省。

突　犬從穴中暫出也。从犬在穴中。一曰滑也。陀骨切

穿　通也。从牙在穴中。昌緣切

窲　深抉也。从穴。叔聲。於決切

竇　空也。从穴。瀆省聲。徒奏切

窠　空也。穴中曰窠，樹上曰巢。从穴。果聲。一曰鳥獸嘼曰窠。苦禾切

窗　通孔也。从穴。悤聲。楚江切

窆　葬下也。从穴。乏聲。《詩》曰：乙聲。烏黠切

空　竅也。从穴。工聲。苦紅切

窒　瓶之窒也。从穴。至聲。詩曰。苦紅切

穵　空大也。从穴。乙聲。烏黠切

窳　污窬也。从穴。㕠聲。朔方有窳渾縣。以主切

窬　穿木戶也。从穴。俞聲。一曰空中也。羊朱切

寫　窵省深也。从穴。寫省。鳥聲。多嘯切

窺　小視也。从穴。規聲。去陸切

覰　正視也。从穴中正見。正亦聲。敕貞切

窬　物在穴中見也。从穴。从見。丁滑切

寢（mèng音梦）穴部（256）

寲窒突鼠
窣窘宨穹
究窮(窮)官突
邃窈窱竄
竀窀
歺审
寢

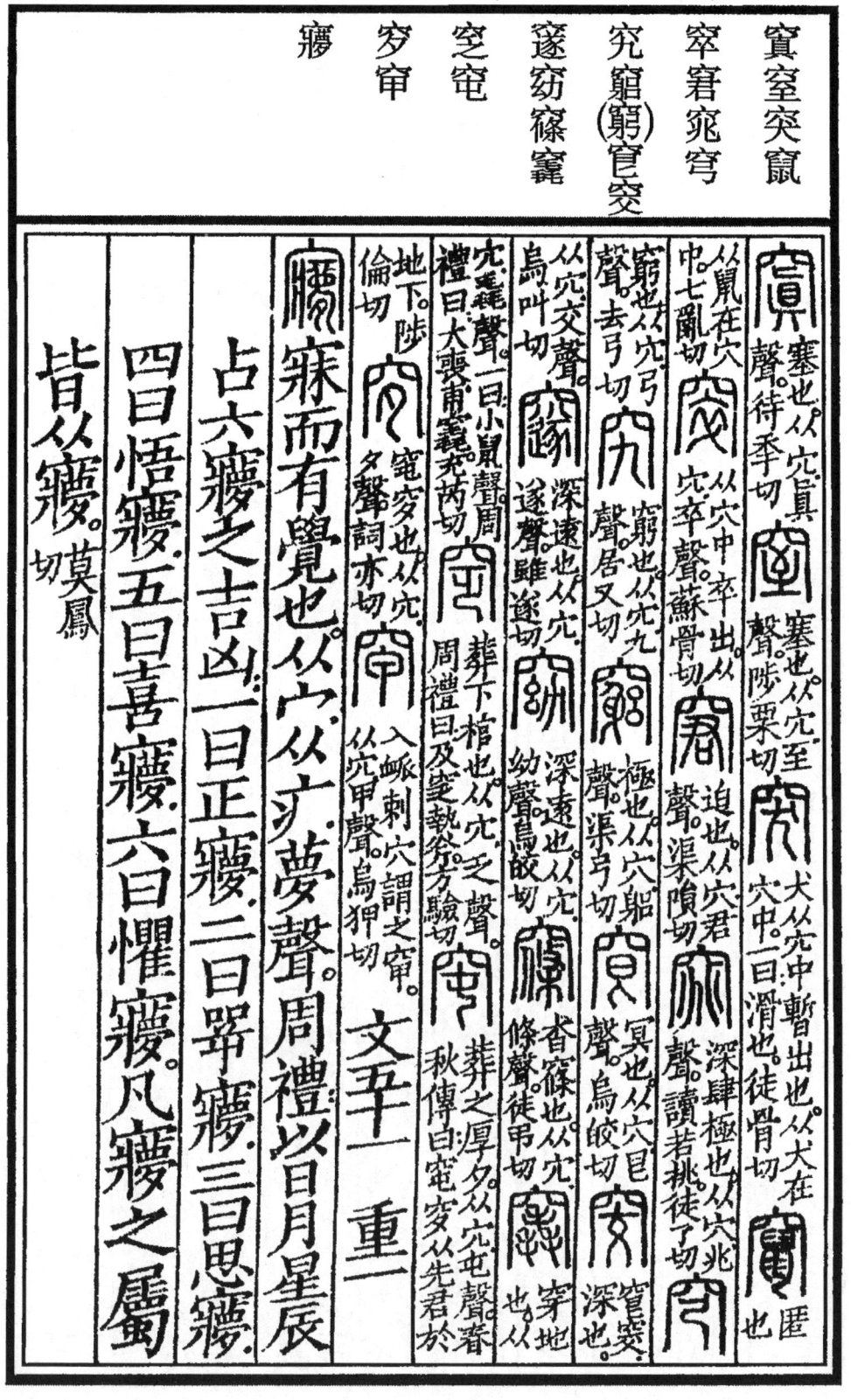

(257) 疒(nè音讷)部

癰寐痞
癭癏寐癃
痢癈痞
疾瘕嫡痛病
瘟疴痈
癉瘵瘨
瘼疛瘨瘌

疒 倚也。人有疾病,象倚箸之形。凡疒之屬皆从疒。女戹切

文十 重一

痛 病也。从疒雨聲。七荏切

癭 臥病也。从疒癭省聲。寐覺而有言曰寱。从疒癭省,吾一曰晝見而夜癭也五故切

痞 籀文寐。

癏 臥驚病也。从疒癭省。楚人謂寐曰癭。从女聲。依倨切 寐而未厭从癭省。米聲。莫礼切。一曰臥驚也。一曰小兒號。

病 臥驚病也。从疒癭省丙聲皮命切 瞑言也。从疒省。臥驚也。从疒癭省。鼻聲牛例切。一曰小兒號。

痞 寱寱。寐言也。一曰河內相評也。讀若愄求哭切 臥寐病也。从疒癭省。水聲。

疾 病也。从疒矢。古文疾。籀文疾。疾加也。从疒。丙聲。

嫡 病也。从疒鬼聲。詩曰譬彼瘣木。一曰腫旁出也。胡罪切

痛 病也。从疒甬聲。他貢切 病也。从疒丙聲。

病 病也。从疒可聲。五行傳曰時即有口病。烏何切 病也。从疒真聲。一曰腹張。

皮命切 病也。从疒甫聲。詩曰我僕痡矣。普胡切 病也。从疒董聲。巨斤切 病也。从疒祭聲。側介切 病也。从疒員聲。王問切

都季切 病也。从疒莫聲。慕各切 腹中急也。从疒口聲古巧切 病也。从疒。

一 倚也。人有疾病,象倚箸之形。凡疒之屬皆从疒。女戹切

疒部（258）

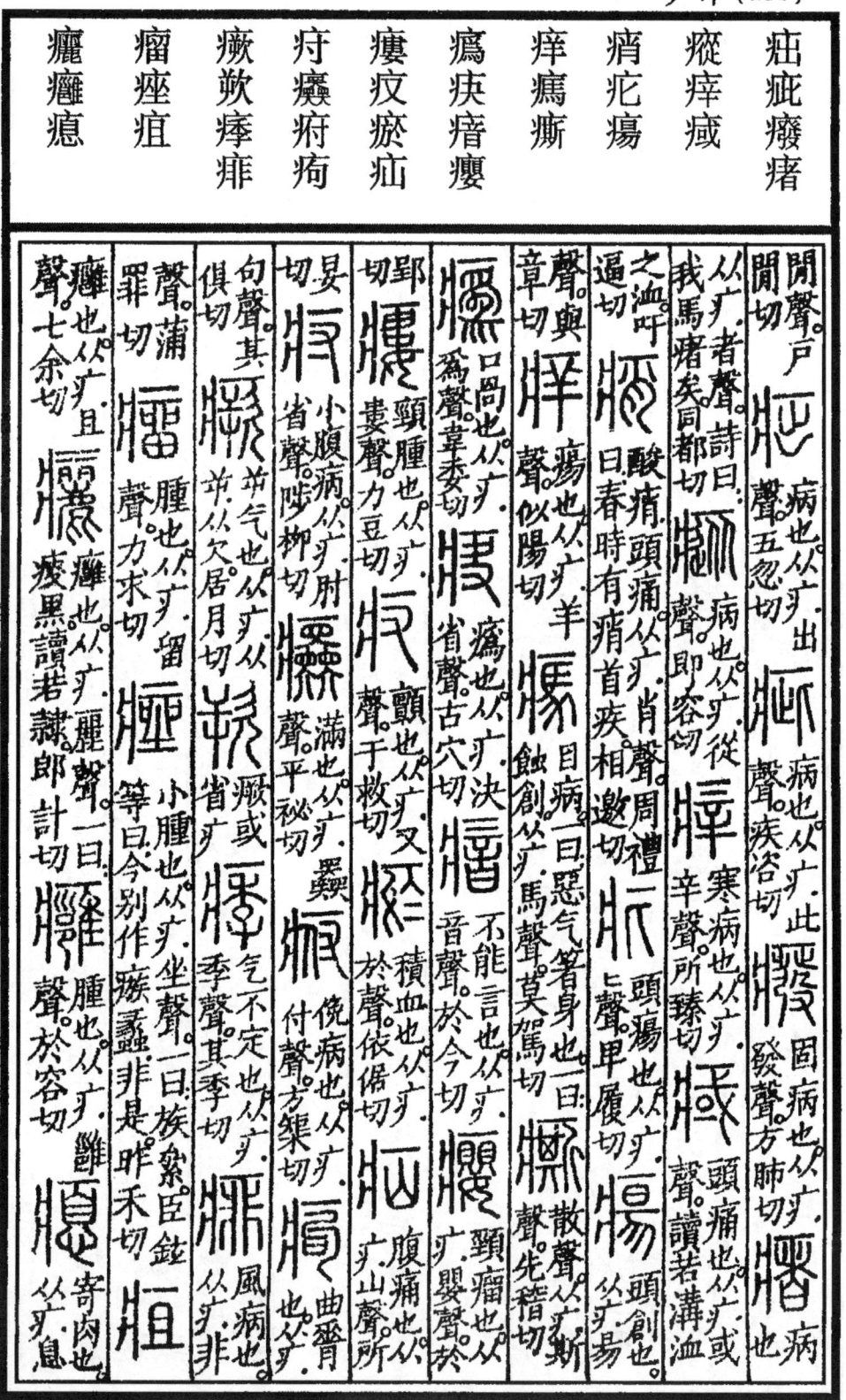

（259）疒部

癬疥痂痕

瘌瘟痁

痎痳痔

痿痹瘻瘃

疟瘟瘇瘟

瘑瘟瘟瘟

痱痕癑痍

瘕痕痙蚀

瘛痩（瘦）瘶瘅

疸痰瘖瘍

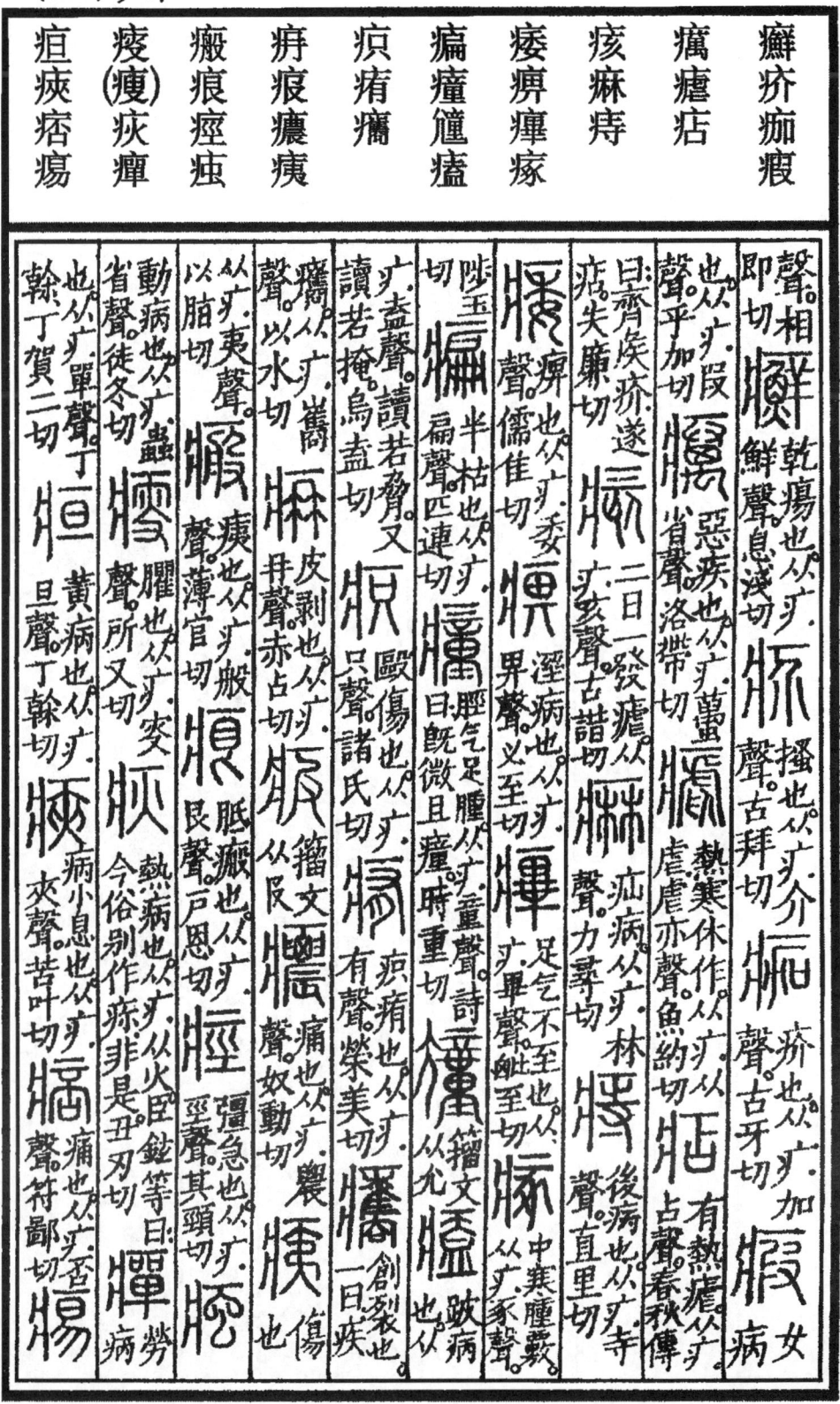

冖（mì音密）疒部 （260）

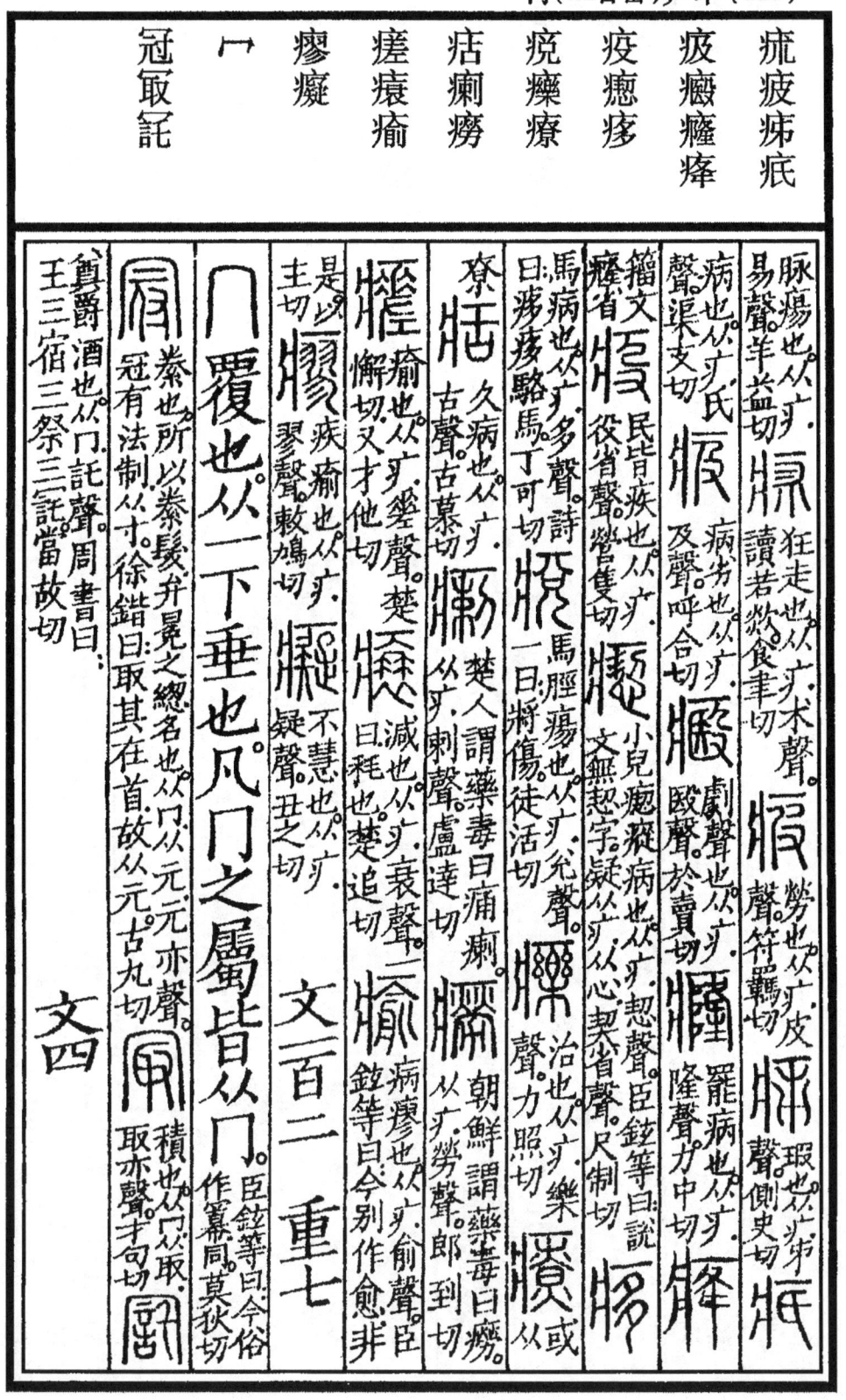

（261）兩（liǎng音兩）冃（mào音瑁）冂（mǎo音卯）部

冂
同 冋
冡
冃
冕絻冑
韋冒冏最
兩

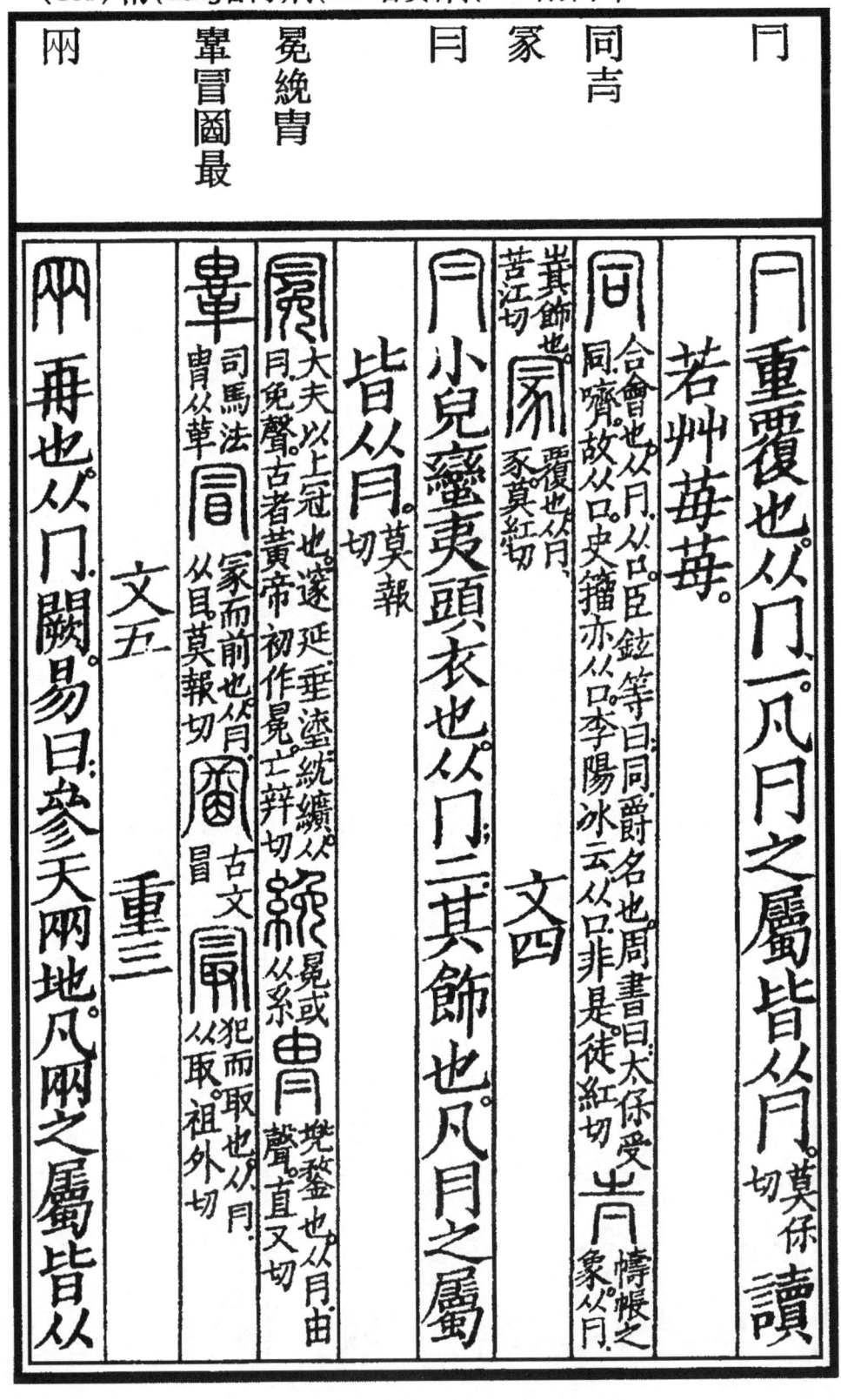

网部（262）

两	网
	网（四）

纙　罟　罬
蹼　罙　罞
罩　医　罪　罳
罔　網　罟　网　罝　罨

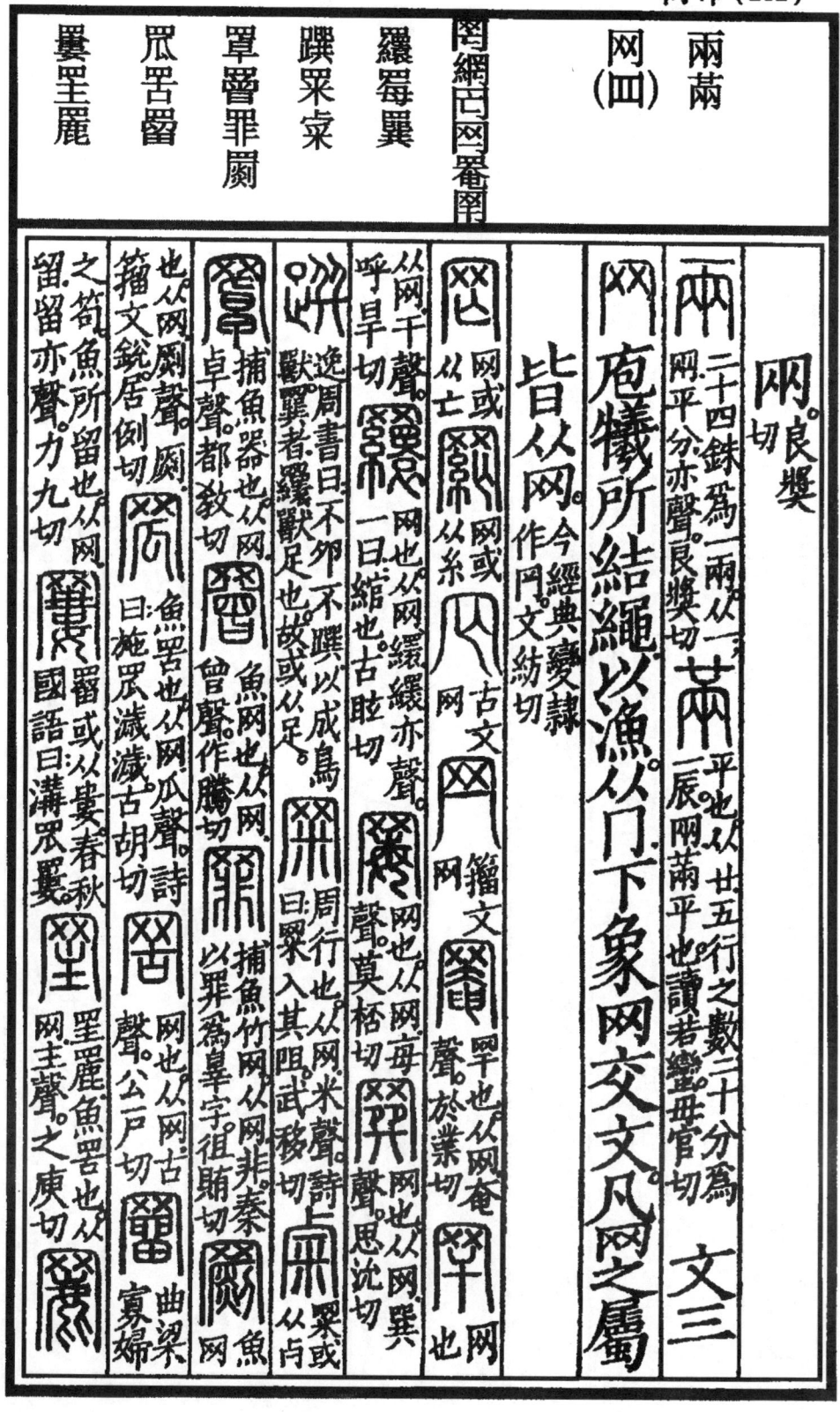

网。良奬切

㒳：二十四銖爲一兩。从一。兩平分亦聲。良奬切

平也。从廿，五行之數二十分爲一辰。兩平也。讀若蠻。毋官切

文三

网：庖犧所結繩以漁。从冂，下象网交文。凡网之屬皆从网。网或从亡。今經典變隸作罒。文紨切

古文网。

罔：网或从糸。

罬：捕鳥网也。从网叕聲。一曰綰也。古眩切

纙：网也。从网羅聲，羅亦聲。呼旱切

罞：捕獸网也。从网矛聲，獸之纙者纙獸足也。故或从足。

罛：网也。从网瓜聲。詩曰：施罛濊濊。古胡切

罟：网也。从网古聲。公戸切

罭：网也。从网或聲。周行也。詩曰：九罭之魚入其阻。武移切

罝：兔网也。从网且聲。罝籀文从糸。子邪切

罜：捕魚竹网。从网非秦以罪爲辠字，徂賄切

罩：捕魚器也。从网卓聲。都教切

罾：魚网也。从网曾聲，作滕切

罶：曲梁寡婦之笱，魚所留也。从网留，留亦聲。力九切

罳：罳网也。从网思聲。息兹切

罪：捕魚竹网。从网非聲。徂賄切

罺：网也。从网剿聲。測絞切

罨：网也。从网奄聲。於業切

罦：覆車也。从网孚聲。詩曰：雉離于罦。防無切

罻：网也。从网尉聲。於胃切

蜀：网也。从网蜀聲。市玉切

罼：罔也。从网畢，畢亦聲。卑吉切

罿：罬也。从网童聲。一曰罬也。尺容切

罣：网也。从网圭聲。

罬：国語曰：溝罬罬翼。

羅：以絲罟鳥也。从网从維。古者芒氏初作羅。魯何切

羀：网也。从网畱聲。

㒺：网主聲。罠罳魚罟也。从网民聲，之庚切

（263）西（yà音亚）部

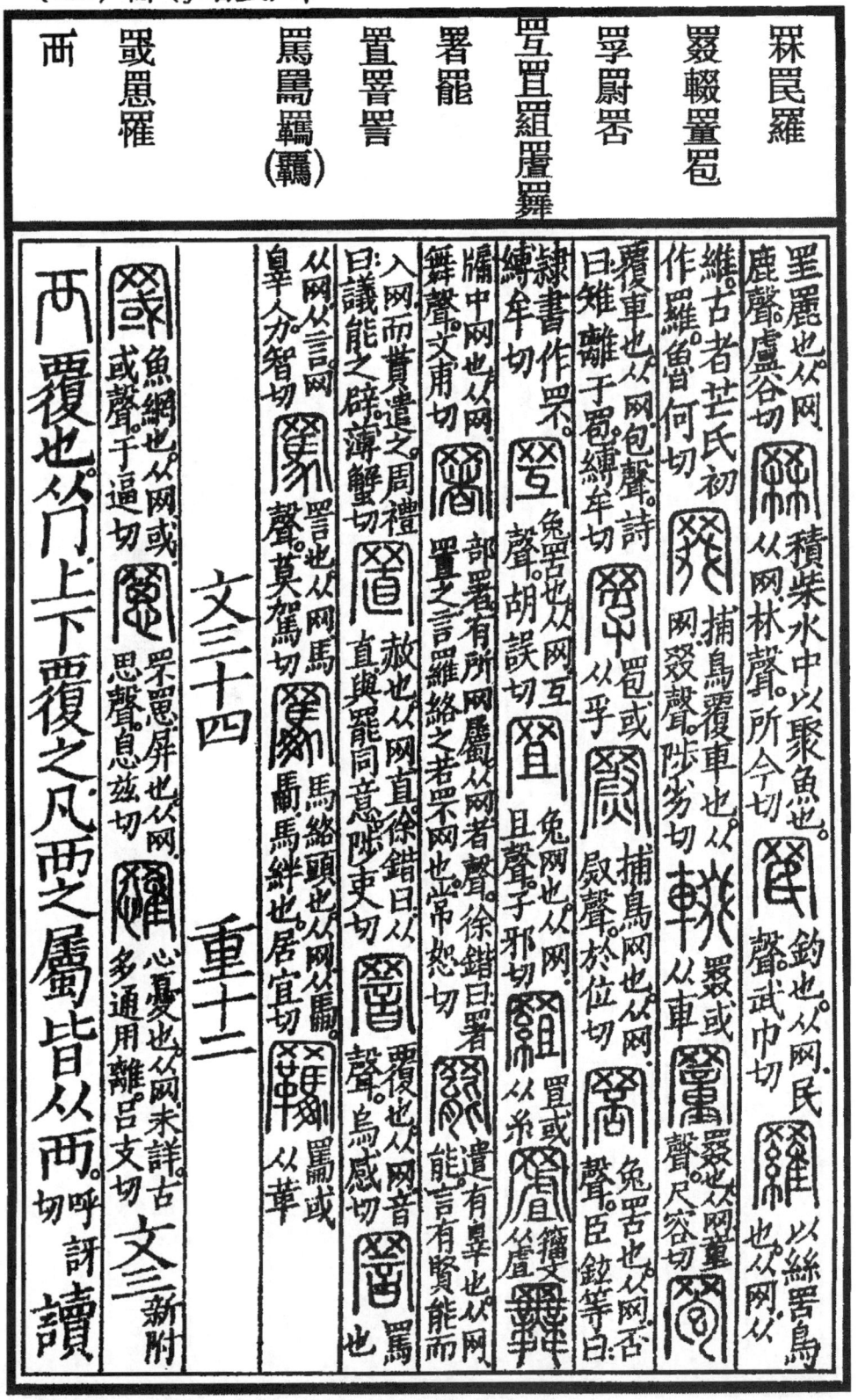

巾襾部（264）

覂 鬵 鬲 覆

巾

帗 帅 帨 䰜

絮 幣 幅 帤

帶 幘

帕 帔 常 裳

帬（裙）裛 幒

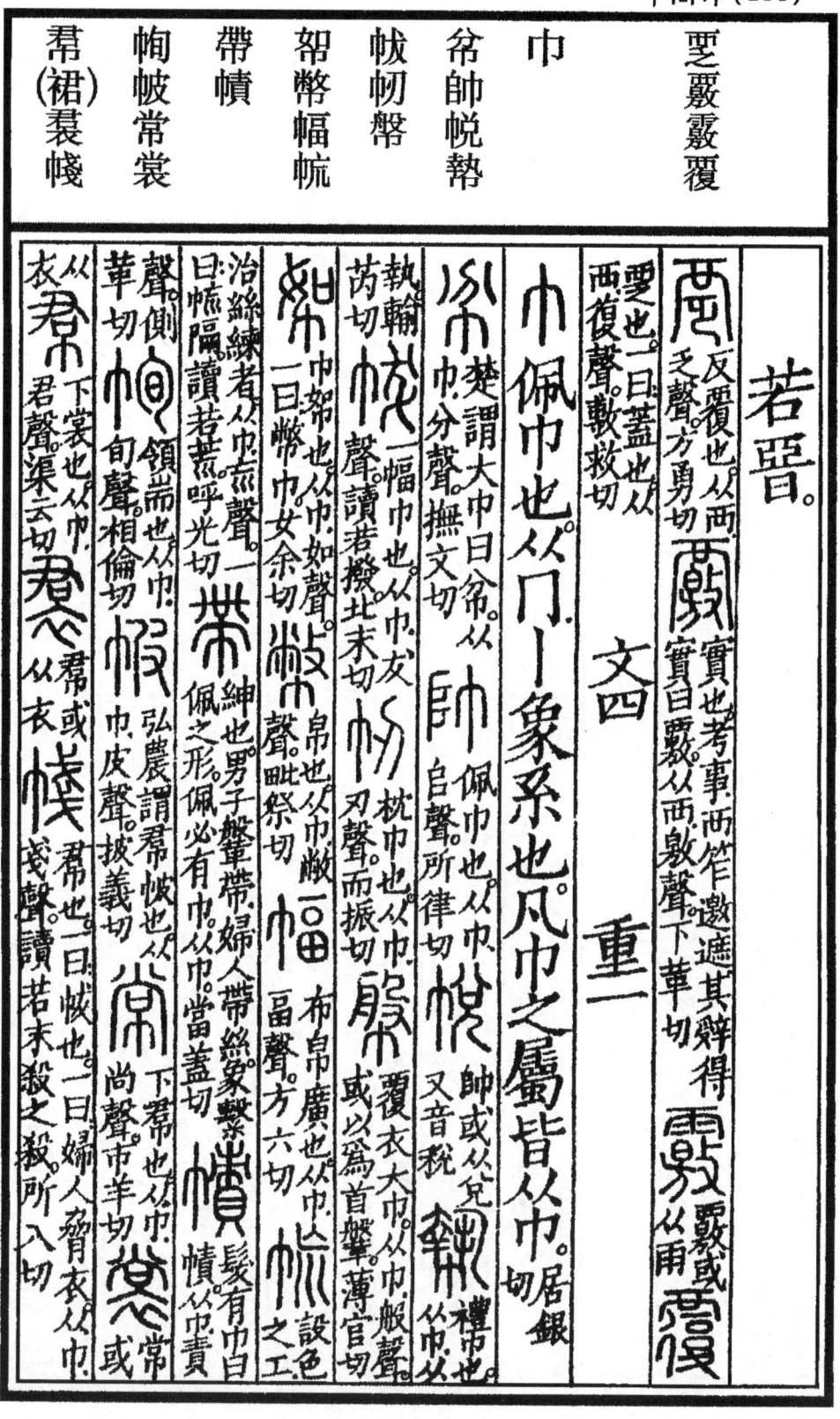

若晉。

覆 反覆也从襾復聲。一曰蓋也。从襾覂聲。方勇切

鬲 實也。考事襾笮邀遮其辭得實曰鬲。从襾从敫。敫亦聲。下革切

鬵 方勇切 从襾敫聲。敫从雨

巾 佩巾也从冂丨象系也凡巾之屬皆从巾。居銀切

文四 重一

帅 佩巾也从巾兑。帅或从兑。所律切

帨 枕巾也。从巾兑聲。而振切

䰜 執衣大巾也从巾䰜聲。或以爲首鬢薄官切。又音稅

絮 䰜衣大巾也从巾龻聲。讀若撥。北末切

幣 帛也从巾敝聲。毗祭切

幅 布帛廣也。从巾畐聲。方六切

帤 巾帤也从巾如聲。女余切

帬 下裳也从巾君聲。渠云切 帬或从衣

帔 弘農謂帬帔也。从巾皮聲。披義切

常 下帬也。从巾尚聲。常或从衣

帕 領端也从巾旬聲。相倫切

帶 紳也男子鞶帶。婦人帶絲象繫佩之形。佩必有巾从巾从重。當蓋切

幘 髮有巾曰幘。从巾責聲。設也。

帗 一幅巾也从巾友聲。一曰帗䰜讀若蜂。

帨 治絲練者从巾屶聲。一曰帨隔讀若蒿。

帅 佩巾也。

帬 君也从巾从衣。

裛 書囊也从衣邑聲。

幒 帒也一曰婦人嬌衣从巾㲄聲。讀若末殺之殺所八切

（265）巾部

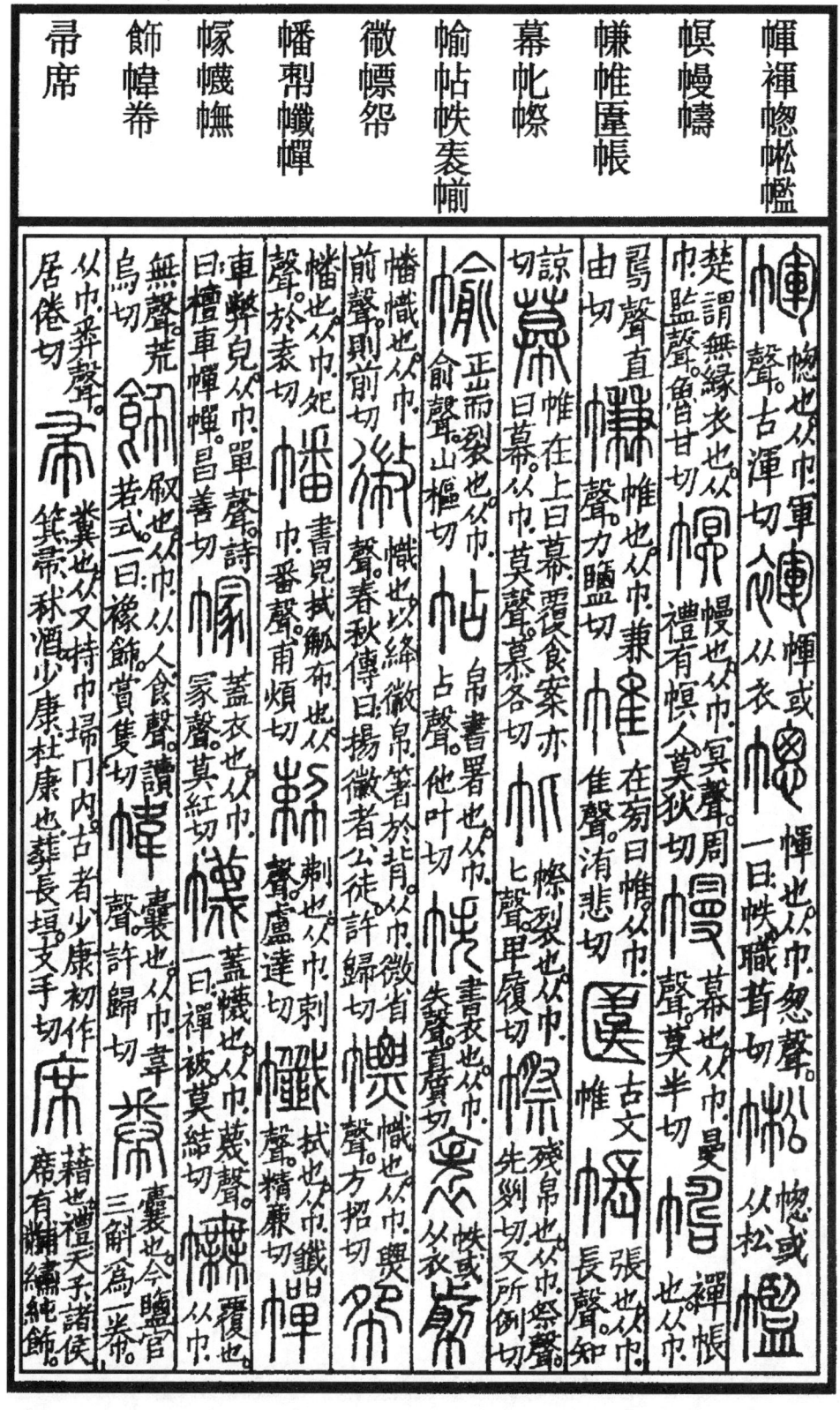

市巾部　（266）

囷	幓	幰	嫁	幓	帾	
幐	帗	幊	嵫	幖	帆	
幡	幩	帣	幣	布		
市			幢	帆		
			幟			
			帟			
			幗			
	幰					
	幯	幒	帓			
	帓					

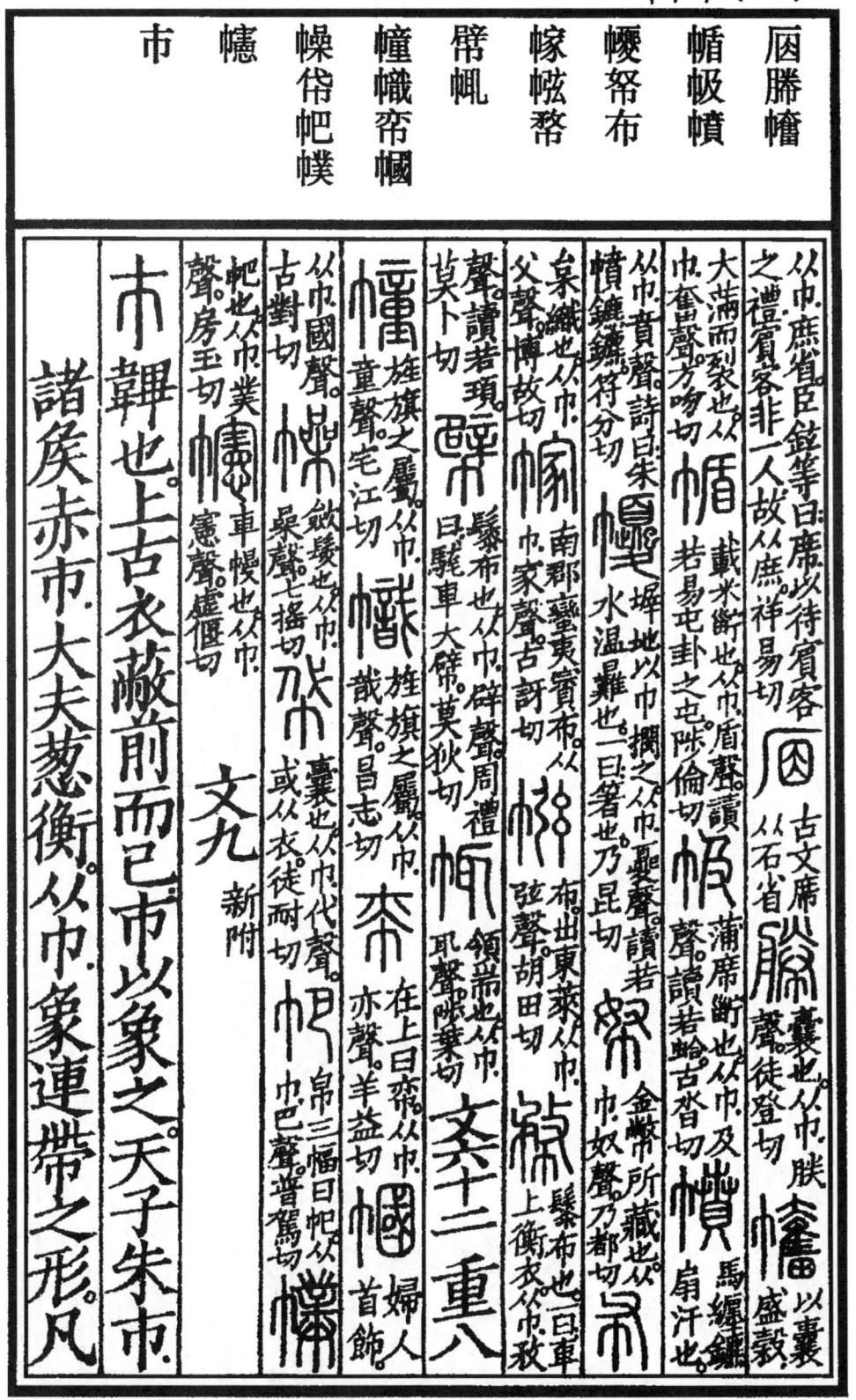

（267）白帛巿部

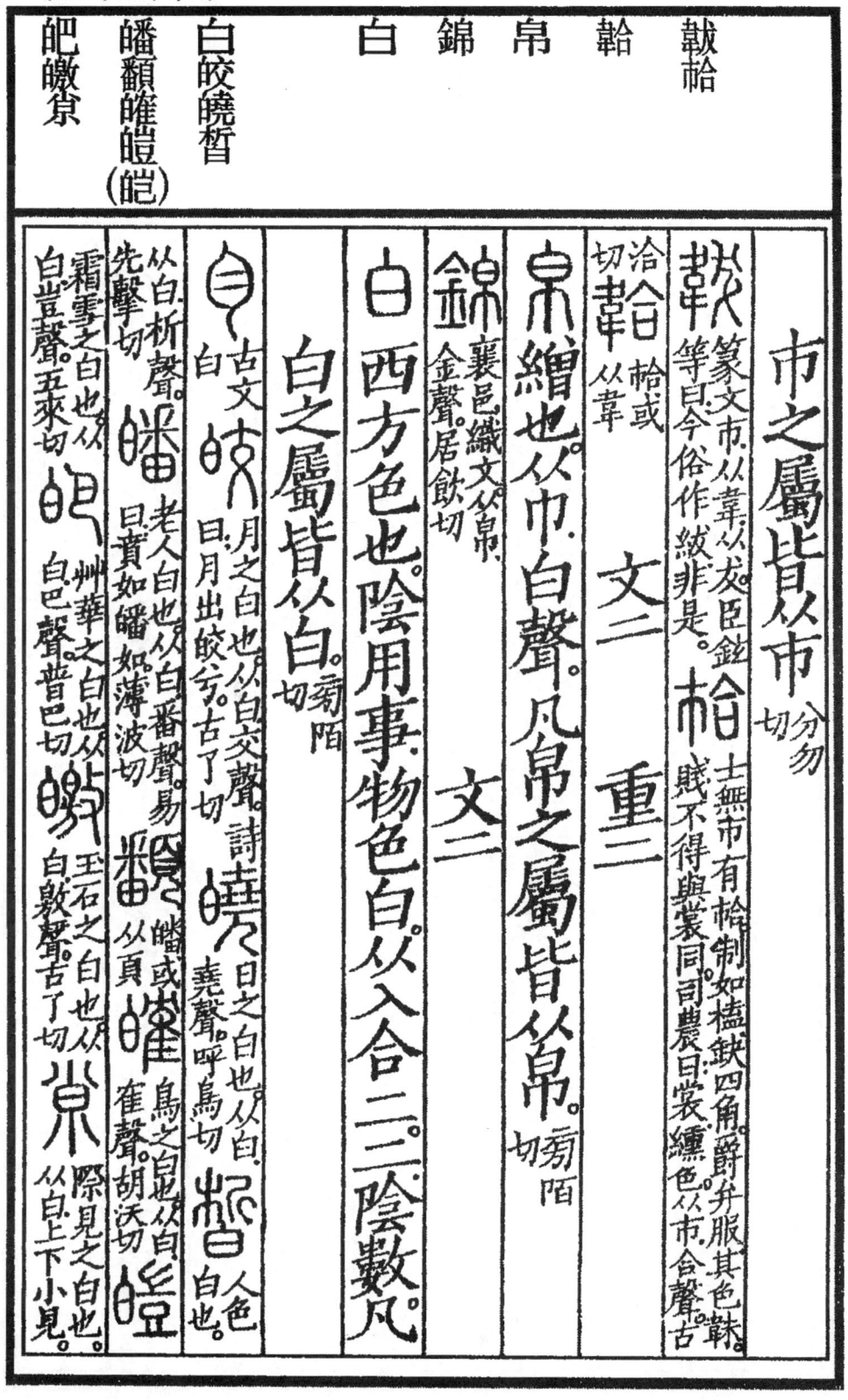

市之屬皆从市 分勿切

韍 篆文市从韋从犮臣鉉等曰今俗作紱非是

韐 士無市有韐制如榼缺四角爵弁服其色韎賤不得與裳同司農曰裳纁色从市合聲古洽切

韐 洽合韐或从韋

帛 繒也从巾白聲凡帛之屬皆从帛 旁陌切 文二

錦 襄邑織文从帛金聲居飲切 文二 重三

白 西方色也陰用事物色白从入合二二陰數凡白之屬皆从白 旁陌切

皕 古文白

皎 月之白也从白交聲詩月出皎兮古了切

皢 日之白也从白堯聲呼鳥切

晳 人色白也从白析聲先擊切

曈 老人白也从白番聲易曰賁如曈如薄波切

顤 曈或从頁

皠 鳥之白也从白隹聲胡沃切

皚 霜雪之白也从白豈聲五來切

皅 州華之白也从白巴聲普巴切

皒 玉石之白也从白敖聲古了切

皠 際見之白也从白上下小見

（269）人（亻）部

僮保乑傸　仁忈㠫企　㝰仞仕佼

人（亻）

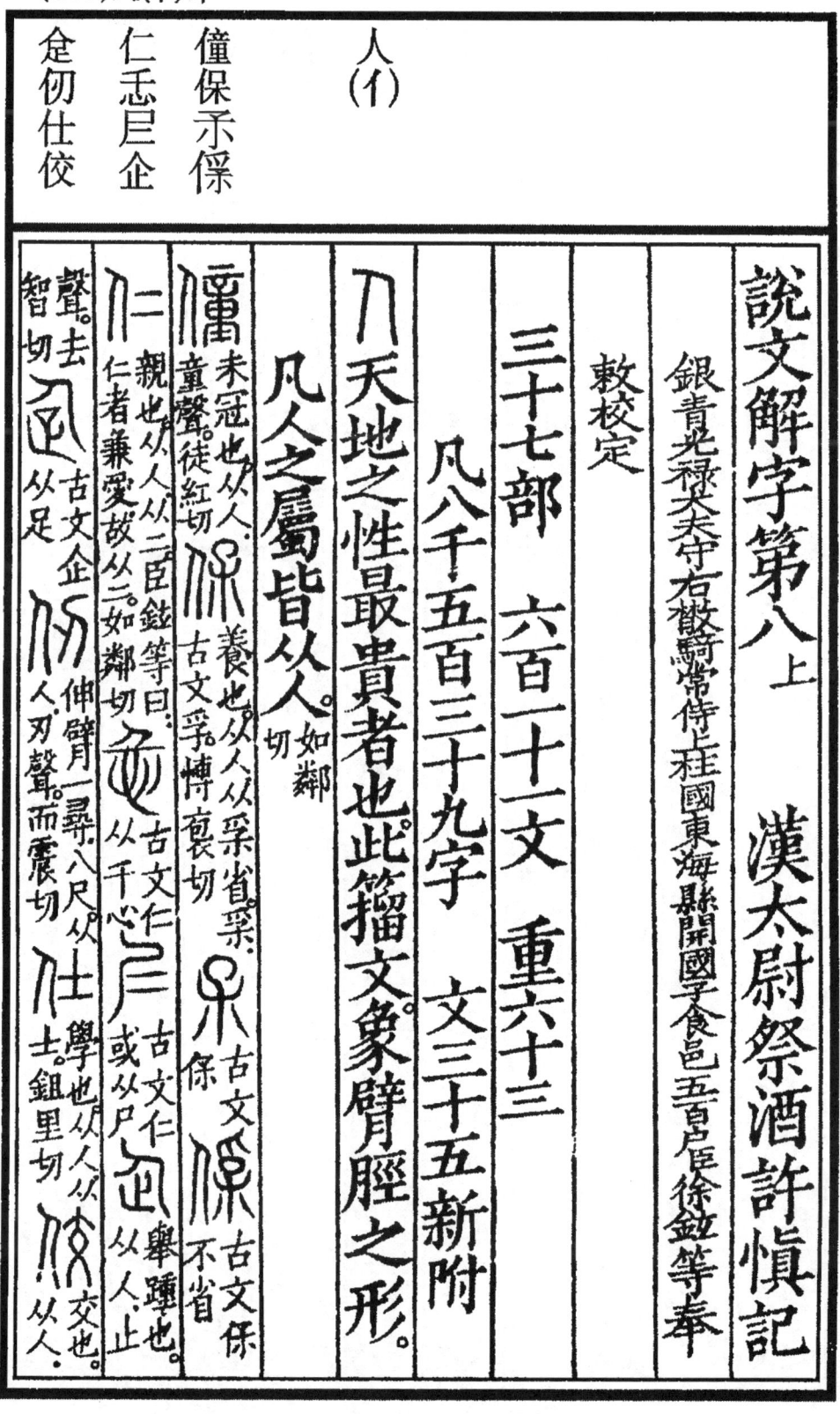

說文解字第八上　漢太尉祭酒許慎記

銀青光祿大夫守右散騎常侍上柱國東海縣開國子食邑五百戶臣徐鉉等奉

敕校定

三十七部　六百二十一文　重六十三

凡八千五百三十九字　文三十五新附

人　天地之性最貴者也。此籒文。象臂脛之形。凡人之屬皆从人。如鄰切

仁　親也。从人从二。忈古文仁从千心。㠫古文仁或从尸。仁者兼愛故从二。如鄰切

僮　未冠也。从人童聲。徒紅切

保　養也。从人从采省。采古文孚。保古文保不省。博襃切

企　舉踵也。从人止。古文企从足。去智切

仞　伸臂一尋。八尺。从人刃聲。而震切

仕　學也。从人从士。鉏里切

佼　交也。从人交。

人(亻)部（270）

僳俅佩
儒俊
傑(杰)儜伋伉
伯仲伊
飢愾情
仔仫偄
傔佳佼
傀瓌偉
份彬

从交下。巧切。

佩 具也。从人从凡。从巾。佩必有巾。巾謂之飾。臣鉉等曰。今俗別作珮。非是。蒲妹切。大帶佩也。从人从凡。

俅 冠飾見。从人求聲。詩曰。弁服俅俅。巨鳩切。

僳 士也。从人求聲。士勉切。

儒 柔也。術士之偁。从人需聲。人朱切。

俊 材幹人也。从人夋聲。子峻切。

傑 傲也。从人桀聲。渠列切。

儜 長也。从人寧聲。博陌切。

伋 人名。从人及聲。苦辰切。

伉 語有陳伉。苦辰切。

伯 長也。从人白聲。博陌切。

仲 中也。从人从中。亦聲。直衆切。

伊 殷聖人阿衡。尹治天下者。从人从尹。於脂切。古文伊从古文死。

飢 从人食聲。於諳切。

愾 婦官也。从人白聲。莫列切。

情 人之陰氣有欲者。从心青聲。疾盈切。

仔 克也。从人子聲。子之切。

仫 高辛氏之子。堯司徒殷契。从人契聲。私列切。

偄 駑弱也。从人从耎。殷聖切。

傔 从人叚聲。職茸切。

佳 善也。从人圭聲。古膎切。

佼 交也。从人交聲。奇俠切。

傀 偉也。从人鬼聲。公回切。

瓌 古文傀或从玉。裹聲。

偉 大也。从人韋聲。于鬼切。

份 文質備也。从人分聲。府巾切。

彬 古文份从彡。林者焚省聲。臣鉉等曰。今俗作斌。非是。

人（亻）部

僚佽侏　儩儞　儺倭債　佶俣仝俥　僑俟侗　健倞傲　仡倨儼　傪俚伴俺　閒伩偲　倬伀

僚　好皃。从人尞聲。詩曰：佼人僚兮。力小切。

佖　威儀也。从人必聲。詩曰：威儀佖佖。毗必切。

僝　具也。从人孱聲。讀若汝南湴水。虞書曰：旁救僝功。士戀切。

儠　長壯儠儠也。从人巤聲。春秋傳曰：長儠者相之。一曰：長皃。良涉切。

儺　行有節也。从人難聲。詩曰：佩玉之儺。諾何切。

倭　順皃。从人委聲。詩曰：周道倭遲。於爲切。一曰：長皃。

佶　正也。从人吉聲。詩曰：既佶且閑。巨乙切。又魚罪切。

僑　高也。从人喬聲。巨嬌切。

侗　大皃。从人同聲。詩曰：神罔時侗。讀若紅。他紅切。

仝　大腹也。从人工聲。一曰：伀。讀若紅。戶工切。

健　伉也。从人建聲。渠建切。

倞　彊也。从人京聲。渠竟切。

傲　倨也。从人敖聲。五到切。

仡　勇壯也。从人气聲。周書曰：仡仡勇夫。魚訖切。

倨　不遜也。从人居聲。居御切。

儼　昂頭也。从人嚴聲。一曰：好皃。魚埯切。

傪　好皃。从人參聲。倉含切。

俚　聊也。从人里聲。良止切。

伴　大皃。从人半聲。薄滿切。

俺　大也。从人奄聲。衣檢切。

偄　弱也。从人需聲。下簡切。於業切。

偲　彊力也。从人思聲。詩曰：其人美且偲。倉才切。

倬　箸大也。从人卓聲。詩曰：倬彼雲漢。竹角切。

伀　志及衆也。从人公聲。一曰：箸地。一曰：代也。从人廷聲。

人(亻)部

倗偏僦
俶傭
優仿俩佛
偲僟佗
何
儋供偫
儲備倭位
儐擯偓佺傮
仢儕倫
倅偕俱

他 輔也。从人。朋聲。讀若陪位。步崩切。

倗 熾盛也。从人。扇聲。詩曰戒也。詩曰……

敬聲。春秋傳曰：豔妻偏。方處切，式戰切。均。

倣 宮居影切。一曰始也。昌六切。

俶 善也。从人。叔聲。詩曰令終。

優 仿佛也。从人。愛聲。詩曰。相似也。从人。几聲。妃囷切。

仿 仿佛也。从人。方聲。

俩 相似也。不見。烏代切。从丙。不見。

佛 見。

偲 審也。从人。弗聲。讀若屑。私列切。

僟 精謹也。从人。幾聲。月令數將幾終。居衣切。

佗 負何也。从人。它聲。今俗譌誤謂之駱駝。非是。徒何切。

何 儋也。从人。可聲。何即負。胡歌切。別作擔荷。非是。

儋 何也。从人。詹聲。都甘切。

供 設也。从人。共聲。供給。俱容切。

偫 待也。从人。寺聲。待也。直里切。

儲 待也。从人。諸聲。直魚切。

備 慎也。从人。葡聲。古文位。平秘切。

倭 ……

位 列中庭之左右謂之位。从人立。于備切。

儐 導也。从人。賓聲。必刃切。儐或从手。

擯 ……

偓 佺也。仙人也。从人。屋聲。於角切。

佺 偓佺。仙人也。全聲。此緣切。

傮 ……

仢 約也。从人。勺聲。

儕 等輩也。从人。齊聲。春秋傳曰吾儕小人。仕皆切。

倫 輩也。从人。侖聲。一曰道也。力屯切。

倅 齊等也。从人。卒聲。七内切。一曰道也。力屯切。

偕 彊也。从人。皆聲。詩曰偕偕士子。一曰俱也。古諧切。

俱 偕也。从人。具聲。舉朱切。

(273) 人(亻)部

僭併傳伏
備倚依
仍攸伄
侒侐付
健侍傾側
侁仰侸儽
傔俠僵
坐偊伍什
佰佸佮
攲

人（亻）部 （274）

原作假
借侵債
俟償僅代
儀傍侶
（似）
便任俔
儉価
優僖倖俒
俗俾倪億
使傻伶
儷傳倌价

題尚數也。無非切
假于上下。古頷切

原 點也从人原聲魚怨切
作 起也从人乍聲則洛切。一曰：至也。虞書曰：非真也从人段聲古定切
假 假于上下。非真也从人段聲古定切。一曰：至也。虞書曰
借 假也从人昔聲資昔切
侵 漸進也从人又持帚若彗。一曰：漸進也又手也七林切
債 還也从人賞聲債食章切

俟 伺望也从人矣聲胡遘切
償 還也从人賞聲債食章切
僅 材能也从人堇聲渠吝切
代 更也从人弋聲徒耐切

儀 度也从人義聲魚羈切。度也从人義聲魚羈切
傍 近也从人旁聲步光切
侶 象也从人呂聲。侶之从人。安也从人有不便更房連切
（似）

便 安也从人更房連切
任 保也从人壬聲如林切。保也从人壬聲如林切
俔 譬諭也从人見詩。一曰：閒見从人見詩

儉 約也从人僉聲巨險切
価 富也从人酉聲尺允切

優 饒也从人憂聲一曰：倡也於求切
僖 樂也从人喜聲許其切。樂也从人喜聲許其切
倖 弄也从人幸聲五雞切
俒 完也从人完父从人完胡困切。完也周書曰：朕實不明胡困切

俗 習也从人谷聲益也从人里聲一曰：安也从人單聲一曰：安也
俾 益也从人卑聲。俾門侍人升弼切
倪 俾也从人兒聲五雞切
億 安也从人意聲於力切

使 伶也从人吏聲疏士切。伶也从人吏聲疏士切。僕左右兩視从人癸聲其季切
傻 弄也从人叟聲有建伶縣郎丁切。益州人謂人曰
伶 弄也从人令聲益州人謂人曰：有建伶縣郎丁切。善也从人介聲

儷 棽儷也从人麗聲呂支切
傳 遽也从人專聲直戀切
倌 小臣也从人官詩目：命彼倌人从人官人古患切
价 善也从人介聲

(275) 人（亻）部

仔侔
徐俜
伸伹然
儇倍傿儹
儗偏俍儻
傏俯倓
佻僻
佃佝侊
伭伎侈
佁僬偽侸

《詩》曰：价人惟藩。古拜切。

仔，克也。从人子聲。呂不韋曰：有侁氏以伊尹媵女，古文以為訓字。送也。从人芥聲。臣鉉等曰：芥不成字，當从芥省。案勝字从朕聲，疑古者朕或音媵。以證切。

俆，緩也。从人余聲。似魚切。

俜，使也。从人甹聲。普丁切。

伸，屈伸。从人申聲。失人切。

伹，拙也。从人且聲。似魚切。

偄，人善弱也。从人从耎。奴亂切。

儗，僭也。一曰相疑。从人疑聲。魚己切。

傿，引為賈也。从人焉聲。於建切。

偏，頗也。从人扁聲。芳連切。

倍，反也。从人㕻聲。薄亥切。

儔，翳也。从人壽聲。直由切。

侜，有廱蔽也。从人舟聲。《詩》曰：誰侜予美。張流切。

倀，狂也。从人長聲。一曰什也。楮羊切。

俴，淺也。从人戔聲。慈衍切。

佃，中也。从人田聲。《春秋傳》曰：乘中佃一轅車。堂練切。

侊，小皃。从人光聲。《春秋國語》曰：侊飯不及一食。古橫切。

佻，愉也。从人兆聲。《詩》曰：視民不佻。土彫切。

僻，避也。从人辟聲。《詩》曰：宛如左僻。一曰从旁牽也。普擊切。

伭，急也。从人弦省聲。胡田切。

伎，與也。从人支聲。《詩》曰：鞫人伎忒。渠綺切。

侈，掩脅也。从人多聲。一曰奢也。尺氏切。

佁，癡皃。从人台聲。讀若騃。夷在切。

僬，僬僥也。从人焦聲。渠綺切。蚤聲。鮮遭切。

偽，詐也。从人為聲。危睡切。

人（亻）部

伺　儦　倡　俳
儜　儇　佚
俄　僎　御
傞　傲
侮　侮　俟　嫉　傷
俙　債　僵　仆
偃　傷　侑　侉
催　俑　伏
促　例　係
伐　俘　但

从人只聲。以彼切。

務也。从人句聲。苦候切。

傑 輕也。从人票聲。四妙切。

昌 樂也。从人昌聲。尺亮切。从人

俳 戲也。从人非聲。步皆切。

儜 善也。从人寧聲。堂演切。

俄 行頃也。从人我聲。詩曰仄弁之俄。五何切。

儳 儳互不齊也。从人毚聲。士咸切。一曰儳佚。忽也。

僎 喜也。从人舍聲。詩曰物大小不同謂之僎。余招切。

儇 儇利也。从人睘聲。許緣切。

御 徽御。受屈也。从人卸聲。

傞 醉舞皃。从人差聲。詩曰屢舞傞傞。素何切。

侮 傷也。从人每聲。文甫切。

僛 醉舞皃。从人娄聲。詩曰屢舞僛僛。去其切。輕也。

侮 古文侮。从母。

嫉 妬也。从人疾聲。秦悉切。輕也。从

傷 一曰交傷。訟面相是。从人寅聲。

俙 希聲。喜皆切。

債 僵也。从人賁聲。四問切。

僵 僵也。从人畺聲。居良切。

仆 仆頓也。从人卜聲。

偃 芳遇切。从人卜聲。

傷 僵也。从人昜聲。詩曰創也。从人昜聲。少羊切。

侑 刺也。从人肴聲。胡茅切。

侉 懵詞也。从人夸聲。痛也。从人甫聲。

催 相擣也。从人崔聲。詩曰催我倉回切。痛也。

俑 聲苦瓜切。比也。从人甬聲。力制切。

伏 司也。从人犬臣鉉等曰。今人从人从伺房六切。迫也。从人足聲。七玉切。潔束也。从人系。

促 司也。今人作伺房六切。迫也。从人足聲。七玉切。

例 比也。从人劉。聲紅切。又余隴切。

係 系也。从系。胡計切。

伐 擊也。从人持戈。一曰敗也。房越切。

俘 軍所獲也。从人孚聲。春秋傳曰以爲俘馘。芳無切。

但 傷也。从人旦聲。

(277) 人(亻)部

偏僂傝
仇儷咎仳
俗偉值佌
傳像
倦儕偶弔
佋傮儽(仙)
僰仚僥
倒佂件
侶侲倅傔

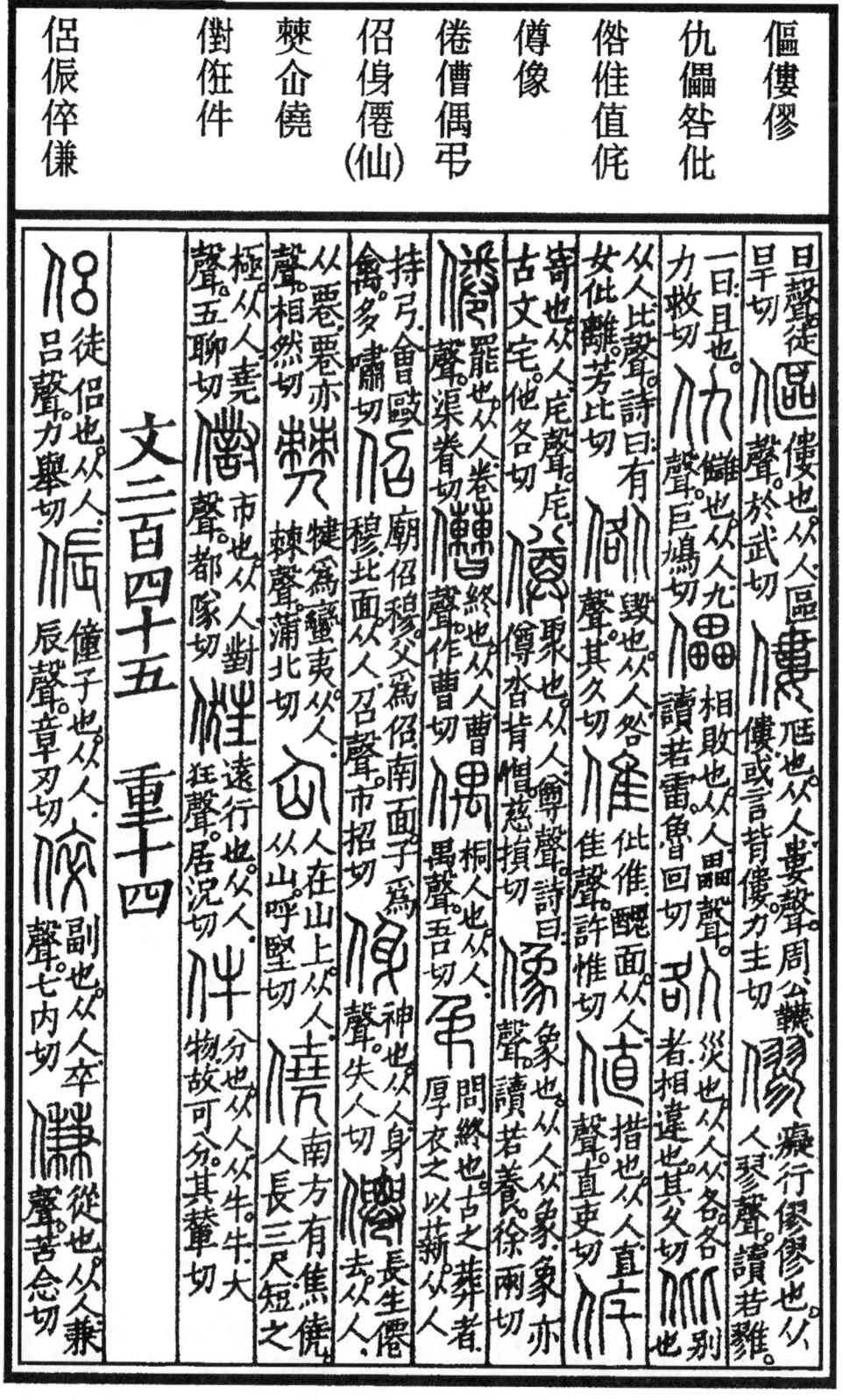

文二百四十五　重十四

匕（bǐ 音比）七（huà 音化）人（亻）部

偶儻俏倒　僧低債價　停儗伺　僧佇偵　七　毦真真　化　匕

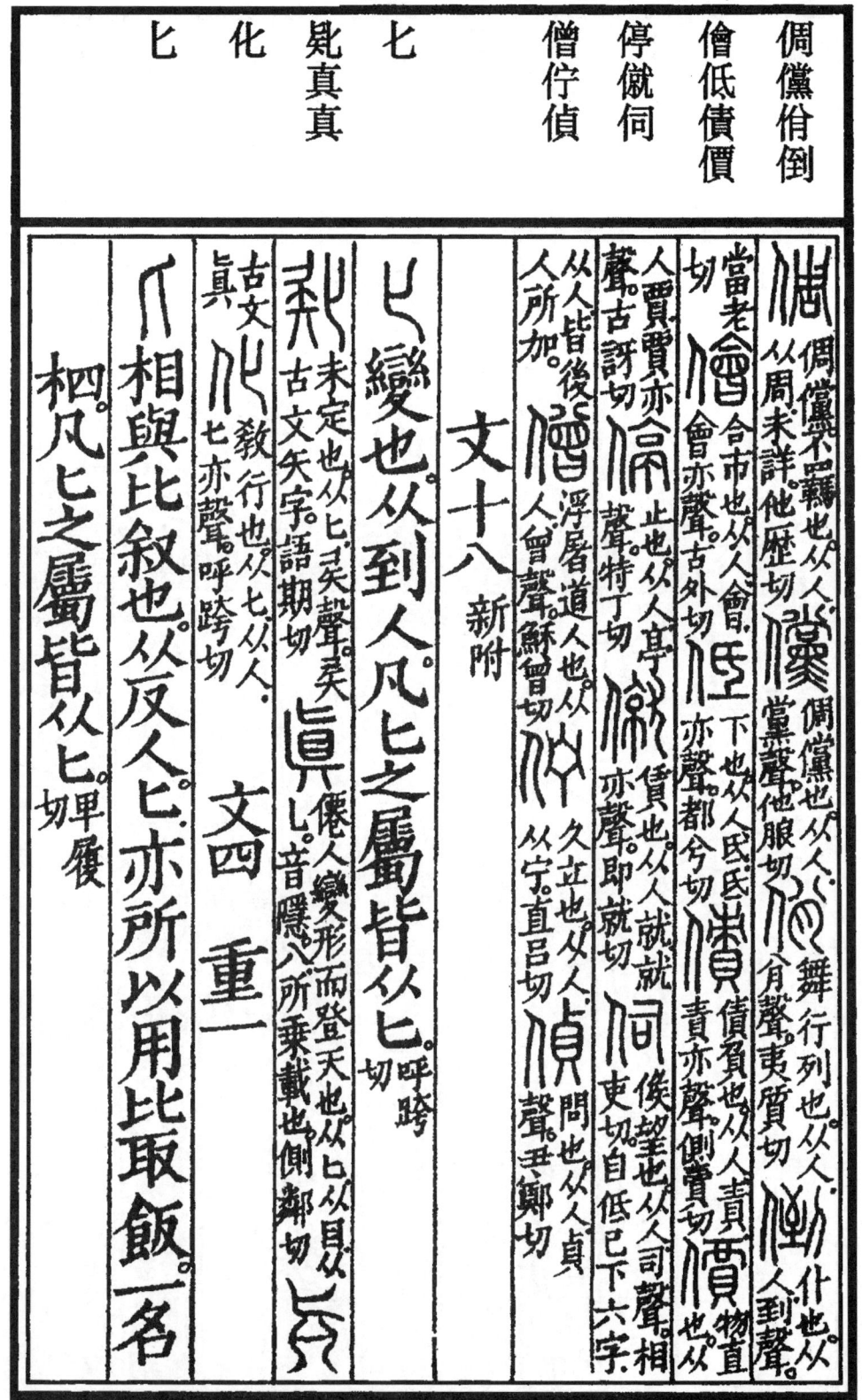

倜儻不羈也。从人。从周未詳。他歷切
倜儻儌也。从人。党聲。他朗切
舞行列也。从人。从什人到也。仆也。从人。
當老　儈合市也。从人會。會亦聲。他外切。會亦聲他外切。
低下也。从人氐。氐亦聲。都兮切
債債負也。从人。責聲。側賣切
價物直也。从人賈。賈亦聲。古訝切
停止也。从人。亭聲。特丁切
儗　俴人　从人就也即就切
伺候望也。从人司。司亦聲。相吏切。自低巳下六字。
僧浮屠道人也。从人。曾聲。穌曾切
佇久立也。从人宁。宁亦聲。直呂切
偵問也。从人貞。貞聲。丑鄭切

文十八　新附

𠤎變也。从到人。凡𠤎之屬皆从𠤎。呼跨切

化教行也。从匕从人。匕亦聲。呼跨切
古文化。

真仙人變形而登天也。从匕从目从乚。八所乘載也。側鄰切
古文真。
徦人戀形　古文矢字語期切

文四　重一

匕相與比敘也。从反人。匕亦所以用比取飯。一名
柶。凡匕之屬皆从匕。卑履切

（279）北比从匕部

匙　𠤕　歧　頃
　　　　卓　卓　艮
幽　卬　（卬）
冀　北　㐂　比　从
　　　毖　　　従　并

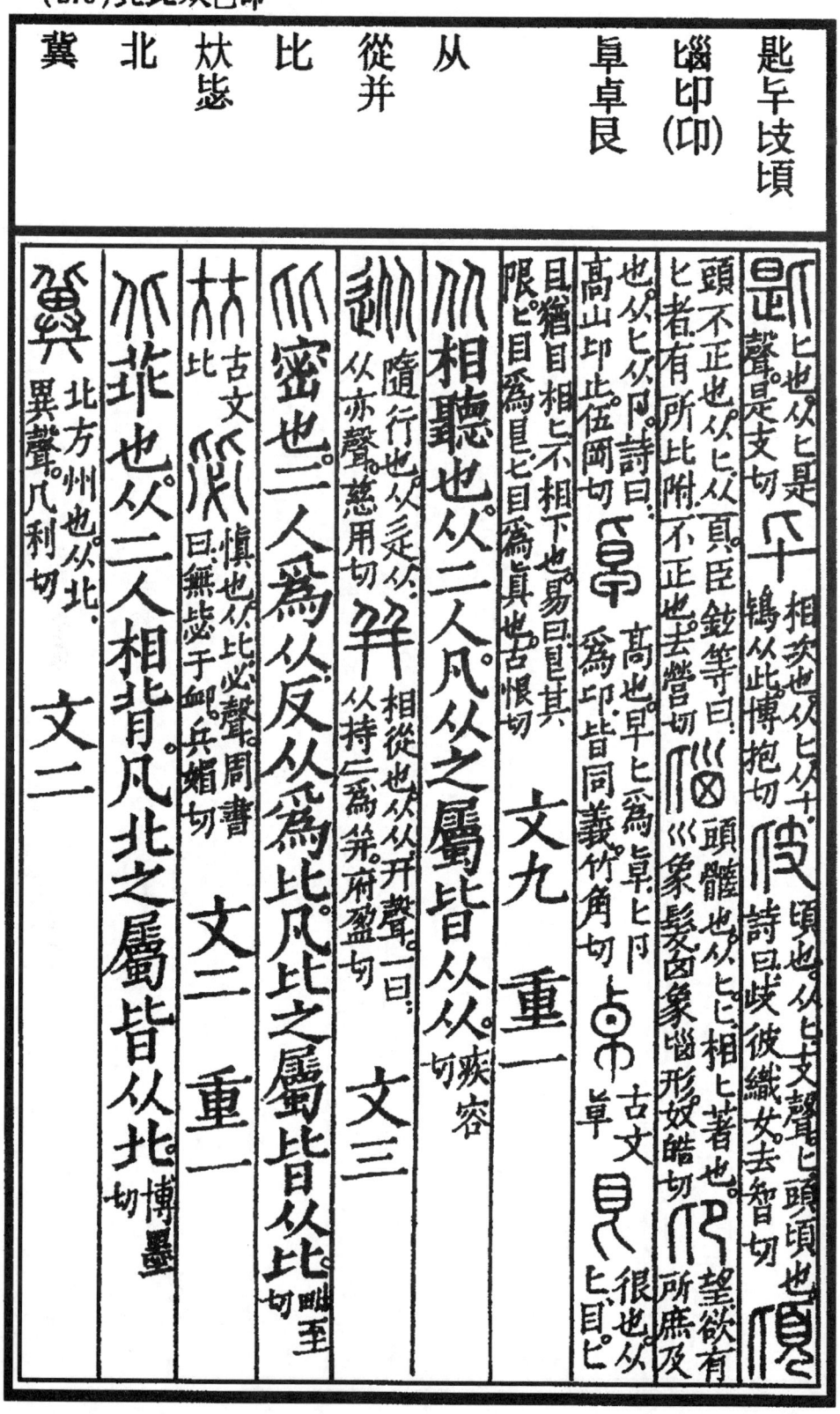

仯(yín 音寅)巫(qiǔ 音丘)部 （280）

罻　眔(衆)　似　屼　虛　岊　　　丘

巫土之高也非人所爲也从北从一一地也人居在
巫南故从北中邦之居在崐崘東南一曰四方
高中央下爲巫象形凡巫之屬皆从巫今隸變　去鳩切

岊　作
坓古文从土
丘古文

屼　大丘也崐崘丘謂之崐崘虛古者九夫爲井四井爲邑四邑爲丘丘謂之虛从丘虍聲臣鉉等曰今俗別作墟非是丘如切又朽居切

屼　反頂受水丘上从丘泥省聲奴低切
文三　重一

㐱　衆立也从三人凡㐱之屬皆从㐱讀若欽

釜　魚音切

眔　多也从目从㐱會也从㐱取聲邑落云聚才句切
衆意之仲切

罻　絲其冀切
㝊古文泉
文四　重一

眔　衆詞與也从乑自聲虞書曰泉各

（281）臥重壬部

壬
徵 敫 望
皇 望
重
量 量
臥（卧）
監 醫 臨 餐

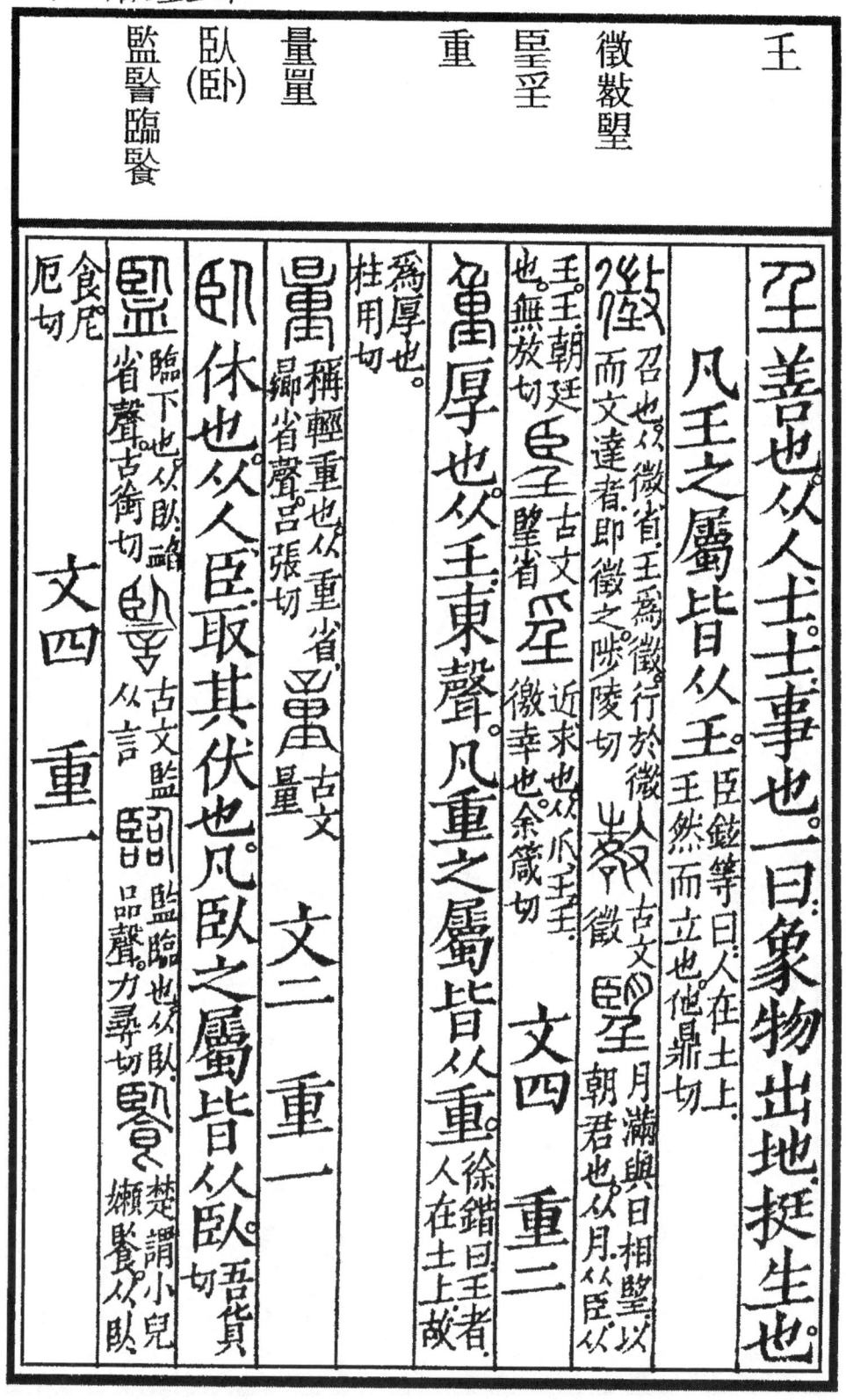

壬　善也。从人士。士、事也。一曰象物出地挺生也。凡壬之屬皆从壬。臣鉉等曰：人在土上也。王然而立也。他鼎切。

徵　召也。从微省、壬為徵。行於微而文達者、即徵之。陟陵切。古文徵。臣鉉等曰：壬、朝廷也。近求也。徵、𦍌省。徵、幸也。余箴切。

望　月滿與日相望、以朝君也。从月从臣从壬。壬、朝廷也。臣、取其伏也。无放切。

重　厚也。从壬東聲。凡重之屬皆从重。徐鍇曰：壬者、人在土上、故為厚也。柱用切。　文四　重二

量　稱輕重也。从重省、曏省聲。呂張切。量、古文量。　文三　重一

臥　休也。从人臣。取其伏也。凡臥之屬皆从臥。吾貨切。

監　臨下也。从臥、衉省聲。古銜切。古文監、从言。監、臨也。从臥品聲。力尋切。楚謂小兒、嬾。獺嬖、从臥。

餐　食、厄切。　文四　重一

衣月(yī音衣)身部 （282）

身　軀　月　殷　衣(衤)　裁衰(衰)襄　褕衫袗裛裵(裵)

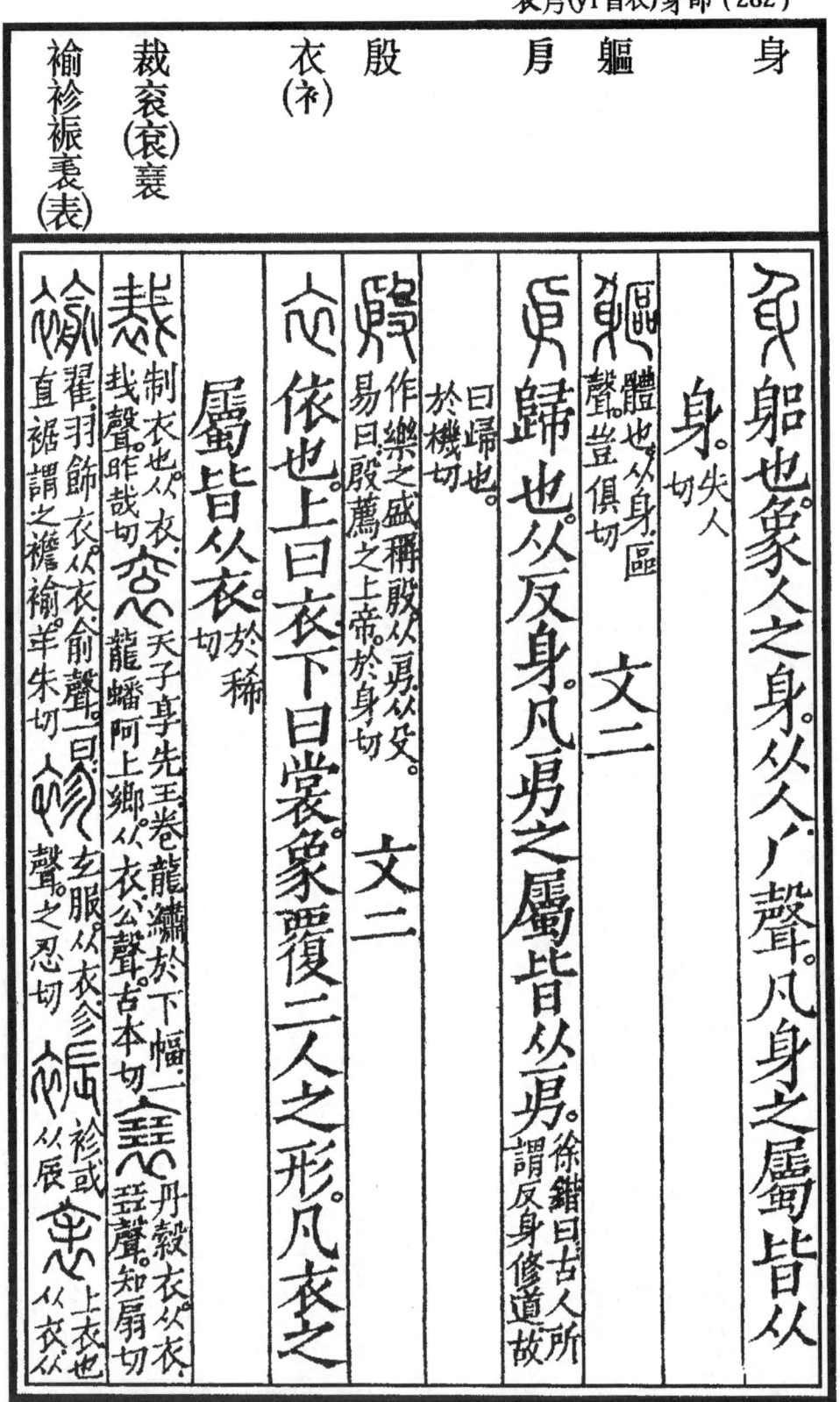

身　躬也。象人之身。从人ㄱ聲。凡身之屬皆从身。失人切

軀　體也。从身區聲。豈俱切　文二

㐆　歸也。从反身。凡㐆之屬皆从㐆。徐鍇曰古人所謂反身修道故曰歸也。於機切

殷　作樂之盛稱殷。从㐆从殳。易曰殷薦之上帝。於身切　文二

衣　依也。上曰衣下曰裳。象覆二人之形。凡衣之屬皆从衣。於稀切

裁　制衣也。从衣𢦏聲。昨哉切

衰　草雨衣。秦謂之萆。从衣象形。天子享先王卷龍繡於下幅一龍蟠阿上鄉。从衣公聲。古本切

襄　玄服。从衣㐱聲。之忍切　袗或从辰

褕　翟羽飾衣。从衣俞聲。一曰直裾謂之襜褕。羊朱切

衣部

襱　裏　褆　襪
襮　袏　褸
褮　褯　裣　褘
袚　襲
襱　袍　襽
襞　襘　褻
襟　袲
褒　袖　袂　裵

衣部

裵裒　襜袕衸　襌袉裾　衦裹襹　禠裪　襩袘褧　禐袑禤襃　褆襱裂　袳裔　齊袗袁褕

藏也。从衣鬼聲。一曰褱。褱臣鉉等曰：褱即裒字。裒臣鉉等曰：今俗作抱。

襃　衣博裾。从衣保聲。褒臣鉉等曰：今俗作襃讀。

袉　衣裒也。从衣它聲。衣裒也。从衣石聲。衣介也。

衸　衸衣蔽前。从衣行聲。非是抱與持同。薄保切。

袕　衣寒也。从衣亡聲。綺綺。朝服。裾紳。唐在切。

裾　衣袤省聲。居同九魚切。與居同九魚切。

襌　諸袳衣。从衣單聲徒各切。

裹　衣襃裾。从衣龍省聲。綺綺省聲。

褧　襹或从衣商聲。今俗別作褋。非是。綺上市沼切。

禤　衣博也。从衣尋聲。他感切。

禐　載衣之裾也。从衣爰聲詩曰：載衣之裾。

禠　衣厚褆褆也。从衣是聲。杜兮切。

襱　衣厚也。从衣農聲詩曰：衣錦褧衣。

褆　縫也。从衣叔聲。

裂　衣襩也。从衣列聲。一曰背。新衣聲。一曰背。

袳　衣張也。从衣多聲。春秋傳曰：何彼襛矣。

袗　玄服。从衣㐱聲。一曰帛也。从衣石聲。

袁　長衣兒。从衣袁省聲。

裔　衣裾也。从衣冏聲。古文裔。

褕　短衣也。从衣俞聲。

齊　禾麥吐穗上平也。象形。

(285) 衣部

袒補襧褫	衧裂袈	裕襞	裨袥褖褕(雜)(雜)	袾袒	袒褻衷	裛被衾褹	袷襌襄	褐褻襦褊	褢裏(褻)

傳曰:有空襃。重衣皃。从衣執聲。巴郡有襃江縣。徒用切。長衣見。从衣非聲。臣鉉等案漢書。襃都僚切

襩。讀若蜀。市玉切。短衣也。从衣蜀聲。斷聲。竹角切。一曰:襤衣。从朱切

衣至地也。从衣需聲。漢令解衣耕謂之襄。从衣㕞聲。息良切

衣小也。从衣合聲。古洽切。衣無絮。从衣宛聲。短衣也。从衣扁聲。方沔切

寢衣長一身有半。从衣皮聲。平義切。大被。从衣今聲。去音切。飾也。从衣集聲

衣中絹謂春秋傳曰:靜女其袾。从衣朱聲。詩曰:私服。从衣質切。臣鉉等曰:熱省乃得聲私列切

接益也。从衣半聲。一曰:詩曰:是紲袢也。讀若普博慢切。好佳也。从衣。詩曰事好也。从衣且聲才

裏衣也。从衣中聲。日皆裛其袥服。咄弓切。五彩相會。从衣集聲

衣物饒也。从衣谷聲。易曰:有孚裕無咎。羊孺切。卷衣也。从衣辟聲。臣鉉等曰:衣襞積如

裛合。衣也。从衣。切。摩展衣也。从衣。干聲。古案切。繪餘也。从衣。劉聲。良辭切。衣女加切

辨也。必益切。衣。从衣。奴。袯衣也。从衣辞聲。女加切。裂衣也。从衣

衣縫解也。从衣。旦聲。丈莧切。完。衣也。从衣。甫聲。博古切。袨。衣純。亦聲。豬几切

衣部 (286)

贏裸裎　裼袞襐　擷祛褿裝(裝)　裹袌齌袌　褊褐　褸裺袞　裒卒褚製　袚襚衻　祝袋　祂襄

奪衣也。从衣虒聲。讀若池。直离切。

贏　但也。从衣，贏聲。呈聲丑郢切。

裸　但也。从衣果聲。郎果切。裸或曰呈聲。丑郢切。

裎　但也。从衣呈聲。丑郢切。

裼　但也。从衣，易聲。先擊切。

袞　褧衣也。从衣，牙聲。似嗟切。

襐　飾也。从衣象聲。讀若相狎。胡結切。

擷　以衣衽扱物謂之襭。从衣吉聲。胡結切。

祛　衣袂也。从衣去聲。一曰袪褱衣。去魚切。昨牢切又七刀切。

褿　帳也。从衣曹聲。昨牢切。从衣，齊。

裝　裹也。从衣壯聲。側羊切。

裹　纏也。从衣果聲。古火切。

袌　褱也。从衣，勹聲。薄保切。

齌　豎使布長襦。从衣豆聲。常句切。一曰頭褿。一曰粗衣。編枲衣。編枲韤。於業切。

袌　衣至地也。从衣冘聲。依撿切。

褊　衣小也。从衣扁聲。方沔切。

褐　編枲襪。一曰粗衣。胡葛切。

褸　衽也。从衣婁聲。力主切。

裺　褗謂之襭。从衣奄聲。依撿切。

袞　州里所載衣。从衣，象形。穌禾切。

裒　衣有題識者。藏没切。

卒　隸人給事者衣爲卒，卒衣有題識者。臧没切。子律切。

褚　卒也。从衣者聲。一曰裝衣。丑呂切。

製　裁也。从衣从制。征例切。

袚　蠻夷衣。从衣犮聲。北末切。

襚　衣死人也。从衣遂聲。春秋謂之襚。徐醉切。贈終者衣被曰襚。

衻　鬼衣。从衣炎省聲。讀若靄。他卧切。

祝　傳曰楚使公親襚。讀若襜。中。

袋　囊也。从衣代聲。徒耐切。

祂　讀若雕。都僚切。

襄　漢令解衣耕謂之襄。从衣㱙聲。式連切。車溫也。从衣延聲。式連切。

衻　女其袨之。讀若延聲式連切。

裾　以組帶馬也。从衣居聲。詩曰葛藟縈之。一曰若靜女其袾之。靜於巹切。

衻　衣从馬。奴鳥切。

文二百二十六　重十一

裘　老裘衣部

祓衫襖
裘　鬷
老
求　鬷
耆（耋）耊耆耇
耆　耇
壽考孝

盛服也从衣玄聲黃絢切　〇衣也从衣〓聲所衛切　襖〇衣也从衣奧聲烏皓切　裘屬从衣奧
文三新附

褱皮衣也从衣求聲一曰象形與裘同意凡
裘之屬皆从裘　巨鳩切
文二重一

求古文裘

鬷求衣裹也从裏鬲聲讀若擊擖革切　省衣

老考也七十曰老从人毛匕言須髮變白也凡
老之屬皆从老　盧皓切

耆年八十曰耋从老至徒結切
年九十曰〓从老蒿省莫報切
老人面凍梨若垢从老句聲古厚切
老人面如點处也从老省占聲
老人行才相逮从老
老也从老省〓聲渠脂切　讀若耿介之耿丁念切

省易省行象讀若樹常句切
久也从老省〓聲殖酉切
老也从老省丂聲苦浩切
善事父母者从老省

毳(cui 音翠)毛部 （288）

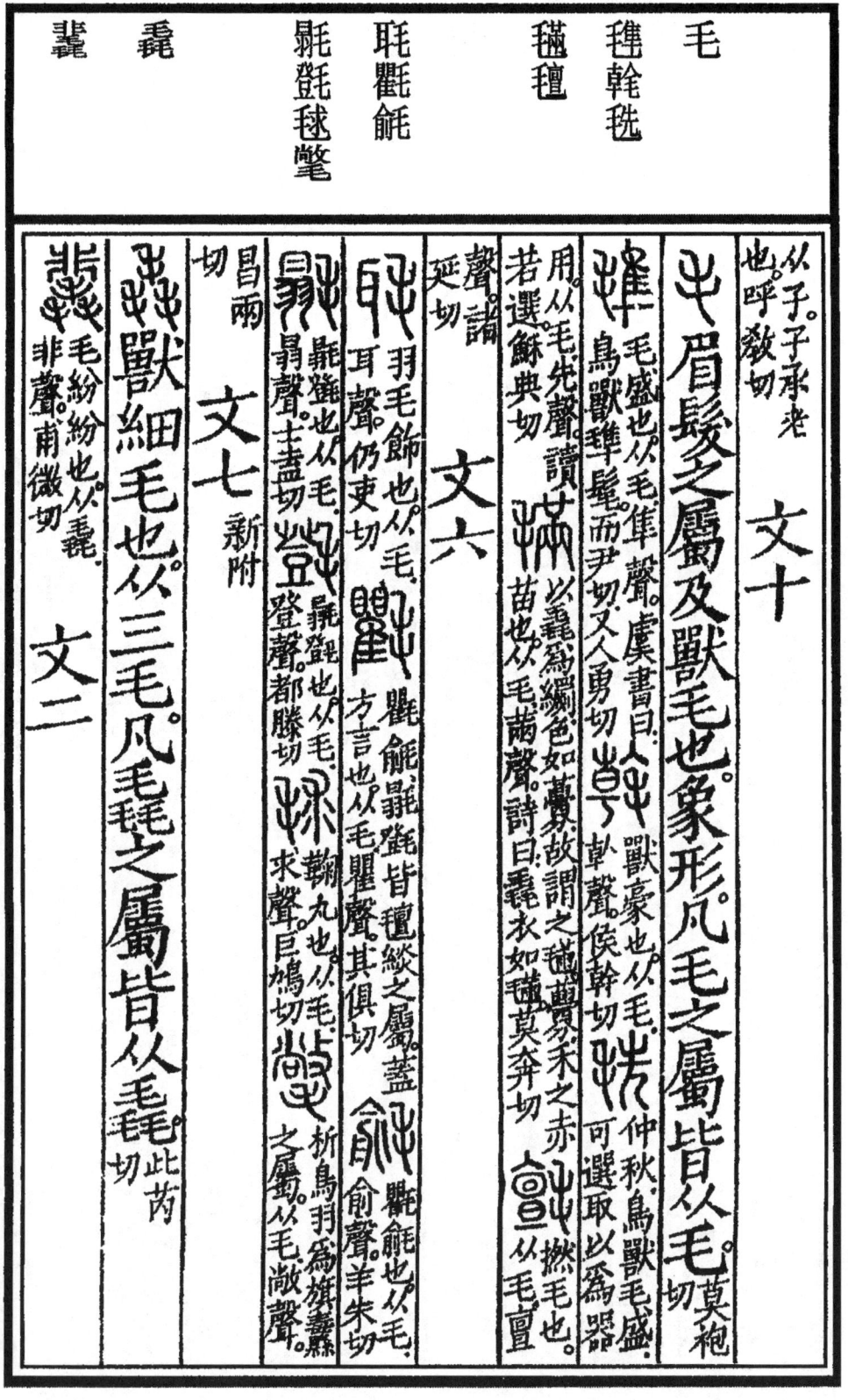

（289）尸部

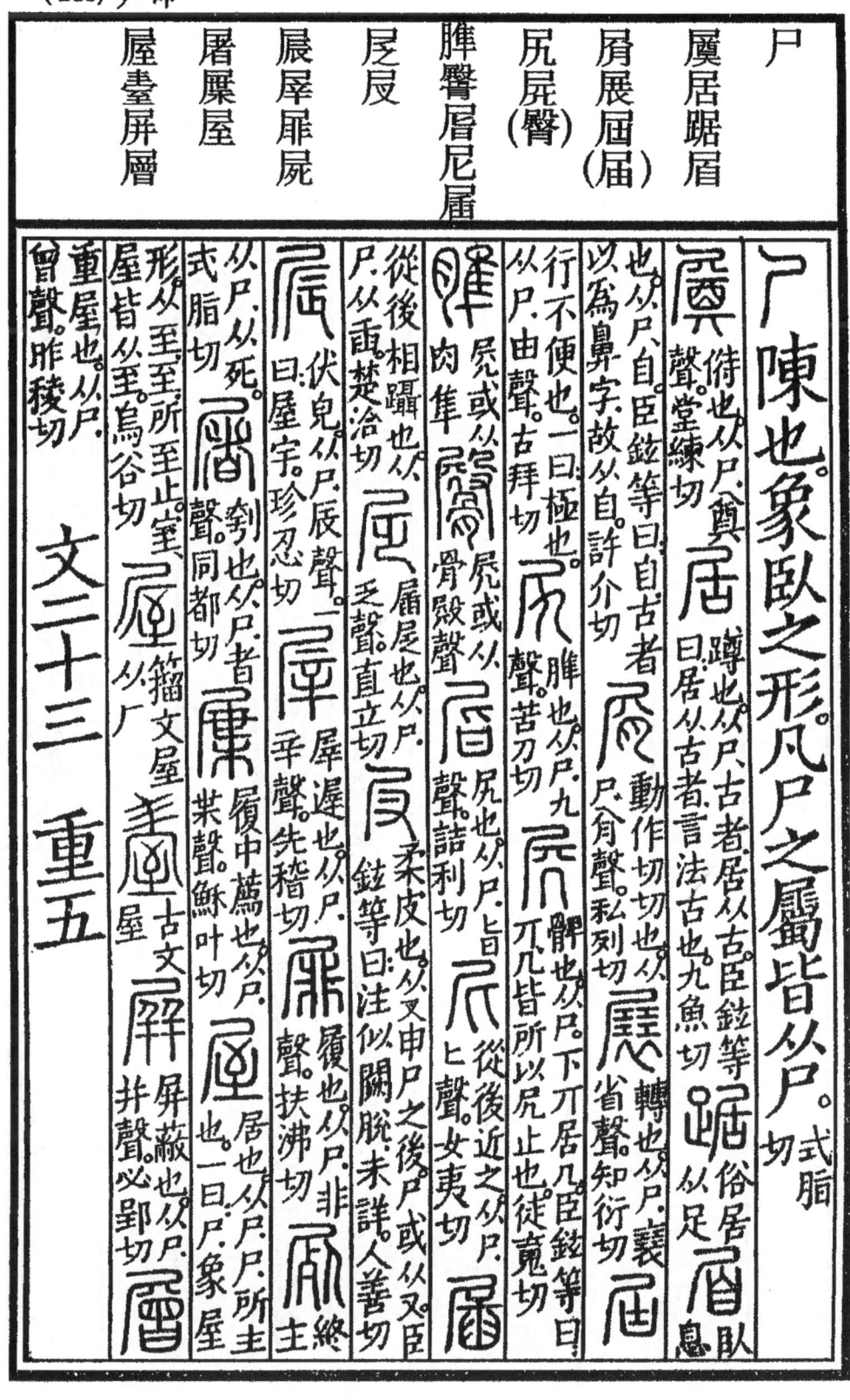

尸 陳也。象臥之形。凡尸之屬皆从尸。式脂切

屟 俆也。从尸。貝聲。堂練切

居 蹲也。从尸古者。居从古者，言法古也。九魚切 踞 俗居从足。

眉 楣也。从尸。眉聲。

屆 行不便也。从尸。由聲。古拜切。一曰極也。

屈 動作切切也。从尸。辵聲。私列切 屜 轉也。从尸。襄聲。知衍切

脾 髀也。从尸下丌居几。几凥皆所以凥止也。徒寬切
臋 髀也。从尸下丌居几。臋或从肉隼。臋或从骨殿聲。

尻 𦞠也。从尸。九聲。苦刀切
屍 𡱪也。从尸从旨。旨亦聲。詰利切

尼 從後近之。从尸。匕聲。女夷切
屆 從後相躡也。从尸。辵聲。直立切

尾 微也。从到毛在尸後。無匪切
屖 遲也。从尸。辛聲。先稽切

屎 柔皮也。从申尸之後尸或从又。鉉等曰。注似關脫。未詳。人善切
屚 屋宇。从尸。辰聲。珍忍切。一曰屋宇。式脂切

屏 覆也。从尸。非聲。扶沸切 屚 屋穿水下也。从尸。从雨在尸下。盧后切

屖 刳也。从尸者聲。同都切 屎 糞也。从艸。胃省。尾聲。式視切

屍 屋穿水下也 屏 屏蔽也。从尸。并聲。必郢切

屋 居也。从尸。尸所主也。一曰尸象屋形。从至。至所止室也。烏谷切 𡱲 籒文屋从厂 𡲦 古文屋

層 重屋也。从尸。曾聲。昨棱切

文三十三　重五

屚

數也。案今之屚字本是屚空字。此
字後人所加从尸。未詳。上羽切

文一 新附

說文解字第八上

賜進士及第山東等處督糧道兼管德常臨清倉事務加三級孫星衍重校刊

光緒歲在閼逢涒灘國子監肄業生吳縣朱記榮校刊

(291) 尾尺部

尾咫　　　　　尺

說文解字第八下　　　　漢太尉祭酒許氏記

銀青光祿大夫守右散騎常侍上䕶國東海縣開國子食邑三百戶臣徐鉉等奉

敕校定

尺，十寸也。人手卻十分動脉為寸口。十寸為尺。尺所以指尺規榘事也。从尸从乙。乙所識也。周制寸尺咫尋常仞諸度量皆以人之體為法。凡尺之屬皆从尺。昌石切

咫，中婦人手長八寸謂之咫。周尺也。从尺只聲。諸氏切

文二

尾，微也。从到毛在尸後。古人或飾系尾西南夷亦然。凡尾之屬皆从尾。隸變作尾。無斐切

屬屈尿　履　顊履屨屝　舟　䑞展　俞船彤舳　舮削　䑩朕(朕)舫

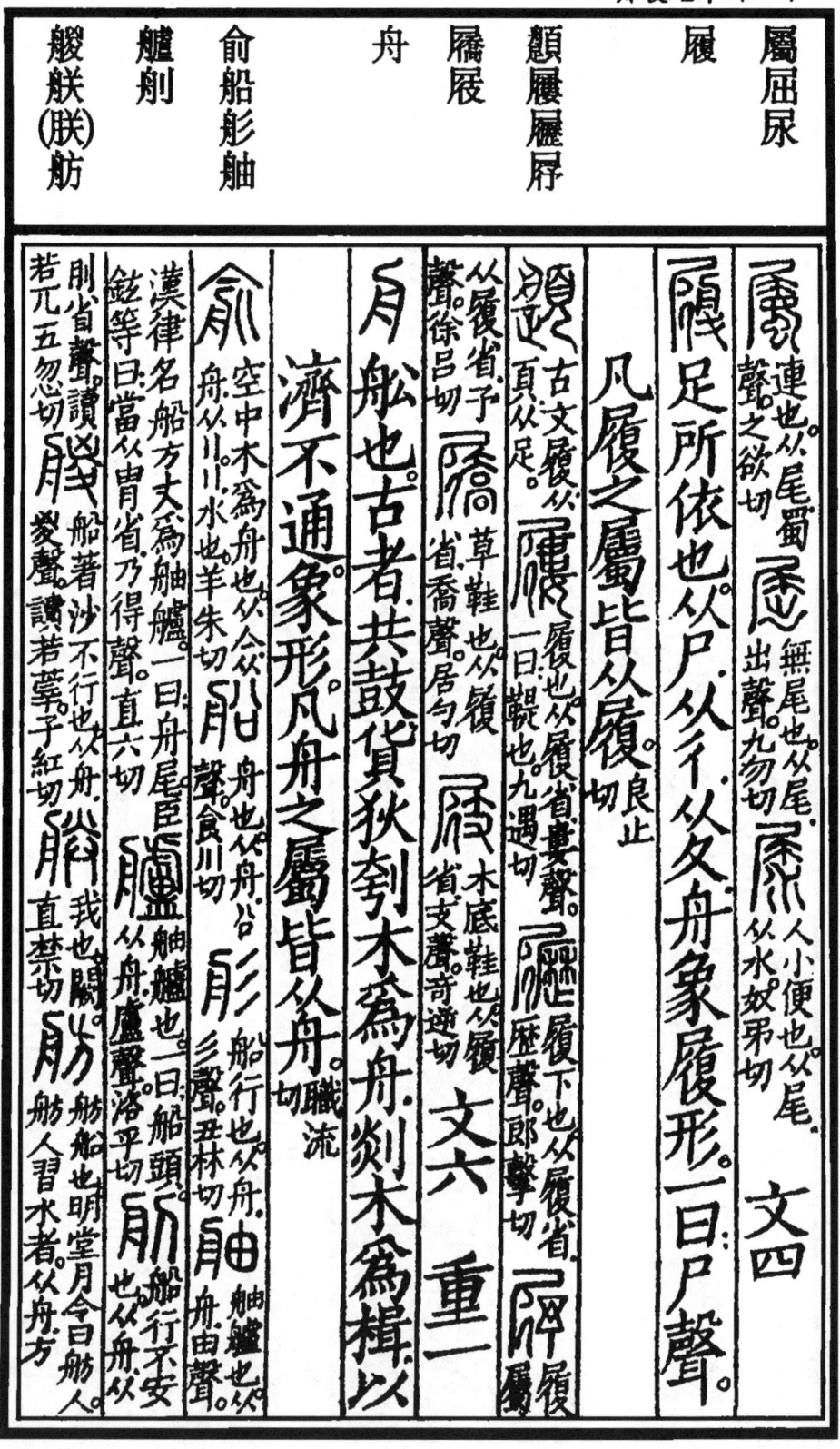

屬　連也从尾蜀聲之欲切

屈　無尾也从尾出聲九勿切

尿　人小便也从尾从水奴弔切

文四

履　足所依也从尸从彳从夂舟象履形一曰尸聲。良止切

凡履之屬皆从履

顊　古文履从頁从足。

屨　履也从履省婁聲。一曰鞮也。九遇切

屝　履屬。賤者履也从履省支聲奇通切

展　木底鞋也从履省喬聲居勺切

聲。徐呂切

文六　重一

舟　船也古者共鼓貨狄刳木爲舟剡木爲楫以濟不通象形凡舟之屬皆从舟。職流切

俞　空中木爲舟也从亼从舟从巜水也羊朱切

船　舟也从舟㕣聲。食川切

彤　船行也从舟彡彡亦聲。丑林切

舳　舳艫也从舟由聲。漢律名船方長爲舳艫。一曰舟尾。直六切

舮　舳艫也一曰船頭从舟盧聲洛平切

削　船著沙不行也从舟刖省聲讀若掔凶我也閼直禁切

䑩　船行不安也从舟从戈讀若兀五忽切

朕　我也闕直禁切

舫　船師也明堂月令曰舫人習水者从舟方

(293) 儿方舟部

般般服　朡　舸艇艅艎　方　汸斻　儿

聲。甫妄切

般〔古文般〕辟也。象舟之旋。从舟从殳。殳令舟旋者也。北潘切

般 古文般从攴

服 用也。一曰車右騑所以舟旋。从舟㞋聲。房六切

朡 古文服。从人

文十二　重三

艁 舟也。从舟可切

小舟也。从舟。

艇 小舟也。从舟廷聲。徒鼎切

艅 舟名。从舟余聲。經典通用餘。以諸切

艎 舟名。从舟皇聲。胡光切

文四　新附

方 併船也。象兩舟省總頭形。凡方之屬皆从方。府良切

汸 方或从水

斻 方舟也。从方亢聲。禮天子造舟。諸矦維舟。大夫方舟。士特舟。臣鉉等曰今俗別作航非是。胡郎切

文二　重一

儿 仁人也。古文奇字人也。象形。孔子曰儿在下。故詰屈。凡儿之屬皆从儿。如鄰切

兀兒允　兌充　兄　競（競）　兂　簪兓　皃　貌貌覍臾　弁

兀，高而上平也。从一在儿上。讀若敻。五忽切。

兒，孺子也。从儿，象小兒頭囟未合。汝移切。

允，信也。从儿㠯聲。余準切。

兌，說也。从儿㕣聲。臣鉉等曰：㕣，古文兖字，非聲，當从兊省。大外切。

充，長也，高也。从儿育省聲。昌終切。

文六

兄，長也。从儿从口。凡兄之屬皆从兄。許榮切。

兢，競也。从二兄。二兄，競意。从丰聲。讀若矜。一曰兢，敬也。居陵切。

文二

兂，首笄也。从儿匕象簪形。凡兂之屬皆从兂。側岑切。

簪，俗兂从竹从朁。

兓，兓兓，銳意也。从二兂。子林切。

文二　重一

皃，頌儀也。从人白象面形。凡皃之屬皆从皃。莫教切。

貌，皃或从頁豹省聲。

䫉，籀文皃从豹省。

文二　重一

弁，冕也。周曰覍，殷曰吁，夏曰收。从皃象形。皮變切。

覍，覍或从廾。上象形。字。或覍。

文二　重四

(295) 秃先兜 (gǔ音古) 部

穨(頹)　　禿　兟　　先　兜　　兂

兂 麗蔽也。从人。象左右皆蔽形。凡兂之屬皆从兂。讀若瞽。公戶切

兜 兜鍪首鎧也。从㦰从兒省。兒象人頭形也。當侯切

先 前進也。从人从之。凡先之屬皆从先。臣鉉等曰之人上是先也。蘇前切

文二

兟 進也。从二先。贊从此闕。所臻切

文二

禿 無髮也。从人上象禾秀之形。取其聲。凡禿之屬皆从禿。王育說蒼頡出見禿人伏禾中因以制字。未知其審。他谷切

穨 禿皃。从禿貴聲。杜回切

文二

見部 （296）

見

視 眮 眠 覷 覤	覰 覵 親 覞	現 覞 觀	覉 尋	覽 親 覠 覰
親 覴 覩	覘 覤 規	覩 覵 覬	觀 覷 覬 覨	

見、視也。从儿从目。凡見之屬皆从見。古甸切

視、瞻也。从見、示。眡古文視。眂亦古文視。神至切

覞、好視也。从見委聲。於為切

覜、察視也。从見祭聲。五計切

覿、求視也。从見氐聲。讀若池郎計切

親、好視也。从見大聲。讀若運王問切

覯、外博衆多視也。从見票聲。洛戈切

覽、笑視也。从見芺聲。力玉切

覩、見也。从見者聲。讀若鐮力閻切

覓、讀若鑣附袤切

覰、觀也。从見吅聲。亦古文觀。古玩切

古文觀

覜、視也。从見監聲。盧敢切

覘、內視也。从見占聲。顯也。觀一曰拘也。未致。丁含切

親、至也。从見親聲。七四切

覯、遇見也。从見冓聲。古后切

覣、司也。注目視也。从見甚聲。丁含切

覘、窺視也。从見占聲。春秋傳曰公使覘之信敕豔切

覘、下視也。从見甚聲。春秋傳曰公使覘之。渠追切

覷、闚視也。从見占聲。春秋傳曰公使覘之。爾雅曰覭髳弗離莫經切

親、內視也。从見丙聲。方小切

覩、暫見也。从見占聲。春秋公羊傳曰覜見之。春秋公羊傳曰覩生失。弗切

然公子陽生失弗切

覤、病人。

覯、讀若憚附袤切

覞(yào 音要)見部

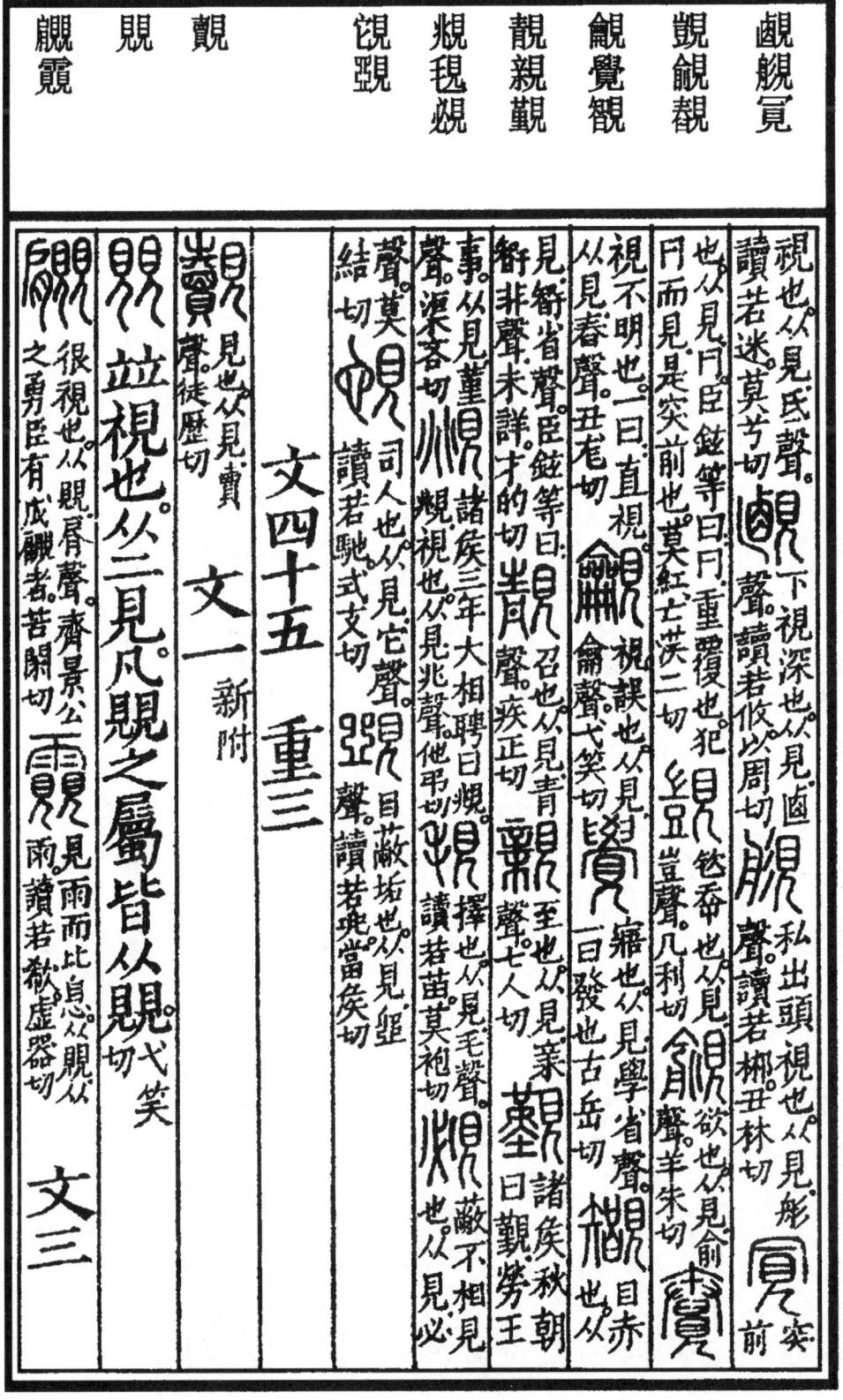

欠部 （298）

欠

钦	繼	歖	吹
欨	歔	歌	歈
歊	歈	歟	
欯	歔	歇	
歡	欣	弞	款
歌	謌	歁	歍
歔	嗽	欥	
欯	歔	歊	欻

欠。張口气悟也。象气从人上出之形。凡欠之屬皆从欠。

欠。去劍切

欠皃。从欠金聲。

欠皃。从欠臣聲。洛官切

一曰笑意。从欠昌聲。昌垂切

喜也。从欠吉聲。許吉切。銚等案口部已有吹

欠句聲。況于切。欠句聲。

吹也。一曰笑意。从欠虛聲。欠虛聲。

吹气也。从欠，出气也。从欠出聲。溫吹也。从欠昷聲。烏沒切

翕气也。从欠合聲。虛業切

安气也。从欠。奄聲。以諸切。奄聲以諸切

笑喜也。从欠喜聲。許其切

龠樂也。从欠龠聲。苦管切

気息也。一曰气越泄。从欠曷聲。許謁切

欠引省聲。許乞切。一曰气有所欲也。从欠。惡式忍切

笑不壞顏曰欯。从欠斤聲。許斤切

欠引也。从欠气。意有所欲也

歡呼官切。而猶塞歖歖然也。苦管切

臣鉉等曰歖塞意。有所欲

希也。从欠奈聲。奈聲

詠也。从欠哥聲。古俄切。蜀聲。古俄切

余聲。

欠氣引之也。从欠气聲居气切。口氣不便。言曰居气谷

歌也。从欠哥聲。讀若車輇切市緣切

若吐也。从欠烏聲。哀都切。歔也。从欠烏聲。一

口氣引也。从欠端聲。俗歔从口从就聲。才六切

歖也。从欠才六切

口相就。哀都切。欠皃从欠求聲。怒然也。从欠求。孟子曰曾西

含笑也。从欠含聲。令嚴正嚴切。人相笑相歜皃从欠虚聲以支切

欠歊气出皃从欠虎聲以支切

高歊气出皃从欠高亦聲許嬌切

欠部

歂歆歟
歅鸂歅
欷歒歐歔
歔歐歔漱
歊歊糗
漱欣鱻歃
軟歃欨
欨歉歖
欧歀歜歃
歜妳

有所吹起从欠炎
聲。讀若忽許物切

欿欿戲笑見从欠。

欱欱气出見从
欠欱气余招切

欿吹也从欠。
蕭聲詩曰
其歔也詞臣鉉等案口部此重出。
籀文嘯字此重出。蘇弔切

其歔也詞。臣鉉等案口部
此重出。蘇弔切

吟也从欠鸂聲。籀文歅。

盛气怒也从欠此聲。詩曰
戒切又烏開切

歔也从欠鹵聲。讀若香衣
切居切。省聲。尺玉切

歔从欠渴。所謂也从欠歎省聲。讀
聲若欠葛切若叫呼之叫古弔切

歂欠緘聲古咸切。欠緘聲春秋傳曰歒而忘山洽切

監持意口閉也从欠辰
聲。指而笑也从欠。

歔也从欠甾聲。讀若蠻時忍切。吮也从欠束聲所角切。

他舍切。歔也从欠合聲。
呼合切。食不滿也从欠
讀若坎苦感切。从欠
昆干不可知也从欠其
欲得也。从欠八切

聲讀若食臣鉉等案
傅曰歒而忘山洽切。歔食不滿从欠
兼聲。苦簟切。食不滿也从欠
咽中息。不利也从欠骨聲。烏八切

歡也从欠因
聲乙冀切。嘆也也从欠玄聲。苦蓋切。从欠籤聲許壁切。縮鼻也从欠翕聲丹
欠骨聲。烏八切

陽有歙縣。
許及切。吧鼻也从欠咨聲。讀若愁見从欠幼聲臣鉉等案：
欠合字或作歔此重出。

爾雅曰歟狺短脈於糾切口部
此重出。

次（xián 音闲）歠欠部　（300）

欪吹次

㾕歔欺歄

歟

㱃（飲）

余倉歠映

次

㳄

㳄㳄羡㳄

盗（盗）

於蚓切　欪欪無賦。二曰無腸意。从欠曰曰亦聲。

欠出聲。讀若丑律切。　詮詞也。从欠从曰。一曰亦聲。余律切。

詩曰歔求厥寧。　古文歔。康聲苦岡切。

飢虛也。从欠。　詐欺也。从欠其聲。去其切。

不精也。从欠。　神食气也。从欠。

晉聲許今切　歌也。从欠倉聲。切韻云巴歈歌也。案史記渝水之人善歌舞。漢高祖采其聲。後人因加此字。羊朱切。

文六十五　重五

歊也。从欠會聲。凡歠之屬皆从歙。於錦切。

文一　新附

古文歠。从今水。　歠也。从欠會聲。凡歙之屬皆从歙。

啜也。从欠酓聲。凡飲之屬皆从飲。　古文飲。从今食。　歠也。从欠歙省。　歠或从口从史。昌說切。

文二　重三

慕欲口液也。从欠从水。凡㳄之屬皆从㳄。敘連切。

次或从侃。　籒文㳄。　次　貪欲也。从次从羡省。羨呼之。㳄聲。羡文王所拘羑里似面切。

文四　重二

讀若移。以支切。　私利物也。从㳄次。欲皿者。徒到切。　盗欲皿者。徒到切。

(301) 旡（jì音记）部

旡

旤 㱂

㱇 歈食气屰不得息曰旡从反欠凡旡之屬皆

从旡。居未切今變隸作旡。

㱂 古文旡并惡驚詞也从旡咠聲讀若楚人名多夥乎果切

㱂 事有不善言㱂也。爾雅㱂薄也从旡。

京聲。臣鉉等曰今俗隸書作㦬力讓切

文三 重一

說文解字第八下

賜進士及第山東等處督糧道兼管德常臨清倉事務加三級孫星衍重校刊

光緒歲在閼逢涒灘國子監肄業生吳縣朱記榮校刊

《字学举隅》

清龙启瑞撰。仿《干禄字书》、《佩觿》等之例，据《说文》六书及功令通用字体订正讹俗，分辨似、正讹等目，科举时代，奉为字书之圭臬。

注：此页原版为空白，编者增图。

(303) 頁部

頁

頭　顏　顏　頌

額　碩　顱　顋　顛

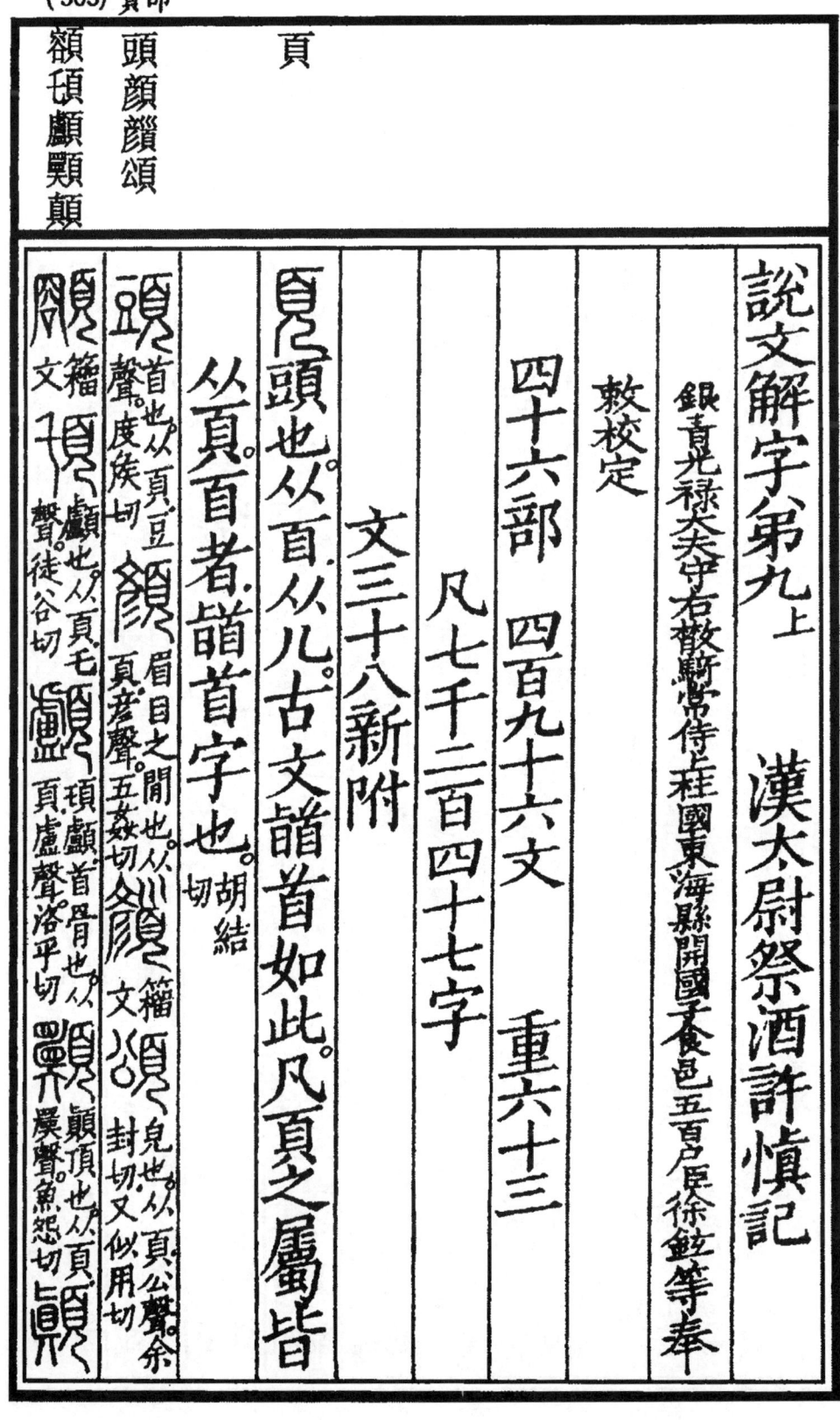

說文解字第九上　　漢太尉祭酒許慎記

銀青光祿大夫守右散騎常侍上柱國東海縣開國子食邑五百戶臣徐鉉等奉

敕校定

四十六部　四百九十六文

凡七千二百四十七字　　重六十三

文三十八新附

頁　頭也。从𦣻从儿。古文𩠐首如此。凡頁之屬皆从頁。𦣻者，𩠐首字也。胡結切

頭　首也。从頁豆聲。度矦切

顏　眉目之間也。从頁彦聲。五姦切。䫀，籀文。

頌　皃也。从頁公聲。余封切，又似用切。𩠰，籀文。

額　顙也。从頁各聲。五陌切

碩　頭也。从頁石聲。常隻切

顱　䫌顱，首骨也。从頁盧聲。洛乎切

顋　頭頂也。从頁眞聲。都年切

顛　頂也。从頁眞聲。𩕳，籀文从𥄕。

頁部　（304）

頂贇顲顙
題頟頷鬫
頯頰熲頢頷
顤頸領項
煩傾碩頷
頯頹顡
顝頪顳頢
頟贅頔
顥顭頛頑

頂，顚也。从頁丁聲。都挺切。𩒐，或从鼎，籀文。

顚，頂也。从頁真聲。都年切。

顙，額也。从頁桑聲。蘇朗切。

題，額也。从頁是聲。杜兮切。

頟，顙也。从頁各聲。五陌切。臣鉉等曰：今俗作額。

頷，面黃也。从頁含聲。胡感切。

顄，頤也。从頁圅聲。胡男切。

頤，顄也。从頁臣聲。渠追切。

頸，頭莖也。从頁巠聲。居郢切。

領，項也。从頁令聲。良郢切。

項，頭後也。从頁工聲。胡講切。

頜，顄也。从頁合聲。胡感切。

煩，熱頭痛也。从頁从火。附袁切。

傾，頭不正也。从人从頁。頁亦聲。去營切。

碩，頭大也。从頁石聲。常隻切。

顒，大頭也。从頁禺聲。《詩》曰：其大有顒。魚容切。

顤，高長頭。从頁堯聲。五弔切。

頯，顴也。从頁九聲。渠追切。

頰，面旁也。从頁夾聲。古叶切。𩔉，籀文。

顩，面不正也。从頁欽聲。魚檢切。

頵，頭頵頵大也。从頁君聲。於倫切。

顳，大頭也。从頁厎聲。讀若《詩》「螽斯」。

顥，白首皃。从頁从景。胡老切。

顢，大面也。从頁莫聲。莫佩切。

贅，顙也。从頁敖聲。五到切。

頔，大頭也。从頁眡聲。讀若魁。苦骨切。

顡，癡顡不聰明也。从頁豈聲。五怪切。

頛，頭傾也。从頁未聲。郎丁切。

頑，㮯頭也。从頁元聲。五還切。

（305）頁部

頤顡頢　頤頯頷頴　頠頸顧　順眕䶓　頓煩　俛頤頟頢　顚頯頯　頜顡　顝顉

蘇　小頭蘇蘇也从頁枝聲讀若規又己惹切

顡　小頭也从頁昬聲讀若悵切

頤　短面也从頁肉聲五活切又

頢　頭閑習也从頁舍聲胡感切

頷　面黃也从頁含聲胡感切不

頴　禾末也从頁聲讀若委切

頸　頭莖也从頁巠聲語切

頠　正也从頁委聲于反切廷聲他挺切

頤　舉頭也从頁支聲詩曰有頍者弁上弭切

䶓　内頭水中也从頁臾聲烏沒切又面

頓　下首也从頁屯聲都困切

煩　頭痛也从頁从火一曰焚省聲附袁切

頤　頭頵頲也从頁員聲職緣切

頵　頭大也从頁君聲謹兒从職緣切

顚　頂也从頁眞聲謹兒都年切

頯　顏色頦頦也从頁弅聲慎事也从頁奜省聲之忍切

鍥　頭項也从頁金聲春秋傳曰迎于門

頄　頰後也从頁九聲又曰頯頄許玉切

頤　頭也从頁委聲于反切

順　理也从頁从川食閏切

眕　顏色頦頦也从頁弅聲慎事也从頁奜省聲之忍切

䶀　低頭也从頁逃省太史卜書頦仰字如此楊雄曰人面頰頭者逃之兒故从逃省

頤　低頭也从頁金聲一曰頭

彰麟　頦麟也从頁弅省聲

顧　舉目視人兒从頁从人兒

頤　舉頭也从頁臣聲式忍切

頵　低視人也从頁豈聲旨善切倨視人也从頁豈聲旨善切

頟　白兒从頁景聲南山四顥白首人也臣鉉等曰天白顥顥

頤　頭也从頁爭聲詩曰好人顚顚妍也从頁開省聲讀若開

頜　頭髮少也从頁喿省聲讀若翩所謂顥首疾正切

頫　頭頰頄也从頁出聲吉聲胡結切讀又若骨之出切

頤　頭娠也从頁爭聲讀又若骨之出切

䫜　大醜兒从頁鬼聲附表切

顡　好兒从頁爭聲讀若扁樊聲附表切

頤　日月之光明白也胡老切

顝　頭鬢少髮也从頁骨聲苦骨切頭鬢少髮也从頁骨聲

頉　周禮數首顝�‘脛苦閑切頭鬢少髮也从頁

臣鉉等曰从翩聲又讀若翩則是古今異音也王矩切

顉　謹莊皃从頁魚豈切

百（shǒu 音守）頁部　（306）

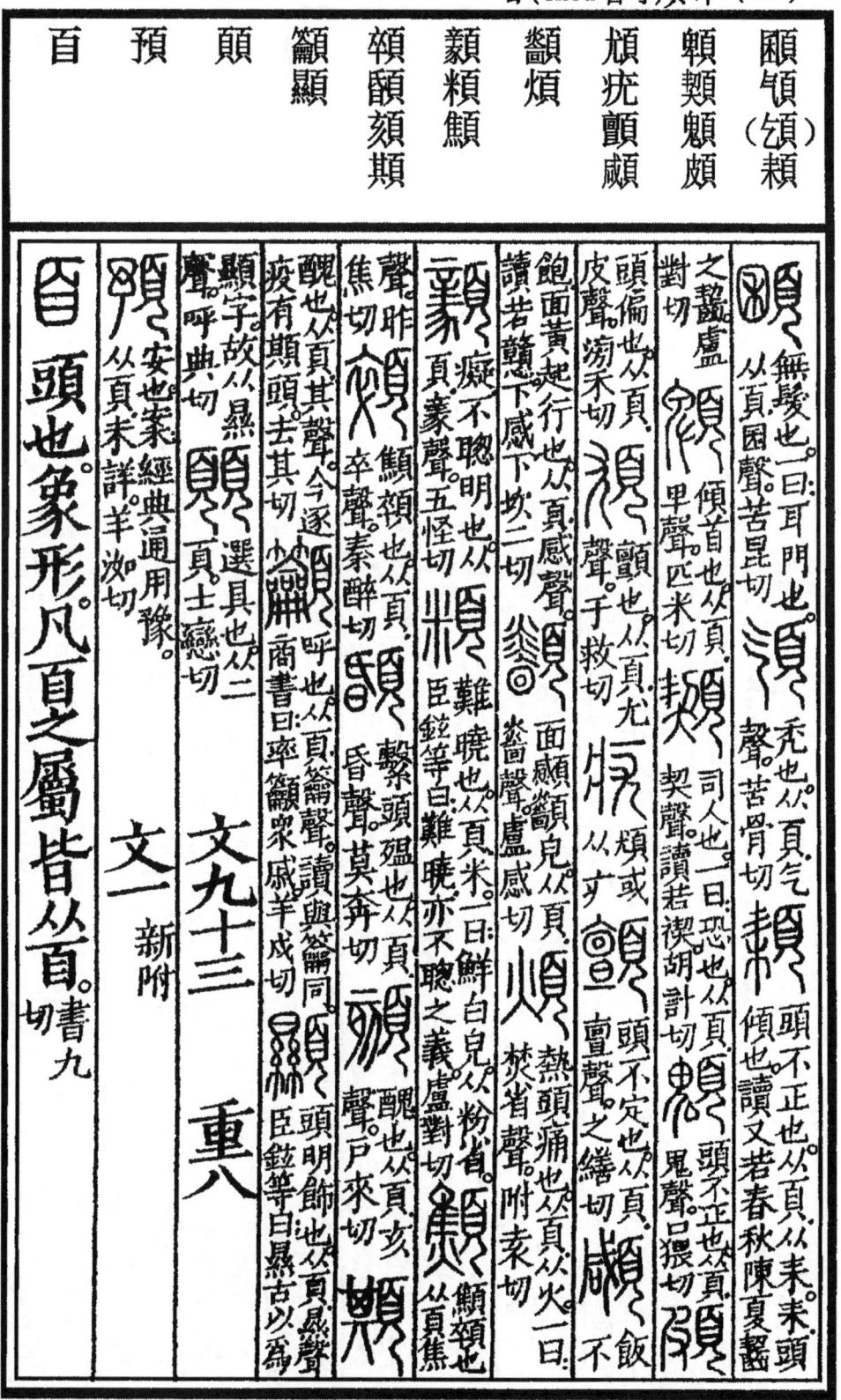

顝 頷（頜） 顇
頓 頯 頍 頟
頙 煩 顀 頾
頟 煩
頟 頰 頾
頌 頣 頢
籲 顯
頨
預
百

百，頭也。象形。凡百之屬皆从百。書九切

文九十三　重八

預，安也。案經典通用豫。从頁未詳。羊洳切

文一　新附

(307) 㒵（jiāo 音交）晉丏面部

脜
面（面）
覥酺靦
首丏醫
旨醬劅
㬬（㬬）

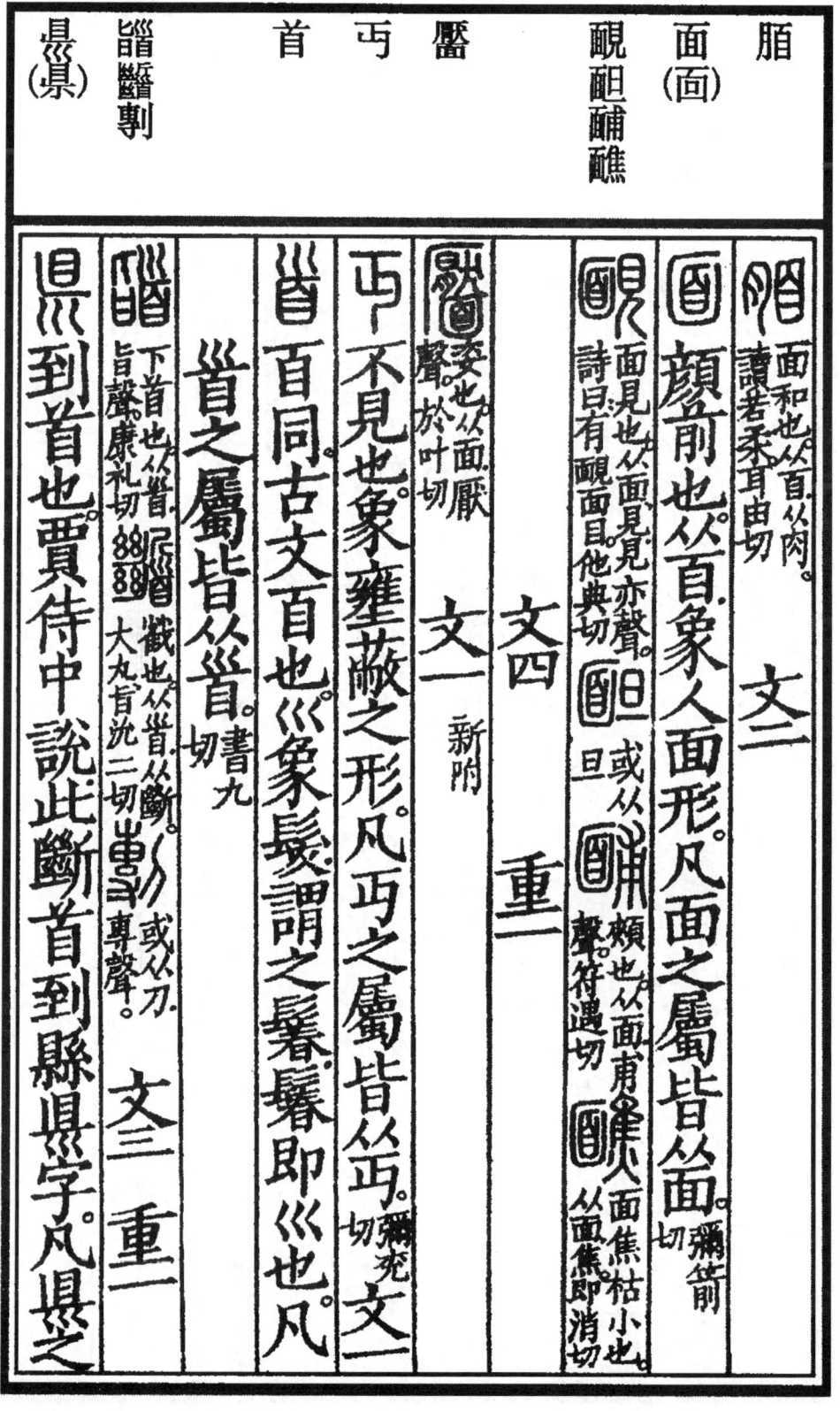

脜　面和也从首从肉。讀若柔耳由切

面　顔前也从首象人面形凡面之屬皆从面。彌箭切　文三

覥　面見也从面見見亦聲。詩曰有靦面目他典切
靦　或从旦。
酺　頯也从面甫聲。符遇切
醮　面焦枯小也从面焦即消切　文四　重一

醫　姿也从面厭聲。於叶切　文一　新附

丏　不見也象雍蔽之形凡丏之屬皆从丏。彌兖切　文一

首　百同古文百也从巛象髮謂之鬊鬊即巛也凡首之屬皆从首。書九切

旨　下首也从首从斷。陟𨋏切　或从刀。
　　截也从首从斷。大九旨沈二切　專聲。

㬬　到首也賈侍中説此斷首到縣㬬字凡㬬之

彡（shān 音山）須髟部　（308）

字頭索引

縣（縣）

須

頯　頿　頓

額

彡

形　彣　鬚　修

弱

彰　彫　彣　皇

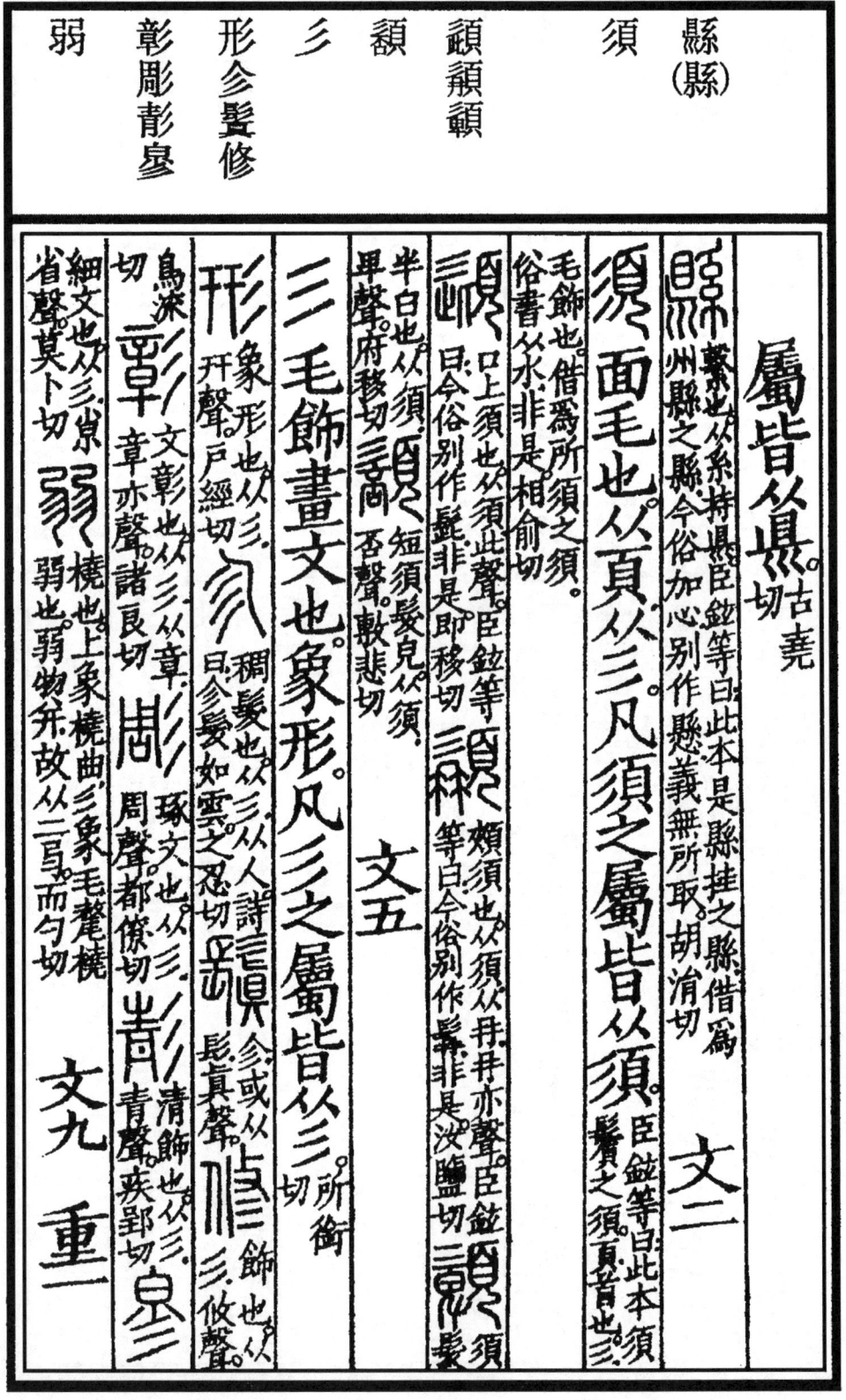

屬皆从㬎。古堯切

縣，繫也。从系持縣。臣鉉等曰：此本是縣挂之縣，借爲州縣之縣。今俗加心別作懸，義無所取。胡涓切

須，面毛也。从頁从彡。凡須之屬皆从須。臣鉉等曰：此本須鬢之須，頁音也。相俞切　文二

毛飾也。借爲所須之須。俗書从𣫍，非是。相俞切

頿，口上須也。从須此聲。臣鉉等曰：今俗別作髭，非是。即移切

頯，頰須也。从須从冄，冄亦聲。臣鉉等曰：今俗別作髯，非是。汝鹽切

頓，短須髮兒。从須。…聲。府移切　三　頯　頿

…卑聲。敷悲切

半白也。从須从兒。从須。…敷悲切

彡，毛飾畫文也。象形。凡彡之屬皆从彡。所銜切

文五

三　毛飾畫文也。象形。凡彡之屬皆从彡。所衡切

稠髮也。从彡从人。詩曰：彡彡或从𢁘。飾也。从彡从人。珍𦞠切

形，象形也。从彡从开。戶經切

彰，文彰也。从彡从章，章亦聲。諸良切

彫，琢文也。从彡周聲。都僚切

彣，清飾也。从彡青聲。倉經切

皇，清飾也。从彡青聲。疾郢切

鳥喙切

文，文章也。从彡从文。无分切

細文也。从三泉。省聲。莫卜切

弱，橈也。上象橈曲，彡象毛氂橈弱也。弱物并，故从二㚇而勺切

文九　重一

彡文彣(wén 音文)部

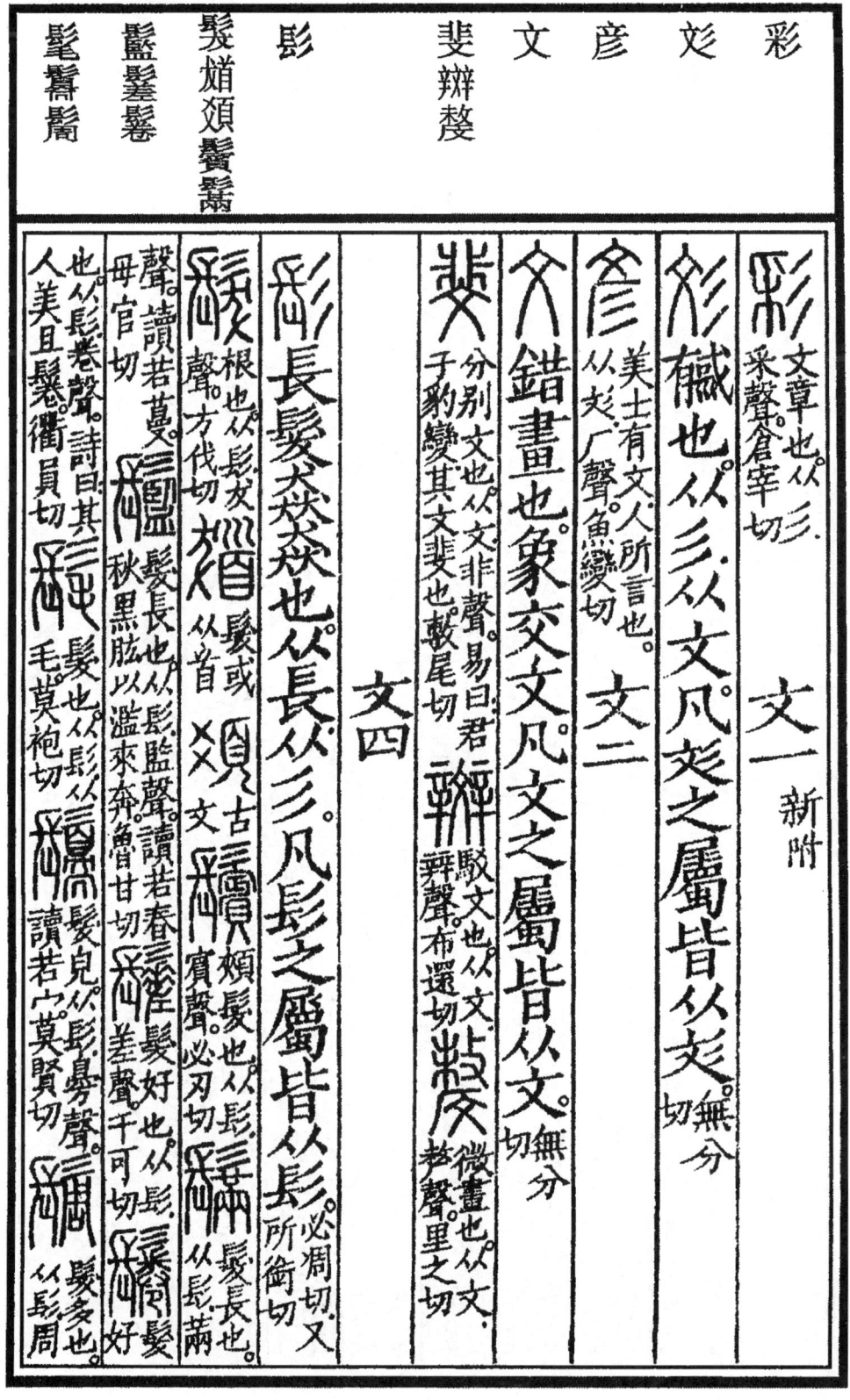

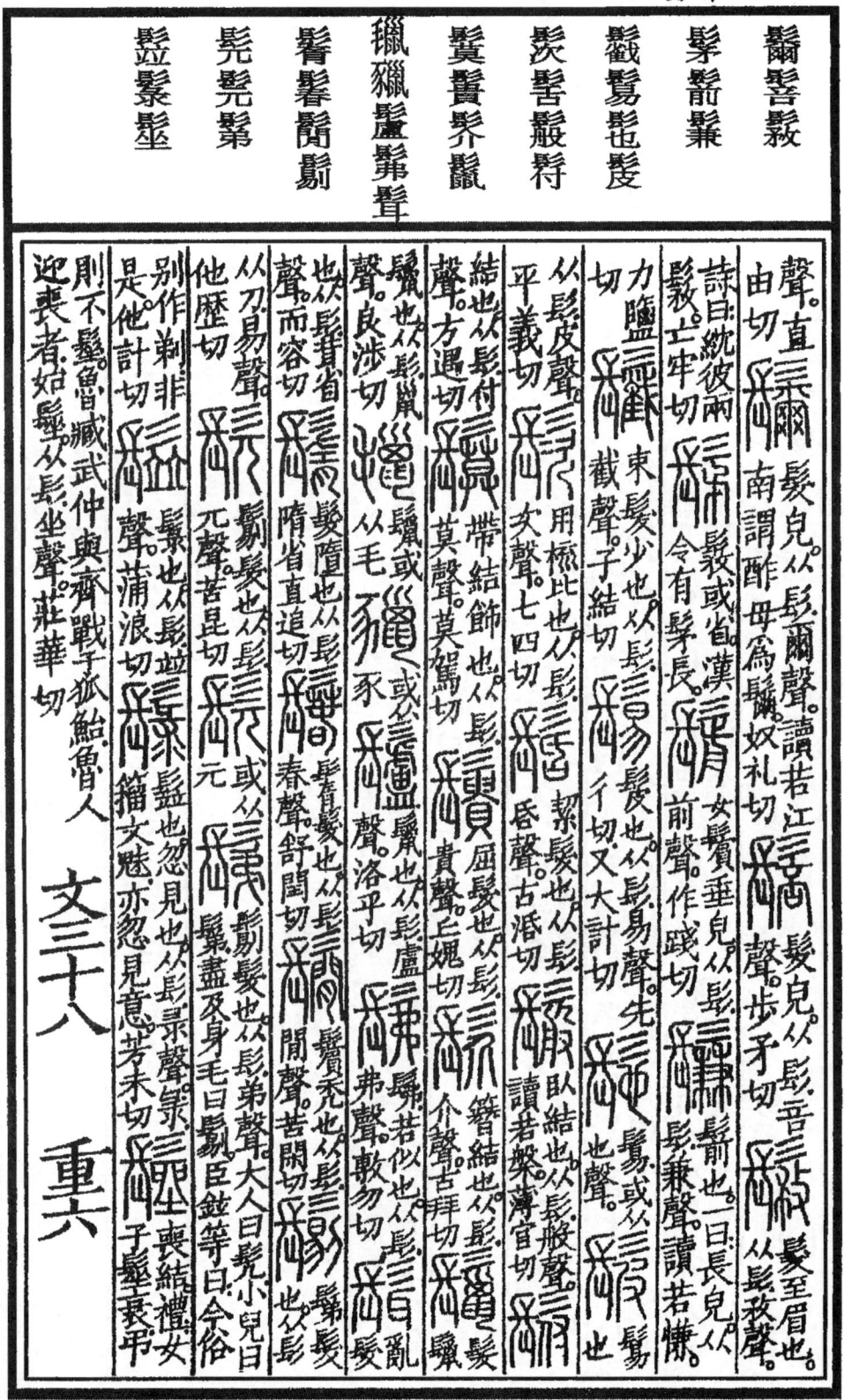

文三十八　重六

(311) 厄司后部

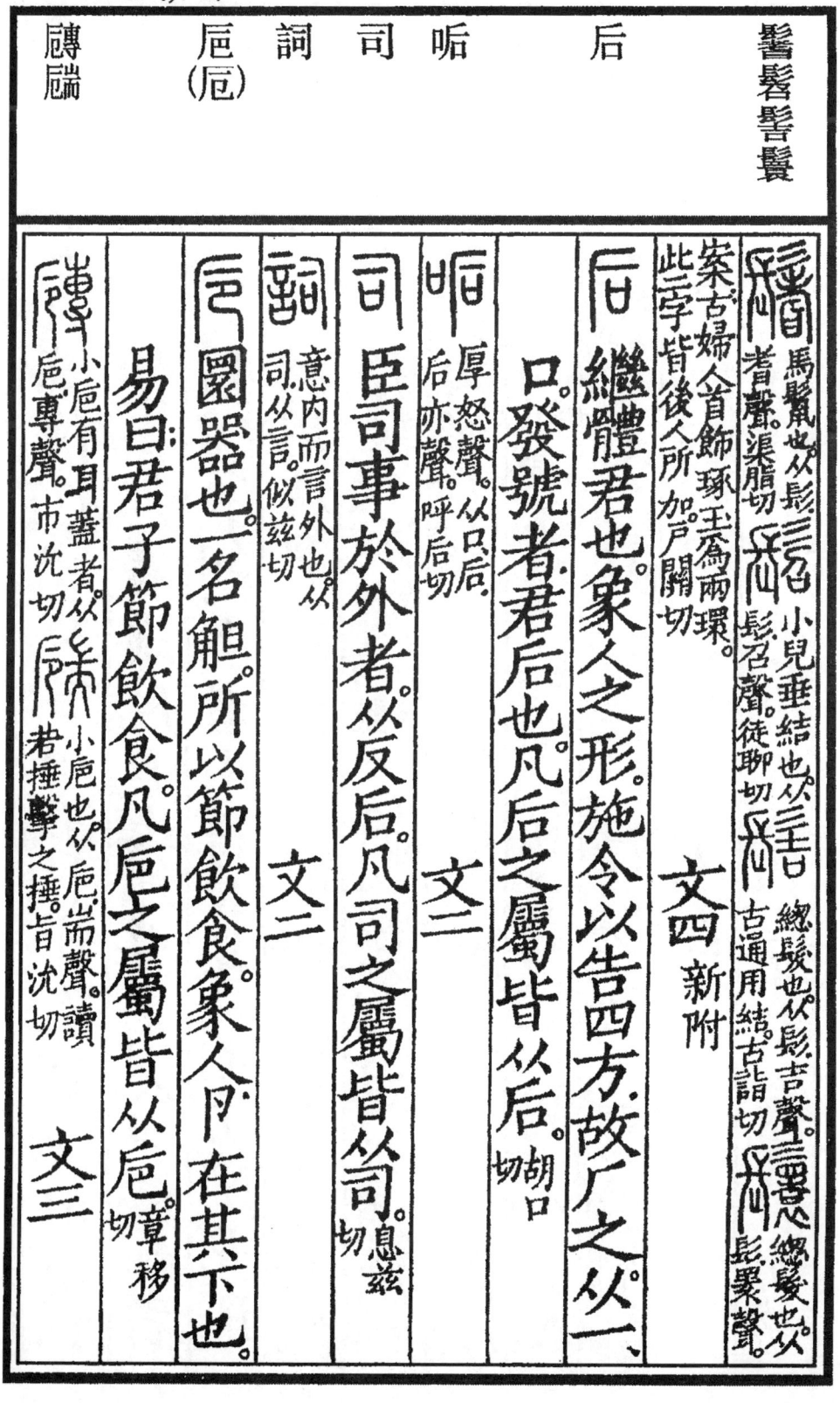

卩

令　卽　卲
卿　卲　厄
　　卻　卷
　　卸　卹
　　卩　卩
印

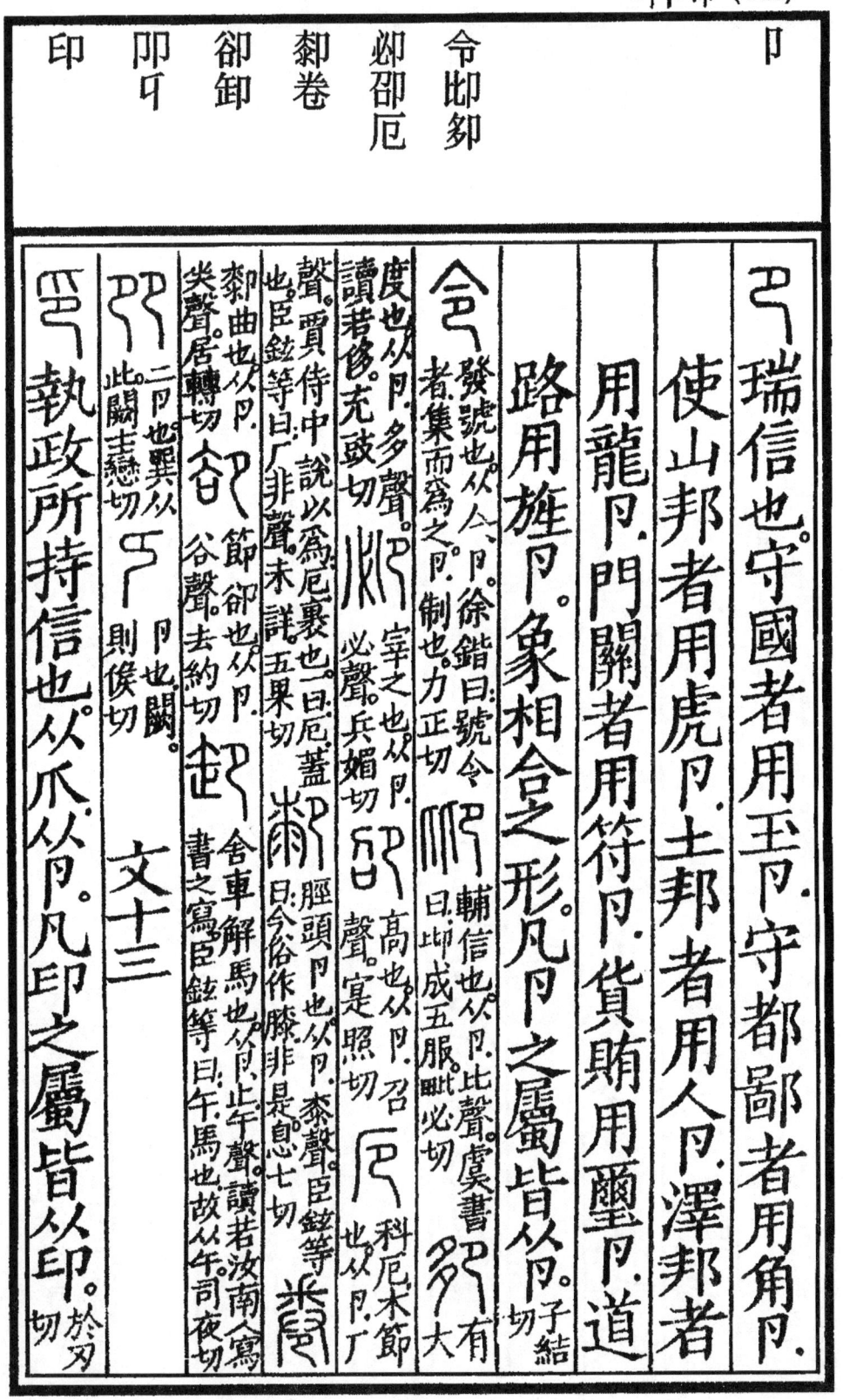

卩　瑞信也。守國者用玉卩，守都鄙者用角卩，使山邦者用虎卩，土邦者用人卩，澤邦者用龍卩，門關者用符卩，貨賄用璽卩，道路用旌卩。象相合之形。凡卩之屬皆从卩。子結切

令　發號也。从亼卩。徐鍇曰：號令者集而爲之。卩，制也。力正切

卲　輔信也。从卩比聲。虞書曰：卲成五服。毗必切

卲　高也。从卩召聲。寔照切

卶　度也。从卩多聲。讀若偂。充弋切

厄　科厄，木節也。从卩厂聲。賈侍中説以爲厄裹也。一曰厄蓋也。五果切

卷　膝曲也。从卩𢍏聲。居轉切

卻　節卻也。从卩谷聲。去約切

卸　舍車解馬也。从卩、止、午。讀若汝南人寫書之寫。臣鉉等曰：午，馬也，故从午。司夜切

卩　二卩也。巽从此。闕。則候切

印　執政所持信也。从爪从卩。凡印之屬皆从卩。於刃切

文十三

(313) 勹(bōo 音包)辟卯色部

归 扚（抑）
色
艴 艵 艴
卯
卿
辟
臂 嬖
勹
匊 匍 匐 匊 菊

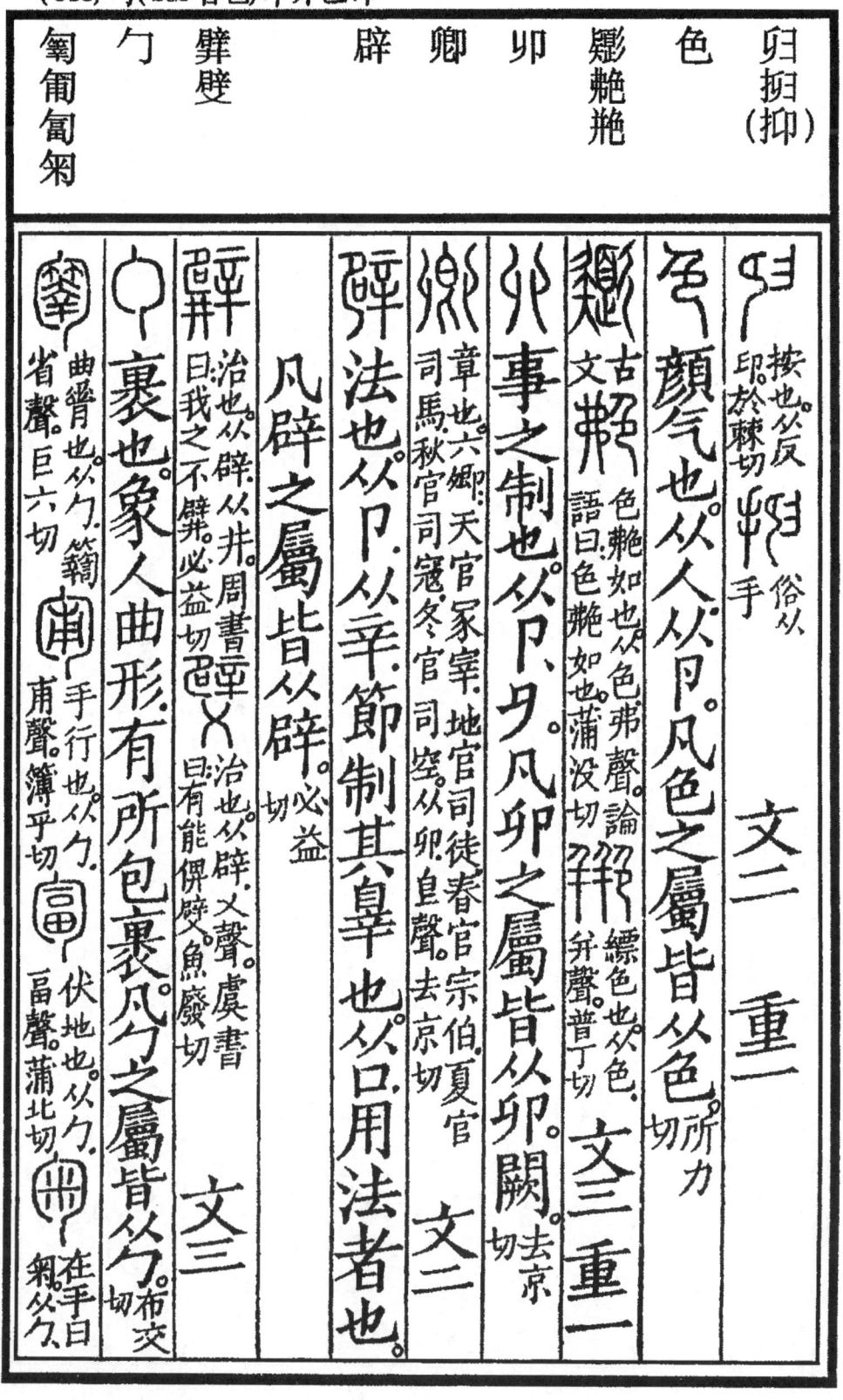

包勹部 （314）

勹（勺）勼旬
旬勹匈臽匊
匄匓復
復彘（彖）
包
胞匏

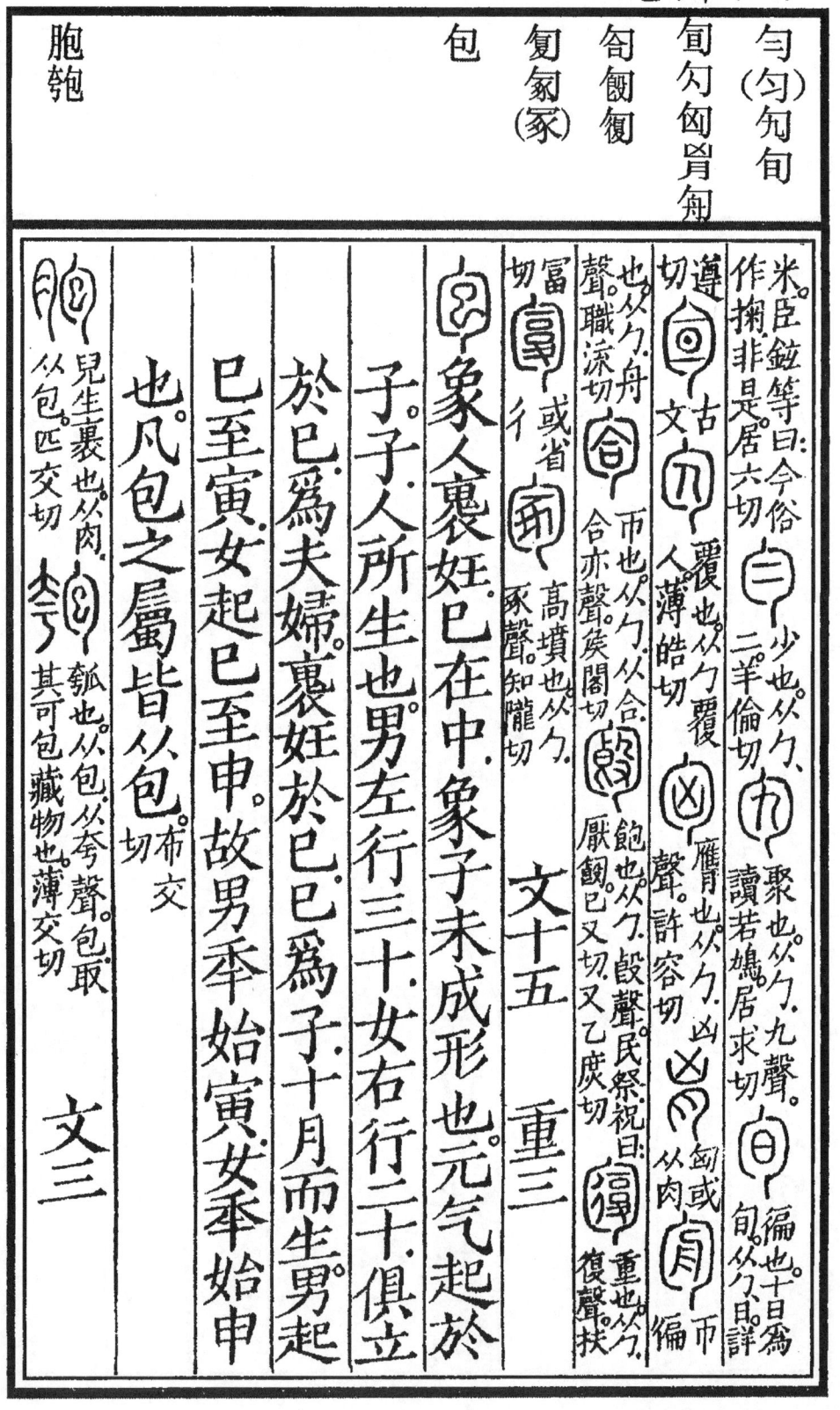

米臣鉉等曰今俗作搦非是居六切

少也从勹九聲。二羊倫切 讀若鳩居求切

徧也。十日為旬从勹日 詳遵切

覆也从勹复。人薄皓切

雁肥也从勹从隹聲許容切 凶

也从勹舟聲職流切

市也从勹从合亦聲候閤切

飽也从勹殷聲民祭祝曰厭飫巳又切又乙庚切

冨也从高省。 行或省 𠤏聲知隴切

文十五 重三

象人裹妊巳在中象子未成形也元气起於
子子人所生也男左行三十女右行二十俱立
於巳為夫婦裹妊於巳巳為子十月而生男起
巳至寅女起巳至申故男秊始寅女秊始申
也凡包之屬皆从包布交切

兒生裹也从肉从包匹交切 瓠也从包从夸聲包取其可包藏物也薄交切

文三

(315) 鬼苟部

苟　羕　敬　鬼　䰡魂魄魁　魃魅　彪魅录魖魅　魁魋　魑魍魎　觀䰦魖

苟　自急敕也。从羊省从包省从口。口猶慎言也。从羊羊與義善美同意。凡苟之屬皆从苟。己力切

羕　肅也。从攴、苟。苟居慶切
古文羊不省

文二　重一

鬼　人所歸爲鬼。从人象鬼頭。鬼陰气賊害从厶。凡鬼之屬皆从鬼。居偉切
古文从示

䰡　神也。从鬼申聲。失利切

魂　陽气也。从鬼云聲。戶昆切

魄　陰神也。从鬼白聲。普百切

魁　耗神也。从鬼麦聲。周禮有赤魁氏除牆屋之物也。詩曰旱魃爲虐。蒲撥切

魅　老精物也。从鬼彡。彡鬼毛。密祕切
或从未聲

录　老精物也。从鬼彡。

彪　鬼皃。从鬼虎聲。虎烏切

魖　耗鬼也。从鬼虛聲。朽居切

魋　神獸也。从鬼隹聲。五罪切

魍　鬼服也。从鬼黾聲。淮南傳曰吳人鬼越人魁。居

魅　小兒鬼。从鬼支聲。韓詩傳曰鄭交甫逢二女魅服。奇寄切

魑　鬼皃。从鬼虎省聲。

魎　鬼變也。从鬼化聲。呼駕切

觀　鬼皃。从鬼頁聲。讀若詩受福不儺。諾何切

䰦　見鬼驚詞从鬼難省聲。

魖　衣切。从鬼需聲。魑魍不止也。奴豆切

鬼厶(sī音私) 甶鬼部 （316）

観 醜 魖　魑 魔 魖　甶　ム　畏 泉 禺　篡 羑 誘 譖　巍 鬽 羑　巍

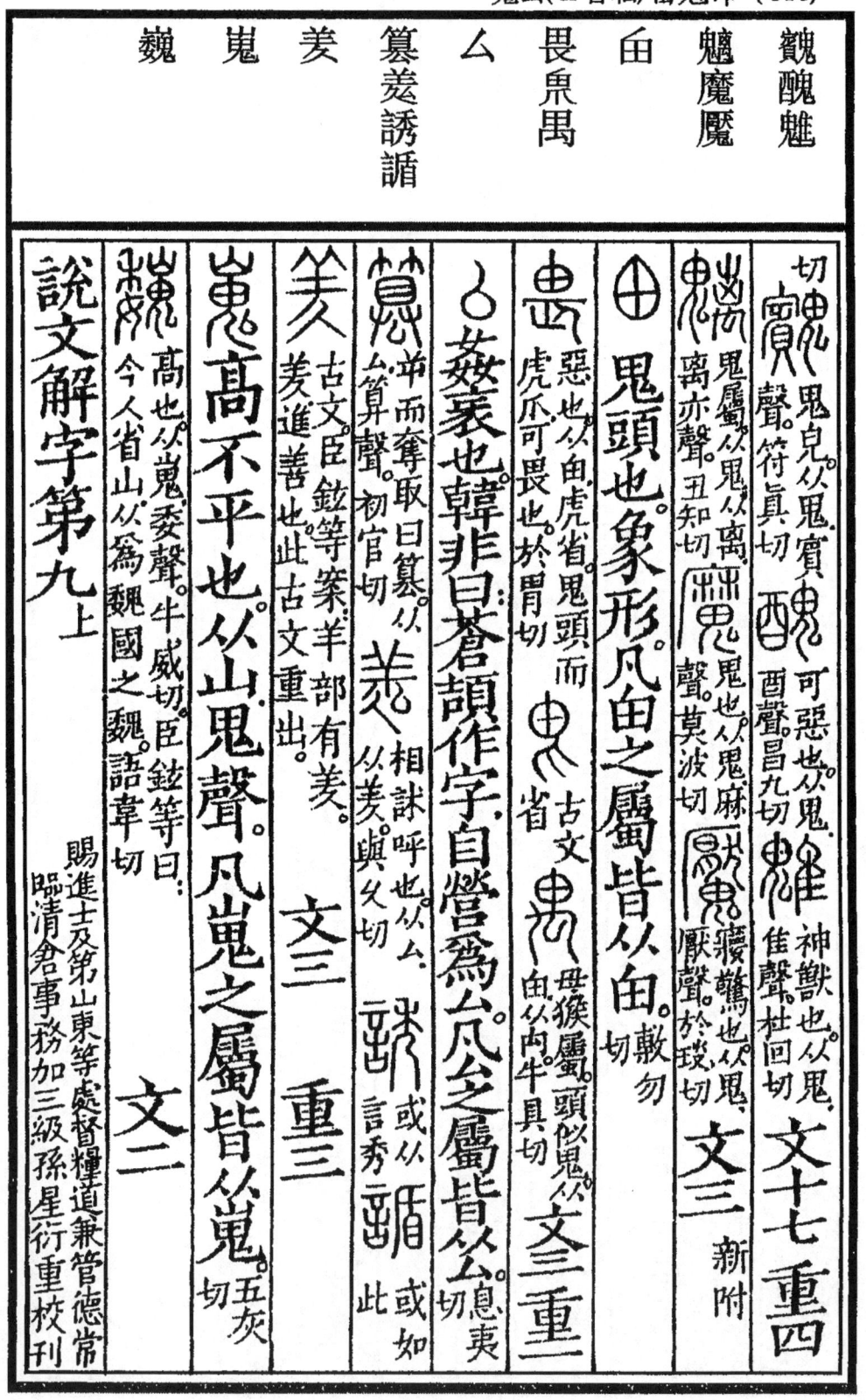

切
觀　鬼皃从鬼賓聲　可惡也从鬼　神獸也从鬼隹聲　杜回切　文十七　重四

醜　可惡也从鬼酉聲昌九切

魖　耗鬼也从鬼虛聲　離亦聲

魑　鬼屬从鬼从离离亦聲丑知切

魔　鬼也从鬼麻聲莫波切

魖　厭聲　於琰切　文三　新附

甶　鬼頭也象形凡甶之屬皆从甶　敷勿切

畏　惡也从甶虎省鬼頭而虎爪可畏也於胃切　古文　毋猴屬頭似鬼从甶从内牛具切　文三　重二

ム　姦衺也韓非曰蒼頡作字自營爲ム　从ム算聲初官切　相詶呼也从ム与父切　言誘秀切　息夷切

羑　進善也从羊久切　羑進善也此古文重出　从羑與父切

羑　古文臣鉉等案羊部有羑　文三　重三

嵬　高不平也从山鬼聲凡嵬之屬皆从嵬五灰切

巍　高也从嵬委聲牛威切臣鉉等曰今人省山以爲魏國之魏語韋切　文二

說文解字第九上

賜進士及第山東等處督糧道兼管德常
昭清君事務加三級孫星衍重校刊

（317）山部

嶽山（岳岱）
島嶋（島）狍嶧
嵧嶷
嶇（岷）虮獻
嶭嵂嶂

説文解字第九下　　漢太尉祭酒許氏記

銀青光祿大夫守右散騎常侍上桂國東海縣開國子食邑五百戶臣徐鉉等奉
敕校定

山　宣也。宣气散生萬物有石而高。象形。凡山之屬皆从山。所閒切。

嶽　東岱南靃西華北恒中泰室。王者之所以巡狩所至。从山獄聲。五角切。　古文象高形。　古文象高形。　太山也。从山代聲。徒耐切。

島　海中往往有山可依止曰島。从山鳥聲。讀若詩曰蔦與女蘿。都皓切。　山在齊地。从山狍聲。詩曰遭我于峱之間兮。奴刀切。　山在齊地。从山狍聲。

嵧　嵧峄山在東海下邳。从山睪聲。陽孤桐羊益切。　山在蜀湔氐西徼外。从山岷聲。武巾切。　山也或曰弱水之所出。从山几聲。居履切。

嶇　零陵營道山。从山區聲。其俱切。　封嵧之山在吳越之間汪芒之國。从山禺聲。嘆俱切。　山也。从山敀聲。

嶷　嶷聲。語其切。　山在弘農華陰。从山獻聲。五葛切。　山在馮翊池陽。从山献聲。　山華省聲。胡化切。

嶭　截嶭山在馮翊池陽。从山献聲。才葛切。　嶭聲。五葛切。

山部　（318）

嵽崼　屺嶜嶅　崒巒密岫宿　岨岡岑岺　崚峻隋棧　崛巁峯（峰）　韗峹陸　巌品崟　嵯峨（峩）崝　嶸嶺岷朋

山，在鴈門。从山。崼，崼山在遼西。从山易聲，一曰嵎。鐵崼谷也。與章切。

屺，山無艸木也。从山已聲。詩曰陟彼屺兮。墟里切。嶜，詩曰陟彼砠矣。七余切。嶅，山多小石也。从山。敖聲。五交切。

崒，崒危高也。从山卒聲。醉綏切。巒，山小而銳。从山。巒聲。落官切。密，山如堂者。从山。宓聲。美畢切。岫，山穴也。从山。由聲。似又切。宿，山在弘農陝。从山。宿聲。私閏切。

岨，石戴土也。从山且聲。詩曰陟彼岨矣。七余切。岡，山脊也。从山网。聲古郎切。岑，山小而高。从山。今聲。鉏箴切。岺，山之岭者。从山。金聲。魚

崚，山見。从山。夌聲。力膺切。峻，高也。从山陵。省聲。私閏切。隋，屈聲。衢勿切。棧，棧土限切。

崛，山短高也。从山。屈聲。衢勿切。巁，山高也。从山。萬聲。峯，山耑也。从山。夆聲。敷容切。

韗，山見从山。皋聲。古勞切。峹，山名。从山。余聲。同都切。陸，高平地。从山陸聲。力竹切。

巌，岸也。从山嚴。聲五緘切。品，象嚴厓連屬之形。五咸切。崟，山之岭者。从山。金聲。魚

嵯，山兒。从山。差聲。昨何切。峨，嵯峨也。从山。我聲。五何切。峩，嵯峨也。从山。我聲。崝，山兒。从山青聲。

嶸，崢嶸也。从山。榮聲。戶萌切。嶺，山坡也。从山。巠聲。戶經切。岷，蜀山也。从山。民聲。武巾切。朋，山壞也。从山。朋聲。北滕切。

(319) 屵(è 音峨)屾(shēn 音申)山部

弟嵍嶢嵟
巒屽崇
崔
嶙峋岌嶠
嵌嶼嶺嵐
嵩崑
崙秸
屵螽屾

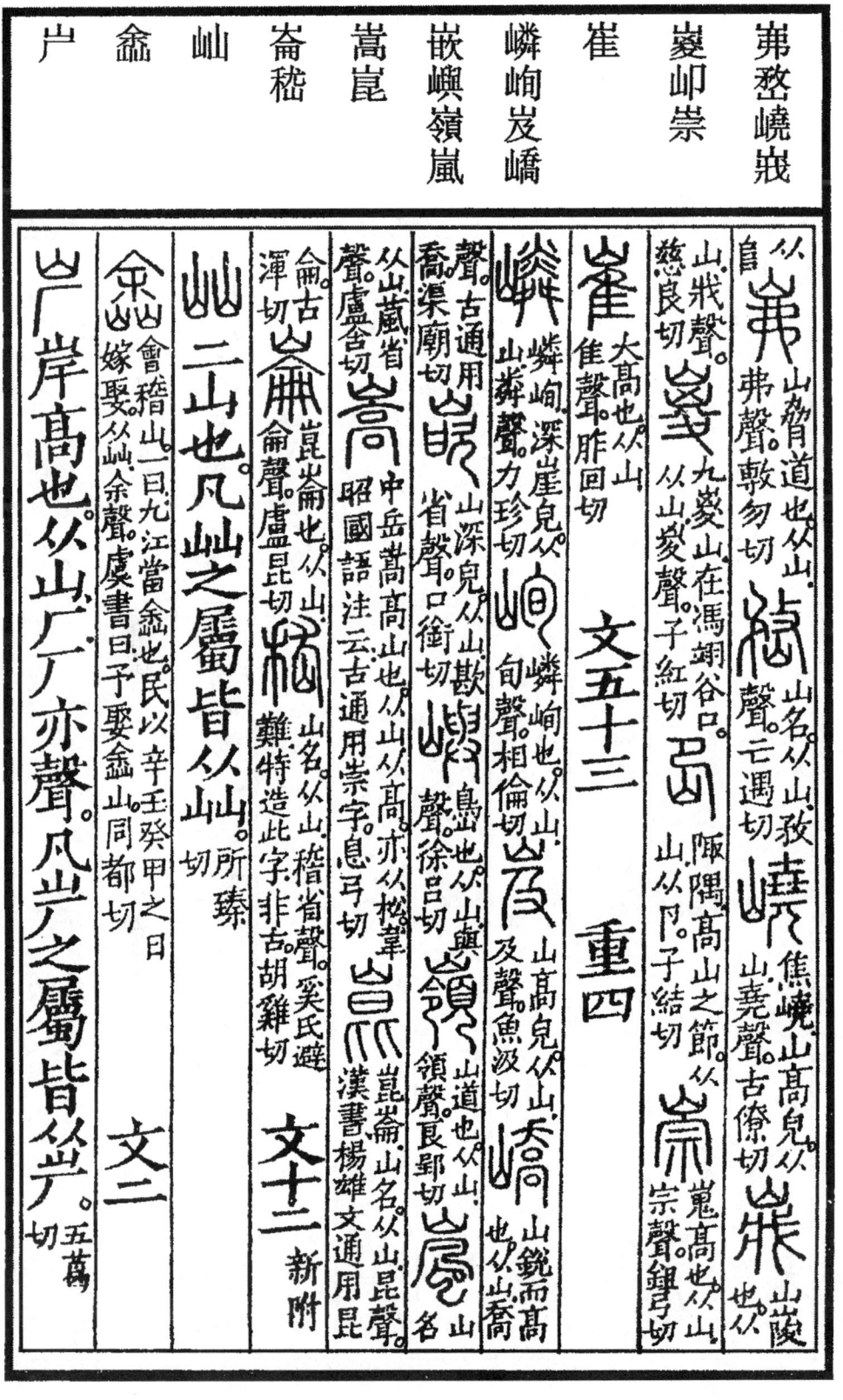

從山孜聲。山名從山孜聲。
弟 山脅道也從山弟聲敷勿切

嵍 聲亡遇切

嵟 焦嶕山髙兒從

巋 山岊聲。九嵏山在馮翊谷口。從山㚄聲。子紅切

慈良切
嶢 焦嶢山髙兒從山堯聲古僚切

阪隅高山之節。從山㠯聲。子結切

崇 嵬高也從山宗聲宗聲鉏弓切

崔 大髙也從山隹聲昨回切
文五十三 重四

嶙 嶙峋深山崖兒從山粦聲力珍切
峋 嶙峋也。從山旬聲。相倫切

岌 山髙兒從山及聲魚汲切

嶠 山銳而髙也從山喬聲巨嬌切 山名

嵌 山深兒從山欹聲口銜切
嶼 島也從山與聲徐呂切
嶺 山道也從山領聲良郢切
嵐 山名。從山葻省聲。盧含切 漢書楊雄文通用嵐

嵩 中嶽嵩高山也從山從高亦從嵩息弓切 昭國語注云古通用崇字

崑 崑崙也從山昆聲

崙 崙古渾切 崑崙也從山侖聲盧昆切

秸 山名從山稽省聲奚氏避難特造此字非古胡雞切

屾 二山也凡屾之屬皆從山所臻切
文三 新附

屵 岸高也從山廠省聲五葛切

嵞 會稽山一曰九江當嵞也民以辛壬癸甲之日嫁娶從屵余聲虞書曰予娶嵞山同都切
文三

屵 岸高也從山廠亦聲凡屵之屬皆從屵五葛切
岸 水厓而高者從屵干聲

广部 （320）

岸崖崔嵬　嵒　广　府雁庠　廬庭廇　庀庌庑　廝廎庖厨庫　廄（厩）廥序　廦廣廥

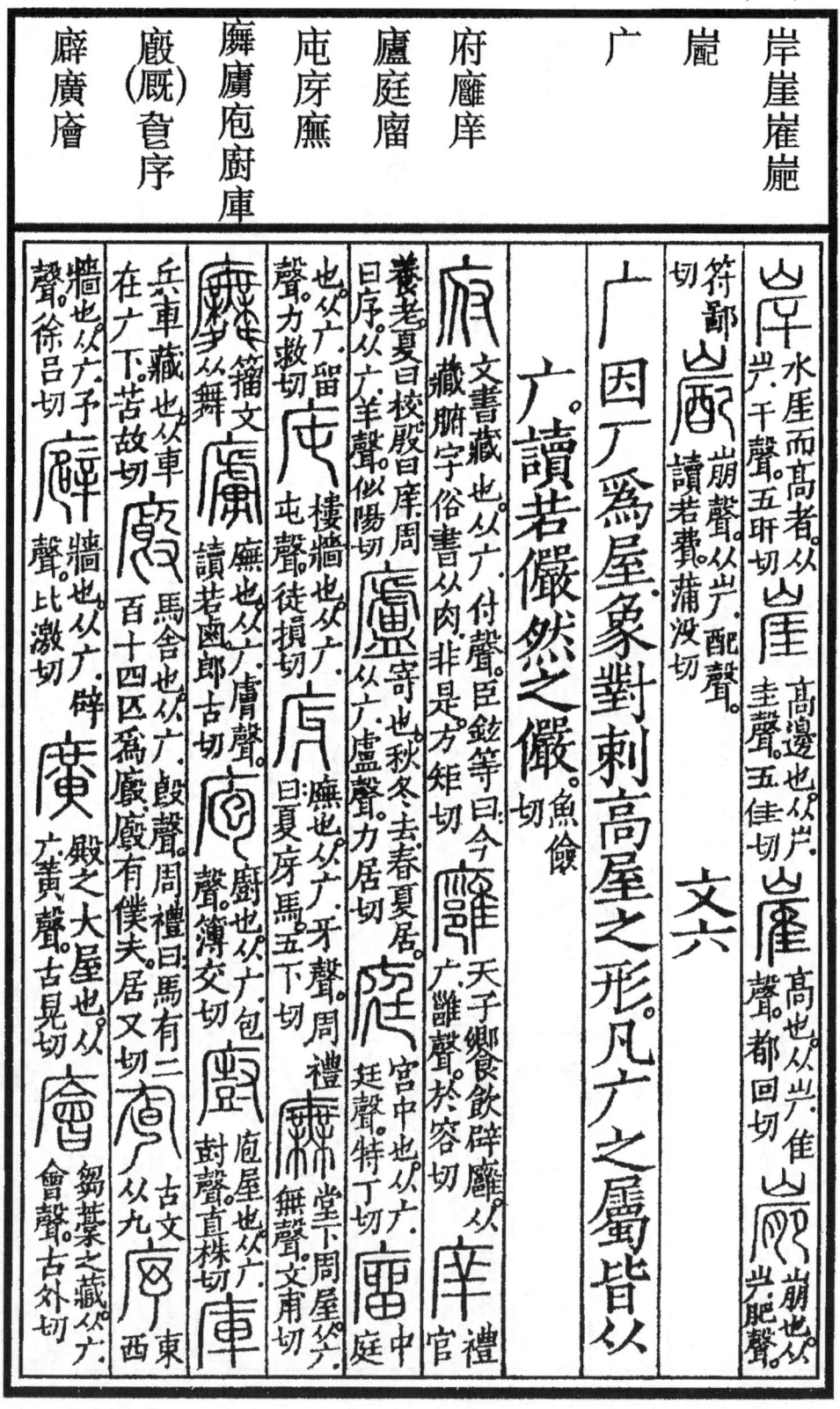

广　因厂為屋，象對剌高屋之形。凡广之屬皆从广。讀若儼然之儼。魚儉切。　文六

嵒　崩聲，从屵配聲。讀若費。蒲没切。

山屵　水屋而高者，从屵。
崖　高邊也，从屵圭聲。五佳切。
崔　高大也，从山隹聲。昨回切。
嵬　崩也，从山屵聲。五灰切。

府　文書藏也。从广付聲。臣鉉等曰：今俗書从肉，非是。方矩切。
雁　天子饗食辟廱，从广雝聲。於容切。
庠　禮官養老。夏曰校，殷曰庠，周曰序。从广羊聲。似陽切。
廬　寄也，秋冬去，春夏居。从广盧聲。力居切。
庭　宮中也，从广廷聲。特丁切。
廇　中庭也，从广留聲。力救切。
庀　樓牆也，从广屯聲。徒損切。
庌　廡也，从广牙聲。五下切。
庑　堂下周屋，从广无聲。文甫切。
廝　散也，从广斯聲。讀若閭。郎古切。
廎　小堂也，从广頃聲。薄交切。
庖　厨也，从广包聲。薄交切。
厨　庖屋也，从广尌聲。直株切。
庫　兵車藏也，从广車，在广下。苦故切。
廄　馬舍也，从广殷聲。周禮曰：馬有二百十四匹為廄，廄有僕夫。居又切。
廥　芻藁之藏，从广會聲。古外切。
序　東西牆也，从广予聲。徐呂切。
廦　牆也，从广辟聲。比激切。
廣　殿之大屋也，从广黃聲。古晃切。
廥　……

广部

庾　庰　廁　廛
庂　廅　廊
廉　庇　龐
底　庢　廔
庶　庤　廙
庋　庫　庀
廎　庭　廢
廟　庈　廇
廐　廇

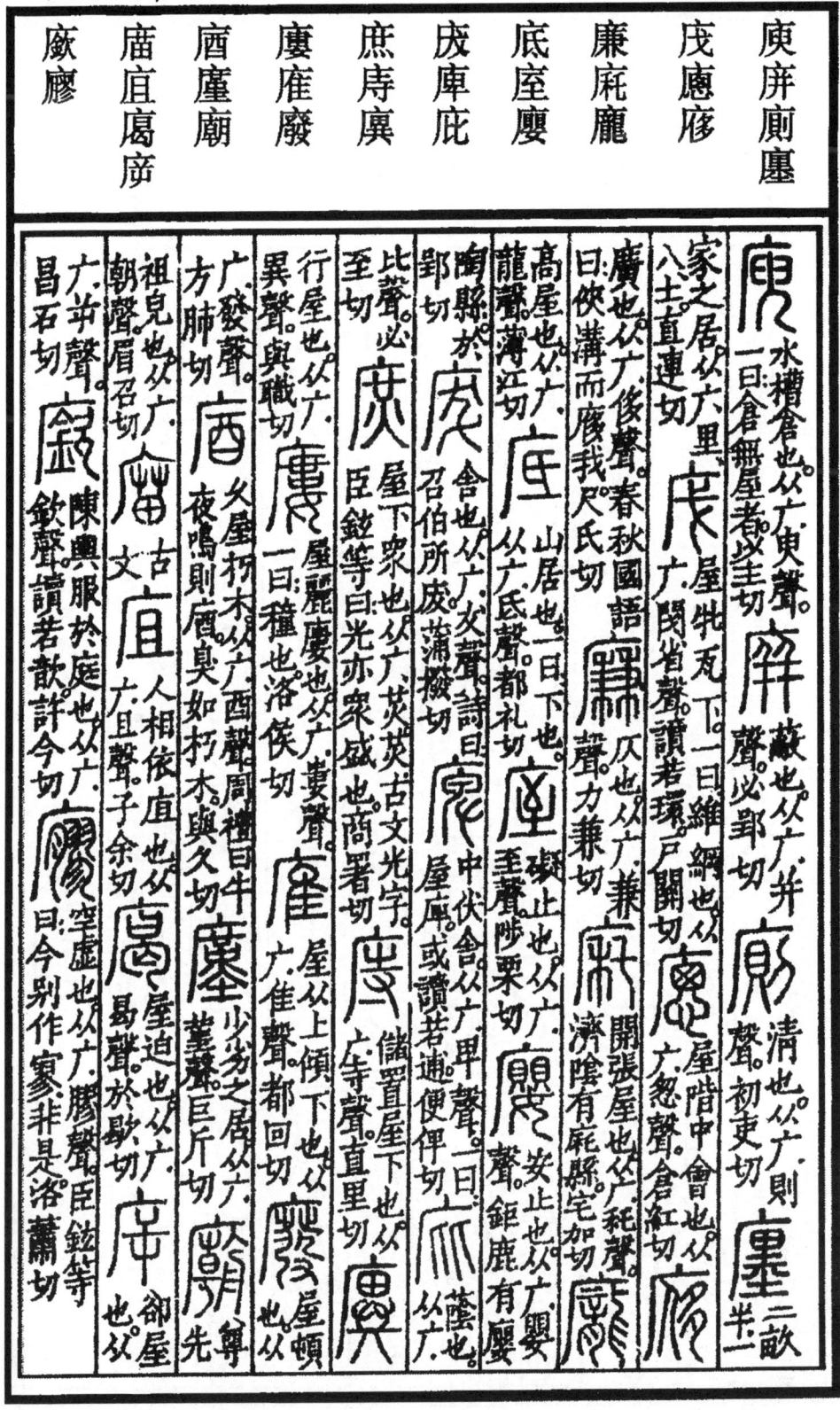

廈廊（廊）廂庪
庱廖
厂
厈厓厜巌厰
屖庂砥厥
庰䨣庲庥
屓厇庠应
厖厹庸
厝庬屵

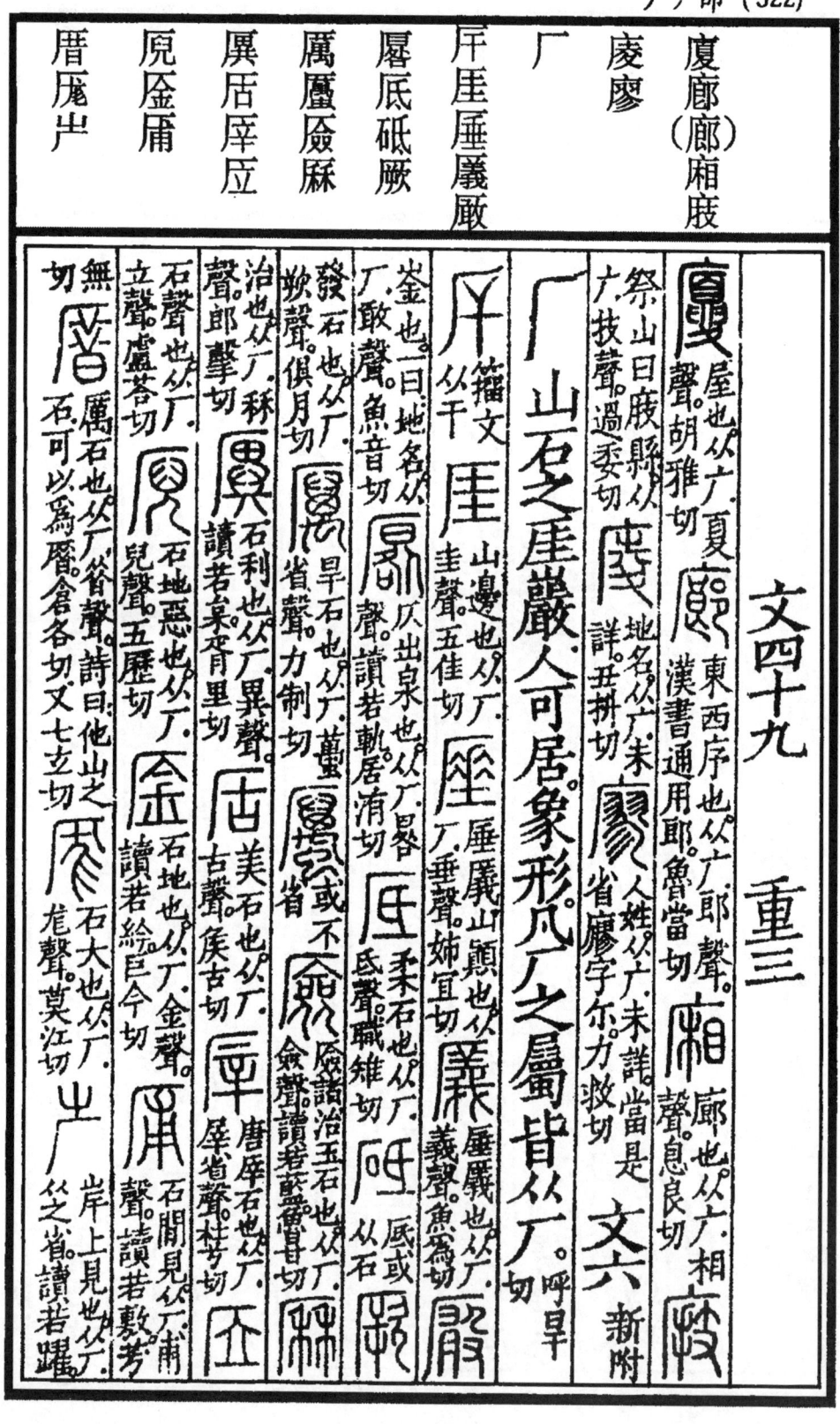

文四十九　重三

廈　屋也。从广夏聲。胡雅切

廊　東西序也。从广郎聲。漢書通用郎。魯當切

廂　廊也。从广相聲。息良切

庪　祭山曰庪縣。从广技聲。過委切

庱　地名。从广未詳。丑拼切

廖　人姓。从广。未詳當是庬省廖字。尒力救切。
文六　新附

厂　山石之厓巌，人可居。象形。凡厂之屬皆从厂。呼旱切

厈　籀文从干。

厓　山邊也。从厂圭聲。五佳切

厜　山巓也。从厂屖聲。姊宜切

屖　屋厎也。从厂屖聲。

厎　柔石也。从厂氐聲。職雉切。

砥　柔石也。从厂氐聲。讀若軌。居洧切。

厥　發石也。从厂欮聲。俱月切。

厝　厲石也。从厂昔聲。詩曰：他山之石，可以為厝。倉各切，又七各切。

厖　石大也。从厂尨聲。莫江切。

屵　岸上見也。从厂从之省。讀若躍。

(323) 石危丸厂部

厜仄厎辟
厞厭厃
丸　颪颪妭
危
皷
石
礦卅碭硠

以灼切

厜　厜辟也从厂辟聲胡甲切

厞　厞隱也从厂非聲扶沸切

厭　厭笮也从厂猒聲一曰合也於輒切又一琰切

厃　厃仰也从人在厂上一曰屋梠也秦謂之桷齊謂之

側傾也从人在厂下阻力切

辟　辟仄也从厂辟聲普擊切

矢　籀文从矢亦聲

文三十七　重四

丸　圜傾側而轉者从反仄凡丸之屬皆从丸胡官切

妭　孰鳥食已吐其皮毛如丸从丸咼聲讀若骫於跪切

颪　丸之孰也从丸而聲奴禾切

文四

危　危在高而懼也从厃自卪止之凡危之屬皆从危魚為切

皷　皷嘔也从危支聲去其切

文二

石　山石也在厂之下口象形凡石之屬皆从石常隻切

礦　銅鐵樸石也从石黃聲讀若穬古猛切
礦　古文礦。周禮有卅人。

碭　文石也从石昜聲徒浪切

硠　石次

石部 （324）

礜礐　碣碣磏　破礫碧　磧碑碌碩　硲硈硍　礨硈磕礐　歷嶄礦磬　硱磬礅磽硪　畾磬　殸硻（硜）礐礴砻

玉者从石.奭
聲.而沈切.

丹.春秋國語曰肅慎氏貢楛矢石砮.乃
漢中从石.與

特立之石.東海有碣石.　　　　聲.羊茹切.　　
山从石.曷聲.渠列切.

鹽.　　　屬石也.从石.段聲.春秋傳
曰.鄭公孫碬字子石.乎加切.

日鄭公孫碬字子石.乎加切.
樂聲.郎擊切.

之甲.居切.　　水渚有石者.从石.
石貴聲.七迹切.

碑.員聲.春秋傳曰.
碎石也.从石.質聲.所責切.

諫切.　　石聲.从石.學
石堅也.从石.吉聲.

者.从石.堅
石聲.从石.告

省.蓮切.　　　石聲.从石.
石山也.从石.嚴聲.

楷革切.　　　擊石也.从石.
確或从嚴.

从石.戲聲.　石聲.从石.品.
殼.樂石也.从石.

石巖也.从石.
我聲.五何切.　　巖.同臣鉉等曰.从石.品與品同意.五衔切.

形父.擊之也.从石.古者毋
句氏作磬.苦定切.

省.　　　籀文.　古文.从至

殸硻（硜）礐礴砻

（325）長(长)石部

砒　龘　碓　砢　礄　礪　碌　礎
碎　研　碏　磊　硯　碏　砧　硁
破　礦　磻　　　砭　磯　砌
　　磑　　　　　碻　　　磩

長

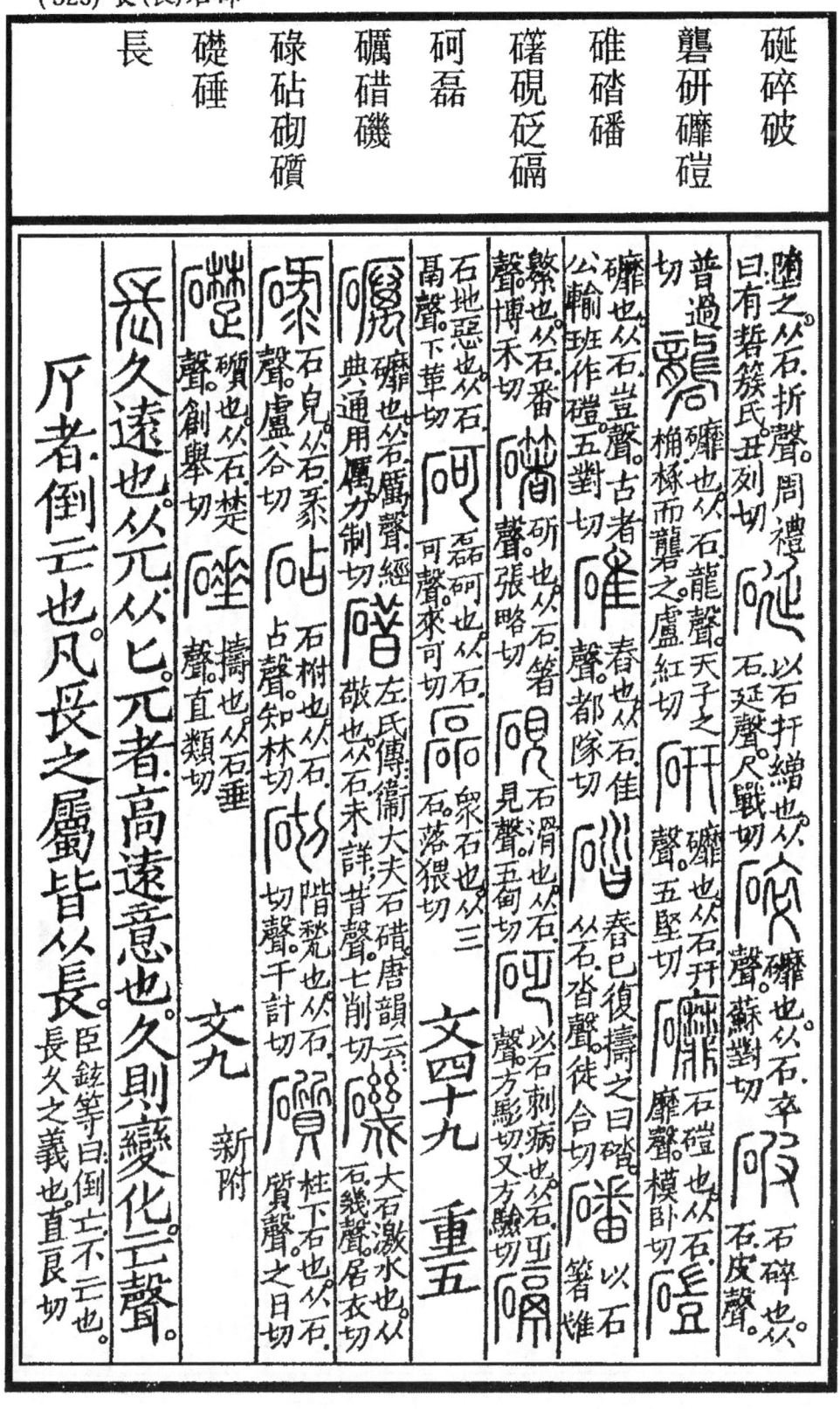

豖而冄(rǎn 音染)勿部 （326）

镻　　勿　　冄易　　而　　彡耐　　豖

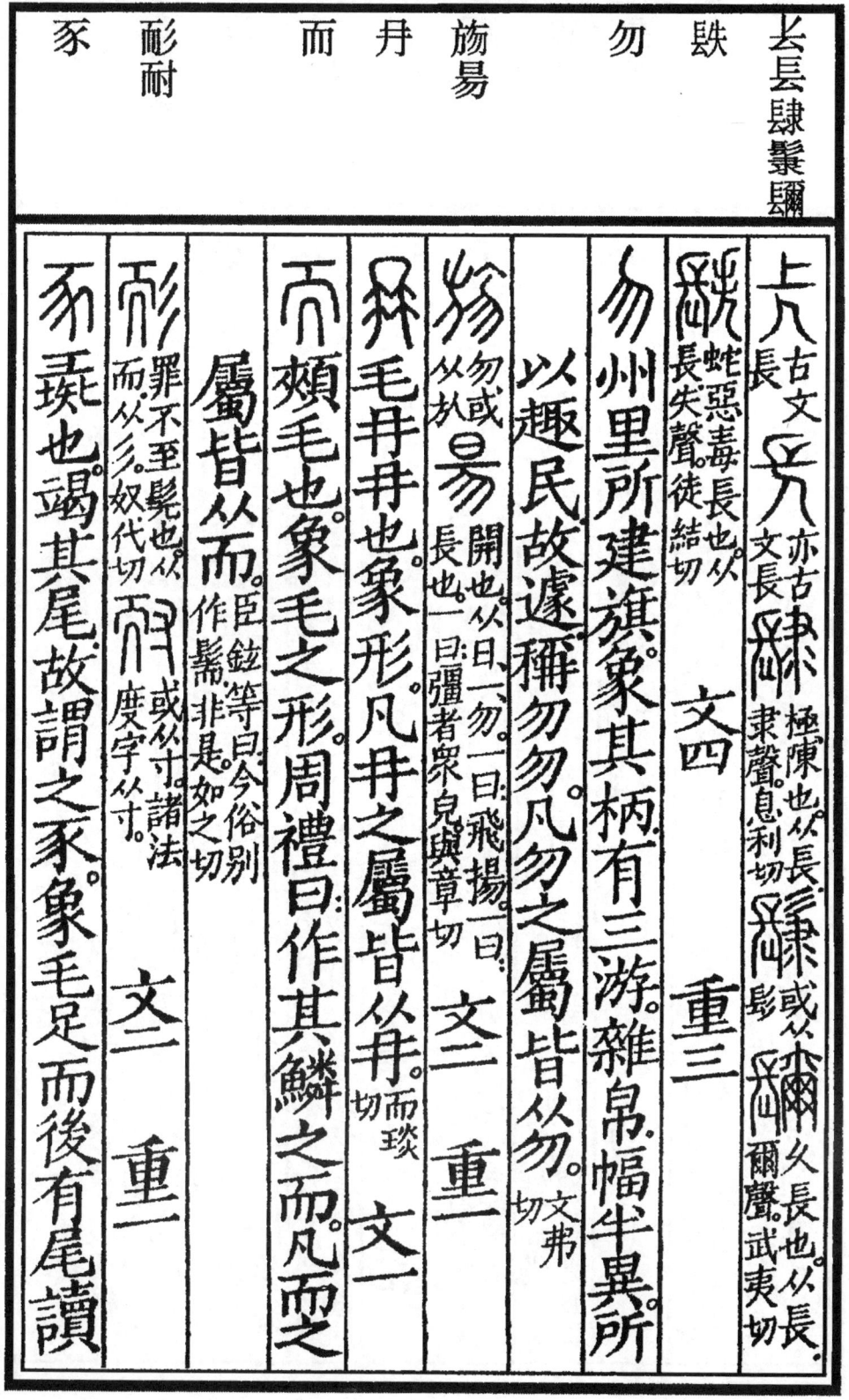

（327）豕部

豕 豬 縠 豯
豵 豝 豜
（豻）
豯 豵 豕 殺
貗 狼 豵
豵 豢 粗
豕 豦
豯 豨

與豨同。按今世字誤以豕爲彖、以彖爲豕。

何以明之爲啄琢从豕、豕蠋从蜀、皆取其聲以

是明之。詳或後人所加。臣鉉等曰此語未詳或後人所加。凡豕之屬皆从豕。式視切

豬 豕而三毛叢居者。从豕者聲。陟魚切

縠 生三月豚腹縠縠皃也。从豕縠聲。

豯 生六月豚。从豕从聲。一曰一歲豵尚叢聚也。子紅切

豝 牝豕也。从豕巴聲。詩曰一發五豝。伯加切

豜 三歲豕肩相及者。从豕幵聲。詩曰並驅从兩豜兮。古賢切

豵 名豬殺也。从豕役省聲。

豝 牝豕也。从豕巳聲。

狼 豕走也。从豕艮聲。康很切

豵 豕息也。从豕甫聲。芳無切

豢 以穀圈養豕也。从豕卷聲。胡慣切

粗 豕息也。从豕且聲。

豕 豕絆足行豕豕。从豕繫二足。丑六切

豦 豕鬥不解也。从豕虍。豕虍之鬥不解也。讀若蕅葍蘜之蘜。司馬相如說豦封豕之屬。

豨 豕屬从豕原聲。周書曰豲有爪而不敢以撅。讀若桓胡官切

豯 豕走豨豨也。从豕希聲。古有封豨脩蛇之害。

虛 从豕且聲。疾余切

彑(ㄐㄧ音计)希部 （328）

| 豪豨 | 希 | 彖帚彑彙（豪）豪 | 豨 | 彘彖炙 |

之屬皆从彑。一曰虎兩足舉。強魚切。

豪 从豕怒毛竪。一曰殘艾也。从彑从辛未詳。魚既切。臣鉉等曰从辛。二豕也。幽从此關。又呼關切。

豨 伯貧切。

希 脩豪獸。一曰河内名豕也。从彑下象毛足凡希之屬皆从希。讀若弟。羊至切。

文三十二　重一

彖 豕屬。从彑从豕。讀若弛。式視切。籀文从豕。臣鉉等曰鈕。古文。

彙 蟲似豪豬者。从彑胃省聲。于貴切。或从虫。息利切。彙古文彙从虫。希屬从二希。今俗別作真毛非是。彙類于上帝。

彑 豕之頭象其銳而上見也。凡彑之屬皆从彑。讀若罽。居例切。

彘 豕也。後蹏廢謂之彘。从彑矢聲从二匕。彘足與鹿足同直例切。

炙 豕也。从彑从豕。讀若弛式視切。

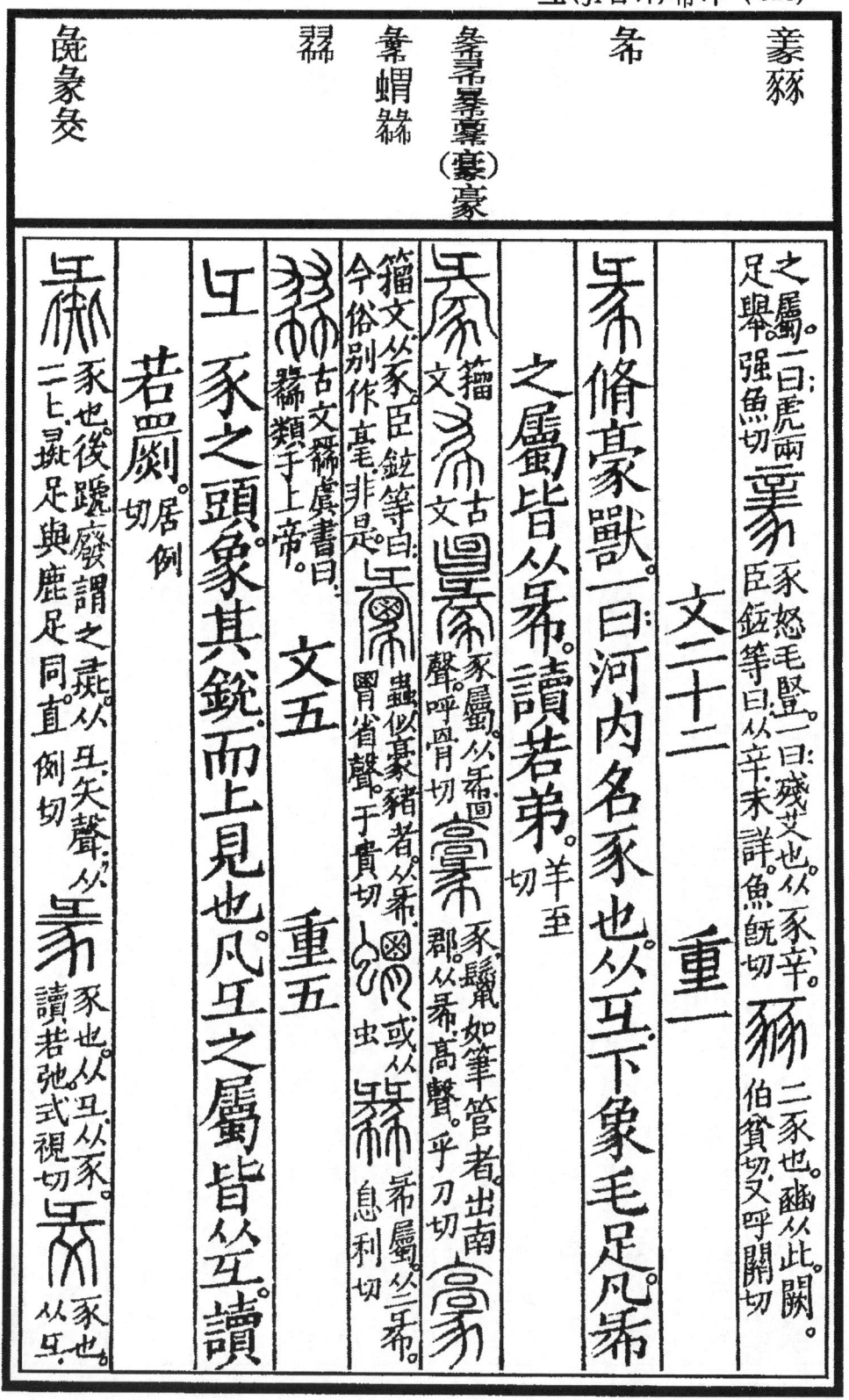

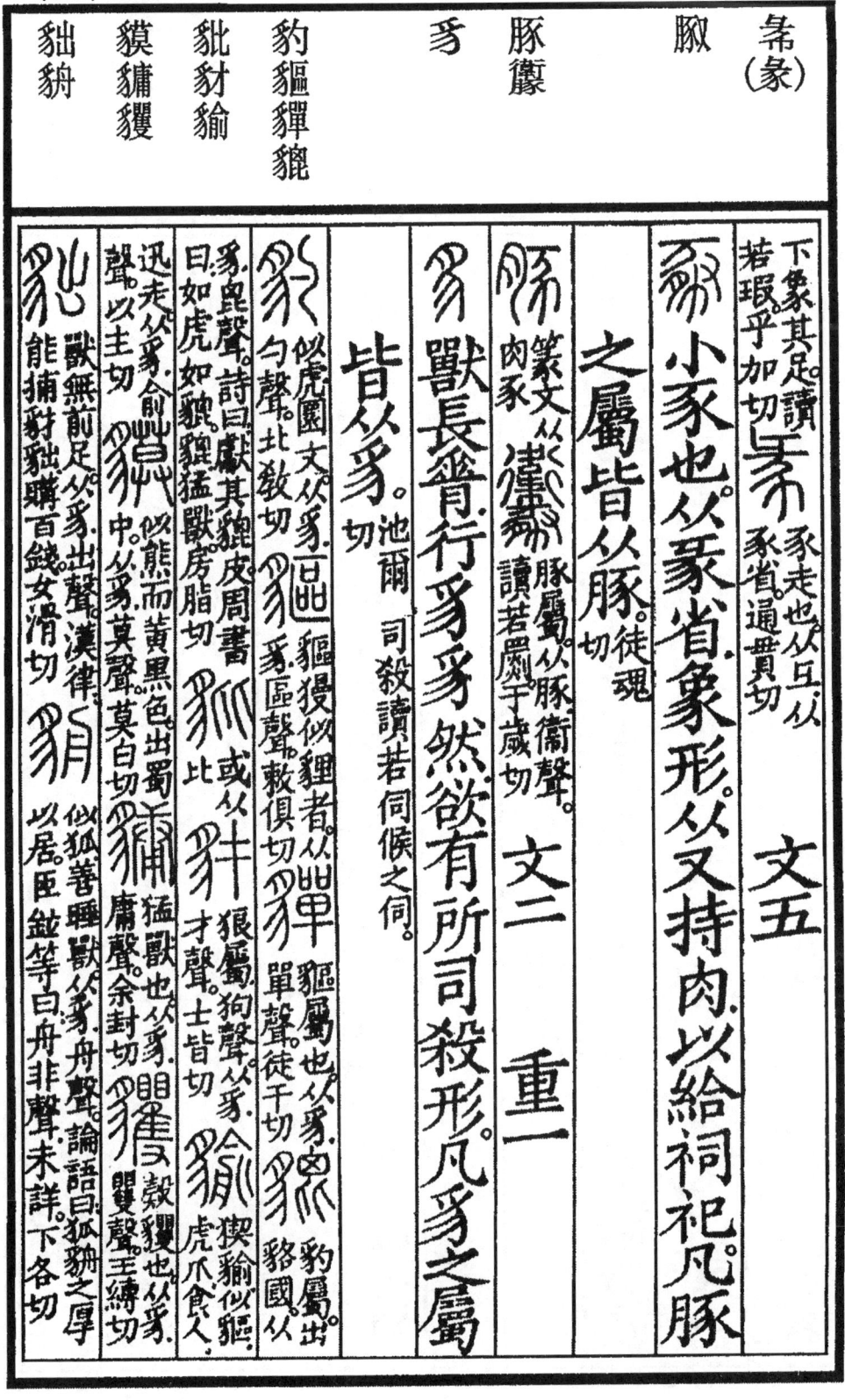

彖（象）　豕　豚　豦　貁　豹　貛　貔　貔　豺　貐　貘　貙　玃　貁　貊

彖
小豕也从豕省象形从又持肉以給祠祀凡豚之屬皆从豚 徒魂切 文五

下象其足讀若
若琨乎加切 豕走也从互从
豕省通貫切

豕
篆文从豚从肉豕 讀若
豚屬从豚衞聲 讀若弛于歲切 文二 重一

豕
獸長脊行豕豕然欲有所司殺形凡豕之屬皆从豕 切 池爾司殺讀若伺候之伺

貁
似虎圜文从豕區聲 甲 貆屬似貍者从豕 狼屬狗聲从豕 豹屬出 貔屬从豕出聲漢律曰能捕豺貐購百錢
勹聲北教切 豕區聲敷救俱切 單聲徒干切 才聲士皆切 虎爪食人 女滑切

豹
似熊而黃黑色出蜀中从豕莫白切 猛獸从豕庸聲余封切 狢國从
獸无前足从豕漢律
聲以主切

貐
似豹善睡獸从豕眉聲 貛雙聲 玃王縛切
似狐出貉从豕舟聲論語曰狐貉之厚以居匽鈕等曰舟非聲未詳下各切

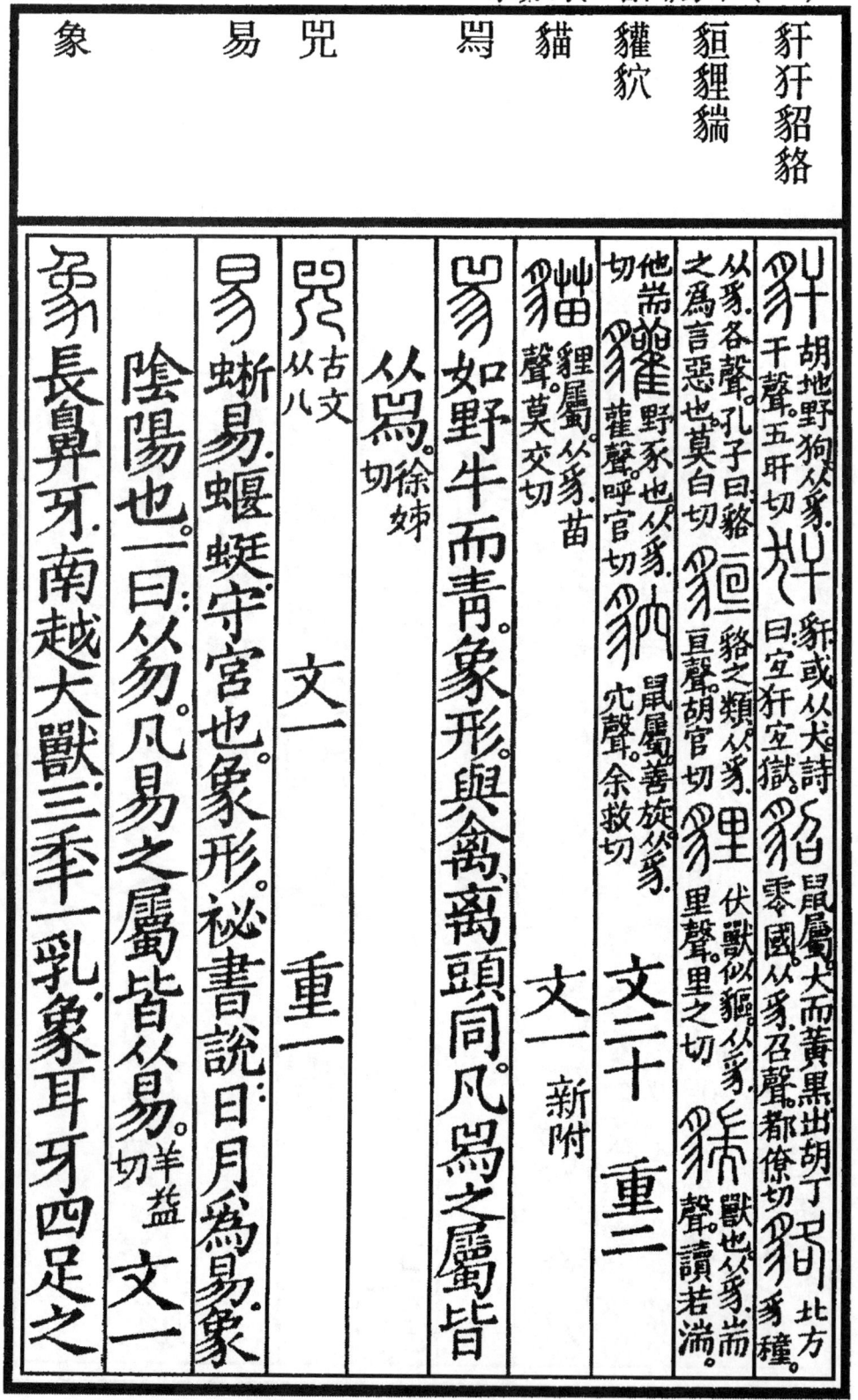

象　易　兒　罵　貓　貙貍貓　豻犴貂貉
　　　　　　　　貙狄

豻 胡地野狗。从豸干聲。五豻切。豻或从犬。詩曰：宜豻宜獄。

貂 鼠屬，大而黃黑，出胡丁零國。从豸召聲。都僚切。北方

貉 从豸各聲。孔子曰：貉之為言惡也。莫白切。

貍 伏獸，似貙。从豸里聲。里之切。

貔 豹屬，出貉國。从豸囟聲。讀若濤。

貅 獸也。从豸休聲。

貒 野豕也。从豸耑聲。讀若湍。他耑切。

貛 鼠屬善旋。从豸雚聲。呼官切。穴聲余救切。

文二十　重三

貓 貍屬。从豸苗聲。莫交切。

文一　新附

罵 如野牛而青。象形。與禽、离頭同。凡罵之屬皆从罵。徐姊切。

　古文兕从儿。

文一　重一

易 蜥易，蝘蜓，守宮也。象形。祕書說曰：日月為易，象陰陽也。一曰从勿。凡易之屬皆从易。羊益切。

文一

象 長鼻牙，南越大獸，三季一乳，象耳牙四足之

(331) 象部

豫

豫

形。凡象之屬皆从象。徐兩切

豫 象之大者。賈侍中說不害於物。从象予聲。羊茹切 古文

文二 重一

說文解字弟九下

賜進士及第山東等處督糧道兼管德常臨清倉事務加三級孫星衍重校刊

光緒歲在閼逢涒灘國子監肄業生吳縣朱記榮校刊

《释名》

汉刘熙撰。共八卷，二十七篇。专以谐声之例诠释字义，如天颠、地底之类，而兼及名物制度，于此可资以考证古音，推求名物。

注：此页原版为空白，编者增图。

（333）馬(马)部

馬

影 影 駦 馬

駒 駯 騆

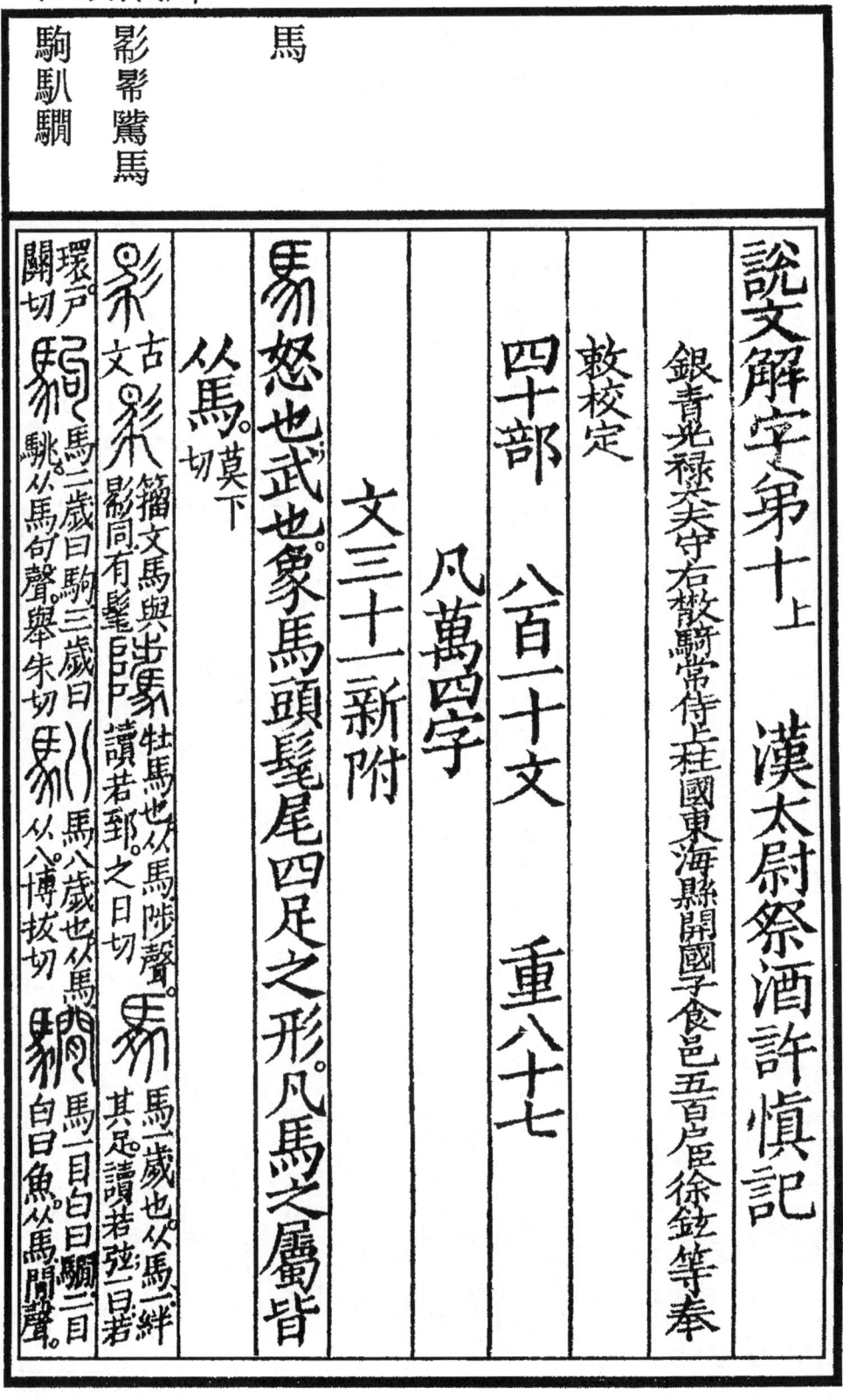

說文解字第十上　漢太尉祭酒許慎記

銀青光祿大夫守右散騎常侍上柱國東海縣開國子食邑五百戶臣徐鉉等奉

敕校定

四十部　八百二十文　凡萬四字　重八十七

文三十一新附

馬　怒也武也。象馬頭髦尾四足之形。凡馬之屬皆从馬。莫下切

影　古文。
影　籀文馬與影同有髦。

駦　牡馬也。从馬陟聲。讀若郅。之日切。

駒　馬二歲曰駒，三歲曰駣。从馬句聲。舉朱切。

駯　馬八歲也。从馬八博拔切。

騆　馬一目白曰瞯，二目白曰魚。从馬閒聲。

馬（马）部

騏驪騂
驄騽騢
騑駱駰
驄驕駮
駮馬
驖騂駒
駒驑驃駓
驔驒騽
騑驊駊
驪駿騎

(335) 馬(马)部

驊 駥 傷 騯 驀 騑 駙 駴
驟 驪　 駃 駰 騎 駢 騔 駥
驕 驗　　 驤 駕 驂 駼 駚
　 騧　　　 餎 駟 駛

馬堯聲。古堯切。

馬小兒从馬垂聲。籀文同。馬高六尺為驕从馬喬古堯切。讀若筆之墨切。

馬舉切。馬名从馬難聲。詩曰我馬唯驕曰野

馬名从馬此聲。爾雅曰駥牝驪牝玄駱良切。

馬名从馬休聲。許尤切。

馬名从馬尞聲。呼官切。

雌馬氏切。馬赤髦縞身目若黃金名曰媽吉皇之乘。周文王時犬戎獻之。从馬文文亦聲。春秋傳曰媽馬百駒畫馬也西伯獻紂以全其身無分切。

馬盛也从馬竆聲。詩支聲章移切。

馬彊也从馬。奇聲章移切。馬在軛中从馬午聲。

肥也从馬光聲。詩曰四牡騑騑古熒切。馬怒兒从馬必聲。詩必切。馬飽也从馬卬聲。吾浪切卬也从。

四牡騑騑古熒切。馬騎馬薄庚切。跨馬也从馬渠驪切。馬加聲。古詯切。

馬襄聲。息良切。上馬也从馬大切。莫白切。莫聲。非聲甫微切。驂馬也从馬付聲。弁聲部田切。駕二馬也从馬。參聲倉舍切。駕三馬也从馬。四一乘也。从馬四文

駕。馬行徐而疾也从馬付遇切。一曰疾也符遇切。

驄馺也从馬殳聲。普火切。皮聲普火切。副也。一曰疾也馬和也从馬皆聲。戶皆切。我聲五可切。馬橈頭也从馬。

馺聲息息切。近也。一曰疾也馬行頓遲从馬。竹聲冬毒切。晉聲土刀切。馬行兒从馬。

利切。馬學省聲。於角切。馬行疾也从馬。僉省聲。馬行相及也从馬及讀若爾雅。詩曰四牡駽駽騤子林切。馬行威儀也从馬癸聲。詩曰四牡駽駽騤騤。

追聲陟隹切。馬行省聲。詩曰載驟駸駸子林切。

馬（马）部　（336）

馮　驫

駿　騤　駒　飈（帆）

驅　啟　馳

驚　駕　騁　駾

駃　騠　駉

驚　駭　駫　騫

駐　馴　駗　驙

駧　騷　罵

蟄　駘　駔　驪

小山駥大山。岠蘇苕切。

馬行疾也。从馬々聲。臣鉉等曰：本音皮冰切。經典通用爲依馬之馮今別作憑非是房戎切。馬步也。

馬疾步也。从馬風聲。驫本用此字。今別作帆非是符嚴切。馬疾走也。从馬及聲余律切。馬疾步也。从馬聚聲。粗又切。

馬行佷佷也。从馬耿聲五駭切。馬芺聲五駭切。匈奴驅聚聲。匈奴驅區聲豈俱切。

馬疾也。从馬父聲。亂馳也。从馬叏聲。次弟馳也。从馬力制切。直馳也。从馬區聲。區聲古達切。从攴。

馬行疾來兒。从馬兌聲。馬駃也。从馬夬聲。失聲大結切。馬有疾足。从馬。馬突也。从馬旱聲。馬奔也。从馬亢聲許光切。

詩曰昆夷駫矣。从馬亢外切。驚也。从馬亥聲。馬順也。从馬川聲詳遵切。馬載重難也。从馬奅聲。馬拿聲張人切。馳馬洞。

馬同聲。徒弄切。敬聲舉卿切。馬立也。从馬主聲中句切。馬順也。从馬玄聲。馬曲脊也。从馬。惇馬也。从馬。

从馬寒省聲去虔切。馬重兒。从馬執聲陟利切。攝也。一曰摩馬。从馬舀聲巨六切。絆馬也。从馬口其足春秋傳曰韓厥執馬前讀若。

乘馬驙如張連切。系馬尾也。从馬。馬蚤聲蘇遭切。馬衡脫也。从馬台聲徒哀切。壯馬也。从馬且聲。曰馬蹄駔也子朗切。

陵切。介聲古拜切。輒陟立切。馬立也。从馬或从系執聲。

（337） 廌（zhì 音志） 馬（马）部

驛 駰 騰
騅 駉 駃
駮 駃 騠
贏 驢 騾
駼 驠
驒 騠 駒
駃 駣 駿 駅
廌 驔

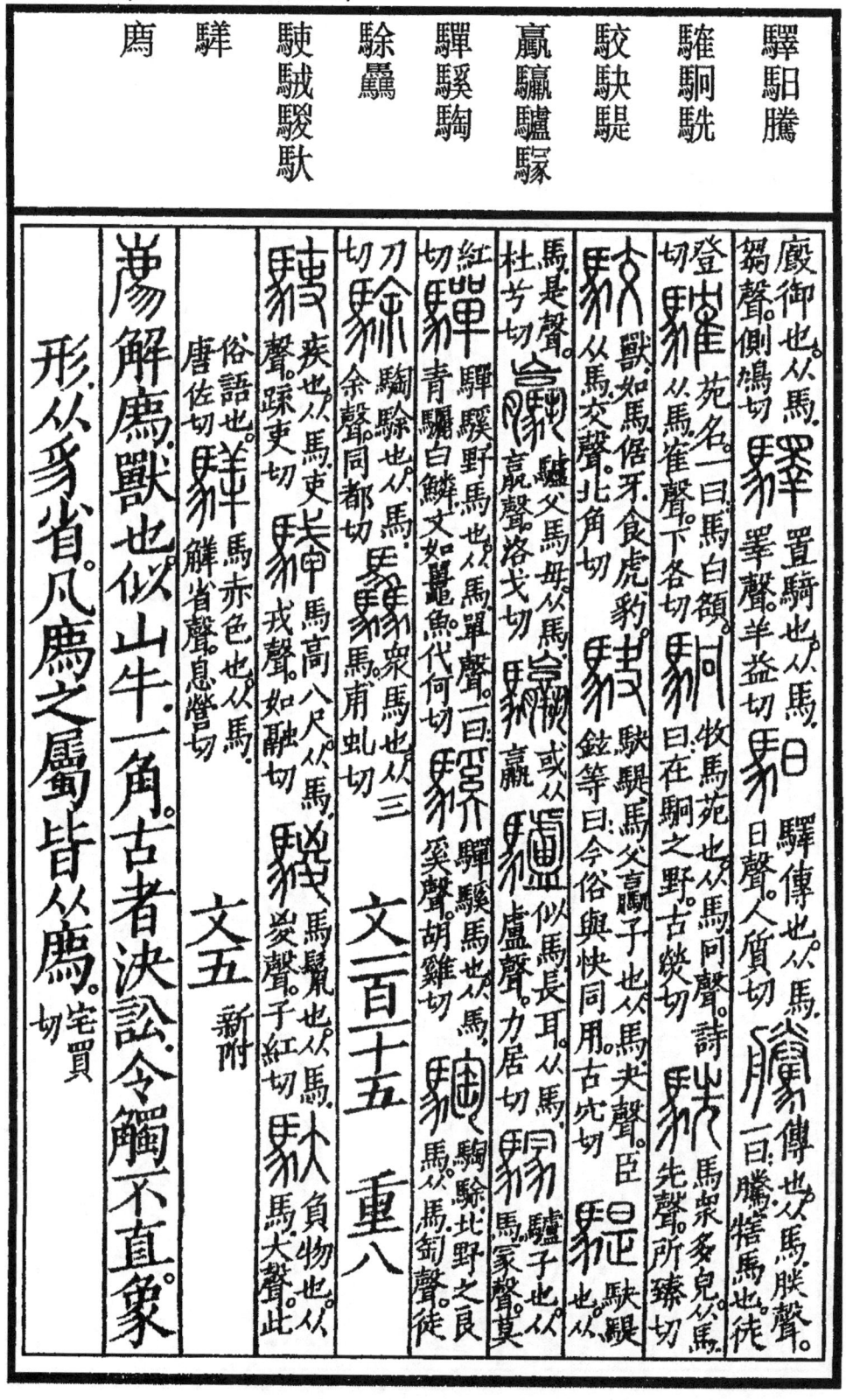

廄 御也。从馬。

驛 置騎也。从馬。曰驛。傳也。从馬。睪聲。羊益切

騠 羊益切。睪聲。羊益切。

騰 傳也。从馬。朕聲。一曰騰犗馬也。徒登切

駃 騠。牧馬苑也。从馬。同聲。詩曰。在駉之野。古熒切。

騠 牡馬。从馬。雀聲。下各切

駮 馬白額。駉馬白額也。从馬。夬聲。臣鉉等曰。今俗與快同用。古穴切。先聲。所臻切

駃 騠也。从馬。是聲。北角切

騠 馬交聲。从馬。交聲。北角切

贏 馬怒也。从馬。貪聲。洛戈切。一曰馬白鬛文如貍魚代何切

驢 似馬長耳。从馬。盧聲。力居切

騾 驢父馬母也。从馬。羸聲。洛戈切

驒 驒騱。野馬也。从馬。單聲。一曰青驪白鱗文如鼉魚代何切

騠 驒騱。馬也。从馬。奚聲。胡雞切

駒 馬二歲曰駒。从馬。句聲。北野之良。

駃 驗也。从馬。僉聲。余廉切。驗余廉同都切

駣 馬甫虭切。馬八歲也。从馬。

駿 馬之良材者。从馬。夋聲。子峻切

駅 馬鼠也。从馬。俊子紅切。人負物也。从馬。

駊 馬高八尺。从馬。戎聲。如融切

驔 疾也。从馬。更。長更切

驊 馬赤色也。从馬。息營切。俗語也。唐佐切。驊省聲。

文五 新附

文二百十五 重八

廌 解廌獸也。似山牛一角。古者決訟。令觸不直。象形。从豸省。凡廌之屬皆从廌。宅買切

鹿廌部 （338）

廌薦
灋法定
鹿
麚麟麞
麐麚麌麒
麞麋麌麖
麞麚麇
麋麀麖
麞麐麖麠

薦：獸之所食艸。从廌，从艸。古者神人以廌遺黃帝，帝曰：何食何處？曰：食薦，夏處水澤，冬處松栢。作旬切。

灋：刑也。平之如水，从水；廌，所以觸不直者去之，从去。方乏切。今文省。古文。

文四　重二

鹿：獸也。象頭角四足之形。鳥鹿足相似，从匕。凡鹿之屬皆从鹿。盧谷切。

麚：牡鹿。从鹿，叚聲。以夏至解其角。古牙切。

麐：牝麒也。从鹿，吝聲。力珍切。

麌：鹿迹也。从鹿，吳聲。古牙切。

麛：鹿子也。从鹿，弭聲。莫兮切。

麉：鹿之絕有力者。从鹿，幵聲。古賢切。讀若俠弱之俠。奴

麋：鹿屬。从鹿，米聲。武悲切。

麒：仁獸也。从鹿，其聲。

麀：牝鹿也。从鹿，从牝省。於虯切。鹿牡者八。或从幽。

麈：大麠也，狗足。从鹿，章聲。居履切。

麞：麠屬。从鹿，章聲。諸良切。

麠：大鹿也，牛尾一角。从鹿，畺聲。舉卿切。

麤：行超遠也。从三鹿。倉胡切。

塵：鹿行揚土也。从麤，从土。直珍切。籀文。

麗：旅行也。鹿之性，見食急則必旅行。从鹿，丽聲。禮：麗皮納聘，蓋鹿皮也。郎計切。古文。篆文麗字。

(339) 麁(chuò音綽)麤(cū音粗)鹿部

麀塵麔麗
麊塵麈
麆
㕁麤魯麤

麎麐
麤麈麎
麈(塵)
屪

丽㫔塵麐

廣麗

廥塵麠

或从京
麀塵麔属从鹿票
省聲薄交切

麋属从鹿主聲之庚切
狻麂兒獸也从鹿
兒聲五雞切

麔
似鹿而大也从
鹿咸聲胡毚切
大羊而細角从
鹿需聲郎丁切
如小麋
臍有香

神夜切
从鹿躲聲

似鹿而大也从
羊苚切
旅行也鹿之性見食急則必旅行
从鹿丽聲禮丽皮納聘蓋鹿皮也

山羊而大者細角
从鹿从鹿咸聲

牝鹿也从鹿从
牝省於虯切
幽聲

郎計切
麗字文下
篆文麗字文下
麗牝鹿也从鹿从
牝省於虯切
幽聲
或从
㲋

麊
鹿行揚土也从
麤从土直珍切
麤从土
籀文

麤
行超遠也从三鹿凡麤之屬皆从麤倉胡切

文三十六 重六

文二 重一

獸也似兔青色而大象形頭與兔同足與
鹿同凡㲋之屬皆从㲋丑略切

籀
文
狡兔也兔之駿者
獸名从㲋吾聲
讀若寬同夜切
獸也似狌狌从
㲋夫聲古岑切
从㕁兔士咸切

犬(犭)莧(huán 音环)兔部 （340）

兔　逸冤　龜　魏　莧
　　　娩
犬
(犭)

兔　獸名。象踞,後其尾形。兔頭與㲋頭同。凡兔之屬皆从兔。湯故切

文四　重一

逸　失也。从辵兔。兔謾訑善逃也。夷質切

冤　屈也。从兔从冖。兔在冖下,不得走,益屈折也。於袁切

娩　兔子也。娩疾也。从女兔。芳萬切

㝹　疾也。从三兔。

闕芳遇切

文五

文一　新附

魏　狡兔也。从兔。夋聲。七旬切

莧　山羊細角者。从兔足。苜聲。凡莧之屬皆从莧。莧讀若丸。莧字从此。臣鉉等曰:首,徒結切,非聲,疑象形。胡官切

文一

犬　狗之有縣蹏者也。象形。孔子曰視犬之字如畫狗也。凡犬之屬皆从犬。苦泫切

(341) 犬(犭)部

狗 獿 尨
狡 玃 獳
猢 獢 獫
狂 猈 猗
臭 猜 默
㺔 猥 獷
猝 猩 獫
獠 㺜
狠 狋
猵 狦 獢

孔子曰狗叩气吠也。叩气吠以守。从犬句聲。古厚切

獿 南越名犬獿獀。从犬憂聲。所鳩切

尨 犬之多毛者。从犬从彡。詩曰無使尨也吠。莫江切

狡 少狗也。从犬交聲。匈奴地有狡犬。巨口而黑身。古巧切

玃 大母猴也。从犬矍聲。俱縛切

獳 犬怒皃。从犬需聲。一曰犬難得。

猢 短喙犬也。从犬曷聲。詩曰載獫猲獢。許謁切

獢 猲獢也。从犬喬聲。許嬌切

獫 長喙犬。一曰黑犬黃頭。从犬僉聲。讀若檻。虛檢切

狂 狾犬也。从犬㞷聲。

猈 短脛狗。从犬卑聲。薄解切

猗 犗犬也。从犬奇聲。於离切

臭 禽走臭而知其迹者犬也。从犬从自。尺救切

猜 恨賊也。从犬青聲。倉才切

默 犬暫逐人也。从犬黑聲。讀若墨。莫北切

㺔 犬視皃。从犬瞏聲。

猥 犬吠聲。从犬畏聲。烏賄切

獷 犬獷獷不可附也。漁陽有獷平縣。从犬廣聲。古猛切

猝 犬从艸暴出逐人也。从犬卒聲。麤沒切

猩 猩猩犬吠聲。从犬星聲。桑經切

獠 獵也。从犬尞聲。

狠 犬鬥聲。从犬艮聲。五還切

狋 犬怒皃。从犬示聲。一曰犬難得。

猵 犬獨也。从犬扁聲。

犬(犭)部　（342）

獷　狀（狀）奘
獒　獟
猚　狎　狃
犯　猜　猛　犹
倏　狟　狤
狣　怯　獜　獛
戻　獨
狢　獷（獮）祿　獵
獠　狩　臭

犬(犭)部

字目（右→左）

獲　斃　嶢　狌　玃　狙　狼　狟　獺　猋
獎　獻　狋　類　猶　猴　　　獌　猵
　　猂　狂　狄　　　㲋　　　狐　獱
　　　　　　猣

臭：知其迹者，犬也。从犬从自。臣鉉等曰：自，鼻也。犬走以鼻知臭，故从自。尺救切。

獵：所獲也。从犬巤聲，胡伯切。

獟：獟犬也。从犬堯聲。一曰逐虎犬也。五弔切。

獘：頓仆也。从犬敝聲。春秋傳曰：與犬，犬獘。獘或从死。毗祭切。

獻：宗廟犬名羹獻。犬肥者以獻之。从犬鬳聲。許建切。

狾：狂犬也。从犬折聲。征例切。

狂：狾犬也。从犬㞷聲。巨王切。

獷：赤狄，本犬種，狄之為言淫辟也。从犬亦省聲。徒歷切。

狄：赤狄，本犬種。

狻：狻麑，如虦貓，食虎豹者。从犬夋聲。見爾雅。素官切。

類：種類相似，唯犬為甚。从犬頪聲。力遂切。

玃：母猴也。从犬矍聲。爾雅云：玃父善顧攫持人也。俱縛切。

猶：玃屬。从犬酋聲。一曰隴西謂犬子為猶。以周切。

狙：玃屬。从犬且聲。一曰狙犬也，暫齧人者。一曰犬不齧人也。親去切。

猴：夒也。从犬矦聲。乎溝切。

㲋：獸也。似兔，青色而大。象形。頭與兔同，足與鹿同。丑略切。

狼：似犬，銳頭，白頰，高前廣後。从犬良聲。魯當切。

狟：犬行也。从犬亘聲。周書曰：尚狟狟。胡官切。

獌：狼屬。从犬曼聲。爾雅曰：貙獌，似貍。舞販切。

狐：䄏獸也。鬼所乘之。有三德：其色中和，小前大後，死則丘首。謂之三德。从犬瓜聲。戶吳切。

獺：如小狗也。水居食魚。从犬賴聲。他達切。

猵：獺屬。从犬扁聲。布玄切。

獱：獺或从賓。

猋：犬走皃。从三犬。甫遙切。

文六十三　重五

鼠狀（yín 音银）犬（犭）部

狺 獯 狷 獒

狀

獄獄

鼠

獝獡

蚡 蚲 蚧 蜔

鼶 鼬

鼢

鼤 鼳 鼮 鼳

鼱 鼲 鼹 鼶

狺　獸走皃从犬。

　獸名从犬尖軍口聲。

祵　褊急也从犬尹聲。

楎　獸名从犬軍聲許月切。有聲古縣切。

獧　獸名从犬。契聲烏縣切。

狀　兩犬相齧也从二犬凡狀之屬皆从狀語斤切

文四　新附

獄　司空也从狀从言二犬。所以守也魚欲切

獄　說獄司空息兹切　確也从狀从言二犬。

鼠　穴蟲之緫名也象形凡鼠之屬皆从鼠書呂切

文三

鼸　鼠也从鼠番聲讀若樊或曰鼠婦附表切

鼢　鼠也从鼠出胡地皮可作裘八八地中行鼠伯勞所化也一日竹鼠也。从鼠各聲下各切

鼬　鼠也从鼠由聲息移切　鼠也从鼠虎聲。如犬从鼠

偓鼠从鼠分聲芳吻切　鼠令从鼠平聲溥經切

蚡　鼠也从鼠分聲　或从虫分

　五技鼠也。能飛不能過屋能緣不能窮木能游不能渡谷能穴不能掩身能走不能先人从鼠石聲。常雙切

鼩　豹文　鼠也。

　籀文　鼠屬从鼠益聲於革切　小鼠也从鼠奚聲胡雞切

　省聲　鼠屬从鼠冬聲。職戎切　猵或从　豸　或从

(345) 熊 能 鼠 部

鼩鼱鼢鼬　　　熊　　　　能　　　　䶂䶄

鼨鼥鼫

羆䐑

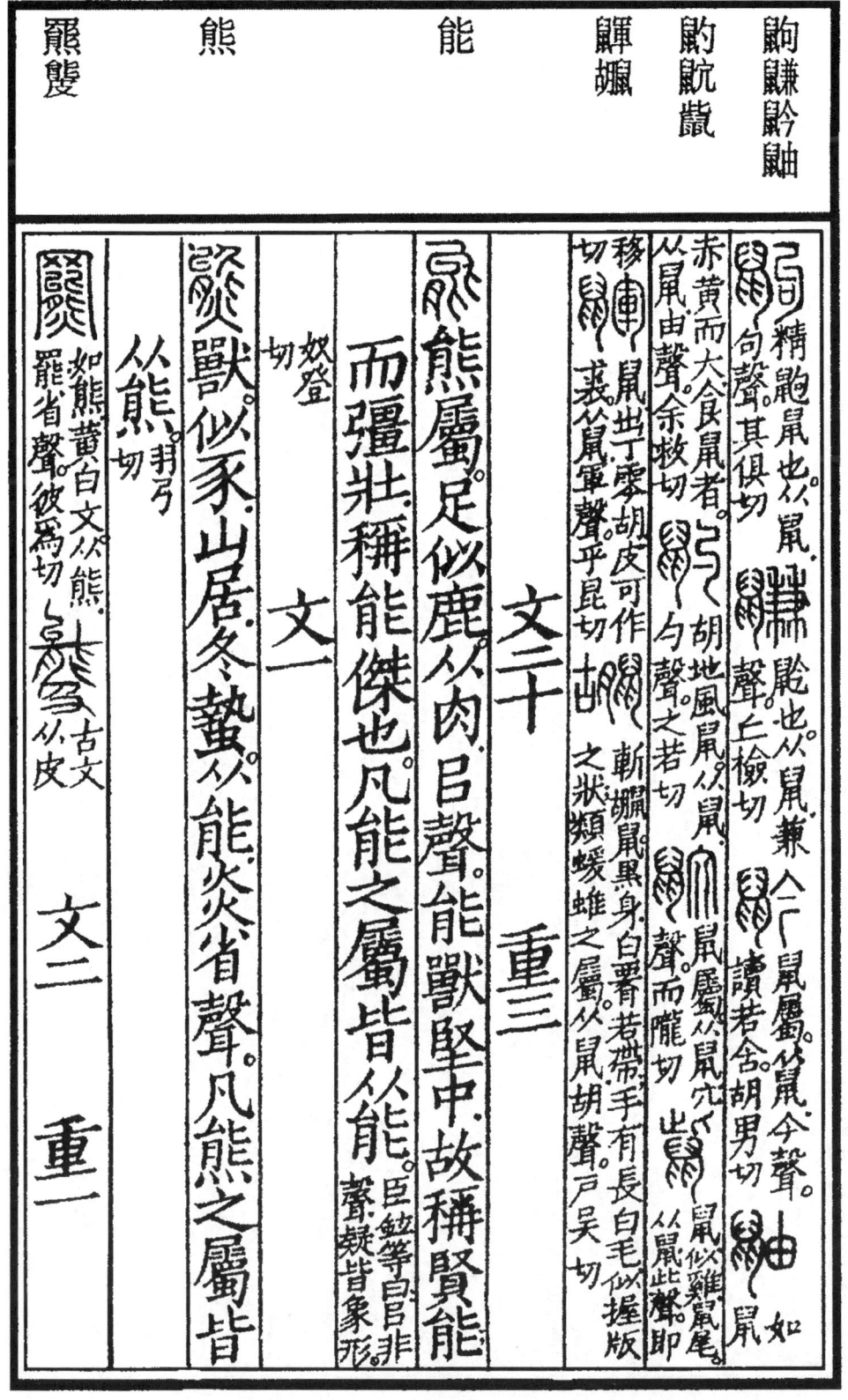

精鼩鼠也从鼠。

鼩鼠也从鼠兼。句聲其俱切。聲匕檢切。讀若舍胡男切。

赤黃而大食鼠者。胡地風鼠从鼠。鼠屬从鼠穴。

鼠出丁零胡皮可作　与聲之若切　鼠屬从鼠龐切　鼠似雞鼠尾从鼠此聲即。

文二十　重三

能熊屬足似鹿从肉㠯聲能獸堅中故稱賢能而彊壯稱能傑也凡能之屬皆从能　奴登切

文一

熊獸似豕山居冬蟄从能炎省聲凡熊之屬皆

文二

如熊黃白文从熊罷省聲彼為切　古文从皮

文二　重一

火部（346）

火

炟烜燬

燹焌

尞然

爇熱

燔燒烈灺

煇爕烝

烰煦熯

炥燨閔

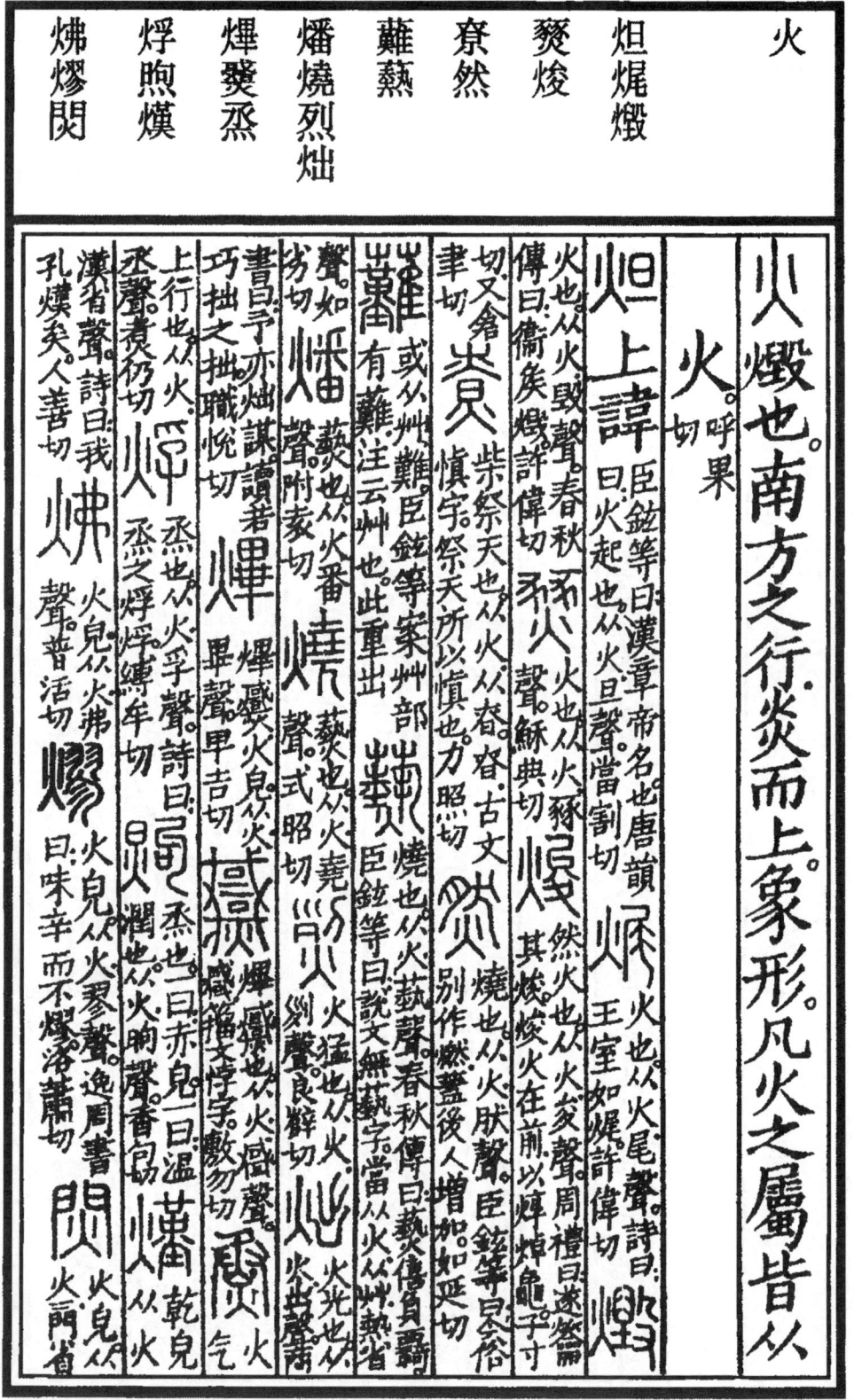

火部

腰　熲　煥
熛　熇　炆
　天　燋
炭　羨　焱
燀　炊　烘
熄　烓　煤
炈　灸　灰　煨
熹　煎　熬
爇　炮　袠　賞
穯　爇　爆

腰　火色也，从火廛聲。聲讀若弇。良刃切。

頊　火光也，从火塡聲。讀若雁。五旱切。

煥　火光也，从火侖聲。一曰藝也，以灼切。

炆　火飛也，从火奧聲。讀若標。甫遙切。

熇　火熱也，从火高聲。詩曰：多將熇熇。臣鉉等曰：高非聲，當从嗃省。火屋切。

熛　火飛也，从火票聲。讀若摽。甫遙切。

燋　所以然持火也。从火焦聲。周禮曰：以明火爇燋也。讀若毛詩曰：交灼木也。即消切。

天　燒木餘也，从火岸省聲。他案切。

炭　東，炭也，从火。讀若庶。古巧切。

羨　小熱也，从火干聲。詩曰：憂心炎炎。臣鉉等曰：干非聲，未詳。直廉切。

焱　火華也，从三火。讀若詩曰：庶薑薑。宜炤切。

炊　爨也，从火吹省聲。讀若吹。昌垂切。

烘　炊也，从火春秋傳曰：烘于煤。从火共聲。詩曰：卬烘于煤。呼東切。

燀　炊也，从火單聲。春秋傳曰：燀之以薪。充善切。

炊　炊餔疾也，从火單聲。讀若憚。在詣切。

煤　死火餘㶳也，从火聿聲。讀若東炭也。徒案切。

烓　行竈也，从火圭聲。口迥切。

熄　畜火也，从火息聲。亦曰滅火。相即切。

煨　盆中火，从火畏聲。烏灰切。

灰　死火餘㶳也，从火又从手也。呼恢切。

灸　灼也，从火久聲。舉友切。

炈　火气也，从火。讀若岸。五葛切。

熬　乾煎也，从火敖聲。五牢切。

煎　熬也，从火前聲。子仙切。

熹　炙也，从火喜聲。許其切。

爇　燒也，从火蓺聲。易曰：爇丘。如劣切。

炮　毛炙肉也，从火包聲。薄交切。

袠　炮肉以微火溫肉也，从火衣聲。烏痕切。

賞　置魚筩中炙也。从火賞聲。徒冬切。

爇　炙也，从火熮聲。五牢切。

穯　以火乾肉也，从火稫聲。臣鉉等案：說文無稫字，當从福省，疑傳寫之誤。符逼切。

爆　灼也，从火暴聲。北角切。

火部　（348）

煇	窒	灾	興	焚	焌	爤	炙	爢	煬
焞	竁	㷿	燴	（焚）	燥	熄	灼	尉	煃
	焆	災	龖	燅		炪	煉	（尉）	爛
	熅	煙	雧	燎		熭		爐	爛
	炮	烟	裁						

(349) 火部

炳 焯 照 煒
烄 熠 煜
燿(耀) 煇 煌 焜
炯 爗(爆) 燜
炫 光 燹 炗 熱
熾 戭 燠 煖 煐
炅 炕 燥 烕
烆 燽 爡
烜 燹 爤
熭 熙

炳 明也。从火丙聲。兵永切。

焯 明也。从火卓聲。周書曰：焯見三有俊心之若切。

照 明也。从火昭聲。之少切。

煒 盛赤也。从火韋聲。詩曰：彤管有煒。于鬼切。

熠 盛光也。从火習聲。詩曰：熠熠宵行。羊入切。

煜 燿也。从火昱聲。余六切。

燿 照也。从火翟聲。弋笑切。

煇 光也。从火軍聲。况韋切。

煌 煌煇也。从火皇聲。胡光切。

焜 煌也。从火昆聲。胡本切。

炯 光也。从火冋聲。古迥切。

爗 盛也。从火畢聲。詩曰：爗爗震電。筠輒切。

燜 火爛也。从火閒聲。余廉切。

炫 燿燿也。从火玄聲。胡畎切。

光 明也。从火在人上。光明意也。古皇切。

燹 ……

熱 溫也。从火埶聲。如列切。

熾 盛也。从火戠聲。昌志切。

戭 古文熾。

燠 熱在中也。从火奥聲。烏到切。

煖 溫也。从火爰聲。况袁切。

炅 見也。从火。古迥切。

炕 乾也。从火亢聲。苦浪切。

燥 乾也。从火喿聲。蘇到切。

烕 滅也。从火戌。火死於戌，陽氣至戌而盡。詩曰：赫赫宗周，褒似滅之。許劣切。

烆 赫赫宗周……

炘 ……表邊有警則舉火曰熢。从火逢聲。敷容切。

熭 暴乾火也。从火彗聲。于歲切。

熙 燥也。从火巸聲。許其切。

黑炎火部　（350）

爐 煽 烙 爍
燦 煥
炎
燄 焰 煔
粘 燅 燌
粦
黑

文二百廿二　　重十五

爐　烓盛也从火盧聲。蟲聲直弓切。

煽　身聲式戰切。

烙　灼也从火各切。

爍　灼爍光也从火樂聲書藥切。
文六　新附

燦　燦爛明靜見也从火粲聲倉案切。

煥　火燄聲倉案切。奐聲呼貫切。
文六　新附

炎　火光上也从重火凡炎之屬皆从炎。

燄　火行微燄燄也从炎臽聲舒贍切。

焰　炎皀聲以冉切。

煔　火行也从炎舌省臣鉉等曰火非聲當从昏省以冉切。

粘　火光也从炎舌聲。

焰　火光也从炎舌聲臽聲。于廉切。

粦　兵死及牛馬之血爲粦粦鬼火也从炎舛良刃切。徐鍇曰茶博物志戰鬬死亡之處有人馬血積年爲粦著地入州木如霜露不可見有觸者著人體後有光拂拭即散無數又有吒聲如彈豆又舛者人足也言光行著人。

燅　於湯中爚肉也从炎熱省徐鹽切　或从炎從熱。

燌　桑甚之甚。力荏切。

炎　火行也从炎占聲舒贍切。

尖　大熱也从火持炎辛辛者物熱味也蘇俠切。
文八重一

黑　火所熏之色也从炎上出四四古窗字凡黑之屬皆从黑。呼北切。

（351）黑部

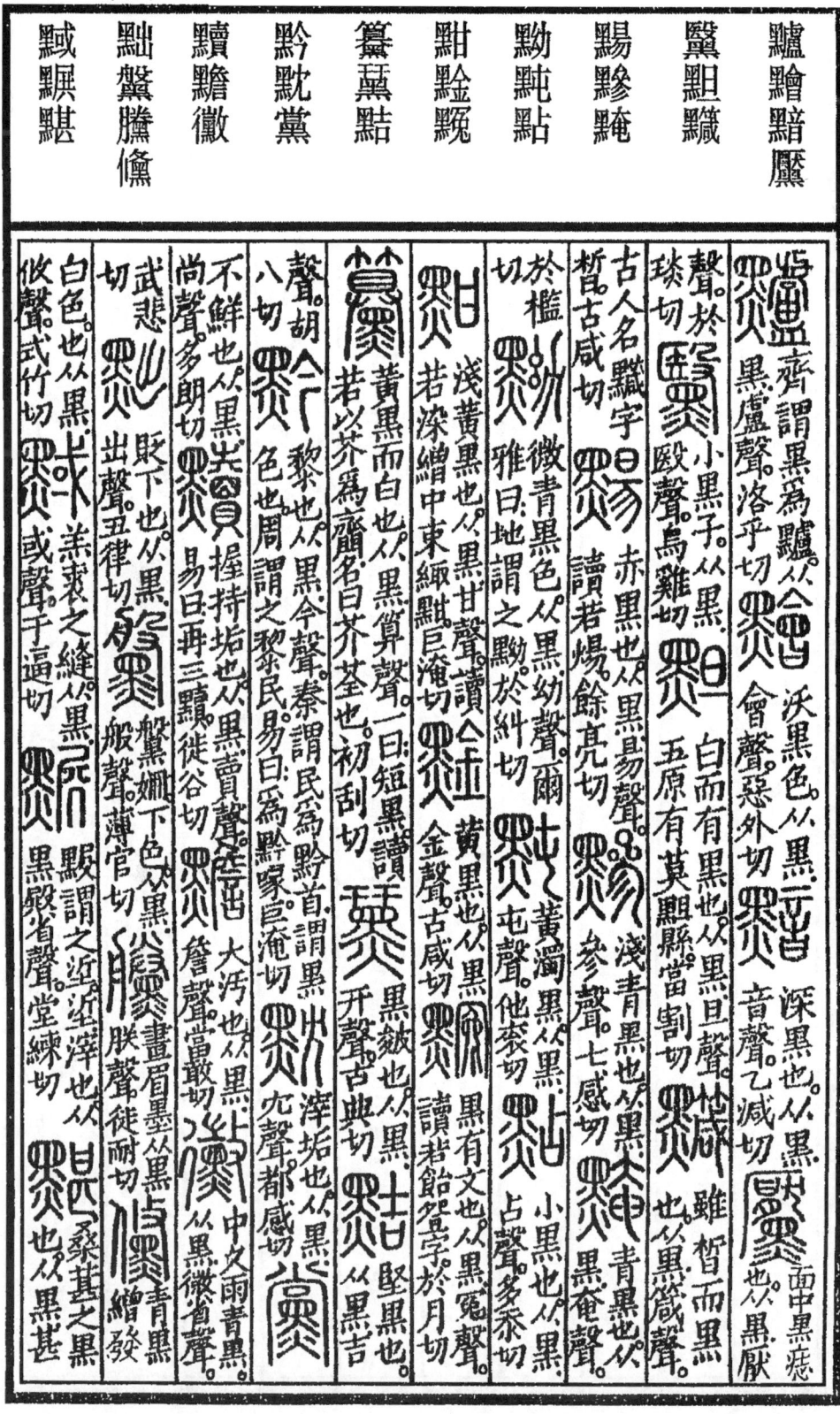

黑部 （352）

黢　黔黥　黵黷

聲。他含切。〔黵〕果實黔黯黑也。从

墨刑在面也。从　黑京聲。渠京切　〔黥〕或从刀　黥者　忘而

感切　〔黤〕黑气聲。烏感切　〔黟〕息也。从黑敢聲。丹

　黑木也。从黑多聲。丹

聲。於檻切　〔黝〕陽有黝縣。烏雞切

从刀

文三十七　重一

說文解字第十上

賜進士及第山東等處督糧道兼管德常臨清倉事務加三級孫星衍重校刊

(353) 炎焱(yàn 音艳)囪(chuāng 音窗)部

囪
窗(窻)囱囟
焱
熒爍
炙
煉籲燎
燔
㷭

說文解字弟十下　漢太尉祭酒許慎記

銀青光祿夫守右散騎常侍上柱國東海縣開國子食邑五百戶臣徐鉉等奉

敕校定

囪　在牆曰牖，在屋曰囪。象形。凡囪之屬皆从囪。楚江切

囱　古文。
或从穴。囪、囱亦聲。倉紅切

悤　多遽悤悤也。从心、囪。囪亦聲。倉紅切　文三　重二

焱　火華也。从三火。凡焱之屬皆从焱。以冉切

㷠　从焱在木上，讀若詩莘莘征夫。一曰役也。所臻切　文三　重一

熒　屋下鐙燭之光。从焱冖。戶扃切　文三

炙　炮肉也。从肉在火上。凡炙之屬皆从炙。之石切　文三

炮　毛炙肉也。从炙包聲。讀若鬱燎。

煉　宗廟火孰肉。从炙番聲。春秋傳曰：天子有事燔焉，以饋同姓諸侯。附袁切

燔　爇也。从火番聲。附袁切

大赤部　（354）

赤
壄赥穀赧
經頳虰泟
泟赭翰赫

大
赨赮
奎夾奄夸
查衮羲

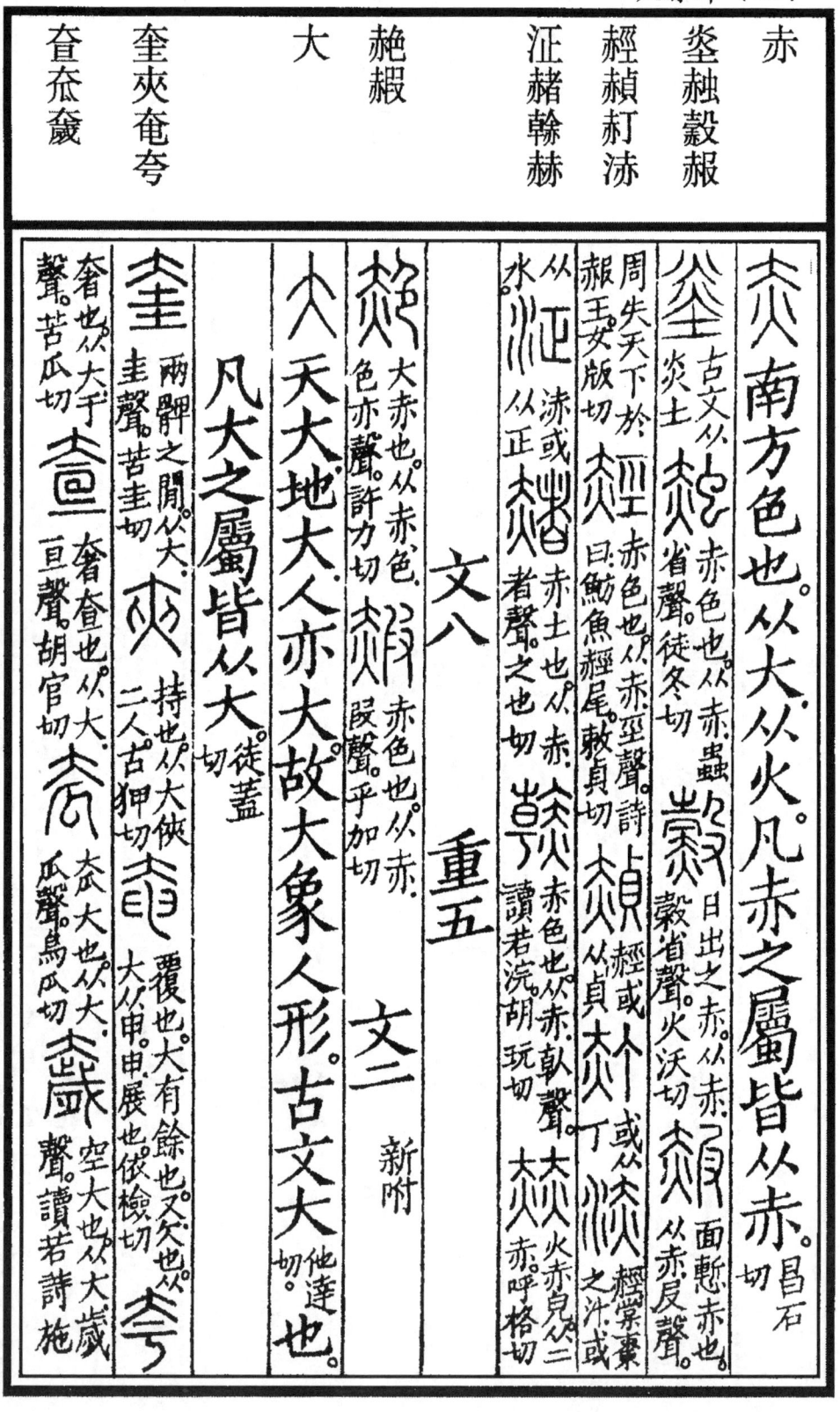

赤　南方色也。从大从火。凡赤之屬皆从赤。昌石切

古文从炎土。

赨　赤色也。从赤。虫聲。徒冬切

赧　面慙赤也。从赤。服省聲。周失天下於赧王。女版切

赭　赤土也。从赤。者聲之也切

䞓　赤色也。从赤。巠聲。《詩》曰：魴魚䞓尾。敕貞切

頳　赤色也。从赤。貞聲。赬或从貞。丑貞切

赫　大赤皃。从二赤。呼格切

赩　大赤也。从赤。色亦聲。許力切

赮　赤色也。从赤。叚聲。乎加切

泟　赤色也。从赤。正聲。讀若浣。胡玩切
（水或从正）

文八　重五

文二　新附

大　天大地大人亦大。故大象人形。古文大他達切。凡大之屬皆从大。徒蓋切

奎　兩髀之間。从大。圭聲。苦圭切

夾　持也。从大俠二人。古狎切

奄　覆也。大有餘也。又欠也。从大从申。申，展也。衣檢切

夸　奢也。从大于聲。苦瓜切

査　奢也。从大者聲。陟加切

衮　空大也。从大歲聲。讀若詩施

羲　瓜聲。烏瓜切

(355) 矢(zè音仄)亦大部

載 命 會 衺
乔 㐱 奔
奄 契 夷
咻 夨 夾 　 亦
夒 夋 昊
(昊)

罟滅滅也从大戈聲讀若
呼括切
戟 詩秋秩大猷讀若
直質切
大也从大氏聲。

大也从大戼
聲匹貌切

讀若民都兮切。
大也从大卯
聲魚吻切

大也从大介聲。
盍古拜切
此聲。

瞋大也从大。
火戒切

奄 讀若鷫鷞鷞倫切
大約也从大㐉聲。易曰後也
聖人易之以書契苦計切

契 大也从大㓞聲。

夷 大也从大弓。
讀若予違汝
平也。从大。

从弓東方之
人也从脂切

亦人之臂亦也从大象兩亦之形。凡亦之屬皆从亦。

文十八

夾 盜竊褱物也从亦有所持俗謂竊
人俜夾是也弘農陝字从此失冉切

臣鉉等曰今別作腋
非是羊益切

夾人之臂亦也从大象兩亦之形。凡亦之屬皆从亦。

夨 頭傾也从大象形凡矢之屬皆从矢。
阻力切

奰頭傾也从矢吉聲。
讀若子古眉切

文三

讀若子古眉切
矢圭聲。胡結切

徐鍇曰大言。故大口以出聲。
詩曰不吳不揚。

姓也亦郡也曰吳。
大言也从矢口五乎
切

古文如此

今寫詩者吷吳又作吳又音乎化切其謬甚矣。

文四 重二

允(wāng 音汪)交夭部 （356）

夭
喬 㐭 奔
交
夐 絞
允
尳 尲 尥 尦
尲 尳 尬 尮
尳 尥
尪 尦

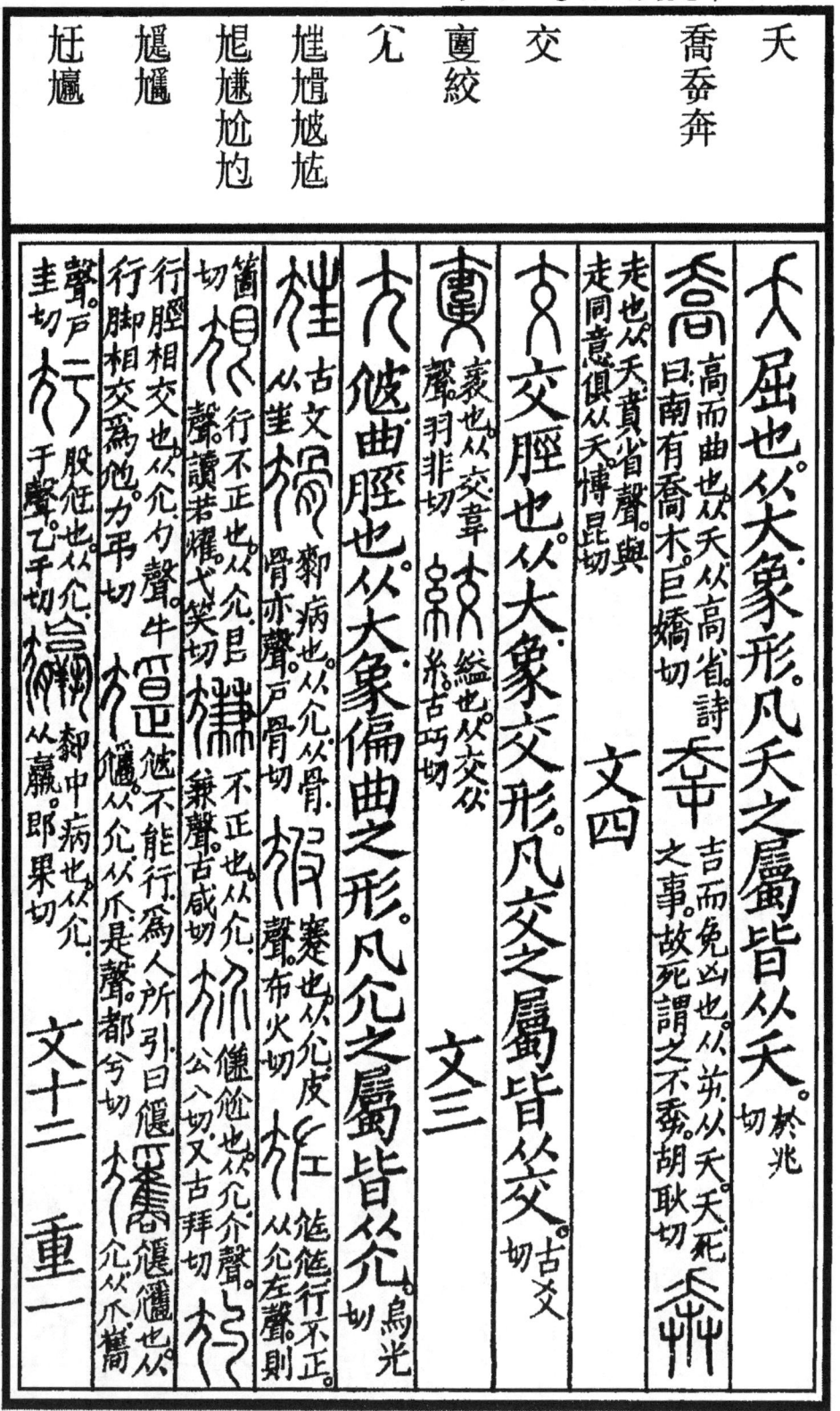

夭屈也从大象形凡夭之屬皆从夭 於兆切

喬 高而曲也从夭从高省詩曰南有喬木巨嬌切

㐭 吉而免凶也从夭夭死之事故死謂之不㐭胡耿切

奔

交 交脛也从大象交形凡交之屬皆从交 古肴切
文四

夐 絞也从交 聲羽非切 糸古巧切

允 尳曲脛也从大象偏曲之形凡允之屬皆从允 烏光切

尳 尳曲脛也从大象古文尳从崔 尳病也从允从骨骨亦聲戶骨切

尲 不正也从允是聲讀若耀弋笑切 行不正也从允見聲 寒也从允皮聲布火切

尥 行脛相交也从允 聲讀若燎力弔切 兼聲古咸切 尲尦也从允尤聲 尲尦也从允介聲則

尲 行脛相交爲尥力弔切 尲从允甸聲都年切 尲不能行爲人所引曰尲退尲也从允 尲从允左聲則 公八切又古拜切

尪 脚相交爲尥力弔切 尲从允 聲都兮切 尲从允爪是聲都果切

尦 股尫也从允乙千切 尦中病也从允贏郎果切 聲戶圭切

文十二 重一

(357) 卒(niè 音聶)壹壺部

盩　睪　　　卒　懿　壹　壹　　壺
報　執　　　(幸)
　　圉

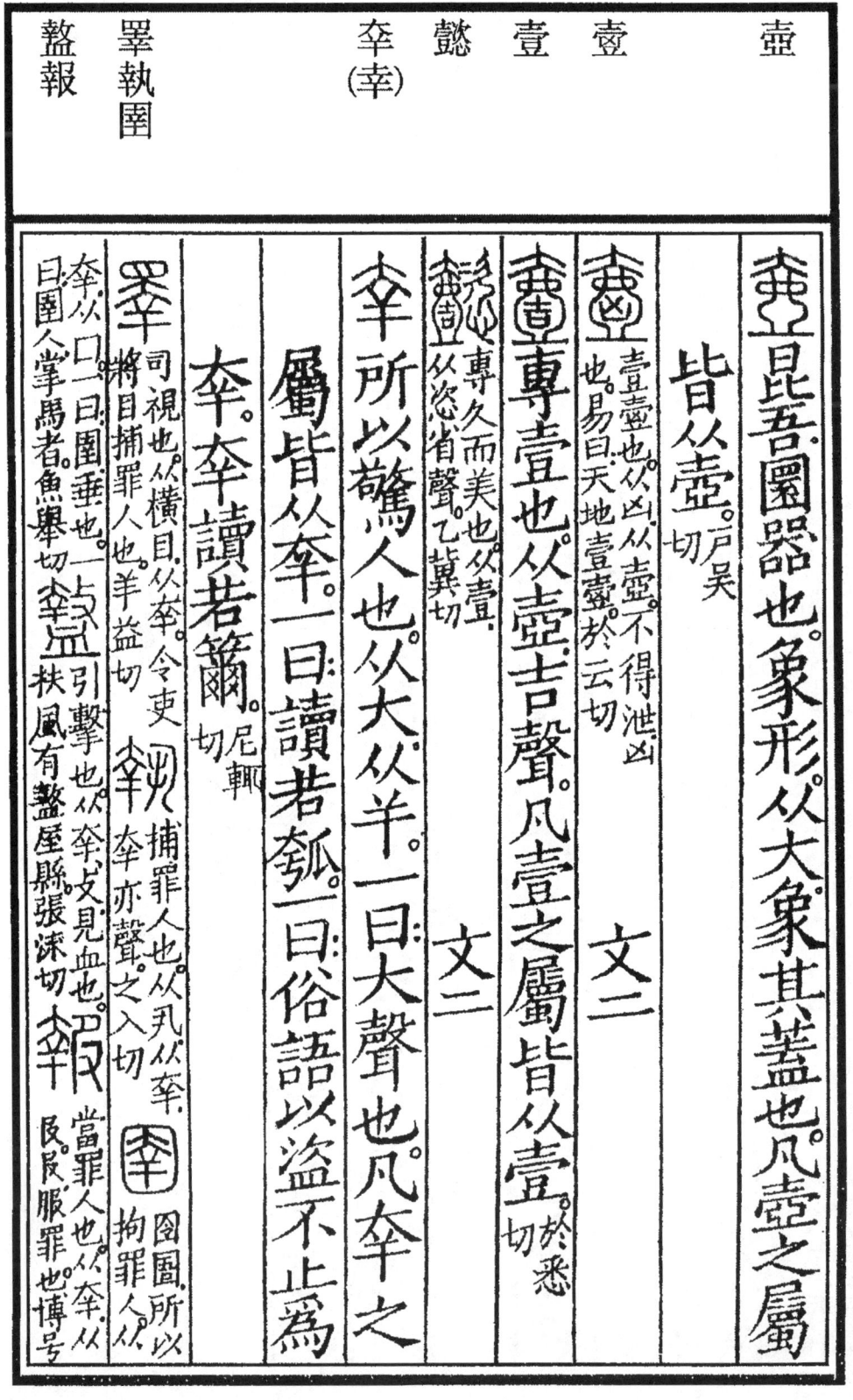

壺昆吾圓器也。象形从大象其蓋也。凡壺之屬

皆从壺。戶吳切

壹壹壺也从凶从壺。不得泄凶也。易曰天地壹壺。於云切

文二

懿專久而美也从壹从恣省聲。乙冀切

壹專壹也从壺吉聲。凡壹之屬皆从壹。於悉切

文二

卒所以驚人也。从大从羊。一曰大聲也。凡卒之

屬皆从卒。一曰讀若瓠。一曰俗語以盜不止為

李卒讀若籋。尼輒切

睪司視也。从橫目从卒。令吏将目捕罪人也。羊益切

執捕罪人也。从卒从丮。卒亦聲。之入切

圉圉人掌馬者。魚舉切
曰圉从口。曰圉垂也。

盩引擊也。从卒从攴見血也。扶風有盩屋縣張流切

報當罪人也。从卒从反。反服罪也。博号切

夲亢奢部 （358）

籀籔　奢　夌鼕　亢　頏䫼　本　奉暴粼　奏屛敄皋

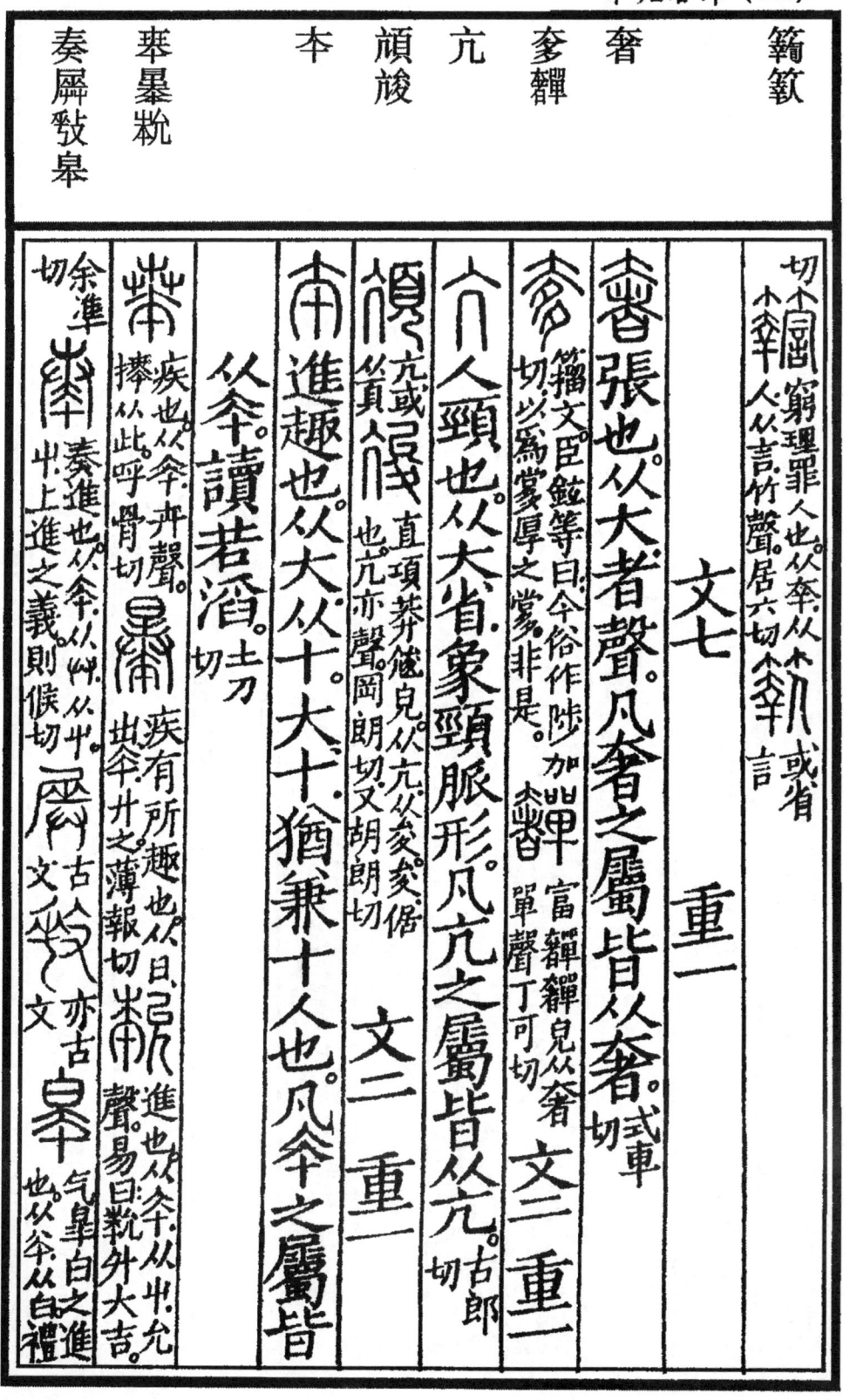

夫大夰(gǎo 音摳)部

夰
昦 舁 昇 昊(吴)
大 奕 奘 臭
夫 奚 奕 奰
爨

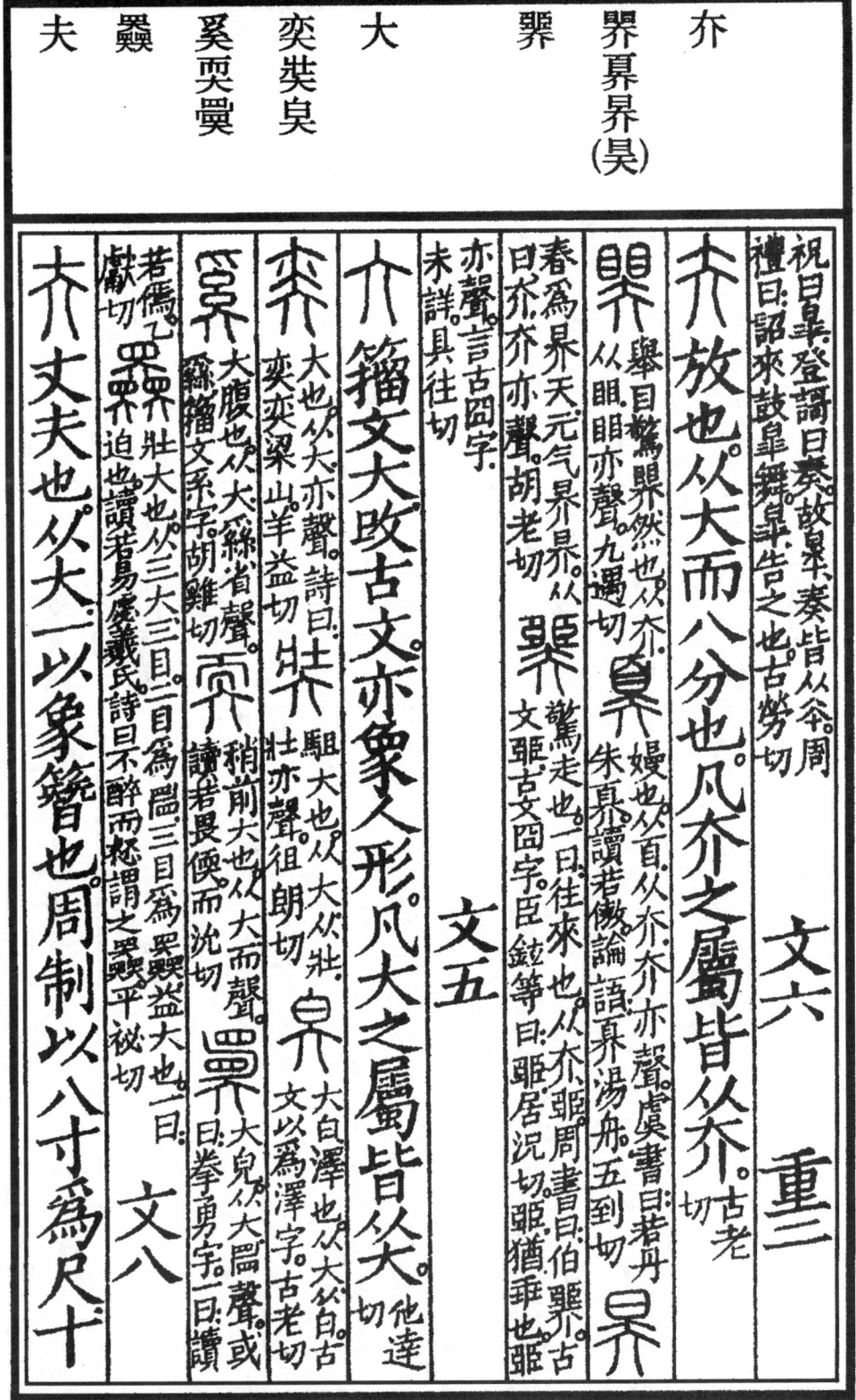

文六　重三

文五

文八

立夫部 （360）

規 奎
立
隸 竱 端 竱
竦 竫 靖
竢 妃 竘 竵
竭 頿 竭 嬴
竣 竦 婧
婢 增

尺爲丈人長八尺故曰丈夫凡夫之屬皆从夫。甫無切

槻 有法度也从夫从見。居隨切　讀若伴侶之伴。薄旱切

文三

立行也从二夫輦字从此。

竱 住也从大立一之上也。地也。會意。凡立之屬皆从立。力入切　臣鉉等曰大人

隸 臨也从並力至切

端 直也从立耑聲。多官切　等也。从立春聲國語

竱 一曰細見。疾郢切　立竱也从立青聲。疾郢切

竫 亭安也从立青聲。疾郢切　立諍也从立爭聲。疾郢切

竢 待也从立矣聲。牀史切　或从巳。

竘 健也从立句聲讀若齲。一曰匠也。从匠。逸周書有竘匠。丘羽切

竵 不正也。火咼切

竭 負舉也从立曷聲。渠列切　待也从立須切

頿 瘣也从立賁聲。倫切

竣 偓竣也从立夋聲國語曰有同已事而竣。七倫切

竦 敬也从立束聲。相俞切

婧 見思兒从立从彔彔籀文㲃字讀若處義氏之處。房六切

婢 短人立婢兒从立卑聲。從下切

驚兒从立晉聲。七雀切　北地高樓無屋者。从立曾聲。七耕切

文十九　重三

（361）心(忄)思囟（xīn 音信）竝部

竝(並)	曁(替)曁(普)	囟	膟出鼠㔕(毗)	思	慮	心(忄)	息 情性

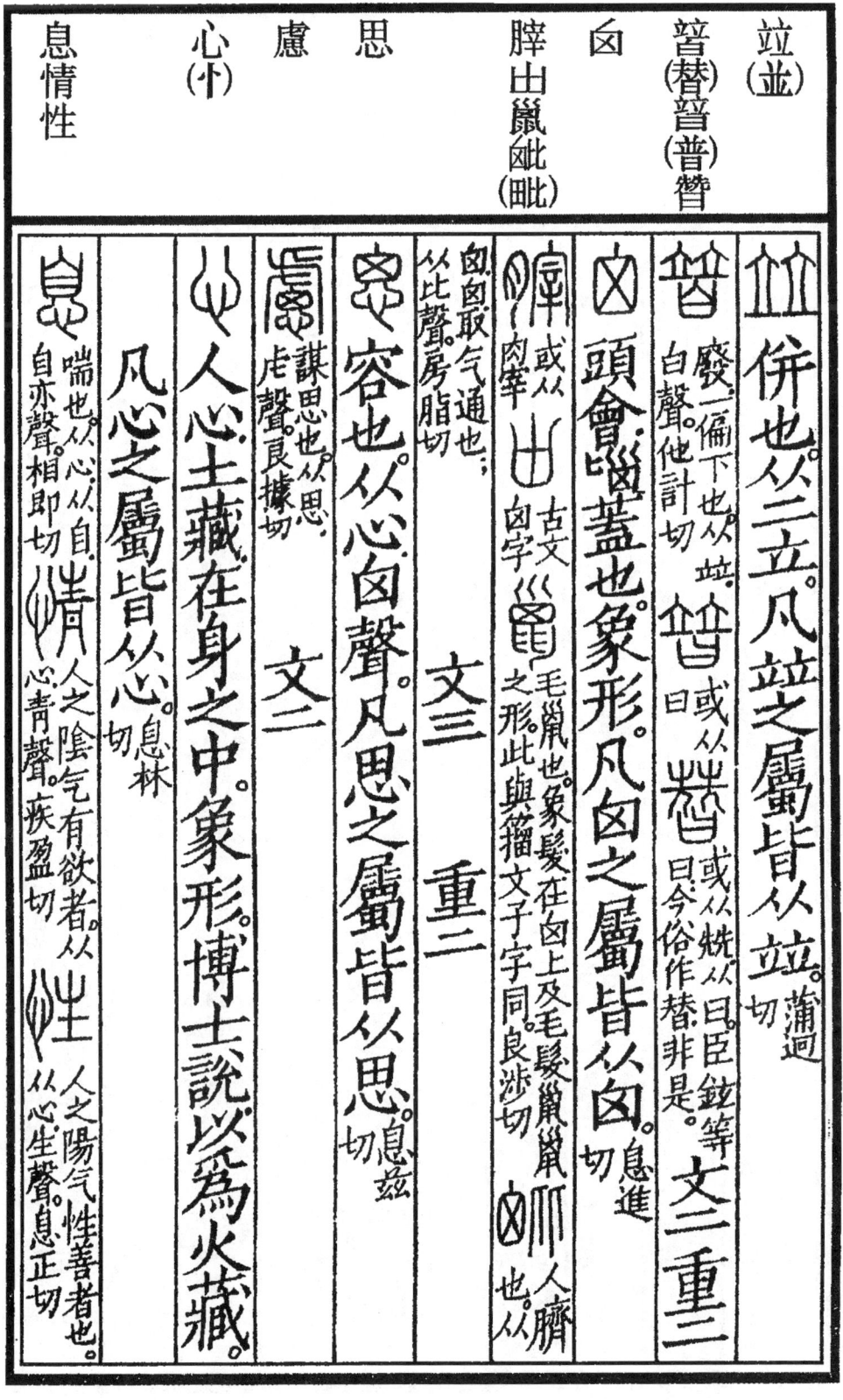

竝 併也。从二立。凡竝之屬皆从竝。蒲迥切。文三

曁 廢一偏下也。从竝。白聲。他計切。或从㹜犬曰。或从焁焁从犬曰臣鉉等曰今俗作替非是。文二重二

囟 頭會匘蓋也。象形。凡囟之屬皆从囟。息進切。古文囟字。

膟 或从肉宰。毛鼠也。象髮在囟上及毛髮㔕㔕也。此與籀文子字同。良涉切。㔕人臍也。从囟从

囟囟取气通也。从比聲。房脂切。

思 容也。从心囟聲。凡思之屬皆从思。息茲切。文三重三

慮 謀思也。从思。虍聲。良據切。文二

心 人心土藏在身之中。象形。博士說以爲火藏。凡心之屬皆从心。息林切。

情 人之陰气有欲者。从心青聲。疾盈切。

性 人之陽气性善者也。从心生聲。息正切。

息 喘也。从心从自。自亦聲。相即切。

心（忄）部　（362）

志意悑㤅
愯應慎㥍
忠㥁䫞快
憲憕𢤱忻
懂憚惇
恛愊愿慧
忼慨
憭恔癒
愁悰恬恢

意也。从心之聲。職吏切。

志也。从心察言而知意也。从心旨聲。職雜切。

外得於人，內得於己也。从直从心。多則切。古文。

志也。从心音。於記切。

謹也。从心眞聲。時刃切。

敬也。从心中聲。陟弓切。

當也。从心羅聲。於陵切。古文。

美也。从心頁聲。莫角切。

喜也。从心夬聲。苦夬切。

樂也。从心豈聲。臣鉉等曰：當从喜省，乃得聲。苦亥切。

敬省聲。女版切。今常思也。从心奴店切。

快也。从心匜聲。叶切。

敬也。从心登聲。都騰切。平也。从心重聲。直陵切。敬也。从心軍聲。於粉切。重厚也。

害省聲。許建切。

問也。从心斤聲。司馬法曰：善問民之惡，許斤切。閭也。从心付聲。甫無切。

謹也。从心難聲。敬也。从心登聲。

厚也。从心享聲。古俎切。

慨也。从心旣聲。壯士不得志也。

慎也。从心六聲。一曰：易忼龍有悔。臣鉉等曰：今俗別作懊，非是。苦浪切，又口朗切。忼慨也。

謹也。从心畐聲。芳逼切。

誠志也。从心困聲。苦本切。

謹也。从心原聲。魚怨切。古洗切。

憭也。从心彗聲。胡桂切。古文。

儇也。从心慧聲。力小切。敬也。从心折聲。陟列切。

憭也。从心交聲。下交切，又古了切。

靜也。从心咎聲。疾飬聲。臣鉉等。

偠也。从心慧聲。

樂也。从心宗聲。藏宗切。敬也。从心折聲。陟列切。

安也。从心舌聲。省聲徒兼切。

疾也，非聲。未詳。於計切。樂也。从心宗聲。

（363）心（忄）部

恭慹恕忠
怡慈恀憪
恮恩懬
懃懬
憾憑慶
愐懬
寒恂忧
惟懷惀想
恕恉意
意恴慘懬

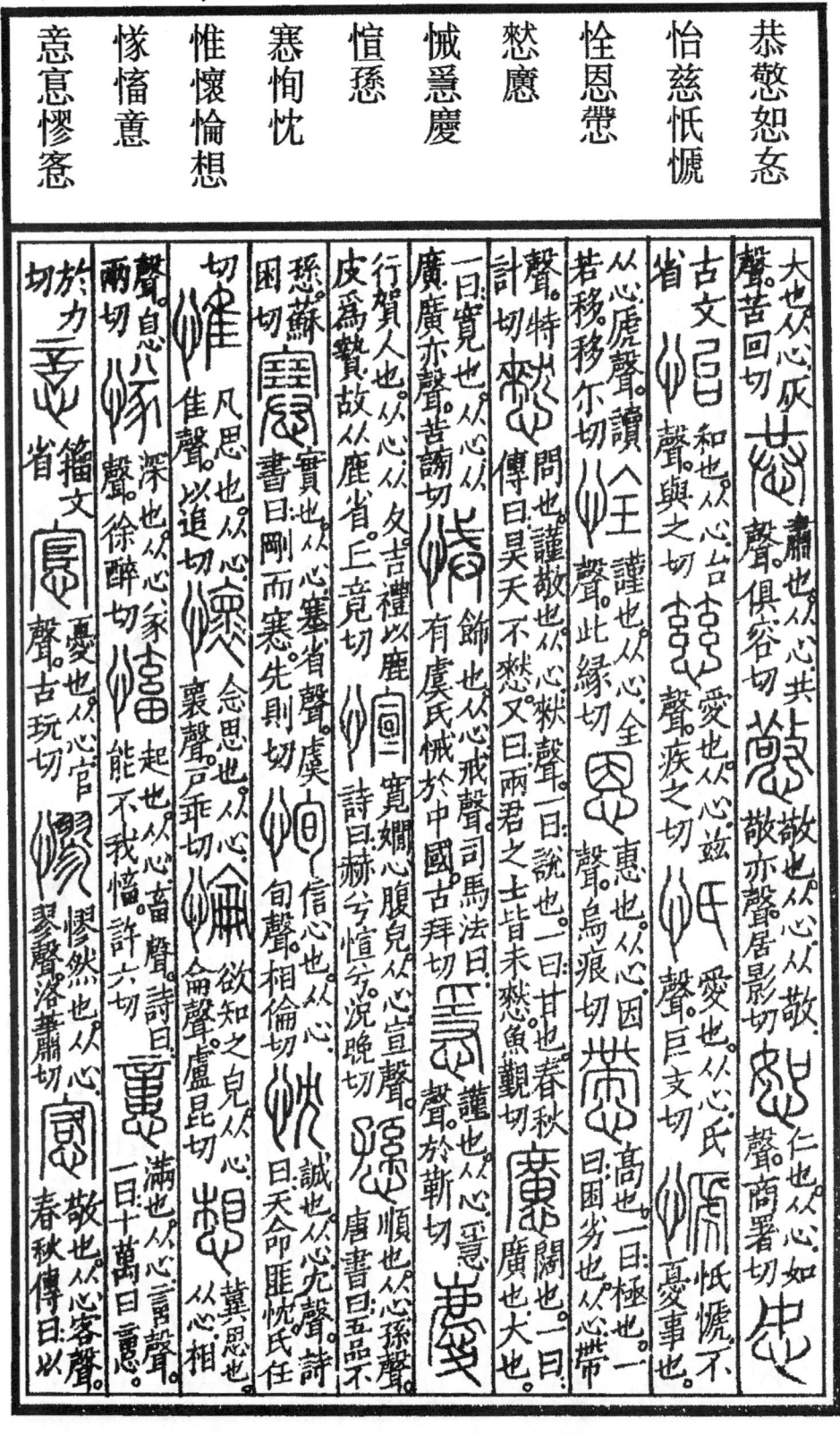

心（忄）部　（364）

慺懼愳
怙恃憪悟
慕憮㤅愍惛
慰㥾𢝁
怵悈忞
慎恂愧懲
㥁慕（慕）悛悚
愄愊愢
憺怕恤忓
懽愶

陳備三惑臣鉉等曰：慺懼也。從心雙省聲。春秋傳曰：驅氏惟息拱切。

懼恐也。從心瞿聲。其遇切。

愳古文。

怙恃也。從心寺聲。時止切。

慮也。從心曹聲。藏宗切。

覺悟也。從心吾聲。五故切。

悟古文悟。

憪愛也。從心閒聲。戶閒切。

動也。從心無聲。文甫切。

㤅惠也。從心旡聲。烏代切。

愍痛也。從心敄聲。眉殞切。

惛不憭也。從心昏聲。呼昆切。

慎謹也。從心眞聲。時刃切。

眘古文。

恂信心也。從心旬聲。相倫切。

愧慚也。從心鬼聲。俱位切。

愧或從恥省。

懲㣻也。從心徵聲。直陵切。

慕習也。從心莫聲。莫故切。

悛止也。從心夋聲。此緣切。

悚懼也。從心束聲。息拱切。

愄中善自安也。從心畏聲。於非切。

愊誠志也。從心畐聲。芳逼切。

愢心服也。從心思聲。新茲切。

憺安也。從心詹聲。徒敢切。

怕無為也。從心白聲。匹白切。又葩亞切。

恤憂也。收也。從心血聲。辛聿切。

忓極也。從心千聲。古寒切。

懽喜歡也。從心雚聲。呼官切。

愶懼也。從心劦聲。虛業切。

（365）心（忄）部

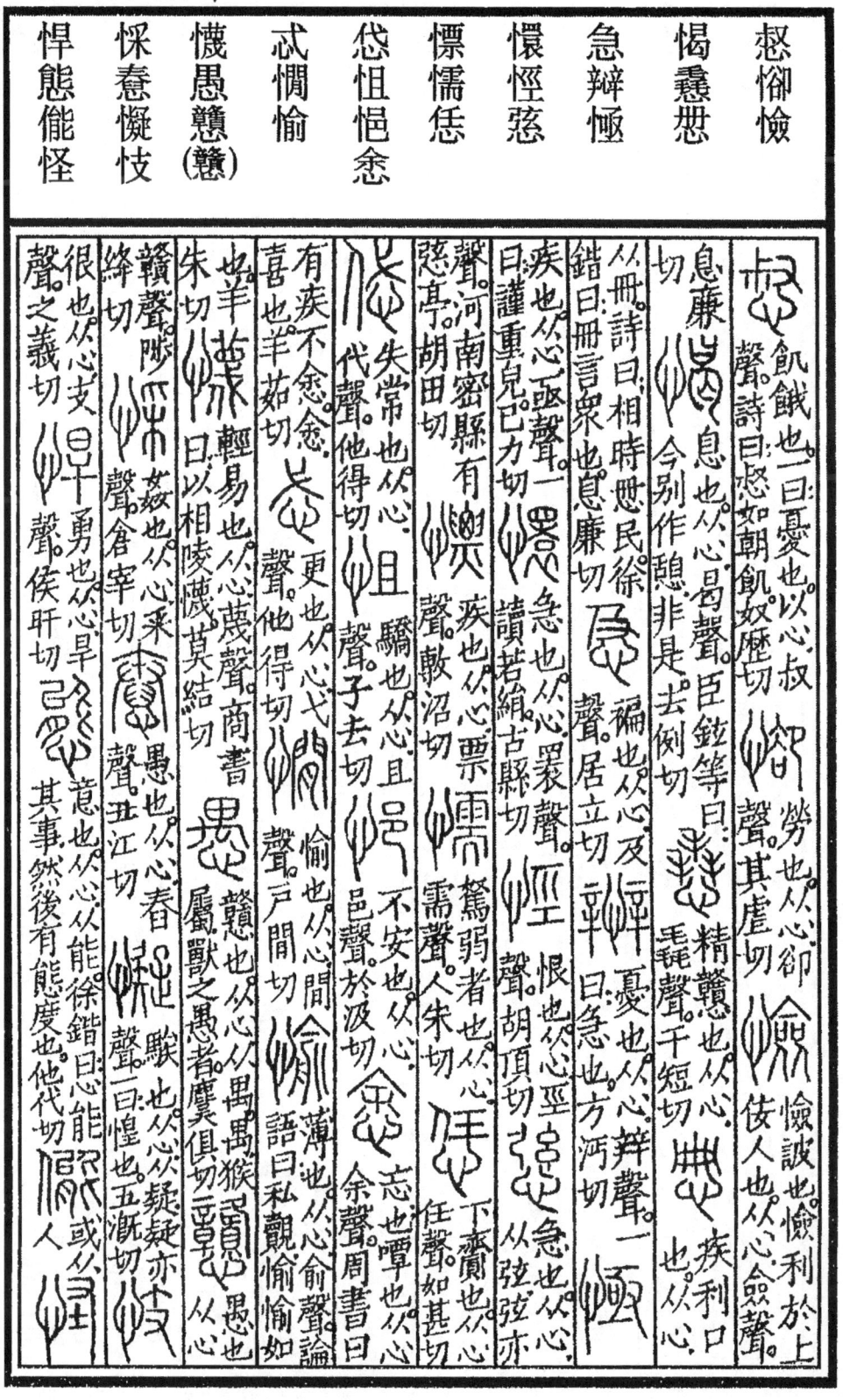

心（忄）部（366）

憪　慢　怠
懈　惰　憜　婧　憒
怫　忿　忽
忘　憒　㤦
惕　憧　悝
憍　㤦　悁　怮
懂　悸　懱　懃
愮　忿　寋　僭
慊　惑　恨　恢

憪　異也。从心圣聲。壞古壞切

慢　惰也。从心曼聲。一曰慢不畏也。謀晏切

怠　慢也。从心台聲。徒亥切

懈　怠也。从心解聲。古隘切

惰　不敬也。从心𡐦省。春秋傳曰執玉惰。徒果切

憜　惰或从左。

婧　省自也。从心青聲。疾正切

憒　放也。从心象。古文。

怫　鬱也。从心弗聲。符弗切

忿　悁也。从心分聲。孟子曰忿。敷粉切

忽　忘也。从心勿聲。呼骨切

忘　不識也。从心从亡。亡亦聲。武方切

憒　亂也。从心貴聲。胡對切

㤦　志滿也。从心兇聲。忘也。許拱切

惕　敬也。从心易聲。一曰平也。从心从易。他歴切

憧　意不定也。从心童聲。尺容切

悝　啁也。从心里聲。一曰病也。苦回切

憍　恣也。从心喬聲。古堯切

㤦　狂之兒也。从心况省聲。許往切

悁　忿也。从心肙聲。一曰憂也。於緣切

怮　憂也。从心幼聲。於虯切

懂　誤也。从心崔聲。戶圭切

悸　心動也。从心季聲。其季切

懱　易輕也。从心蔑聲。莫結切

懃　勞也。从心堇聲。巨斤切

愮　喜也。从心繇聲。古活切

忿　貪也。从心今聲。今汝潁曰忿。日潁切

寋　夢言也。从心宣聲。武延切

僭　河內之北謂貪曰惏。从心林聲。盧含切

慊　疑也。从心兼聲。戶兼切

惑　亂也。从心或聲。胡國切

恨　怨也。从心艮聲。古對切

恢　大也。从心灰聲。苦回切

（367）心（忄）部

惷　惛　炁
憃　憒　忌　忿
悁　慰　愁　恚
怨　忞　怒　慇
忍　㥁
慍　惡　憎　怖
恨　對　悔
愇　快　懣　憤
悶　惆　悵　悆
懆　愴　怛

以謹惛悗　女交切
亂也从心春聲。春秋傳曰王室日惷惷焉。一曰厚也尺允切

气聲許旣切
憒　亂也从心貴聲。胡對切

悁　忌也从心已聲。己聲渠記切

恚　恨也从心圭聲。於避切　恚　怒也从心奴聲。恚也从心奴聲。憎惡也从心敕聲。周書曰怠也郎戸切

怨　恚也从心夗聲。於願切　忞　怒也从心堅文波切

怒　恚也从心奴聲。過也从心盈八四聲。

忍　能也从心刃聲。而軫切　㥁　怨也从心刀聲。讀若蘖李陽冰曰刃非聲。當从刈省聲魚旣切

慍　怒也从心市聲。詩曰視我怖怖。蒲昧切　惡　怒也从心㒫聲胡良切　憎　惡也从心㒫文波切　怖　悔恨也从心每聲荒內切

恨　怨也从心艮聲。胡艮切　對　不服對也从心从對。失意也从亮切　悔　悔恨也从心每聲荒內切

愇　喜聲充世切　快　喜也从心夬聲苦夬切　懣　煩也从心从滿莫困切　憤　懣也从心賁聲房

悶　懣也从心門聲莫困切　惆　失意也从心周聲敕鳩切　悵　望恨也从心長聲丑亮切　悆　詩曰念子懆懆七早切

懆　愁不安也从心喿早聲　愴　傷也从心倉一愇也从　怛　亦聲詩曰愴我心从氣

（367）心（忄）部

心（忄）部（368）

惄怊悠悴　惙惕愁　忧慫惧㤲　忦恙惴　簡慅感　惜慰愍㥠　悽恫悲恻　悬懵惨

恖慈忏　惙恼悠悴　憨恦恢

旦聲得案切。又當割切。或从心在旦下。詩曰信誓悬悬。

痛也从心替聲。七感切。　毒也从心參聲。七感切。

痛也从心妻聲。七稽切。

痛也。一曰呻吟也。从心同聲。他紅切。

痛也从心非聲。府眉切。

痛也从心殷聲。於巾切。

痛也从心昔聲。思積切。

安也从心尉聲。一曰恚怒也。於胃切。

痛也从心敃聲。眉殞切。

痛聲也从心依聲。於豈切。

動人心也从心咸聲。古禫切。

動也从心蚤聲。一曰起也。穌遭切。

動也从心闌聲。讀若簡。古限切。

憂懼也从心耑聲。詩曰惴惴其慄。之瑞切。

憂也从心羊聲。余亮切。

憂也从心九聲。

恐也从心瞿聲。其遇切。

憂也从心内聲。

大也从心灰聲。苦回切。

憂也从心叕聲。一曰意不定也。詩曰憂心惙惙。陟劣切。

敬也从心易聲。

憂也从心秋聲。士尤切。

飢也从心叔聲。一曰憂也。詩曰惄如朝飢。奴歷切。

憂也从心攸聲。以周切。

憂也从心卒聲。讀與易萃卦同。秦醉切。

愛也从心茲聲。疾之切。　楚潁之間謂憂曰忏从心亝聲。力至切。

（369）心（忄）部

忡悄慽（慼）

恖患閔

患悁忿慴憚憚

悼恐

忘惕忧惕愁

恗恍惶怖

怖慹憝憊痛

甚恥愧

悉（忝）慚慙（慚）恧怍

憐憐忍

憂也。从心于聲。讀若畛。況于切。

忡 憂也。从心中聲。詩曰：憂心忡忡。敕中切。

悄 憂也。从心肖聲。詩曰：憂心悄悄。親小切。

慽 愁也。从心戚聲。倉歷切。古文从叀。

恖 愁也。从心叀聲。亦古文惠。徒案切。一曰難也。

患 憂也。从心上貫叩，叩亦聲。胡丱切。失气也。一曰服也。古文从關省。

閔 痛也。从心門聲。眉殞切。

恑 怵也。从心臣聲。一曰讀若僭。子廉切。思兒。从心从夾聲。苦叶切。亦聲。去王切。

悁 忿也。从心肙聲。一曰憂也。於緣切。

忿 悁也。从心分聲。敷粉切。當从單省。徒到切。一曰難也。

慴 懼也。从心習聲。之涉切。讀若疊。

憚 忌難也。从心單聲。徒案切。一曰難也。

悼 懼也。陳楚謂懼曰悼。从心卓聲。非聲當从單省。徒到切。

恐 懼也。从心巩聲。丘隴切。古文。

忘 不識也。从心从亡，亡亦聲。武方切。

惕 敬也。从心易聲。他歷切。或从狄。

忧 不動也。从心尤聲。于救切。

惕 怵也。从心术聲。丑律切。一曰惕惕。

愁 憂也。从心秋聲。士尤切。

恗 懼也。从心共聲。讀若棘。二曰戰慄也。从心共聲。居悚切。

恍 懼也。从心亥聲。胡改切。

惶 恐也。从心皇聲。胡光切。

怖 惶也。从心甫聲。芳甫切。

怖 惶也。从心甫聲。芳甫切。

慹 悑也。从心執聲。之入切。一曰惕也。

憝 怨也。从心敦聲。徒對切。周書曰：元惡大憝。讀若憝。

憊 憂也。从心箙聲。蒲拜切。

痛 病也。从疒甬聲。他貢切。

甚 尤安樂也。从甘从匹。匹，耦也。常枕切。

恥 辱也。从心耳聲。敕里切。

愧 慙也。从心鬼聲。俱位切。或从恥省。

悉 詳盡也。从心从釆。息七切。

忝 辱也。从心天聲。他點切。

慚 媿也。从心斬聲。昨甘切。古文从心。

慙 媿也。从心斬聲。昨甘切。古文。

恧 慙也。从心而聲。女六切。

怍 慙也。从心乍聲。在各切。

憐 哀也。从心粦聲。落賢切。

憐 泣下也。从心連聲。力延切。

忍 能也。从心刃聲。而軫切。

惢（suǒ 音锁）心（忄）部（370）

悆　懲　憬
悱　惄　滰
惹　忖　怊
愫　惢
懌
鑾

屬也。一曰止也。从心弴聲。讀若馮。弥究切

覺寤也。从心景聲。詩曰：憬彼淮夷。俱永切

文三百六十三　重三十二

懲也。从心微聲。直陵切

聲魚肺切

煩也。从心甬聲。蜀容切

懣也。从心庸聲。蜀容切

口悱悱也。从心非聲。敷尾切

悁也。敷勿切

怋惽也。从心民聲。呼昆切

尾聲女夷切

聲尺詹切

沾聲尺詹切

滯聲尺制切

懣滭也。从心叔聲。尼輒切

慶也。从心寸聲。倉本切

恨也。从心艮聲。康很切

怋也。从心召聲。

悲也。从心叔聲。

懮憂也。从心喬聲。

弄也。

大哭也。从心

聲。人者切

亂也。从心若聲。人者切

合聲苦狹切

用心也。从心合聲。苦狹切

文十三　新附

善兄弟也。从心弟聲。特計切

經典通用弟。特計切

說也。从心睪聲。羊益切

經典通用釋。羊益切

文二

心疑也。从三心。凡惢之屬皆从惢。讀若易旅瑣瑣。

垂也。从惢系聲。如累切

又才規才累二切

說文解字第十下

文三

賜進士及第山東等處督糧道兼管
德常臨清龜事務加三級孫星衍重校刊

水（氵）部

水（氵）
汃河泑
涷涪
潼江沱

說文解字弟十一上　漢太尉祭酒許慎記

銀青光禄大夫守右散騎常侍上柱國東海縣開國子食邑五百戶臣徐鉉等奉

敕校定

二十一部　六百八十五文　重六十二

凡九千七百六十九字　文三十一新附

水　準也。北方之行。象眾水並流中有微陽之气也。凡水之屬皆从水。式軌切

河　水出敦煌塞外昆侖山發原注海。从水可聲。乎哥切

汃　西極之水也。从水八聲。爾雅曰。西至汃國謂四極。府巾切

泑　澤。在昆侖下。从水幼聲。讀與娀同。於糾切

涷　水出發鳩山入於河。从水東聲。德紅切

涪　水出廣漢剛氐道徼外南入漢。从水㕻聲。縛牟切

潼　水出廣漢梓潼北界南入墊江。从水童聲。徒紅切

江　水出蜀湔氐徼外岷山入海。从水工聲。古雙切

沱　江別流也。

水(氵)部　(372)

浙　洴湔沫　溫灊　沮滇涂　渭　洮涇　沅淹溺　漾瀁漢　减浪汅　湟洴

出崏山東別爲沱從水它聲臣鉉等曰沱沼之沱通用此字今別作池非是徒何切

浙　江水東至會稽山陰爲浙江從水折聲旨熱切

洴　水出蜀西徼外東南入江從水未聲五何切

湔　水出蜀郡綿虎至江陽入江從水前聲一曰手澣之子仙切

沫　水出蜀西南徼外東南入江從水末聲莫割切

溫　水出犍爲符南入黔從水𥁞聲烏渾切

灊　水出巴郡宕渠西南入江從水𢀖聲昨鹽切

沮　水出漢中房陵東入江從水且聲子余切

滇　益州池名從水眞聲都年切

涂　水出益州牧麻南入若水從水余聲同都切

渭　水出隴西首陽渭首亭南谷東入河從水𩇿省聲云貴切

洮　水出隴西臨洮東北入河從水兆聲土刀切

涇　水出安定涇陽开頭山東南入渭雝州之川也從水巠聲古靈切

沅　水出牂柯故且蘭東北入江從水元聲愚袁切

淹　水出越巂徼外東入若水從水奄聲英廉切

溺　水自張掖刪丹西至酒泉合黎餘波入于流沙從水弱聲桑欽所說而灼切

漾　水出隴西氐道東至武都爲漢從水羕聲余亮切 古文漾從養

瀁　古文从养

漢　漾也東爲滄浪水也南入江從水難省聲呼旰切

减　水出金城臨羌塞外東南入河從水咸聲古斬切

浪　滄浪水也南入江從水良聲來宕切

汅　水浸也從水丏聲彌兗切

湟　水出金城臨羌塞外東入河從水皇聲乎光切

洴　臣鉉等曰從難省當作𪃟而前作相涉云貴切

臣鉉等曰從難省當作董而前作相涉云貴切

州浸也從水羕省爲漢從水兼聲余亮切

(373) 水(氵)部

澇漆
漉洛
湑汝潩
汾潏
潞漳
沁沾
淇蕩
沇沿沛
㳂㳤
洭溇灌

水出右扶風汧縣西北入渭。渭從水幵聲苦堅切。

水出右扶風鄠北入渭。一曰漆城池也從水黍聲。

水出京兆藍田谷入渭從水桼聲親吉切。

水出弘農盧氏山東南入洛從水育聲或曰出麗山西余六切。

水出左馮翊德北夷界中東南入渭從水雩聲。

水出右扶風杜陽岐山東入渭一曰漆城從水產聲所簡切。

水出弘農盧氏還歸山東入淮從水女聲以渚切。

霍山西南入汾從水會聲古外切。

水出河南密縣大隗山南入潁從水異聲与職切。

水出河東絳縣大旬山南入河從水章聲諸良切。

水出上黨羊頭山東南入河從水心聲七稽切。

水出汾陽北山西南入河或曰出汾陽北山冀州浸符分切。

水出弘農盧氏入淮從水占聲職廉切。

水出上黨長子鹿谷山東入清漳從水章聲出冀州浸側亮切。

水出上黨清漳西北入大河一曰入清漳從水益也從水占聲。

水出河內共北山東入河或曰出隆慮西山從水其聲渠之切。

水出上黨屯留西入漳從水路聲洛故切。

水出河東垣王屋山東入河從水允聲以轉切。

水出上黨沾縣北入河從水氐聲他念切。

古文沇從臣鉉等曰口部已有此重出。

水出河南轅山東入淮其聲渠之切。

水出南郡高城洈山東入繇從水危聲過委切。

水出河東聞喜入汾從水氏聲承旨切。

水出南郡高城洈山東入江從水危聲過委切。

水在漢南從水差聲荊州浸也春秋傳曰沇水。

水出盧江入淮從水惟聲水羊切。

水出桂陽縣盧聚南出洭浦關爲桂水從水匡聲去王切。

水出廬江入淮從水崔聲。

側駕切。

俯涂梁溇也從水差聲。

沇也東入于海從水子禮切。

葛聲徒朗切。

水出桂陽縣盧聚南出洭浦關爲桂水從水匡聲去王切。

水出廬江入淮從水惟聲胡計切。

水(氵)部 (374)

漸泠
簟溧湘
汨溱深
潭油
濆湞溜
灢潕激
溳淠澺
洍濯潁

盧江雩婁北入淮。

漸 水出丹陽黟南蠻中，東入海。从水斬聲。慈冉切

泠 水在丹陽。从水令聲。郎丁切

溧 水出丹陽溧陽縣。从水栗聲。力質切

湘 水出零陵縣陽海山，北入江。从水相聲。息良切

深 水出桂陽南平，西入營道。从水罙聲。式針切

潭 水出武陵鐔成玉山，東入鬱林。从水覃聲。徒含切

油 水出武陵孱陵西，東南入江。从水由聲。以周切

溜 水出鬱林郡。从水留聲。力救切

湞 水出南海龍川，西入。从水貞聲。陟盈切

濆 水出河南密縣，東入潁。从水賁聲。符分切

潕 水出南陽舞陰，東入潁。从水無聲。文甫切

激 水出南陽魯陽，入父城。从水敫聲。五勞切

澺 水出南陽舞陰，東入潁。从水壹聲。於力切

淠 水出汝南弋陽垂山，東入淮。从水畀聲。匹備切 又匹制切

溳 水出南陽蔡陽東，入夏由。从水員聲。王分切

潁 水出潁川陽城乾山，東南入淮。从水頃聲。餘頃切

濯 水出汝南新郪，入潁。从水翟聲。直角切

洍 水出汝南上蔡黑閭澗，入汝。从水臣聲。其俱切

（375）水(氵)部

洧濦
過泄沋
澑
凌濮濼
泡菏
潒淨濕
泗洹灉
澶洙沈沂
洋濁
漑灉

水出頴川陽城乾山東入淮。从水頃聲。豫州浸余頃切。

水出頴川陽城山東南。八頴。从水有聲。榮美切。少室山東入頴。

水出頴川陽城。水受陳留浚儀陰溝至蒙爲雝水東入于泗。从水過聲。古禾切。

水受淮陽扶溝浪湯渠東入淮。从水世聲。余制切。

水受九江博安洵波北入氏。从水世聲。余制切。

水受陳留浚儀陰溝至蒙爲雝水東入于泗。从水反聲臣鉉等曰今作汃非是皮變切。

水在臨淮。从水過聲。古禾切。

水出鄭國。从水樂聲。春秋傳曰公會。

澑與洧方渙渙今側詵切。

水出山陽平樂東北入泲。从水爭聲。士耕切又才性切。

菏澤水在山陽胡陵禹貢浮于淮泗達于菏。从水可聲。古俄切。

凌
水在臨淮。从水夌聲。力膺切。

濮
水出東郡濮陽南入鉅野。从水僕聲博木切。

濼
齊侯于濼。从水樂聲。盧谷切。

泗
水受泲水東入淮从一回。水四聲。息利切。

四水受沸水東入淮从一回。息利切。

泡
水出山陽平樂東北入泲。从水包聲匹交切。

洹
水在晉衞閒。从水亘聲。羽元切。

灉
河灉水在宋。从水雝聲。於容切。

澶
澶淵水在宋。从水亶聲市連切。

洙
水出泰山蓋臨樂山北入泗。从水朱聲。市朱切。

沈
水出丹陽宛陵西北入江。从水市聲。一曰濁黕也。

沂
水出東海費東西入泗。从水斤聲。魚衣切。

洋
水出齊臨朐高山東北入鉅定。从水羊聲似羊切。

濁
水出齊郡厲嬀山東北入鉅定。从水蜀聲。直角切。

漑
水出東海桑瀆覆甑山東北入海。从水旣聲古代切。一曰灌注也。

灉
水出北海桑瀆覆甑山東北入海。从水蜀聲。直角切。

水出琅邪箕屋山東入海从水隹聲。

水（氵）部（376）

淶	沤	濦	沛	濟	渚	渨	洽	浯	
泥	涹	瀑	淇	派	涾	澱	浸	汶	
涌		瀘		濡			（浸）		

苦候切。并州川也。从水。虍聲。側加切。入洛。从水。需聲。人朱切。水出涿郡故安東入漆涑。古胡切。入海。从水。市聲。普蓋切。水出遼東番汗塞外西南入海。从水。巿聲。力軌切。水出常山房子贊皇山東入泜。東南入沭。从水。齊聲。子礼切。息移切。水在常山中上曲逢山。東入渨。从水。禹聲。其俱切。武安東北入呼沱水。从水。寋聲。子鴆切。出寋。籀文寋字。山東入濰。从水。文聲。桑欽説汶水出泰山萊蕪西南入泲。三運切。其道。从水。維聲。以追切。入海。兖州浸。夏書曰：濰淄

拜北方水也。从水。襄聲。戶乖切。水起鴈門葰人戊夫山東入河。从水。瓜聲。古胡切。水出鴈門陰館累頭山東入海。或曰治水也。从水。彙聲。力追切。水出樂浪鏤方東入海。从水。貝聲。一曰出泪水縣。普蓋切。水出右北平浚靡東南入庚。从水。靁聲。力軌切。水在常山石邑井陘。東南入沭。从水。禹聲。水出趙國襄國之西山東北入濕。从水。臱聲。水出琅邪靈門壺山東北入濰。从水。吾聲。五乎切。水出琅邪靈門壺山東北入濰。从水。吾聲。朱虚東泰

苦候切。并州浸。洛哀切。水出北地郁郅北蠻夷中。从水。尼聲。奴低切。聲側加切。水起北地廣昌東入河。从水。寇聲。水起北地靈丘東入河。从水。瓜聲。入洛。从水。盧聲。水起鴈門葰人戊夫山東入河。从水。水起鴈門陰館累頭山東入海。或曰治水也。从水。水出鴈門陰館累頭山東入海。水貝聲。一曰出泪水縣普。水出樂浪鏤方東入海。从水。水出右北平浚靡東南入庚。水貝聲。水出漁陽塞外東入海。从。氐聲直尼切。國東入濕。水出趙國襄國之西山東。国東入濕。水出琅邪靈門壺山東。魏郡。出泰山萊蕪西南入泲。三運切。入海。从水。台聲。直之切。朱虚東泰

（377）水（氵）部

馮 溼 濊
洵 淦 汈
湞 浹 湨 濍
沇 洇 淉 濆
汙 溰 澥
洮 洓 汊 洦
漠 海 溥
澗 洪 浲 衍
漳 溪
滔 涓 混

美稷係東北水从

水出西河陽北沙南入河从水焉聲乙乾切

河津也在西河西从水垔聲土禾切

水也南聲乃感切

過水中也从水楇聲乙諸切

水也从水戉聲乙乾切

水也从水旬聲相倫切

水出北頭山以邡澤从水金聲始夜切

从水垂聲土禾切

水也从水刃切

水也从水从入因聲於真切

水也从水尢聲羽求切

水也从水直聲莫江切

水也从水乳聲乃后切

从水果聲古文終職戌切

水也从水妻聲七接切

水也从水居聲九魚切

水也从水泉聲其冀切

讀若䅻蘇

水也从水干聲胡買切

水也从水匚聲倉先切

一曰江有汜詳里切

水也从水巠聲詩曰郭澥海之別也从水解聲

一說澥即澥谷也

海之別也

水也从水毋聲慕各切

天池也以納百川者从水每聲呼改切

水也从水專聲大見切

北方流沙也一曰清也从水莫聲

水不遵道一曰下也从水廿聲

共聲戶工切浲水也从水夆聲

水朝宗于海从水向省臣鉉等曰

隷書不省直遙切

水大至也从水闇聲乙感切

水朝宗于海从水行必淺切

水漫漫大皃从水以水自聲

小流也从水肖聲爾曰波為消古玄切

豐流也从水寅聲

滄也从水肩聲

雅曰波為消古玄切

水㴔聲土刀切

水昌聲

混昆聲胡本切

漻 瀟 活 泫 汪 瀏 況 浩 濞 滕
漀 演 溜 滮 滲 瀲 沖 沆 瀙 潚
汭 渙 湝 减 泚 滂 汎 沈 瀹
　 泌 　 　 　 　 沄

(379) 水（氵）部

洸　波　澐
瀾　漣　淪
漂　浮　濫
氾　泓　湋
洞　瀰　洶
測　湍　淙　激
涌　洽　涳
汋　瀾　渾
洌　淑
溶　澂　清

洸　水涌光也。从水光。光亦聲。詩曰有洸有潰。古黃切。

波　水涌流也。从水皮聲。博禾切。

澐　江水大波謂之澐。从水雲聲。王分切。

瀾　大波爲瀾。从水闌聲。洛干切。瀾或从連。臣鉉等曰今俗音力延切。

漣　泣下也。从水連聲。詩曰泣涕漣如。力延切。

淪　小波爲淪。从水侖聲。詩曰河水清且淪漪。一曰沒也。一曰水中也。力迍切。

漂　浮也。从水票聲。匹消切。又匹妙切。

浮　氾也。从水孚聲。縛牟切。

濫　氾也。从水監聲。一曰濡上及下也。盧瞰切。

氾　濫也。从水巳聲。孚梵切。

泓　下深皃。从水弘聲。烏宏切。

湋　回也。从水韋聲。羽非切。

洞　疾流也。从水同聲。徒弄切。

瀰　水滿也。从水爾聲。他禰切。

洶　涌也。从水匈聲。許拱切。

測　深所至也。从水則聲。初側切。

湍　疾瀨也。从水耑聲。他端切。

淙　水聲也。从水宗聲。藏宗切。

激　水礙衺疾波也。从水敫聲。一曰半遮也。古歷切。

涌　滕也。从水甬聲。余隴切。一曰涌水在楚國。

洽　霑也。从水合聲。侯夾切。

涳　直流也。从水空聲。苦江切。又哭工切。

汋　激水聲也。从水勺聲。井一有水一無水謂之汋。市若切。

瀾　井一有水一無水謂之瀾。从水闌聲。居例切。

渾　混流聲也。从水軍聲。一曰洿下皃。戶昆切。

洌　水清也。从水列聲。易曰井洌寒泉食。良薛切。

淑　清湛也。从水叔聲。殊六切。

溶　水盛也。从水容聲。余隴切。又音容。

澂　清也。从水徵省聲。臣鉉等曰今俗作澄非是。直陵切。

清　朖也。澂水之皃。从水青聲。七情切。

湜潣滲
潿溷淈
漩漼淵
𣶒囦濔澹潯
泙泏瀳
[illegible]滿滑濇
澤淫瀸
泆潰沴
淺洔渻
淖濢溽

青聲。七情切　湜　水清底見也。从水，是聲。詩曰：湜湜其止。常職切　潣　水流浼浼皃。从水，閔聲。眉殞切　滲　下漉也。从水，參聲。所禁切　潿　不流濁也。从水，圍聲。羽非切　溷　亂也。一曰：水濁皃。从水，圂聲。胡困切　淈　濁也。从水，屈聲。一曰：滒泥。一曰：水出皃。古忽切　漩　回泉也。从水，旋省聲。似沿切　漼　深也。从水，崔聲。詩曰：有漼者淵。七罪切　淵　回水也。从水，象形。左右，岸也；中象水皃。烏玄切　𣶒　淵或省水。　囦　古文从口水。　濔　滿也。从水，爾聲。奴礼切　澹　水搖也。从水，詹聲。徒濫切　潯　旁深也。从水，尋聲。徐林切　泙　谷也。从水，平聲。符兵切　泏　水皃。从水，出聲。讀若窋。竹律切。又口兀切　瀳　水至也。从水，薦聲。讀若尊。又在甸切　[illegible]　土得水沮也。从水，[illegible]聲。讀若麵。竹隻切　滿　盈溢也。从水，㒼聲。莫旱切　滑　利也。从水，骨聲。戶八切　濇　不滑也。从水，嗇聲。色立切　澤　光潤也。从水，睪聲。丈伯切　淫　侵淫隨理也。从水，㸒聲。一曰：久雨為淫。余箴切　瀸　漬也。从水，韱聲。爾雅曰：泉一見一否為瀸。子廉切　泆　水所蕩泆也。从水，失聲。夷質切　潰　漏也。从水，貴聲。胡對切　沴　水不利也。从水，㐱聲。五行傳曰：若六沴作。郎計切　淺　不深也。从水，戔聲。七衍切　洔　水暫益且止，未減也。从水，寺聲。直里切　渻　少減也。一曰：水門。又水出丘前謂之渻丘。从水，省聲。息并切　淖　泥也。从水，卓聲。奴教切　濢　小溼也。从水，翠聲。遵誄切　溽　溼暑也。从水，辱聲。而

（381）水（氵）部

涅滋溜
泡沙沁
瀨瀆浹
汘氿滑
㳅（㵋）派
浦㳇沸
濘滎洼窪
潢沼湖
汥洫

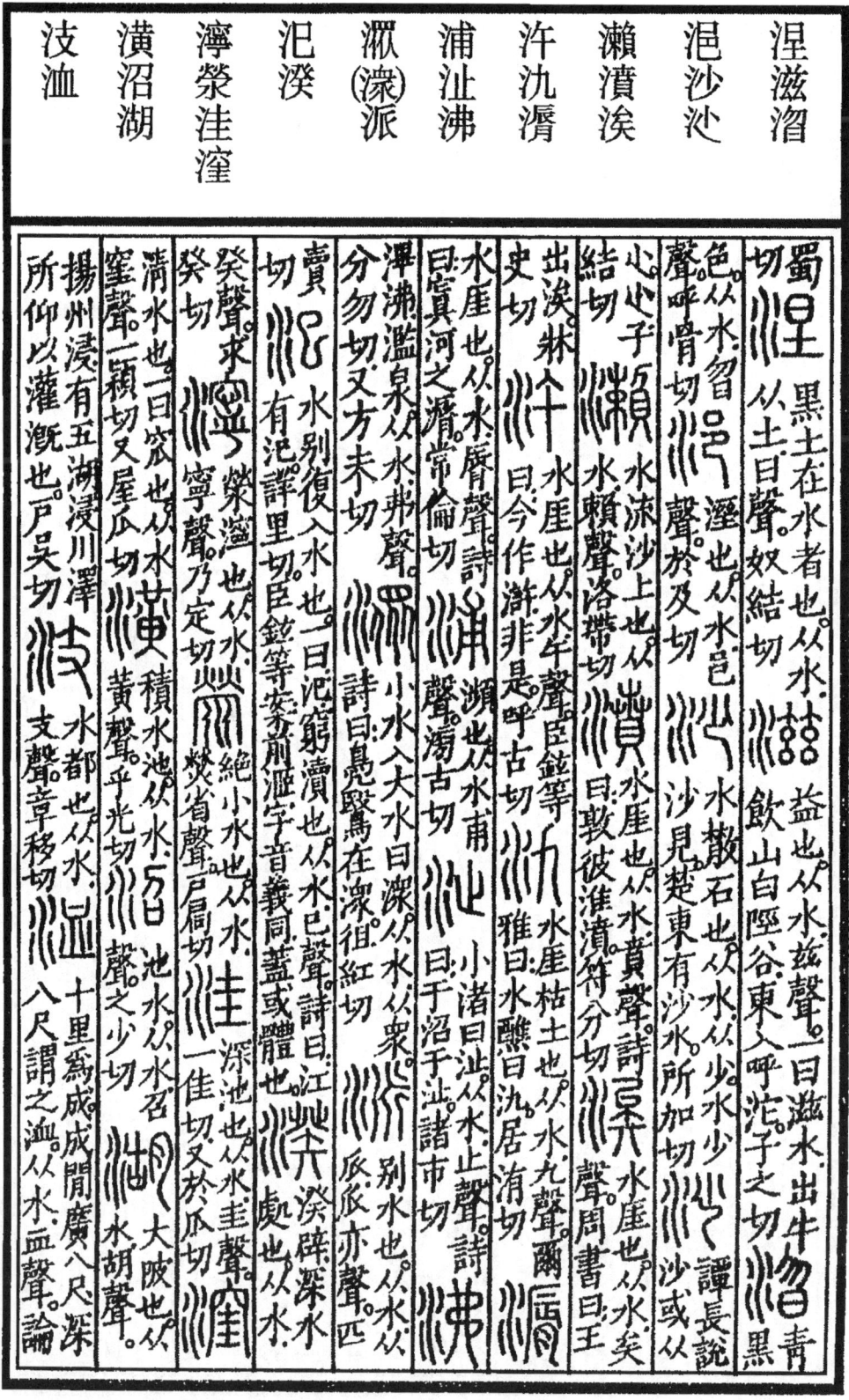

水（氵）部（382）

溝瀆渠　瀶湄洐　澗澳　㵽潯灛　灘汕決　潜澁　巒滴注茫（茫）　沭渡沿　津艫溯潢　泝（溯）遡洄

語曰盡力于溝洫況通切

溝　水瀆廣四尺深四尺。溝洫況通。从水冓聲古候切。一曰邑中溝。徒谷切。所

瀆　溝也。从水賣聲。一曰邑中溝。徒谷切。一曰溝也。从水

渠　水所居也。从水榘省聲。彊魚切。一曰寒也。巨尋切。

瀶　谷也。从水臨聲。讀若林。一曰寒也。力尋切。

湄　水艸交為湄。从水眉聲。武悲切。

洐　溝水行也。从水从行。戶庚切。

澗　山夾水也。从水閒聲。一曰澗水出弘農新安東南入洛。古莧切。

澳　隈厓也。其內曰澳。其外曰隈。从水奧聲。於六切。又他

㵽　水州也。从水率聲。詩曰㵽或不省。

潯　水濔而乾也。从水尋聲。

灛　灘其乾矣。呼旰切。又他

灘　水濡而乾也。从水鸛聲。詩曰灘其乾矣。

汕　魚游水皃。从水山聲。詩曰烝然汕汕。所晏切。

決　行流也。从水从夬。廬江有決水出於大別山。古

潜　學省聲。讀若農。夏有水。冬無水曰潜。从水彗聲。胡角切。

幽　鼄。俗灛。山。

澁　不滑也。从水歰聲。詩漏溿也。从水昔聲。漢律

巒　所以攤水也。从水巤聲。都歷切。增水边土人所止者。

滴　水注也。从水啻聲。都歷切。

注　灌也。从水主聲。之戍切。

茫　水芔也。从水亡聲。

（茫）

芙聲。烏

鸛切。

時制津切。

沭　漏溿也。从水术聲。

渡　濟也。从水度聲。徒故切。水渡也。从水度聲。

沿　緣水而下也。从水㕣聲。春秋傳

津　水渡也。从水㶮聲。將鄰切。舟从隹古文津从。

艫　編木以渡也。从水以渡也。从水付聲。芳無切。

溯　逆流而上曰溯洄。溯向也。水欲下違之而上也。从水朔聲。桑故切。

潢　水橫流也。从水黃聲。无舟渡河也。从水朋聲。皮冰切。小津

泝（溯）

遡　遡洄也。从水朔聲。

洄　澓洄也。从水从回。

日王沇夏后孟切。与專切。

(383) 水(氵)部

泳	泠	砅	㴩		滰		濆	涿	滈
潛	泛	瀝	湮	潏	溟	澍	潦	㽡	漊
淦	汙	湊	休	決	涷	湒	濩	瀧	潵
	泅	湛	沒	淒	瀑			㴻	
			渨						

潛 潛行水中也从水朁聲一曰藏也一曰漢人謂涉水為潛昨鹽切

淦 水入船中也一曰泥也从水金聲古暗切

泳 潛行水中也从水永聲為命切

泛 浮也从水乏聲孚梵切

汙 浮行水上也一曰窊下也从水于聲一曰汙濊也从水夸聲古或以汙為沒烏故切

砅 履石渡水也从水从石詩曰深則砅力制切

瀝 水下滴瀝也从水歷聲郎擊切

湊 水上人所會也从水奏聲倉奏切

湛 沒也从水甚聲宅減切

㴩 一曰湛水豫章浸宅減切

湮 沒也从水垔聲於眞切

休 詩曰深則砅砅或从屬

沒 沉也从水从� 又羊切

渨 沒也从水畏聲烏賄切

潏 泉出也从水矞聲食聿切

決 行流也从水夬聲古穴切

淒 雨雲起也从水妻聲詩曰有渰淒淒七稽切

滰 滰濼也从水竟聲其兩切

溟 小雨溟溟也从水冥聲莫經切

涷 水出發鳩山入於河从水東聲一曰涷雨德紅切

瀑 疾雨也一曰沫也一曰瀑水名从水暴聲平到切

澍 時雨澍生萬物从水尌聲常句切

湒 雨下也从水咠聲一曰沸涌也子入切

濆 水厓也从水賁聲符分切

潦 雨水也从水尞聲盧皓切

濩 雨流霤下貌从水蒦聲胡郭切

涿 流下滴也从水豕聲上谷有涿縣竹角切

㽡 奇字涿从日乙

瀧 雨瀧瀧也从水龍聲力公切

㴻 漬也从水箙聲才私切

滈 久雨也从水高聲胡老切

漊 雨漊漊也一曰汝南謂飲酒習之不醉為漊力主切

潵 散聲也从水散聲奴帶切

水（氵）部（384）

濛沈　沺洎涵（涵）　濘漫泠　潰漚泜渥　滯泜灦　灘溓洶　潅洽濃　漸汽涸　灝消潐渴　潦溼湆

小雨也。从水，微省聲。無非切

陵上滈水也。从水，冘聲。一曰濁黯也。臣鉉等曰：今俗別作沉，冗不成字，非是。直深切。又

省聲。無非切　微雨也。从水，蒙聲。莫紅切

水再聲也。从水，百聲。胡感切　雷霆沺沺也。从水，再聲。人庶切　泥水洎洎也。一曰繅絲湯也。从水，自聲。胡計切　水泥多也。从水，　漸溼也。从水，

函聲。詩曰：憯始

既涵胡男切　渥聲。人庶切　澤多也。从水，從聲。詩曰：既漬　既溼也。从水，　潰聲。於求切　漬也。从水，屚聲。烏候切　濡也。从水，需聲。人朱切　泥多也。从水，農聲。詩曰：……

渚在郢中。从水，牟聲。鉏箴切　岑聲。鉏箴切　聲於角切　濘也。从水，寧聲。奴丁切

零露濃濃也。从水，　女容切　麇聲。甫嬌切　蕩漾澹灦。从水，兼聲。力鹽切　澤多也。詩曰：農聲。詩曰：

水从阬。周禮曰：石有時而泐也。从水，勒省聲。盧則切　溼也。从水，虛聲。呼牙切　雨雪灩灩。从水，　薄水也。一曰中絕小水。从水，合聲。侯夾切　濼也。一曰露多也。从水，

水裂去也。从水，　言其脈理而解裂也。虛則切　凝也。从水，帶聲。直例切　氏聲。承止也。从水，氏聲。直尼切　濘也。从水，畢聲。烏候切

從之貌也。从水，　號聲。古伯切　斯聲。息移切　水索也。从水，索聲。詩曰：汽可小康。許訖切　水涸也。或曰泣下。从水，气聲。固渴也。

从水，固聲。讀若狐　涸也。从水，閒聲。水閴盡也。从水，肖聲。詩曰：盡也。从水，焦聲。子肖切　渴也。从水，曷聲。……

从水，曷聲。　幽溼也。从水，㬎所以覆而有土故溼也。㬎省聲。失入切　盡也。从水，肖聲。相幺切　水虛也。从水，康聲。苦岡切

（385）水（氵）部

洿洗
汙湫
潤準汀町
沑漢澤
瀿濊滅洦
涗涫
湯澳洝泝
渚汏灂
淅滰浚（溲）
浚瀝瀧淥潘

水（氵）部（386）

灡泔潃
溦淤滓淰
瀹灖（㳷）
𣹢渭
洒將（㯺）牀
涼淡涒
灝溢洒滌
澆液汁渮
湑藩洀
潠漱洞

淅米汁也。一曰：水名，在河南滎陽。从水番聲，普官切。

灡　潘也。从水闌聲。洛干切。

泔　周謂潘曰泔。从水甘聲。古三切。

潃　久泔也。从水攸聲。息流切。

淤　澱滓濁泥。从水於聲。依據切。

滓　澱也。从水宰聲。阻史切。

淰　濁也。从水念聲。乃忝切。

瀹　漬也。从水龠聲。以灼切。

灖　殿也。从水麗聲。堂練切。

渭　側出泉也。从水谷聲。古慕切。

𣹢　沈於酒也。从水㶛聲。周書曰：凶于酒㶛。他昆切。

洒　酢漿也。从水將省聲。即良切。

將　酒味也。从水君聲。古雅切。

牀　太歲在申曰涒灘。他昆切。

涼　薄也。从水京聲。呂張切。

淡　薄味也。从水炎聲。徒敢切。

涒　食已而復吐之。从水君聲。他昆切。

灝　豆汁也。从水顥聲。乎老切。

溢　器滿也。从水益聲。夷質切。

洒　滌也。从水西聲。先禮切。

滌　洒也。从水條聲。徒歷切。

澆　沃也。从水堯聲。古堯切。

液　盡也。从水夜聲。羊益切。

汁　液也。从水十聲。之入切。

渮　汁滓也。从水帶聲。

湑　莤酒也。从水胥聲。私呂切。

藩　淅㶏也。从水番聲。

洀　水文也。从水舟聲。

潠　含水噴也。从水巽聲。蘇困切。

漱　盪口也。从水㪇聲。所右切。

洞　疾流也。从水同聲。徒弄切。

（387）水（氵）部

滄瀺淬沐
沫湏浴澡
洗汲淳淋
渫瀚浣
濯涑潊溠
灑汛染
泰
夳（太）灛瓚
潛汗泣
澂湩溰

滄　寒也。从水倉聲。七岡切。冷寒也。从水。

靚聲。七定切。

淬　滅火器也。从水。卒聲。七內切。

沐　濯髮也。从水木聲。莫卜切。

沫　洒面也。从水未聲。荒內切。古文沬。

湏　古文沬。

浴　洒身也。从水谷聲。余蜀切。

澡　洒手也。从水喿聲。子皓切。

洗　洒足也。从水先聲。穌典切。

汲　引水於井也。从水及聲。居立切。

淳　渌也。从水享聲。常倫切。

淋　以水㴑也。一曰淋淋山下水皃。力尋切。

渫　除去也。从水枼聲。私列切。

瀚　浣也。从水榦聲。胡玩切。濣衣垢也。

浣　濯衣垢也。从水完聲。胡玩切。

濯　瀚也。从水翟聲。直角切。

涑　澣也。从水束聲。河東有涑水。速侯切。

潊　从水麗聲。滑也。从水。

溠　从水麗聲。

灑　汛也。从水麗聲。所綺切。以繒染為色。

汛　灑也。从水卂聲。息晉切。

染　以繒染為色。从水杂聲。而琰切。水杂聲。徐鍇曰說文無杂字。裴光遠云从木。木者染之數也。未知其審。而琰切。

涂也。从水从土尨聲。讀若隴。又亡江切。

泰　滑也。从廾从水大聲。他蓋切。古文泰。

灛　海岱之閒謂相沑曰沑灛。从水閒聲。余廉切。

瓚　贊聲。則旰切。

潛　涉水也。一曰藏也。一曰漢有潛水。昨鹽切。水中人。从水。腹中有水气也。

汗　人液也。从水干聲。侯旰切。人液也。从水干聲。重聲。多貢切。乳汁也。从水。

泣　無聲出涕曰泣。从水立聲。涕涕見。从水敝省聲。詩曰涕涕見。出涕所姦切。

水（氵）部（388）

涕涷瀡渝
減滅漕
泮漏
頮萍瀎
汩
瀼溥汍泯
澛瀘瀟瀛
滁洺潯湲
濤潊港濴

去急

涕　泣也。从水弟聲。他礼切。
涷　簫也。从水東聲。與法同意。魚列切。
瀡　議皋也。从水獻。
渝　變汙也。从水俞聲。一曰渝水。在遼西臨俞東出塞。羊朱切。

減　損也。从水咸聲。古斬切。
滅　盡也。从水威聲。亡列切。
漕　人之所乘及船也。从水曹聲。在到切。

泮　諸矦鄉射之宮西南為水東北為牆。从水半。半亦聲。普半切。
漏　以銅受水。刻節晝夜百刻。从水屚聲。盧后切。

頮　丹沙所化為水銀也。从水項聲。呼孔切。
萍　苹也。水艸也。从水苹。苹亦聲。薄經切。
瀎　水多兒。从水。

汩　治水也。从水曰聲。于筆切。

歲聲。呼會切。

文四百六十八　重二十二

瀼　露濃兒。从水襄聲。汝羊切。
溥　大也。从水尃聲。滂古切。
汍　泣淚兒。从水丸聲。胡官切。
泯　滅也。从水民聲。武盡切。

澛　沈省聲。洛乎切。
瀘　水名。从水盧聲。洛乎切。
瀟　水名。从水蕭聲。相邀切。
瀛　水名。从水嬴聲。

滁　水名。从水除聲。直魚切。
洺　水名。从水名聲。武幷切。
潯　水厓也。从水尋聲。徐林切。
湲　潺湲水聲。

濤　大波也。从水壽聲。徒刀切。
潊　水浦也。从水敘聲。徐呂切。
港　水派也。从水巷聲。古項切。
濴　水所蕩也。从水滎聲。

灛淼潔浹
溢漢涯

陟魚切
瀰　大水也。从水，顲聲。武移切
　　或作瀰。亡沼切
潔聲。武移切
　　古屑切
夾聲　奄忽也。从水，夾聲。子協切
盍聲　合水寶也。从水，盍聲。呂各切
　　興聲。穌困切
涯　水邊也。从水从厓，厓亦聲。魚羈切

文二十三　新附

說文解字弟十一上

賜進士及第山東等處督糧道兼管德常臨清倉事務加三級孫星衍重校刊

光緒歲在閼逢涒灘國子監肄業生吳縣朱記榮校刊

《广雅》

三国魏张揖撰。篇目分十九类。因《尔雅》旧目，采汉儒笺注及三仓说义诸书以增广之，故名广雅。隋曹宪为之音释，其时因避炀帝讳，改称《博雅》。清王念孙撰有《广雅疏证》十卷。

注：此页原版为空白，编者增图。

(391) 〈(quǎn 音犬)頻㸚部

㸚　㴩流㴱涉　瀕　齴　〈

說文解字弟十一下　漢太尉祭酒許慎記

銀青光祿夫守右散騎常侍上柱國東海縣開國子食邑五百戶臣徐鉉等奉

敕校定

二水也。闕。凡㸚之屬皆从㸚。之壘切

水行也。从㸚充充。突忽也。力求切　篆文从水　徒行厲水也。从㸚从步。時攝切　篆文从水　㴑从水

水厓。人所賓附。頻蹙不前而止。从頁从涉。凡

頻之屬皆从頻。臣鉉等曰今俗別作水瀕非是符真切

涉水顰蹙。从頻卑聲。符真切

文三　重二

文二

水小流也。周禮匠人為溝洫。柲廣五寸二柲為

川〿（kuài 音快）部（392）

川　粼　〿　刵
　　　　　畎

坙坙巟

耦一耦之伐，廣尺深尺謂之〈，倍〈謂之遂。倍遂曰溝，倍溝曰洫，倍洫曰〿，凡〈之屬皆从〈。姑法切

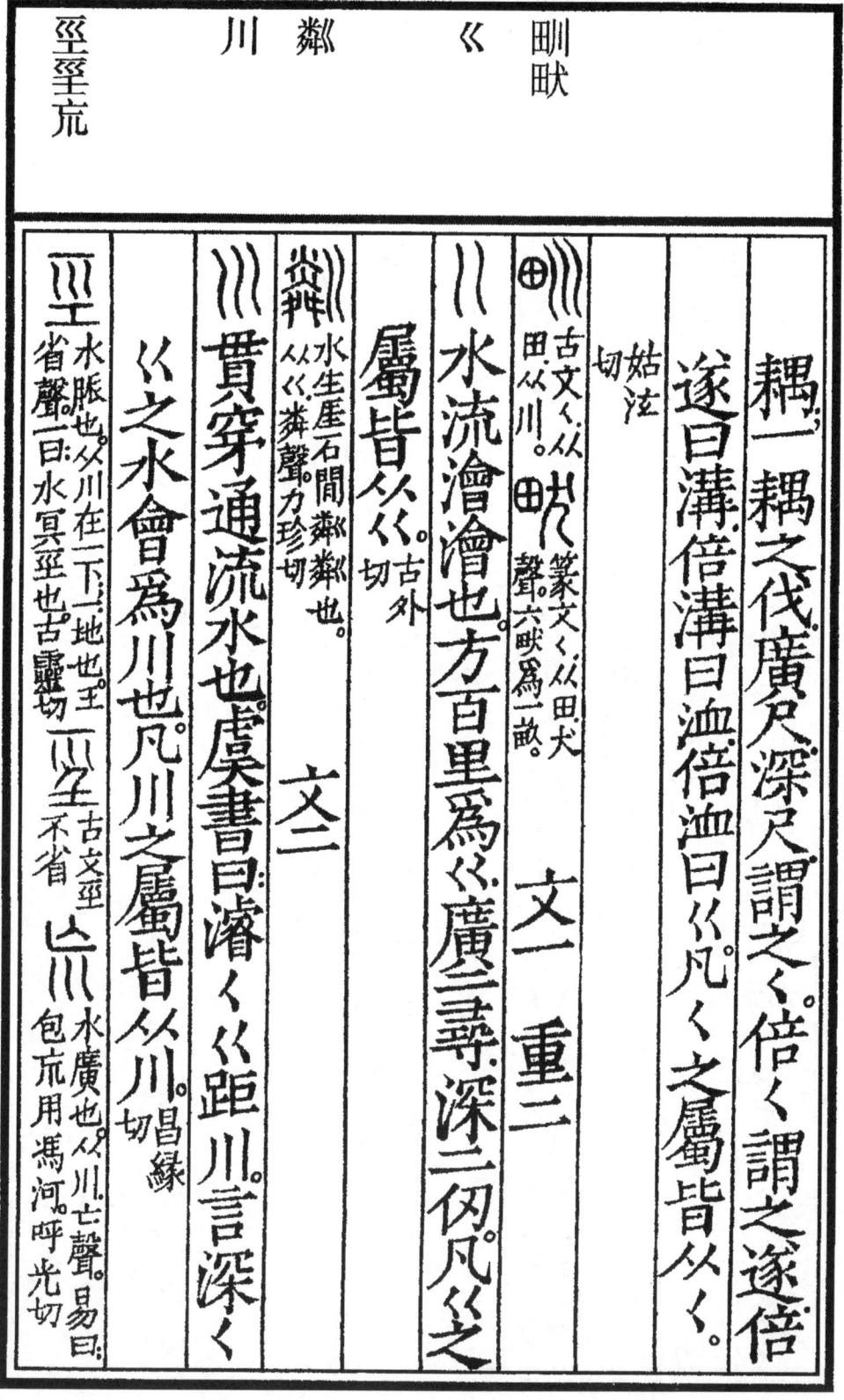

古文〈从田从川。

篆文〈从田犬聲。六畎爲一畝。

文一　重三

〿　水流澮澮也。方百里爲〿，廣二尋，深二仞。凡〿之屬皆从〿。古外切

屬皆从〈。

粼　水生厓石間粼粼也。从〿舛聲。力珍切

巡　貫穿通流水也。虞書曰：濬〈〿，距川，言深〈。

文二

〿之水會爲川也。凡川之屬皆从川。昌緣切

坙　水脈也。从川在一下，一地也。壬省聲。一曰水冥坙也。古靈切

坙　不省

巟川　水廣也。从川亡聲。易曰：包巟用馮河。呼光切

（393）永灥（xún音旬）泉川部

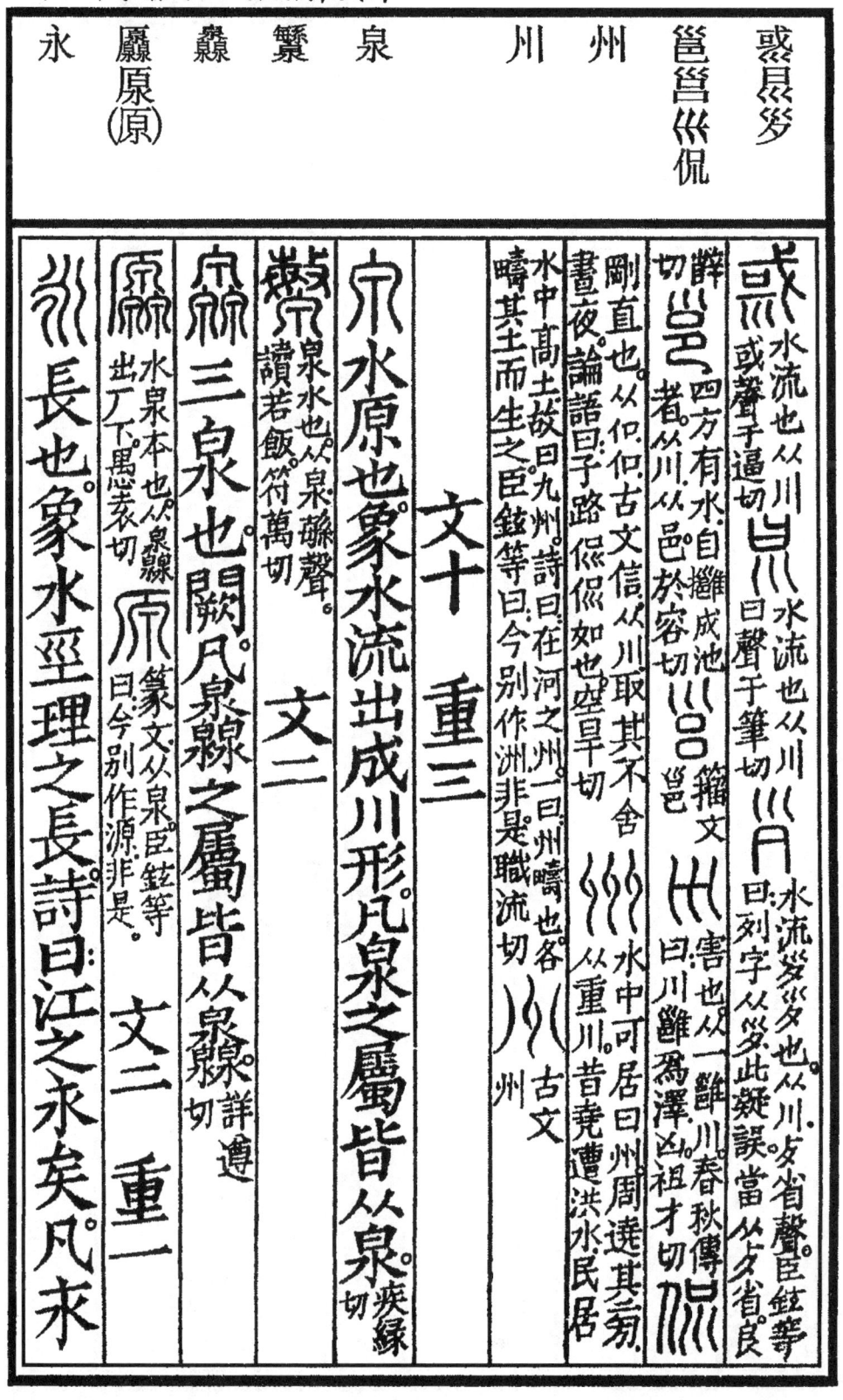

惢 水流也。从川。或省聲。子逼切。

𡿩 水流也。从川。𡿩日聲。子筆切。

川 水流𣲏𣲏也。从川。𡿩省聲。臣鉉等曰列字从𡿨。此疑誤。當从𡿨省。良

醉 四方有水自雝成池者。从川从邑。於容切。籀文。

剛直也。从𠈇。古文信。从川取其不舍晝夜。論語曰。子路倔倔如也。坐旱切。

水流𣸷𣸷也。从川。𣸷水中可居曰州。周遶其旁。从重川。昔堯遭洪水。民居水中高土。故曰九州。詩曰。在河之州。一曰州疇也。各𤲶其土而生之。臣鉉等曰。今別作洲。非是。職流切。 州 古文州。

文十 重三

水原也。象水流出成川形。凡泉之屬皆从泉。疾緣切。

三泉也。闕。凡灥之屬皆从灥。詳遵切。

泉水也。从泉𥻆聲。讀若飯。符萬切。

文二

原 水泉本也。从泉出厂下。愚袁切。 原 篆文从泉。臣鉉等曰。今別作源。非是。

文二 重一

永 長也。象水坙理之長。詩曰。江之永矣。凡永

谷辰（pài音派）永部

羡

辰　衃脈衈覛賑

谷

谿谺嵺谾

嵡睿

之屬皆从辰。于景切

羡　水長也。从永羊聲。詩曰：江之羡矣。余亮切

水之衺流別也。从反永。凡辰之屬皆从辰。讀若稗縣。匹卦切。徐鍇曰：永長流也。反永即分辰也。

讀若稗縣。

血理分衺行體者。从辰从血。莫獲切。衃或从肉。文

衺視也。从辰从見。莫狄切。文

文三　重三

泉出通川爲谷。从水半見出於口。凡谷之屬皆从谷。古祿切

屬皆从谷。古祿切

山瀆无所通者。从谷奚聲。苦兮切。通谷也。从谷害聲。呼括切。

空谷也。从谷洛聲。洛蕭切。大長

深通川也。从谷从卢。卢殘也。谷卢阬坎意也。虞書曰：睿畎澮距川。私閏切

从谷龍聲。讀若聾。盧紅切。谷中響也。从谷左聲。戶萌切。

（395）雨仌（bīng音兵）谷部

溶濬　裕
仌(冫)
冰凝澟(凛)凊
凔冷涸凙
凍朕凌澌
凋冬各冶
冹溧瀨
雨

溶容或省。古文仌。望山谷裕裕青也。从水凶谷。从谷千聲倉絢切。

文八　重二

仌　凍也。象水凝之形凡仌之屬皆从仌。筆陵切

冰　水堅也。从仌从水。水魚陵切臣鉉等曰今作筆陵切以爲冰凍之冰。俗冰从疑。

凜　寒也。从仌廩聲。力稔切

凊　寒也。从仌青聲。七正切

凍　仌也。从仌東聲。多貢切

朕　仌出也。从仌朕聲。詩曰納于凌陰。力膺切

凌　半傷也。从仌周聲。都僚切　古文終字都宗切

澌　流仌也。从仌斯聲息移切

凔　寒也。从仌倉聲。初亮切

冷　寒也。从仌令聲。魯打切

涸　寒也。从仌固聲。胡男切

凙　寒也。从仌睪聲。力質切

凋　半傷也。从仌周聲。都僚切

冬　四時盡也。从仌从夂夂古文終字。都宗切　古文冬从日。

各　……从仌从各聲。分勿切

冶　銷也。从仌台聲。羊者切

冹　……从仌发聲。早吉切

溧　寒也。从仌栗聲。力質切

瀨　寒也。从仌賴聲。洛帶切

凝　俗冰或从疑。

文十七　重三

雨　水从雲下也。一象天冂象雲水霝其閒也。凡雨之屬皆从雨。王矩切

雨部（396）

雨 靁 霝 靁 靁　賣 靁 霆　雪 電 雹　震 靁 霅 霣（雪）　霄 霰 霓 雹　霹 靂 霖 釀　雯 霢 霈　霖 霳 霖 霂　霣 雷 霰 霂

陰陽薄動靁雨生物者也。从雨畾，象回轉形。魯回切。古文靁。古文。籀文靁。

靁閒有回。回，靁聲也。

霆，雷餘聲也鈴鈴，所以挺出萬物。从雨廷聲。特丁切。

電，陰陽激燿也。从雨从申。堂練切。古文電。

震，劈歷振物者。从雨辰聲。《春秋傳》曰：震夷伯之廟。章刃切。籀文震。

霣，雨也。齊人謂雷為霣。从雨貝聲。一曰：雲轉起也。于敏切。

霄，雨䨘為霄也。从雨肖聲。齊語也。相邀切。

霰，稷雪也。从雨散聲。穌甸切。霰或从見。

霓。角。絕切。

雹，雨冰也。从雨包聲。蒲角切。雹古文雹。

零，餘雨也。从雨令聲。郎丁切。

霝，雨零也。从雨䨻，象零形。郎丁切。古文霝。

露。盧各切。

霖，雨三日已往。从雨林聲。力尋切。

霂，小雨也。从雨沐聲。莫卜切。

霢霂，小雨也。从雨脈聲。莫獲切。

眾雨也。从雨眾聲。《月令》曰：霖雨。職戎切。

久雨也。从雨沈聲。直深切。

久陰也。从雨兼聲。力鹽切。

小雨才䨖也。从雨鮮聲。讀若斯。息移切。

微雨也。从雨幾聲。讀若芟。又讀若芟子廉切。

雨冥也。从雨冡聲。力才切。

霖雨也。南陽謂霖霂。从雨沈聲。

深，久雨也。从雨林聲。胡男切。

霖雨也。方語也。从雨林聲。陽謂霖霂。力尋切。

銀箴切。从雨灾聲。

讀若貧。即夷切。从雨衣聲。

雨兒也。从雨眞聲。讀若資。

讀若禹。王矩切。小雨也。从雨。雨僉聲。子。

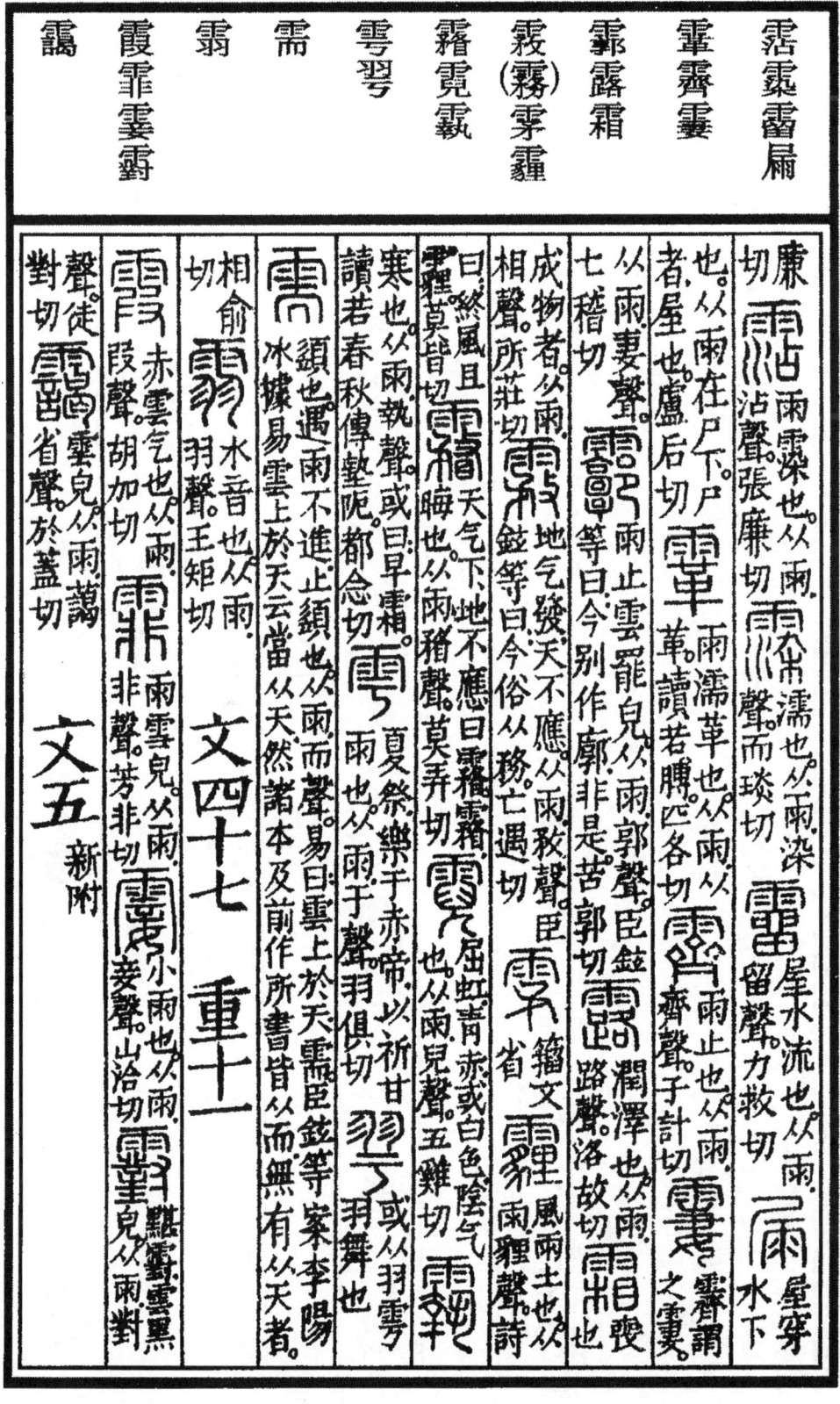

雲　魚

鰖鰖鮋鮊
鰍鰯鱒
鰲鰵鰭鮪
鮰魟鮥

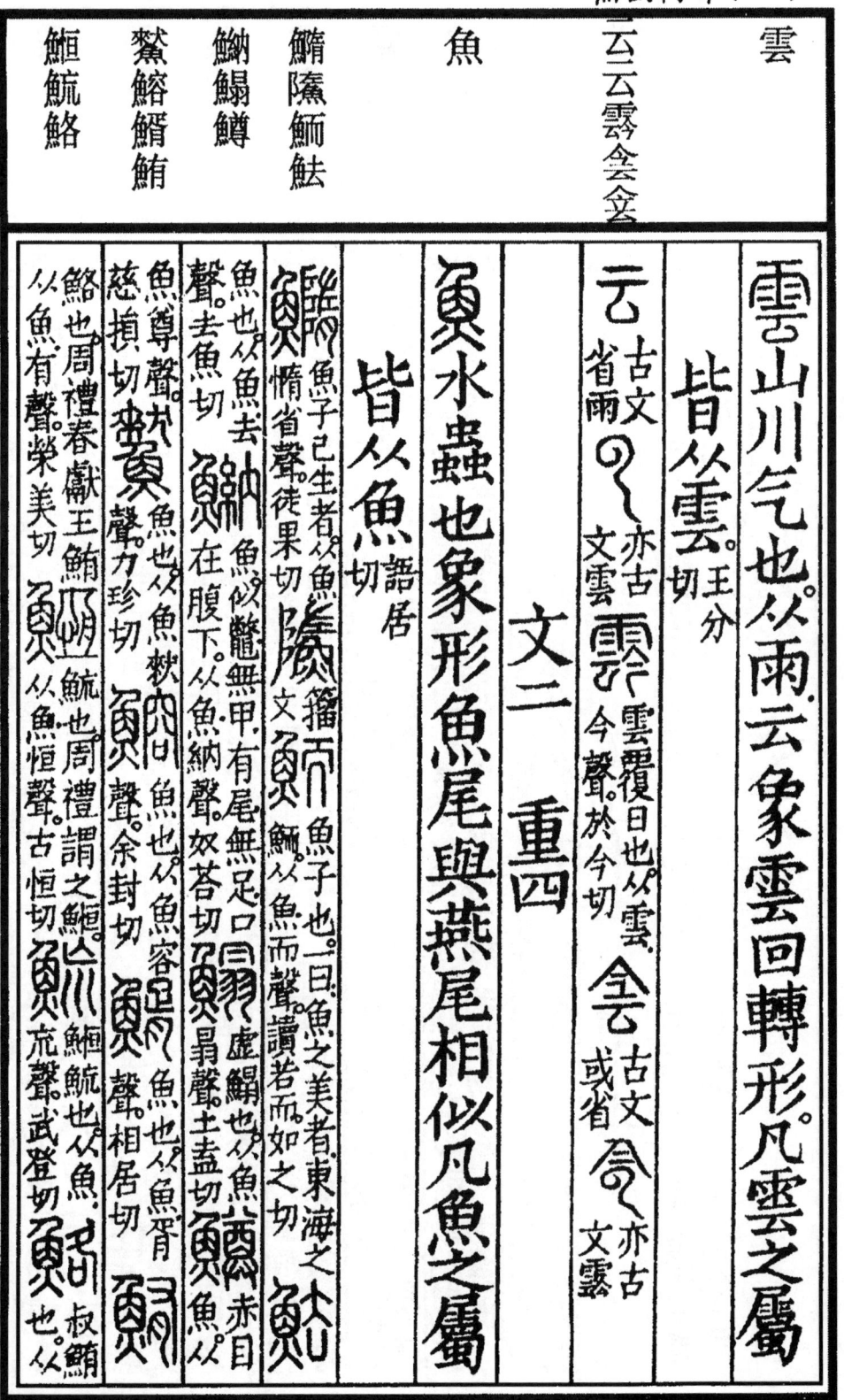

雲　山川气也从雨云象雲回轉形凡雲之屬

云　古文省雨。亦古文雲

皆从雲。王分切

魚　水蟲也象形魚尾與燕尾相似凡魚之屬

文二　重四

皆从魚　語居切

（399）魚部

鯀鰷

鯉鱓鱸鱒鮦

鱻鱮鰊

鰷鮶鮸

鯾魴鰟鰜鱧

鮍鮋鮒鯁

鮏鰻鰈鮱

鰭鱷鰻鱶

鰌鯇魠鮺

魚名也。从魚系聲。臣鉉等曰：當从罪省。盧各切

魚名也。从魚系聲。非聲。疑从孫省。古本切

鱸也。从魚里聲。良止切

鰻也。从魚盧聲。洛乎切

鯉也。从魚專聲。盧本切

鮦也。从魚里聲。鱧一曰鱺。籀文。一名鰱。直隴切

鯉也。从魚里聲。一曰鯉一名鱺。讀若綺籠。直隴切

魚名。从魚里聲。一曰鱺。張連切

魚名。从魚同聲。一曰鱺。盧啓切

魚名。从魚䍏聲。徐呂切

魚名。从魚攸聲。以周切

魚名。从魚攸聲。讀若幽。於糾切

魚名。从魚扁聲。方連切

赤尾魚。从魚尾聲。符分切

鰭或从旁。魴魚名。从魚方聲。符方切

魚名。从魚兼聲。力鹽切

魚名。从魚攸聲。天口切

魚名。从魚便聲。房連切

魚名。从魚度聲。徒各切

魚名。从魚皮聲。敷羈切

魚名。从魚勺聲。之若切

魚名。从魚付聲。符遇切

魚名。从魚巠聲。古靈切

魚名。从魚扁聲。讀若幽。於糾切

大鱧也。从魚豐聲。敷空切

魚名。从魚齊聲。徂兮切

魚名。从魚麗聲。郎兮切

魚名。从魚曼聲。母官切

鰻也。从魚豐聲。他公切

大鯸也。其小者名鮵。从魚兆聲。胡化切

鯸也。从魚賓聲。符真切

仇成切

魠也。从魚酋聲。自秋切

魚名。从魚賨聲。昨昔切

魚名。从魚嗇聲。所力切

魚名。从魚章聲。諸良切

大魚也。从魚聖聲。胡化切

鰭也。从魚耆聲。渠脂切

魚不食。从魚免聲。亡辨切

魚名。从魚冋聲。古熒切

鮦也。从魚聖聲。五稽切

刺魚也。从魚骨聲。古忽切

魴也。从魚予聲。以諸切

似魚嘗聲。市羊切

市羊切

魚名。从魚完聲。戶版切

嗟口魚也。从魚嗟聲。他各切

魚名。从魚戶聲。七由切

飲而不食刀魚也。鮺

魚部（400）

鮀鮎鰻鱺
鮧鱗鰭鮱
鮊鱖鮫鱧
鮑魵鱧
鮒魦
鰸鮻鮐
鰝鮮鯛
鱅鰂鯽
鮿鮊鯜鮫
鱺鯨鯁

也九江有之从　鮀也从魚宅上切　鰻也从魚晏

魚此聲徒礼切　聲徒何切　聲奴兼切

鰻或从魚亶聲徒何切　大鮎也从魚賴聲魚名从　魚名从魚替聲於憸切

从夏聲魚弟聲杜兮切　聲洛帶切　聲鉏箴切　魚翁聲

烏紅切　魚名从魚台聲　白魚也从魚厥　魚名从魚單聲

聲居備切　聲居隊切　取聲士垢切　鼓从魚虖聲　耶古切

常演切　魚名出藏邪頭國　魚名出樂浪潘國　魚名出樂浪潘國

魚名免聲亡辨切　从魚區聲豈俱切　取聲士坶切　从魚虖聲耶古切

魚名狀似蝦無足長寸大如叉　魚名出藏邪頭國　魚名出樂浪潘國

从魚分聲符分切　从魚沙省聲所加切　潘國从魚市

聲愽　魚名出樂浪潘國从　魚名出樂浪潘國从

股出遼東从魚區聲豈　从魚姜聲耶七接切　魚沙省聲所加切

盖切　鰤魚出江東有兩乳居六切　魚名出貉國从魚　魚名出樂浪

魚名出樂浪潘國从魚刺聲一　　東聭神爵四年初捕

收輸考工周成王時揚州　魚名出貉國从魚　鳥鰪魚名从魚

獻鯛从魚禺聲魚容切　羊魚名从魚庸聲　則聲昨則切

从魚樂聲盧谷切　蓴省聲相然切　鳥鰪魚名从魚

交聲古肴切　海魚名从魚甚　海魚名从魚奇　鰤或即

古圭切　白聲菊陌切　復聲蒲角切　飾乃从魚

傳曰取其鱷觀渠京切　海大魚也从魚畺聲春秋　鱷或从京　魚骨也从魚更

肴切　　聲古杏切

魚部

鱗 鮏 鰈
鮨 鱶 鮶
鮑 鮨 鰕
鯸 鮓 鮴
鯸 鯛 鰮 鮁
魾 鱻
鰈 鮎 鯂

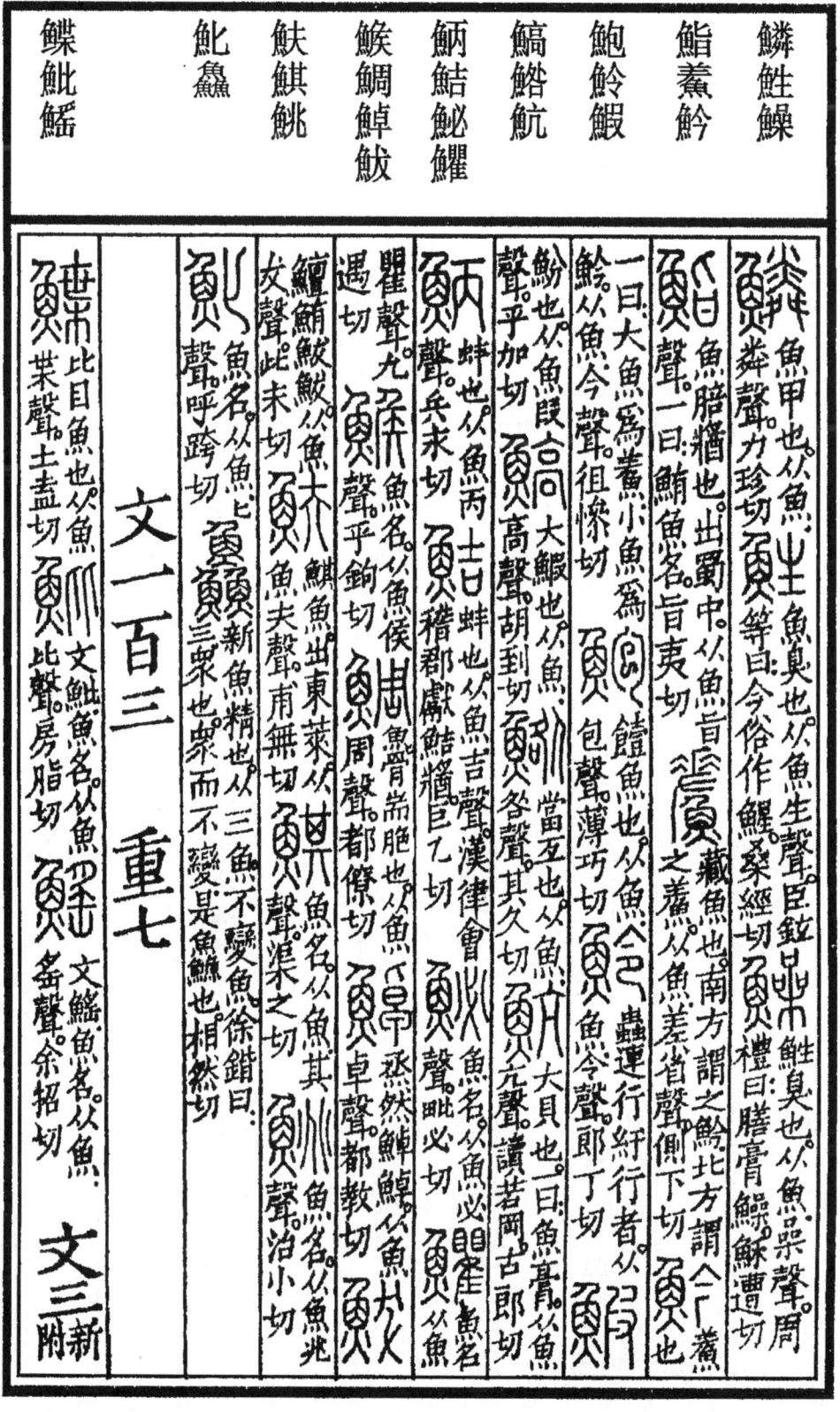

文二百三　重七

文三　新附

飛(飞)龍(龙)燕鱻(yú音鱼)部　(402)

鱻　漁　龍　燕
　漁

鼊龍龗
龕
龍龖

飛

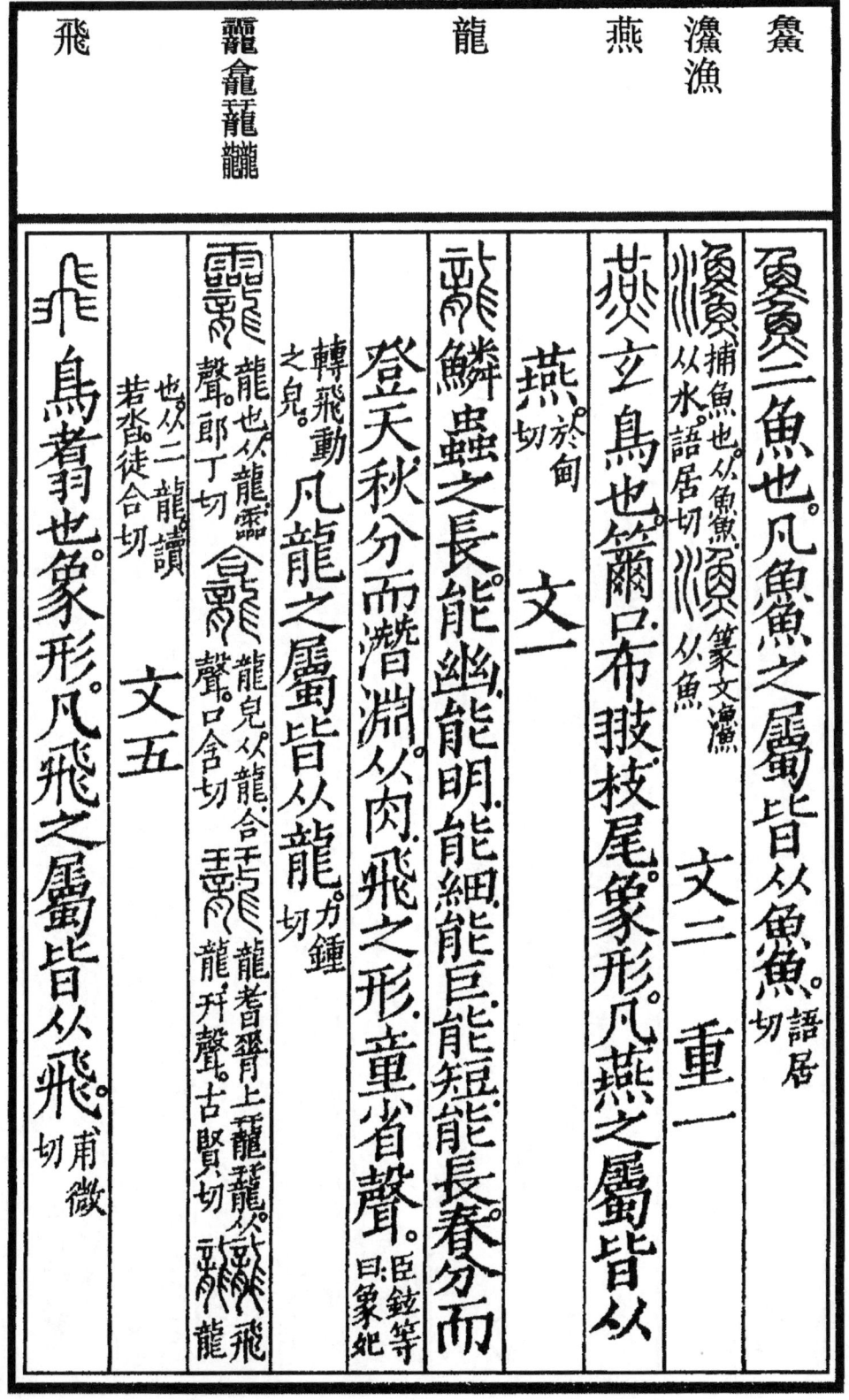

鱻　二魚也。凡魚之屬皆从魚。語居切

漁　捕魚也，从魚从黨。語居切　從水語居切　篆文漁从魚

燕　玄鳥也。籋口布翄枝尾象形。凡燕之屬皆从燕。於甸切
文二　重一

燕　於甸切
文一

龍　鱗蟲之長，能幽能明，能細能巨，能短能長，春分而登天，秋分而潛淵。从肉飛之形，童省聲。凡龍之屬皆从龍。力鍾切　臣鉉等曰：象妃……

龗　龍也。从龍霝聲。郎丁切

龕　龍兒。从三龍。
龍也。从龍合聲。
龍开聲。古賢切
文五

龖　飛龍也。从二龍，讀若沓。徒合切

飛　鳥翥也。象形。凡飛之屬皆从飛。甫微切

（403）卂（xùn 音汛）非飛部

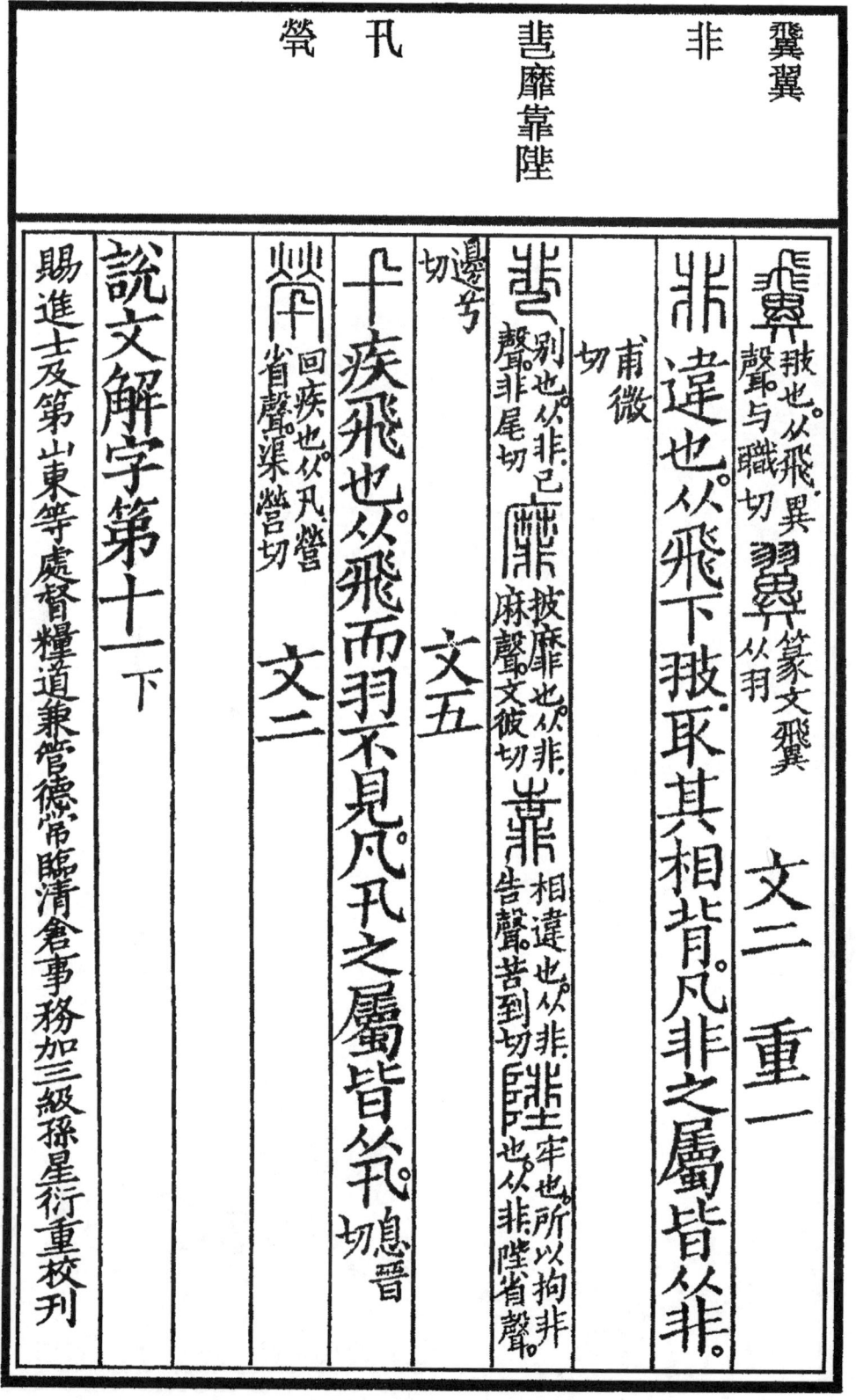

翄也。从飛異聲。𦐋，篆文飛翼。与職切。

文二　重一

非　違也。从飛下敤，取其相背。凡非之屬皆从非。甫微切

别也。从非己聲。〔尾切〕

靡　披靡也。从非麻聲。文彼切

靠　相違也。从非告聲。苦到切

陸　牢也，所以拘非也。从非陸省聲。邊兮切

文五

卂　疾飛也。从飛而羽不見。凡卂之屬皆从卂。息晉切

熒　回疾也。从卂熒省聲。渠營切

文三

說文解字第十一下

賜進士及第山東等處督糧道兼管德常臨清倉事務加三級孫星衍重校刊

（404）

注：此页原版为空白，编者增图。

（405）乙（yǐ音以）部

乙

乱孔乳

說文解字第十二上　漢太尉祭酒許慎記

銀青光祿大夫散騎常侍上柱國東海縣開國子食邑五百戶臣徐鉉等奉

敕校定

三十六部　七百七十九文　重八十四

凡九千二百三字

文三十新附

乙之屬皆从乙

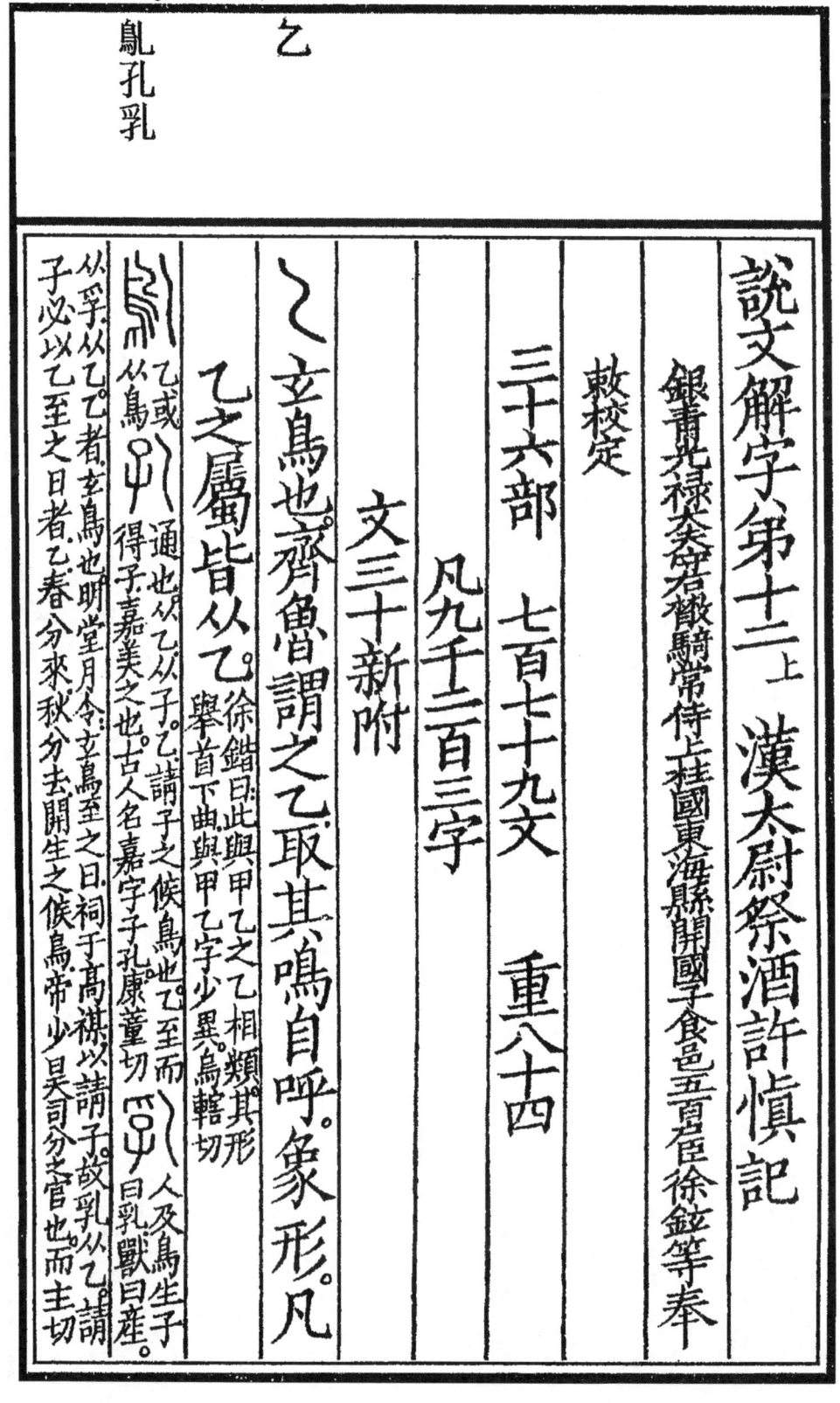

乙　玄鳥也齊魯謂之乙取其鳴自呼象形凡

徐鍇曰此與甲乙之乙相類其形舉首下曲與甲乙字少異烏轄切

乙或从鳥

孔　通也从乙从子乙請子之候鳥也至而得子嘉美之也古人名嘉字子孔康童切

乳　人及鳥生子曰乳獸曰產从孚从乙乙者玄鳥也明堂月令立鳥至之日祠于高祺以請子故乳从乙請子必以乙至之日者乙春分來秋分去開生之候鳥帝少昊司分之官也而主切

不
否
至　到　臻　瑧
臺　輊
西

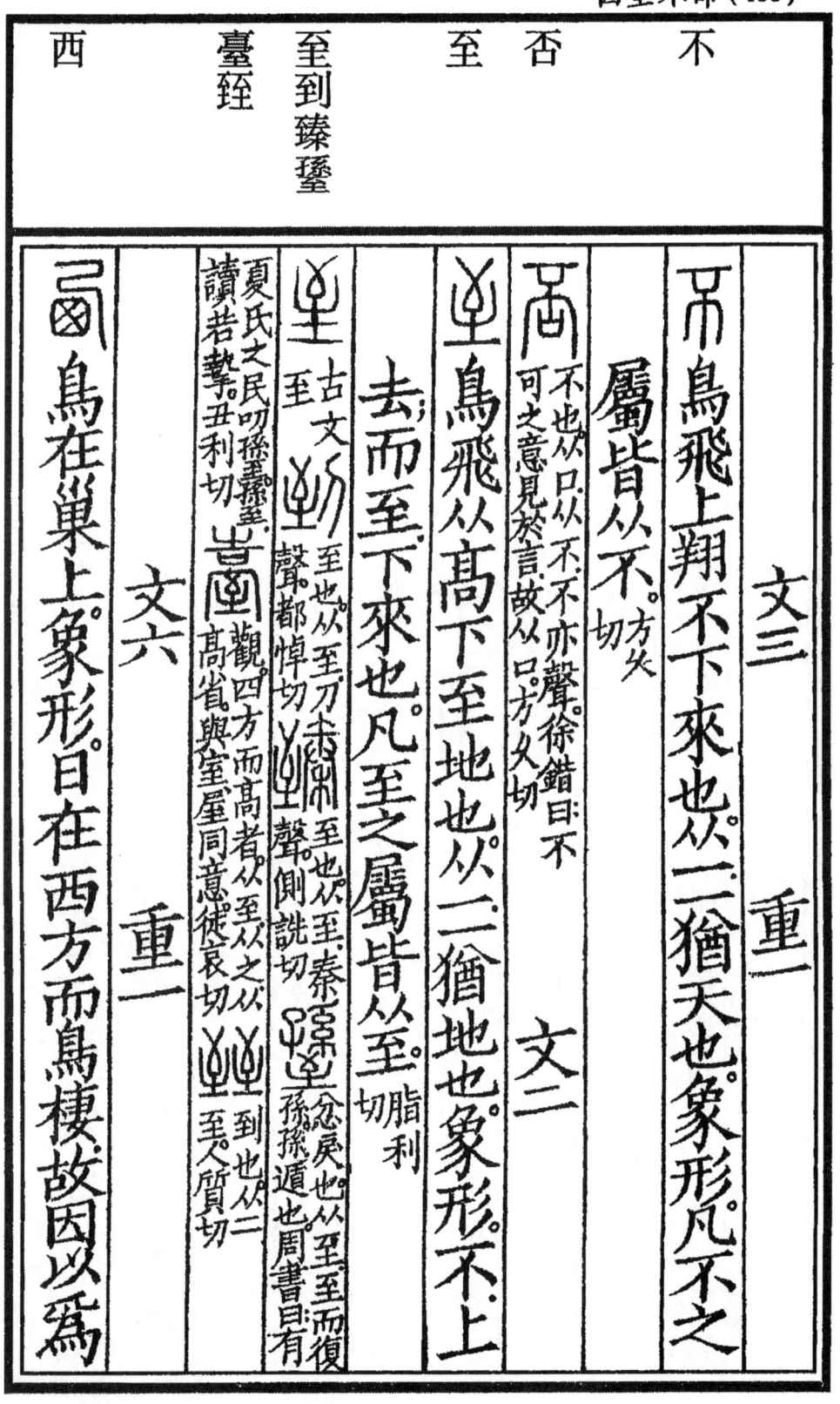

丆　鳥飛上翔不下來也。从一，一猶天也。象形。凡不之屬皆从不。方久切。

文三　重一

否　不也。从口从不，不亦聲。徐鍇曰：不可之意見於言，故从口。方久切。

至　鳥飛从高下至地也。从一，一猶地也。象形。不，上去而至下，來也。凡至之屬皆从至。脂利切。

文二

古文至。

到　至也。从至刀聲。都悼切。

臻　至也。从至秦聲。側詵切。

忿戾也。从至，至而復遜。遜，遁也。周書曰：有夏氏之民叨孫。讀若摯。丑利切。

臺　觀四方而高者。从至从之，从高省。與室屋同意。徒哀切。

到也。从二至。人質切。

文六　重一

西　鳥在巢上，象形。日在西方而鳥棲，故因以為……

（407）尸鹽（盐）鹵部

棲　鹵　卥　罣

鹵

羞
鹹

監

戶
監
鹼

尿　扉　扇　房

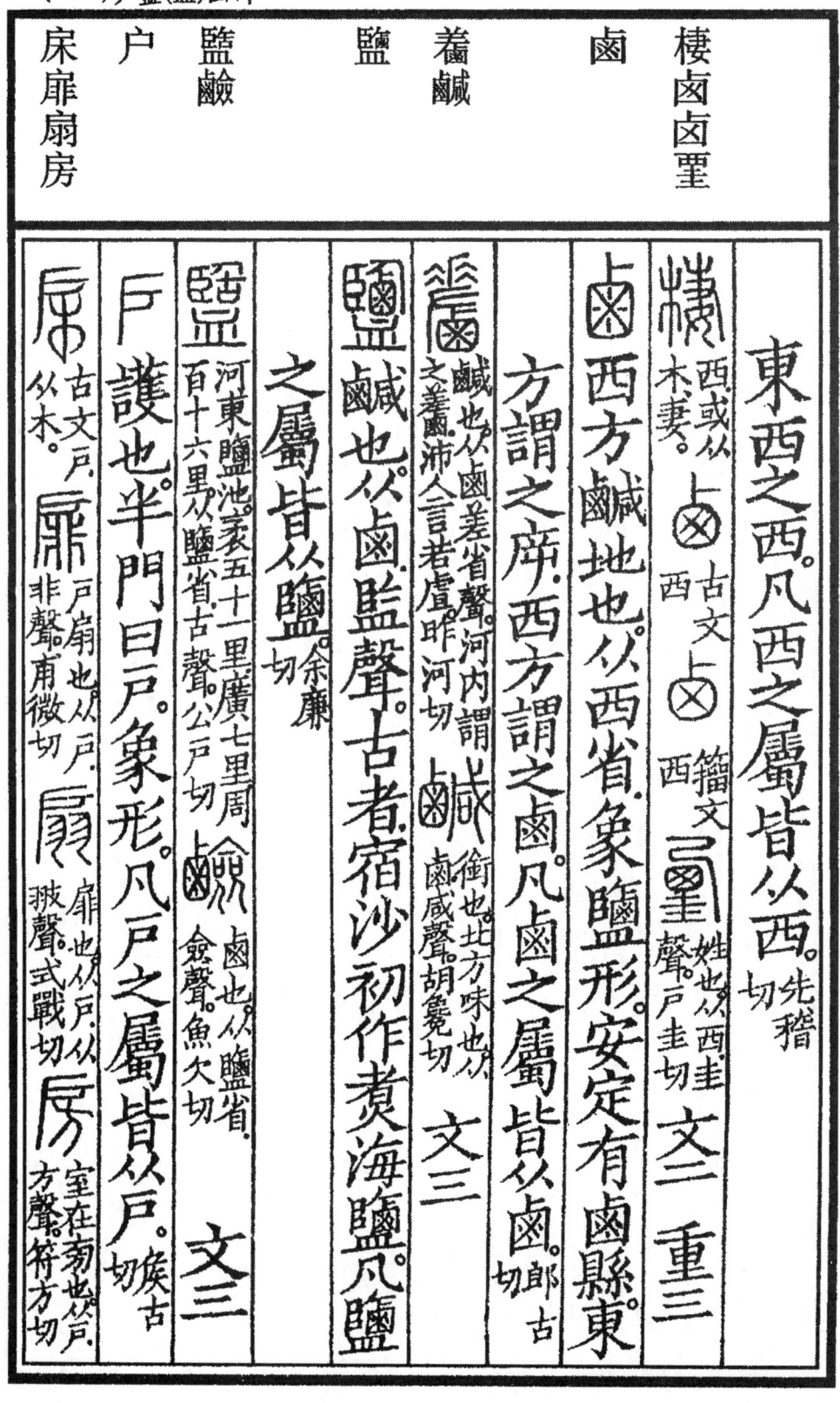

東西之西。凡西之屬皆从西。先稽切

棲　西或从木妻。

卥　古文西
罣　籀文西　姓也。从戶圭聲。戶圭切　文三　重三

鹵　西方鹹地也。从西省，象鹽形。安定有鹵縣。東方謂之㡿，西方謂之鹵。凡鹵之屬皆从鹵。郎古切　文三

鹹　衔也。北方味也。从鹵咸聲。胡毚切

羞（鹺）　鹵也。从鹵差省聲。河內謂之㡿，沛人言若虘。昨河切

鹽　鹵也。天生曰鹵，人生曰鹽。从鹵監聲。古者宿沙初作煮海鹽。凡鹽之屬皆从鹽。余廉切

鹼　鹵也。从鹽省，从僉。僉聲。魚欠切　文二

鹽　河東鹽池袤五十一里，廣七里，周百十六里。从鹽省。古聲。公戶切

戶　護也。半門曰戶。象形。凡戶之屬皆从戶。侯古切　文三

尿　古文戶。从木。

扉　戶扇也。从戶非聲。甫微切

扇　扉也。从戶从翅聲。式戰切

房　室在旁也。从戶方聲。符方切

門(门)戶部（408）

戾戹庫
宸屋扃
門
閶闛闍
閎閨閼閾
閈閒
閣塪閻閨
闔闕開
開闠闌

戾 輜車旁推戶也从戶从犬。大
聲。讀與釱同徒蓋切

戾 戶牖之間謂之扆从戶
衣聲。於豈切省聲口蓋切

扆 臨也。从戶乙
聲。於革切

扃 開也。从戶劫
聲。於業切

庫 始開也从戶从聿。
臣鉉等曰聿者始開也外閉之關也从
戶同聲古熒切

矯切扆也治戾从戶衣聲於豈切

門 聞也从二戶。象形凡門之屬皆从門。莫奔
切 文十 重一

閶 天門也从門昌聲楚人
名門曰閶闔尺量切

閶 宮中之門也从門
韋聲。羽非切

闈 闈謂之樀樀廟門也
从門韋聲余廉切

閎 巷門也从門
厷聲萌切

閨 特立之戶。上圜下方有
似圭从門圭聲古攜切

閨 門旁戶也从門
圭聲古攜切

閒 樓上戶也从門
从舌聲徒蓋切

開 閒也从門千聲汝南平
陽縣里門曰閒侯肝切

閘 與里門曰閒侯肝切

閼 里中門也从門
呂聲周禮五
家為比五比為閭侶也

闒 里門也从門昌聲余廉切

閣 二十五家相群
侶也从門呂居切

塪 閭閻也从門
臽聲古沓切

閻 里中門也从門
臽聲古沓切

閻 門扉也从門
詹聲余廉切

閨 城曲重門也从門臺聲。
詩曰出其闉闍於眞切

闍 閽闍也从門
者聲當孤切

開 門觀也从門
堇聲去月切

開 張也从門开聲。
从門弁聲。胡本切

開 闢門也从門
扇聲一曰閉也

闌 門蔽也从門
介聲胡介切

闌 門欂櫨也。

闥 門楣也从門
盍聲胡臘切

闌 門遮也从門
柬聲魚劉切

（409）門(门)部

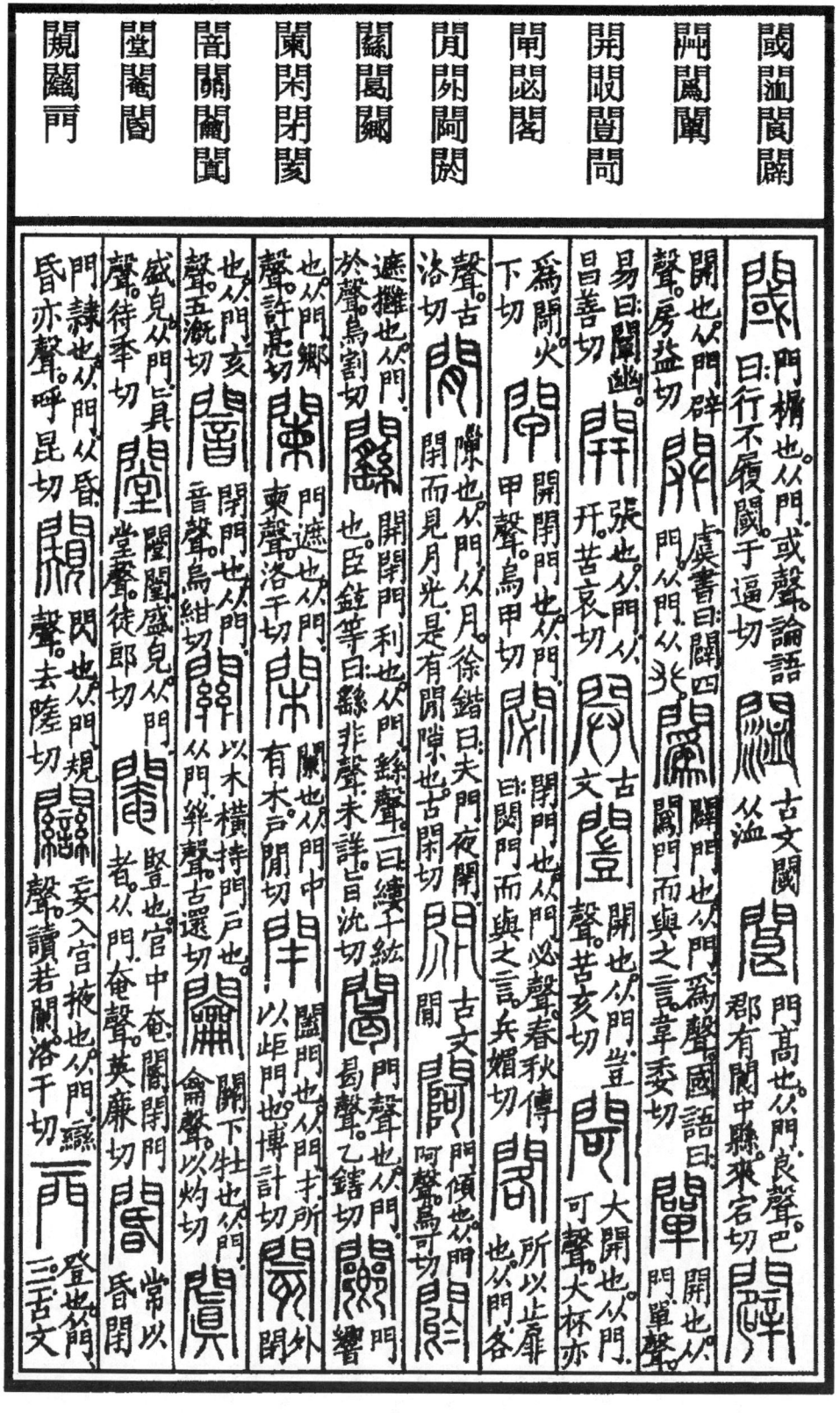

閃閱
闌闞闊
閔閶闆
闅
闟闛閡閲
耳
耽玷耽
聃耷聸

閡 關頭門中也。从下。失舟切。臣鉉等曰下言自下而登在門中也。

闟 上也。故从下。商書曰若外高必自下。直刃切。

闆 具數於門中也。从門。弋垂切。門說省聲弋癸聲傾雪切。跌也苦括切。

闅 門伐聲。義當从門。通用代房越切。

闟 也。義當只用臭字苦臭切。

闟 闟市垣也。从門。昊聲戶關切。

闢 門也。从門。辟聲他達切。

闃 静也。从門。具聲。臣鉉等案易窺其戶闃其無人窺小視也臭大張目也言始小視之雖大張目亦不見人。

　　文五十七　重六

閬 閬閬高門也。从門閒省。

閬 閬閬高門也。从門。亢聲苦浪切。序也。

　　文五　新附

閔 閔書者在門也。从門。文聲。臣鉉等曰今別作爛非是眉殞切。

悶 文聲。臣鉉等。古文閔。

闖 馬出門皃。从馬在門。讀若郴丑禁切。

耳　主聽也。象形。凡耳之屬皆从耳。而止切。

耵 耳垂也。从耳下垂。象形。春秋傳曰秦公子輒者其耳下垂故以為名。陟葉切。

耽 耳大垂也。从耳。冘聲。詩曰士之耽兮。丁含切。

玷 小垂耳也。从耳。占聲。丁兼切。

耽 垂也。从耳。尤聲。詩曰土之耽兮。丁舍切。

聯 耳曼也。从耳。舟聲。他昔切。

玷或从甘。

聸 垂耳也。从耳。詹聲。南方聸耳之國都。

(411)耳部

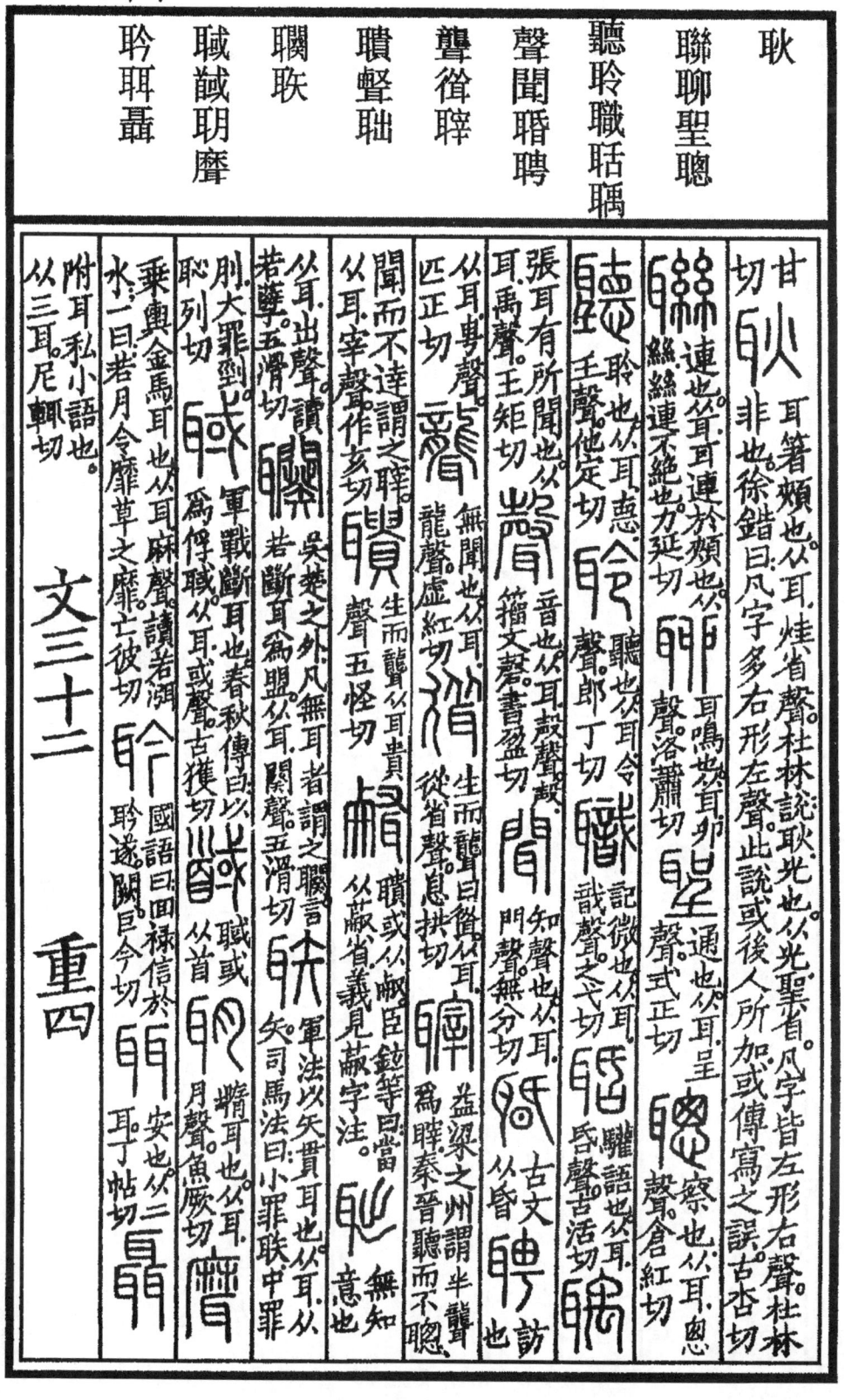

手（扌）叵（yǐ音仪）耳部（412）

聲
叵
頤齓䣅卮
手（扌）
挈撒掔
平掌拇指拳
摳攘擅
揖攘拱
撿捧拜

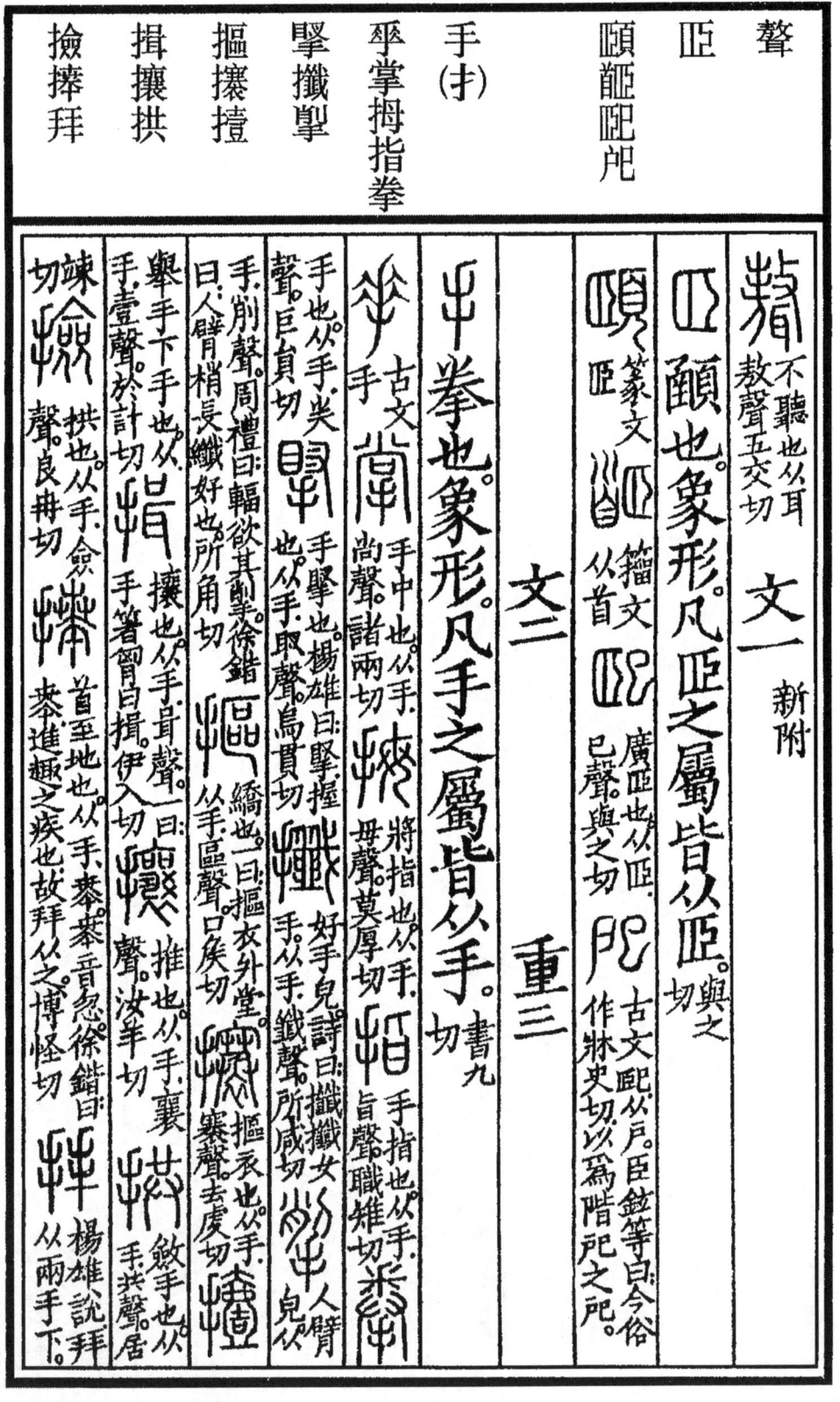

手（扌）部

羍 摯 排 拉 牂 揲 捡 攝 挸 握
捔 推 擠 挫 持 摰 攃 拥 搇 臺
搯 掕 抵 扶 挈 操 搏 拊 攇 撢
　　 攉 攱 拑 攉 據 挾 　　 把

羍 古文拜

摯 捔 搯也。从手官聲。

搯 捾也。从手。舀聲。周書曰：師乃搯。搯者，拔
兵刃以習擊剌。詩曰：左旋右搯。土刀切

　搯 捾也。从手舀聲。一曰援也。烏括切

推 排也。从手隹聲。他回切

掕 推也。从手夌聲。春秋傳曰：授師孑之。他回切

排 擠也。从手非聲。步皆切

擠 排也。从手齊聲。子計切

抵 擠也。从手氐聲。則臥切

攉 擠也。从手霍聲。丁礼切

拉 摧也。从手立聲。盧合切

挫 摧也。从手坐聲。則臥切

扶 左也。从手夫聲。防無切

　扶 古文扶

攱 持也。从手支聲。施智切

牂 閉持也。从手戕聲。良獎切

持 握也。从手寺聲。直之切

挈 縣持也。从手轫聲。苦結切

拑 脅持也。从手甘聲。巨淹切

揲 閱持也。从手世聲。食折切

摰 握持也。从手執聲。脂利切

操 把持也。从手喿聲。七刀切

攉 　

捡 急持衣裸也。从手僉聲。巨淹切

攃 擸持也。从手票聲。撫招切

搏 索持也。一曰至也。从手尃聲。補各切

據 杖持也。从手豦聲。居御切

攝 引持也。从手聶聲。書涉切

拥 攝持也。从手冓聲。莫紅切

拊 揗也。从手付聲。芳武切

挾 俾持也。从手夾聲。胡頰切

挸 　

搇 　

攇 　

握 搤持也。从手屋聲。於角切

臺 　

撢 探也。从手覃聲。他含切

把 握也。从手巴聲。博下切

手（扌）部（414）

搞捯擘拈揥插揙揾批撮捵
挐捛按掾掄挺捫鞠（絷）
攀摘控捐擇揣拂抒
攜捨　拊捎搣捽　抱
提　　　　揤掵

搞　把也。从手，南聲。

攜　提也。从手，巂聲。戶圭切。

挐　牽引也。从手，奴聲。女加切。

提　挈也。从手，是聲。

拈　㧾也。从手，占聲。丁廉切。

捨　釋也。从手，舍聲。書冶切。

摘　拓果樹實也。从手，啻聲。一曰指近之也。他歷切。

控　引也。从手，空聲。《詩》曰：控于大邦。匈奴名引弓控。苦貢切。

捛　捊也。从手，呂聲。力舉切。

拊　揗也。从手，付聲。芳武切。

按　下也。从手，安聲。烏旰切。

揥　拼也。从手，弟聲。丑知切。

掾　緣也。从手，彖聲。以絹切。

擘　撝也。从手，辟聲。博厄切。

捐　棄也。从手，肙聲。與專切。

捎　自關以東，凡取物之上者為撟捎。从手，肖聲。所交切。

擇　柬選也。从手，睪聲。丈伯切。

插　刺內也。从手，臿聲。楚洽切。

掄　擇也。从手，侖聲。盧昆切。

搣　㧗也。从手，威聲。亡列切。

揣　量也。从手，耑聲。度也。一曰捶之。初委切。

挺　拔也。从手，廷聲。徒鼎切。

揙　拊也。从手，扁聲。布玄切。

捫　撫持也。从手，門聲。《詩》曰：莫捫朕舌。莫奔切。

批　㩉也。从手，比聲。匹齊切。

捽　持頭髮也。从手，卒聲。昨沒切。

鞠　持頭髮也。从手，匊聲。居六切。

撮　四圭也。一曰兩指撮也。从手，最聲。倉括切。

拂　過擊也。从手，弗聲。敷勿切。

捵　摬也。从手，㝡聲。

抒　挹也。从手，予聲。神與切。

抱　引取也。从手，包聲。薄報切。

捪　撫也。从手，昏聲。武巾切。

授承
拒撞攛接
沛挏招
撫迓揩揣
扼摜
投摘搔扴
摽挑抉
撓擾挏据
揭摘
捲擊拹揩

手（扌）部（416）

揫摟扡
披撝掔掉
搖（搖）搯挶
揃舉捽
舉揚敥舉掀
揭抍
撜振扛
扮撟捎
攡擩揄擊
擭拚擅

揫 束也从手秋聲詩曰百祿是揫即由切

曳 聚也从手……有所失也。春秋傳曰拕子……妻聲洛侯切

掔 固也从手臤聲讀若詩赤舄掔掔苦閑切

撝 裂也从手為聲一曰手指也。詩曰……許歸切

掉 搖也从手卓聲春秋傳曰尾大不掉徒弔切

搖 動也从手䍃聲余招切

搯 引也从手舀聲詩曰左旋右搯土刀切

挶 戟持也从手匊聲……

揃 聚也从手酉聲即由切

捽 持頭髮也从手卒聲昨沒切

舉 對舉也从手與聲以諸切

揚 飛舉也从手昜聲與章切

敥 ……

舉 ……舉出也从手……

掀 舉出也从手欣聲春秋傳曰掀公出於淖虖言切

揭 高舉也从手曷聲去例切又基竭切

抍 上舉也从手升聲易曰抍馬壯吉烝……

撜 舉救也从手登聲……一曰橫開對舉也。手王聲古雙切

振 舉救也从手辰聲……

扛 橫關對舉也从手工聲古雙切

扮 握也从手分聲讀若粉房吻切

撟 舉手也从手喬聲一曰撟擅也居少切

捎 自關已西凡取物之上者為撟捎从手肖聲所交……

攡 ……从手……

擩 ……

揄 引也从手俞聲羊朱切

擊 抱也从手雝聲於隴切

擭 ……六日攤祭而主切

擩 染也从手需聲周禮六日擩祭……

擅 ……日攤攡也居少切……引也从手俞聲羊朱切

擭 搫擭不正也从手……手殷聲薄官切

攓 握也从手蒦聲一曰布擭也……一曰……

拚 拊手也从手弁聲皮變切

擅 ……从手亶聲専也

(417)手(扌)部

揆擬損失

挩撥扞扡

捆擾扟

拓摠攄拾掇

披援摺抽

攣挺揍

拗擢拔握擣

擎摵(撼)搦

掎 揮 摩 捹
攬 揥 撞
抳 扔 括 抲
擘 攃 捼
扐 技 摹 拙
捄 拮 㧙
掊 搏 摡
掘 掩 慨
揗 播 㪁 捱
撇 抌 拐

掎：偏引也。从手。奇聲。居綺切。

揮：奮也。从手。軍聲。許歸切。

摩：研也。从手。麻聲。莫婆切。

捹：反手擊也。从手。弱聲。尼革切。

攬：撮持也。从手。監聲。盧敢切。

揥：亂也。从手。覺聲。詩曰。祇攬我心。古巧切。

撞：卂也。从手。童聲。宅江切。

抳：就也。从手。尼聲。於真切。

扔：因也。从手。乃聲。如乘切。

括：絜也。从手。昏聲。古活切。

抲：枷也。从手。可聲。虎何切。

擘：裂也。从手。辟聲。博厄切。

攃：裂也。从手。赤聲。呼麥切。

捼：推也。从手。委聲。奴禾切。

扐：《易》筮再扐而後卦。从手。力聲。盧則切。

技：巧也。从手。支聲。渠綺切。

摹：規也。从手。莫聲。莫胡切。

拙：不巧也。从手。出聲。職說切。

捄：盛土於梩中也。一曰擾也。从手。求聲。詩曰。捄之陾陾。舉朱切。

拮：手口共有所作也。从手。吉聲。詩曰。予手拮据。古屑切。

㧙：从手。骨聲。戶骨切。

掊：杷也。从手。咅聲。父溝切。

搏：索持也。一曰至也。从手。尃聲。補各切。

摡：滌也。从手。既聲。古代切。

掘：从手。屈聲。衢勿切。

掩：斂也。小上曰掩。从手。奄聲。衣檢切。

慨：

揗：摩也。从手。盾聲。食尹切。

播：種也。一曰布也。从手。番聲。補過切。古文播。

㪁：

捱：

撇：

抌：深擊也。从手。冘聲。竹甚切。讀若告言不正曰抌。

拐：動也。从手。元聲。五忽切。

手（扌）部

摎 撻 遾
捘 抨 捲
扱 撰 挨
撲 擎 抅 抺
捶 推 境
抵 抶 探 捭
拂 摼 扰
擘 擊 扞 抗
杭 捕 籍
撚 挂 挖 捈

手(扌)部

扯 扁 撅 攊
挈 搵 搒 挌
捧 捼 撒
捐 掤 扦
摩 捷 扣
掍 授（搜）換 挼
抓 攪 揎 掠
搣 捌 攤 抛

手余聲。同都切

捈也从手世聲余制切

撫也从手扁聲嫵沔切

以手有所把也从手厤聲居月切

挈 持也从手㓞聲苦結切

搵 沒也从手㬅聲烏困切

搒 掩也从手旁聲北孟切

捧 持也从手如聲女加切

捼 從手委聲奴禾切　捼或从虔

撒 棄也从手从肖聲　夜戒守有所擊从手𣪠聲　一曰㧖也春秋

捐 棄也从手肙聲與專切

掤 所以覆矢也从手朋聲詩曰抑釋掤忌筆陵切

扦 捷也从手弁聲疾葉切

摩 研也从手麻聲莫婆切

捷 獵也軍獲得也从手疌聲捷疾葉切春秋

扣 牽馬也从手口聲苦后切

掍 同也从手昆聲古本切

授 予也从手从受受亦聲殖酉切

搜 衆意也一曰求也从手叟聲所鳩切

換 易也从手奐聲胡玩切

挼 摧也从手委聲奴禾切

抓 雄旗所以指麾也从手𡌨聲許為切

攪 亂也从手覺聲古巧切

揎 挺也从手宣聲須緣切

掠 奪取也从手京聲離灼切

搣 㨷也从手威聲沙劃切

捌 破也从手別聲百轄切

攤 開也从手難聲他干切

抛 棄也从手从尤

文三百六十五　重十九

（421）𠦳（乖）手（扌）部

撝　打　　脊　𡭜

從力或從手。㞷聲。案左氏傳通用摽。詩。摽有梅。摽落也。義亦同匹交切

撝　舒也。又撝蒲戲也。从手。雩聲。丑居切

擊也。从手。丁聲。都挺切

手。零聲。都挈切

文十三　新附

𡭜　背呂也。象脊肋也。凡𡭜之屬皆从𡭜。古懷切

脊　背呂也。从𡭜从肉。資昔切

文二

說文解字第十二上

賜進士及第山東等處督糧道兼管德常臨清倉事務加三級孫星衍重校刊

光緒歲在閼逢涒灘國子監肄業生吳縣朱記榮校刊

《经典释文》

简称《释文》，唐陆德明撰。共三十卷。采集诸经音义，兼及文字异同，为谈经之士所宗，前有叙录一篇。述古今传经之统绪甚详。

注：此页原版为空白，编者增图。

說文解字弟十二下　漢太尉祭酒許氏記

銀青光祿大夫守右散騎常侍上柱國東海縣開國子食邑五百戶臣徐鉉等奉

敕校定

女　婦人也象形王育說凡女之屬皆从女　尼呂切

姓　人所生也古之神聖母感天而生子故稱天子从女从生生亦聲春秋傳曰天子因生以賜姓息正切

姞　黄帝之後百鮴姓后稷妃家也从女吉聲巨乙切

嬴　少昊氏之姓从女羸省聲以成切

姚　虞舜居姚虛因以為姓或為姚嬈也史篇以為姚易也余招切从女兆聲余招切

姜　神農居姜水以為姓从女羊聲居良切

姬　黄帝居姬水以為姓从女𦣞聲居之切

嬀　虞舜居嬀汭因以為氏从女爲聲居爲切

妘　祝融之後姓也从女云聲王分切

嬏　从女𢄾聲其員切

姺　殷諸侯爲亂疑姓也从女先聲所臻切

嫐　少女也从女然聲毛聲坎下切

妶　女人也从女弦聲胡田切

媒　謀也謀合二姓从女某聲莫杯切

妊　女適人也从女勺聲市勺切

媒　謀也謀合二姓从女某聲莫杯切

妁　酌也斟酌二姓也从女勺聲市勺切

嫁　女適人也从女家聲古訝切

娶　取婦也从女从取取亦聲七句切

婚　婦家也禮娶婦以昏時婦人陰也故曰婚从女从昏昏亦聲呼昆切

嬲　取婦也从女

姻　婿家也女之所因故曰姻从女因因亦聲

女部（424）

婣 妻 妾　婦 妃 媿 妊　娠 嫋　艭 嬰 婗 母　嫗 嫗 姁 姐　姑 威　姃 妣 姊 妹 娣　娟 婒（嫂）姪　姨 娿 姆　媾 姼 妣

从囪因亦聲。籀文姻从開。　婦與夫齊者也。从女从屮从又。又，持事，妻職也。　妻妾尚女尚。古文貴字。

聲於眞切

服也。从女持帚灑掃也。房九切。　匹也。从女己聲。芳非切。　慙也。从女鬼聲。俱位切。　孕也。从女壬聲。如甚切。

女妊身動也。从女辰聲。春秋傳曰：后緡方娠。一曰官婢女隸謂之娠。失人切。　嫋也。从女弱聲。而灼切。

女老偁也。从女區聲。衣遇切。　母也。从女區聲。衣遇切。　嫗也。从女句聲。况羽切。　女兄也。从女且聲。子邪切。　蜀謂母曰姐。淮南謂之社。从女且聲。兹也切。

子形。一曰象乳子也。莫后切。

夫母也。从女古聲。古胡切。　姑也。从女戌。漢律曰：婦告威姑。於戌切。

女師也。从女比聲。卑履切。　籀文妣省。　女兄也。从女弟聲。徒礼切。　女弟也。从女未聲。莫佩切。　女弟也。从女弟聲。徒礼切。

娟婒也。从女君聲。楚人謂女弟曰娟。从女胃聲。公羊傳曰：楚王之妻娟。云貴切。　兄妻也。从女叟聲。穌老切。　女子同出為姪。从女至聲。徒結切。

妻之女弟同出為姨。从女夷聲。以脂切。　女師也。从女叚聲。杜林說加教於女也。讀若阿。烏何切。　女師也。从女每聲。讀若母。莫后切。

重婚也。从女冓聲。古候切。日匹冠婚媾。　美女也。从女是聲。尺氏切。　美女也。从女氏。妭。或。多聲。

(425) 女部

娿 媕 婢 奴
伎 妖
嫡 娟 嬌
娥 娥 娠
娙 婀 頯
嫽 婐 媧 始
改 妊 㚿
姐 始 媚 嫵 媄
嬌 嬌

娿 婦人美也。从女。炎聲。

婢 女之卑者也。从女从卑。卑亦聲。便俾切。

奴 奴婢皆古之辠人也。周禮曰：其奴男子入于辠隸，女子入于舂稾。从女从又。乃都切。𡚶 古文奴从人。

媊 甘氏星經曰：太白上公妻曰女媊，女居南斗食厲天下祭之曰明星。从女前聲。昨先切。

娀 帝高辛之妃娀母號也。从女戎聲。詩曰：有娀方將。讀若有莘。所臻切。

媧 古之神聖女化萬物者也。从女咼聲。古蛙切。

娥 帝堯之女舜妻娥皇字也。秦晉謂好曰娙娥。从女我聲。五何切。

婀 女字也。从女可聲。讀若阿。烏何切。

頯 女頭之婗姬。从女頁聲。女㿿切。

嬰 女字也。从女賏聲。賏，其連也。於盈切。

婕 女字也。从女疌聲。子葉切。

娸 人姓也。从女其聲。杜林說：娸，醜也。去其切。

嫽 女字也。从女尞聲。讀若遼。洛蕭切。

婐 婐㛒也。从女果聲。一曰女侍曰婐。孟軻曰：舜為天子，二女婐。烏果切。

妸 女字也。从女阿聲。讀若阿。烏何切。

改 女字也。从女己聲。居擬切。

妊 孕也。从女壬聲。如甚切。

㚿 女字也。从女台聲。天口切。

姐 蜀謂母曰姐，淮南謂之社。从女且聲。茲野切。

始 女之初也。从女台聲。詩止切。

媚 說也。从女眉聲。美祕切。

嫵 媚也。从女無聲。文甫切。

媄 色好也。从女美聲。美亦聲。無鄙切。

嬌 好也。从女喬聲。舉喬切。

嬌 女號也。从女高聲。古牢切。

女部（426）

姝好嫂嫛
妿姣嫚
娓媌嫚嬏
娙嬻嬌變
婴婉姛媽
嫽嬒娷
委媒
娓姑娑
姈嬢媘

果姝　好也。从女朱聲。昌朱切

好　美也。从女子。徐鍇曰子者男子之美偁。會意。呼皓切

嫷　好也。从女隓聲。讀若蜀郡布名。

嫚　好也。从女交聲。詩曰靜女其姝。昌朱切

媌　好也。从女苗聲。莫交切

嬻　好也。从女冘聲。靜女其姝。胡茅切

委員　好也。从女宛聲。目裏好也。於阮切

娓　好也。从女尾聲。杜外切

嬿　好也。从女燕聲。詩曰畫兮嬿兮。於甸切

嬌　長好也。从女堯聲。五莖切

婉　順也。从女宛聲。於阮切

嫣　說也。从女興聲。

嫚　白好也。从女翏聲。

嫩　弱長兒。行也。从女弱聲。而灼切

嫋　弱也。从女弱聲。奴鳥切

妍　妍也。从女幵聲。

委　委隨也。从女从禾。於詭切

媒　媒妁也。从女某聲。

姣　好也。从女交聲。

姝　好也。从女朱聲。

天子二女　媒妁也。从女厄聲。五果切

姑　姑也。从女占聲。

娑　讀若宛。

姈　讀若令。从女今聲。火占切

嬢　从女孃聲。居天切

（427）女部

妍 姞 媞 娶 娓 婧 嬪 嫧 晏 嫠
妧 燿 婆 娛 嫡 娸 嫯 嬐 嬋 娑
嬔 覘 嫺 嫺 孎 嬗 婚 嬞   婑
齋   嬰 媙 如

女部 (428)

侑 婜 婓 妓
嬰 奻 媛
娉 嫪 妝 孌
媟 嬻 竅 嬖
妒 妒 媚
娛 佞
嫛 嫪 姻 姿 嬬
妨 妄 媮 娿
娹 姝 妯 嫌
媠 媕 婞 婼

婜或从人。婜从人旬聲。居匀切。鉤適也，男女併也，从人此聲。此移切。婦人小物也，从女支聲。

聲讀若跋。頸飾也，从女貝聲。貝連也，於盈切。三女為姦，亂美也，从女奻省聲。

媛也。詩曰：邦之媛。今从女奴省聲。側羊切。

隨從也，从女彔聲。力玉切。飾也，从女爿聲。變也。

戀也。詩曰力。沈切。慕也，从女絲聲。

博也，从女枼聲。私列切。媟嬻也，从女賣聲。

竊也，从女林聲。便嬖也，从女辟聲。

妒也，从女戶聲。婦妒夫也，从女冒聲。夫妒婦也，从女間聲。

莫報切。一曰相視也，从女吳聲。巧也，一曰女子笑貌。詩曰：巧笑之娛。

小心態也，从女。之媄也，从女芺聲，於喬切。害也，从女方聲。亂也，从女亡聲。苟且也，从女俞聲。巧黠也，从女亞聲，胡誤切。

驕也，从女虛聲。姝也，从女朱聲，昌朱切。動也，从女曲聲，直六切。不順也，从女兼聲。

貪也，从女污聲。小小侵也，从女由聲。量也，从女辰聲，丁果切。婆也，从女我聲。

不平於心也，从女辛聲。不順也，从女若聲，春秋傳曰：叔孫婼。丑略切。

女部

嫛嬉娺
嬌嫛妍
娃嫛妖
嫚婕嫖嫛
嬛婗嫦妖
嫿婍媹
嬛婷嫁
婆嬾(懶)嫛

女部（430）

嫛姍敠
蔓斐孃
繪娭媕
爐嫠婬
妍奸姘
娗婥婔嫋
媿愧妭
姦惥
嬻妲嬌嬗
娟嫳姤

苛也。一曰擾戲弄也。一曰惡也。一曰人見之也。詖也。一曰翼便也。从女……醜也。

嬟也。从女美聲。奴鳥切。女毀聲。許委切。女刪省聲。所晏切。

一曰老嫗也。从女會聲。奴鳥切。蔓母也。一曰醜也。往來斐斐也。一曰醜也。从女非聲。芳非切。

聲。讀若蹞。七宿切。女莫聲。莫胡切。兒。从女兩聲。困也。沈切。今俗作娭非是。曰肥大也。

从女襄聲。女良切。女黑色也。从女會聲。詩曰。繪兮蔚兮。古外切。過差也。从女監聲。論語曰。好兒。从女……案切韻又音奴困切。

奄聲。依鋗切。小人窮斯嫠矣。盧賄切。……从女并聲。普耕切。犯婬也。从女干。干亦聲。悔易也。从女。每易也。从女。婦人污也。从女。

誣也。漢律齊人予妻婢姦。女出病也。从女……巠聲。教聲。五到切。漢律曰。婦人無夫也。从女。

得侍祠。女病也。从女……廷聲。徒鼎切。卓聲。……私逸也。从女。私也。从女……聲。俱位切。

博慢也。今汝南人有所恨曰嬿。……古凶字。非聲。當嬿省奴皓切。嬿也。从女兒聲。誃也。从女。从二。

幽聲。……女妌病也。从女……私也。从三女古顏切。選切。古文姦。从……心早聲。

女……婦官也。从女……女字姐己紂妃从女旦聲。……嬗娟也。从女。……嬗娟態也。

市連切。省聲。才良切。……女旦聲。當割切。姿也。从女次聲。舉喬切。……从女單聲。

……嬗娟也。从女亶聲。於綠切。無夫也。从女后。……偶也。从女后聲。古侯切。……䔾聲。里之切。

文三百三十八 重十三 文七 新附

（431）厂（yì音义）丿（piě音撇）民毋部

毋 止之也从女有奸之者凡毋之屬皆从毋。武扶切

毒 人無行也从毋賈侍中說秦始皇母與嫪⸺毒淫坐誅故世罵淫曰嫪毒讀若娭遏在切

民 眾萌也从古文之象凡民之屬皆从民。彌鄰切

氓 古文民也从民亡聲。讀若盲武庚切
文二 重一

丿 右戾也象左引之形凡丿之屬皆从丿。徐鍇曰其爲文舉首而申體也。房密切

乂 芟艸也从丿从乀相交魚廢切 乄 乂或从刀

弗 矯也从丿从乀从韋省臣鉉等曰韋所以束枉戾也。分勿切

乀 左戾也从反丿讀與弗同分勿切

乁 厂抴也明也象抴引之形凡厂之屬皆从厂虒字从此徐鍇曰象丿而不舉首余制切

氏氏乁（fú 音扶）部 （432）

弋 乁 氏 氒 氏 睡眣睧
也 世 也 世

氏 麼也。象折木衺銳著形。从乁。象物挂之也。與職切 文二

乁 流也。从反厂。讀若移。凡乁之屬皆从乁。弋支切

也 女陰也。象形。羊者切 也字 秦刻石 文三 重一

氏 巴蜀名山岸脅之𡏲箸欲落墮者曰氏。氏崩。聞數百里。象形。乁聲。凡氏之屬皆从氏。楊雄賦：響若氏隤。承旨切 文二

氒 讀若厥。居月切 木本从氏，大於末。

氏 至也。从氏下箸一。一，地也。凡氏之屬皆从氏。丁礼切

睡 觸也。从氏失聲。徒結切 睧 關臣鉉等案今篇韻音。又音效注云誤也。 文四

（433）戈部

戈　戣（戎）戜　肇
　　（戟）戟
　　或戜戲
戰戍成賊戛
　　伐戳域
　　戜戮牀
　　戜戈戝
　　戜武戥

戈　平頭戟也。从弋一橫之。象形。凡戈之屬皆从戈。古禾切

肇　上諱。臣鉉等曰：後漢和帝名也。案李冊李舟皆曰侍臣。肇从戈之省。从戶攴聲。直小切

戣　《周禮》侍臣執戣立于東垂。兵也。从戈癸聲。渠追切

戟　有枝兵也。从戈倝。《周禮》戟長丈六尺讀若棘。臣鉉等曰：戟非聲。義當从倝省。紀逆切

戲　三軍之偏也。一曰兵也。从戈虛聲。香義切

戜　利也。一曰剔也。从戈呈聲。徒結切

賊　敗也。从戈則聲。昨則切

戍　守邊也。从人持戈。傷遇切

戔　賊也。从二戈。《周書》曰：戔戔巧言。昨干切

或　邦也。从口从戈以守一。一地也。于逼切臣鉉等曰：今俗作胡國切。以為疑或不定之意。

域　或又从土。戈持戈也。引聲。在良切

戳　斷也。从戈雀聲。昨結切

伐　擊也。从人持戈。一曰敗也。房越切

戮　殺也。从戈翏聲。力六切

戜　殺也。从戈甚聲。竹甚切

牀　傷也。从戈才聲。昨哉切

戰　鬬也。从戈單聲。之扇切

戮　滅也。从戈臷聲。《商書》曰：予惟不食言。實始戜商。即淺切

戝　絶也。一曰田器。从从持戈。古文讀若咸讀若詩云：攕攕女手。臣鉉等曰：咸銳意也。故从戈。子廉切

戥　戈也。从戈昏聲。才切

戈　古文讀若棘。

武　楚莊王曰：夫武定功戢兵。故止戈為武。文甫切

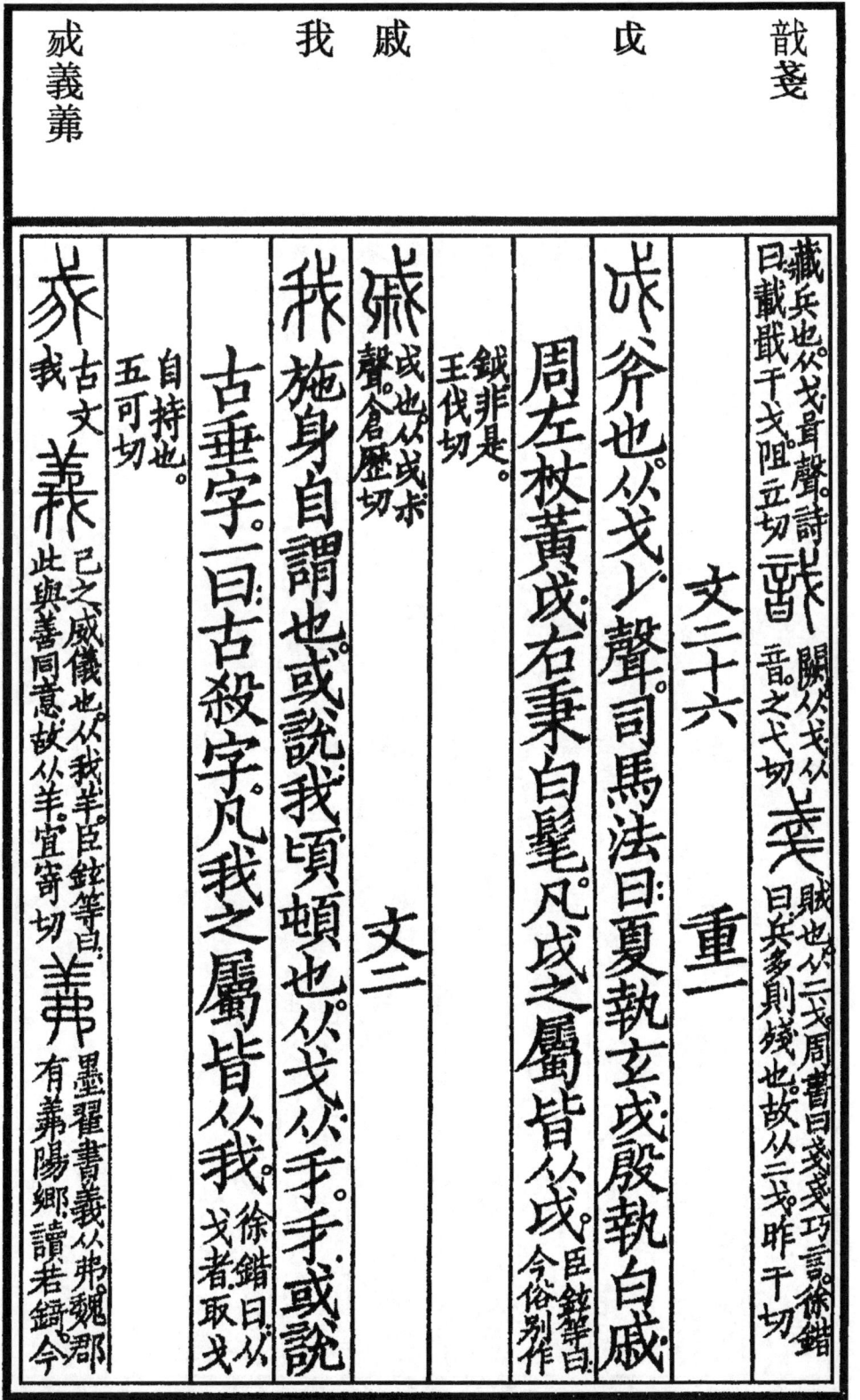

藏兵也。从戈咠聲。詩曰。載戢干戈。阻立切。

闕。从戈从二。

賊也。从二戈。周書曰。戔戔巧言。徐鍇曰。兵多則殘也。故从二戈。昨干切。

戉
斧也。从戈𠄌聲。司馬法曰。夏執玄戉。殷執白戚。臣鉉等曰。今俗別作鉞非是。王伐切。

文三十六　重一

戚
戉也。从戉尗聲。倉歷切。

文三

我
施身自謂也。或說我，頃頓也。从戈从𢦏。𢦏，古垂字。一曰古殺字。凡我之屬皆从我。徐鍇曰。戈者取戈自持也。五可切。

古文我。

義
己之威儀也。从我从羊。臣鉉等曰。此與善同意。故从羊。宜寄切。

墨翟書義从弗。魏郡有羛陽鄉。讀若錡。今

（435）乚(yǐn音引)珡(琴)刀(jué音決)部

刀
乚　　　珡
玨瑟夒
琵
琶

屬鄴本內黃北二十里。

乚　鉤逆者謂之乚。象形。凡乚之屬皆从乚。讀若　文三　重三

㿽　衢月切

乚　鉤識也。从反乚。讀若捕鳥罬。居月切　文三

珡　禁也。神農所作。洞越練朱五弦。周加二弦。象形。凡珡之屬皆从珡。巨今切　文三

瑟　庖犧所作弦樂也。从珡必聲。所櫛切　瑟古文　文三　重三

鑒　从古文珡。从金　文三新附

琵　琵琶樂器。从珡比聲。房脂切

琶　琵琶也。从珡巴聲。義當用枇杷蒲巴切

乚　匿也。象迟曲隱蔽形。凡乚之屬皆从乚。讀若隱。於謹切

匚（fāng音方）匸（xì音細）亡部（436）

直棄
凵（亡）
乍望無
无勾（句）
匸
區匿匧
匽医匹
匚

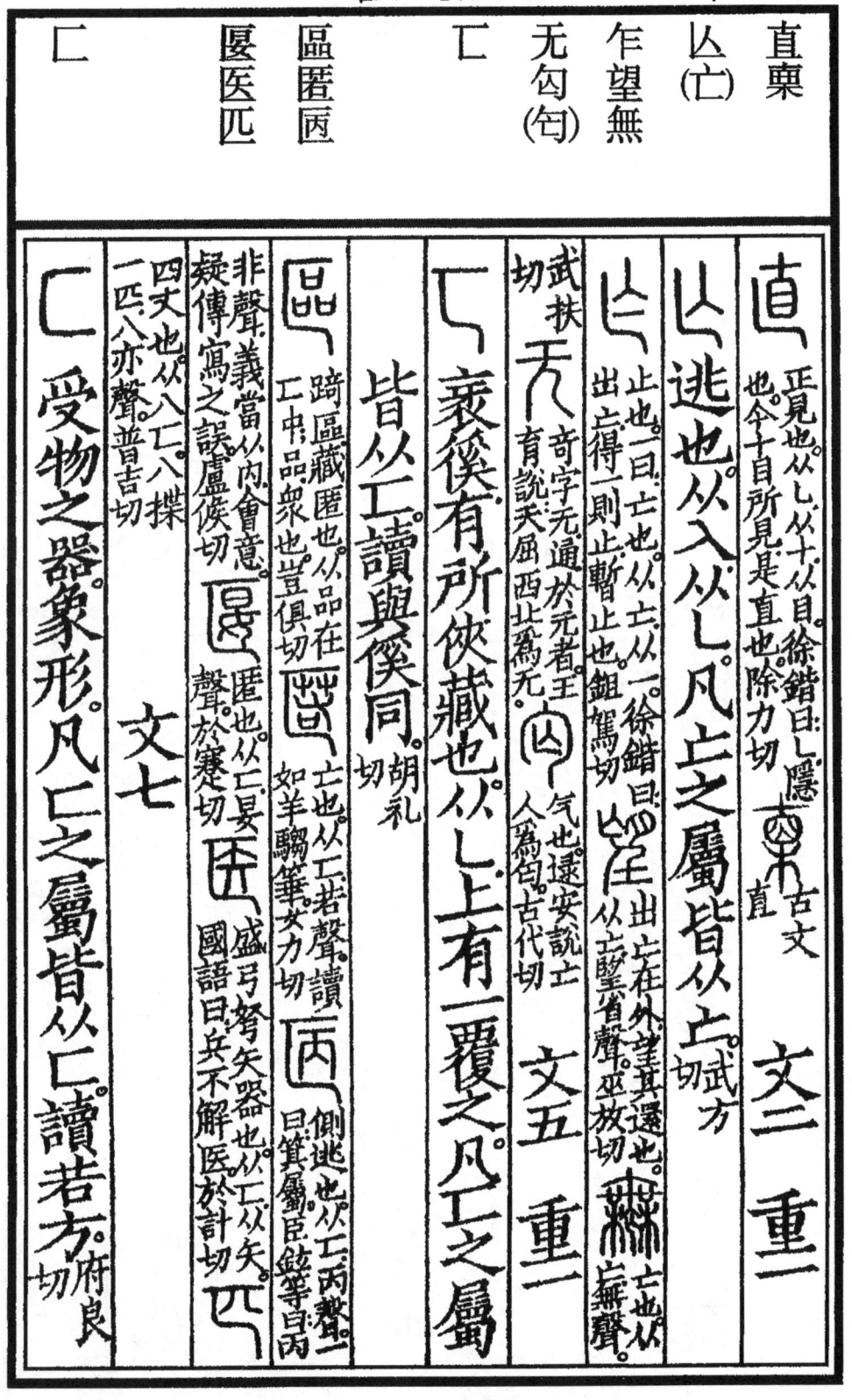

直　正見也。从乚从十从目。徐錯曰。乚隱也。全十目所見是直也。除力切　（古文直）　文三　重二

亡　逃也。从入从乚。凡亡之屬皆从亡。武方切

凵　止也。曰亡也。从亡从一。一徐錯曰。出亡得一則止昷止也。駐駕切

望　出亡在外。望其還也。从亡朢省聲。巫放切　文五　重一

無　豐也。从亡無聲。武扶切
无　奇字无也。通於元者。王育說。天屈西北為无。人為句古代切

匸　衺徯有所俠藏也。从乚上有一覆之。凡匸之屬皆从匸。讀與徯同。胡禮切

區　踦區藏匿也。从品在匸中。品眾也。豈俱切
匿　亡也。从匸若聲。讀如羊驎箠之驎。女力切
匧　匧也。从匸夾聲。苦叶切
匽　匿也。从匸晏聲。於寒切
医　盛弓弩矢器也。从匸从矢。國語曰。兵不解医。於計切
匹　四丈也。从八从匸。八揲一匹。八亦聲。普吉切
　　　非聲。義當从內會意。疑傳寫之誤盧侯切　文七　重一

匚　受物之器。象形。凡匚之屬皆从匚。讀若方。府良切

(437) 曲匚部

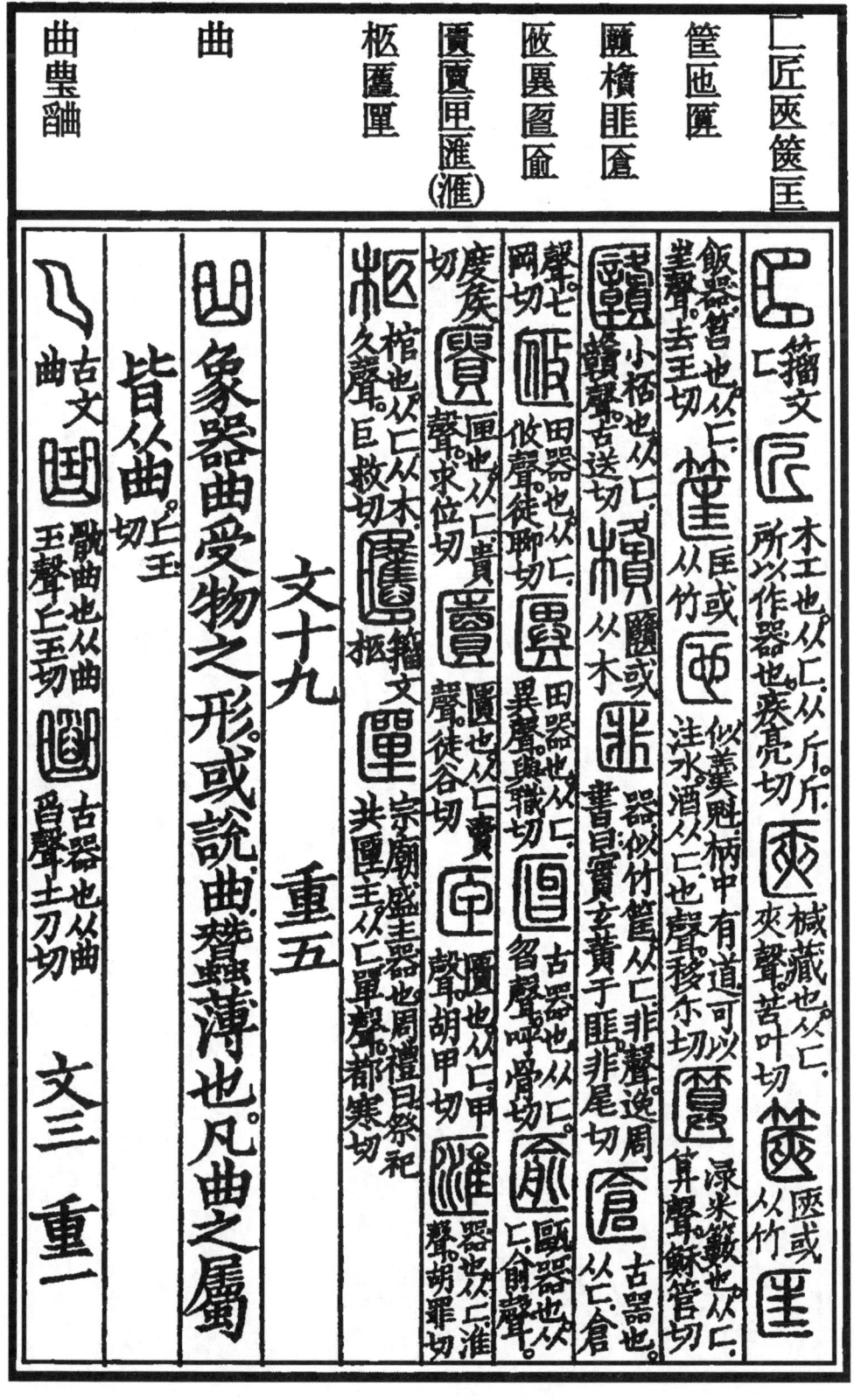

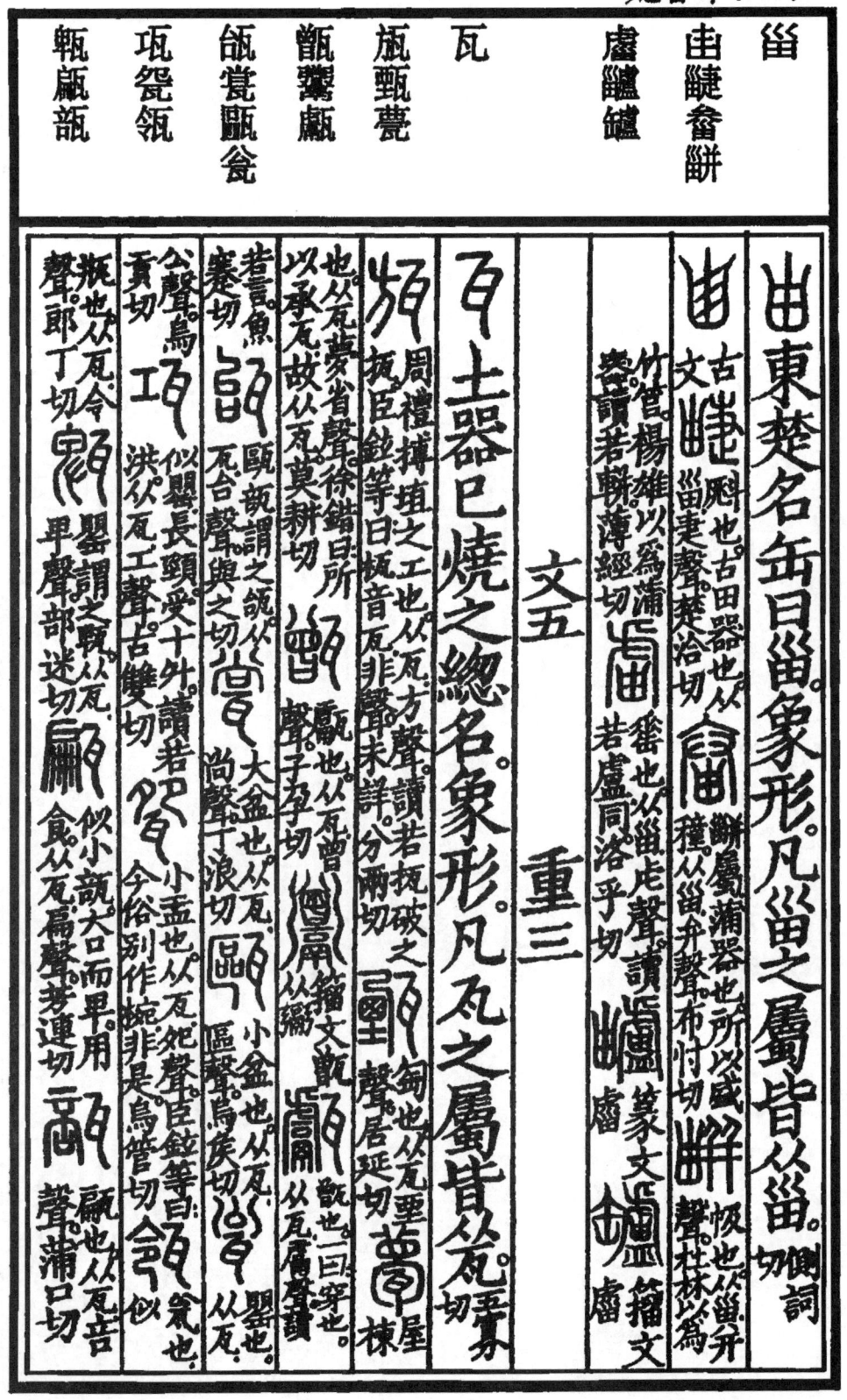

（439）弓瓦部

瓵甓瓳瓶

瓽瓨瓵瓴

瓶瓨

瓷瓶

弓

淳弭琭弰

弧弨瓘

彄弸張

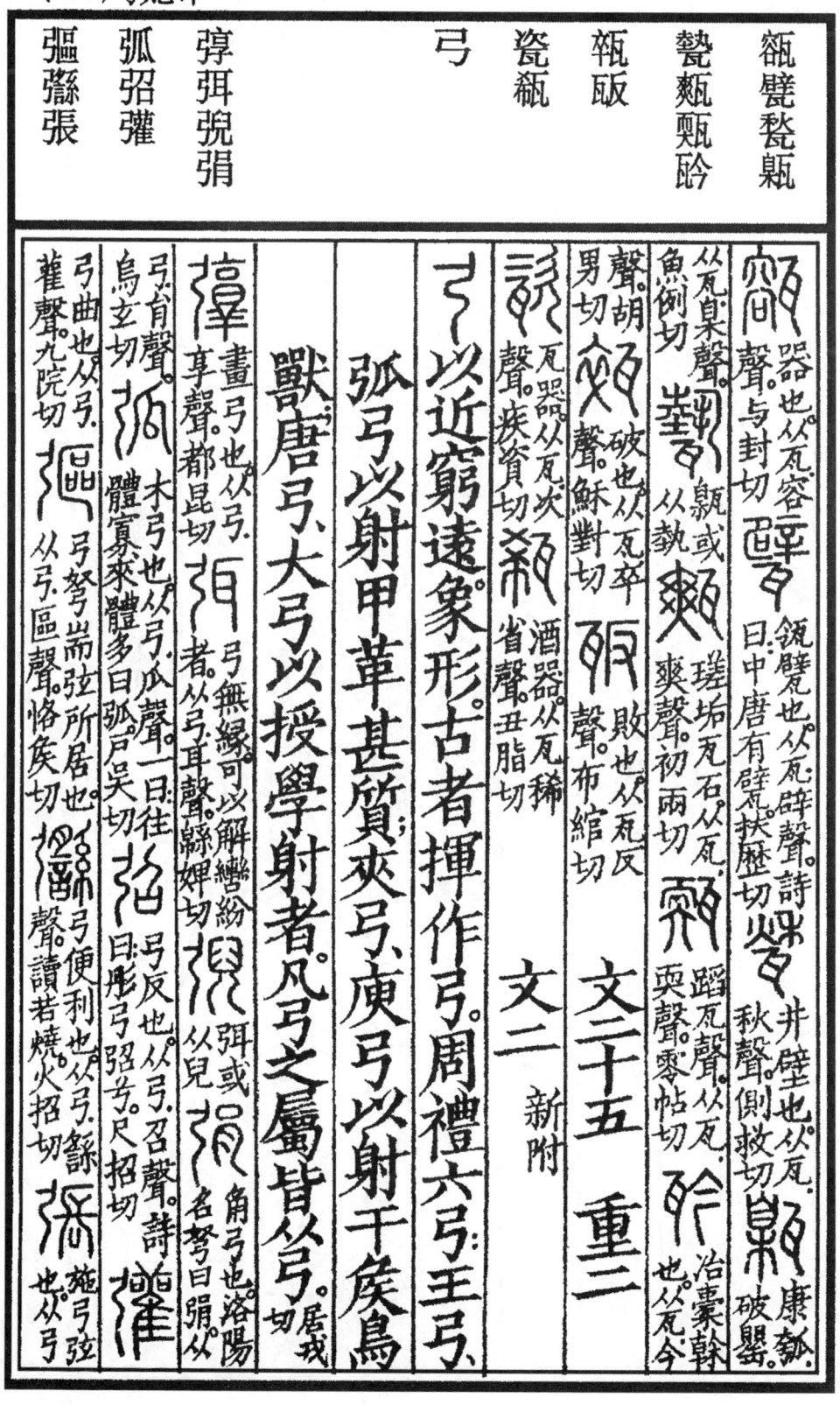

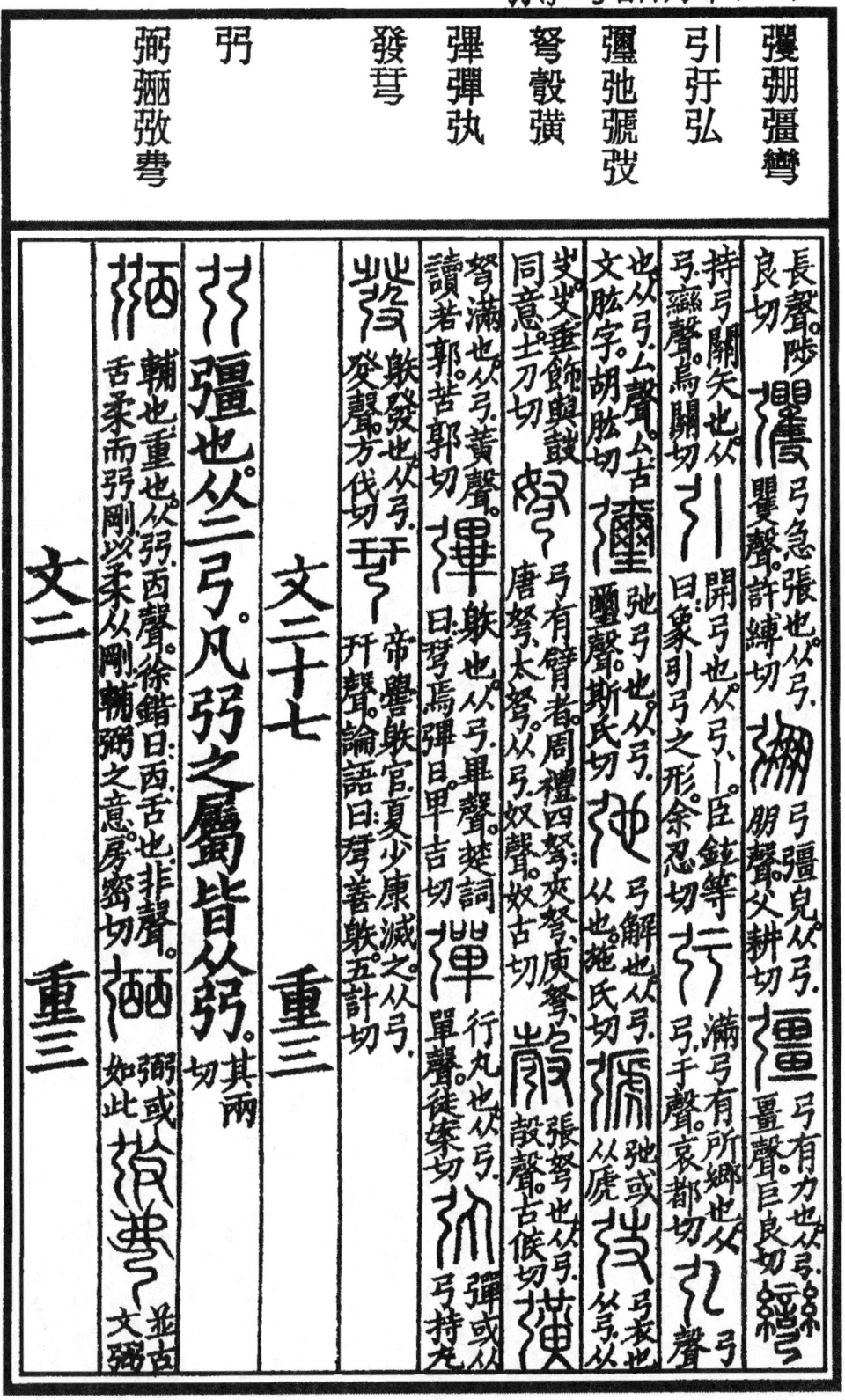

弦部　系部

弦　弓弦也。从弓。象絲軫之形。凡弦之屬皆从弦。絃非是。胡田切。臣鉉等曰：今別作

玅　急戾也。从弦省。少聲。於霄切。不

㓸　弦也。从弦省。从戈。讀若癘。戾者，擊鼻。人見血也，彌戾之意。郎計切。

文四

系　繫也。从糸。丿聲。凡系之屬皆从系。胡計切。
𦃇　籀文系。从爪絲。
𥾝　系或从爪絲。

孫　子之子曰孫。从子从系。系續也。思魂切。

縣　繫也。从系持縣。聯微也。从系。从帛。武延切。

繇　隨從也。从系。𦥯聲。臣鉉等曰：今俗从䍃。余招切。

文四　重三

說文解字第十二下

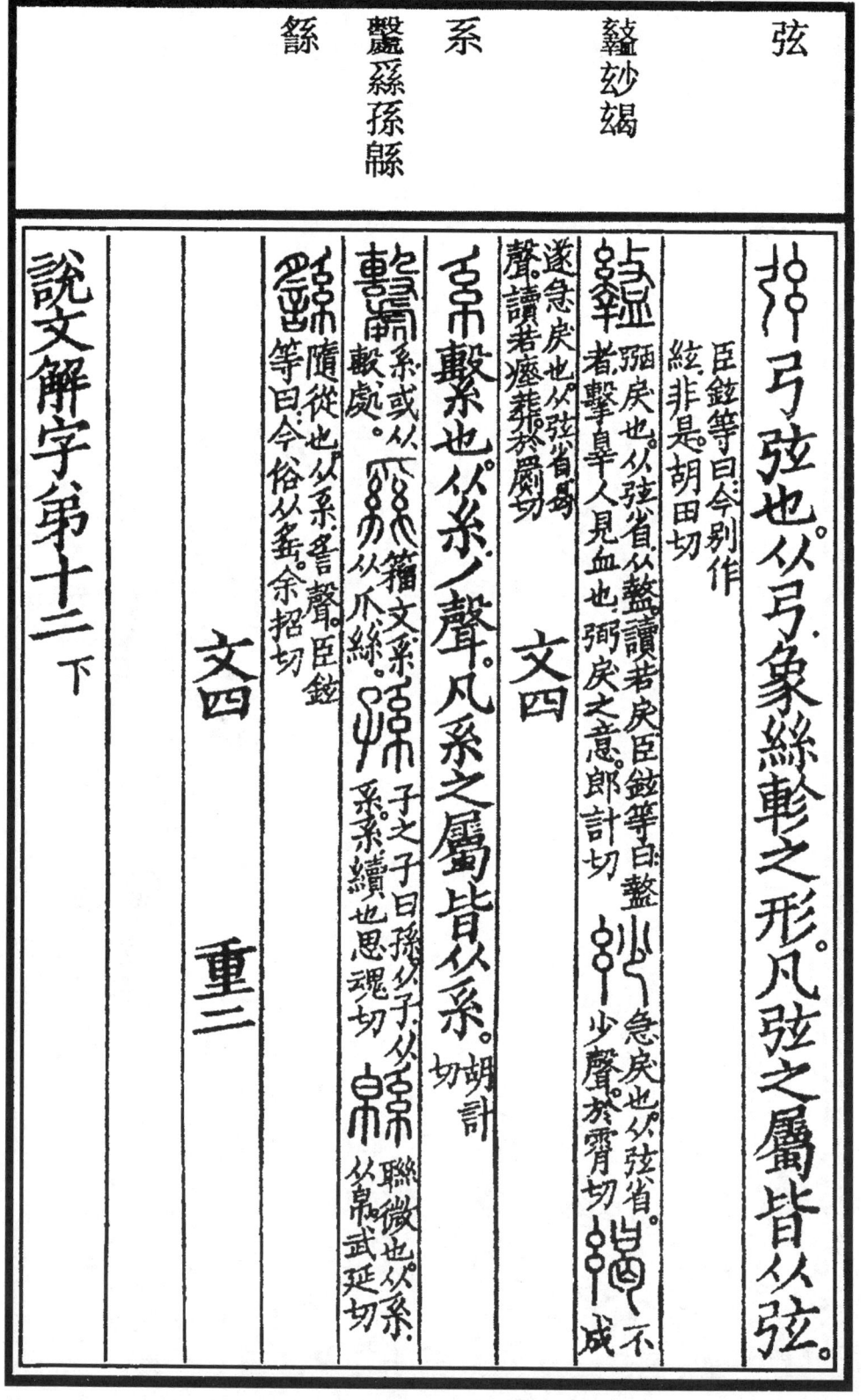

《一切经音义》

唐释玄应等撰。共二十五卷。有关儒、佛诸经之音义皆加以考订。

注：此页原版为空白，
　　编者增图。

糸（糸）

糸繭緳纊繹
緒細純綃
緒統紇

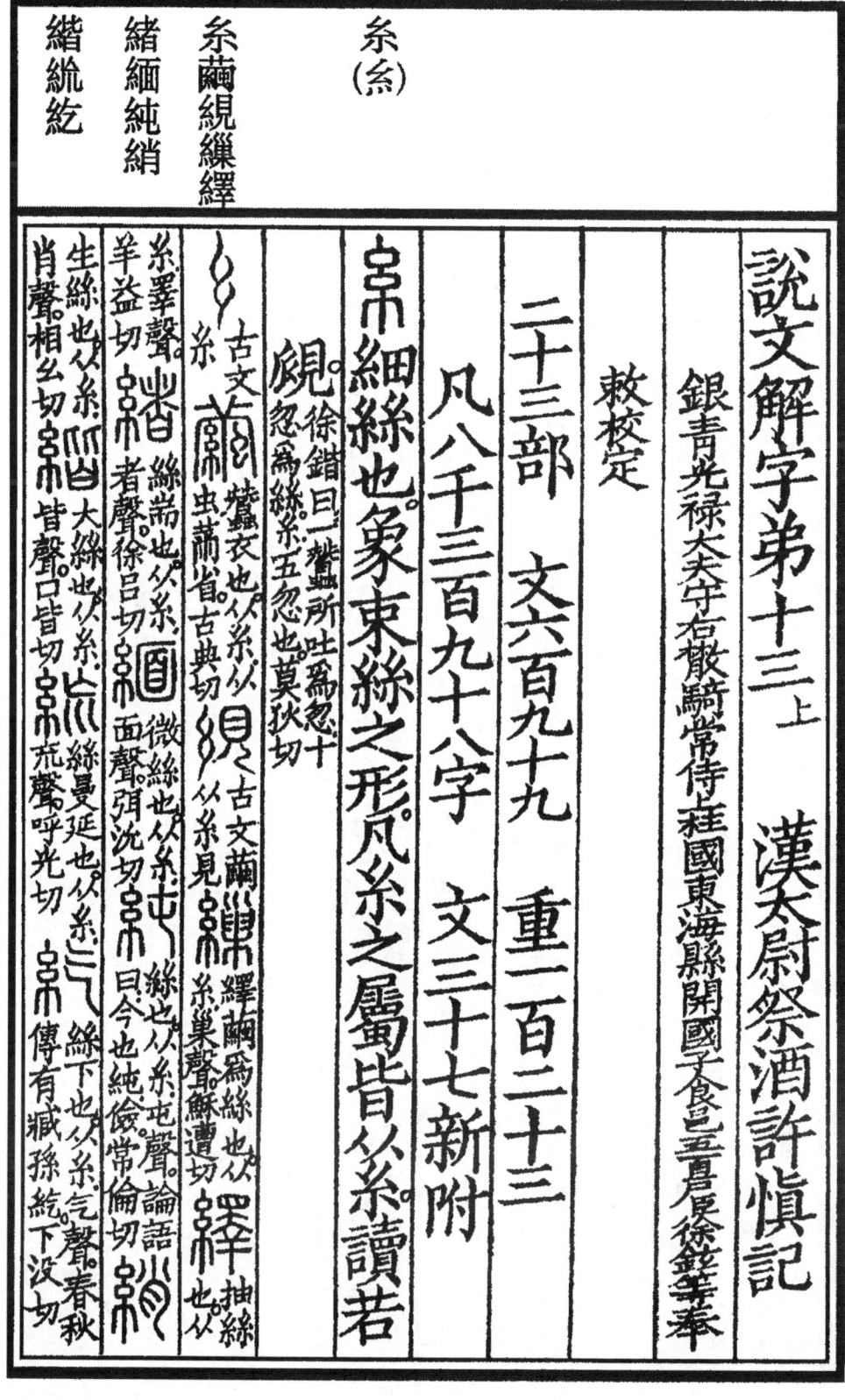

說文解字弟十三上　漢太尉祭酒許慎記

銀青光祿大夫守右散騎常侍上柱國東海縣開國子食邑五畫臣徐鉉等奉

敕校定

二十三部　文六百九十九　重二百二十三

凡八千三百九十八字　文三十七新附

帛　細絲也。象束絲之形凡糸之屬皆从糸讀若

覛。徐鍇曰一蠶所吐為忽十

忽為絲糸五忽也莫狄切

古文糸

繭　蠶衣也从糸从虫黹省。古典切

絲　蠶所生也从二糸

縷　繭也一曰微絲也从糸屵聲論語曰今也純儉常倫切

繹　抽絲也从糸睪聲羊益切

糸　繭絲也从糸者聲徐呂切

肖聲相糸切

生絲也从糸

皆从糸

糸部　(444)

紙　緒　纅　維
經　織　紙
紝　綥　綜　絡
緯　繹　繢　統
紀　緇　類　紿
繼　纉　廣
續　紹　緊　緌
納　紡　絕　繼
緂　紆　緯　纖

維　絲滓也从糸氐聲都兮切
紙　絲繭滓緒頭也一曰以囊絮
絮　絲色也从糸樂聲以灼切
纅　絲絓也从糸氏聲
緒　絲耑也从糸者聲

經　織也从糸巠聲古靈切
織　作布帛之總名也从糸戠聲
車　也从糸崔聲
紙　絮一苫也从糸氏聲

綜　機縷也从糸宗聲子宋切
綦　帛蒼艾色也从糸其聲
紝　機縷也从糸壬聲如甚切
絡　絮也一曰麻未漚也从糸各聲

統　紀也从糸充聲他綜切
繢　織餘也从糸貴聲胡對切
繹　抽絲也从糸睪聲羊益切
緯　織橫絲也从糸韋聲云貴切

紿　絲勞即緒也从糸台聲徒亥切
類　種類相似唯犬為甚从犬頪聲
緇　帛黑色也从糸甾聲側持切
紀　別絲也从糸己聲居擬切

廣　殿之大屋也从广黃聲古晃切
纉　繼也从糸贊聲則旰切
繼　續也从糸𢇍一曰反𢇍為繼
絕　斷絲也从糸从刀从卪

緌　系冠纓也从糸委聲儒隹切
緊　纏絲急也从臤从絲
紹　繼也从糸召聲一曰紹緊糾也
續　連也从糸𧸧聲古文續从庚貝

繼　續也从糸𢇍方聲
絕　斷絲也从糸刀卪
紡　網絲也从糸方聲妃兩切
納　絲溼納納也从糸内聲奴荅切

纖　細也从糸韱聲息廉切
緯　緩也从糸系聲
紆　詘也从糸于聲億俱切
緂　善也从糸炎聲讀若三年導服之導他紺切

（445）糸部

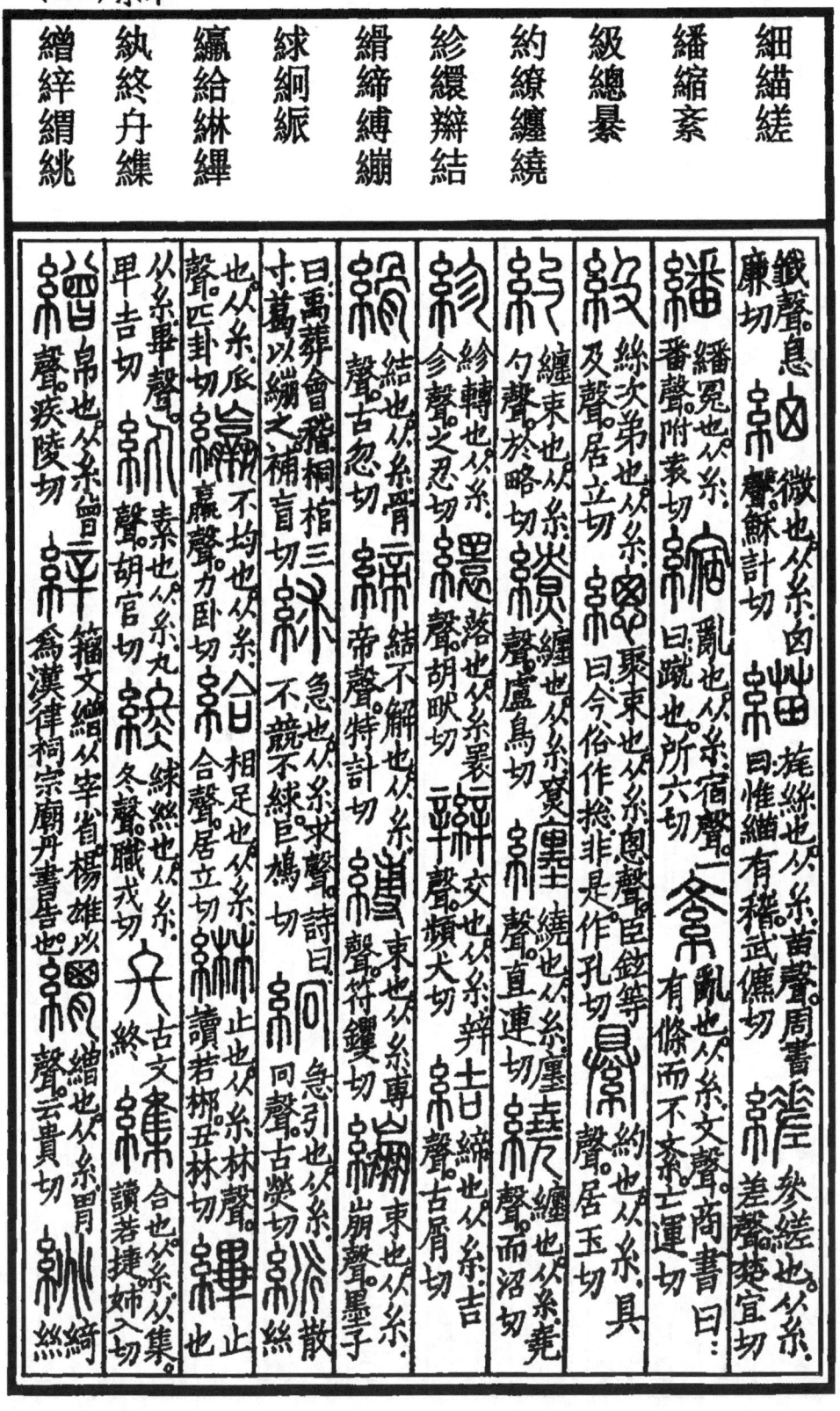

綺 縠 縛
縑 綈 練
縞 繢 紬 縈
綾 縵
繡 絢 繪
褸 絑
絹 緣 縹
綃 絑 繯
紬 絳 綰 緝
綪 緹

之數也。漢律曰。綺絲數謂之㡛。布謂大町。文綺也。从糸（奇）。細縛也从糸。

之總緵組謂之首。从糸兆聲。治小切。齊聲。祛彼切。縠聲。胡谷切。鮮。

厄也。从糸專聲。持沇切。弁絲繒也。从糸兼聲。厚繒也。从糸絑聲。杜兮切。涷繒也。从糸柬聲。郎甸切。

鮮也。从糸鬲聲。古詣切。粗緒也。从糸䜌聲。臣鉉等曰。銧等案論語注絢文貌。許掾切。漢律曰賜衣者縵表。高聲。古老切。今俗別作絁非是。式支切。綾从糸夌聲。力膺切。繒無文也。从糸曼聲。

致繒也。一曰微幟信也。从糸。有齒。从糸從聲。康礼切。東齊謂布帛之細曰絢兮。从糸旬聲。臣。大絲繒也。从糸由聲。直由切。

白裏。莫礼切。繡。肅聲。息救切。五采備也。从糸。詩云素以為絢兮。斐令成。

采繡也。虞書曰。山龍華蟲作繪論。語曰繪事後素。从糸會聲。黃外切。帛文見詩曰縭。今成。是貝錦。从糸朋聲。

細米也。从糸从米。米亦聲。莫礼切。繒如炎稍色。从糸。糸肙聲。於外切。帛青黃色也。从糸。

聲。敕沼切。絹也。从糸育聲。余六切。綠帛青黃色也。从糸录聲。力玉切。帛青經縹緯。一曰青陽。此从糸朱聲。章俱切。

云 切。絳也。从糸爭聲。側莖切。染也。从糸出聲。丑律切。純赤也。从糸官聲。一曰。綃也讀若難外。烏版切。淺絳也。从糸戔聲。許。

白色也。春秋傳曰縉雲氏禮。絳也。从糸夆聲。古巷切。大赤也。从糸。赤繒也。从糸朱聲。章移切。練繒也。从糸重熏聲。

有絹緣。从糸晉聲。即刃切。赤繒也。从糸茜染故謂之縉。从糸青聲。倉絢切。惡色絹也。从糸官聲。一曰。帛丹黃色从糸。是帛丹黃色。从糸是聲。他礼切。

（447）糸部

祇　紅　綦　緇　緙　纚　繻　緂　纓　紳　緺
緩　繾　縹　纘　綡　紘　縟　紱　綝　繟　縙
紫　紺　　　緅　綟　紭　　　綏　綏　綏　纂
　　緋　　　　　　　紞　　　緄　緄　組　紐

緹　緹或緤經　帛丹黃色。一染謂之緹。再染謂之赬。三染謂之纁。七入謂之緇。从糸是聲。

紫　帛青赤色。从糸此聲。將此切。

紅　帛赤白色。从糸工聲。戶公切。

紺　帛深青揚赤色。从糸甘聲。古暗切。

綪　赤繒也，以茜染，故謂之綪。从糸青聲。倉紅切。

緅　帛青赤色。从糸取聲。子侯切。

緇　帛黑色也。从糸𡿧聲。側持切。

縓　帛赤黃色。一染謂之縓，再染謂之赬，三染謂之纁。从糸原聲。七絹切。

繻　繒采色也。从糸需聲。讀若易繻有衣。相俞切。

綟　帛莨艸色。从糸戾聲。郎計切。

紭　白鮮色也。从糸旻聲。讀若豹覤。五狄切。

縟　繁采色也。从糸辱聲。而蜀切。

紱　緅或从𢎘。

紞　冠織也。从糸冘聲。都感切。

纚　冠織也。从糸麗聲。所綺切。

紘　冠卷也。从糸厷聲。戶萌切。

紼　亂系也。从糸弗聲。分勿切。

綏　車中把也。从糸从妥。息遺切。

組　綬屬。其小者以為冕纓。从糸且聲。則古切。

綝　止也。从糸林聲。丑林切。

繟　帶緩也。从糸單聲。昌善切。

綬　韍維也。从糸受聲。植酉切。

緄　織帶也。从糸昆聲。古本切。

紳　大帶也。从糸申聲。失人切。

纓　冠系也。从糸嬰聲。於盈切。

緺　綬紫青也。从糸咼聲。古蛙切。

縙　綬維也。从糸官聲。

纂　似組而赤。从糸算聲。作管切。

紐　系也。一曰結而可解。从糸丑聲。女久切。

糸部　（448）

綸綖組
繘暴紒絓緣
繻綺繑緤
縳
綊絛絨
縱紃緷纕
繡綢枀縜
緌縷綫
線紉縫緁
緇紩繸組

糸也。一曰結而可解。綸，青絲綬也。從糸侖聲。古還切。綖，緩也。從糸廷聲。他丁切。組，綬也。從糸且聲。則古切。

繘，綆也。從糸矞聲。領連也。從糸侖聲。古還切。暴，晞也。從糸暴聲。薄報切。紒，結也。從糸弁省聲。一曰結也。古音切。絓，繭滓絓頭也。一曰以囊絮練也。從糸圭聲。胡卦切。緣，衣純也。從糸彖聲。以絹切。

繻，繒采色也。一曰幣也。從糸需聲。相俞切。綺，文繒也。從糸奇聲。袪彼切。繑，絝紐也。從糸喬聲。牽搖切。緤，牛系也。從糸枼聲。子昆切。

縳，白鮮色也。從糸專聲。持兗切。

綊，小兒衣也。從糸夾聲。博抱切。絛，扁緒也。從糸攸聲。土刀切。絨，衣厚皃。從糸戎聲。而容切。

縱，緩也。一曰捨也。從糸從聲。足容切。紃，圜采也。從糸川聲。詳遵切。緷，緯也。從糸軍聲。王問切。纕，援臂也。從糸襄聲。汝羊切。

繡，五采備也。從糸肅聲。息救切。綢，繆也。從糸周聲。直由切。枀，維綱中繩。從糸松聲。維尸切。縜，綱紐也。從糸員聲。為贇切。

緌，系冠纓也。從糸委聲。儒隹切。縷，綫也。從糸婁聲。力主切。綫，縷也。從糸戔聲。私箭切。

線，縷也。從糸泉聲。古文綫。縫，以鍼紩衣也。從糸逢聲。符容切。緁，緶衣也。從糸疌聲。七接切。紉，繟繩也。從糸刃聲。女鄰切。

緇，帛黑色也。從糸甾聲。側持切。紩，縫也。從糸失聲。直質切。繸，綬紐也。從糸遂聲。徐醉切。組，綬屬。從糸且聲。則古切。

（449）糸部

繕	結	纍	綯	
緱	緊	綏		
徽	繫	紉		
繩	絿	縈	絇	
繨	綣			
緘	縢	編	維	
縤	繂	繮		
紙	茯	轡	絟	綊
頹	紛	紉	絆	

系部（450）

縻 絇 絥
緤 繝 緪 繘 繜
纚 絥 綃 繁
檗 緍
絲 絡 繢
絮 絡 續
綃 紙 絡 綮
繫 繝 緝
緂（綵）績 纑 紨
繛 絺 綌
帴 繦 絟 紵

以長繩繫牛也。从糸
糸旋聲。辭惡切

牛轡也。从糸麻聲。靡爲切

系也。从糸世聲。春秋傳
曰臣負羈紲。私列切

索也。从糸果聲。黑
大索也。一曰急也。

紬或
从糸作聲莫此切

汲井綆也。从糸恒聲。古恒切

古文
絥籀文
从絲

䋆也。从糸黹聲。諸氏切

篿也。一曰篿謂之罦。罦謂之罬。罬謂
之罿。捕鳥覆車也。从糸辟聲。博尼切

彈弓繋也。从糸有聲。于救切又古亥切

繜也。从糸縈聲。生絲
也。从糸爵聲。莫白切

古文

从糸敫聲。
之若絮。女余切

釣魚繋也。从糸昏聲。呼昆切

絮也。一曰麻未漚也。从糸各聲。盧各切

謂之繢。
从糸文帚聲。如贖切

絜縕也。从糸温聲。春秋傳曰皆如
是謂之繢。从糸貴聲。胡對切

武巾切

絡絲趺也。从糸翟聲。徒弔切

絜也。一曰麻未漚也

絲滓也。从糸氏聲。諸氏切

繫緛也。从糸戔聲。古詣切

繫緛也。一曰惡絮。从糸式聲。芳武切

挾纊苦
謔切

紙也。从糸氏聲。諸氏切

一曰治敝絮也。从糸氏聲。諸氏切

絮一苫也。从糸一聲。

絲滓也。从糸

糸奴聲易曰需
有衣絮。女余切

績所緝也。从糸賣聲。似足切

絮也。从糸
素聲。桑故切

緝績也。一曰繫緛也
一曰維也。从糸戔聲。郎丁切

身聲。七亂切

續所緝也。从糸賣聲。似足切

纑也。从糸盧聲。洛乎切

布縷也。从糸責聲。則歷切

緝也。从糸責聲。則歷切

一曰粗紬从糸。
次聲。七四切

績所緝也。从糸一
入切

蜀細布也。从糸
彗聲詳歲切

細葛也。从糸
希聲丑脂切

細葛也。从糸谷聲。綌也

粗葛也。从糸

付聲防無切

絡或从糸。
从巾

紨縷之細也。从糸
芻聲。側救切

網也。从巾。
綌布也。
曰蹴也。从糸
芻聲。側救切

細布也。从糸
矣屬細
者爲絟

全聲此緣切

（451）系部

緈緫窒緆

緆繪縓絰

繷紊

絓緺絭

絣紕纗

繆綢緼緋

綏綏

彝彝

緜緻

紺緋緻繖繖（繖）

粗者為綌。从糸。宁聲。直呂切。

紵屬。从糸。宁省聲。一曰兩麻一絲布也。恩聲息茲切。

細布也。从糸。易聲。先擊切。

緆或从麻。

繪五采繡也。从糸。會聲。度侯切。

繪畫文也。从糸。侖聲。俞聲。度侯切。

縓帛赤黃色。一染謂之縓。从糸。原聲。七絹切。

喪首戴也。从糸。至聲。臣鉉等曰當从絰乃得聲。徒結切。

絰喪服衣長六寸。博四寸。直心。从糸。至聲。徒結切。

絰古文總。从思省。

緆亡聲。从糸。戶聲。

桌之十絜也。一曰縑也。从糸。封聲。博蠻切。

緺桌履也。从糸。易聲。武虖切。

絭攘臂繩也。从糸。卷聲。居願切。

綢繆也。从糸。周聲。直由切。

緼紼也。从糸。昷聲。於云切。

緋西胡毳布也。从糸。弗聲。分勿切。

緅帛青赤色也。从糸。取聲。子矦切。

繆枲之十絜也。一曰綢繆。从糸。翏聲。武彪切。

經也。从糸。至聲。此萌切。

傳曰夷姜縊。从糸。益聲。於賜切。

綏車中把也。从糸。从安。息遺切。

絓繭滓絓頭也。一曰以囊絮練也。从糸。圭聲。胡卦切。

珠以糸比聲。卑履切。

氏人綟也。从糸。弗聲。早履切。

氏人妹縷也。从糸。至聲。北萌切。

纗維綱中繩。从糸。巂聲。讀若畫。或讀若維。戶圭切。

彝宗廟常器也。从糸。糸綦也。廾持米器中。寶也。彝蜼蠡皆禮器也。以待裸將之禮。此與爵相似。周禮六彝。雞彝鳥彝黃彝虎彝蜼彝斝彝。以脂切。

皆古文。从文彝聲。直利切。

緜聯微也。从系。从帛。武延切。

緻密也。从糸。致聲。直利切。

紺帛深青揚赤色。从糸。甘聲。古暗切。

緋帛赤色也。从糸。非聲。甫微切。

緻帛青赤色也。从糸。取聲。子矦切。

繖蓋也。从糸。散聲。

（繖）

文三百四十八　重三十一

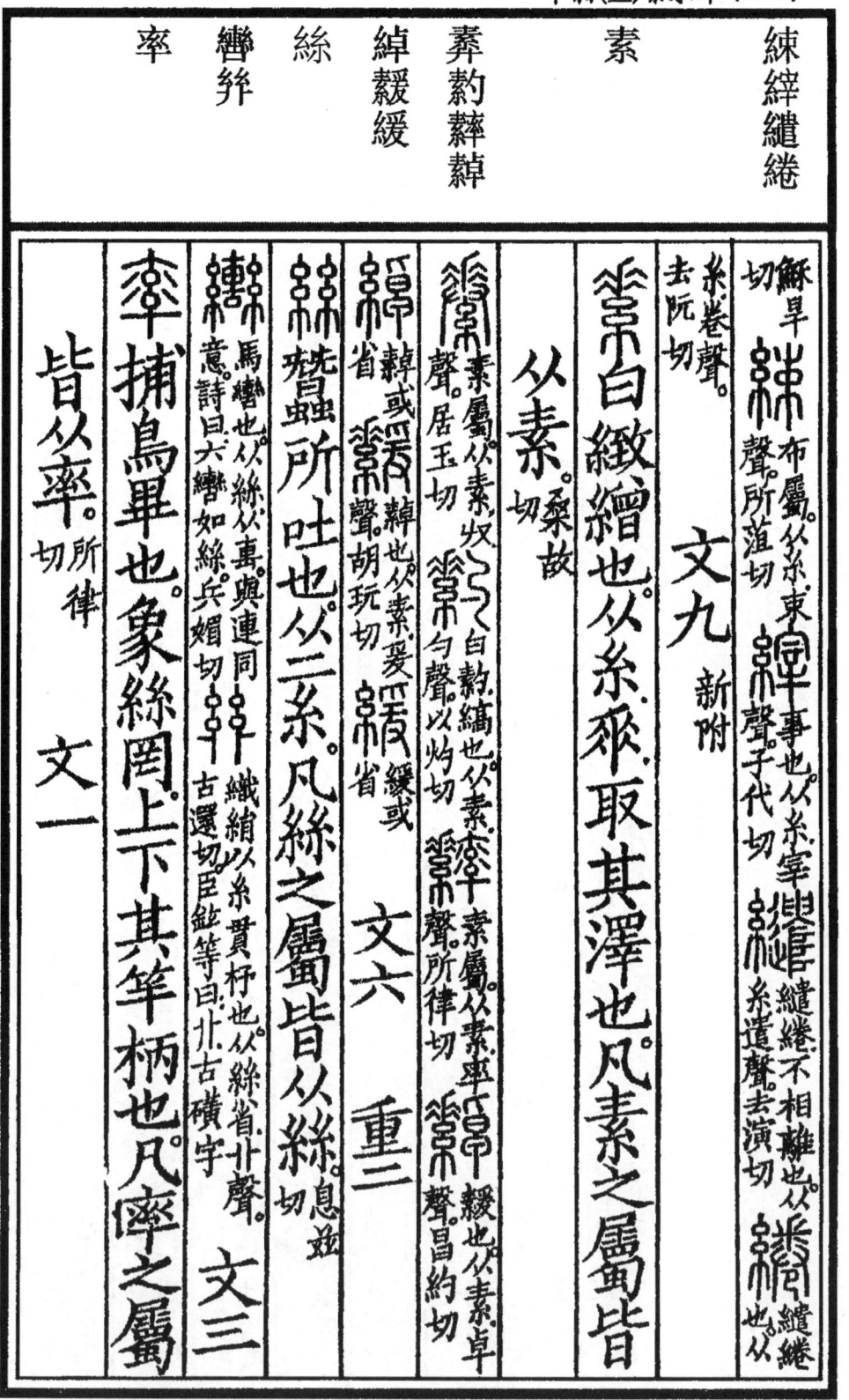

練 緯 繾 緫　素　綽 緛 緩　緂 勎 辥 韢　絲　彎 緋　率

綀旱屬。从糸束事也从糸宰聲。所菹切。　緯糸聲子代切

繾繾緫不相離也从糸遣聲去演切

糸卷聲。去阮切

素白緻繒也。从糸巫。取其澤也。凡素之屬皆从素。桑故切。　文九 新附

綽素屬从素卓聲。居玉切。　緛素屬从素爰聲。而灼切

緂素屬从素率聲。所律切。　辥素屬从素卑聲。胡玩切

韢白勎繒也从素。与聲以灼切

勎素屬从素。文六 重三

絲蠺所吐也。从二糸。凡絲之屬皆从絲。息茲切。　文三

彎彎也从絲从裏與連同。古還切。　緋織繒以糸貫杼也从絲省廾聲。北古礦字

率捕鳥畢也。象絲网上下其竿柄也。凡率之屬皆从率。所律切。　文一

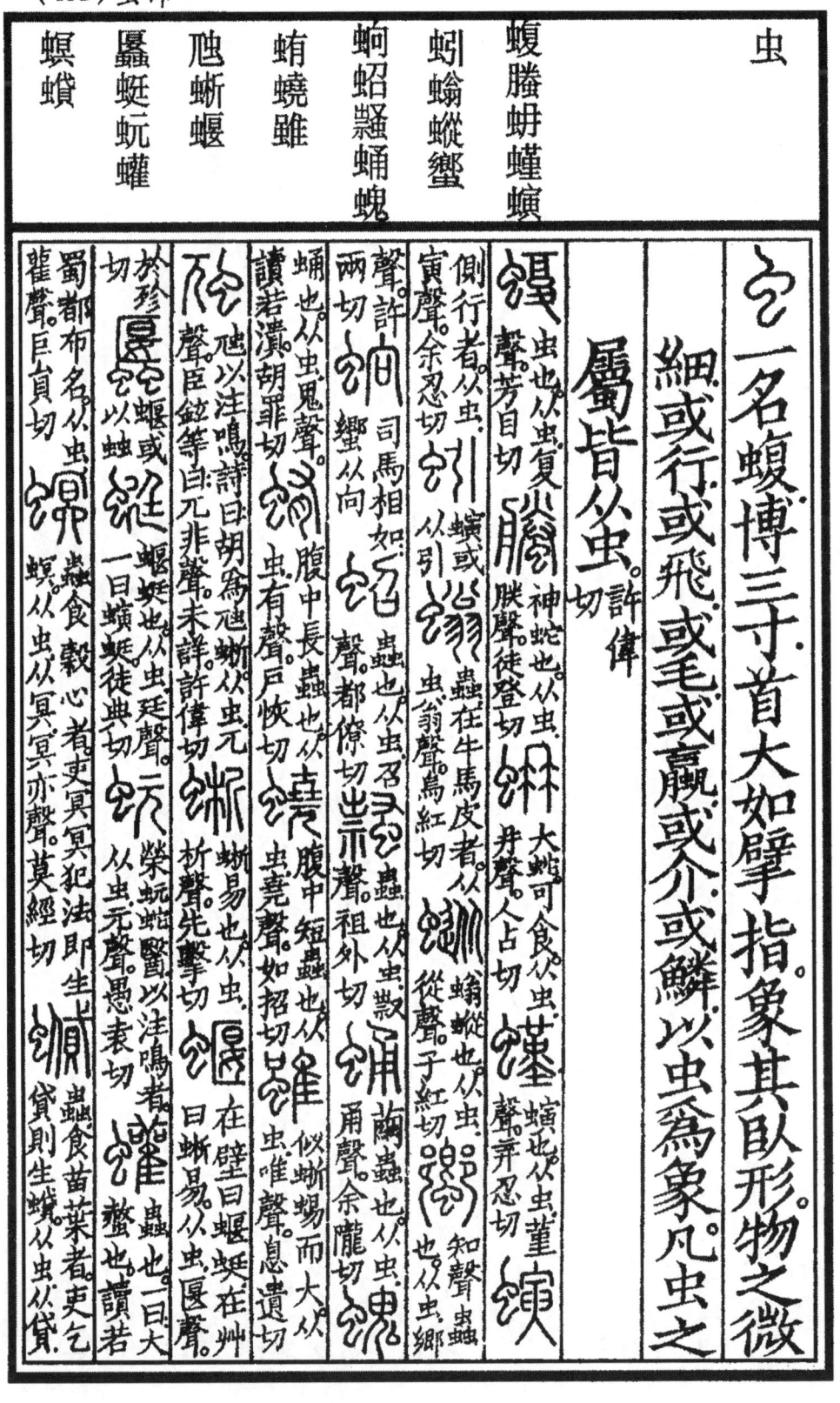

虫部

虫

蝮　螣　蚚　蟥　蟘
蚓　蝓　蜙　蟨
蚵　蛝　鼅　蛹　魃
蛸　蟯　雛
旭　蜥　蝘
蠨　蜓　蚖　蠥
螟　蠵

虫　一名蝮，博三寸，首大如擘指。象其臥形。物之微細，或行、或飛、或毛、或蠃、或介、或鱗，以虫為象。凡虫之屬皆从虫。許偉切。

虫部（454）

蠁蛵蛱
蛣蛴蟬蛵
蛤蟜載蚕
蝹蠍強
蜦蜋蟉
蟓蟃蛄
蠿蛾蝏
蚔蟊螷蟴蟹

貣亦聲。詩曰：去其螟螣。臣鉉
等曰：今俗作螣非是。徒得切

蟘　蛾也。从虫至聲。之日切

蛵　柔聲也。从虫。至聲。耳由切

蛱　蟅勞也。从虫。户經切

蚔　畫也。从虫氏聲。巨支切

蛣　蛣蛸也。从虫。吉聲。去吉切

蛴　蛣蛴蝎也。从虫。齊聲。徂奚切

蟬　蟲也。从虫。毒聲。乎感切

蛵　蟲也。从虫。盈聲。居天切

蟜　蟜蟲也。从虫。喬聲。居勺切

載　畫也。从虫。載聲。千志切

蚕　毛蟲也。从虫。聖聲。乎威切

蝹　蝹蝎也。从虫。胡葛切

蠍　蟲也。从虫。毒聲。胡葛切

蜦　蜦蟲也。从虫。从弘聲。胡官切

蜋　蟲也。从虫。良聲。巨良切

蟉　斯也。从虫。斤聲。巨衣切

蟃　彊也。从虫。彊聲。巨良切

蟓　蟓也。从虫。象聲。余兩切

蟃　馬蠲也。从虫。益聲。古玄切

蛄　蝼蛄也。从虫。古聲。古平切

蠿　蠿蟊也。从虫。从專聲。古平切

蛾　羅也。从虫。我聲。五何切

蝏　蛾也。从虫。廷聲。直尼切

蚔　蜃屬。从虫。氏聲。直尼切

蟊　蟊蠹。从虫。周禮。盧紅切

螷　階也。从虫。扶聲。魚綺切

蟴　自蟨也。从虫。辰聲。樊聲。

蟹　有二敖八足旁行。非蛇鱓之穴無所庇。从虫。解聲。胡買切

虫部

蜽蟷蠰
蛣蛸蚌蠵
蟓蛶蛅蜆
蟹蠵
蛺蝶蛪蠜
蟓蠃蠕
蚜蚣蚣
蟊蟠
蝤蟟蝗蜩
蜗蟬蛻蜺蛶蚗

惡螫也从虫帥聲臣鉉等曰今俗作蟀非是所律切

馬蜽也从虫面聲武延切　蠰當聲蠰不過也从虫蠰聲蠰也

堂蜋也从虫良聲臣鉉等曰今俗作蟷非是所律切　黑蜽蜋堂蜋子从虫肖聲相邀切　蠰蠰以翼鳴者都郎切　蠰从虫襄聲

蝐蠰也从虫良切　黃聲余律切　一名斯父䰚當切　蚸蠰彊羊也从虫施聲式支切　占聲職廉切　蜺蠰墨也从虫蚇聲桑蟲也

蝐蠰有子蝐蠰也从虫爾聲古火切　渠蜽一曰天社从虫卻聲其虐切　蜌蠰郎果切一曰虎蝐雨　从虫需聲

肥聲符非切　蝐蠰蒲盧細要純雄也天地之性細要純雄也　蜺蠰一曰天社从虫

蛺蝶也从虫夾聲兼叶切　蛺蝶也从虫枼聲徒叶切　蛺蝶之別名也莫交切

蛺蝶也从虫秦聲臣鉉等曰今俗作蚕非是徒叶切　蠰番聲鼠婦也从虫毒蟲

蚜以股鳴者从虫八聲　蚣或省臣鉉等曰今俗作蚣非是於紅切以為娛　番聲附袁切

蚜蚣也从虫伊省聲於脂切　蚜松聲息恭切　蟬也从虫皇聲平光切　俗作古紅切以為娛

徒聊切　蝐或从单以芻鳴者从虫寒蜩也从虫周聲　蟬也从虫皇聲　蟬也从虫周聲五月鳴蜩

蜺蟲名　蝐蝤也从虫麻聲　皇聲平光切　單聲市連切　兒聲五雞切

蜗蟬蛻鹿蛶蟓也从虫奚聲胡雞切

虫部（456）

虮蚏蜻

蛉蟓螉蜗

蠕蛸蟒蛣

鳌蝙蜕

螙蚑蟓崽

蝕蛟螨

蚩螯蛋蚌

蜈蝛蜃盦

蘆

蚓蚊蛁蟓也从
虫夬聲於悅切　蟓蛉也从虫賴聲从虫丙聲武延切
列聲良薛切　蜻蜓也从虫青聲子盈切　晉

蚏蜻蟬屬讀若周天子

謂之蜻楚謂之蚊从虫令聲　一名桑根郎丁切　蜗
一名桑根郎丁切　蟓蜻長股者从虫關聲鮍彫切　蟓蛸長股者从虫關聲鮍彫切

蝇胆也周禮蜡氏掌除　蟠讀若蝺井善切　省聲
省聲　蟒螫垂腴也从虫奕聲而沈切　行也从虫支切

蟲蚑行也从虫支聲　蛣蟩蝙也从虫吉聲　鳌也从虫
敖聲五牢切　蝙醜螫垂腴也从虫施隻切

合蝕敗創也从虫父食　蚘腹中蟲也从虫有聲　螨蛢蛢
食亦聲乘力切　率魚飛置茍水中即蚊去从虫交聲

而黃北方謂之蝼　蚘輪或从戾海蟲也長寸而白可食从
屯切　蚘輪或从戾　虫兼聲讀若嗛力鹽切

庚州力切　蚩虫也从虫　龍之屬也池魚滿三千六百蛟來爲之長能
聲或去無角曰蟓丑知切　龍子有角者从　率魚飛置

有三皆生於海千歲化爲盦泰謂之牡屬又云百歲燕
所化魁盦一名復累老服翼翼所化从虫合聲古沓切
屯切　从虫庚聲讀若嗛力鹽切　雄入海化爲蜃从
虫辰聲時忍切　蛋屬

蟻从虫庫聲巨錄等

（457）虫部

蝸蚌蠣
蝓蛣蠤蠜
蟓蟄蚨蜦
蝦蟆蟻蠮
蛇蛾蜩
蛶蠏鮮
蟬蛔
蝸蝝
蠷蚰蚼
蜑蠭蝙

蝠蠻閩

虹蚰蝛蝀

蠹

蜒蟖蟓蚲

蜢蟋蟷

蝠蝠也从虫畐聲方六切

蝙蝙服翼也从虫扁聲布玄切

蠻南蠻蛇種从虫䜌聲莫還切

閩東南越蛇種从虫門聲武巾切

虹螮蝀也狀似蟲从虫工聲明堂月令曰虹始見戶工切

蚰籀文虹从申申電也申

蝛蝛蝀虹也从虫帶聲都計切蝀

蠹衣服歌謠草木之怪謂之祅禽獸蟲蝗之怪謂之蠪从虫䰜聲魚列切

蠭多貢切蝗之怪謂之蠪从虫轟聲

文一百五十三　重十五

蜒南方夷也从虫延聲徒旱切

蟖蟓蝛蟖也从虫惠聲曰枼切

蟓蟓蟓細蟲也从虫象聲工結切

蚲蚲蝛州艸上蟲也从虫毛聲

陟格切蚳蝛也从虫孟聲莫杏切

蜢蜢蝛也从虫盍聲息七切

蟋蟋蝍也从虫悉聲

蟷蟷螂也从虫堂聲徒郎切

文七　新附

說文解字弟十三上

賜進士及第山東等處督糧道兼管德常臨清倉事務加三級孫星衍重校刊

光緒歲在閼逢涒灘國子監肄業生吳縣朱記榮校刊

（459）蚰（kūn 音昆）部

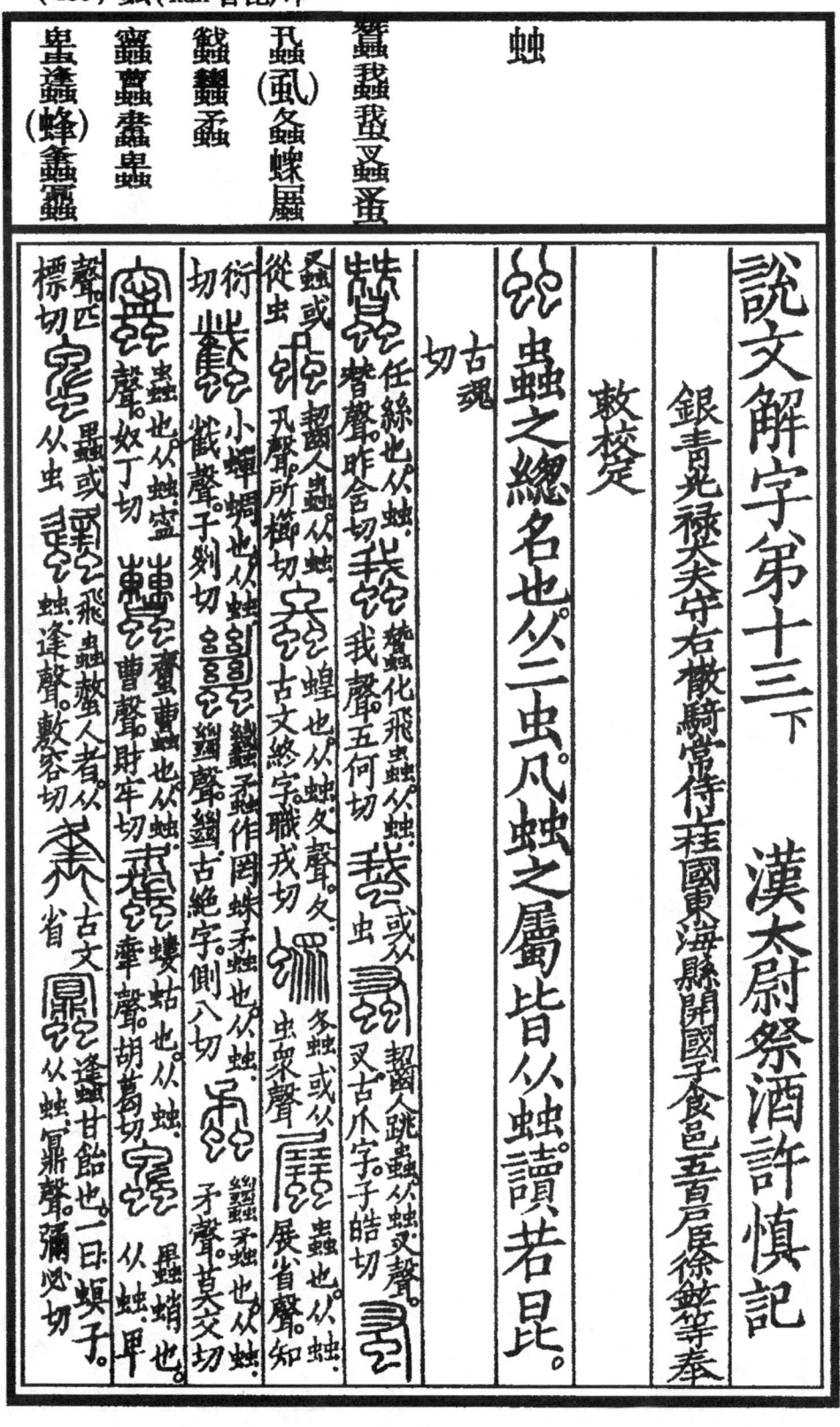

蟲（chóng 音虫）蚰部（460）

蜜䖵蝱䖵䖵
蚊䖵蠹（蠹）蟊蚮
蟊蟲求蟲求虫蟲
蜉䖵蟲蠹蟲蠚
蟲
䖵蝥蚚
蜂䗊蠪虵
䖵韭蟲韭蠱

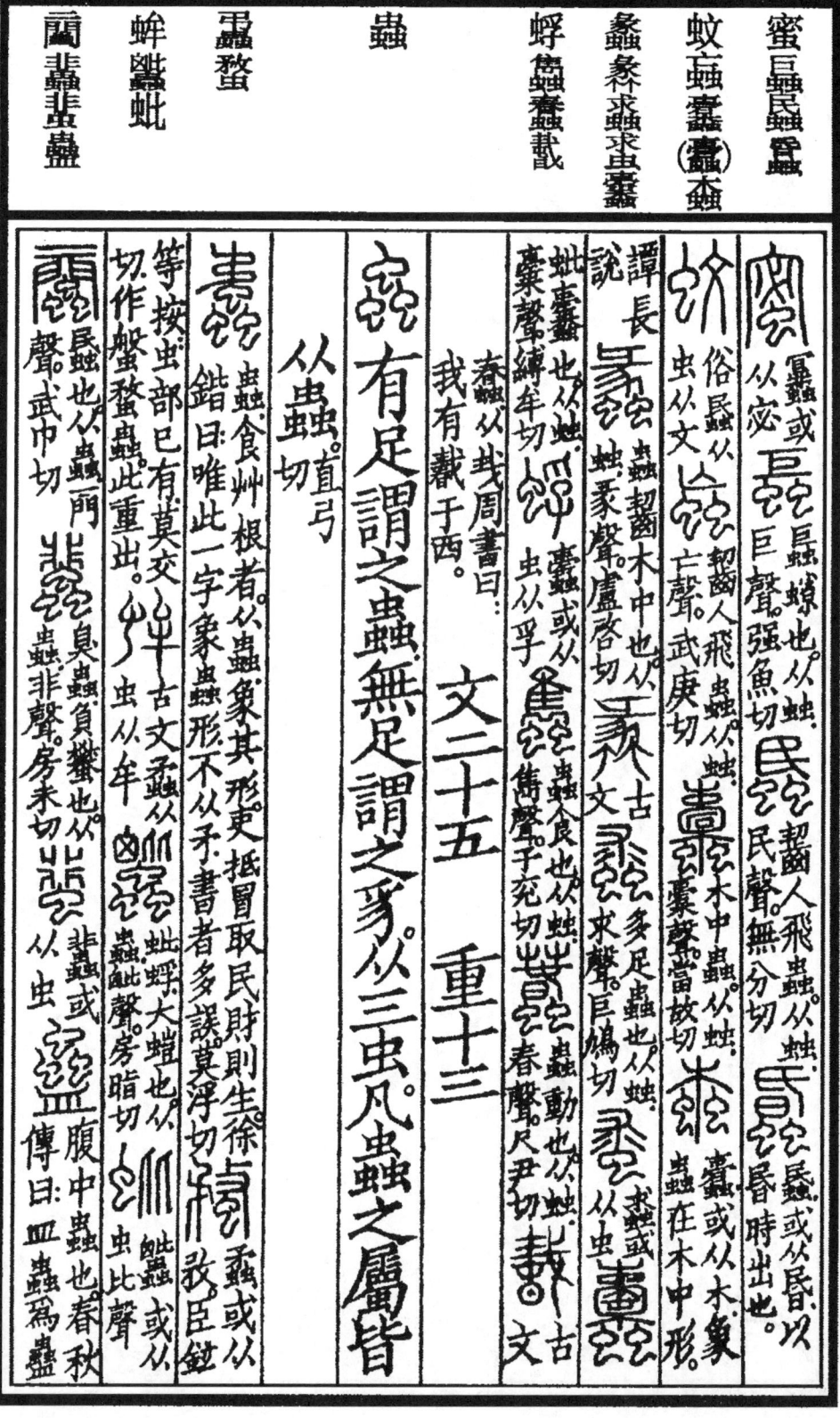

蟲有足謂之蟲，無足謂之豸，从三虫。凡蟲之屬皆從。

文三十五　重十三

我有載于西。春蟲从我周書曰：

從蟲，直弓切

（461）風（风）部

風

飌
颮　飆　颺
飄（飃）　颯　颺　颲
颭　颲　颲
颲　颲
颮　飂（颲）　颲　颲

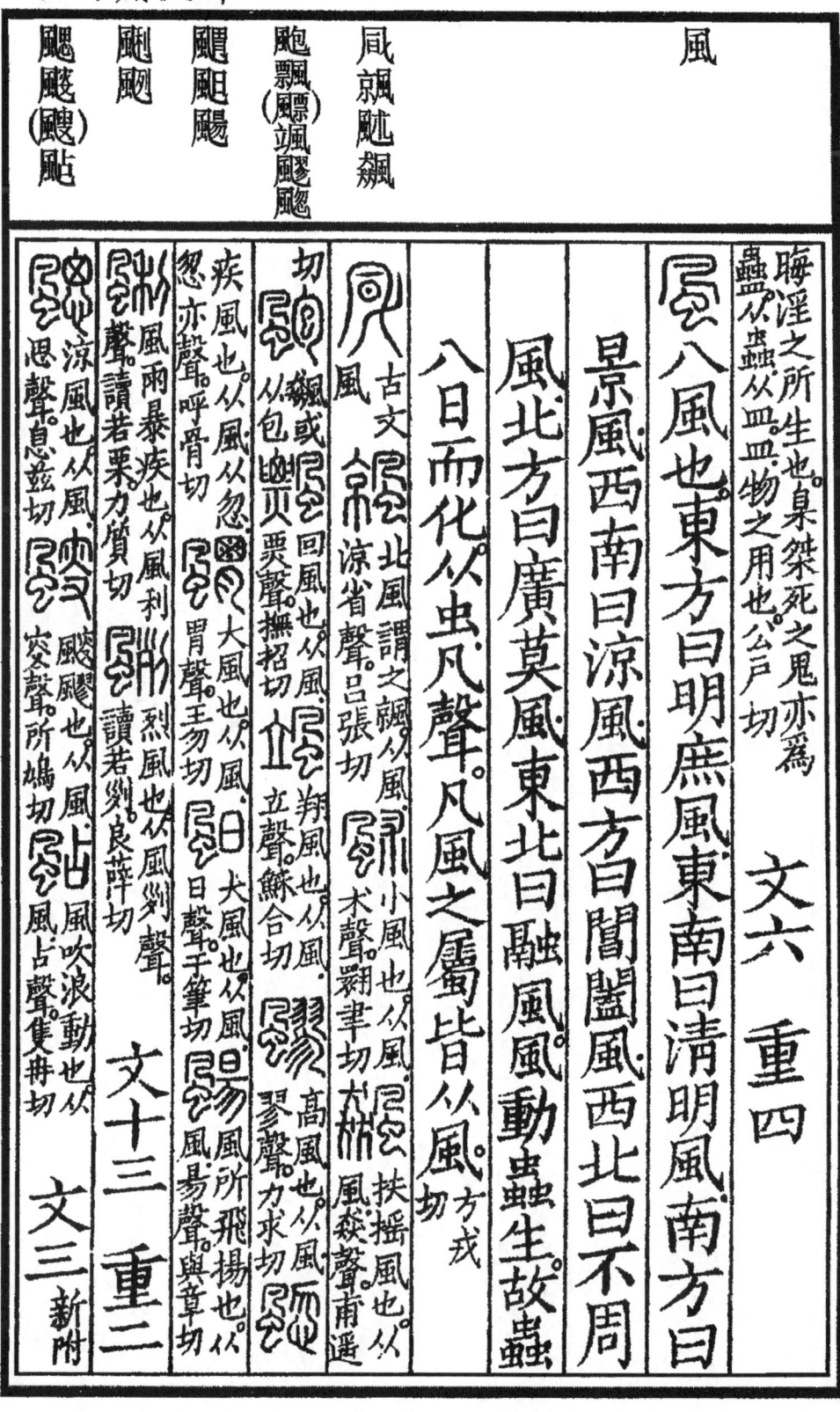

蠱淫之所生也。臬臬之鬼亦為蠱。从蟲从皿。皿，物之用也。公戶切

風　八風也。東方曰明庶風，東南曰清明風，南方曰景風，西南曰涼風，西方曰閶闔風，西北曰不周風，北方曰廣莫風，東北曰融風。風動蟲生，故蟲八日而化。从虫凡聲。凡風之屬皆从風。方戎切　　文六　重四

古文風。

此小風謂之飆。从風，呂張切。
涼省聲。

颯　翔風也。从風，立聲。穌合切。
飄　回風也。从風，票聲。撫招切。
飆　扶搖風也。从風，猋聲。甫遙切。
颺　風所飛揚也。从風，昜聲。與章切。
飂　高風也。从風，翏聲。力求切。
颲　烈風也。从風，列聲。讀若棃。力質切。
颲　大風也。从風，从忽，忽亦聲。呼骨切。
䬒　大風也。从風，日聲。王勿切。
颲　烈風也。从風，刿聲。讀若劉。良薛切。
颲　疾風也。从風，利聲。匹質切。
疾風雨暴疾也。从風，利聲。匹質切。
　　文十三　重三

颼　飀飀也。从風，攸聲。所鳩切。
颭　風吹浪動也。从風，占聲。職廉切。
颸　涼風也。从風，思聲。息茲切。
　　文三　重三　新附

黽龜它部（462）

它　蛇　龜（亀）　黽（黾）　鼀　纑　攎

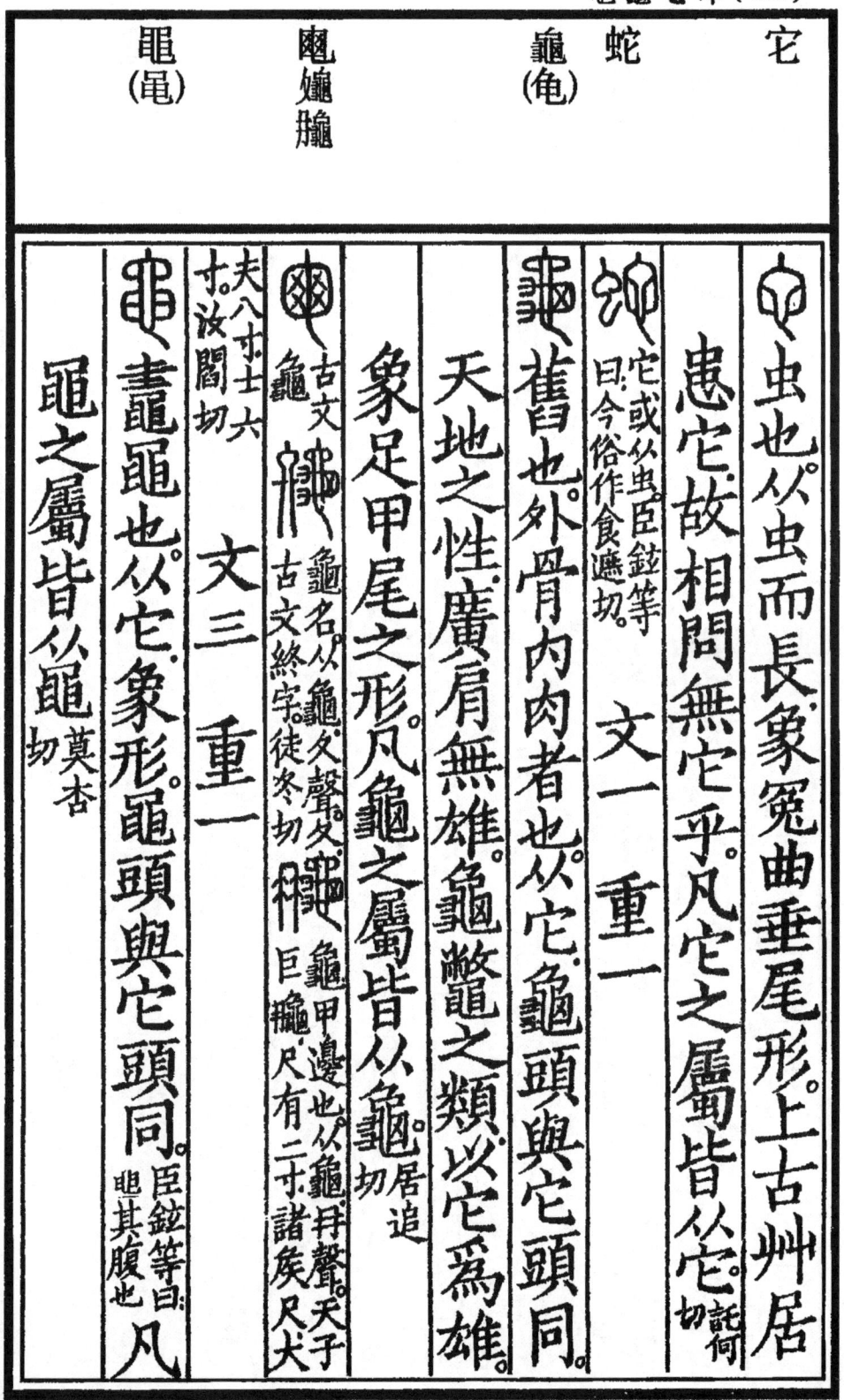

虫也从虫而長象冤曲垂尾形上古艸居
患它故相問無它乎凡它之屬皆从它。託何切

它或从虫臣鉉等曰今俗作食遮切

文一重一

舊也外骨內肉者也从它龜頭與它頭同。
天地之性廣肩無雄龜鼈之類以它爲雄。
象足甲尾之形凡龜之屬皆从龜。居追切

古文龜

文三重一

古文龜名从它它聲它古文終字徒冬切
龜甲邊也从龜丹聲天子龜甲尺有二寸諸矦尺犬

夫八寸士六寸汝閻切

蠅黽也从它象形黽頭與它頭同。臣鉉等曰其腹也凡
黽之屬皆从黽莫杏切

（463）二卵(卵)黽部

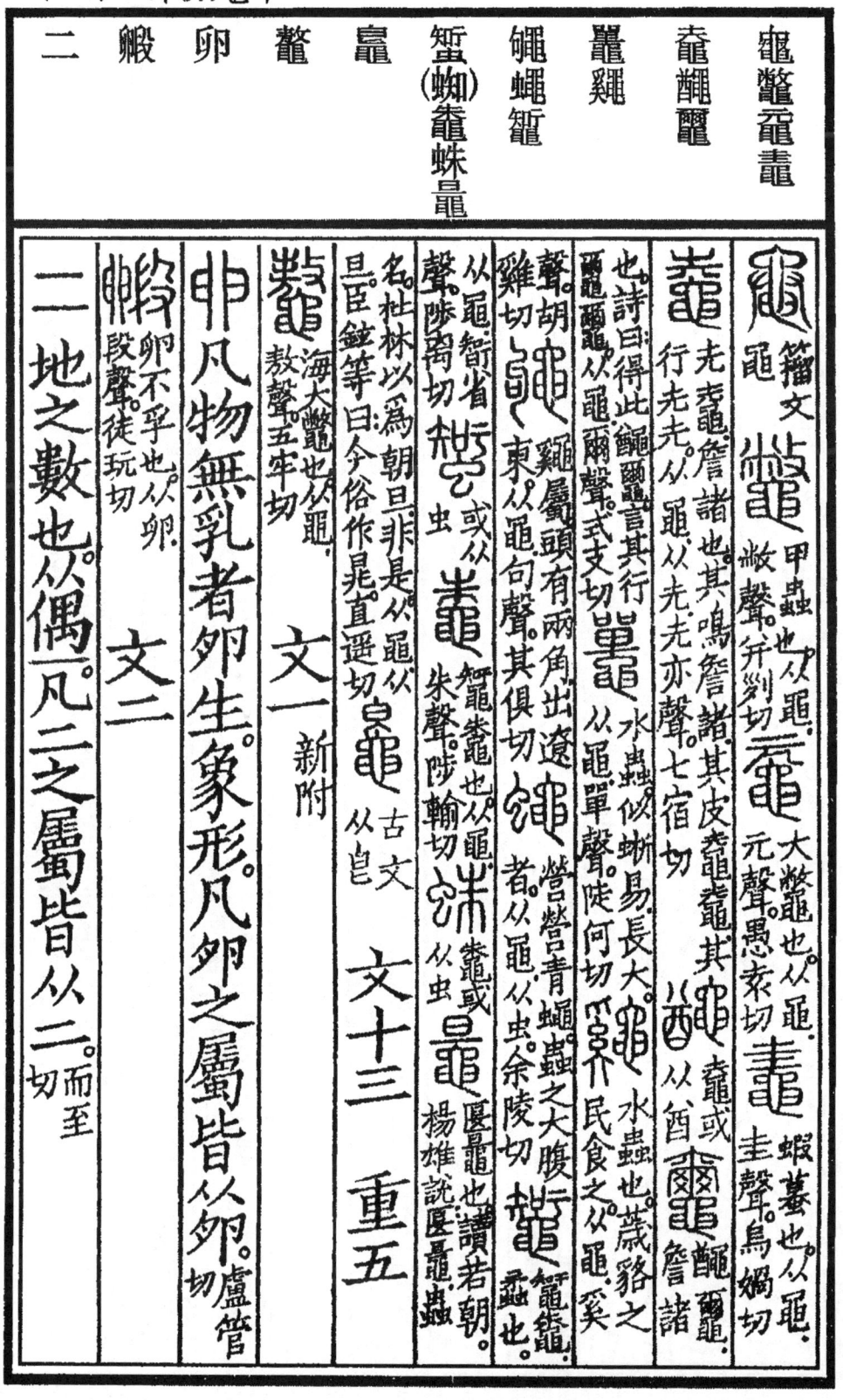

鼈 大鼈也。从黽敝聲。并列切。

黿 大鼈也。从黽元聲。愚袁切。

蝦蟆也。从黽圭聲。烏媧切。

醯 ……从黽酋聲。

鼀 ……从黽，詹諸也。其鳴詹諸，其皮鼀鼀。从黽从圥，圥亦聲。七宿切。

鼃 蝦蟆也。从黽圭聲。烏媧切。

鼁 詹諸也。……从黽从圥。

鼀 ……水虫也。从黽。

黿 水蟲，似蜥易，長大。从黽。

鼆 ……詹諸也。……营营青蠅，蟲之大腹者。从黽从虫。余陵切。

蟱（蜘）……蟱䗬蛛，䵹也。……从黽从虫。

黽 鼃黽也。从它，象形。黽頭與它頭同。凡黽之屬皆从黽。武盡切。

鼆 冥也。从黽从冥，冥亦聲。讀若朝旦。莫杏切。今俗作晁，非是。从黽从日，直遙切。

鼇 海大鼈也。从黽敖聲。五牢切。

臣鉉等曰：今俗作鼉，非是。

卵 凡物無乳者卵生，象形。凡卵之屬皆从卵。盧管切。文一　新附

文十三　重五

毈 卵不孚也。从卵段聲。徒玩切。

文二

二 地之數也。从偶一。凡二之屬皆从二。而至切。

土二部（464）

弍 吼 恒
恆亘
竺凡
土
地墜坤
垓壥坲
壣姆
坡坪均壤

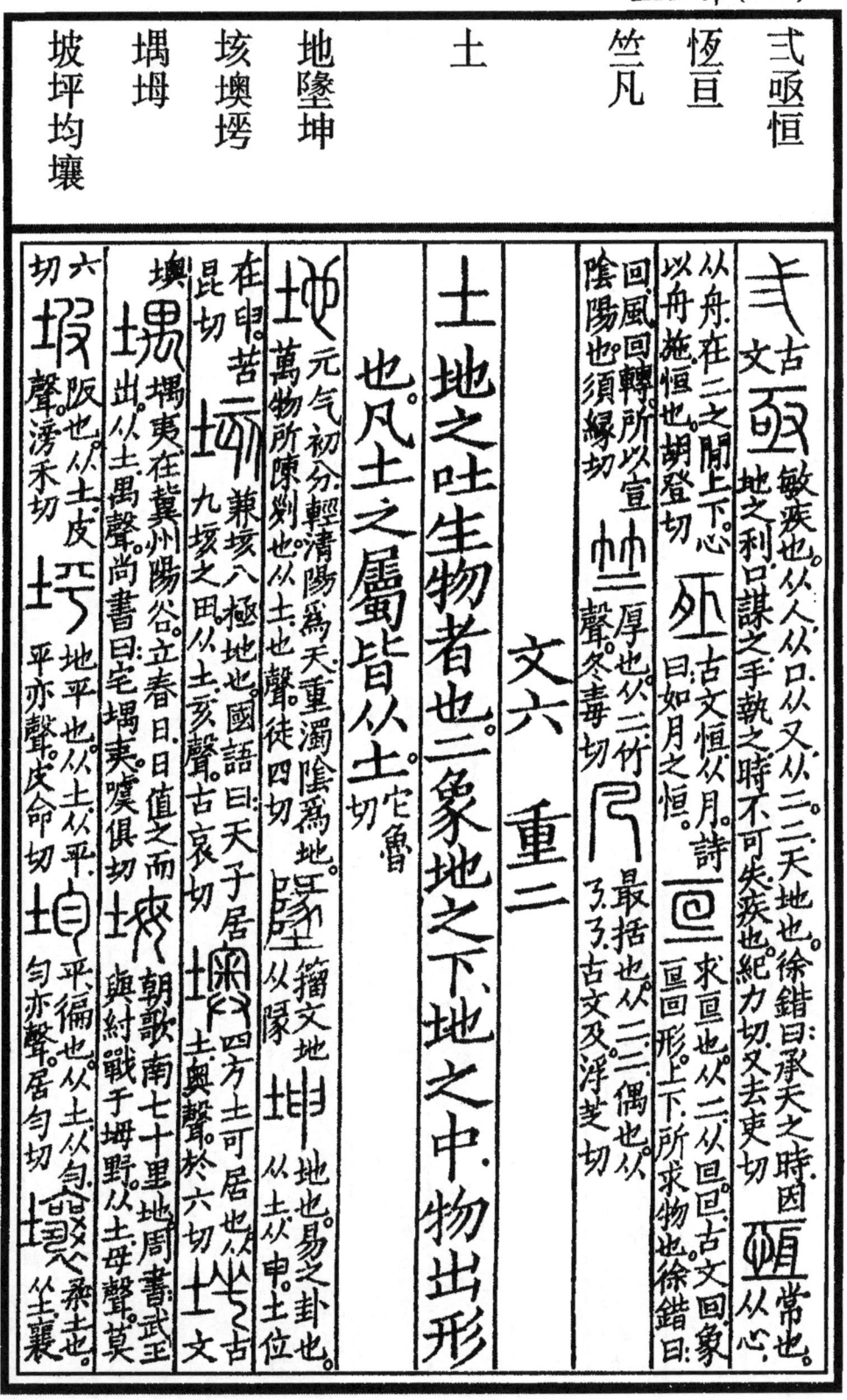

塙 墩 壚 垰
埴 垚 鼉
墣 圵 凵 塊 塙
堘 塴 坺
坄 基 垣 鼁
撩 堨 坿 堪
圪 堵 輚 壁
堀 堂 坣 壵
坫 墬 垷
堇 墲 堊 墀

塙　堅不可拔也。从土高聲。苦角切。

墩　平地有堆曰墩。从土敦聲。

壚　剛土也。从土盧聲。洛乎切。

垰　土堥也。从土夅聲。户昆切。

埴　黏土也。从土直聲。常職切。若逐。

垚　土高也。从土垚聲。吾聊切。

鼉　从土毒聲。徒候切。

墣　从土菐聲。匹角切。

圵　从土尤聲。匹竹切。

凵　象形也。苦對切。

塊　从土鬼聲。苦對切。

塙　从土毒聲。方遍切。

堘　稻中畦也。从土朕聲。食陵切。

塴　從土朋聲。此閒切。

坺　治也。从土犮聲。蒲撥切。一曰塵也。

坄　陶竈窗也。从土殳聲。羊倩切。

基　牆始也。从土其聲。居之切。

垣　牆也。从土亘聲。雨元切。

鼁　从土㔾聲。

撩　从土尞聲。力沼切。

堨　壁閒隙也。从土曷聲。於介切。

坿　益也。从土付聲。符遇切。

堪　地突也。从土甚聲。口含切。

圪　牆高也。从土乞聲。魚訖切。

堵　垣也。五版為一堵。从土者聲。當古切。

輚　从土壷聲。

壁　垣也。从土辟聲。比激切。

堀　突也。从土屈省聲。苦骨切。

堂　殿也。从土尚聲。徒郎切。古文堂。

坣　从土尚聲。胡典切。

壵　涂地也。从土屰聲。

坫　从土占聲。都念切。

墬　从土隊聲。徒對切。

垷　从土見聲。胡典切。

堇　黏土也。从土菫聲。渠吝切。

墲　涂也。从土無聲。武夫切。

堊　白涂也。从土亞聲。烏各切。

墀　涂地也。从土犀聲。直尼切。

土部（466）

聖	渚	坎	城	型	壐	封	坦	望	擊
增	塌	墊	齘	埻	壐	坴	坒	坐	坴
坲	垎	坻	埔	塒	墨	封	堤	坻	堛
坿	坴	汝	臺墣		垸		壎（塤）	填	在

聲。領適也。一曰未燒也。从土虒聲。古歷切。

窫 埽除也。从土从帚。古者少康初作箕帚。讀若糞。方問切。棄也。从土才聲。昨代切。存也。从土才聲。昨代切。

坴 安也。从土从亘。亘古文坐。此與留同意。但卧切。塞也。从土从窒。先代切。鄰切。今待奉切。

壐 止也。从土从留省。土所以止。此與留同意。但卧切。王者印也。所以主土。从土爾聲。斯氏切。篆文从玉。

坦 安也。从土亘聲。他但切。地相次比也。衛大夫貞子守其制度也。公侯百里伯七十里子男五十里。徐錯曰。爸之其土也。會意。府容切。

坐 止也。从土从留省。土所以止。名坒。从土比聲。丁礼切。古文。坒。諸氏切。

聖 爵諸侯之土也。从之从土。从寸。守其制度也。公侯百里。諸氏切。

墨 書也。从土从黑。黑亦聲。莫北切。鑄器之法也。从土从章。餘律切。讀若準。之允切。雜樓垣爲塒。从土時聲。市之切。

型 鑄器之法也。从土从章。餘律切。土刑聲。戶經切。

城 以盛民也。从土从成。成亦聲。氏征切。篆文城。城垣也。从土从庸。餘封切。補垣也。胡玩切。

坎 陷也。从土欠聲。苦感切。下也。春秋傳曰塹隍。都念切。土完聲。下入也。从土从秋。胡格切。坒以土增大道上。从土从余聲。讀若准切。

渚 小渚也。詩曰宛在水中。从土宛聲。直尼切。坻小渚也。从土氏聲。堅也。从土。一曰堅也。从土。益也。从土曹切。

聖 古文坴。从土即。虞書曰龍聖疾惡也。增益也。从土曾聲。作縢切。坲增也。从土卑聲。益也。从土。付聲符。

（467）土部

土部（468）

韭埃毀坈　垢壇坏垼　坥埍餕　瘞埘　垗塋墓墳　壟壇場　圭珪　圮垂堀　塗塓埏場

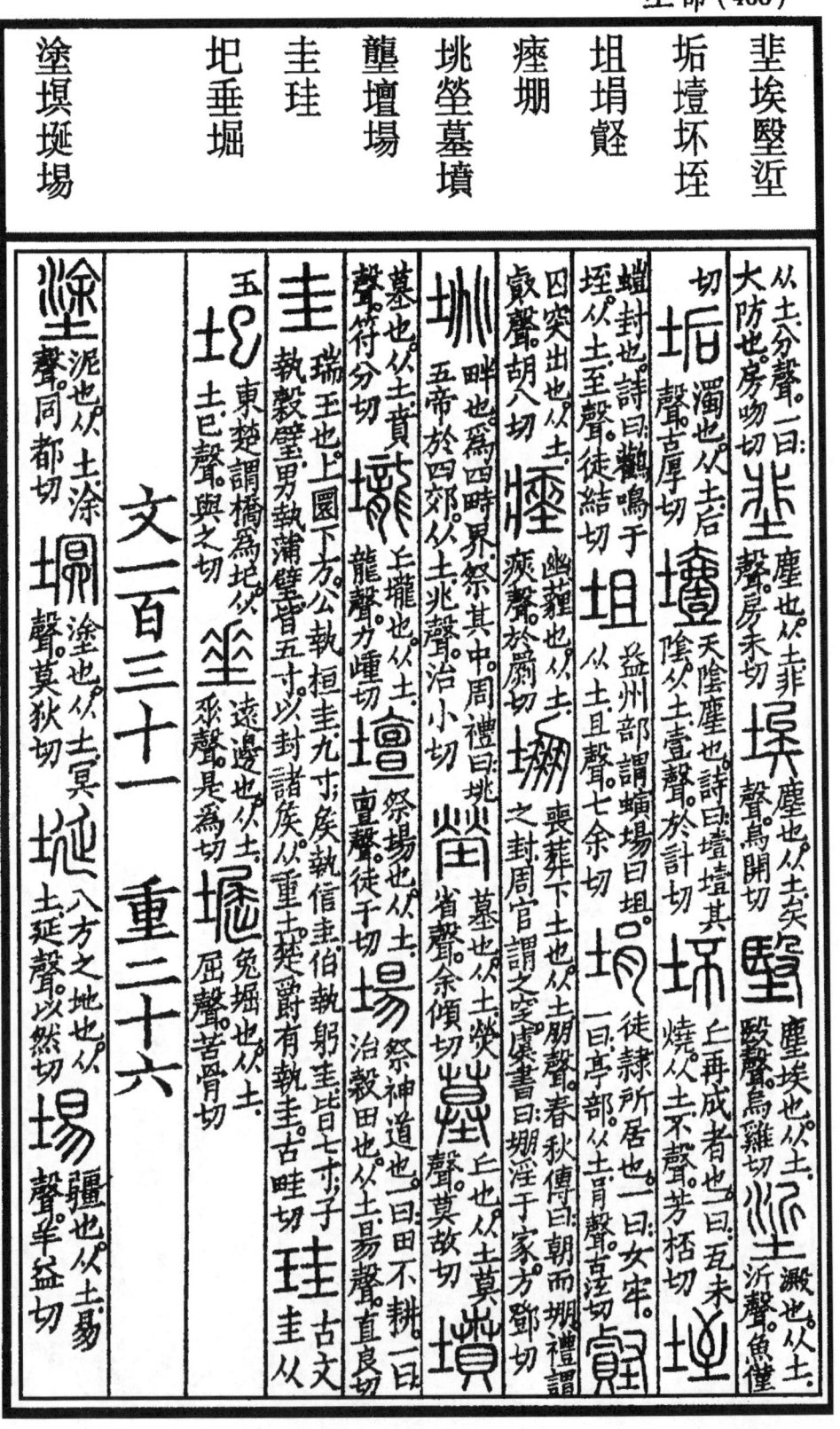

文二百三十一　重三十六

（469）田里堇（qín音芹）垚（yáo音遙）土部

境 墅 壒 塘
坳 壋 墜 塔
坊
堯 赦
垚
堇
蘮 荼 艱 囏
里
鏊（厘）野 壁
田

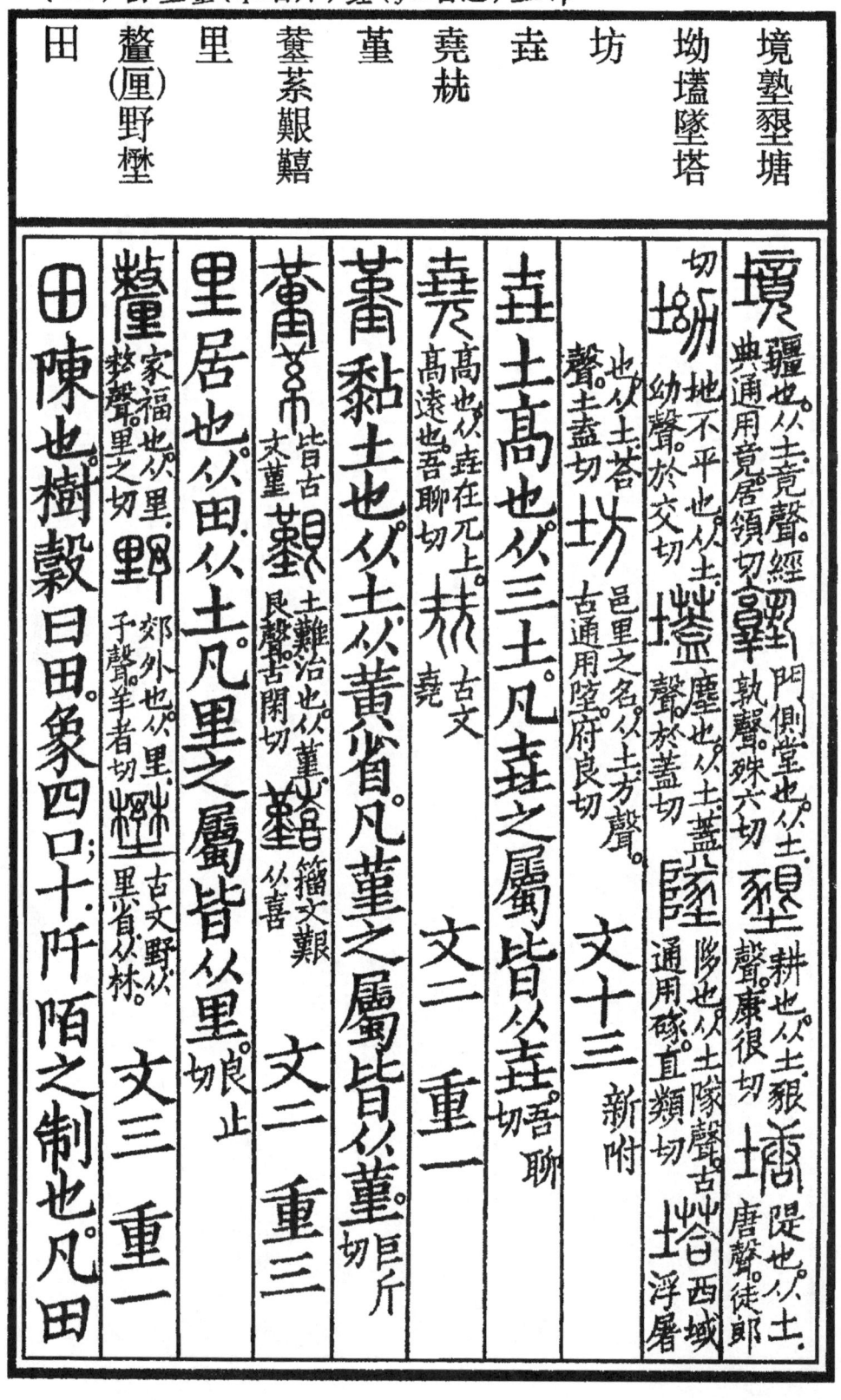

境　疆也。从土竟聲。經典通用竟。居領切。

壒　塵也。从土蓋聲。於蓋切。

墾　耕也。从土豤聲。康很切。

塘　隄也。从土唐聲。徒郎切。

塔　西域浮屠也。从土荅聲。土合切。

墜　陊也。从土隊聲。通用碌。直類切。

坳　地不平也。从土幼聲。於交切。

坊　邑里之名。从土方聲。古通用防。府良切。

　文十三　新附

垚　土高也。从三土。凡垚之屬皆从垚。吾聊切。

　文二　新附

堯　高也。从垚在兀上，高遠也。吾聊切。
　赦　古文堯。

　文二　重一

堇　黏土也。从土从黃省。凡堇之屬皆从堇。巨斤切。

艱　土難治也。从堇艮聲。
　囏　籀文艱从喜。

　文二　重三

里　居也。从田从土。凡里之屬皆从里。良止切。

野　郊外也。从里予聲。
　壁　古文野从林。

　文三　重一

田　陳也。樹穀曰田。象四口；十，阡陌之制也。凡田……

田部（470）

町畽疇㽙

畩畲㽰畸

嵯晦畞（畞）

甸畿畦

畷畛時

畹畔畍（界）甿

畧當畯畽

疄留畜蕾

疃暢

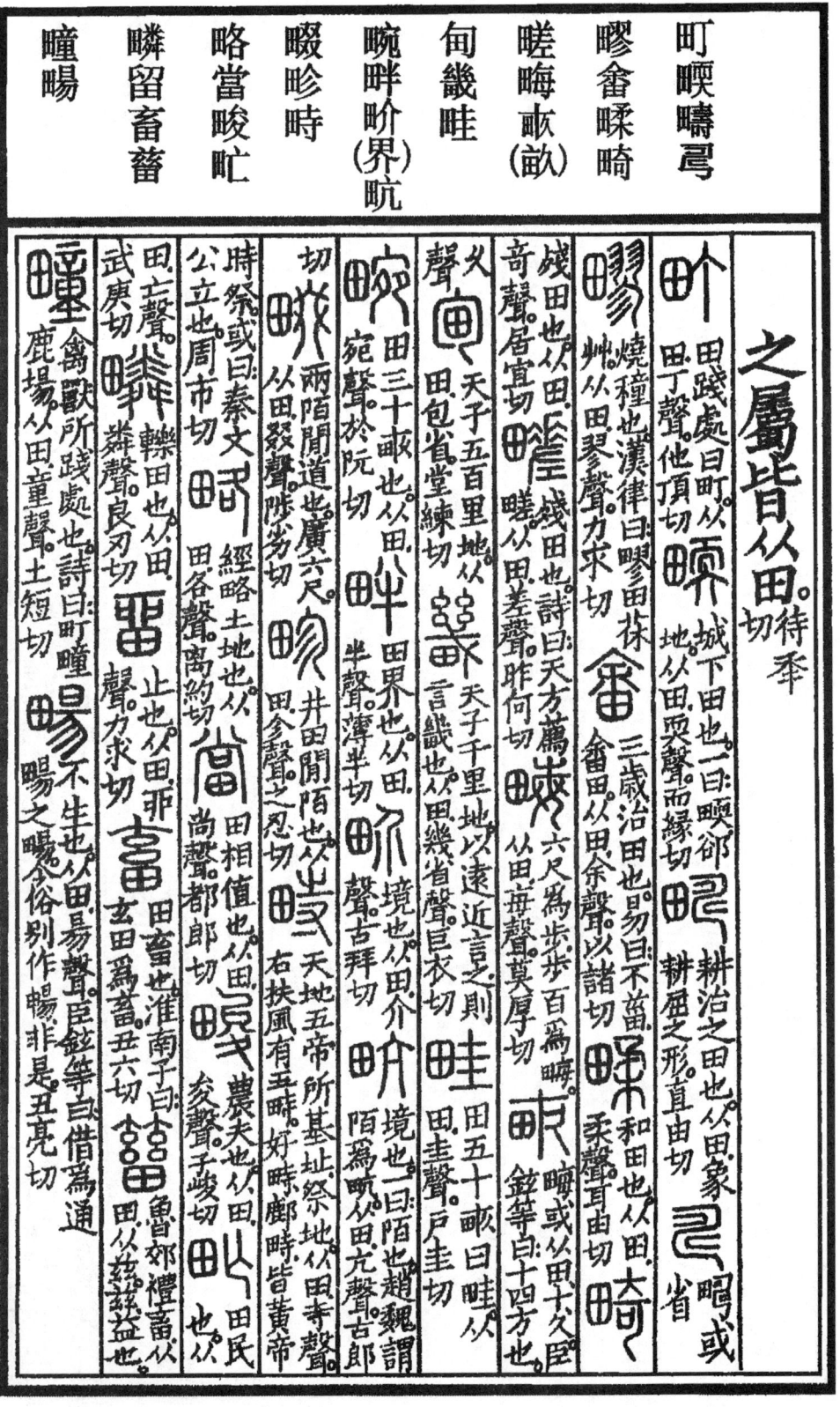

（471）男黃畕（jiāng音姜）部

畕

畺疆

黃

黇尵

灸黖䎨鰝

男

舅甥

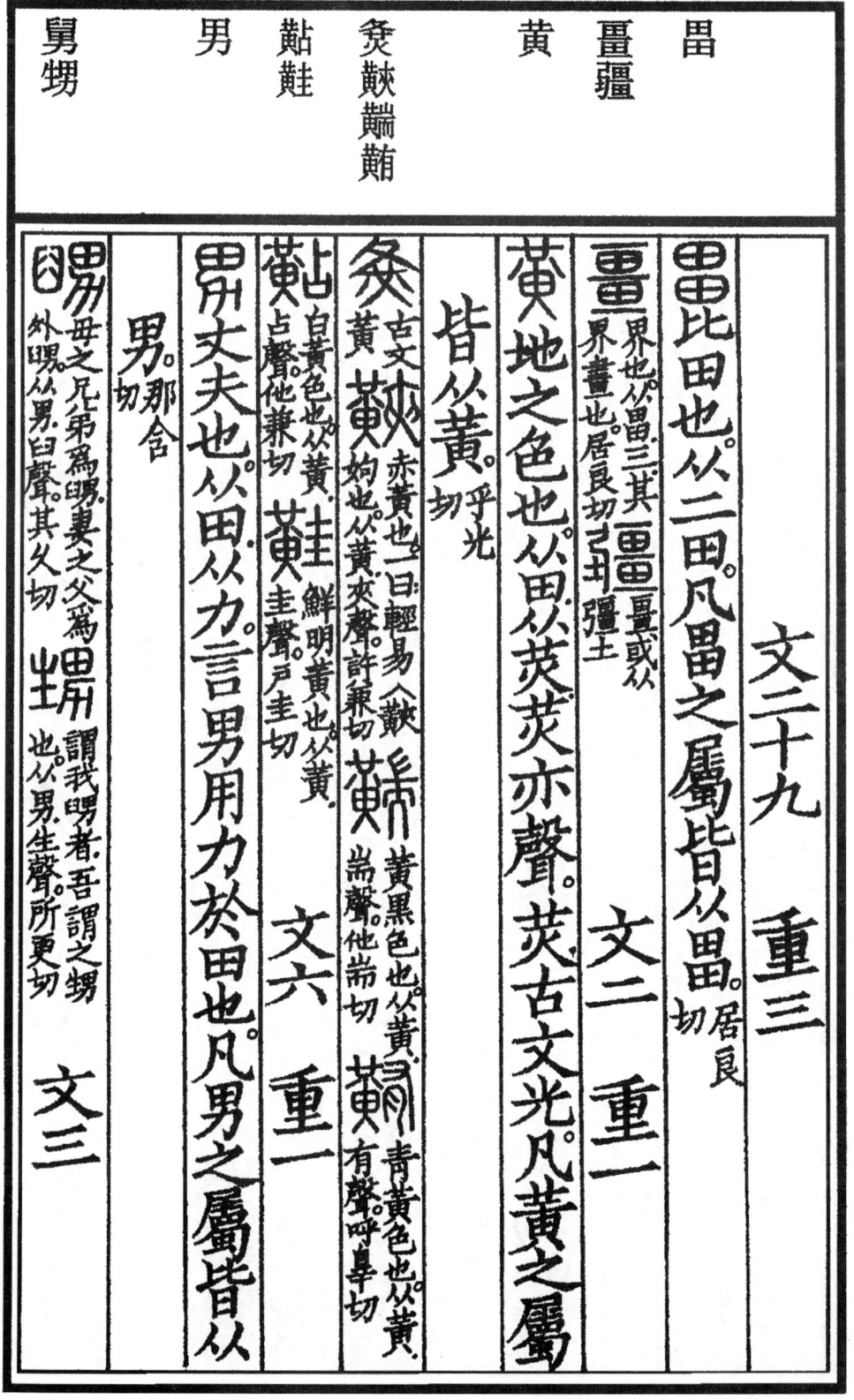

畕　比田也。从二田。凡畕之屬皆从畕。居良切

文三十九　重三

畺　界也。从畕三。其畺畫也。居良切　畺或从彊土

文二　重一

黃　地之色也。从田从炗。炗亦聲。炗古文光。凡黃之屬皆从黃。乎光切

黇　白黃色也。从黃占聲。他兼切

尵　鮮明黃也。从黃圭聲。戶圭切

文六　重一

炗　古文亦黃也。一曰輕易炗黖

黖　黃也。从黃攸聲。許兼切

䎨　黃黑色也。从黃耑聲。他端切

鰝　青黃色也。从黃匊聲。有聲呼旱切

男　丈夫也。从田从力。言男用力於田也。凡男之屬皆从男。那含切

文三

舅　母之兄弟爲舅。妻之父爲舅。从男臼聲。其久切

甥　謂我舅者吾謂之甥。从男生聲。所更切

外甥　从男曰聲。其父

文三

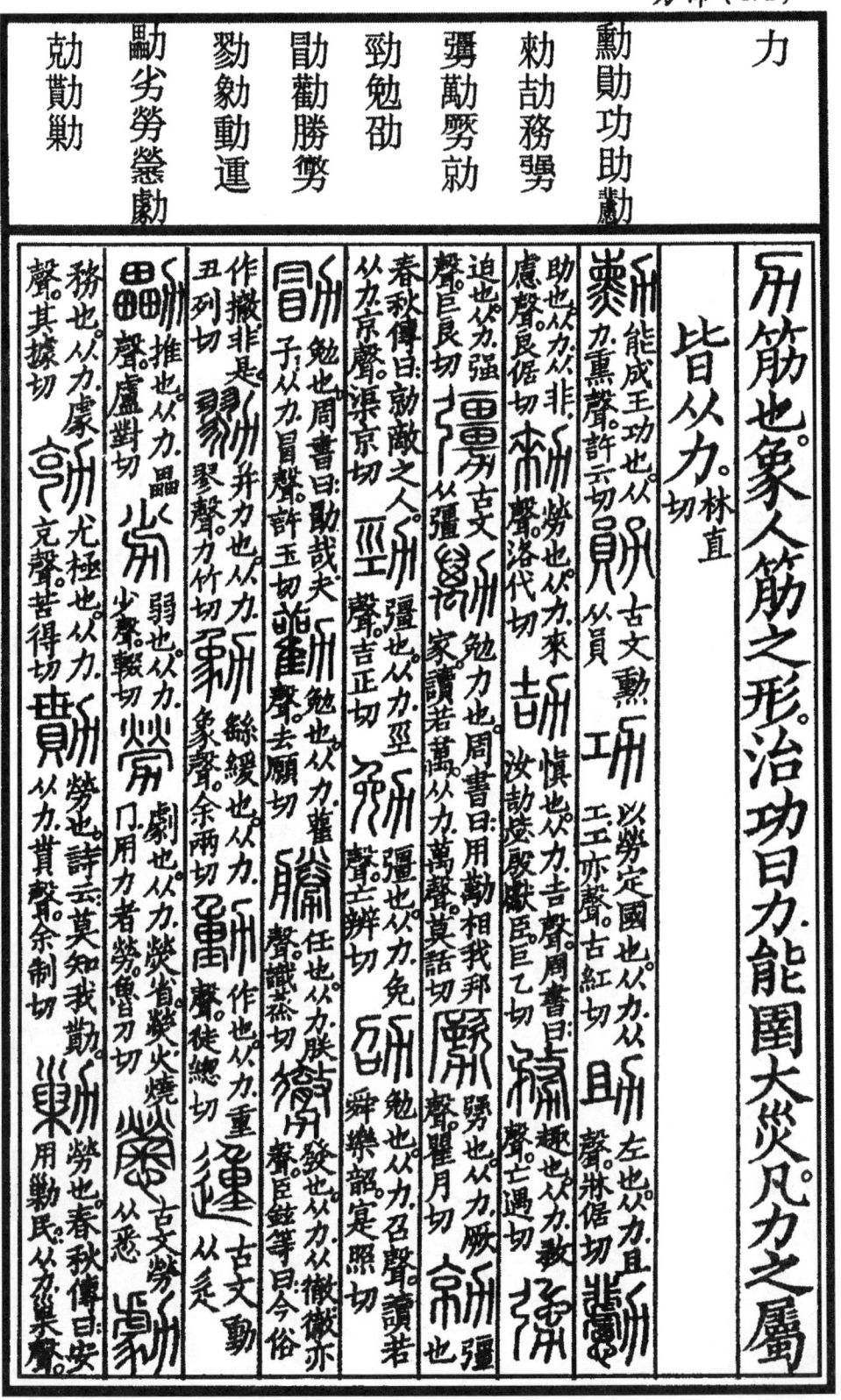

力

勳　功　劼　務　勁　勍　勥　勉　勖　勱　劭　勞　勤　勊　動　勇　劣　勶　勮

力，筋也。象人筋之形。治功曰力，能圉大災。凡力之屬皆从力。林直切。

勳，能成王功也。从力熏聲。許云切。古文勳从員。

功，以勞定國也。从力从工，工亦聲。古紅切。

劼，慎也。从力吉聲。《周書》曰：「汝劼毖殷獻臣。」巨乙切。

務，趣也。从力敄聲。亡遇切。

勁，彊也。从力巠聲。吉正切。

勍，彊也。从力京聲。《春秋傳》曰：「勍敵之人。」渠京切。

勥，迫也。从力強聲。其兩切。

勉，彊也。从力免聲。亡辨切。

勖，勉也。从力冒聲。《周書》曰：「勖哉夫子。」許玉切。

勱，勉力也。《周書》曰：「用勱相我邦家。」讀若蠆。从力萬聲。莫話切。

劭，勉也。从力召聲。讀若舜樂《韶》。寔照切。

勞，劇也。从力熒省。熒，火燒冂，用力者勞。魯刀切。

勤，勞也。从力堇聲。巨巾切。

勊，尤極也。从力克聲。苦得切。

動，作也。从力重聲。徒總切。古文動从辵。

勇，气也。从力甬聲。余隴切。

劣，弱也。从力少。力輟切。

勶，發也。从力从徹，徹亦聲。丑列切。

勮，務也。从力豦聲。其據切。

（473）劦（xié音協）力部

勢 勤 加

勢 勇 戒 惠 勃

勳 劫 飭

劾 募

劬 勢 勘 辦

劦

協 勰 恊 叶

叶

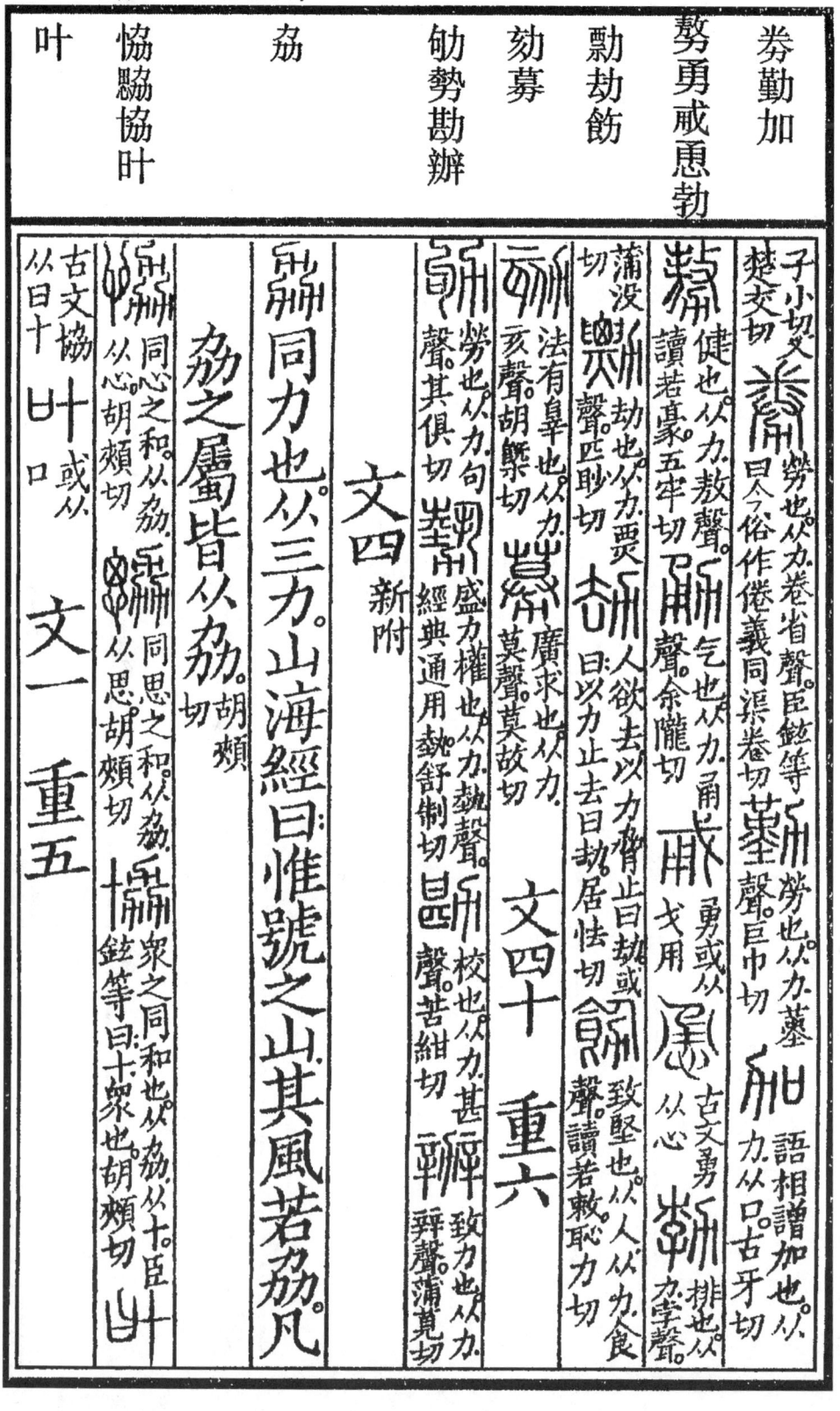

《埤雅》

宋陆佃撰。共二十卷。内容为释鱼、释兽、释鸟、释虫、释马、释木、释草、释天，凡八类。大抵按形状而详名义，初名《物性门类》，后易今名，为《尔雅》之补。

编者建言
利用白页处增补篆字、小批或短评：

說文解字弟十三下

賜進士及第山東等處督糧道兼管德常臨清倉事務加三級孫星衍重校刊

光緒歲在閼逢涒灘國子監肄業生吳縣朱記榮校刊

（475）金部

金銀鐐鋈

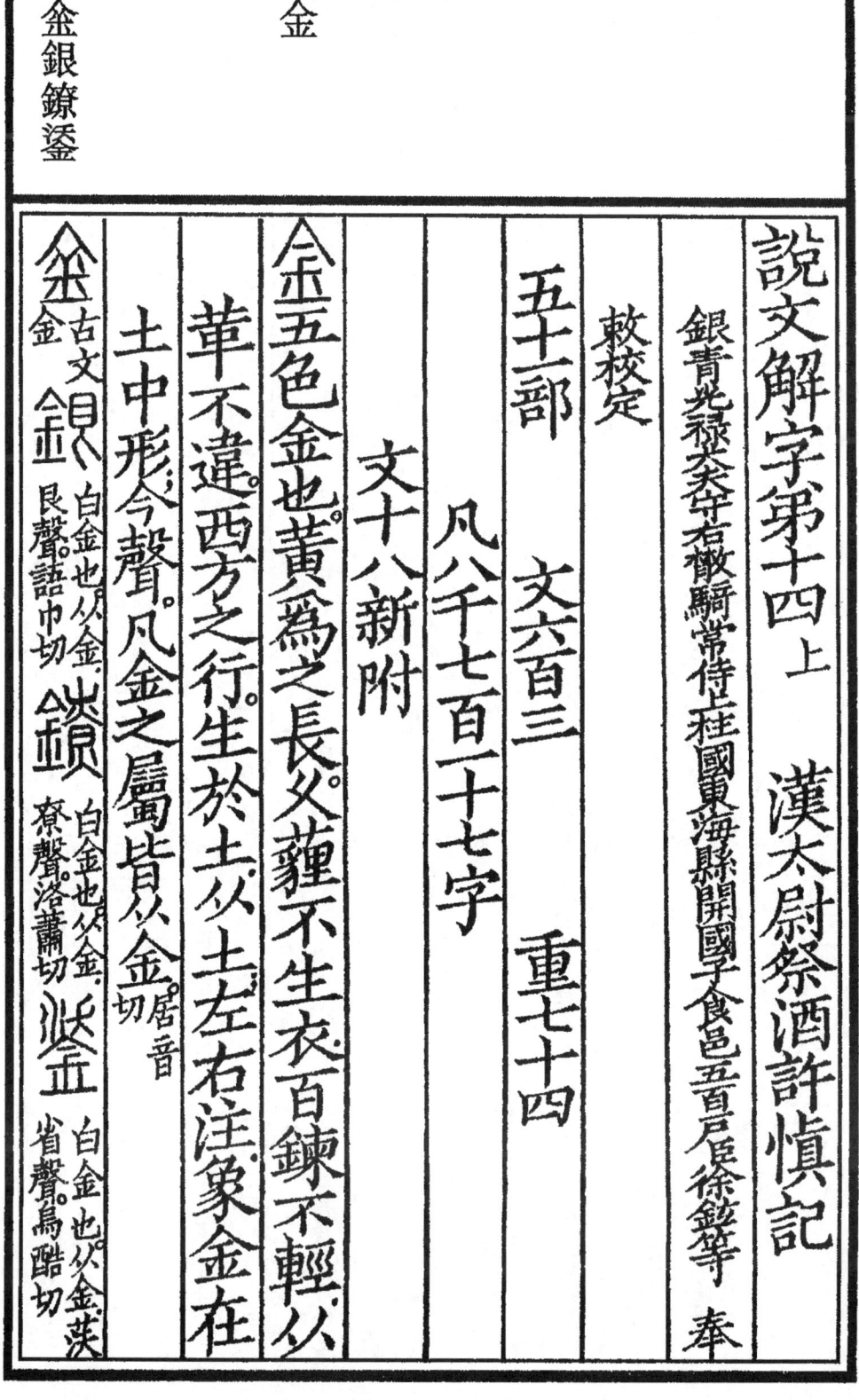

說文解字第十四上　漢太尉祭酒許慎記

銀青光祿大夫守右散騎常侍上柱國東海縣開國子食邑五百戶臣徐鉉等　奉

敕校定

五十一部　文六百三　重七十四

凡八千七百二十七字

文十八新附

金　五色金也。黃爲之長。久薶不生衣。百鍊不輕。从土左右注象金在土中形。今聲。凡金之屬皆从金。居音切

金　古文金

銀　白金也。从金。艮聲。語巾切

鐐　白金也。从金。尞聲。洛蕭切

鋈　白金也。从金。芙省聲。烏酷切

金部（476）

鉛錫鈏銅
鏈鐵鐵銕
錯鑒鏤
鏽銑
堅鑠錄鑄
銷鑠鍊釘
鋏鍛鋌
錮鑲鎔
鑴鏡鈔
鈃鍾鑑
（鑒）

鉛　青金也。从金，㕣聲。與專切。

錫　銀鉛之閒也。从金，易聲。先擊切。

鈏　錫也。从金，引聲。羊晉切。

銅　赤金也。从金，同聲。徒紅切。

鏈　銅屬。从金，連聲。力延切。

鐵　黑金也。从金，戴聲。天結切。鐵或省。鐵，古文鐵从夷。

錯　九江謂鐵曰錯。从金，昔聲。苦駭切。一曰黑金。

鑒　大盆也。从金，監聲。讀若熏。火運切。

鏤　梁州貢鏤。一曰鐵屬。从金，婁聲。盧侯切。剛鐵，可以刻鏤。夏書曰：梁州貢鏤。

鏽　金赤色也。从金，秀聲。

銑　金之澤者。一曰小鑿謂之銑。一曰鐘兩角謂之銑。从金，先聲。穌典切。

堅　剛也。从金，臤聲。古閑切。

鑠　銷金也。从金，樂聲。書藥切。

錄　金色也。从金，彔聲。力玉切。

鑄　銷金成器也。从金，壽聲。之戍切。

銷　鑠金也。从金，肖聲。相邀切。

鑠　銷金也。从金，樂聲。書藥切。

鍊　冶金也。从金，柬聲。郎甸切。

釘　鍊鉼黃金也。从金，丁聲。當經切。

鋏　可以持冶器鑄鎔者。从金，夾聲。讀若漁人萊魚之萊。一曰若挾持。古叶切。

鍛　小冶也。从金，段聲。丁貫切。

鋌　銅鐵樸也。从金，廷聲。徒鼎切。

錮　鑄塞也。从金，固聲。古慕切。

鑲　作型中腸也。从金，襄聲。汝羊切。

鎔　冶器法也。从金，容聲。余封切。

鑴　瓽也。从金，巂聲。戶圭切。

鏡　景也。从金，竟聲。居慶切。

鈔　叉取也。从金，少聲。楚交切。一曰鑾也。

鈃　似鍾而頸長。从金，开聲。戶經切。

鍾　酒器也。从金，重聲。職容切。

鑑　大盆也。一曰鑑諸，可以取明水……从金，監聲。

（477）金部

鐈 鏺 鏗

鑴 鑊 鍑 鍫

鏏 銼 鑘

鍘 鎬 鑃

銚 鎧 䤥 鑑

鋗 錯 鍵 鉉

鉛 鑒

鏇 鏶 錝 鐷

鑝 鑪 鏇

金部（478）

鑪鑪釦
錯鋤鋙錡
錭鉥鍼
鈹鏃鈕
塹鑴鑿
班巩鑑錍
鉻鈗鈍
鑒錢
鑮鈴鐫
鐆鈍鉏

鑪也。从金。器也。从金虎。煎膠器也。从金。
旋聲辭戀切。金聲。杜兮切。虜聲郎古切。金飾器口也。从金。
厚聲。金涂也。从金。鉏鋤也。从金咸聲。从口。口亦聲。苦
切。昔聲倉各切。御聲。魚舉切。虜聲。江淮之閒謂
釜曰錡。錭鈍也。从金。鉏鋤也。从金。鉏鋤也。从金咸聲。所以縫也。从金咸
魚綺切。耎聲。楚洽切。朮聲。食聿切。鈹有鐔也。从金。臣鉉等曰。今俗作針
非是。職深切。者。从金皮聲。殺聲。所拜切。印鼻也。从金。
聲。女久切。丑从丑。古文鉏。斤斧穿也。从金。鍫或从金。鑑諸。斧也。从金且聲。所用也。
聲在各切。一曰錍。曲恭切。鑑鐔。即移切。
金甲聲。小鑒也。从金。斬亦聲。藏濫切。穿木鏨也。从金雟聲。一曰鑒諸。
府移切。斷亦聲。鋪屬。父舌聲。讀琢石也。讀若瀸于全切。鑑鐔。斧也。从金。舌屬。
也。从金鑿省。桑欽讀若鑷息廉切。若鑷。从金敞聲。芳滅切。聲讀若深切。
聲在各切。一曰鍫如刀裝。錢屬。从斬。讀若瀸。銚也。古田器。从金戈聲。
又昨一曰瑩鐵。大鉏也。从金。河內謂䤓頭金也。从金戈聲。詩曰庤乃錢鎛。即淺切。
先切。翼聲居縛切。銚鐫大犂也。一曰類耜。
也。讀若跛行過委切。鈴鐫。从金今聲。巨淹切。鈴鐫也。从金。
从金危聲。一曰瑩鐵。柜屬。从金蟲省聲。隋聲徒果切。
兩刃木柄可以刈州。从金令聲。立嬅所用也。
金發聲讀若撥普活切。柜屬。徒冬切。从金且聲士。

金部

鑼鎌鍥鉊　鉒鉗鈇　鋌鎮鉆　鋸鐕錐鐃　鑽鑢銓　銳圂鏝檈　銖鈇　鑁鎺錘鈎　鉶鈀鐲　鈴鉦鐃

鑼　杆屬也。从金罷聲。讀若蟆。彼爲切。
鎌　鍥也。从金兼聲。力鹽切。
鍥　鎌也。从金契聲。苦結切。
鉊　大鎌也。从金召聲。鎌或謂之鉊。張徹說止搖切。

鉒　以鐵有所劫束也。从金且聲。巨淹切。
鉗　鐵鉗也。从金甘聲。巨淹切。
鈇　莝斫刀也。从金夫聲。甫無切。

鋌　銅鐵樸也。从金廷聲。博嬰切。
鎮　博壓也。从金眞聲。陟刃切。
鉆　鐵鉆也。从金占聲。

鋸　槍唐也。从金居聲。居御切。
鐕　可以綴著物者。从金替聲。則參切。
錐　銳也。从金隹聲。職追切。
鐃　小鉦也。軍法卒長執鐃。从金堯聲。女交切。

鑽　所以穿也。从金贊聲。借官切。
鑢　錯銅鐵也。从金慮聲。良據切。
銓　衡也。从金全聲。此緣切。

銳　芒也。从金兌聲。以芮切。
圂　撣持也。从手閼聲。
鏝　鐵杇也。从金曼聲。母官切。鏝或从木。
檈　　

銖　權十分黍之重也。从金朱聲。市朱切。
鈇　　

鑁　　
鎺　十一銖二十五分銖之十三也。从金冎聲。禮曰重三鋝。北方以二十兩爲三鋝。力輟切。
錘　八銖也。从金垂聲。直垂切。
鈎　鉤也。从金从句，句亦聲。古侯切。

鉶　兵車也。从金巠聲。戶關切。
鈀　鐵杷。从金巴聲。伯加切。
鐲　鉦也。軍法司馬執鐲。从金蜀聲。直角切。

鈴　令丁也。从金从令，令亦聲。郎丁切。
鉦　鐃也。从金正聲。諸盈切。
鐃

金部（480）

鐸鏐

鏞鐘

銿鈁鏄

鍠鎗鏓

鐯鍠鑒

鐔鎮

釾鏢鈒鋋

銃鉈鏦

鏃鏉鏈錞

鏄鏐

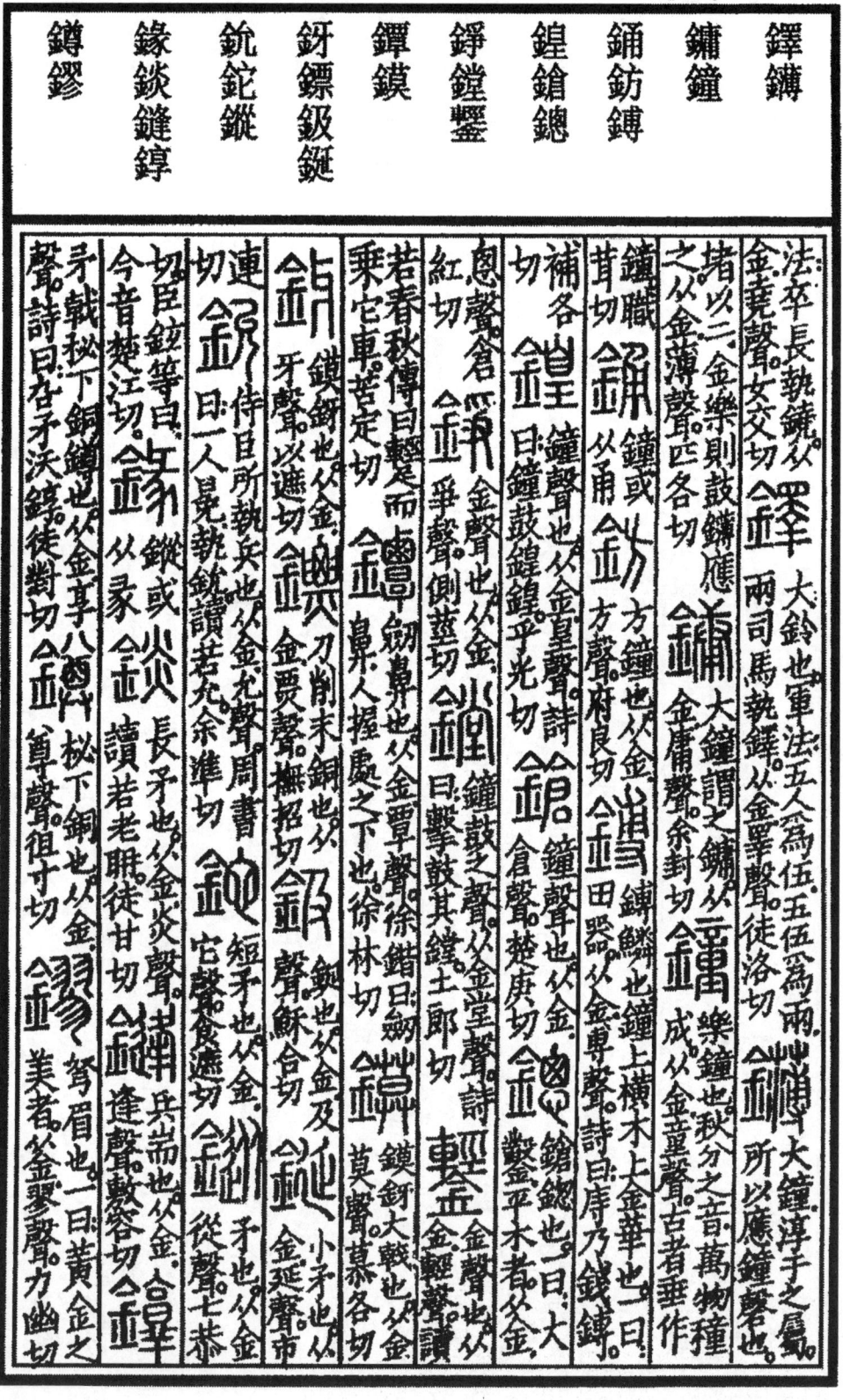

（481）金部

鏃鏑鎧釬
錏鍜鐧釭
釳釳
鑾鉠
錫
銜钀觻鉖
鈇釣鑿
銀鐺鋂
銀鐽鑘
鋪鑋鈔

鏃　矢金鏃翦羽謂之鏃。从金族聲平鉤切

鏑　矢鏠也。从金啻聲都歷切

鎧　甲也。从金豈聲苦亥切

釬　臂鎧也。从金干聲矦旰切

錏　錏鍜頸鎧也。从金亞聲烏牙切

鍜　錏鍜也。从金叚聲乎加切

鐧　車軸鐵也。从金閒聲古莧切

釭　車轂中鐵也。从金工聲古雙切

釳　乘輿馬頭上防釳插以翟尾鐵翮象角。所以防綱羅釳去之从金气聲許訖切

鑾　人君乘車。四馬鑣八鑾鈴象鸞鳥聲和則敬也。从金从鸞省。洛官切　一曰銅生五色也。時制切

鉠　鈴聲和則敬也。从金央聲於京切

錫　銀鉛之閒也。从金昜聲先擊切

銜　馬勒口中也。从金从行。銜行馬者也。戶監切

钀　馬銜也。从金獻聲魚劫切　銜或从鐵。

觻　組帶鐵也。从金劫省。

鉖　詩曰鉖鉖良耜。从金瓜聲慶補嬌切

鈇　斫莝刀也。从金夫聲甫無切

釣　鉤魚也。从金勺聲多嘯切

鑿　穿木也。从金糳省聲在各切

銀　銀鐺璅也。从金員聲當紅切

鐺　銀鐺也。从金當聲都郎切

鋂　大琑也。一環貫二者从金每聲詩曰盧重鋂莫桮切

銀　大剛也。从金畺聲春秋傳曰諸矦敵王所鎎許既切

鐽　怒戰也。从金氣聲又取也从金少切

鑘　鋂鐽不平也。从金畏聲烏賄切　一曰治門戶器也。从金異聲此緣切

鋪　箸門鋪首也。从金甫聲普胡切

鑋　金晨聲烏賄切　墨聲洛猥切

鈔　金甫聲普胡切　聲臣鉉等曰今

金部（482）

鐯 錯 鉻 鐕
鏃 鉄 鏉 鎦
錙
鉅 鐋 錴 鈋
鈍 鉟 鋖
鏈 銘 鎖 鈿
釧 釵 釽

俗別作扰。

楚交切

以金有所冒也从金冒。斷也从金名。鬜也从金名。

金塗也从金昔聲他各切　金稅古沓切

金聲从金各聲盧各切　鬜也从金各聲盧各切

伐擊也从金族聲讀若善切

宣聲刺也从金夾利也从金夾作木切　刺也从金夾聲於決切

徐鍇曰說文無劉字劉字偏旁有之此字又史傳所不見疑此業也从金从卯刀字屈曲傳寫誤作田爾力求切　利也从金从貫人占聲所右切

鐋利也从金帚聲於決切　鏉利也从金敕聲所右切

武巾　大剛也从金鐺鏉火齊从金鐺鏉也从金㐱切巴圜

鉅巨聲其呂切　唐聲徒郎切　鐺鏉也从金束聲讀若齊祖奚切　柔亦聲亦从金耳由切　弟聲徒刀切

金化聲章下垂也一曰千斤椎五禾切　敦聲都回切　利也从金側意从金委切女恚切　鈍也从金屯切徒困切

鈍也从金屯聲徒困切　鐗讀若齊祖奚切　鋖柔柔亦聲女恚切

文二百九十七　重十三

雀兵器也从金瞿聲其俱切　記也从金名聲莫經切　鐵鎖門鍵也从金貞聲穌果切　金華也从金田聲待季切

金化聲臂環也从金尺絹切　笄屬从金叉聲本只作叉此字後人所加楚佳切　裂也从金田聲待季切　川聲　爪普擊切

文七　新附

（483）且几勺开（jiān音煎）部

且　凭　　　几　与　勺　开
　　処　凴
　　　　尻

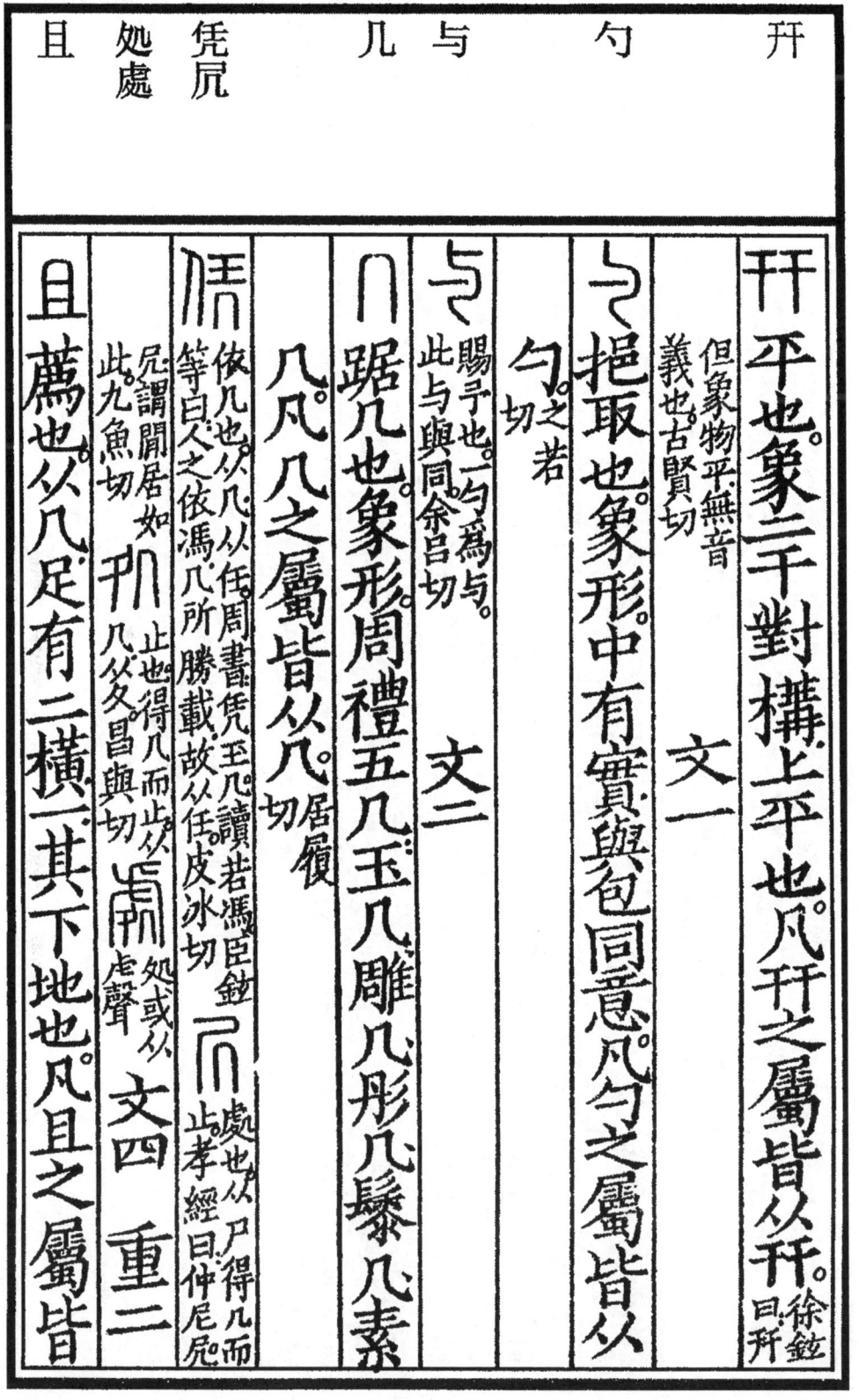

开平也。象二干對構上平也。凡开之屬皆从开。徐鉉曰开
義也古賢切
但象物平無音

勺把取也。象形。中有實與包同意凡勺之屬皆从
文一
勺之若
切

与賜予也。一勺為与。此与與同余吕切
文二

几踞几也。象形。周禮五几玉几雕几彤几漆几素
八凡八之屬皆从八。居履切

凭依几也。从几从任。周書凭玉几讀若馮臣鉉
等曰几之依馮几所勝載故从任皮冰切

処也或从
虍聲

処也。从尸得几而止孝經曰仲尼尻

尻謂閒居如此九魚切
止也得几而止也从几从夂
文四　重二

且薦也。从几足有二橫一其下地也凡且之屬皆

斗斤且部（484）

俎 爼

斤

斧 斯 斫 斮

厂 斷 斲 鈇

所 斯 斲

斷（斷） 韶 剙

斷 新 所

斗

斛 斝 料

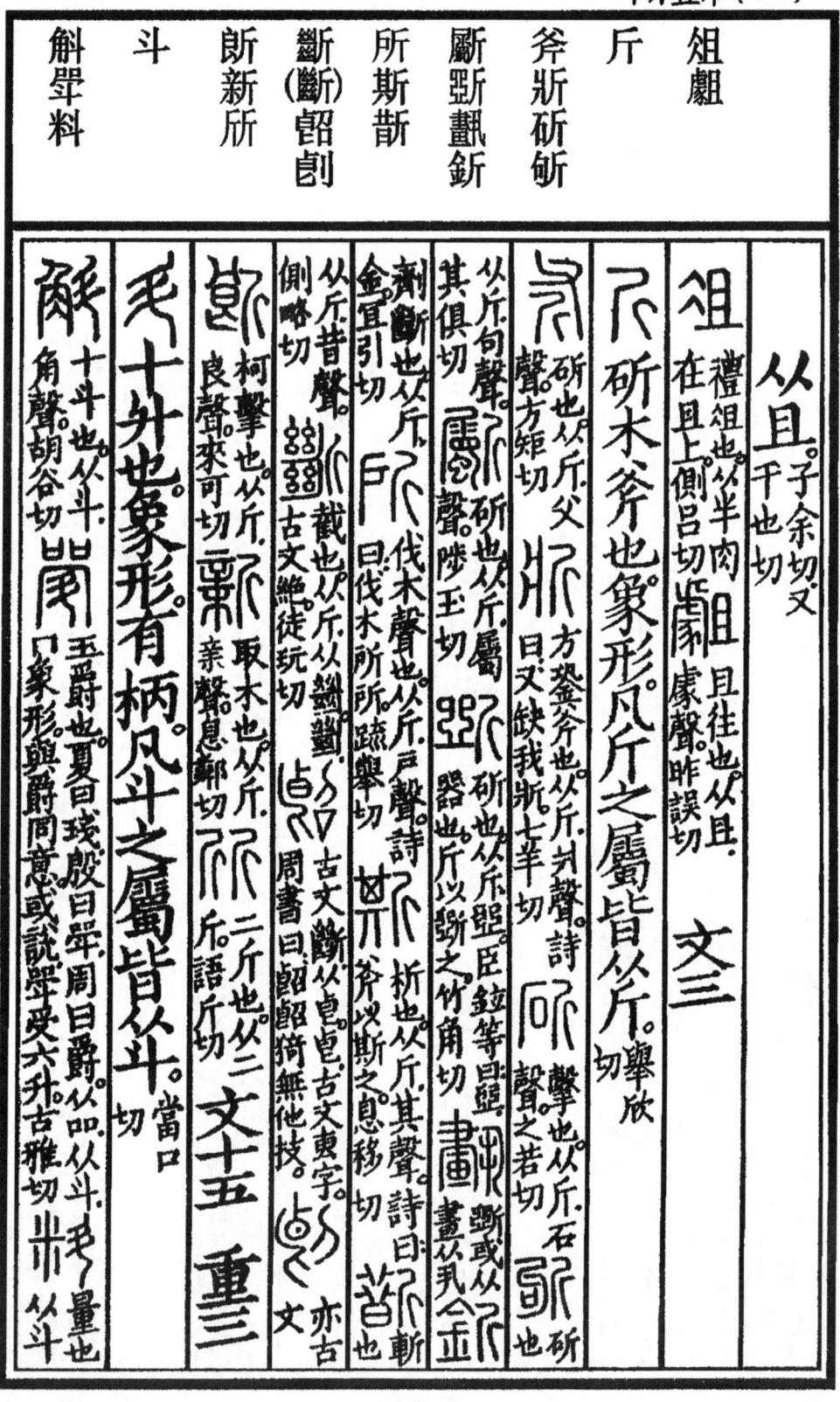

且．子余切 又 千也切
薦也。从几。足有二橫。一其下地也。凡且之屬皆从且。

俎．側呂切
禮俎也。从半肉在且上。
且往也。在且上。廣康聲。昨誤切
文三

斤．舉欣切
斫木斧也。象形。凡斤之屬皆从斤。

斧．方榘切
斫也。从斤父聲。

斨．七羊切
方銎斧也。从斤爿聲。詩曰又缺我斨。

斫．之若切
擊也。从斤石聲。

斲．竹角切
斫也。从斤𣂪聲。

斪．其俱切
斫也。从斤句聲。

斸．陟玉切
斫也。从斤屬聲。

器也。从斤𥂁聲。臣鉉等曰𥂁非聲。當从斸省。研。

斮．側略切
斬也。从斤㫺聲。

所．疏舉切
伐木聲也。从斤戶聲。詩曰伐木所所。

斯．息移切
析也。从斤其聲。詩曰斧以斯之。

斲．竹角切
斫也。

金宜引切
曰伐木所所。

剙．親吉切
傷也。从刃。从一。

斷．徒玩切
截也。从斤𢇍。𢇍古文絕。𣄼古文斷从㡭。㡭古文絕。𣃔亦古文斷。

韶．良藥切來可切
斫也。从斤㡭。

斷．良藥切
柯擊也。从斤。

新．息鄰切
取木也。从斤。亲聲。

斦．語斤切
二斤也。从二斤。
文十五 重三

斗．當口切
十升也。象形有柄。凡斗之屬皆从斗。

料．洛蕭切
量也。从斗。米在其中。讀若遼。

斛．胡谷切
十斗也。从斗。角聲。

斝．古雅切
玉爵也。夏曰琖。殷曰斝。周曰爵。从吅。从斗。𠁁象形。與爵同意。或說斝受六升。

（485）車（车）矛斗部

				矛	升				
輿幹	魁斠斡斜	斛料斛斝	斠厞						
車	矜租	戓䄴䄲䄶							

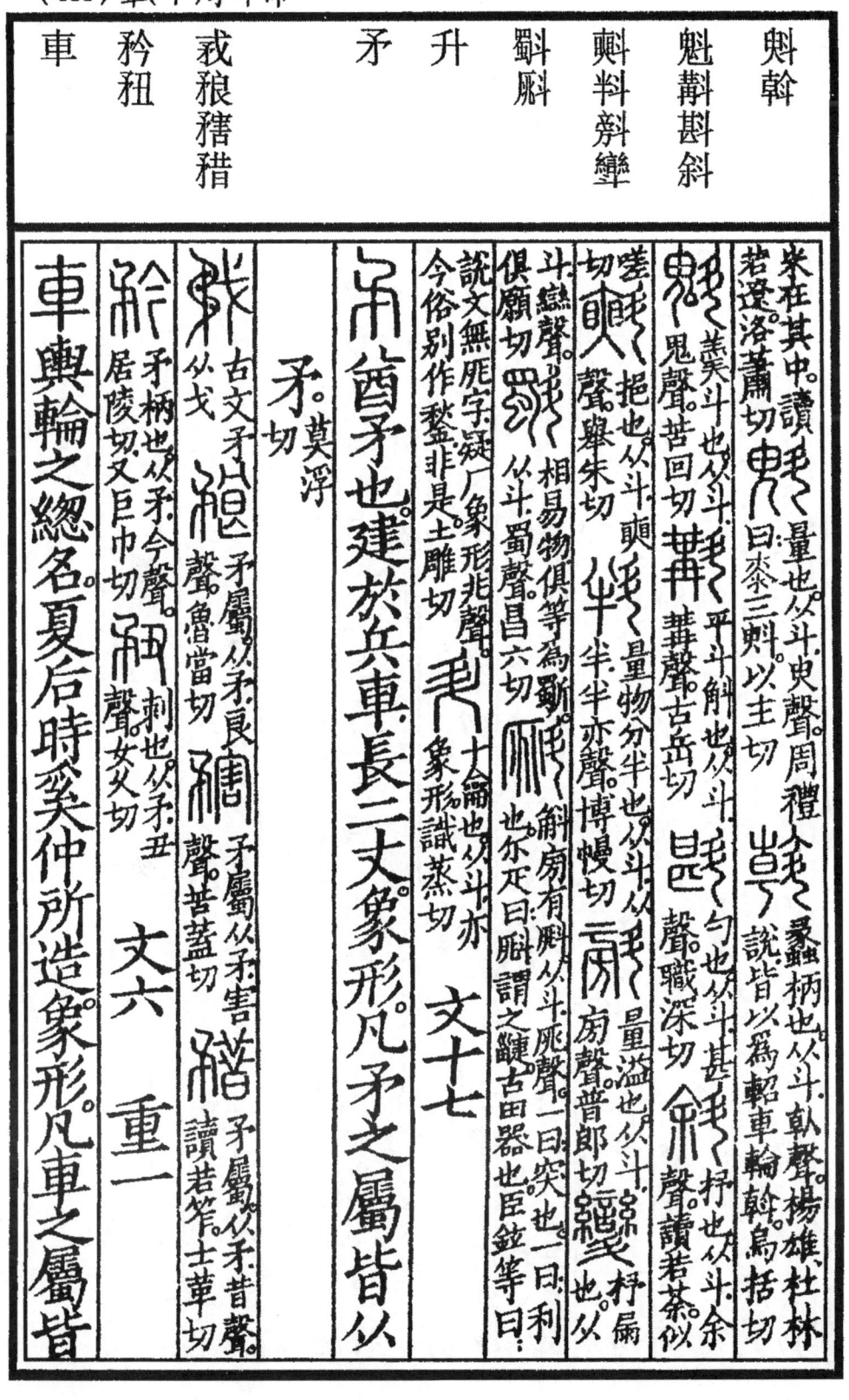

車(车)部（486）

載軒輀輮
輼輬輻輕
輶輣軘輜
轐輿輯
輅較軓
輳軓軾
輺輢軹
剌輴
輪輴輗

從車。尺遮切

載 籀文。曲輈藩車也从車。

軒 軒車。干聲虛言切。

輀 喪車也从車而聲。

輼 臥車也从車昷聲烏魂切。

輬 臥車也从車京聲呂張切。

輻 輕車也从車酉聲。詩曰輶車鑾鑣以周切。

輕 輕車也从車巠聲去盈切。

輶 車和輯也从車酋聲莫平切。

輣 兵車也从車朋聲薄庚切。

軘 兵車也从車屯聲徒魂切。

輜 軿車前衣車後也从車甾聲側持切。

轐 車高大兒从車賁聲周禮曰孤乘夏輔一曰下棺車曰輴敕倫切。

輿 車輿也从車舁聲以諸切。

輯 車和輯也从車咠聲秦入切。

輅 車軨前橫木也从車各聲洛故切。

較 車騎上曲銅也从車爻聲古岳切。

軓 車軾前也从車凡聲周禮曰立當前軓音範。

輳 車約輭也从車奏聲以為輳圜去二切。

軓 車輪闌橫木也从車軍聲君聲。

軾 車前也从車式聲賞職切。

輺 車約輭也从車夏聲一曰下棺車曰軾敕倫切。

輢 車旁也从車奇聲於綺切。

軹 車轂端也从車只聲諸氏切。

剌 車轄也从車刂聲郎叶切。

輴 車軨間橫木也从車屯聲讀若棞牛尹切。

輪 車輪闌橫木也从車侖聲司馬相如說。

輴 輴或从需司。

輗 今車輞也从車令聲郎丁切。

車(车)部

軫 軙 輓　軸 輹 軔　輮 肇 轂　輥 軝 軧　軹 軎 轐 輻　轑 軦 輨 轅　軛 輺 軥　轃 轇 轊 軓　轙 鑕 軜 衛　轟 載 軍

軫　車後橫木也。从車、㐱聲。周禮曰：加軫與轐焉。博木切

輓　車多多聲之忍切

輓　車伏兔也。从車、复聲。讀若閔。持輪也。从車、由聲。徐鍇曰：當从冑省。直六切

軸　持輪也。从車、由聲。徐鍇曰：當从冑省。直六切

輹　車軸縛也。从車、复聲。讀若謈。党渠營切

軔　車軝也。从車、刃聲。人九切

輮　車柔也。从車、柔聲。人九切。車輮規也。从車、災省聲。讀若黨渠營切

肇　載齊等皃。从車、昆聲。周禮曰：望其轂欲其輇。古本切

轂　輻所湊也。从車、㱿聲。古祿切。車轂聲。古昏切

輥　輻所湊也。从車、昆聲。古本切

軝　長轂之軝也。以朱約軫錯衡。从車、氏聲。巨支切

軧　車轂聲。古祿切

軹　車輪小穿也。从車、只聲。諸氏切。車軸耑也。从車、象形。杜林以為軹車。徒案切

軎　車軸耑也。从車、象形。杜林說。徐鍇曰：指事于歲切

轐　說文車軸耑持輪者也。从車、毒聲。古滿切。車軛也。从車。官溥切

輻　輪轑也。从車、畐聲。方六切。車軸耑也。从車、象形。特計切

轑　車輪小穿也。从車、尞聲。盧晧切

軦　車輪瞂聲。古滿切

輨　轂耑鐵也。从車、官聲。古滿切

轅　轅軶前也。从車、袁聲。張流切。軶前也。从車、大聲。特計切

軛　轅前也。从車、厄聲。於革切。轅軶前也。从車、尾聲。張流切

輺　車輪小穿也。从車、甾聲。側持切

軥　軶下曲者也。从車、句聲。古候切

轃　車富聲。从車、秦聲。此名切。車軸耑也。从車、大聲。特計切

轇　軥輗前也。从車、膠聲。詩曰：漢以艱軥前者也。从車、內聲。若切

轊　軶前也。从車、尾聲。張流切

軓　車軾前也。从車、凡聲。平凡切。車轅耑持衡者也。从車、丞聲。讀若衛。乘也。从車、奴聲

轙　車衡載轡者也。从車、義聲。从魚厥切

鑕　軶下曲者也。从車、獻聲。金从獻。魚縞切

軜　驂馬內轡繫軾前者也。从車、內聲。奴荅切

衛　轅車後壓豆也。从車、丞聲。讀若黂。作代切

轟　車搖也。从車、从行。古絢切。車聲。古絢切

載　車衡載轡者也。从車、義聲。从魚厥切

軍　車日行省聲。古絢切。圜圍也。四千人為軍。从車、从包省。軍兵車也。若易拚馬之拚署陵切。軍聲

車(车)部 (488)

載

範轍轄

轉輪輈輩

軋報轢

軌軾軼軫

軔轚輊

轙軻轚軤

輪軒

軨軺(軱)梡軝

圜圍也。四千人爲軍。从車，包省。車，兵車也。舉云切。出將有事於道，必先告其神，立壇四通，樹茅以依神爲載，既祭載轢於牲而行爲範載詩。

曰，取瓬必載从車。範載也，从車，范省車聲。車交聲，蒲撥切。載高見，从車，戠聲，載也。讀與犯同，音犯。省聲，五萬切。車聲，職流切。

聲。一曰轄鍵。也，胡八切。輩，从車非聲，補妹切。若軍發車百兩爲一。運也，从車專聲，知戀切。委輸也，从車俞聲，式朱切。載也，从車渉省聲，尼展切。車樂聲。郎擊切。

軋，車徹也。从車九聲，居洧切。軔，讀若論語鏗爾舍瑟，又讀若掔切。車轓也，从車凡聲，陟利切。車所踐也，从車樂聲。車迹也，从車從省聲，非是，即容切，車失聲夷質切。

車輮鋼也，从車眞聲。讀若論語鏗爾舍瑟而作，又讀若掔切。車轂中鐵也。抵也，从車執聲，陟利切。車軾相擊也，从車，執亦聲，周禮曰舟。

車小缺復合者，从車戔聲，臣鉉等曰，令俗別作輾，非是，側詵切。車相擊也，从車多聲，車轄相擊也，从車，毄亦聲，周禮曰舟。

按网部輟與毄同，此重出踈劣切。車堅也，从車巠聲，車殷聲曰堅切。車堅也，从車全聲。讀。

輿輊互者。治車軸也，从車。車下庳輪也，一曰無輻也，从車。

古歷切。算聲。所箸切，有輻曰輪，無輻曰輇。从車侖聲。力屯切。車無輻也，从車全聲。讀。

反推車令有所付也，从車，从付，讀若蕃車下庳輪也，一曰無輻也，从車侖聲。

若饋市緑切。大車轅耑持衡者，从車兒聲，五雞切。轙或从木完聲。軝，大車後也，从車，从氏聲。

（489）自（duī音堆）車（车）部

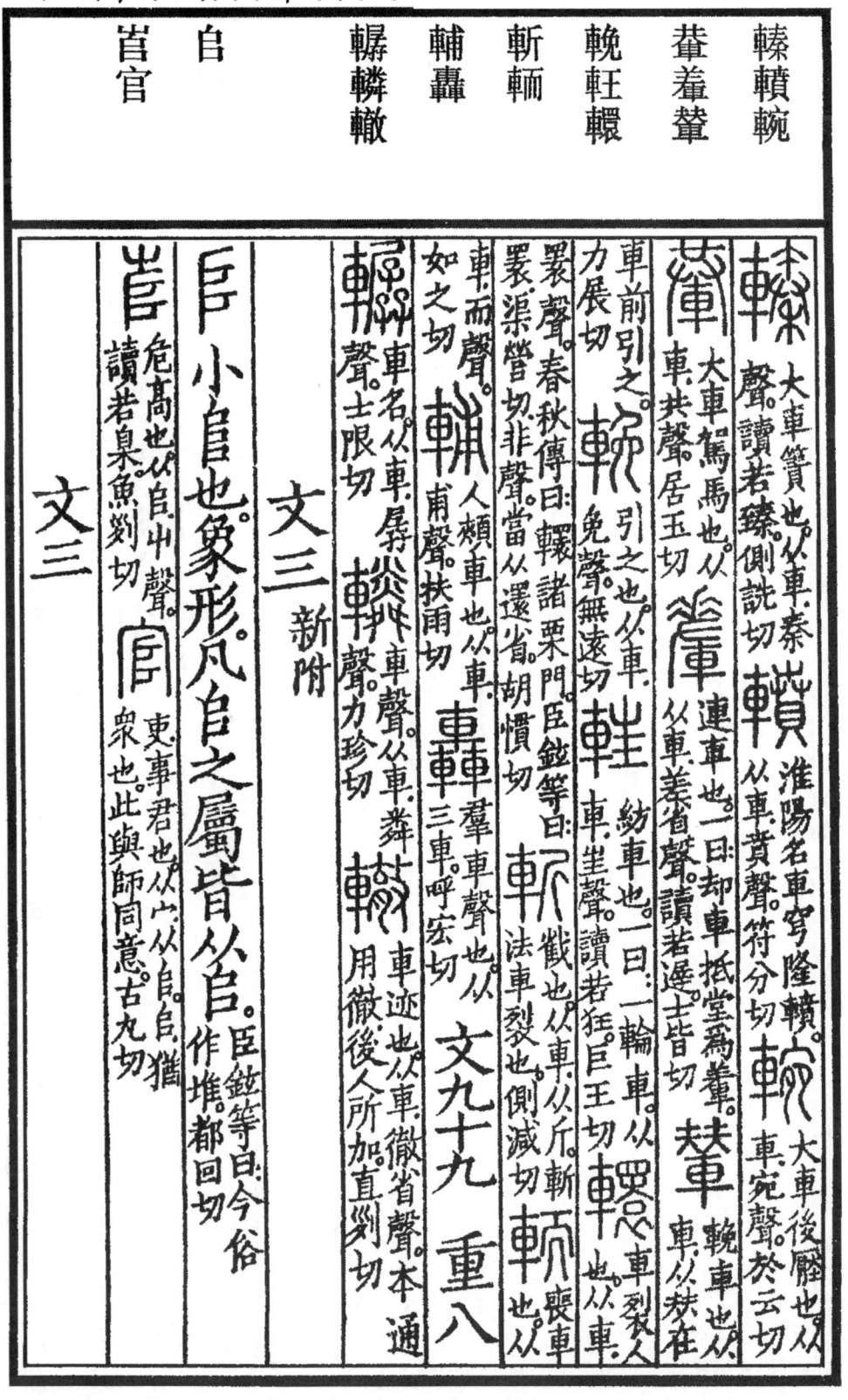

轒 轒 軕

輂 輋 轟

斬 輀

輓 軒 輲

輔 轟

轐 轔 轍

自

嵒 官

大車簀也从車秦聲讀若臻

淮陽名車穹隆轒也从車賁聲符分切

軕聲讀若藼側詵切

大車駕馬也从車連聲一曰卻車抵堂為軕讀若遲士皆切 从車貧聲符分切

車共聲居玉切 从車羊省聲讀若讓

大車後壓也从車宛聲於云在

紡車也从車先聲穌前切 车宛聲於阮切 車从秋在

車前別之也从車免聲無遠切

輂諸栗門臣鉉等曰今俗用徹後人所加直列切

春秋傳曰輂諸栗門臣鉉等曰 車迹也从車徹省聲本通用徹後人所加直列切

車名从車屏聲扶雨切 車聲从車舜聲

車聲从車力珍切 車聲力珍切

車名从車屏聲扶雨切

輀車輋轟三車羣車聲也从三車呼宏切

車法車裂人也从車从斤斬人頰也从車从斤斬

戟也从車从斤斩人 車裂人也側減切

车也从車弗聲一曰一輪車从車弗聲

文九九 重八

文三 新附

臣鉉等曰今俗作堆都回切

文三

小自也象形凡自之屬皆从自臣鉉等曰今俗作堆都回切

危高也从ㄅ从自自猶衆也此與師同意古九切

吏事君也从ㄅ从自讀若臬魚刘切

韵书

以"韵"分类的字书，隋陆法言始以四声分韵，每韵之字又以反切分其声之清浊，而以类相从，作《切韵》一书，是为韵书之祖。以后唐有《唐韵》，宋有《集韵》《礼部韵略》，元有《古今韵会举要》，明有《洪武正韵》，清有《佩文诗韵》等。

說文解字弟十四上

𨸏(阜)
𨺅陵䧂阞陰
陽陸𨻖阿
陂阪
陬隅險限
阻陮隗阭
𨸔陗陖

說文解字弟十四下

漢太尉祭酒許氏記

銀青光禄大夫守右散騎常侍上柱國東海縣開國子食邑五百戶臣徐鉉等奉

勑校定

𨸏 大陸山無石者。象形。凡𨸏之屬皆从𨸏。房九切 𨺅 古文

陵 大𨸏也。从𨸏夌聲。力膺切 䧂 大𨸏也。从𨸏鯀聲。胡本切 阞 地理也。从𨸏力聲。盧則切 陰 闇也。水之南、山之北也。从𨸏侌聲。於今切 陽 高明也。从𨸏昜聲。與章切 陸 高平地。从𨸏从坴，坴亦聲。力竹切 𨻖 籒文陸 阿 大陵也。一曰曲𨸏也。从𨸏可聲。烏何切 陂 阪也。一曰沱也。从𨸏皮聲。彼爲切 阪 坡者曰阪。一曰澤障。一曰山脅也。从𨸏反聲。府遠切 陬 阪隅也。从𨸏取聲。子侯切 隅 陬也。从𨸏禺聲。噳俱切 險 阻難也。从𨸏僉聲。虚檢切 限 阻也。一曰門榍。从𨸏艮聲。乎簡切 阻 險也。从𨸏且聲。側吕切 陮 陮隗，高也。从𨸏隹聲。都辠切 隗 陮隗也。从𨸏鬼聲。五辠切 阭 高也。一曰石也。从𨸏允聲。余準切 𨸔 磊也。从𨸏厽聲。洛猥切 陗 陖也。从𨸏肖聲。七笑切 陖 陗高也。从𨸏夋聲。私閏切

阜（阝在左）部（492）

隥陋陜陼
僷陷隟
隖隤隊降
隒陘
阮隫
墥頄阤
阤隓
防墮隄阯址
陘附阺
阮陳阢隔

（493）阜（阝在左）部

障　隱　隩　隈
睿　解　隴
陜　陝　隖
阢　陪　賦
陻　阞　隔
阹　陶
𨸲　陳
阶　阽　除
階　阼　陛　陔

障　隔也。从阜章聲。之亮切

隱　蔽也。从阜㥯聲。於謹切

隩　水隈崖也。从阜奧聲。烏到切

隈　水曲隩也。从阜畏聲。烏恢切

睿　聲商小塊也。从阜睿聲。等曰奧古文賣字去衍切

解　水衡官谷也。从阜解聲。一曰小𨻶胡買切

隴　天水大阪也。从阜龍聲。力鍾切

陝　弘農陝也。古虢國王季之子所封也。从阜夾聲。失冉切

陜　陜東陝也。从阜夾聲。侯夾切

隖　小障也。一曰庳城也。从阜烏聲。安古切

阢　酒泉天依阪也。从阜兀聲。五忽切

陪　重土也。一曰滿也。从阜咅聲。薄回切

賦　斂也。从貝武聲。方遇切

陻　塞也。从阜垔聲。於眞切

阞　地理也。从阜力聲。盧則切

隔　障也。从阜鬲聲。古核切

阹　依山谷以遮禽獸為阹。从阜去聲。丘於切

陶　再成丘也。在濟陰。从阜匋聲。徒刀切

𨸲　聲陟盈切

陳　宛丘也。舜後嬀滿之所封。从阜从木申聲。直珍切

阶　陛也。从阜从介介亦聲。古諧切

阽　壁危也。从阜占聲。余廉切

除　殿陛也。从阜余聲。直魚切

階　陛也。从阜皆聲。古諧切

阼　主階也。从阜乍聲。昨誤切

陛　升高階也。从阜坒聲。旁礼切

陔　階次也。从阜亥聲。古哀切

際 隙 陪 隊
陳 陴 䢴
隍 陛 陲
隖 院 圇
賑 陵
阯 阞
䐜
陝 陕 隘 闞
燮
厽

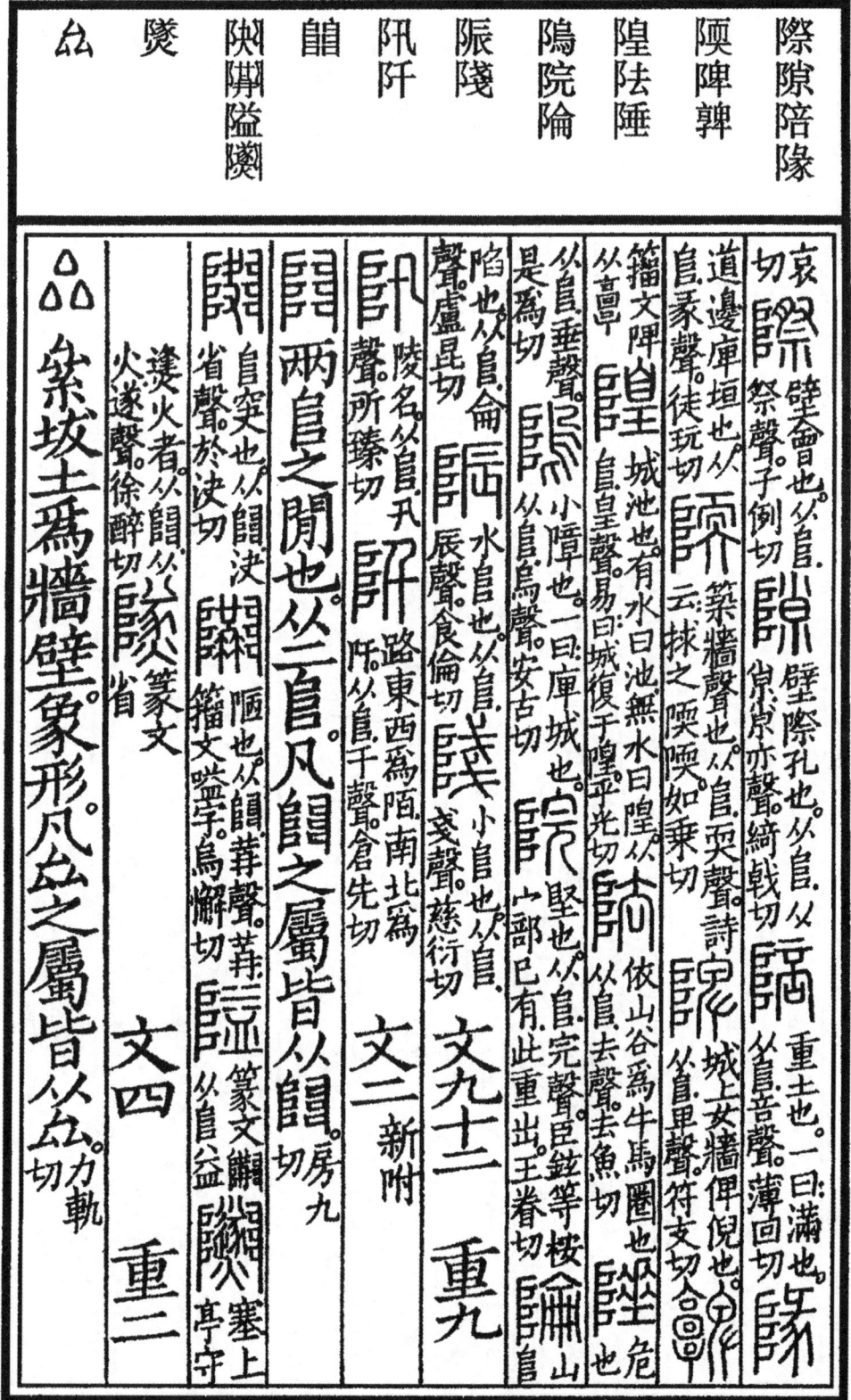

際，壁會也。从𨸏祭聲。子例切。
隙，壁際孔也。从𨸏从𡭴，𡭴亦聲。綺戟切。
陪，重土也。一曰滿也。从𨸏音聲。薄回切。
隊，从高隊也。从𨸏㒸聲。徒對切。

陳，宛丘也，舜後媯滿之所封。从𨸏从木申聲。直珍切。
陴，城上女牆俾倪也。从𨸏卑聲。符支切。
䢴，城上女牆。从𨸏𤪡聲。詩云：崇墉圪圪。魚為切。

隍，城池也。有水曰池，無水曰隍。从𨸏皇聲。易曰：城復于隍。乎光切。
陛，升高階也。从𨸏𡱂聲。旁禮切。
陲，危也。从𨸏垂聲。是為切。

隖，小障也。一曰庳城。从𨸏烏聲。安古切。
院，堅也。从𨸏完聲。王眷切。
圇，陷也。从𨸏� 聲。小障也。从𨸏侖聲。盧昆切。

賑，陵名。从𨸏辰聲。食鄰切。
陵，大�也。从𨸏夌聲。力膺切。

阯，基也。从𨸏止聲。諸市切。
阞，地理也。从𨸏力聲。盧則切。

䐜，陵名。从𨸏冘聲。

陝，隘也。从𨸛从㺬，㺬亦聲。失冉切。
陕，隘也。从�火遂聲。徐醉切。
隘，陋也。从�𦈢聲。烏懈切。
闞，塞上亭守𠈅火者。从�閵省。職廉切。

燮，和也。从言从又炎。蘇叶切。

厽，絫坺土為牆壁，象形。凡厽之屬皆从厽。力軌切。

文四　重三

（495）亞（亚）叕（zhuó音卓）宁四亼部

晵　　亞　綴　叕　甯　宁　四四　四　纍（累）坴

增也从坴从叕从糸糸十……黍之重也从力軌切
坴 从土力軌切

四 陰數也。象四分之形。凡四之屬皆从四。息利切　文三

古文四 三
籀文四 三　文一　重二

宁 辨積物也。象形。凡宁之屬皆从宁。直呂切

甯 婟也。所以載盛米。从宁从缶。缶亦聲。陟呂切

叕 綴聯也。象形。凡叕之屬皆从叕。陟劣切　文二

綴 合箸也。从糸从叕。陟衛切

亞 醜也。象人局背之形。賈侍中說以爲次弟也。凡
亞之屬皆从亞。衣駕切　文二

晵 闕。衣駕切

五行也。从二，陰陽在天地閒交午也。凡五之屬皆从五。臣鉉等曰：二，天地也。疑古切。

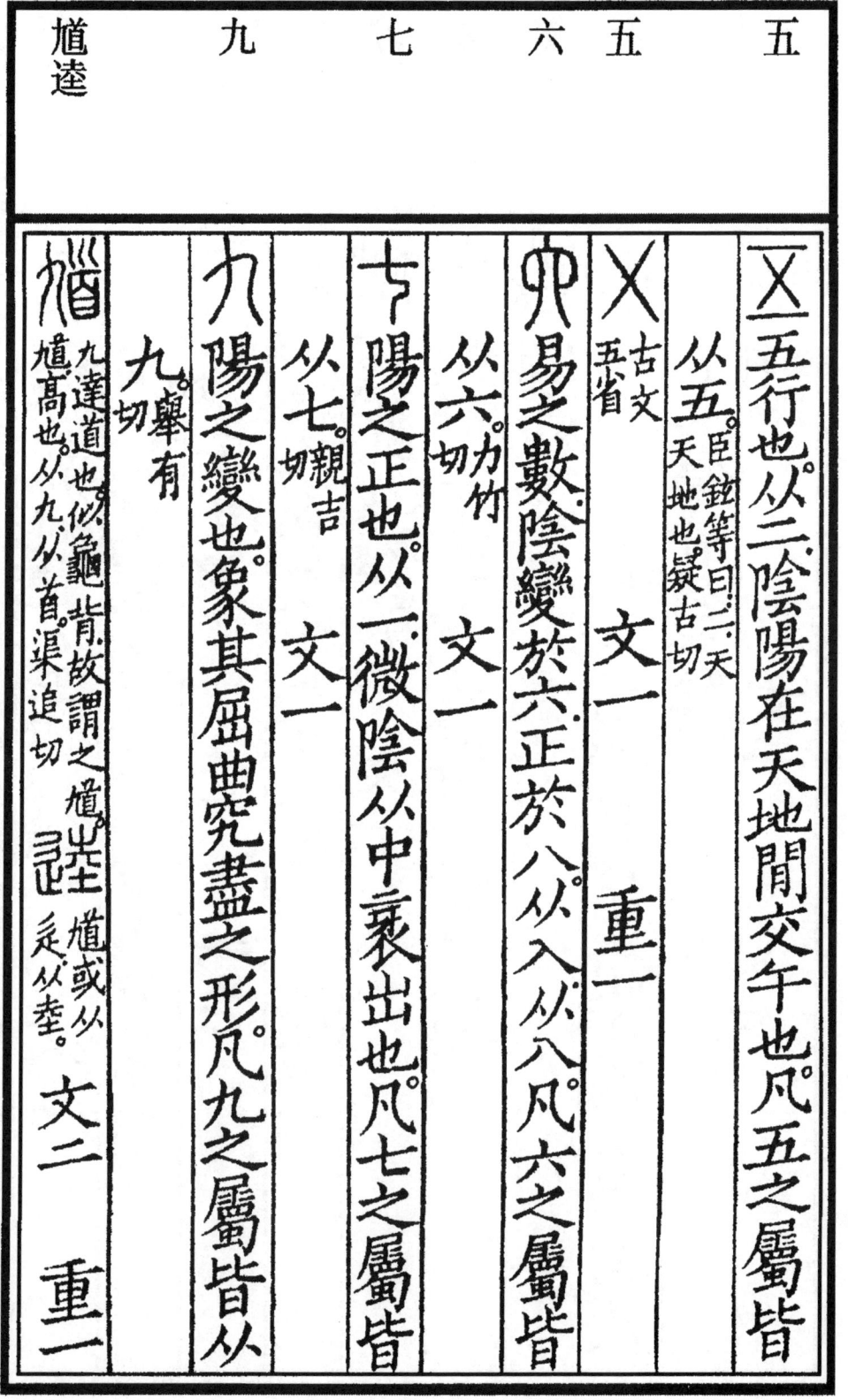

古文五省。

文一 重一

易之數，陰變於六，正於八。从入从八。凡六之屬皆从六。力竹切。

文一

陽之正也。从一，微陰从中衺出也。凡七之屬皆从七。親吉切。

文一

陽之變也。象其屈曲究盡之形。凡九之屬皆从九。舉有切。

九達道也。似龜背，故謂之馗。馗，高也。从九从首。渠追切。

逵　馗或从辵从坴。

文三 重一

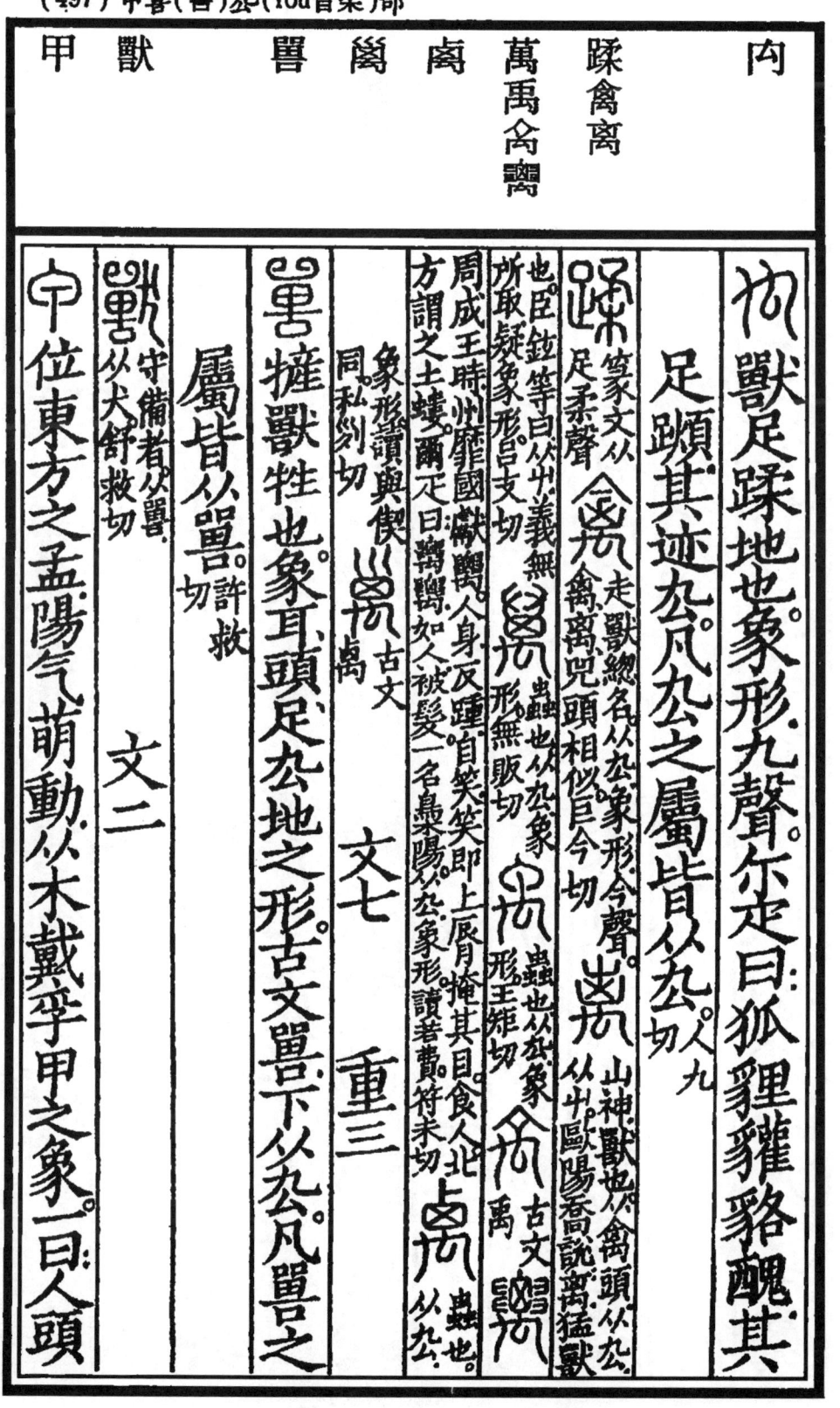

（497）甲嘼（獸）厹（róu音柔）部

内　獸足蹂地也。象形。九聲。尔走曰：狐貍貙貉醜、其
足蹞。其迹厹。凡厹之屬皆从厹。人九切

蹂　篆文从足柔聲。

禽　走獸總名。从厹、象形、今聲。禽离兕頭相似。巨今切

离　山神、獸也。从禽頭、从厹、从屮。歐陽喬說：离、猛獸
也。臣鉉等曰：从屮義無所取、疑象形。呂支切

萬　蟲也。从厹、象形。王廢切

禺　母猴屬。頭似鬼。从厹、象形。讀與偶同。五口切

禸　獸足蹂地也。象形。从厹。從自笑。即上辰月掩其目、
一名鼻陽、从厹象形。讀若費。符未切

文七　重三

嘼　㧱獸牲也。象耳、頭、足厹地之形。古文嘼下从厹。凡嘼
之屬皆从嘼。許救切

獸　守備者。从嘼、从犬。舒救切

文二

甲　位東方之孟。陽气萌動。从木戴孚甲之象。一曰：人頭

丁丙乙甲部（498）

丁	丙	乙　乾乱九（尤）	甲

宷為甲甲象人頭凡甲之屬皆从甲。古狎切

古文甲始於十見於千成於木之象。　文一

乙象春艸木冤曲而出陰气尚彊其出乙乙也與

一同意乙承甲象人頸凡乙之屬皆从乙　於筆切

乾上出也从乙乙物之達也入乙　籀文
倝聲渠焉切又古寒切　乾

治也从乙乙治之也从𤔔郎段切　異也

文四　重一

閔見閔則顯其尤異也羽求切

丙位南方萬物成炳然陰气初起陽气將虧从一入

冂者陽也丙承乙象人肩凡丙之屬皆从丙　徐錯

文一

个夏時萬物皆丁實象形丁承丙象人心凡丁之屬

日陽功成入於門也。天地陰陽之門也。兵求切

（499）巴己戊部

戊　　己　戌戚　　己　异䇞異　　巴　祀

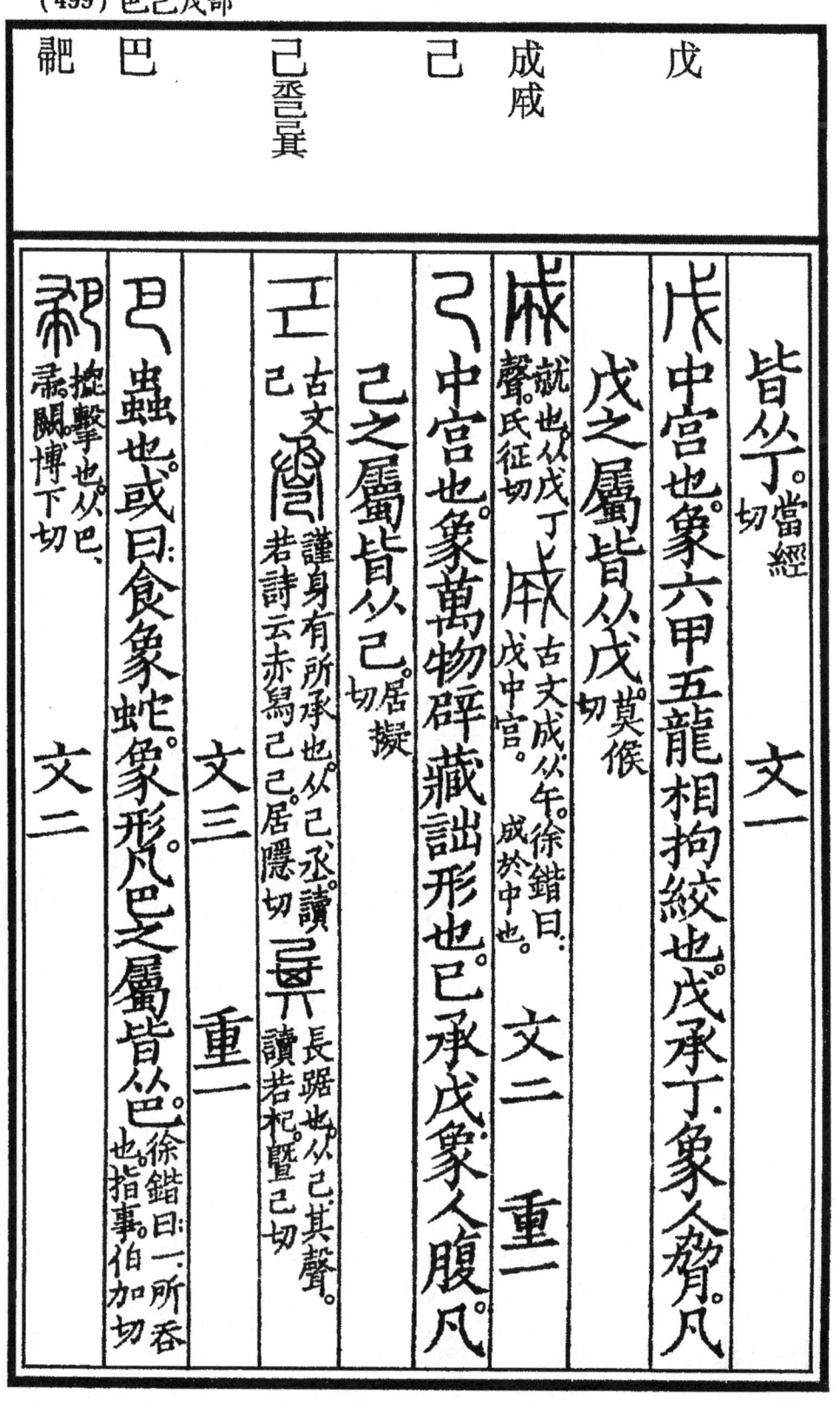

皆从戊。當經切

文一

戌　中宮也。象六甲五龍相拘絞也戊承丁。象人脅凡

戊之屬皆从戊。莫候切

戚　就也从戊丁聲。氏征切

古文戌从午徐鍇曰戌於中宮也。戊中宮。

文二　重一

己　中宮也。象萬物辟藏詘形也巳承戊象人腹凡

己之屬皆从己。居擬切

古文己　謹身有所承也从己丞讀若詩云赤舄己己居隱切

長踞也从己其聲。讀若杞暨己切

文三　重二

巴　蟲也或曰食象蛇象形凡巴之屬皆从巴。徐鍇曰一所吞也指事伯加切

文三　重一

祀　搤擊也从巴。關博下切

文二

辛　庚

皐辜

辤嗣　殂辥辪辭

辡　辯

壬

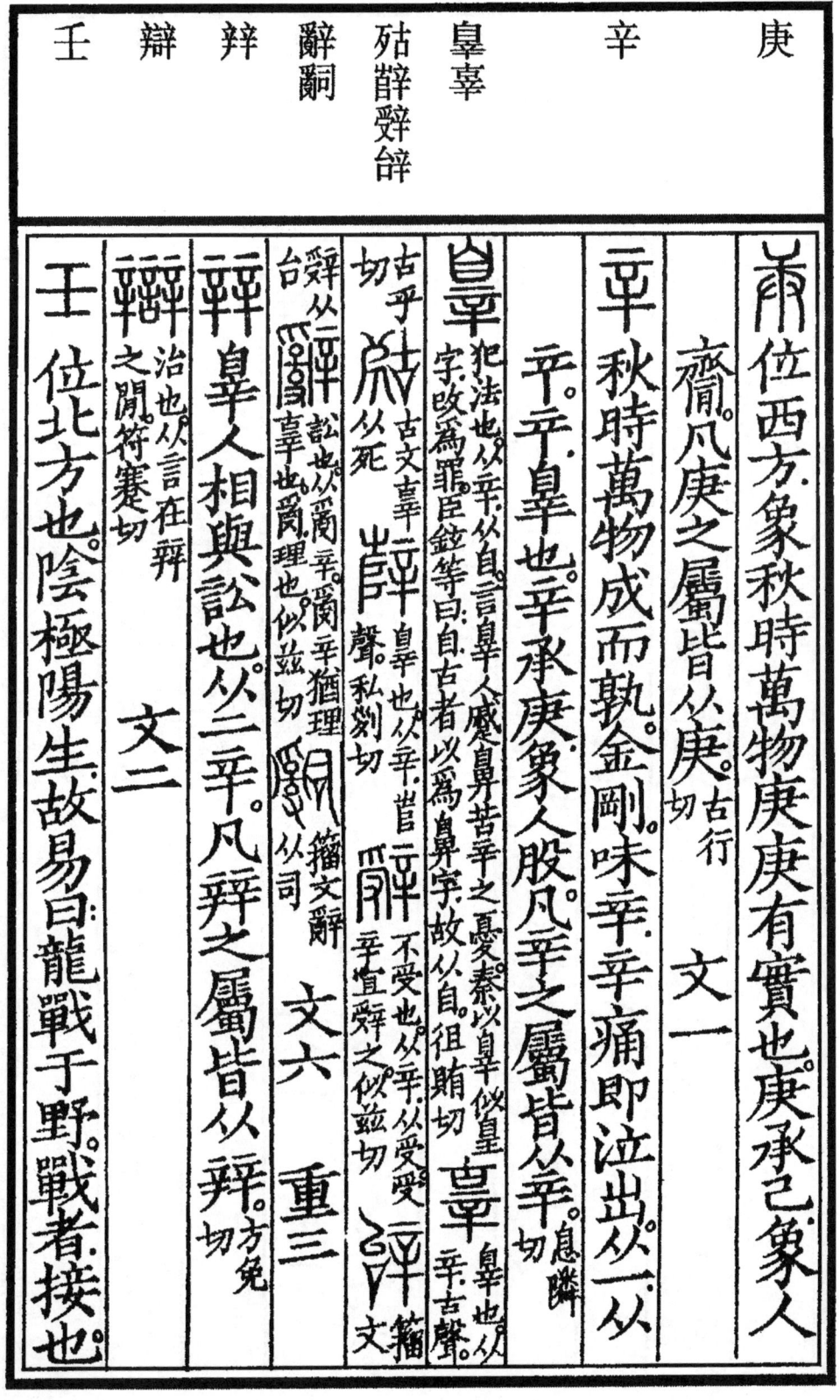

庚位西方。象秋時萬物庚庚有實也。庚承己。象人齎。凡庚之屬皆从庚。古行切 文一

辛秋時萬物成而孰。金剛味辛。辛痛即泣出。从一从辛。辛皐也。辛承庚。象人股。凡辛之屬皆从辛。息鄰切

皐罪也。从辛。自言辠。皐人感鼻苦辛之憂。秦以辠似皇字改爲罪。臣鉉等曰。自古者以爲鼻字。故从自。徂賄切 皐辠也。从辛。皆辛古文皐。

辜辠也。从辛。古聲。古乎切

辤不受也。从受辛。受辛宜辤之也。似茲切 籒文辤。从台。辤古文辤。从辭。

辥辠也。从辛。闢聲。私列切

辭訟也。从𤔔辛。𤔔猶理也。似茲切 籀文辭。从司。

辡辠人相與訟也。从二辛。凡辡之屬皆从辡。方免切

辯治也。从言在辡之間。符蹇切 文六 重三

辯皐人相與訟也。从二辛。凡辯之屬皆从辯。符蹇切 文二

壬位北方也。陰極陽生。故易曰龍戰于野。戰者接也

子癸部

癸　癸　子　孳　孕　㝸　字　斅　學　㜽

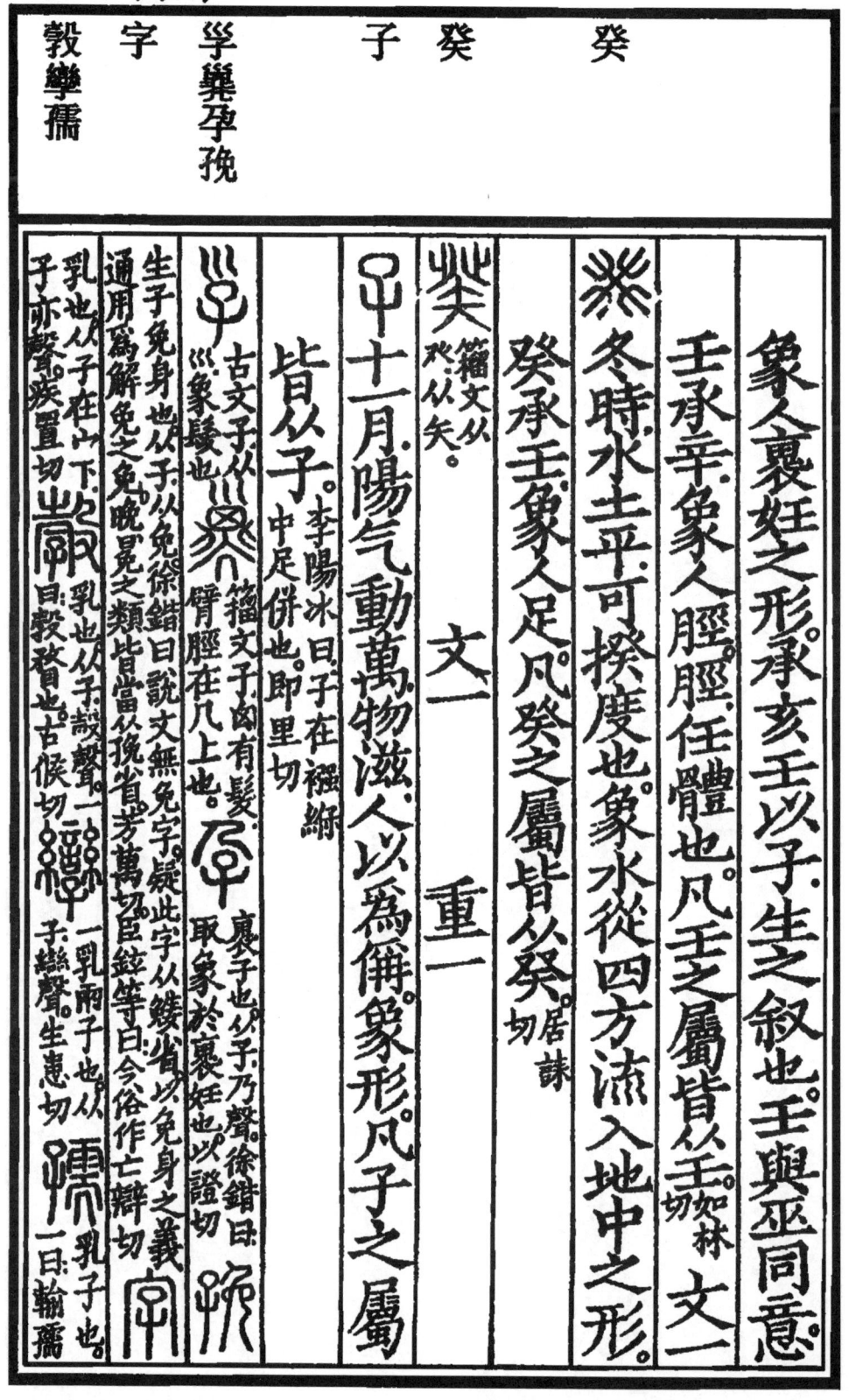

象人裹妊之形。承亥壬以子生之敘也。壬與巫同意。

壬承辛。象人脛。脛任體也。凡壬之屬皆从壬。如林切　文一

冬時水土平。可揆度也。象水從四方流入地中之形。

癸承壬。象人足。凡癸之屬皆从癸。居誄切

癸　籀文从癶从矢。　文一　重一

十一月陽氣動。萬物滋。人以為偁。象形。凡子之屬皆从子。李陽冰曰子在襁緥中足併也。即里切

古文子从巛。象髮也。
籀文子囟有髮。臂脛在几上也。

裹子也。从子乃聲。徐鍇曰：說文無免字，疑此字从㜺省，以免身之義，通用為解免之免，晚免之類。皆當从後省。芳萬切。臣鉉等曰：今俗作亡辯切。

孳　乳也。从子殼聲。一曰輸孺。

乳也。从子在宀下。子亦聲。疾置切。

覺悟也。从敎从冂。冂，尚矇也。臼聲。古候切。一曰斅。

云（tū音突）孨（zhuǎn音转）了子部（502）

季孟柔
孽（孳孳）繇孤
存孶疑
了子了
孨孨孨
云

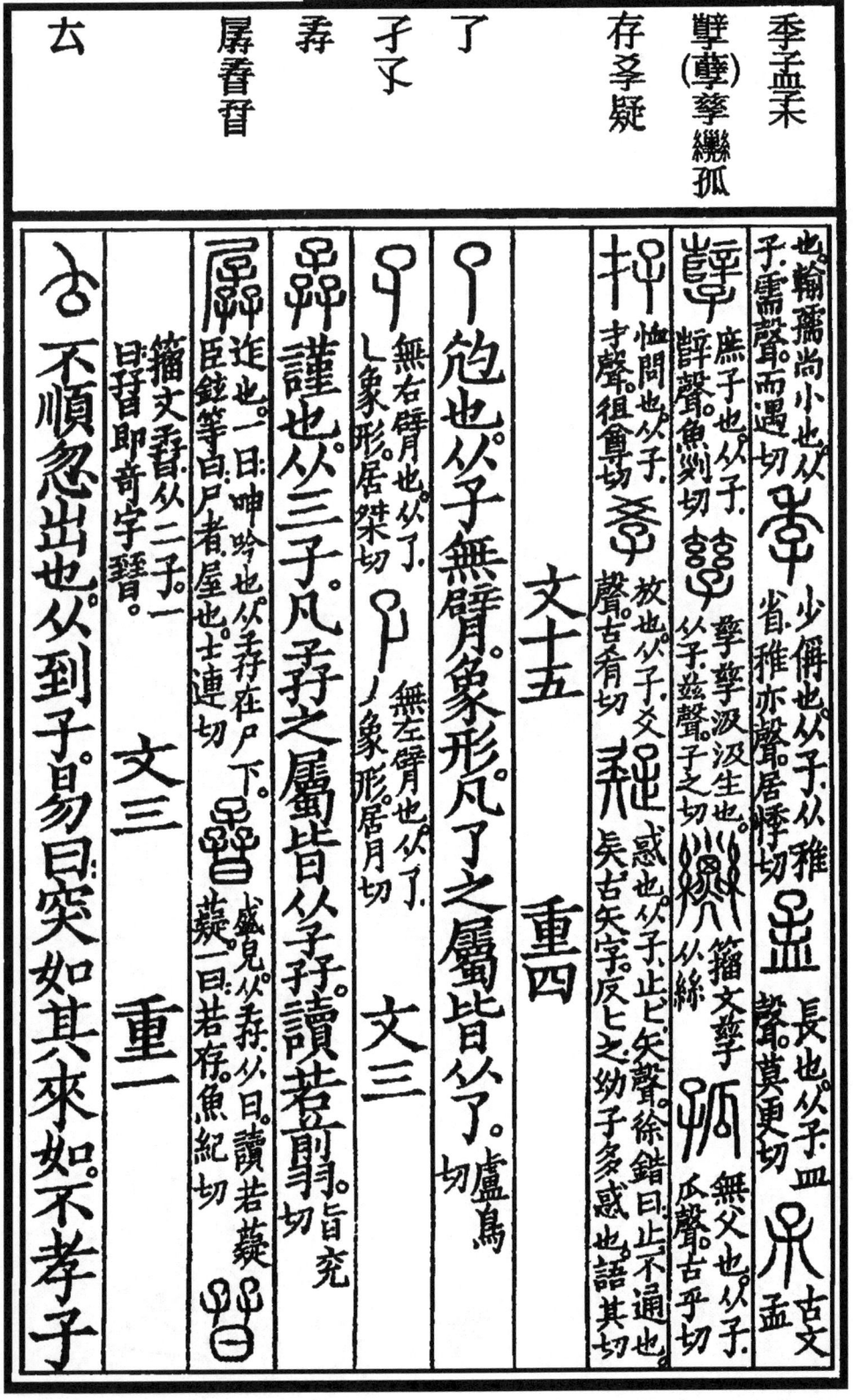

孺　乳子也。一曰輸也，尚小也。从子需聲。而遇切。

季　少偁也。从子稚省，稚亦聲。居悸切。

孟　長也。从子皿聲。莫更切。𥁰 古文孟。

孶（孳）　孳孳汲汲生也。从子兹聲。子之切。籀文孳从絲。

孿　一乳兩子也。从子䜌聲。生患切。

孤　無父也。从子瓜聲。古乎切。

疑　惑也。从子止匕，矢聲。徐錯曰止不通也，幼子多惑也。語其切。

存　恤問也。从子才聲。徂尊切。

孝　善事父母者。从老省，从子。子承老也。呼教切。

文十五　重四

了　尢也。从子無臂。象形。凡了之屬皆从了。盧鳥切。

孑　無右臂也。从了。象形。居月切。

孓　無左臂也。从了。象形。居月切。

文三

孨　謹也。从三子。凡孨之屬皆从孨。讀若翦。旨兖切。

孱　迮也。一曰呻吟也。从孨在尸下。臣鉉等曰尸者屋也，士連切。

孴　盛皃。从孨从日。讀若薿薿。一曰若存。魚紀切。籀文孴从二子。一曰𣅔即奇字𣅔。

文三　重一

云　不順忽出也。从到子。易曰：突如其來如，不孝子突出，不容於內也。𠫓即易突字。他骨切。

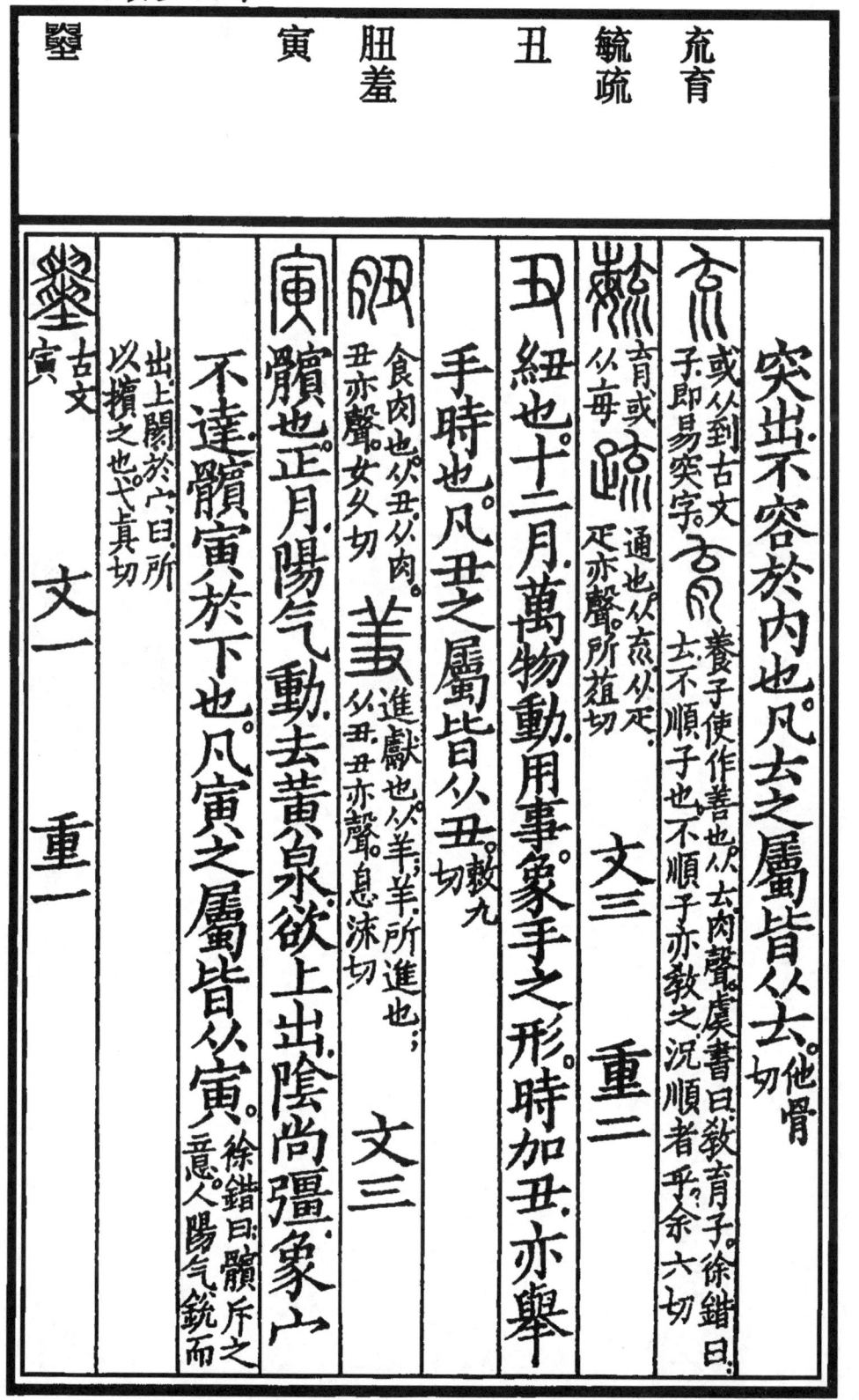

𠫓育　毓疏　丑　肚羞　寅　𡉏

[𠫓] 突出不容於內也。凡𠫓之屬皆从𠫓。他骨切

[㐬] 或从到古文子，即易突字。

[育] 養子使作善也。从𠫓，肉聲。虞書曰：教育子。徐鍇曰：𠫓，不順子也。不順子亦教之，況順者乎？余六切

[毓] 育或从每。

[疏] 通也。从㐬，从疋，疋亦聲。所葅切

文三　重二

[丑] 紐也。十二月，萬物動，用事。象手之形。時加丑，亦舉手時也。凡丑之屬皆从丑。敕九切

[肚] 食肉也。从丑，从肉。丑亦聲。女久切

[羞] 進獻也。从羊，羊，所進也；从丑，丑亦聲。息流切

文三

[寅] 髕也。正月，陽气動，去黃泉，欲上出，陰尚彊，象宀不達，髕寅於下也。凡寅之屬皆从寅。徐鍇曰：髕，斥之意。人陽气鋭而出，上閡於宀，臼所以擯之也。弋真切

[𡉏] 古文寅

文一　重一

巳辰卯部（504）

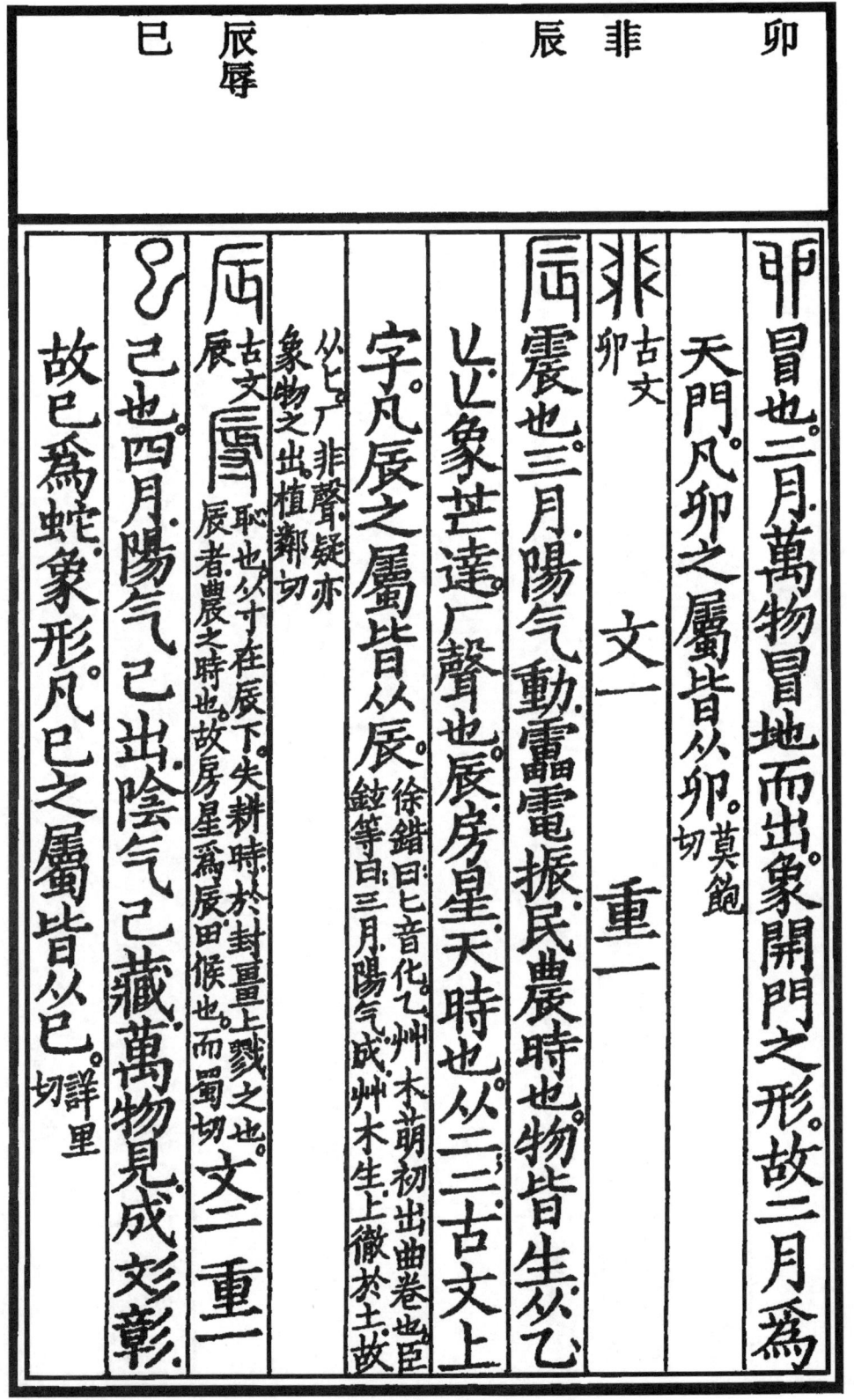

卯冒也。二月萬物冒地而出。象開門之形。故二月爲天門。凡卯之屬皆从卯。莫飽切

非 古文卯

文一　重一

辰震也。三月陽氣動。靁電振。民農時也。物皆生。从乙匕。象芒達。厂聲也。辰房星天時也。从二。二古文上

徐鍇曰巳音化。乙州木萌初出曲卷也。鉉等曰三月陽氣成。艸木生上徹於土。故字凡辰之屬皆从辰。植鄰切

从匕广。非聲。疑亦象物之出植鄰切

古文辰　辰者農之時也。故房星爲辰田候也。而蜀切

耻也。从寸。在辰下。失耕時於封畺上戮之也。

文三重一

巳已也。四月陽氣已出。陰氣已藏。萬物見成彣彰。故巳爲蛇。象形。凡巳之屬皆从巳。詳里切

（505）申未午巳部

㠯 用也从反巳賈侍中說巳意巳實也象形辛止切

文三

午 啎也五月陰气午逆陽冒地而出此予矢同意

凡午之屬皆从午。疑古切

文三

牾 逆也从午吾聲五故切

文二

未 味也六月滋味也五行木老於未象木重枝葉也

凡未之屬皆从未。無沸切

文一

申 神也七月陰气成體自申束以自持也吏臣餔時聽事申旦政也凡申之屬皆从申。失人切

文一

臼 古文申 申 籀文申

胃 擊小鼓引樂聲也从申柬聲羊晉切

臾 束縛捽抴為臾从申乙臣鉉等曰乙屈也

曳 臾曳也从申丿聲余制切

也半 朱切

文四 重三

酉部（506）

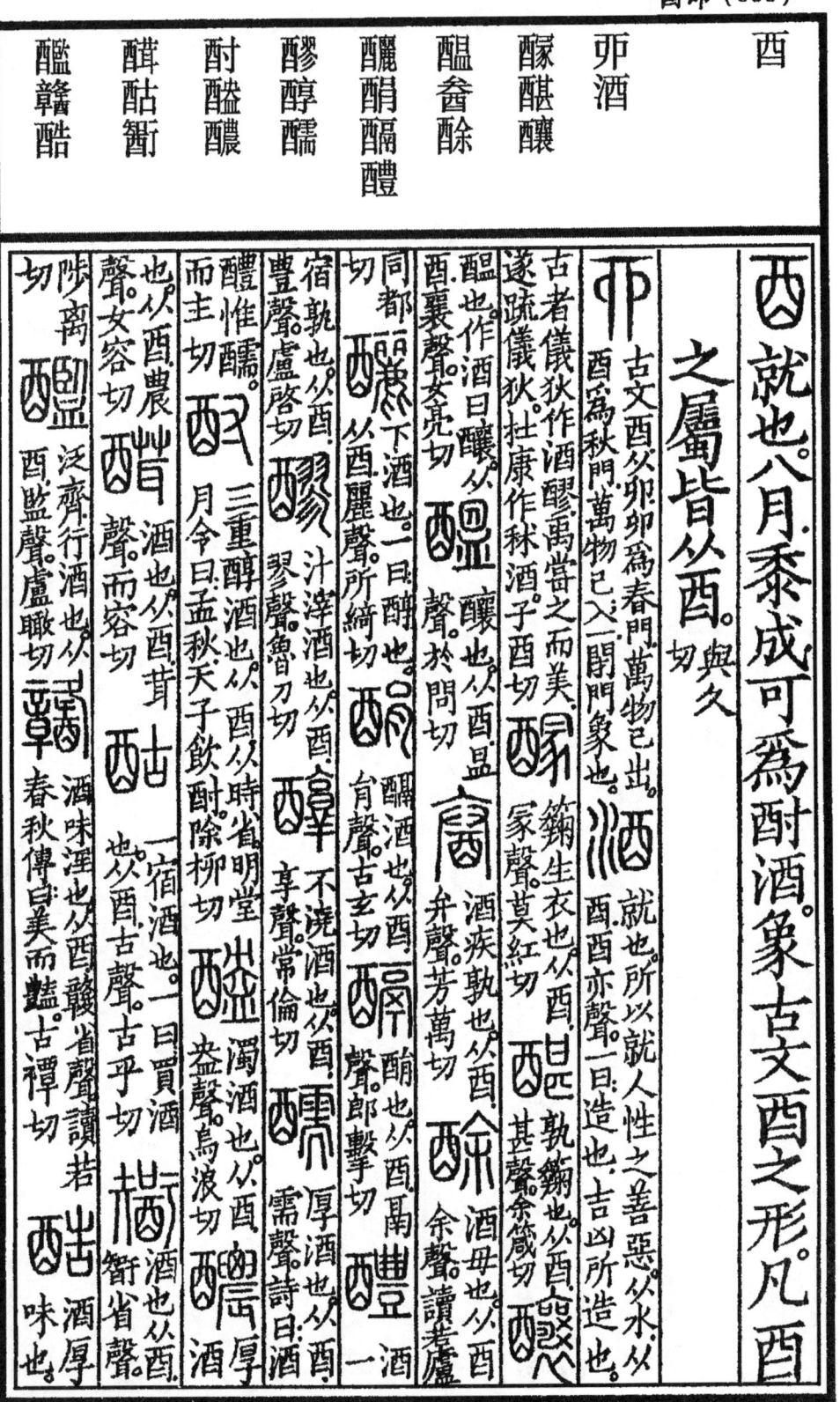

（507）酉部

醲酖配
酊醭酌
醮襦醨酌
醻酬醋
酖醞釀酲
酺醉酔
釀營酌
醒醫
茜

从酉告聲。酒味苦也从酉
苦沃切
覃聲徒紺切
酒色也从酉己聲。臣鉉等
市聲普活切
酒色也从酉
酒濁而微清
一曰酒濁而微清
从酉戈聲
一曰酒濁而微清盛
冠娶禮祭也从酉焦聲子肖切
妃省滴佩切
勺聲之若切
勺聲子肖切
歠也从酉
酒疾熟也从酉
主人進客也
飲酒俱盡也从酉
歠酒盡也从酉
樂酒也从酉丁含切
私宴歠也从酉
會歠酒也从酉
醉飽也从酉
先聲丁含切
區聲
醉而覺也从酉熏聲。詩曰公尸來燕醺醺許云切
尸來燕醺醺許云切
王德布。大歠酒也。从酉甫聲薄平切
音聲四回切
亂也一曰潰也从酉
卒也卒其度量不至於
卒將切
遇病酒也从酉呈聲直貞切
治病工也殹惡姿也殹之性然得酒而使从酉。王育說一曰殹病聲酒所以治病也周禮有醫酒古者
病也周禮有醫酒古者巫彭初作醫於其切
禮祭束茅加于裸圭而灌鬯酒是爲茜象神歆之也。一曰茜榼上塞也从酉从艸春

醨釀
酸醆戴酨
酢酏
牆（酱）牆醯醢
藍醬醠醅
醈醶酳
醬醤
酪醐酩酊
醒醍
酋

秋傳曰尔貢包茅不入王
祭不供無以酋酒所六切

酋斂聲。臣鉉等曰今
俗作釀非是魚怨切

說酏為鬻鬻
清穄尔切

等曰盉甌器也所
以盛醯呼改切

餕祭也以酉
守聲郎外切

醬關慈
王關而
球切

酉乳粽也以酉
各聲盧各切

薄酒也从酉离聲。
酤酒也从酉麥聲關東
謂酢曰酸素官切

籀文酸

酢漿也从酉戈聲徂奈切

酏也从酉肉从酉酒以
酒和牆也从羊聲即亮切

醯也从酉瓦血聲

醢文

醬榆醬也从酉
孜聲莫候切

醬榆醬也从酉喬
牆也从酉喬聲居律切

醬醡榆牆也从
酉俞聲田候切

醯醐酪之精者也从
酉胡聲戶吳切

醺醐酪

酩酊醉也从酉人酩
酊名聲莫迥切

文六十七　重八

也从酉丁星醉解也以酉
聲都挺切　西醉而覺也則古醒亦音醒也桑經切

醒醉解也以酉星聲按醒字注云一曰一曰
清酒也从酉

以酉繹酒也从酉水半見於上禮有大酋掌酒官也从

（509）亥戌酋部

酋　戌　亥　亥　尊

酋之屬皆从酉。字秋切

酒器也。从酉廾以奉之。周禮六尊。犧尊、象尊、著尊、壺尊、太尊、山尊、以待祭祀賓客之禮。祖昆切

尊或从寸。臣鉉等曰：今俗

以尊作尊甲之尊。別作罇非是。

文二　重一

滅也。九月陽气微、萬物畢成、陽下入地也。五行土生於戊、盛於戌。从戊含一。一亦聲。辛聿切

文一

戌之屬皆从戌。

文一

荄也。十月微陽起、接盛陰。从二。二古文上字。一人男、一人女也。从乁。象褱子咳咳之形。春秋傳曰亥有二首六身。凡亥之屬皆从亥。胡改切

文一　重一

古文亥爲豕、與豕同。亥而生子、復從一起。

《切韵》

隋陆法言、刘臻、颜之推等撰。共五卷。依反切之发声以分音，收声以分韵，故曰切韵。陆法言以吕静等六家韵书各乖互，与刘臻、颜之推等合撰，唐长孙纳言为之注。

説文解字弟十四下

賜進士及第山東等處督糧道兼管德常臨蒲倉事務加三級孫星衍重校刊

光緒歲在閼逢涒灘國子監肄業生吳縣朱記榮校刊

《唐韵》

唐孙愐撰。共五卷。孙愐订正《切韵》重为刊定，改名为《唐韵》，原书久佚，今所传者，有唐写残本四十四叶，惟入声尚全。

說文解字弟十五上　　漢太尉祭酒許慎記

銀青光祿大夫守右散騎常侍上柱國東海縣開國子食邑五百戶徐鉉等奉

敕校定

古者庖犧氏之王天下也，仰則觀象於天，俯則觀法於地，視鳥獸之文與地之宜，近取諸身，遠取諸物，於是始作易八卦，以垂憲象。及神農氏結繩爲治，而統其事，庶業其繁，飾僞萌生。黃帝之史倉頡，見鳥獸蹄远之迹，知分理之可相別異也，初造書契。百工以乂，萬品以察，蓋取諸夬。夬，揚于王庭，言文者宣教明化於王者朝廷，君子所以施祿及下，居德明忌也。倉頡

《广韵》

宋陈彭年、邱雍等撰。共五篇。宋大中祥符年间，陈、邱等复奉敕重修，赐名《大宋重修广韵》。《切韵》至此已经两度增改，已非原貌。惟此二百零六韵尚存，今存之韵书惟此为近古。

之初作書。蓋依類象形。故謂之文。其後形聲相益。即謂之字。文者，物象之本。字者言孳乳而浸多也。著於竹帛謂之書。書者。如也。以达五帝三王之世。改易殊體。封于泰山者。七十有二代。靡有同焉。周禮八歲入小學。保氏敎國子。先以六書。一曰指事。指事者。視而可識。察而可見。上下是也。二曰象形。象形者。畫成其物。隨體詰詘。曰月是也。三曰形聲。形聲者。以事為名。取譬相成。江河是也。四曰會意。會意者。比類合誼。以見指撝。武信是也。五曰轉注。轉注者。建類一首。同意相受。考老是也。六曰假借。假借者。本無其字。依聲託事。令長是也。及

《集韵》

宋丁度等撰。共十卷。完稿于宝元二年，司马光始奏上，计自丁度受诏已三十一年。其间经多人之手而成。其书务从眩广，所收或所作之字最备，而注释颇略。《四库提要》讥其芜杂，《古今韵略》亦谓其繁简失当。

宣王大史籀箸大篆十五篇，與古文或異，至孔子書

六經，左上明述春秋傳，皆以古文，厥意可得而說其

後諸矦力政不統於王，惡禮樂之害己而皆去其典

籍，分為七國，田疇異畮，車涂異軌，律令異法，衣冠異

制，言語異聲，文字異形。秦始皇帝初兼天下，丞相李

斯乃奏同之，罷其不與秦文合者。斯作倉頡篇，中車

府令趙高作爰歷篇，太史令胡毋敬作博學篇，皆取

史籀大篆，或頗省改，所謂小篆者也。是時秦燒滅經

書，滌除舊典，大發隸卒，興役戍官獄職務繁，初有隸

書，以趣約易，而古文由此絕矣。

徐鍇曰王僧虔云秦獄吏程邈善大篆得皋繫雲陽獄增絀

《增修互注礼部韵略》

宋毛晃增注《礼部韵略》，其子毛居正又校勘重增，故又称《增韵》，共五卷。《四库提要》作《增修互注礼部韵略》。

大篆去其繁複始皇善之出為御史名其書曰隷書班固云謂施之於徒隷也即今之隷書而無點畫俯仰之勢。自爾秦書有

八體一曰大篆二曰小篆三曰刻符四曰蟲書。漢書注蟲書即鳥書以書幡信首象鳥形。即下云鳥蟲是也。五曰摹印。蕭子良以刻符摹印合為一體徐鍇以為符者竹而中剖之字形半分理應別為一體摹印屈曲填密則秦璽文也子良誤合之。六曰署書。蕭子良云署書漢高六年蕭何所定以題蒼龍白虎二闕。

七曰殳書。徐鍇曰書於殳也殳體八觚隨其執而書之。

八曰隷書漢興有州書。徐鍇曰案書傳多云張芝作州又云齊相杜探作據說文則張芝之前已有矣蕭子良云蕙書者董仲舒欲言災異蕙州未上即為蕙書蕙棠者州之初也史記上官奪屈原蕙州今云漢興有州知所言蕙州是創州非州書也。尉律。徐鍇曰尉律漢律篇名。學僮

十七已上始試諷籀書九千字乃得為吏又以八體試之郡移太史并課最者以為尚書史書或不正輒舉劾之今雖有尉律不課小學不修莫達其說久矣。

《韵补》

宋吴棫撰。共五卷。古韵与今韵音读各异，部分亦殊。吴棫以音读之异名为叶。部分注释为通转，颇为后人所讥，顾炎武尝作《韵补正》以纠其失，然自宋以来，言古韵者始于棫，朱子作诗集传，亦采其说。

孝宣時召通倉頡讀者張敞從受之涼州刺史杜業、沛人爰禮講學大夫秦近亦能言之、孝平時徵禮等百餘人令說文字未央廷中、以禮為小學元士黃門侍郎楊雄采以作訓纂篇、凡倉頡已下十四篇、凡五千三百四十字、群書所載略存之矣。及亡新居攝使大司空甄豐等校文書之部、自以為應制作頗改定古文。時有六書、一曰古文孔子壁中書也。二曰奇字、即古文而異者也。三曰篆書、即小篆、秦始皇帝使下杜人程邈所作也。徐鍇曰李斯雖改史篇為秦篆而程邈後同作也。四曰佐書、即秦隸書。五曰繆篆、所以摹印也。六曰鳥蟲書、所以書幡信也。

《韵会举要》

亦称《韵会》或《古今韵会举要》，元熊忠著。三十卷。熊忠认为黄公绍的《古今韵会》太繁，而著此书。依刘渊归并《礼部韵略》例分一百零七韵，并增添注释，注文皆根据群书注明出处。

壁中書者魯恭王壞孔子宅而得禮記尚書春秋論語孝經又北平矦張倉獻春秋左氏傳郡國亦往往於山川得鼎彝其銘即前代之古文皆自相似雖叵復見遠流其詳可得略說也而世人大共非訾以爲好竒者也故詭更正文鄉壁虛造不可知之書變亂常行以燿於世諸生競說字解經誼稱秦之隷書爲倉頡時書云父子相傳何得改易乃猥曰馬頭人爲長人持十爲斗虫者屈中也廷尉說律至以字斷法苛人受錢苛之字止句也若此者甚衆皆不合孔氏古文謬於史籀俗儒啚夫翫其所習蔽所希聞不見

《洪武正韵》

明乐韶凤、宋濂等奉诏编撰。共16卷。根据宋毛晃的《增修互注礼部韵略》分韵归字。又据元周德清的《中原音韵》，把平、上、去三声并为各二十二韵，入声为十韵。注释则以《增修互注礼部韵略》为蓝本，稍有增减。因不合于当时的《中原雅音》，在明代并未通行。后世很少引用。

通學未嘗觀字例之條，怪舊執而善野言以其所知

爲祕妙究洞聖人之微恉。又見倉頡篇中幼子承詔。

因號古帝之所作也其辭有神僊之術焉。其迷誤不

諭豈不悖哉書曰予欲觀古人之象言必遵修舊文

而不穿鑿孔子曰吾猶及史之闕文今亡也夫！蓋非其

不知而不問人用己私是非無正巧說衺辭使天下

學者疑蓋文字者經藝之本王政之始前人所以垂

後後人所以識古故曰本立而道生知天下之至賾

而不可亂也今敘篆文合以古籀博采通人至于小

大信而有證稽譔其說將以理羣類解謬誤曉學者

反切之法

汉语的一种传统注音方法。以二字相切合，取上字的声母，与下一字的韵母和声调，拼合成一个字的音。汉末已有反切，三国魏孙炎著有《尔雅音义》，改变古人读若某，读与某同的直音办法，采用反切。但由于古今字音变化，用现代读音，有时切不出正确的字音。

達神恉。徐鍇曰恉即意言字。分別部居不相雜厠。徐鍇曰分部相從自許始

也。萬物咸覩靡不兼載。厥誼不昭爰明以諭其備易

孟氏書孔氏詩毛氏禮周官春秋左氏論語孝經皆

古文也其於所不知蓋闕如也。

說文解字弟一 (13)

一部　上 二部　示 三部　四部　王 五部　王 六部

一部　八部　土 九部　一 十部　屮 一部十　屮 二部十

玨 七部　气 八部

蓐 三部　艸 四部

說文解字弟二 (47)

小 五部　八 六部　釆 七部　半 八部　牛 九部　犛 十部二

《说文字源》

　　唐李腾将其叔父李阳冰之书集为《说文字源》，见《崇文总目》及《金石录》，林罕因之，亦谓之《字源》。

說文解字弟三(77)

《说文解字篆韵谱》

南唐徐锴撰。宋本十卷，后人并为五卷。其书取许慎《说文解字》九千余字，按四声分部，编次成书，以便于查字，实为按音序重排。

说文解字第四 (115)

〔瞗〕	部七十五
〔又〕	部七十六
〔ㄟ〕	部七十七
〔曳〕	部七十八
〔肃〕	部八十一
〔畫〕	部八十二
〔隶〕	部八十三
〔臤〕	部八十四
〔臣〕	部八十五
〔殼〕	部八十六
〔殺〕	部八十七
〔殳〕	部八十八
〔役〕	部八十九
〔殷〕	部九十
〔閵〕	部九十一
〔敊〕	部九十三
〔次〕	部九十四
〔㲋〕	部九十五
〔用〕	部九十六
〔爻〕	部九十六
〔㸚〕	部九十七
〔皇〕	部九十八
〔目〕	部九十九
〔䀠〕	部一百
〔眉〕	部一百一
〔盾〕	部一百二
〔自〕	部一百四
〔鼻〕	部一百五
〔皕〕	部一百六
〔習〕	部一百七
〔羽〕	部一百八
〔隹〕	部一百十
〔奞〕	部一百十一
〔雈〕	部一百十二
〔首〕	部一百十三
〔羊〕	部一百十四
〔羴〕	部一百十五
〔瞿〕	部一百十六
〔雔〕	部一百十七
〔雥〕	部一百十八
〔鳥〕	部一百十九
〔烏〕	部一百二十
〔華〕	部一百二十一
〔莽〕	部一百二十二
〔呇〕	部一百二十三
〔昍〕	部一百二十四
〔曹〕	部一百二十五
〔杏〕	部一百二十六
〔夗〕	部一百二十七

《说文解字五音韵谱》

宋李焘 撰。共十卷。其书分部与《说文》同，惟部首次序，依《集韵》二百零六韵之次序改编，移"自一至亥"之部为"自东至甲"。又徐铉新附之字，本非许慎原文，合而为一，使人误以为慎说，实乖体例。

說文解字弟五 (153)

（以下为篆文部首及部次，按从右至左各列排列）

右起第一列：部二百二十六　部二百二十九　部二百三十　部二百三十一

第二列：部二百三十二　部二百三十三

第三列（冎部等）：部二百三十四　部二百三十五　部二百三十六　部二百三十七　部二百三十八　部二百三十九

第四列（丯、素部等）：部二百四十　部二百四十一　部二百四十二

第五列（艸部等）：部二百四十三　部二百四十四　部二百四十五　部二百四十六　部二百四十七　部二百四十八

第六列：部二百四十九　部二百五十　部二百五十一　部二百五十二　部二百五十三　部二百五十四

第七列：部二百五十五　部二百五十六　部二百五十七　部二百五十八　部二百五十九　部二百六十

第八列：部二百六十一　部二百六十二　部二百六十三　部二百六十四　部二百六十五　部二百六十六

第九列：部二百六十七　部二百六十八　部二百六十九　部二百七十　部二百七十一　部二百七十二

第十列：部二百七十三　部二百七十四　部二百七十五　部二百七十六　部二百七十七　部二百七十八

《说文字原》

元周伯琦撰。一卷。参酌历代诸家之说，以推究六书本义，校正《说文》之差错，于原书五百四十部增删各十七部，改其字者四部，正其点画音训者亦多。惟不免穿凿附会，只能聊备一说。

說文解字弟六 (191)

部二百七十九　部二百八十　部二百八十一　部二百八十二　部二百八十三　部二百八十四

部二百八十五　部二百八十六　部二百八十七　部二百八十八　部二百八十九　部二百九十

部二百九十一　部二百九十二　部二百九十三　部二百九十四　部二百九十五　部二百九十六

部二百九十七　部二百九十八　部二百九十九　部三百　部三百一　部三百二

部三百六　部三百七　部三百八　部三百九　部三百十　部三百十一

部三百十二　部三百十三　部三百十四　部三百十五　部三百十六　部三百十七

部三百十八　部三百十九　部三百二十　部三百二十一　部三百二十二　部三百二十三

部三百二十四　部三百二十五　部三百二十六　部三百二十七　部三百二十八　部三百二十九

《说文长笺》

明赵宧光撰。共一百四卷。《四库全书总目提要》曰："其书用李焘《五音韵谱》之本，而《凡例》乃称为徐铉、徐锴奉南唐敕定，所列诸字，于原书多有增删，其字下之注，谓之长语，所附论辨，谓之笺文，故以长笺为名。"顾炎武《日知录》揭其误谬凡十余条，皆深中其失。

說文解字弟七 (227)

《说文五翼》

　　清王煦撰。共五卷。本为读《说文》时于纸端简尾随时标注。后乃取其说，以类相从，以成是书，其首卷证书先印单本，其后乃以诂义拾遗等次第付梓。

説文解字弟八 (269)

《说文句读》

清王筠撰。三十卷。王氏遍考大小徐本及各家之本，辨其正误，定其句读，以便读者，其注释兼采桂、段二氏而参以己意，皆平直通达之论。

說文解字弟九
（303）

說文解字弟十
（333）

《说文外编》

清雷浚撰。十六卷。雷氏治说文学，著书凡四种，首推是作。先举四书中字，次及诸经中字，凡《说文》所无，钮氏《新附考》《续考》所未及者，皆于《说文》中求其本字，于他书求其通假。每字皆有根据，为治经学、小学者不可少之书，四种中又有引经例辨。

说文解字弟十一

(371)

部三百七十　部三百七十一　部三百七十二　部三百七十三　部三百七十四　部三百七十五　部三百七十六　部三百七十七　部三百七十八　部三百七十九　部三百八十　部三百八十一　部三百八十二　部三百八十三　部三百八十四　部三百八十五　部三百八十六　部三百八十七　部三百八十八　部三百八十九　部三百九十　部三百九十一　部三百九十二　部三百九十三　部三百九十四　部三百九十五　部三百九十六　部三百九十七　部三百九十八　部三百九十九　部四百　部四百一　部四百二　部四百三　部四百四　部四百五　部四百六　部四百七　部四百八　部四百九　部四百十　部四百十一　部四百十二　部四百十三　部四百十四　部四百十五　部四百十六　部四百十七　部四百十八　部四百十九　部四百二十　部四百二十一

（527）

《说文逸字》

　　清郑珍撰。二卷。其书博纲载籍，确证为许君原有今铉本逸者，共百六十五文，子知同更附考三百余字，以明所以不录之故，其意以段氏治《说文》误字十证七八，逸字讹字，间有论补，未能专及，故以是作补其未逮云。

說文解字第十三	由 部首 六十一	部首 五十五	氏 部首 四十九	皮 部首 四十三	戶 部首 三十七	部首 三十一	說文解字第十二	飛 部首 二十八	雨 部首 二十二
（443）	部首 六十二	部首 五十六	氐 部首 五十	部首 四十四	門 部首 三十八	部首 三十二	（405）	部首 二十九	雲 部首 二十三
	部首 六十三	部首 五十七	部首 五十一	部首 四十五	耳 部首 三十九	部首 三十三		部首 三十	頁 部首 二十四
	部首 六十四	部首 五十八	戈 部首 五十二	部首 四十六	部首 四十	部首 三十四			部首 二十五
	部首 六十五	部首 五十九	我 部首 五十三	部首 四十七	部首 四十一	鹵 部首 三十五			燕 部首 二十六
	部首 六十六	部首 六十	部首 五十四	部首 四十八	部首 四十二	鹽 部首 三十六			龍 部首 二十七

《说文通检》

清黎永椿撰。因《说文》部首过繁，各字次第更难检索，乃用《康熙字典》分部分画之法，编为索引，使查《说文》者便利，依《说文》例分十四卷，其难于归部之字，则隶于卷末。

說文解字弟十四

(475)

部五百十四	部五百八	部五百二	部四九六	部四九〇		部四八五	部四七九	部四七一	部四六七
部五百十五	部五百九	部五百三	部四九七	部四九一		部四八六	部四八〇	部四七四	部四六八
部五百十六	部五百十	部五百四	部四九八	部四九二		部四八七	部四八一	部四七五	部四六九
部五百十七	部五百十一	部五百五	部四九九	部四九三		部四八八	部四八二	部四七六	部四七〇
部五百十八	部五百十二	部五百六	部五百	部四九四		部四八九	部四八三	部四七七	部四七一
部五百十九	部五百十三	部五百七	部五百一	部四九五			部四八四	部四七八	部四七二

《说文声系》

清姚文田撰。十四卷。其例与严可均《说文声类》、张成孙《说文谐声谱》相近，又因是书别为《八音谐》八卷、《古转音略》四卷，皆为治古音之要籍。

說文解字第十五 上
(511)

庚 部五百二十
辛 部五百二十一
辡 部五百二十二
壬 部五百二十三
癸 部五百二十四
子 部五百二十五
了 部五百二十六
孨 部五百二十七
𠫓 部五百二十八
丑 部五百二十九
寅 部五百三十
卯 部五百三十一
辰 部五百三十二
巳 部五百三十三
午 部五百三十四
未 部五百三十五
申 部五百三十六
酉 部五百三十七
酋 部五百三十八
戌 部五百三十九
亥 部五百四十

賜進士及第山東等處督糧道兼管德常臨清倉事務加三級孫星衍重校刊

光緒歲在閼逢涒灘國子監肄業生吳縣朱記榮校刊

《说文声类》

清严可均撰。其书定古音为十六类，用《广韵》之二百零六部，分合以为对照，而用《说文》得声以证明之，与段氏之《六书音韵表》、江氏《古韵标准》、孔氏《诗声类》，同为考古音之要籍。

注：此页原版为空白，编者增图。

《说文释例》

　　清王筠撰。共二十卷。王氏寝馈于《说文》二十年，于古人制作之意，许君著书之体，千余年传写变乱之故，大徐以私意窜改之谬，具了然于胸中以成是书，其声价同于段注《说文》，而持论平允，无段氏武断之弊。

說文解字弟十五下　漢太尉祭酒許慎記

銀青光祿大夫守右散騎常侍上柱國東海縣開國子食邑五百戶臣徐鉉等奉

敕校定

敘曰此十四篇，五百四十部，九千三百五十三文重

一千二百六十三，解說凡十三萬三千四百四十一字。

其建首也立一為耑方以類聚物以羣分同牽條屬

共理相貫雜而不越據形系聯引而申之以究萬原。

畢終於亥知化窮冥于時大漢聖德熙明承天稽唐

敷崇殷中遐邇被澤渥衍沛滂廣業甄微學士知方。

探嘖索隱厥誼可傳粵在永元困頓之季。徐鍇曰漢和帝永元十二季歲

《文字蒙求》

清王筠撰。王氏对文字学有相当深入的研究,他把楷书和篆文并列,依照许慎的解释,再加申说,对于各字的诠释,有的是个人研究所得,有的是吸收他人成果,大多平实允当。以《说文》所收之字,从文字构造谈起,分为象形、指事、会意、形声四卷。书中订正《说文》的说法颇多,可作读《说文》者的注本。

在庚子也。孟陬之月，朔日甲申。曾曾小子，祖自炎神。繇雲相黃，共承高平。太岳佐夏，呂叔作藩，俾矦于許，世祚遺靈。自彼徂召，宅此汝瀕，竊印景行，敢涉聖門。其弘如何，節彼南山。欲罷不能，旣竭愚才。惜道之味，聞疑載疑。演賛其志，次列微辭。知此者稀，儻昭所尤。庶有達者，理而董之。召陵萬歳里公乘州恭臣沖稽首再拜。上書皇帝陛下。臣伏見陛下神明盛德，承導聖業。上考度於天下，流化於民，先天而天不違，後天而奉天時，萬國咸寧，神人以和。猶復深惟五經之妙，皆爲漢制。愽采幽遠，窮理盡性以至於命。先帝詔侍中騎

《说文引经考证》

清陈瑑撰。八卷。清代治《说文》学巨著，如段氏注、王氏释例等，于引经本多论列，惟未定为专书。陈氏此书，亦早年所出，后出作者不一，亦多雷同，因简为《说文》引经异文之解五篇。

都尉賈逵修理舊文殊藝異術王教一端苟有可以加於國者靡不悉集易曰窮神知化德之盛也書曰人之有能有為使姜其行而國其昌臣父故太尉南閣祭酒慎本從逵受古學蓋聖人不空作皆有依據今五經之道昭炳光明而文字者其本所由生自周禮漢律皆當學六書貫通其意恐巧說衺辭使學者疑慎博問通人考之於逵作說文解字六藝羣書之詁皆訓其意而天地鬼神山川艸木鳥獸蚰蟲雜物奇怪王制禮儀世閒人事莫不畢載凡十五卷十三萬三千四百四十一字慎前以詔書校東觀教小

《说文解字注》

　　清段玉裁撰。其分卷仍以《说文》原目为十四篇，逐字注解，论证博引。凡《玉篇》《广韵》及各经典训诂与《说文》异同者，无不采集考订而得其精确之指归，于篆文亦颇有所改正删补，清代治《说文》学者，无不推是书为巨擘。

黃門孟生李喜等，以文字未定，未奏上。今慎已病遺

臣齎詣闕。慎又學孝經孔氏古文說，古文孝經者，孝

昭帝時魯國三老所獻，建武時給事中議郎衛宏所

校，皆口傳官無其說，謹撰具一篇并上。臣沖誠惶誠

恐，頓首頓首，死罪死罪。臣稽首再拜，以聞皇帝陛下。

建光元年九月己亥朔二十日戊午上。徐鍇曰建光元年漢安帝之十五年歲在辛酉

召上書者汝南許沖詣左掖門會令并齎所上書，十

月十九日中黃門饒喜以詔書賜召陵公乘許沖布

四十匹，即日受詔朱雀掖門。　敕勿謝

銀青光祿大夫守右散騎常侍上柱國東海縣開國

《说文古籀补》

清吴大澄撰。四卷。吴氏博通金石文字，又多识广见古鼎彝，乃从原器摹拓，加以考证，其可识者，依《说文》部次编撰成书，而将其不可考者于后为附录，为考订古文字中最有声价之作。

子食邑五百戶臣徐鉉奉直郎守祕書省著作郎直

史館臣句中正翰林書學臣葛湍臣王惟恭等奉

詔校定許慎說文十四篇并序目一篇凡萬六百餘

字。聖人之言蓋云備矣稽夫八卦既畫萬象既分則

文字為之大輅載籍為之六轡先王教化所以行於

百代及物之功與造化均不可忽也雖復五帝之後

改易殊體六國之世文字異形然猶存篆籀之迹不

失形類之本及暴秦苛政散隸聿興便於末俗人競

師法古文既絕譌偽日滋至漢宣帝時始命諸儒修

倉頡之法亦不能復故光武時馬援上疏論文字之

《说文新附考》

清钮树玉撰。六卷。以大徐《说文解字》本，各部均附有《说文》未收字，共四百余文，称为《新附》。张氏有复古编，认为许君正文，为识者所讥，钮氏逐字为之考明其通借，以成是书，又续考一卷。

譌謬.其言詳矣。及和帝時.申命賈逵修理舊文.於是許慎米史籀李斯揚雄之書.博訪通人考之於逵.作說文解字。至安帝十五年始奏上之.而隷書行之已久.習之益工.加以行草八分紛然間出.返以篆籀為奇怪之迹.不復經心至於六籍舊文.相承傳寫多求便俗漸失本原.爾雅所載州木魚鳥之名.肆意增益.不可觀矣.諸儒傳釋.亦非精究小學之徒.莫能矯正。唐天厤中.本李陽冰篆迹殊絕.獨冠古今.自云:斯翁之後直至小生.此言為不妄矣.於是刊定說文修正筆法。學者師慕篆籀中興.然頗排斥許氏自為臆說.夫

《说文解字群经正字》

清邵瑛撰。二十八卷。以《说文》正群经之文字,隶变之舛误,多所是正。以所引文字兼及《逸周书》《大戴礼》《国语》,不在十三经之列,故以群经为名。

必師心之見破先儒之祖述豈聖人之意乎今之爲

字學者亦多從陽冰之新義所謂貴耳賤目也自唐

末要亂經籍道息。

皇宋應運。

二聖繼明人文國典粲然光被興崇學校登進羣才。

以爲文字者六藝之本固當率由古法乃

詔取許慎說文解字精加詳校垂憲百代臣等愚陋

敢竭所聞蓋篆書埋替爲日已久凡傳寫說文者皆

非其人故錯亂遺脫不可盡究今以集書正副本及

羣臣家藏者備加詳考有許慎注義序例中所載而

《说文通训定声》

清朱骏声撰。十八卷。根据《说文》九千多字，又增附七千多字，从中分析形声声符一千一百三十七个。再依古韵归并为十八部。变更《说文》体例，按古韵及形声声符排比。先就字形构造考明本义，次以古书通用之义，分列为转注、假借、别义等项，兼载声训、古韵。认为转注即属字义引申，与《说文》解释不同。而以声音、训诂相通之理阐明《说文》，甚为详密。

諸部不見者.審知漏落.悉從補錄復.有經典相承傳

寫及時俗要用而說文不載者承

詔皆附益之以廣篆籀之路.亦皆形聲相從不違六

書之義者其間說文具有正體而時俗譌變者.則具

於注中.其有義理乖舛.違戾六書者.並序列於後俾

夫學者無或致疑.大抵此書務援古以正今.不徇今

而違古者.乃為高文大冊.則宜以篆籀著之金石.至於

常行簡牘.則艸隸足矣.又許慎注解.詞簡義奧不可

周知.陽冰之後.諸儒箋述.有可取者.亦從附益.猶有

未盡.則臣等粗為訓釋.以成一家之書.說文之時.未

《说文谐声谱》

清张成孙撰。成孙为惠言子，惠言本著有《说文谐声谱》，亲自写定，未刊行。成孙续成此书。据自序云："出于先人者十之五，余则自足成之。"原书一至三为《诗》《易》《楚辞》韵，四至二十三为《诗韵表》，二十四至四十三为《谐声谱》，四十四至四十七为略，四十八为惠言之《五论》，四十九为目录，合其自序一篇，共五十卷。

有反切。後人附益互有異同。孫恦唐韻行之已久。今竝以孫恦音切為定。庶夫學者有所適從食時而成。既異淮南之敏縣金於市曾非呂氏之精塵瀆聖明若臨冰谷謹上。

新修字義：

左文二十九說文闕載注義及序例偏旁有之今竝録於諸部。

詔志仟借魁秦剔膋釀趄
顀瓃癉槤緻笑迂睆峯

左文二十八俗書譌謬不合六書之體。

（540）

霤 字書所無不知所以無以下筆。

个 亦不見義無以下筆。明堂在右个者明堂旁室也當作介 暮

易云定天下之霤文霤當作巀

本莫日。本作執莘也。在辮中也。本以手進之。熟本作孰以手進之。捧 本作奉以廾从手。丰聲經典皆如此。遯 出从放 徘

迴 本作囘覽衣也。取其裝回之狀。迴 本作迴偏傍失六書之意。腰 本只作要說文象形。爲立要之要也。借以爲鄙者之音頌亦於義無取。鳴 作烏本只作烏。

鳥時呼也。以其名自呼。故曰鳥呼。後人加口。慾 說文欲字注云貪欲也。此後人加心。揀 本只作柬之也後人加手。

漢武帝後庭之戲也。本云千秋祝壽奇之詞也。語謂轉爲秋千。後 靮 鞿 案詞人高無際 影 光景之

俸 本只作奉。古爲之奉祿後人加人自暮已。斌 本作彬或份。文質備也。以文配武過爲鄙。淺復有从斌从貝者音頌亦於義無取。悅 本作說文陟慮切注云飯敬 野

類也合通用景非毛髮藻飾之事不當以彡。

經典只用野 野 襄 襄字本作蘇禾切以衣。 著 也借爲住笮之笮後人从州。 墅 此亦假借之字當通

經典只用藝 藝 州云義無所取。 襄 象形借爲衰朽之衰。 蹟 周易疏義云深也案

亦音常句切。 學堂也以學省黃亦音常句切。 充耳也以繼省主。 黃 聲說文無繼部。

用 嚌 聲說文無學部。 黃 杜 聲說文無直

（541）

几凡以　親言　彳欠　叙肉（月）　魚無　圅（函）　長

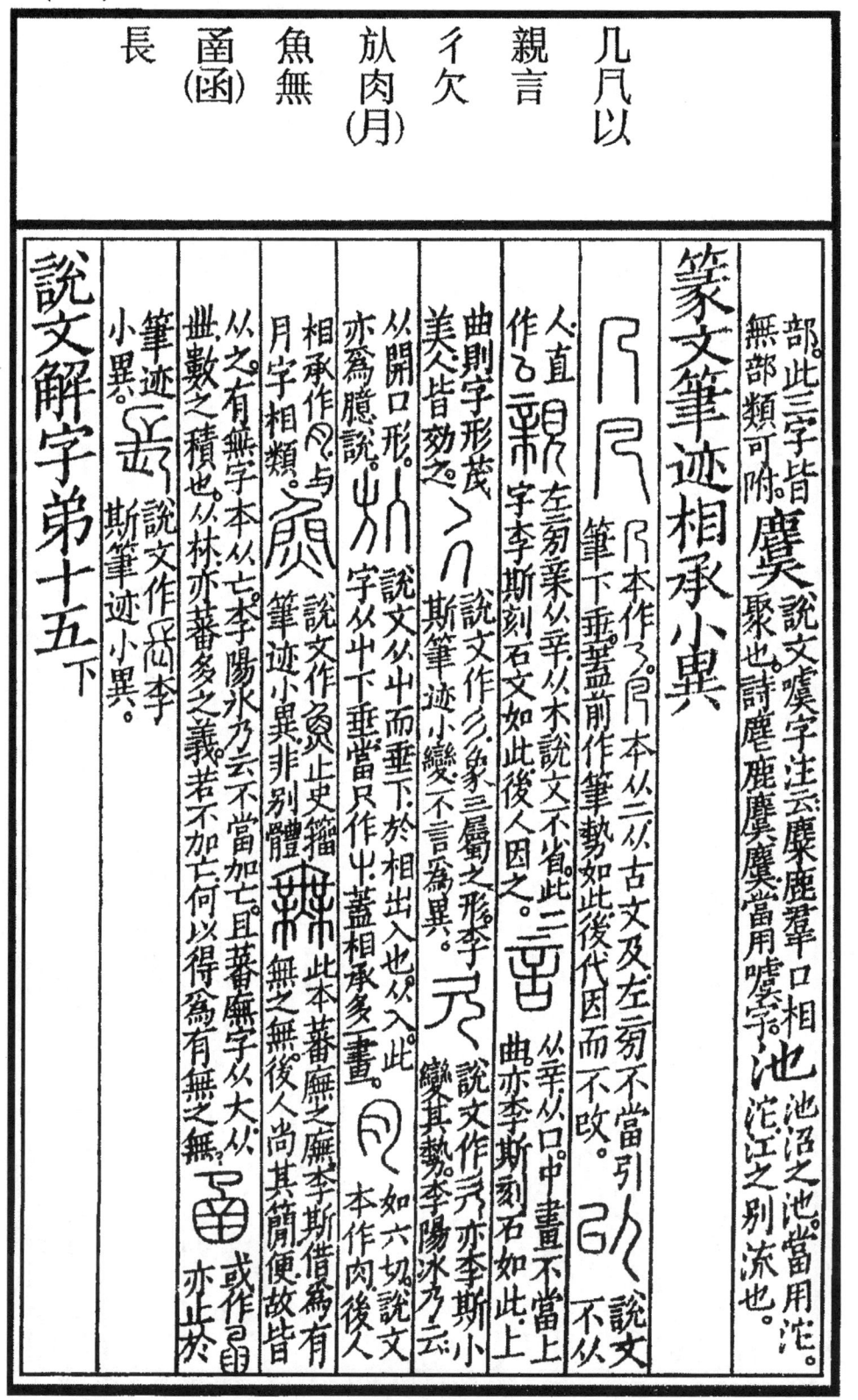

篆文筆迹相承小異

部此三字皆可附。
無部類可附。

麋，說文嘆字注云麋鹿羣口相。
聚也。詩麈鹿麈麋當用嘆字。池，池沼之池當用沱。沱江之別流也。

几，本作凡，筆下垂蓋前作筆勢如此後代因而不攺。
凡，本作凡，從二從古文及左彔不當引，說文不攺。

人直，左彔彔以乎從木說文不當此作，字李斯刻石文如此後人因之。
親，說文作親從亲從見，象三屬之形李陽冰乃云變其勢。

曲則字形茂美，美皆效之。
欠，從開口形也，斯筆迹小變不言為異。

說文作欠從人從口中畫不當上，曲亦李斯刻石如此，上。

亦為臆說。叙，說文作叙從中下垂當只作中，蓋相承多一畫。

相承作凡，與月字相類。叙，說文作凡止史擂，此本蕃廡之廡李斯借為有無之無，後人尚其簡便故皆。

從之有無字本從亡本李陽冰乃云不當加亡，且蕃廡廡字從大從世，數之積也從林亦蕃多之義若不加亡，何以得為有無之無。

筆迹作凷李。
長，說文作凷，斯筆迹小異。

說文解字弟十五下

《说文通训定声》

清朱骏声撰。朱氏分古韵为十八部，而以卦名之音近者为韵摄，依《说文》得声韵分人之，每字下先释本义，次以假借、转注各义，以经籍训诂为证，如《说文义证》之例。治诂训学者，以其检查便利，多喜用之，共十八卷，附《说雅》十九篇，《古今韵学》一卷。

銀青光祿大夫守右散騎常侍上柱國東海縣開國子食邑五百戶臣徐鉉等伏奉聖旨校定許慎說文解字一部伏以振發人文興崇古道。考遺編於魯壁。緝蠹簡於羽陵。載穆皇風允符昌運伏惟應運統天睿文英武大聖至明廣孝皇帝陛下。凝神繫表降鑒機先聖歷不通。思無不及以為經籍既正憲章具明，非文字無以見聖人之心非篆籀無以究文字之義眷茲訛俗深惻

《说文解字校录》

清钮树玉撰。依《说文》原目分十四卷。唐李阳冰刊定《说文》渐多改易，宋以后皆宗二徐，而大徐本所说明者散为许说，今大徐本流传最广者为毛氏翻刻本，又经后人篡改，钮氏以为毛氏之失，宋本及《五音韵谱》《集韵》《类篇》足以正之。大徐之失，《系传》《韵会举要》足以正之，至李氏之失可以纠正者，惟《玉篇》为最古，因取《玉篇》为主，旁及诸书所引，尽录其异，互相参考以成是书。

皇慈爰命討論以垂程式將徵宿弊宜屬通儒臣等

寒媿謏聞猥承之使徒窮憒學豈副

宸謨塵瀆

晃旒冰炭交集其書十五卷以編秩繁重每卷各分

上下共三十卷謹詣

東上閤門進

上謹進

雍熙三年十月 日翰林書學臣王惟恭臣葛端等狀進

奉直郎守祕書省著作郎直史館臣句中正

銀青光祿大夫守右散騎常侍上柱國東海縣開國子食邑五百戶臣徐鉉

《说文解字义证》

清桂馥撰。四十卷。于《说文》每字下博引经典文字为考证。王筠谓其书征引虽富，脉络贯通，前说未尽或有误，则以后说补苴之并辨正之。凡所称引，皆有次第。所引古籍读者不当视为类书，惟引据之典，时代失于限断，且泛及噪给之词，盖本为脱稿为稿之书。

中書門下　牒徐鉉等

新校定說文解字

牒奉

敕許慎說文起於東漢歷代傳寫譌謬實多六書之

蹤無所取法若不重加刊正漸恐失其原流爰命儒

學之臣共詳篆籀之跡右散騎常侍徐鉉等深明舊

史多識前言果能商榷是非補正闕漏書成上奏克

副朕心宜遣雕鐫用廣流布自　我朝之垂範俾求

世以作程其書宜付史館仍令國子監雕爲印版依

九經書例許人納紙墨價錢收贖兼委徐鉉等點撿

《说文解字斠诠》

清钱坫撰。十四卷。所斠（jiào）者，一、毛斧季刊本之误。二、宋徐铉官本之误。三、徐锴《系传》之误。四、唐以前之本之误。所诠者：一、许君之正义。二、许君之正读。三、经传只经传只一字，而许慎有数字者。四、经传有数字而许慎止一字者。

書寫雕造無令差錯致誤後人牒至凖敕故牒。

雍熙三年十一月　日牒

給事中叅知政事辛仲甫

給事中叅知政事呂蒙正

中書侍郎兼工部尚書平章事李昉

賜進士及第山東等處督糧道兼管德常臨清倉事務加三級孫星衍重校刊

《说文解字诂林》

近人丁福保编。计66册，分前、后、补、附四编和通检。1928年刊行。将以往研究《说文》的诸家著作和其它著述中论及《说文》的材料汇集为一书。以大徐本《说文》为第一类，小徐本次之，段玉裁、桂馥、王筠等有关《说文》的论著又次之。又以甲骨文、金文附列每字之下，并加以考定。书前有《引用书目表》《引用诸书姓氏表》等，便于研究者检查。1932年又搜集近代有关《说文》研究的著述刊《补遗》16册，共82册，为《说文》研究的总汇。

注：此页原版为空白，编者增图。